历史的回顾

徐向前 /著

人民出版社

徐向前元帅

黄埔军校时期

土地革命时期

抗日战争时期

1946 年 5 月 1 日，徐向前与黄杰在延安枣园结婚

解放战争时期

建国时期

1954 年 5 月，徐向前与夫人黄杰在汉口

1982 年 8 月，徐向前与夫人黄杰在北京寓所前合影

晚年

序

这是一部个人的历史回忆录。

我的青年时期,中国正处在急风暴雨的革命斗争年代。新与旧,革命与反动,光明与黑暗,两种势力激烈搏斗着。俄国十月革命的影响,中国无产阶级和人民大众的英勇斗争,中国共产党反帝反封建的鲜明旗帜和实现共产主义的伟大纲领,引导我走上了共产主义的道路。戎马大半生,幸存至今。我的经历是同我们的党,我们的军队,我们的人民的奋斗历史,联结在一起的。

我们党半个多世纪以来的历程是光辉的,也是艰难曲折的。创业维艰。共产主义是人类历史上亘古未有的崭新事业。中国革命的每一步胜利,都付出了极为宝贵的代价。历史唯物主义认为,人民,只有人民才是历史的创造者。中国革命的胜利,正是亿万革命群众,充分发挥历史主动性的结果,是党和人民的杰出领袖毛泽东、周恩来、刘少奇、朱德等同志领导人民自力更生,奋发图强的结果。事实证明,只有中国共产党是群众利益的真正代表者,也只有中国共产党才能引导群众摧毁旧世界,建设新世界。共产主义的道路是崎岖不平的,但我坚信,我们的党和人民,必将一如既往,披荆斩棘,阔步前进,胜利到达自己的目的地。

鉴往而知今。人民群众不仅在创造着历史,同时也在认识着历史。只有正确地认识过去,才能更好地创造未来。耄耋之年,回首往事,历历在目。谨将我的经历和见闻,汇录成集,呈献史林,以告慰先烈。语不求深,但事必纪实。其间上下数十年,纵横数万里,涉及诸多人物、事件,疏漏和谬误之处,在所难免。尚希读者正之。

书成仓促,聊记数语,作为序言。

徐向前

一九八四年四月

目　　录

第 一 章

风 雨 年 代

童 年 和 家 庭

一九〇一年十一月八日(农历辛丑年九月二十八日),我出生在山西省五台县永安村。

五台县位于五台山南麓,因五台山而得名,是个山区小县。交通、经济相当落后,但也有比较富庶的地区。过去我们那里流传有"县不如镇,镇不如村"的说法。镇,指东冶镇,土地好,产量高,大户人家不少,比五台县城要富裕些;村,说的是阎锡山的家乡河边村,同我村仅一河之隔。阎锡山老家,高墙大院,豪门深宅,比那县衙府第要气派得多。

永安村在五台县西南,滹沱河的北岸。滹沱河在我们那里回环转弯,流经太行山南端进入河北省。永安村是个偏僻山村,但借滹沱河河水之利,农业收成一般是有保证的。早在魏晋时期,官府就在永安村建立过储备粮食的仓库,所以古有"仓城"之称。

在永安村,徐姓是个大姓,约占全村人口四分之三以上。

听长辈们说,我家祖上是三兄弟,从洪洞县迁居,落脚五台山下。一代传一代,不知过了多少辈,才积累了相当数量的土地与家产,成为富庶之门。徐氏家族里,有个叫徐松龛(继畲)的,清朝什么年代中翰林、入官门,做过广西巡抚,广东按察使,兼署闽浙总督。著有《瀛寰志略》一书。

永安村的徐姓,属第三分支之后,到我这一辈是第十九世孙。

我家原先是一个大户,到我祖父时,家业衰败了。祖父名徐鹤林。据说,他雄心勃勃,从务农转为经商,企望借此带来转机,重振家业,光宗耀祖。但事与愿违,结果不仅没有赢利,反而赔了本,从此一蹶不振。

我记事时,家境已经破落,仅有薄地十几亩。因无劳动力,土地与人伙种,一年忙到头,糠菜参半,勉强维持温饱。没有富余,也不欠人家的。

父亲徐懋淮,晚清秀才,教了一辈子书。爷爷去世时,父亲年仅十三岁,奶奶把他送到外祖母家读书,快二十岁的时候中了秀才。由于家境越来越艰难,他就没有再考举人,放弃了仕途,靠教书养家糊口。他教书多是到"口外"去,大概就是现在内蒙古的和林格尔和凉城一带地方吧。因为在本村或附近教书,薪水太低,维持一家人的生计有困难。

"口外"教书,一年薪水是一个元宝,合五十两白银。路途遥远,交通不便,父亲一年难得回一两次家。有一年他年关回家,半路上被土匪劫了,闹个两手空空,命也差点搭上。家里等他回来安排年事,结果白盼一场。

村里人说我父亲为人耿直,不阿不欺,办事公道。他来家也闲不着。村里有个大小事,像打架斗殴、家庭纠纷、分门立户、典地立契等,往往找他调解或作中保,他也乐意办这些事。

由于我父亲常年教书在外,家里生活的实际组织者是母亲。母名赵金銮,没读过书,是个农村家庭妇女。她把自己的精力和感情,全部用在料理家务,抚养我们兄弟姐妹上。她节俭勤劳,温柔善良,自己省吃俭用,但常常帮贫助老。她的性格和品德,对我们兄弟姐妹颇有影响。

母亲也有自己的信仰,那就是佛教。在四大佛山之一的五台山下,佛家弟子众多。我们家顶楼上一个角落里,供着一尊木雕菩萨和一尊石刻观音,据说是从五台山"请"来的。母亲信仰佛教很虔诚,鱼、肉、蛋、葱、蒜、韭菜,都不入口,叫作"吃清口斋";每天夜半人静时闭目打坐,从不间断。在她的影响下,我的两个姐姐也信佛。父亲、哥哥、妹妹和我,都不信那一套。

我们兄弟姐妹五人,从小就参加劳动。大姐先月,二姐春月,没读过书,是母亲的好帮手。哥哥徐受谦,因为是长子,很受器重,读书也比较多,但在家里同样得干活。他后来在阎锡山部队当了名军需官,全国解放后在太原文史馆工作,一九七五年去世。妹妹占月,长大后,姐姐哥哥们都出去了,一些家务活多靠她来干。她在太原女子师范毕业后教过书。抗日战争时跑到延安,取名徐达,参加了革命,加入了共产党。

我从七八岁开始,便帮助父母做些家务劳动。拾粪捡柴,是我经常做的;也采树叶,挖野菜。我吃过好多种野菜,养成了吃野菜的习惯。

母亲干活一向仔细、认真,对我们的要求也很严格。做什么活,都要规定数额。拿拾粪来说,每天早饭前必须拾一筹头回来,否则不准吃饭。北方农村积肥主要在冬季。寒冬腊月的五更时分是"鬼龇牙"的时辰,冷得透骨彻心。我在外边拾粪,有时手脚都冻麻木了,要是拾不满一筹头,就不敢早回家。等回到家里时,母亲见冻成那个样子,很心疼,又给脱鞋,又给暖手。但她从来不说降低定额的话。

在旧中国农村,吃穿用主要靠自家生产。一个家庭可以说就是一个小社会。家家户户,年年岁岁,都要想方设法种地、织布,编制各种盛器、家具。我也学会了编篮子、笊篱等一些常用的家什。听妹妹说,我离家八九年后,家里还用着我编的篮子。母亲想念我,有时看到那篮子就流泪。

正当我度过我的童年的时候,半封建半殖民地的旧中国正处在社会大变动的前夜。清朝政府昏庸腐败,危机四伏。山西地瘠民穷,加上连年干旱,百姓生活苦不堪言;慈禧太后逃离北京,移宫西安路过山西时,又大肆搜刮,更加重了人民的负担。社会极度黑暗,民不聊生,一场推翻满清帝制统治和反对帝国主义侵略的伟大社会革命是不可避免的了。我那时还不懂得这些,但从人们的议论和神情中感到,恐慌,忧伤,不满,渴望改变现实的黑暗状况,成了生活的主调。只听老人们说:"世道要变了!"

读私塾　上小学

十岁那年,父亲送我到本村私塾读书,学名徐象谦。

我上学那年冬季的一天,教书先生郑重其事地告诉我们:山西的都督是阎锡山,河边村人氏。以后又听说孙中山做了临时大总统,赶走了皇帝。这就是孙中山领导的辛亥革命。当时只知道我和一些小同伴都剪掉了头上讨厌的辫子,但不理解它的意义,更不知道这场革命将有一个什么样的结局。

这时的私塾,已经有了变化,开始了向新学校的过渡。就学的孩子都到学堂去,由先生讲学。学生集资,付给先生酬劳。

课本还是旧的，《三字经》、《百家姓》、《四书》、《五经》之类。这些"旧时村塾所课杂志"，"童蒙诵习之书"，已经流传了几百年，有的上千年，到我们这一代，是最后把它们当课本来读了。辛亥革命后，宣布小学废除"读经科"，改读识字课本。我妹妹上学时就读"人、手、足、刀、尺"，算是新课本。

那时念书，纯属死记硬背，囫囵吞枣。眯缝着眼睛，唱唱咧咧，摇头晃脑。先生这样，学生也这样。不管理解不理解，背诵如流就是好学生。再就是写仿，练毛笔字，一笔一画，正正规规地写。背书写字，不合老师的要求，要打板子、罚跪。私塾课程设置的最大缺陷是没有数学，我的数学基础一直没打牢。

上学前，父亲就教我读书，写毛笔字。只要他在家，每天都要子女读书写仿，马虎不得。所以，在私塾里，我的学习成绩一直很好，老先生也喜欢我。这不是我有什么天赋之才，而是父亲、老师用心血造就的。

我在本村私塾学习了两年，而后转到沱阳学校读高小。沱阳学校校址在东冶镇一座庙堂里。神像被搬走，殿堂作教室。

这所学校办得比较正规。课程以语文、算术、英语等为主课，还设有历史、地理、格致（理化）、修身等课程，这反映了辛亥革命后的新气象。

进入这个学校，使我开阔了眼界，启发了思路。学英语，感到很新鲜。脑子里也产生了很多疑问：怎么还有英语？ 人为什么不说一样话写一样字呢？ 有一天我壮着胆子问老师：中国人学英国话，英国人学不学中国话？ 老师没有回答我。

在沱阳学校读书时，我是住宿生。我们家离东冶镇五六里路，不住校也是可以的，但我喜欢那种愉快的集体生活。同学们在一起，天南地北的谈话很有趣。可以谈论自己喜欢谈论的事情，又可以从别人那里知道自己不知道的东西。母亲开始不同意我住宿，父亲倒是想得开，他主要是从有利于学习考虑的。

住在学校里要交伙食费。家里拿不出钱来，就得带菜、带饭。菜也没有什么好带的，无非是芥菜疙瘩、芥菜缨子、咸萝卜什么的。主食带小米和窝窝头，一个月一升小米，熬粥喝。特别是冬天，光吃凉窝窝头受不了，有碗热粥就好得多了。

我很喜欢这个学校，学习十分用心，尤其注重算术、英语等新课程。第一年的算术成绩比较差,第二年就赶上去了。正课之外,还看了不少书报。我们村有三个保定军官学校的学生,他们回家时,常来学校,教我们唱歌、爬杆、耍木枪等。这时关于国家的事听得就多了,孙中山呀,辛亥革命呀,民主共和呀,反袁斗争呀……总的印象是社会很混乱,但又理不出个头绪来。

进入沱阳学校的第二个寒假,父亲也从外地回来了。一天,他要我作文。这是他检查我学习成绩常用的方法。在沱阳学校,我的语文成绩一直很好。父亲要我作文,我满有信心,结果却不中他的意。他习惯于用八股文的规范来看文章,不合这种规范就不行。

出乎我意料的是,因这次作文不合他的意,父亲竟不让我再到沱阳学校去读书。他说:"你的文章越来越差了,看来不能再叫你到东冶上学了。再在那里学下去,作文成法都要忘光了。"其实,父亲的看法和我的实际情况正相反。我担心的是算术,而不是语文。他是用考秀才的老眼光来看待新学堂的。

这对我打击很大。我再三请求,他都不允。于是,只好离开沱阳学校,又回本村读私塾。从这件事我感到,父亲的思想有点旧,不太合潮流。

回到私塾,依旧哼哼唧唧读《四书》、《五经》,心里生烦,读不下去。想听点新鲜事也听不到,什么都是旧的。书是旧的,教学方法是旧的,同学们谈论的事也是旧的,看看老先生那副学究神态,就更感到旧。和沱阳学校比较起来,私塾要保守得多。村里的情况,也是死水一潭。辛亥革命后,一度掀起的禁止男人蓄辫子、女人缠足的风潮,很快平息下来。在许多人的眼里,留辫子、缠足仍然是天经地义的事,动不得的。现在仔细想一想,社会是个错综复杂的统一体。有进步力量,又有保守力量。进步力量战胜保守力量,社会就前进,就发展;有时出现倒退,是保守力量占了上风,但这不会长久。

又读了不满一年,我们家的经济状况越来越坏,不能同时供两人上学,只能留一人读书。父母最后的决定,是让哥哥继续上学,我在家里劳动。这时我还不满十五岁。

学 徒 生 活

失学后,我就在家里帮助母亲做些家务活。挖野菜,割草,拾粪,背炭,都是我的事。背炭要到窑上去,离家很远,背少了不上算,每次尽量多背,虽然很累,但我都挺住了。秋末冬初时,整天到地里去刨高粱茬、谷茬,刨回来晒干当柴烧。有时也看点书,写写仿。因为想看书,还闹了一个笑话。

有天,沱阳学校一个同学告诉我,东冶镇书摊上来了好书,叫我去买。我手里没有钱,就在家里东翻西找,翻出了一对耳环和一副手镯,背着母亲拿到当铺当了几个钱。当铺掌柜认识我们家,觉着一个小孩子来当首饰不大对劲,就告诉了我母亲。母亲很生气。结果书没买成,还差点挨了打。

在家住了几个月,心情郁闷,父母决定给我找点事做。母亲想叫我学木匠。木匠算手艺人,七十二行之一,在农村很吃香。可是父亲不同意,他想让我到买卖家去学徒。我不愿学木匠,也不想学徒,但也不知道干什么好,只想走远一点,到外面闯一闯。

父亲费了几番周折,最后给我找到一家书店,当学徒。这家书店在河北省阜平县,店主是我大姐夫的表兄弟。我听了也高兴,觉得这下看书不用发愁了。于是毫不犹豫地接受了我一生中的第一个社会职业。

阜平县位于河北省西部,大沙河上游,属太行山区。有一条沟通冀西和晋东的山路,便于小商人和民间往来。从我们村到阜平,有二百多里的路程。

书店和我想象中的不一样,门面小得可怜。先是卖书,后又兼营日用百货。有个大伙计,比我得早,早个一年半载的吧。他和东家的亲戚关系更近一些,是东家的内弟。

从阶级地位上看,这家书店颇似毛泽东同志在《中国社会各阶级的分析》一文中列举的小资产阶级中的"有余钱剩米的","发财观念极重,对赵公元帅礼拜最勤,虽不妄想发大财,却总想爬上中产阶级地位"的那一部分人。

旧社会那种学徒生活和现在有天壤之别。现在的青年工人是受到重视的。师徒之间,政治地位平等,生活有保障,学习有师傅带着,手把手地教。旧社会学徒就不同了,挨打挨骂是家常便饭。学徒三年,有两年半是卖苦力,学不到什么东西。我那时天不亮就得起床,挑水、扫院子,还得给东家倒尿壶,手脚要轻,不能惊动东家。我什么活都干过,做饭、烧水、劈柴、纺线、磨面粉……最累的是磨面粉。这家养了两头大骡子, 天磨六斗麦子,要一笤一笤筛出来。店主专门雇了个打磨工,他请假回家,这活就由我顶着干。两匹牲口轮流换班,我是一个人干到底。那时我年纪小,力气不够,一天干下来腰酸背痛,动都不想动,但夜间还要起来两次,给骡子添草加料。后来,东家见我本分、机灵,才让我站柜台。

第一个冬天,东家给我加了个新差事,替他讨债。出大力我可以坚持干,倒尿壶我可以忍受,讨债我张不开嘴。欠债的都是穷苦人家,有时进了欠债人家的门,一看那凄惨景象,"我给东家要债来了"这句话怎么也说不出口。一个冬天,跑了不少腿,没有讨上来几户。东家骂我,还威胁我,说:"再讨不来就扣工钱。"我说:"扣工钱我也讨不来! 你爱找谁找谁,我不干!"后来他再也不让我去讨债了。

年关结账时,东家没有扣工钱,给了我三块大洋,算是一年所得。这是我第一次拿工钱。尽管比我一年的劳动价值少得多,我也很高兴,因为我从来没有拿到过这么些钱。

第一次拿到工钱,我不知该怎样开销。因为从小苦惯了,没有花钱的习惯。想来想去,决定给母亲买点什么,再买点过年用的东西。花掉一块,其余两块回家交给了父亲。

学徒时,我最满意的是能看到书。在这点上,东家虽然不太高兴,但限制得并不严。白天,他看到我看书时间多了,嘴上不说什么,用增加活计的办法对付我。晚上,怕我看书时间久了耗费灯油,就催着早睡。我看书是抢时间,得空就看,有时入了迷,甚至忘记干活。店里的小说我差不多都看过。如《三国演义》、《西游记》、《水浒传》、《红楼梦》、《荡寇志》、《罗通扫北》、《薛丁山征西》、《七侠五义》等。还有《史记》、《汉书》、《二十四孝》、《孙子》等也翻阅过。

书中豪侠英烈的忠贞报国、为民除害的凛然正气,对我有一定影响。我非常羡慕他们那种行侠仗义、劫富济贫的品德和行为,曾经幼稚地想:我要去学武,替穷苦百姓打抱不平。但有些书也使我不满意,特别是《荡寇志》,它接着《水浒传》,续了七十回。中心是说宋江、李逵等梁山好汉如何被"擒拿正法"。梁山好汉一个个被整掉,实在叫人看不下去。我没看完,就把它甩掉了。

学徒生活持续了两年多,直到太原国民师范招生,我去报考,才离开了书店。这两年多，我亲身感受了店员徒工生活的苦难。应该说，这也是上学，我在这个"学校"里受的教育，比正规学校要深刻、实际得多。

考入国民师范

一九一九年，我考进了山西省立国民师范学校。

那时，我哥哥在太原做事，来信告诉我，国民师范学校招生，是官费，要我去报考。有了读书的机会，我当然高兴，决心离开书店，去考学。怕东家不准我走，跟东家告假时，我就借故说："家里捎信来了，有事要我回去一趟。"东家先是不准，说店里太忙，找不到替工。后来看我执意要走，也就答应了。比我年长的那位伙计，平时对我不太好，我说回家有事他也没在意。

离开书店的时候，我把自己的全部物品捆成一个行李卷，都带走了。我走出店门，就没想再回去。

省立国民师范学校设在太原市。太原离我们家二百四十里路，是山西的政治经济中心。在山西人眼里，去太原就像进京城一样。家里人说我是进京赶考，全家都为我忙活。

考试很顺利地通过了。约在五四运动的前两个月，学校正式开课。

校址在太原市小北门街，分东西两个院落，校舍比较宽敞。当时在山西算第一流的。路东为校本部，有教室、大礼堂、图书馆、理化实验室、教员办公室、学生自习室和宿舍。宿舍分东西各十斋。还有一所附属小学。路西是大操场、校园、"国师里"（即教职员工宿舍）。

我们这一期是国师创办后的第一期，叫山西省国民师范学校速成班，学制二年。后来增设高师体育专修科，学制改为五年。我毕业的那一年，又添设了雅乐专修科。

这所师范是阎锡山创办的，具有准军事教育的性质，其目的是为了培养军文兼备的人才，准备力量同其他军阀抗衡，以巩固自己的统治地位。所以，他对这所学校很重视，刚开学时每周都去听课，还经常对学生训话。

校长赵戴文，是个秀才，又是和阎锡山一块儿闹"革命"的，任过阎军第四混成旅的旅长，颇有点名气。此人既懂文又会武，是阎锡山的得力助手。

他把学校管得很严,课程安排得很紧凑,晚自习时学生才能有点自由。

课程设置也是为巩固阎锡山统治地位服务的。有军事、语文、数学、历史、地理、心理学、教育学,还有音乐、体育、美术等。学校很强调学好心理学和教育学,尤其注重儿童心理学。在非主课里边,还有武术课,教些各路拳术。

学校不仅设有军事课,而且学生生活半军事化。我们一入校就发军衣、皮鞋、绑腿等一些军用品,完全是军人装束。军事课是讲军事基本知识,进行军事训练。给我们上军事课的教员都是阎锡山部队中的营级以上军官,张荫梧就是一个。抗日战争中,张荫梧成了国民党顽固派,专事反共活动。我在冀南根据地时,他指挥民军专跟八路军搞"摩擦",被我们打得狼狈不堪。

开学不久,伟大的五四运动爆发,在学生中引起了强烈反响。

五四运动反帝反封建的鲜明旗帜和席卷全国的巨大声势,激动着每个爱国青年的心。由阎锡山控制的这所准军事学校,也沸腾起来了。许多学生走出校门,上街去游行示威、宣传演讲。我不爱说不爱道,就跟着一些人走街串巷,贴贴标语,听听演讲。同那些激进的同学比较起来,我算"守规矩"的人。

但是,五四运动的发生,对我的思想是一个很大的冲击,逼着我想一些问题。闲暇时间,我不再像从前那样,热衷于读小说了,而是注意看一些与政治形势有关的书刊。

当时介绍苏联社会主义、苏维埃劳农政府、十月革命以及有关马克思、列宁的书籍和刊物,少得可怜。像《新青年》那种有一定深度的宣传马列主义观点的刊物,发行数量有限,我们很难看到。全世界的反动统治阶级都在攻击十月革命,中国也不例外。我从报刊上的反动文章中看到"苏维埃"、"劳农政府"这些词,感到很新鲜。"列宁"的译音当时叫"里宁",我仅知道他是俄国十月革命的领导人。

学校还经常聘请一些社会名流来讲学,例如,胡适讲过哲学;有个物理学家,讲过力学;朝鲜的流亡人士,也来作过演讲。阎锡山的将领到校讲课,多是些反动说教,进步学生都很反感。这所学校以后办了很多期。与阎锡山的愿望相反,它成了山西学生运动的中心。高君宇、薄一波、王世英、程子华等同志曾先后在这所学校里学习,或从事过革命活动。

教书的岁月

一九二一年,第二个五四运动纪念日之前,我学习满两年,正式毕业。毕业后,被介绍到阳曲县太原第四小学当教员。

从学生到先生,看起来很平常,但却是我生活道路上的又一个转折,开始承担一部分社会责任——启蒙者的责任。

学校在阳曲县城里,规模不大,校长是个满族人。我教一年级,有三十几个学生。每月薪俸二十块大洋。

我开始体会到,当一个小学教师确实不容易。那些小孩子来自各家各户,男生女生不同,年龄大小不一,智力不齐,性格各种各样,把他们带好教好有许多困难。孩子们像田间的禾苗一样,小苗是很弱的,经不起强风和暴雨;然而,小苗又是有生命力的,它要在风雨中成长。这就需要教师精心培育,付出艰辛的劳动。在他们当中,说不定有未来的国家栋梁。

我工作了一学期,刚摸到点门路,学校就把我辞退了。这是放寒假的时间,我正在家里休假,学校寄来一封信,打开一看是"辞退书"。

我感到很突然,不,应该说是打击。从谋生的角度来说,一个学徒工,考入师范,又做了教师,是不容易的。还有一个角度,那就是理想和抱负。五四运动以后,在先进思想影响下,我心里也逐渐萌发起改造黑暗社会的念头。当上教师我就想,要通过自己的努力,让学生从小就理解这一点,长成有用的人才,担负救国救民的重任。我不能走我父亲以教书谋生的老路,要与他同行不同路。没想到,学校断了我的路。

为什么辞退我?"辞退书"上用词简单、委婉,看不出个所以然来。从我第一次站在学生面前,到放假离开学校,没做过错事,校长和同事都没有说过一个"不"字。我把"辞退书"拿在手里,苦苦思索,怎么也找不出答案。姐姐叫我到学校去问个明白,我没有去。我说:在这个世界里,还有什么明白不明白的,明白不明白都不会再叫你干了! 这个无头案一直没搞清,现在我也不明白究竟为什么辞退我。

失业不久,我又找到了职业。河边村川至中学附属小学缺教师,经父亲托人联系,雇用了我,月薪还是二十块大洋。因为我是国民师范学校毕业的,让我教六年级。河边村是阎锡山老家,这所小学的条件要比太原第四小学好得多,规模也大一些。

就在这一年,由父母做主,我同东冶镇朱门长女结了婚。她叫朱香蝉,性格很温和。第二年我们有了个女儿,叫松枝。松枝刚刚一岁多一点,也就是我考入黄埔军校的那年秋季,她妈妈得了不治之症,病故了。妻子临死前很想见我一面,但我远在广东,无法回来。松枝是在爷爷奶奶和外公外婆抚养下长大的。抗日战争时期,聂荣臻同志派人把她接出来送到延安,参加了革命。

我在河边村川至中学附属小学任教两年。这期间,在我脑子里,打倒军阀,改造中国的愿望更加强烈了。教学中经常找机会向学生讲述一些历史故事和当今事件,引导孩子们认识中国,认识社会。像鸦片战争、太平天国、南京条约、义和团运动、八国联军进北京、辛亥革命、巴黎和会等等事件,当时我知道得不是很具体,梗概还可以说得出。我觉察到,孩子们很愿意听。

我讲的这些内容,不知怎么传到了姓段的校长耳朵里。他郑重其事地出面干涉,我不服,同他争吵起来。我就问他为什么不许讲这些,他说不出理由来。没多久,我又被辞退了。从此以后,我再没有回到教员的岗位上去。

读书,学徒,教书,占去我青少年时期的十二年时间。风风雨雨的生活,使我增长了见识,受到了磨炼,在心灵深处刻下了难忘的印记。

失业后,我又面临着一个找出路的问题。不过这次和上次有些不同。那一次,如果说是以谋生为主的话,而这一次则主要是寻找一条救国救民的路。

第 二 章
革命生涯的起点

报考黄埔军校

一九二四年一月,我告别父母,冒着风雪严寒,重返太原,谋求职业。走投无路的我,心情郁闷,时常踯躅街头。

幸好我哥哥在太原工作,有点社会关系。经他东奔西走,找到了一个阳曲县小学教师的补缺。我正要去上任,又听说广州的国民政府要办军官学校,在上海招生。我哥哥认识一位姓郭的军官,答应保举我去应试,我即下决心考军校。随后,我又悄悄串联了几个同乡,一同去上海报考。

黄埔招生是全国范围的,各省均分配了名额,上海考区是一个比较集中的点。国民革命政府设有办事处,负责招收北方的学生。

二月间,我和白龙亭、孔昭林、赵荣忠、郭树械等,乘车赴上海。途中,经轮渡过长江,望着波浪滚滚的宽阔江面,不由得使人想起了苏东坡"大江东去,浪淘尽,千古风流人物"的名句。我们踏上满目葱绿的南国土地,来到我国的最大城市——上海,又兴奋,又新奇,指指点点,评说不已!

上海给我的强烈印象是:富人的天堂,穷人的地狱,贫富悬殊,有霄壤之别。洋人、阔人衣着华丽,作威作福;苦力、贫民面黄肌瘦,当牛作马,完全是一幅花花绿绿和凄凄惨惨鲜明对照的不合理的社会图景。

黄埔军校招生的具体简章,我们到上海后才见到。应考的条件和手续颇严,规定了许多条。政治思想上要"了解国民革命须速完成之必要","无抵触本党主义之思想";学历上要"旧制中学毕业"或相当程度之中学毕业;

身体条件要"营养状态良好"、"强健耐劳"及无肺病、花柳病、眼疾等。既有笔试,又有口试。笔试考作文、政治、数学;口试则考查学生对三民主义的了解程度及个人志趣、品格、判断力之类的。应考前,我们在美术学校一个姓赵的同乡家里复习功课。他家有两兄弟,当我们的辅导老师,出了不少力。后来,听说他俩都成了反共的"孙文主义学会"的成员。那个动荡的年代,力量分化甚快,也不奇怪。

这时,我们只是朦朦胧胧地想革命,投笔从戎,以身许国。知道孙中山是伟大人物,并不知道他创办黄埔军校的因由。

为什么要办黄埔军校?事后得知,由于孙中山搞了多年的革命,没搞出个名堂,渐渐悟出了一个道理:要走俄国人的道路。他对十月革命的胜利十分钦佩,曾致电列宁"愿中俄两党团结,共同斗争"。一九二一年,列宁和共产国际派出马林作为代表到了中国,在桂林与孙中山举行了秘密谈判。这次谈判,促进了孙中山作出改组国民党及与中国共产党合作的决定,更坚定了孙中山建立革命军队的信念。此后,中国国民党和中国共产党的合作,一步步加深。一九二三年八月,孙中山派出了以蒋介石、张太雷等四人组成的"孙逸仙博士代表团",到苏联去考察党务和军事,并参观了苏联的红军和一些军事院校。不久,在孙中山领导下,国民党中央执行委员会通过了一项决定,建立陆军讲武堂,命名为"国民军军官学校",由孙中山任校长。听说,苏联曾资助了孙中山一笔款子,要他搞出点名堂来。苏联同志对孙中山说,要搞一支革命的军队,靠旧军队是不行的。什么滇军、湘军、赣军、桂军、鄂军,都靠不住。孙中山于是下决心先办军校。原定的"国民军军官学校"还没开办,又改为成立"陆军军官学校筹备委员会",委任蒋介石为筹备委员会委员长,并指定以黄埔岛上的旧水师学堂和陆军小学的旧址为校址。

周恩来同志曾讲过,孙中山之所以器重蒋介石,选派他筹办黄埔,原因有二:一是因为蒋介石是陈其美的徒弟,陈其美在孙中山组织中华革命党时,第一个宣了誓,打了手印,是忠实孙中山的;二是一九二二年陈炯明炮轰总统府,孙中山跑到永丰舰上避难时,蒋介石在上海交易所做生意失意,跑到永丰舰上向孙中山表示,愿与孙中山共存亡。蒋介石骗了孙中山,孙中山一直蒙在鼓里。

三月中旬,我们在上海环龙路一号进行了初考。考试前大家心情比较紧张,政治方面看了些报纸和书,还比较有些底,作文也不怕,数理化就不行了。谁知,初试比较容易,这一关顺利通过。山西来应试的共有十来个人,都被录取了。接着招生委员会给每人发了一点路费,大概是十多块钱,要我们到广州参加复试。

我们十来个同乡,从上海乘火轮去广州,心潮像海浪般地起伏不平。兴奋、担心、期待,交织在一起,说不出是什么滋味。有的说:初试很容易,复试就不一样啦,考不上怎么办? 有的说:那也不一定,革命救国,正需要我们年轻人! 有的说:听说广州"卖猪仔"(即出国当苦力),考不上我们就借此机会去国外闯一闯。大家都是二十来岁的年轻人,既热情又单纯,各人心中都有救国救民、积极向上的抱负,恨不得有条件马上施展一番。五天的海上航行,固然疲劳,却使我们饱览了海洋风光。辽阔的海面,无尽的波涛,跃起的旭日,翱翔的海燕,都成了大家抒情咏志的话题。我们未来的命运,似乎也像大海那样,广阔无垠而又深不可测。

在广州,我们下榻兴湖旅馆,准备复试。这里,革命气氛甚浓,同太原、上海迥若两个世界。大街小巷里的革命标语,琳琅满目。《广州国民报》天天刊登革命活动的消息,积极宣传三民主义。孙中山大元帅的名声很大,人们都对他十分崇敬,仰慕不止。有天,我们听说孙中山要在一个学校演说,就自动跑去听。头一次见到这个伟大人物,只顾看人,他讲了些什么,倒没记住多少。接连听了三次,记得大意是讲三民主义,推翻帝国主义和封建主义在中国的统治,以俄为师,唤起民众,扶助农工等。我在太原国民师范读书时,听说过俄国十月革命,知道"里(列)宁"和"劳农政府"。孙中山明确表示以俄为师,使我对这位革命领袖很钦佩,更坚定了考黄埔军校的决心。

复试,是在广东高等师范学校进行的。政治试题不难,加之试前我们从报纸上看到一些文章,记了些术语,考的结果不错;作文也可以;数学因为没基础,几乎交了白卷。复试下来,有些人心里又凉了。每天蹲在小旅馆里,谈来谈去,不知命运如何。有人说考不上就"卖猪仔",去国外做苦力,或者是半工半读。当时都想去法国、苏联。

我们每天心神不定地等着。一天,忽然来了通知,想不到山西的十几个同乡全部被录取,大家十分高兴。国民党要搞军队,急需办这么个学校培养人才,报考的又多是热血青年,所以,能录取的尽量录取。孙中山要推进国民革命,当时特别重视吸收北方的学生。陕西的考生有于右任的保荐,也都录取了。

紧张的学习和战斗生活

五月初,我们就踏上了四面环水的黄埔岛,开始了军校生活。

六月十六日,黄埔军校正式举行了开学典礼。孙中山偕夫人宋庆龄乘江固号军舰来到岛上,先巡视了学堂和宿舍,又进大礼堂作了一个多小时的演讲。他的讲话精辟有力,通俗易懂,富有革命精神。他说:"中国的革命,有了十三年,现在得到的结果,只有民国之年号,没有民国之事实。"相反,俄国的十月革命比中国革命晚六年,却大告成功。原因是俄国"革命一经成功,就马上组织革命军"。他明确指出:"我敢讲一句话,中国在这十三年之中,没有一种军队是革命军!""我们今天开这个学校,有什么希望呢? 就是要从今天起,把革命事业重新来创造,要用这个学校的学生做根本,成立革命军。诸位学生,就是将来革命军的骨干;有了这种好骨干,成了革命军,我们的革命事业便可以成功。"他痛斥了陈炯明之流的假革命:"中国此刻是民穷财尽,一般都是谋生无路,那些人在没有得志之先,因为生计困难,受了家室之累,都是说要来革命,到了后来稍为得志,便将所服从的革命主义,都置之九霄云外,一概不理了。所以在两年之前,竟有号称革命同志的陈炯明将军,炮攻观音山,拆南方政府的台。"孙中山讲话中要求黄埔同学:从今天起,立一个志愿,一生一世,都不存在升官发财的心理,只知道做救国救民的事业。他特别强调:一个革命军人要有舍身精神,要不怕死。"我敢说革命党的精神,没有别的秘诀,秘诀就在不怕死。"

孙中山先生这篇开学演说,中心内容是讲建立革命军的必要性和基本要求,是篇很好的讲话。当时对大家有很大的鼓舞,今天读起来仍感十分亲切。

黄埔军校第一期录取了四百七十人,开始是四个队,我在第一队。以后湖南讲武堂合并过来,又编了第五、六队。我们一个队一百四十多人,分为九个班。同学中各省的人都有。第一次上课是填表,集体加入国民党。大家毫无思想准备，想不到参加国民党的手续这么简单，一堂课下来，都成了清一色的党员了。后来一些同志都把这件事当笑话说。

黄埔军校初期的组织，是以孙中山为校总理，蒋介石为校长，廖仲恺（后为汪精卫）为国民党党代表。军校在校部下设教授部、政治部、军需部、管理部和军医部。政治部主任开始是戴季陶，此人初次演讲就贩卖礼义廉耻、忠孝节义一套，因而学生轰他，不久便下了台。嗣后政治部主任换成了周恩来同志。在周恩来主持下，军校的政治工作相当活跃，革命性、战斗性很强，有力激发了师生的革命热忱。后聂荣臻同志也到政治部任秘书，主管组织和宣传工作。军事总教官何应钦，教授部主任王柏龄，副主任叶剑英同志。恽代英、肖楚女等同志，都任过军校的教官。

学校的课程很多，每天排得满满的。

政治教育是以革命理论和革命知识为主要内容。课程包括《三民主义》、《国民革命概论》、《帝国主义》、《社会进化史》、《各国革命史》、《苏联研究》等。《三民主义》一书，系孙中山一九二四年初所著，已不同于过去的旧三民主义，而是发展为联俄、联共、扶助农工三大政策的新三民主义，被列为政治教育的首要课程。军校训令中还明确规定：社会主义、共产主义、马克思主义等书籍，本校学生均可阅读。这类书籍，在书亭上摆着，可以随便买。校刊《黄埔潮》、《黄埔月刊》上的文章，也反映各种不同的政治见解。肖楚女就经常发表文章，文笔流畅、犀利，很吸引人。这些课程和书刊，使我对新三民主义、共产主义、俄国十月革命，有了进一步的了解。不过，那时我还分不清民主主义和共产主义的根本区别。

黄埔的军事课，主要是讲典范论和四大教程。如《步兵操典》、《射击教范》、《野外勤务》以及《战术学》、《兵器学》、《筑城学》、《地形学》，另外，还设有《军制学》、《交通学》、《实地测图》。总之，从单兵动作到排连营在行军、宿营、战斗中的联络和协同，都依次循序实施。教官主要是两部分，一是日本陆军士官学校出来的，这是少数；二是保定军官学校出来的，这是多数。有时，苏联顾问也给学生讲课和示范。

训练和一日生活很严格、紧张。天不亮就起床，穿衣服，打绑腿，紧急集合三分钟；出操回来赶紧跑厕所；吃饭限定十分钟，得狼吞虎咽；接着是上课，课后又山操；晚上是自习。操场紧靠珠江口，涨潮时操场里的水都漫过了脚,照样要出操。学生不准抽烟,我们吸烟的人只得偷着吸。一个学生发十个毫子,因为不准出黄埔岛,这点钱都花不完。

第一期开学不久,八月,爆发了第二次直奉战争。这是北洋军阀混战时期规模最大的一次战争。段祺瑞联合张作霖,反对直系的曹锟、吴佩孚。孙中山与段祺瑞、张作霖呼应,亲自率兵到韶关,准备北伐。计划先出江西,再取湖南,然后与滇、川、黔各路北伐军会师武汉,进窥中原,与段祺瑞、张作霖共平曹、吴。

孙中山虽然是大元帅,但在广州只有个大本营,没有多少部队。那时陈炯明在东江,已经准备倒孙中山的台。赣军、湘军、滇军、豫军、桂军,均各有自己的如意算盘,是靠不住的。当时我们山西有一支部队,也叫国民革命军,更不成样子。我们说笑话,它是官多于兵,兵多于枪,枪又多于子弹。孙中山当时认为可靠的,是黄埔这帮学生兵和教导团。

九月上旬,我们第一队作为孙中山的卫队,随他到了韶关,任务是放哨、警卫。这次随孙中山一起到韶关的还有宋庆龄,以及苏联顾问鲍罗廷和他的老婆、孩子。在韶关,我们住在一个山坡上,喝水很成问题,水又不干净,蚊子很多,几乎没有不生病的。

"双十节"那天,孙中山在韶关飞机场举行了阅兵式。受阅部队除樊钟秀部、吴铁城部,还有我们黄埔军校的学生。检阅完毕,孙中山简短演讲,主要是讲北伐意义,号召参加部队勇敢作战,彻底打败北洋军阀曹锟和吴佩孚。就在这天,广州城内发生了商团叛乱。广州商团军是英帝国主义支持下的一支买办武装,与东江军阀陈炯明相勾结,趁孙中山和黄埔大部力量东出韶关之际,公开发动反革命叛乱,妄图推翻革命政府,胁迫孙中山下台。一时广州形势十分紧张,黄埔军校的师生又奉命回师广州,参加平叛。在平定商团叛乱的战斗中,黄埔生首次上战场,大家很勇敢,受到了锻炼,树立了军威。

一九二五年二月,黄埔军校学生参加了第一次东征,打陈炯明。这时我已毕业,在入伍生第三期当排长。东征作战,周恩来同志参加了领导工作。东征军兵分几路,向敌进击,打遍了东江,直捣汕头。作战中,我们这支学生军与粤军许崇智部,担任右翼作战任务(左翼是滇军杨希闵部)。黄埔的学生可以说是人人奋战,个个争先,又大显军威。当时,同学中有一个口号:

"不要钱,不要命,爱国家,爱百姓。"每天高唱着校歌:"以血洒花,以校为家,卧薪尝胆,努力建设中华。"战场上,不少学生英勇献身。相反,左翼的杨希闵部却按兵不动,保存实力,别有企图。东征部队经两个多月的作战,终于打垮了反动军阀陈炯明的三万多人,迫使其率残兵败将逃往福建。五月下旬,滇系军阀杨希闵和桂系军阀刘震寰将部队拉回广州,发动叛乱。东征军又回师广州平叛,全歼叛敌两万余人,收复了广州。所以说,黄埔军校学生是在学习中斗争,在斗争中学习,"知行合一",而不是关起门来死读书,读死书。正如当时一些人说的,第一期黄埔生五百人,多是热血青年,是从艰难和困苦中奋斗出来的。这些学生和学校中的教导团,是东征作战和国民革命军的建军基干。没有黄埔的力量,就没有东征的胜利,没有国民革命军。

毛泽东同志说过,蒋介石是靠办黄埔起家的。筹办黄埔开始,蒋介石并不理解孙中山的革命理想。听说蒋介石曾经提出辞去筹委会委员长的职务,还写了辞职书。孙中山当时一方面说不准他辞职,同时又想另选人。蒋介石一想不对,又答应要干了。从这事不难看出,蒋介石既不了解孙中山的建军思想,又不忠实于孙文主义。

蒋介石这个人,有他的鬼名堂。黄埔军校开课以后,他每个星期到学校来,除训话外,要找十几个学生见面,谈上几句话。几乎所有的学生,都和蒋介石单独见过面,谈过话,当然见面谈话的时间有多有少。他坐在办公室,要学生站在他的门外,一个个叫进去问话。我们山西的十来个人,蒋介石都单独谈过话。记得他和我谈话时,一进门就问:"你是什么地方人?"我说:"山西人。"他又问:"在家都干过什么?"我说:"当过教员。"他边问边观察你,时而很注意听回答,时而又漫不经心,总是摆出有学问的派头。其实,蒋介石只是日本士官学校的毕业生,到底学过多少东西,军事懂多少,天知道。因为学生多是些刚刚走向社会的青年人,当然不可能懂蒋介石那一套笼络人心的手段。许多人对蒋介石亲自找去谈话,虽是一般地问几句,都觉得高兴和新奇。一些有见识的同学,说蒋介石有点装腔作势,但多数人对他还是满意的。蒋介石通过这种个别见面和谈话,认识了不少学生,也拉拢了不少人。后来,蒋介石嫡系部队里的许多将领,都是黄埔生。

黄埔军校,又是左派和右派、革命和反动激烈斗争的场所。

　　从我们入学起,两种力量就不断较量,并且越来越公开化、表面化。黄埔军校第一期学生,不少人是我党从各省秘密活动来的左翼青年,其中有不少人是党团员。

　　开学之后不久,"中共黄埔特别支部"成立,即积极领导进步青年开展斗争,反击右派分子。以共产党员蒋先云为代表的进步学生,发起了筹备成立"青年军人联合会"的活动。这个联合会,于一九二五年一月正式宣告成立。名义上是青年革命军人的组织,实际上是以周恩来同志为首的军校政治部联系青年军人的桥梁,是我们党对青年军人进行共产主义思想宣传的一种组织形式。当时我和一些同学都是筹备"青年军人联合会"的积极分子,一队的同学,也大都是该会的正式成员。

　　蒋先云是第一队的学生,湖南新田县人。一九二一年我党成立不久,他就加入了共产党,曾领导过安源工人大罢工。考入黄埔以后,很注意学习、研究共产主义理论,我们常常看见他晚上还在灯下读书、看小册子。他斗争坚决,作战勇敢,头脑敏捷,堪称青年军人的榜样。连蒋介石也很赏识他的才干,曾要他当过秘书、警卫营长。他和我经常交谈,是我的良师益友。在一篇东征归来的文章中,他写下这样的话:"革命军自有革命军的特色","革命军的头衔不是赠品","我们希望革命政府旗帜下的军人不要做假革命军"。北伐战争时他当团长,负了伤,坐着担架指挥冲锋,牺牲时年仅二十八岁。

　　在黄埔军校,我们紧紧团结在以蒋先云为首的"青年军人联合会"的旗帜下,不断地与国民党的右派和"孙文主义学会"中的反共分子作斗争。"孙文主义学会",是假借学习孙中山的学说为名而实则与"青年军人联合会"相对抗的反动小集团,主要头目为贺衷寒、缪斌等,成员多系国民党右派。黄埔军校中这两个组织的斗争,越来越激烈。蒋介石和汪精卫先是亲自出面"调解",到一九二六年四月,竟宣布这两个组织"自行"解散,停止活动。"青年军人联合会"虽被迫解散,但它的影响扩展到滇、桂、湘军及所设的军官学校,会员曾发展到两千多人。它所传播的为共产主义奋斗的思想,为广大的青年军人所憧憬。我们黄埔第一期的一些同学,所以能成为共产党员,是与"青年军人联合会"的影响分不开的。后来,仅在鄂豫皖革命根据地和我一起工作的,就有陈赓、蔡申熙、许继慎、吴展等同志;另外,为人们所熟知的李之龙、左权、王尔琢、宣侠父、周士第等同志,也是黄埔第一期的。这些同志对我党我军的建设,都作出了积极的贡献。

一九二五年三月十二日,伟大的民主主义先行者孙中山先生在北京逝世,我们是在东征的路上从油印的蓝色小报上得知这一消息的。对于这位革命先行者的去世,我们极为震惊和悲痛,不少人都哭了。孙中山逝世后,蒋介石就愈加肆无忌惮地控制黄埔。黄埔军校,逐步变成了蒋氏培植个人势力的工具。

在 国 民 二 军

孙中山先生逝世后不久,我即被调离黄埔,去河南冯玉祥部国民第二军工作。同去的还有和我一起考入黄埔的白龙亭、孔昭林、赵荣忠等人。

我们去河南国民二军工作,有两方面的原因。

一方面,是自己的要求。我们都是北方人,不习惯于南方的生活,老早就有回北方的愿望。一九二四年十月直奉战争爆发后,直系将领冯玉祥倒戈,回师发动政变,推翻了曹锟、吴佩孚的北洋政府,并与段祺瑞、张作霖组成由段祺瑞执政的"临时政府",电邀孙中山大总统北上,共商统一大计。孙中山接受中国共产党的建议,发表《入京宣言》,然后北上。一时之间,"统一"在望,形势喜人。于是,我们几个山西老乡商量,想回北方去冯玉祥部工作。东征回师后,正式向校方提出了要求。

另一方面,蒋介石也想插手国民二军。蒋介石视军队如生命,历来是注意抓军权的。他野心勃勃,不仅要控制黄埔和国民革命军,还想着手"改造"冯玉祥部。我们的要求正中他的下怀。当即批准我们去国民二军,还亲自召见了我们,说了些冠冕堂皇的勉励的话,要我们去后可以推荐一些青年人和学生来黄埔学习,以推进国民革命。蒋介石借革命以营私,我们当时识别不出来。批准我们去北方工作,心里是高兴的。

到了国民二军,我被分配在河南安阳的第六混成旅。先任教导营教官,后任参谋、第二团团副等职。旅长叫弓富魁,也是山西人。自一九二五年至一九二六年夏,我随这个部队辗转各地,度过了一年的时光。

国民二军,原系河南胡景翼的部队,胡曾跟随过孙中山,属冯玉祥系。冯玉祥倒戈推翻曹锟、吴佩孚政权后,与胡景翼、孙岳决定,将所部改称国民军,冯、胡、孙各直属部队分别编为国民一、二、三军。冯玉祥任国民军总司令兼第一军军长;胡景翼任副司令兼第二军军长;孙岳任副司令兼第三军军长。一九二五年四月,胡景翼病逝,二军军长由师长岳维峻接任。我去的时候,岳维峻已开始大规模地扩充队伍,不到半年,即号称二十万之众。

那时的军阀部队时兴易帜。把北洋军阀政府的五色旗换成国民革命政府的青天白日旗,再改一改番号,就成为革命军了。实际上是有名无实,换汤不换药。我在第六混成旅,看到的多是些腐败现象。军队没有固定的军饷,靠各显"神通",捞外快。贪污、吃空名字、抢老百姓的东西、糟蹋妇女的现象,司空见惯。与黄埔学生军的革命精神,不可同日而语。

在安阳,我除了从事军事工作外,还常到驻地附近的安阳中学去活动,同六河沟煤矿的工人也有接触。宣传三民主义、国民革命、打倒军阀列强,搞点军事训练,并陆续介绍了几十名青年学生去广东投考黄埔军校。后来我在东江搞游击战争,遇到位姓郭的营长,就是这批人中的一个。安阳也有共产党的活动。安阳中学教员罗任一,是日本留学生,我认识他,常到他家里去,以后才知道他是共产党员。我印象最深的是参加五卅运动的群众大会。到会的有数万人,场面很大,上海来的青年学生发表了演说。目睹广大工人、学生、市民义愤填膺,一致奋起声援上海工人反抗帝国主义的动人情景,使我深感民心不可侮,伟大的中华民族正处在新的觉醒中。

自从孙中山逝世后,各派军阀势力重新组合、角逐,所谓"统一",早已化为泡影。在北方,以日本帝国主义支持的奉系军阀张作霖为主,联合被推翻的吴佩孚,于一九二五年下半年开始向冯玉祥的国民军进攻。新的军阀混战又爆发了。十月,浙江督办孙传芳发动浙闽苏皖赣五省联军讨伐张作霖,事先同冯玉祥约定:徐州以南之沪苏皖,由孙部攻取;徐州以北之山东、直隶,由冯部攻取。冯玉祥就把攻打山东的作战任务交给了国民二军的岳维峻。岳维峻扩兵号称二十万,踌躇满志,胃口甚大,不仅要攻山东,还想夺取山西。在派兵进攻山东的同时,又作了攻打山西的部署。

十一月中旬,进攻山东的部队兵分两路,开始行动。一路以收编的原直系部队田维勤、王为蔚、陈文钊等师,假道徐州(已被孙传芳部占领)附近进攻鲁西；一路以国民二军为主力，在李纪才指挥下，由归德进攻鲁西。旬日之间，直下临城、菏泽、济宁等地，前锋部队抵近泰安。镇守山东的张宗昌大为恐慌，向吴佩孚、张作霖告急求援。经吴佩孚派人收买，将田维勤、王为蔚、陈文钊一路拉了过去，共同对付国民二军。同时，岳维峻派去进攻山西的部队，也被阎锡山部击败。吴佩孚、张作霖见岳军两头失利，即联合夹击国民军。国民军节节败退，岳维峻最后狼狈逃窜，被晋军抓获，当了俘虏。

这段过程中，我在第六混成旅二团当团副。旧军队里，团副是个有职无权的岗位，等于吃闲饭的，干不干没人管。我只是跟着部队行动，不参不谋，无所事事。当这个团占领德州后，岳军已开始溃败。二团来不及撤走，便开赴河北省保定、蔚州一带，会合冯军，与张作霖部作战。张作霖骑兵出多伦，抄后路将冯军击败。我们团被奉军截断退路，遂转战至广灵、灵丘、原平等地。敌人跟踪追击，部队士无斗志，无人指挥，四散溃逃。我和几个同乡便从原平回到了家乡。

俗话说，百闻不如一见。在国民二军的一年，使我对于军阀部队的骄奢腐败、横暴无道，以及军阀混战给人民带来的巨大灾难，有了实际感受，从而在认识上也大大前进了一步。我厌恶军阀部队，痛恨军阀混战，时时眷念黄埔时期的革命战友和战斗生活，决心仍然回南方去。

走上共产主义道路

一九二六年三月至五月间，蒋介石为篡夺革命领导权，破坏国共合作，打击和排斥革命势力，一手炮制了"中山舰事件"和"整理党务案"，南方的形势起了变化。那时候，我们正在河北与奉系军阀作战，故一无所知。

我从原平回到家乡，住了个把星期，就去北京，想找机会再回广东去。行前，和一同回家的几个同事商量，他们都不愿再出来，我就一个人走了。在北京，住在老乡家里，打听南方的消息。当时全国形势很乱，让人理不出个头绪来。北方是军阀之间时而混战时而联合的场面，南方是国共两党又合作又斗争的场面，报纸上的消息一天一个样，甚至相互矛盾。有人劝我在北方的军阀部队里干，我婉言谢绝了。经天津到上海后，听说广东的国民革命军出师北伐,攻占了武汉,使我更加坚定了去找革命队伍的决心。

十一月底,我从上海乘船抵武汉,见到了北伐军中的黄埔同学,十分高兴。武汉的革命气氛很感人,处处是"打倒列强,除军阀"的群众游行和集会,就像黄埔初期的广州一样。经同学介绍,我先去南湖学兵团当指导员,不久又被分配到黄埔军校武汉分校一队任少校队长。

武汉军校名声很大,号称"第二黄埔"。它是由黄埔军校政治科迁来组成的,办的是黄埔第六期,全称中央军事政治学校武汉分校,校址在两湖书院。全校有男生近千人,女生近二百人,男生住一个院,女生住一个院。校部设校务委员会,负责人为邓演达、谭延闿、恽代英、徐谦等。政治总教官恽代英,教官有施存统、肖楚女等,总队长是杨树松。许德珩同志告诉我,他也曾在那里任过课。

这所军校,有不少老师和学生是共产党员、共青团员、国民党左派人士。军校又是在北伐战争的胜利高潮中成立的,直接担负着为革命战争培养军政干部的任务,因而革命性、战斗性、纪律性相当强,真正继承和发扬了黄埔军校的革命精神。军事课程主要讲解基础军事知识,操练基本动作。教官只管讲课,队长负责军事训练工作。政治课程设有《三民主义》、《社会进化史》、《经济学大纲》等。日常生活正规、严格,按时作息,内务整洁,每周要擦枪,学生不经请假不准外出,男生和女生一个样。政治活动甚多,学生经常上街搞游行示威和演讲活动。著名的武汉人民收回英租界的斗争,军校师生是积极参加者,发挥了重要战斗作用。蒋介石四一二反革命政变后,军校的男生、女生常去打野外,准备对付反革命力量的袭击。后来,不少学生加入了中国共产党,为共产主义英勇献身。参加广州起义的国民革命军第四军教导团,就是由武汉军校的干部、学员组成的。赵一曼、游曦等烈士,也是武汉军校女生队的学生。

蒋介石当然不会忘记抓军校,抓青年。他当时是北伐军总司令,并兼任武汉军校的校长。然而,由于军校里共产党的领导力量比较强,进步力量占优势,故蒋介石无可奈何,只不过是个"空头校长"罢了。蒋介石也到军校讲过话,张口就是"本校长"如何如何,唱的都是三民主义的高调,以孙中山先生的当然继承人自居。他甚至大言不惭地说:"本校长向来是革命的,假如不革命,你们就一枪把我打死!"但曾几何时,他就发动四一二政变,大肆屠杀革命者和群众。还有一次,蒋介石召集黄埔毕业生讲话,说了一通温情肉麻的话。说他自己去日本的时候,妈妈如何日夜想念他。又说:本校长对你们是慈母般的感情,也就像我妈妈对我一样。我们当时很反感,会后议论说,你这个校长,讲这些东西干什么哟! 这件事说明,蒋介石有一套笼络人心的手段;同时又说明,底下对他并不那么相信。蒋介石到军校来过两次,没有达到控制军校的目的,以后就不来了。他在南京另开门面,也成立中央军事政治学校,实际上是不再承认武汉军校。这样更好,便于军校的进步力量放开手脚,开展工作。

武汉军校时期,是我一生中的重要转折点——从民主主义思想向共产主义思想转变的关头。

我在黄埔时集体加入了国民党。当时就有人劝我加入共产党,但我不愿当"跨党分子",搞两重身份。当然,主要还是头脑里信仰三民主义,对共产主义缺乏深刻认识。来到武汉军校不久,又有同事问我:现在许多人加入了 CP(共产党),你呢? 我说:我还没想好。他说:是不是不想做"跨党分子"? 别太清高了,跨党有何不好呀? 其实,我不是清高,而是不明白跨党是怎么一回事。我以前曾幼稚地认为,一个人要么信仰这种主义,要么信仰那种主义,总不能"脚踏两只船",同时信仰两种主义。后来才知道,共产党员加入国民党,是国共合作的需要,并非放弃自己的信仰。

究竟是三民主义好还是共产主义好? 这时已是我日思夜想的中心问题。形势所迫,不想不行。以前在黄埔时读过一些共产主义的书报,有点印象,但理解不了,也没认真思考过。经过几年的颠沛流离,耳闻目睹军阀混战、国民党腐败、人民遭殃等现象,使我不得不想,而越想则越觉得三民主义不如共产主义,国民党不如共产党。

常来常往的一些共产党员,给了我很大启示和帮助。他们大都是黄埔同学或山西老乡,又是活跃分子,如樊炳星、杨德魁、吴展、李楚白、贺昌、程子华等,我们常在一起聚谈。樊炳星是黄埔四期的学生,学经济科的。杨德魁是黄埔第三期毕业生,武汉工人纠察大队副大队长。李楚白在我们队里当司务长。吴展任过黄埔军校警卫营长,在武汉军校当队长。贺昌很早就加入共产党,当时是中国共产主义青年团湖北省委书记,山西离石人。我当队长,薪水多些。每到发薪后,大家就让我请客,凑在一块儿,到饭馆吃点鱼呀、肉呀、鸡呀、蛋呀,改善改善生活。有时也到茶馆喝清茶。这种聚会,几乎每星期一次,无形中成了固定的联络形式。聚会时,各人都谈理想,谈志向,谈对人生和时局的看法,谈三民主义和共产主义、国民党和共产党的区别。兴之所至,各抒己见,有时甚至争得耳红面赤,像吵架似的。我不太爱讲话,听得多,说得少。但是,交谈和辩论,却使我获益匪浅。我原来对共产主义和共产党的一些模糊认识,逐步得到了澄清。

为了系统地了解共产主义,确定自己一生的奋斗道路,我还搜集和阅读了一些共产主义的书籍。

白天工作特别忙,就用晚上的时间看书。像列宁的《二月革命》、《远方来信》、《中国的民主主义和民粹主义》,布哈林的《共产主义ABC》,李季的《通俗资本论》以及《社会进化论》和其他介绍苏联十月革命的小册子,我都如饥似渴地读来读去。我买了一箱子书,但因工作紧张,没有读完。

经过两三个月的思索、比较、学习和同志的帮助,我对共产主义和共产党的认识有了新的飞跃,决心走共产主义道路,把自己的一生,献给这个人类历史上最伟大、最美好、最壮丽的事业。

一九二七年三月,经樊炳星和杨德魁介绍,上级批准,吸收我正式加入中国共产党。樊炳星给我看了党章。记得党章上写了共产党的奋斗目标、组织原则等,印象最深的是共产党员要为共产主义流尽最后一滴血。入党后,我才知道恽代英、陈毅同志是军校党的负责人。有天,我接到组织上的通知,去蛇山西面的粮道街中央机关开会。会议由孙永康主持,施存统讲了话,周恩来同志在会上作了关于政治形势的报告,还提到了打夏斗寅的问题。这是我入党后第一次聆听重要政治报告。我为自己能够成为共产主义队伍中的一名战士,而感到自豪和光荣。

白 色 恐 怖 下

我加入中国共产党的时候,蒋介石正磨刀霍霍,准备发动反革命政变,把共产党人和人民群众淹没在血泊之中。

一九二七年四月十二日,蒋介石终于撕下了"革命"的假面具,在上海大肆屠杀、逮捕共产党员和工人群众；四处"清党"，扼杀革命力量。此后，内战代替了国共合作，黑暗的中国代替了光明的中国。

武汉的形势也日趋紧张。以汪精卫为首脑的武汉国民党中央和国民政府，正在积极"限共"，为下一步"反共"制造舆论。陈独秀的右倾投降主义路线，助长了右派势力，使我党在敌人的进攻面前束手无策，步步退让，解除了武装。五月，原武汉国民政府独立第十四师师长夏斗寅公开叛变，联合四川军阀杨森，进攻武汉。

为粉碎夏斗寅、杨森的进攻，由武汉军校、南湖学兵团及武昌农讲所的师生组成的"中央独立师"，配合主力部队出城击敌，归叶挺统一指挥。我们边行军，边教练作战动作。五月十六日，中央独立师赶到武汉以西的桃花镇，将川军范绍曾一部包围、击溃。接着，实行追击，经金口、紫阳、汀泗桥、通海口等地，和杨森的第九师又打了一仗，把人称"川老鼠"的杨森部击溃。我们队里有个学生在川军当过兵，他协助我指挥。我们冲进街里，"川老鼠"都跑了，一个俘虏也没抓到。叶挺的二十四师在纸坊一带也将夏斗寅部打垮。汪精卫等主张与夏斗寅议和，我们遂奉令返回武汉。

六、七月间，汪精卫与蒋介石的勾结愈来愈露骨，愈紧密。为保存革命力量，应付突然事变，党组织决定派一部分党员去张发奎的二方面军工作。在此之前，组织上已将我调出武汉军校，等待分配。等了近一个月，党组织才通知我和一个姓杨的（我俩不认识，谁也不知谁的身份）去张发奎的指挥部工作，我任上尉参谋。临行前，党的地下"交通"给了我张纸条，上面写着"找毛泽东"。毛泽东的名字我知道，但不知道到哪里去找他。

七月十五日，汪精卫发动了反革命政变，白色恐怖笼罩着武汉三镇。一些党内的不坚定分子，有的逃跑，有的叛变，有的消沉；大批优秀共产党员和革命群众，遭到屠杀。张发奎当时还打着"革命"的旗号，自称与共产党"合作到底"，所以我们的处境还比较安全。月底，部队开往九江。接着是八一南昌起义爆发，张发奎变了卦。那天夜里，他突然集合军官讲话，宣布说："CP分子三天以内保护，三天以外，不负责任！"我觉得在这个部队不能再待下去，连夜出走，转回武汉，想和党组织取得联系。但是，到了原来接头的地方，党的机关已遭破坏，空无一人。我住在一家小客栈里，又转了两天，仍无着落，便决心去上海，找党中央联系。我那时入党不久，也不知道党中央在上海的具体住址。因为没有办法，又一心要和党组织取得联系，便乘船到了上海。

上海同武汉一样，一片白色恐怖的气氛！我在黄浦江边找了一家旅馆——泰安客栈，住下后就设法找党组织。心想，万一找不到的话，只身去北方的军阀部队里做兵运工作。有天，我在街上转来转去，忽然碰上了武汉军校的李楚白，真是喜出望外。他问我到上海干什么？我讲了离开武汉军校后的经过及来上海的目的。他叫我在旅馆里等着，别到处跑，由他和组织上取得联系。过了两天，"交通"便来找我，接上了关系。

我终于找到了党。

第 三 章
野 火 烧 不 尽

参加广州起义

蒋介石发动四一二反革命政变后,中国大地上,腥风血雨,万马齐喑,一片黑暗!"但是,中国共产党和中国人民并没有被吓倒,被征服,被杀绝。他们从地下爬起来,揩干净身上的血迹,掩埋好同伴的尸首,他们又继续战斗了。"(《毛泽东选集》第九三七页)

八一南昌起义,打响了武装反抗国民党反动派的第一枪。党的八七会议,批评了大革命后期以陈独秀为首的中央所犯的右倾机会主义错误及其他错误,确定了实行土地革命和武装起义反抗国民党反动派屠杀政策的总方针。湘赣边界、鄂豫边界、湖南、江西、广东等地,相继爆发了一系列秋收起义。之后,我党又准备发动广州起义。

我在一九二七年八月间被迫离开张发奎部队后,从九江经武汉抵上海,找到了党中央。因广州那边亟缺军事干部,中央军委便派我和一些同志,分批前往广州工作。九月底,我和一位姓张的同志结伴而行,乘车抵穗。地下党的"交通",安排我们住在一个客栈里。有意思的是,这个客栈也叫"泰安客栈",竟和上海的"泰安客栈"同名。旅店相当简陋,住着些杂七杂八的人,乱糟糟的。过了一段时间,姓张的同志先分配走了,"交通"又领我搬到一个秘密地点去住。具体地点已记不清楚,只记得是和一位做工人工作的同志住在一间低矮的小房间里,自己买菜做饭,等候分配工作。

广州这座名震中外的革命城市,经过反革命力量的洗劫,已失去往日的风采。革命力量受到严重摧残,被迫转入地下活动;工人罢工屡遭镇压,逮捕、枪杀罢工工人的事件不断发生;粤系和桂系军阀争夺地盘的斗争,愈演愈烈;"扑灭赤祸"和"共产主义危险"的反动论调,甚嚣尘上。我在街上活动很困难,因往往容易碰上黄埔时期的熟人。除了买菜,一般不上街。

有天,中共广东省委派人来谈,叫我到工人赤卫队去,对他们进行秘密军事训练。我的接头地点,是个做秤的工厂。

广州的工人阶级经受过省港大罢工和轰轰烈烈大革命运动的锻炼,觉悟高,基础好。各行各业都拥有自己的职工会和工人纠察队组织,在支持两次东征、广州平叛和北伐战争中发挥了重要作用。李济深制造了"四一五"惨案后,职工会和纠察队转入秘密状态,先是自立名称,分散活动,后来统一改称工人赤卫队。工人赤卫队是我党领导和掌握的一支重要力量。为准备起义,中共广东省委将全市的赤卫队按地区编为联队,分区进行军事训练。

我去的第六联队,大都是手工业作坊工人,有修蒲团的,缝衣服的,做沙发木器的,修秤的,打铁的,等等。他们革命热情很高,但毫无军事素养,许多骨干连枪都没摸过。

说是进行军事训练,其实是既没枪,也没手榴弹,更没有练兵场,只能关在屋子里,"纸上谈兵"。每天晚上,我到工人家里,召集一些赤卫队骨干讲解军事常识。大家围着张破桌子,我用铅笔在纸上画着,讲解怎么利用地形,怎么扔手榴弹,怎么冲锋等。因房子狭窄,一次只能集中十几个人,便分期分批地训练。我是外乡人,广东话说不来,我说话他们不懂,他们说话我也不懂。幸好,联队的党代表是省港大罢工的工人,懂点普通话,由他当"翻译",才解决了这个矛盾。工人学习很认真,他们白天干活,晚上听讲,一搞就是大半夜,但从来没有人叫苦叫累,打退堂鼓。他们对国民党反动派极端仇恨,迫切要求翻身解放。我了解工人,也是从这时开始的。

我当时是个一般党员干部,不了解全局情况,也不知道起义的主要领导人是谁。根据中共广东省委的要求,我们的训练一直紧张地进行着,至起义前夕,共训练了四十多名骨干。起义总指挥部原定十二月十三日举行起义,因起义计划被敌人知道了,便改为十一日凌晨起义。我在十日下午接到命令,晚上和党代表一同去集合联队成员,传达起义的决定。有这么几条:(1)起义时间是十一日凌晨三时半;(2)口令为"暴动",特别口令为"夺取政权";(3)起义人员一律在颈上系红布条为记;(4)战斗开始先占领要害据点,除掉反动军官,夺取武器武装工人赤卫队。我们联队准备袭击的据点是附近的警察局。

敌军大部驻在城外,城内兵力空虚,对起义有利。起义的主力军是张发奎部叶剑英同志当过团长的教导团,原中央军事政治学校武汉分校的底子,共一千三百多人,武器装备较好,有一定战斗力。他们是不久前随张发奎部南下进驻广州的。另有警卫团、炮兵团和黄埔警卫营一部,也有武器。只有工人赤卫队是赤手空拳。原说起义前要给各联队送武器来的。我们左等右等,等了半夜,不见人影。大家心急火燎,议论纷纷。这时,有位提着菜篮子的年轻女同志走了进来,从篮子里拿出两支手枪、几枚手榴弹。这点东西,加上些铁尺、木棒、菜刀,便是我们联队起义的武器。

十一日凌晨,起义的枪声打响了。我们按预定计划首先冲进警察局缴了一班人的枪,把附近的大街小巷严密地控制起来,并和总指挥部取得联系。天亮时,除李济深公馆等几个据点尚有敌人顽抗外,广州的绝大部分地区均被起义部队占领,胜利的消息传遍了全市。工人队伍和军队不一样,指挥那样的队伍,比指挥新兵还难。我说话他们听不懂,拿到枪后到处乱跑,说是去打反动派,很不容易捏到一块儿。一说胜利就认为万事大吉,竟一哄而散,各回各家吃饭去了。我急得要命,找了好半天才又把队伍集合起来。我们这个联队总算是个战斗单位,还能把多数人聚拢在一起。有些地方连个战斗单位也形不成,工人们像散兵游勇一样,跑来跑去,找不到个组织。起义很仓促,组织工作比较乱。

起义后总指挥部设在公安局。当天宣布成立苏维埃政府,主席苏兆征,军事委员张太雷,工农红军总司令叶挺,总参谋徐光英。徐光英是广东人,很能干的,我们领发枪支,受领任务,都是去找他。他给我们联队的任务是搬运弹药,从薛岳司令部运到起义总指挥部。我们找了部小汽车,来回运送。有些地方在战斗,汽车从枪林弹雨中穿过。一天下来,饭也没顾上吃,但却运了很多弹药,保证了作战部队的需要。在指挥部里,我还见到了三个苏联同志。第二天午后,薛岳部开进城来,攻占了观音山(即越秀山),情势很危急。我们奉令配合教导团二连在观音山南面的街上抗击敌人。激战一阵,起义部队发起反击,收复了观音山,又控制了这个制高点。这一仗,我们联队的党代表不幸负重伤牺牲。他的名字我已经忘记，只记得大家叫他"阿陈"。"阿陈"年仅二十四五岁，曾参加过省港大罢工，待人热情朴实，革命意志坚决，在工人中有很高的威信。临死前他还紧紧拉着我的手说：要继续战斗，守住阵地……这位工人阶级的优秀战士，为革命献出了年轻的生命。

反动势力和帝国主义勾结起来，向起义军猛扑。蒋介石得悉广州爆发了工农武装起义，急电粤桂各派军阀，"捐弃前嫌，扫平共乱"。张发奎、黄琪翔、朱晖日等反动头目，纠集李福林第五军，围攻起义军。停泊在珠江口的英、美、日等帝国主义的军舰，也奉令向起义军开炮，并派出陆战队参战。

我们和敌人战斗了一天多，情况越来越危险。起义总指挥张太雷同志不幸牺牲；观音山丢失，部队也打散了。傍晚，我到公安局——起义军总指挥部住地去找徐光英同志，请示下一步怎么办，谁知那里空空如也，办公机关已全部撤走。屋里乱糟糟的，地上摆着些木箱，盖子已打开，里面净是银毫子，我抓了两把，留着备用，转身走出了指挥部。正巧，碰上了武汉军校时期我那个队的区队长朱先墀，他和六七个人正匆匆忙忙路过这里。他说：人家都走了，你还不快走！快走，到黄花岗集合去。我就跟他们一起到了黄花岗。那里也没有队伍，听说已撤往花县。我们赶紧出城，去追赶部队。

"文化大革命"期间，我和叶剑英同志住北京西山时，谈起了这段历史。他说：那天我也没接到撤退的通知，晚上到总指挥部去，不见人影，才知道情况有了变化。我在楼上，见桌子上满是一叠一叠的港币，都是一百元一张的，也没拿点，转身就走了。剑英同志说：我们那时傻得很，不知道带点钱在身上有用处。我说：我比你还强点，抓了两把银毫子，装进口袋才走的。

广州起义坚持了三天，起义部队和工人赤卫队打得很英勇，但终因敌我力量悬殊而失败。起义领导人张太雷、叶挺、恽代英、杨殷、叶剑英、聂荣臻、周文雍、陈郁等同志的活动及起义的全面情况，我是后来看文件才知道的。这次起义，有重要历史意义，与南昌起义、秋收起义并列，使中国革命进入土地革命战争和创立红军的新时期。

起义失败的原因，除敌众我寡、缺乏经验等客观因素外，主要是我们党在指导思想上以夺取大城市为中心，机械搬用苏联十月革命的经验。起义成功后，没有立即把队伍拉出城市，转到敌人统治薄弱的农村建立根据地，而是死打硬拼,想占住城市不放。当时已经占领了银行,缴获的武器和弹药也很多。如果把起义队伍立即装备起来,有计划有组织地转移到城外,去同朱德同志率领的南昌起义部队或彭湃同志领导的海陆丰游击队会合,情形将会好得多。另外,起义的组织工作的确不理想,缺乏通盘规划,指挥也不够统一,敌人逼进门来,才仓促决定撤退,不是有秩序地退却,因而付出的代价是惨重的。起义总指挥部决定撤退,许多人不知道。教导团的女子队就没接到通知。她们几十个人,在游曦同志指挥下,同敌人血战到底,壮烈牺牲。教导团的队伍撤出城后,敌人搞大搜捕、大屠杀,见到口音不对、衣服不对的人就抓、就杀,三天之内杀了七千多人,党和工人赤卫队的力量几乎被搞垮。

"战败的军队善于学习"(列宁),失败是成功之母。我们党正是不断从失败、挫折中总结经验教训,才走上了毛泽东同志开创的农村包围城市的正确道路。

奔向海陆丰

离开广州后,我们一气赶到太和圩,追上了教导团的队伍,继续向花县进军。路过一个山垭口时,遇上地主民团的伏击,部队冲了过去。傍晚到花县,城里的敌人已闻风而逃。

部队在花县停了三天,整编队伍,讨论行动方针。

先清点人数,共有一千四百四十几人。共产党员占百分之一二十,主要是国民党左派,即同情共产党反对蒋介石的人。黄埔第一期的学生不多,我是一个,还有吴展。叶镛是黄埔第三期的。教导团的队长、党代表大多是黄埔第四期的,其余均系武汉军校的学员。

部队编为一个师。叶镛当师长,袁裕(国平)当党代表,师党委书记唐澍,政治部主任王侃如。在一所学校里,大家开会研究,如何给这支部队命名。红一师有了,是朱德同志领导的南昌起义的部队;红二师有了,是海陆丰一带的另一支南昌起义部队;红三师也有了,是琼崖游击队改编的。最后,大家确定我们叫红四师,自己给自己起的名字。红四师下辖三个团:十、

十一、十二团。我任十团党代表。还有一二十个女同志,都分在师部、团部工作。我们团管军需的那位女同志叫彭镜秋,现在还健在。组织成立后,我把从起义指挥部拿来的银毫子全部交公。部队是仓促撤出的,经费十分困难。

部队下一步到哪里去?花县离广州太近,又靠铁路线,肯定不能蹲。有的主张去北面的韶关,有的主张去海陆丰。听说朱德同志的队伍在韶关一带活动,多数人主张去同他们会合。于是,派人去联络。

部队在花县,每天都有地主民团来攻,师里要我负责指挥打民团。那些地主民团滑得很,一天来攻好几次。我们要是不理他,就呼噜呼噜地来一片,噼噼啪啪乱打枪;我们要是一打,他们就跑。有时我们正吃着饭,民团来了,部队扔下饭碗就去打;刚打走他们,一会儿又来了,又得去打。他们熟悉地形,零敲碎打,跑得又快。我们有时也追击一下,但追得不太远,怕中埋伏。我们把打民团的战术,叫作"打狗战术"。意思是别看它来势汹汹,你抄起棍子去打,他们就夹着尾巴逃跑了。

师部三次派人去韶关,都没找到朱德同志的队伍。第三天晚上,才决定去海陆丰,会合红二师。次日一大早出发,走了半个多月,经从化、良口、龙门、杭子担,绕道蓝口附近渡东江,南下进入罗浮山脉东侧的紫金县境。途中,有些民团怕我们,在村边插着木牌,写上"欢迎来境,欢送过境"的大字,我们就交代政策,分化敌人;遇上反动民团的袭扰、顽抗,则狠狠地打,绝不留情。广东是大革命的发源地,群众痛恨军阀,心向革命。我军每到一地,都受到群众的热情接待和支援,对士气鼓舞很大。

紫金县城敌军不多,县长叫邱国忠,是个国民党军队的少将,极其反动。起义军撤出广州后,他坐卧不宁,屡电广州反动政府,求援增兵。当我军进入县城附近的黄花村时,邱逆误认为是广州来的援兵,派人出城联络。我们决定将计就计,冒充"援兵"进城。那天上午,我军队列整齐,开赴县城;邱国忠带着县府的大小官员来到城外,躬身欢迎。我们不费一枪一弹,将他们活捉,占领了紫金县城。邱国忠血债累累,民愤极大,经群众公审后枪决。

一九二八年元旦,红四师抵海丰县城,受到中共东江特委和当地群众的热情欢迎和慰问。海丰是我党第一个苏维埃政权的诞生地,彭湃同志的故乡。从一九二四年至一九二七年,彭湃先后在这带发动过三次农民起义,影响甚大。第三次起义是一九二七年十月底，数千农民在董朗、颜昌颐领导的红二师（共一千余人，也是南昌起义的部队）的配合下，一举攻占了海丰、陆丰两县城，正式成立苏维埃政府，实行土地革命。我们进抵海丰县境后，见各村的墙壁上写着许多打土豪、分田地的标语，处处红旗招展，颇有革命气势。县城的墙壁，都用红土刷过，全城一片红，真是"赤化"了的天下。群众听说我们是从广州下来的红军，热情万分，家家让房子，烧水做饭，像亲人久别重逢一样。

为欢迎红四师，东江特委在县城广场上召开了一万多人的群众大会。特委书记彭湃发表了热情洋溢的讲话。我印象最深的有两点：一是广州起义失败了不算什么，革命难免有挫折，有失败，失败了再干，革命一定会胜利。二是共产党领导穷人闹革命，要坚决消灭地主军阀，保护穷人利益。什么是共产党的法律？抓住地主杀他们的头，就是共产党的法律！他的富于鼓动性的讲话，博得了一阵阵的热烈掌声。接着，红二师和红四师胜利会合。从此，这两支年轻的红军队伍在东江特委的领导下，并肩战斗，揭开了东江游击战争的新篇章。

坚持东江游击战争

红二、四师会合后，海陆丰地区的革命力量，进一步增强，群众斗争情绪高涨，形势不错。东江特委决定"迅速扩大红区"，由红二师北向紫金、五华地区发展，红四师东向惠来、普宁地区发展，以便控制西起东江、东至潮汕、北起梅南、南至沿海的大片区域。

这时我已调任红四师参谋长。部队在海丰城里住了三天，即奉令东进。我每天都找很多人谈话，了解敌情、地形、道路。当参谋长，不把情况搞清楚是没法打仗的。部队先到陆丰，那里的反动派已跑光，不战而克。接下来打甲子港。这一仗打得比较厉害。防守的地主民团依托土工事顽抗。不过，他们的装备不行，扔的炸弹是土造的，炸开来很响，里面多是碎玻璃，杀伤力不大。我们强攻了几次，很快解决了战斗。继而攻打果陇。这个村庄是硬钉子，防守的是华侨武装民团，武器弹药不少。我们令十团担任主攻任务，十一团、十二团助攻，打了三天，牺牲了二三十个同志才攻下来，从而使陆丰和普宁连成了一片。战斗中师党委书记唐澍不幸牺牲，有颗子弹打进他的肚子，血流在里面致命的，身上一点血迹也没有。他是四川邻水县人，工作勤勤恳恳，平易近人，是个好同志。我们一路下去，尽是和民团打来打去，几乎天天有仗打。这时，国民党的"进剿"就来临了。二月下旬，敌人从广州派出两个军的兵力，加上军舰控制海面，从西、北、南三面围攻海丰，彭湃同志组织当地军民奋起反击。因事前对敌人的"进剿"缺乏必要准备，敌众我寡，守了几天，顶不住了，被迫于月底退出了该城。

那边丢了海丰，这边就去打惠来。惠来城里是陈铭枢的杂牌部队，从福建来的。攻城前，我们叫人喊话："我们都是穷人，要分土地呀！""穷人不打穷人，你们放下武器吧！"还放风筝，撒传单。当时红军还没有毛泽东同志的那套政治工作，但也有小的发明创造——战场宣传，瓦解敌军，多少起了点作用。敌人受了影响，既不打枪，也不交枪。

围了几天后，彭湃同志和他爱人都来了。他爱人姓徐，也是共产党员，怀里还抱着个吃奶的孩子。彭湃同志急着拿下惠来，要领着人去爬城楼。他爱人也要把孩子扔下，和他一起去。这样太危险，我们不同意。组织队伍强攻了一下，打死敌军一个团长，敌人就跑了。

"进剿"的敌人继续压过来，我们在惠来城待不下去了，便转移到普宁山区的三坑。彭湃和特委的同志也来到这里。我们是在平原蹲不住才进山里来的，敌众我寡，不进山就不能保存现有力量。但特委不同意，提出了"反对上山主义"的口号，非要把部队拉下山去同敌人硬拼不可。我们说这样干要吃亏，不能去。彭湃同志气得不得了，自己带头往山下冲。他去冲，我们也得跟去，好保护他，把他接回来。我们知道自己的力量有限，去和敌人硬干是不行的。

敌人的围攻一天天紧迫，我们的处境一天天困难。部队有耗无补，越打越少。红二师、四师各剩下五六百人，另外有个朝阳独立团几十人枪，就那么点力量。那时地方党不晓得建设和加强主力红军。地方主义、宗派思想比较严重。外来的红军是一摊，本乡本土的地方武装是一摊，泾渭分明，井水不犯河水。红军打一个少一个，没有补充来源。人牺牲后，枪就被拿到地方上去武装赤卫队。红军越打越少，越打越弱，地方武装当然也发展不起来。

处境越来越困难，怎么办？五月间，特委召开会议讨论行动方针，红二师、四师的领导同志都出席了会议。我们和二师的领导都认为，这个地方南面靠海，东临平原，山也不大，机动余地小，再待下去不是办法。应当把二、四师的千把人集中起来，拉到粤赣边界去打游击。那里是两省交界的地方，山多山大，有较充分的活动余地，不容易被敌人消灭掉。待看准机会就咬敌人一口，能慢慢地补充和发展自己。这个意见，现在看来是对的。当时我们虽不懂得建立农村根据地的重要性，但从军事上考虑到了不能和敌人硬拼，"留得青山在，不怕没柴烧"。然而，特委的同志不同意，说是广东各地的地主民团很厉害，走不过去，要部队回到海丰去。我们都是外乡佬，不了解情况，不便再坚持意见，就按特委的决定办。会后，彭湃、袁国平、颜昌颐等同志到上海去了。

在和彭湃相处的日子里，他给我留下了深刻而难忘的印象。从前，我只听说过他的名字，来到东江后朝夕相处，才真正了解他。他出身富豪家庭，早年毕业于日本早稻田大学，当过海丰县的教育局长。他很早就加入中国共产党，从事农民运动，带头革了地主家庭的命，把土地分给农民，在海丰领导成立了广东省的第一个农民协会，是我党早期著名的农民运动领袖。海陆丰地区的贫苦农民，十分感激和拥戴他，称他为"彭菩萨"。彭湃是个革命意志很坚强的人，又是能和当地的农民群众真正打成一片的人。不论环境多么艰难困苦，他总是充满乐观的、必胜的信念。他常说：失败了再干，跌倒了再爬起来！在共产党人面前，没有克服不了的困难。他个头不高，身着普通农民的衣服，脚穿草鞋，不论走到哪里，都能和群众谈心、交朋友，住在一起，吃在一起，像一家人似的。在农民家里吃饭，饭碗上沾着鸡屎，他毫不在乎，端起碗来就吃。这一点的确是难能可贵的，我很佩服他。彭湃也有弱点，主观、急躁，有时"左"一些。这同革命初期经验不足有很大关系。彭湃走后，我们都很怀念他。后来，他和杨殷同志在上海被叛徒出卖，英勇就义。

彭湃等同志离开东江后，红二、四师根据特委决定，一道回去攻打海丰。特委同志说，城里有内应，攻克不成问题。其实守敌是一个多团，仅八个士兵是我们的人。我军攻进城里，占领了小部分地方，再啃就啃不下去。没有办法，我们带上那八个士兵，退出城来，又转到海丰附近的山里去。

敌军整天搜山、放火、杀害群众,我们的处境日趋艰难,只好分散游击。
人越搞越少,有的是战斗中牺牲的,有的是被敌人抓住杀掉的,有的是病死
的,有的是负伤没药治疗死去的,有的是活活饿死的,有的是被山洪暴发卷
走的……没有粮食吃,靠挖野菜度日,红薯叶子算是上等食品,稀罕得很。
没有房子住,临时搭个草棚避避风雨,后来因怕暴露目标,连草棚子也不搭,
净住树林、草堆。蚊虫极多,害病的同志不少,又没有药治。整天和敌人周
旋,他们来东山,我们上西山,他们来西山,我们又转回东山,一些病号走慢
了就被敌人捉去。我在一次战斗中腿部负了伤,天气炎热,伤口化脓,多亏
医生采了些中草药敷上,过了个把月,伤口才愈合。六月中旬,叶镛同志因
患严重疟疾,不能行走,隐蔽在一个地方,被敌人搜出杀害。他是四川人,黄
埔第三期毕业后,任过武汉中央独立师和第四军教导团的连长、营长,为人
正直,作战勇敢,对东江游击战争作出了积极贡献,遇害时年仅二十几岁。
此后,由我任红四师师长,带着一二百人继续坚持斗争。敌人"搜剿"一次,
我们的人损失一些,实在想不出好办法,摆脱被动的、有耗无补的局面。

七八月间,中共广东省委派陈郁同志来了解情况。他感慨地说:"省委
的同志只知道你们处境艰难,想不到难到这个地步!"他传达了省委对形势
的分析,认为革命处于低潮时期,分批转移,保存力量乃是唯一出路。到年
底,只剩下了我们几十个人。

一九二九年一月,广东省委决定将最后这批人撤走,东江游击战争遂告
一段落。

回顾这段历史,我觉得教训是深刻的。主要是:第一,在对形势估计上,
只看到海陆丰地区的局部"高潮",而忽略了全国革命处于低潮的总特点。
那个时候动不动就讲"高潮"、"进攻",说什么敌人"溃不成军"、"临死还要
踢破三床草席",盲目性很大。因而,对于军阀势力的联合进攻及斗争的艰
巨性、长期性缺乏应有准备。敌人的"进剿"来临,步步被动,束手无策。第
二,在革命道路问题上,仍是夺取城市为中心的思想作祟,未树立农村包围
城市的思想。所谓"反对上山主义",反对去粤赣边界坚持游击战争,便是
证明。第三,在军队建设上,没有正确解决主力红军与地方武装的关系。搞
根据地,搞游击战,一定要有核心力量。核心就是主力部队。只有不断加强
主力部队的建设,使之与地方武装和人民群众的斗争有机结合,才能战胜敌

人,发展根据地。而特委的方针却与此相反,失败的命运当然是不可避免的。第四,在游击战的战术上,不懂得避强击弱,有进有退,有游有击,而是硬碰硬,搞拼命主义。"以卵击石",焉有成功之理! 总之,那个时候我们党还缺乏武装斗争经验,出现这些问题并不奇怪。我也是"事后诸葛亮",提出这几点看法。从中,可以使我们更加深刻地认识到,毛泽东同志关于中国革命走以农村包围城市的道路的思想,是多么正确和伟大。

离开东江之后

一九二九年一月,我们接到中共广东省委的通知,要把剩下的一批同志,通通转移出去。

省委布置的转移路线是经惠州去九龙,并给每个同志发了路费。我们共有二十几个人,从海丰附近莲花山的热水洞出发,沿着小路爬山越岭,翻过一座大山,抵惠州地区。那里有位农民党员来接头,领我们去他家吃了顿饭,而后将我们送上公路,他便回去了。因这批人集中行动,目标太大,我和党代表刘校阁商量,决定分两路走。他带一路,我带一路,到九龙再会合。分手后,他们就奔惠州城里去了。

我领着十来个人,在惠州城外的野地里住了一夜。第二天早晨,分成几批行动,从惠州乘汽车去樟木头,再转乘火车去九龙的接头地点会合。途中,我们这一路的同志没遇上什么麻烦,陆续到达九龙。但刘校阁那一路人,却杳无音讯。我后来也没打听到他们的下落,估计是被敌人抓住杀掉了。那时同志们刚从山里出来,个个面黄肌瘦,胡子拉碴的,脚上又穿着海丰的草鞋,人家一看就会怀疑是从"赤化"地区来的,容易暴露目标。

在九龙,我们住在一座小楼里,单门独院,比较安全。这是广东省委租的一所房子,等于个招待所,有位工人同志负责照顾我们。刚到的那几天,大家饭可没少吃,但总觉得肚子填不饱,这大概是在山里长期挨饿造成的吧。

九龙是英租界,国民党不能进来乱抓人。然而,英帝国主义毕竟和国民党一个鼻孔出气,所以我们也保持警惕,不暴露身份,不随便上街。"交通"

告诉我们应付敌人搜查的办法,并再三叮嘱大家:如果万一被捕,要想办法去澳门,绝不能去广州。在澳门,组织上可以营救;去广州落到国民党手里,就难办了。

我们在九龙住了一个多月的时间,主要是学习"六大"文件。文件用《牡丹亭》之类的小说封面伪装着,是铅印的。这是我第一次有时间坐下来,安安静静地阅读党的决议。"六大"的决议,写得很好,读起来很解渴。例如,关于中国革命的性质和民主革命的十大纲领,关于当时革命处于低潮时期的论断,关于既要反对右倾投降主义又要反对"左"倾盲动主义的问题,关于建立工农红军和发展根据地的任务,等等,都在我的脑子里留下了深刻的印记。特别是联系到大革命失败后自己的亲身经历和见闻,使我进一步认识到,无产阶级的军事斗争,离不开正确政治路线和策略的指导。否则,将一事无成。

三月间,"交通"通知我们去上海。同行的有我和桂步蟾、王和峰、周棺仁等六个同志。到了上海,先是住在我过去住过的黄浦江边的泰安客栈里。过了不几天,我们在法租界的金神父路租了个亭子间。每月十三元的房租,自己烧饭做菜,听候分配。

不久,王和峰、周棺仁等四人被分配去湘鄂西根据地,我和桂步蟾同志则去大别山区工作,踏上了新的征途。

第 四 章

大别山区的工农武装割据

初到大别山区

大别山区的鄂豫皖革命根据地,是土地革命战争时期我党创建的主要根据地之一,中国工农红军第四方面军的发源地。先是一九二七年十一月,我党领导鄂东北黄(安)麻(城)秋收起义胜利,创造了鄂豫边武装割据的局面,继后又有商(城)南起义和六(安)霍(山)起义的成功,到一九三〇年春,中共鄂豫皖边特委成立,鄂豫皖革命根据地遂告正式形成。(见附图一)

鄂豫皖革命根据地的战略地位十分重要。气势雄伟的大别山脉位于中央,有木兰山、天台山、万紫山、大雾山、大悟山、古角、桐山诸峰纵横盘结,绵亘数百里,横贯湖北、河南、安徽三省交界处,襟长江而带淮河。北窥豫中,南瞰武汉,东控江淮平原,西扼京汉铁路。山川交错,水泊棋布,土地肥沃,物产丰富,为历代兵家囊括大江南北,逐鹿中原的必争之地。

我去鄂豫边工作,是一九二九年六月间的事。

我到上海同党中央接上关系后,心里才踏实下来。一九二九年五月底,"交通"通知我,说军委负责同志要找我谈话,并约定了会见的时间、地点和联络暗号。地点就在我的住处,我用的化名叫"余立人"。第二天上午,一个穿长衫、着布鞋、商人打扮的人来了。见面后,他问了我些个人经历及东江游击战争的情况,而后告诉我,鄂东北有块根据地,基础不错,那里派何玉琳同志来要军事干部,军委决定派你和桂步蟾同志去。他问我有没有意见,我说:"没有意见,服从组织决定。"他还说:"具体工作到那边再说,你准备一下,跟何玉琳他们早点动身。"谈了不到一个小时,他就匆匆忙忙地走了。

后来听说,这位同我谈话的同志,就是中央军委书记杨殷同志。杨殷是广州起义的领导人之一,他的名字以前我听说过。在我去鄂东北后不久,他和彭湃、颜昌颐、邢士贞同志,被叛徒白鑫出卖,慷慨就义。我们后来在鄂豫皖革命根据地成立培训干部的学校,命名彭(湃)杨(殷)学校,以纪念这两位著名的革命烈士。白鑫我也认识,广州起义的部队在花县整编为红四师时,他是十团团长,我是党代表。这个人身上带着不少银元,打起仗来就溜号,根本不像个共产党员。那时我就提议开除他,撤他的职。在东江分散游击后,不知他跑到哪里去了。彭湃、杨殷等同志牺牲后,周恩来同志在上海派陈赓等同志除掉了这个可耻的叛徒,使他得到了应有的下场。

六月上旬,我与何玉琳、桂步蟾同志一起,装扮成商人模样,去鄂东北特区。先从上海乘船至武汉,再乘汽车经黄陂到靠山店附近,下车后沿山间小路行进。这条路是何玉琳到中央汇报工作时走的,他比较熟悉。通过白区地带,没有遇上什么麻烦。

进入鄂东北根据地,完全是另一番天地。正当割麦的时候,田野里、村庄里,一派繁忙景象。村头地边,红旗招展;男女老少,喜气洋洋。不少人都认识何玉琳,见我们和他走在一起,知道是自己人,也同我们亲切地打招呼。到黄安以北的箭厂河,特委书记徐朋人接见了我们。他详细介绍了根据地的情况,要我和桂步蟾去红三十一师工作。徐朋人是学生出身,当过教员,黄麻起义的领导人之一。说话操着浓重的当地口音,有条有理,也很实际,给我的印象,是个勤恳、朴实、能干的人。

根据地不大,但已初具规模,打下了发展基础。边界割据区,北起柴山堡,南至黄安八里湾,东起麻城黄土岗,西抵孝感的汪洋一带。较巩固的地区有光山的柴山堡,黄安的七里、紫云、高桥、桃花,麻城的乘马、顺河等区。一般情况下,党的机关、政权机关能够扯起红旗子,开展工作;群众普遍组织起来,不容地主豪绅和反动分子有立足活动的余地。这些地区,尚未连成一片,中间有敌占区;边缘地带常和敌人拉锯,有时在我们手里,有时又被敌人占去。我去后住在柴山堡,那里山高林密,地形不错。我们住地附近的山头上有棵"信号树",树一放倒,就说明敌人要来了。老百姓会马上牵着牛、挑着担子"跑反",部队则派人掩护他们。撤退工作是有秩序的,表现了根据地领导人的组织能力。

党组织和群众的状况,也比较好。鄂东北特区包括黄安、麻城、黄陂、孝感、光山、罗田诸县,均建立了县委、区委和基层党支部。党的力量以黄安最强,党员一千二百多人;麻城次之,党员五百多人;其余则弱些,二三百名或几十名党员不等。因黄麻地区有根据地,党员数量又多,特委的工作重点就放在这里。黄麻一带的农民群众,革命热情甚高,把共产党看作是他们自己的组织。许多人不明白党的性质,以为参加过武装暴动和打土豪、分田地的,就是"在党"的共产党员。如果党组织秘密开会被他们发现,会生气地说:"你们以为我是反动派吗?开会为什么不约我呢?"要费许多口舌,向他们作解释工作。党的一些口号,如"杀尽土豪劣绅"、"实行土地革命"、"打倒欺骗穷人帮助富人的国民党"等,家喻户晓,深为群众拥护。不论男女老少,都知道共产党是领着穷人打天下的。唯"苏维埃"一词,很多人闹不清楚,甚至认为这是共产党里一位首脑人物的名字。所以,他们又称共产党为"苏先生"。

军队,有红十一军三十一师的番号,才三百多人。无所谓军部、师部,只有"司令部"。司令员是吴光浩,下辖四个大队,每大队五十至六十人。我去的时候,吴光浩同志已牺牲。他是湖北黄陂人,黄埔四期生,参加过北伐战争,黄麻武装暴动的领导人之一,在群众中有很高的威信。一九二九年五月间,奉特委指示,带着十多个人去商城南部帮助开展工作,途经罗田藤家堡时,遭地主民团袭击,战斗中不幸牺牲。对他牺牲的消息,特委决定暂不宣布,怕影响部队和群众的情绪。所以我到三十一师,名义上是副司令、副师长,实际上负责全师的军事指挥工作。师党代表戴克敏,参谋长曹学楷,政治部主任陈定候,都是黄安人。除红军外,还有赤卫队、游击队,人数不多,几百人,但也是宝贵的力量。

万事开头难。鄂豫边区能够形成这么一块根据地和一支红军队伍,很不容易。

黄麻地区,曾经过大革命的洗礼。那里是董必武同志的故乡,很早就有他和陈潭秋同志撒下的革命火种,打下了党的工作基础。北伐军从广东打到武汉,继而控制过鄂东,影响甚大。农民运动轰轰烈烈,许多地方都有农民协会、农民自卫军的组织，造就了一大批战斗骨干。一九二七年春，毛泽东同志在武汉举办"农民运动讲习所"，黄麻地区一些农民运动的领袖也在讲习所学习过。

"四一二"蒋介石在上海发动反革命政变，"七一五"汪精卫又在武汉召开"分共"会议，蒋、汪合流，血腥镇压革命力量，断送了大革命运动。但是，黄麻地区的党组织和群众，没有被吓倒。他们在党的八七会议后，组织了黄麻秋收起义，走上了武装割据的道路。曹学楷、戴克敏、徐朋人、潘忠汝、王志仁、王宏学、刘镇一、汪奠川、戴继伦、戴季英、陈定侯、王秀松、吴焕先、吴先筹、蔡济璜、刘象明、刘文蔚、徐子清、徐其虚、吴光浩、郑位三、王树声等，是起义的主要领导人和骨干。那时我党还没有武装斗争的经验，这些同志一般是学生或农民出身，在严重的白色恐怖下，敢拿起枪杆子来和敌人斗，发动成千上万的农民揭竿而起，靠长矛、大刀、土枪攻下黄安县城，占领黄麻地区的一些主要村镇，的确是了不起的事。后来，起义队伍遭到反动派的围攻、镇压，被迫转到木兰山上打游击，艰苦至极，只剩下了几十个人。但是，有了这几十个同志坚持武装斗争，形势就不一样。逐渐地，利用军阀割据的矛盾，发动群众，打击敌人，队伍和地盘越搞越大。一九二八年下半年，红色政权就在黄麻地区形成了较稳固的自主的局面，部队也改编为红十一军三十一师。一九二九年上半年，由黄安、麻城、黄陂、孝感县委和三十一师党委召开联席会议，产生了中共鄂东北特委，统一领导鄂豫边区的武装斗争。

五月间，商南起义胜利成功，红三十二师组成。这次起义，是由鄂东北特委、河南省委、鄂豫皖特别区委领导和发动的。起义的主要领导人有徐子清、周维炯、徐其虚、肖方、廖炳国、漆德伟、毛月波、廖业祺等。他们组织民团中的士兵和农民群众暴动，一夜之间将丁家埠一带的反动民团杨晋阶、柯寿恒、郑其玉等部搞垮，在商城南部的乐区、和区竖起了革命红旗。旋即成立了红三十二师，周维炯任师长，徐其虚任党代表，漆德伟任副师长，全师共一百余人枪。豫东南根据地，开始形成。

根据地的这些领导人，土生土长，和当地群众有血肉联系，土马克思主义有一些，洋教条极少。如果搬洋教条的话，闯不出这种局面来。路是人走出来的，不能妄自菲薄，小瞧土马克思主义。

我到三十一师当副司令，与戴克敏、曹学楷共事，带着几百人的队伍，打游击。他们两人，对党忠诚，联系群众，有文化，又有游击战争经验，深得部队的信赖。我们合作得很好，真诚、坦率，遇事相互商量，没有隔阂。游击战零敲碎打，几乎天天发生，不是敌人打我们，就是我们打敌人。敌人多是国民党杂牌部队、地主民团、反动枪会等，战斗力不很强。我们今天在这里打一家伙，明天又到那里打一家伙，不断打胜仗，积小胜为大胜。时值蒋桂战争刚结束，敌人内部矛盾有缓和。但军阀之间，仍在钩心斗角，自图发展。对苏维埃运动，他们没放在眼里，还没统一起来对付我们。鄂豫边又是敌人统治的薄弱环节。在这种条件下我们就放手活动，一步一步地发展壮大自己。

红三十一师号称四个团，其实是四个队，不足一营的兵力。一队队长晏仲平，党代表王树声；二队队长廖荣坤，党代表江竹溪（后为桂步蟾）；三队队长倪志亮，党代表吴先筹（后为江竹溪）；四队队长林柱中，党代表江子英。我来后不久，又成立了第五队，队长吴心信，党代表郑行瑞。队干部中，只有倪志亮是中央派来的。他是北京人，黄埔四期毕业生。李济深制造四一五惨案后，他被关进监狱，广州起义时才放出来。一九二八年底，由党中央派到鄂豫边区工作。

干部和队员都很年轻，二十岁上下，生龙活虎。每队五六十人，四五十条枪，最好的枪为汉阳造，有从武汉买来的，有从敌人手里缴获的。部队陆续扩大，新兵没枪，就拿大刀、长矛。青年参加红军很积极，你不叫他参军可不行。枪支不够，拿起大刀、长矛一样当红军。有些红小鬼打仗真勇敢，不懂战术，不会战斗动作，但不怕死，冲锋在前，拼命去夺敌人的枪，缴到一支枪，眉飞色舞，可高兴啦。

新来乍到的我，人生地不熟。我说话人家不懂，人家说话我也不大懂，得靠戴克敏"翻译"。外来干部，要取得当地干部和群众的信任，有个过程。回想起来，我那时能够站得住脚，很重要的一条，就是能带着部队打仗。我在黄埔军校，学了些军事知识，在海陆丰作战，积累了些游击战的经验，有用处。带着大家打游击，不断取得胜利，没吃过大亏。另一条，脚踏实地，埋头苦干，不指手画脚，评头品足。我虽是副司令，但不是特委委员。特委开会很少参加，有时讨论军事问题才叫我去。特委的决定、指示，一般由参谋长曹学楷告诉我，他是特委的常委委员。他们分配我做什么就做什么，叫带兵打仗就打仗;司令部的业务工作没人管,叫我管也行。工作中出了问题,主动承担责任,不埋怨别人。搞一段时间后,人家看你这人还行,能带部队打仗,能和群众打成一片,没有什么官架子、特殊化,慢慢地就信任你了。取得了当地干部和群众的信任,才能立住脚,说话主动,展开局面。威信就是这样建立起来的,而不是吹起来的。"钦差大臣满天飞",就要坏事。自以为是从党中央来的,下车伊始,这也批评,那也指责,说老实话,谁都不欢迎。尤其是一个军事指挥员,如果不能带兵打仗,又到处哇啦哇啦地评头品足,谁个服你,哪来的威信! 不仅过去是这样,现在也不例外。

粉碎三次"会剿"

我到鄂豫边不久,就遇到敌人的连续三次"会剿"。

第一次"会剿",是一九二九年六月底,叫"罗李会剿"。

这时,蒋桂军阀混战已结束,蒋介石取代了桂系在湖北、河南南部的统治,迫不及待,发动"会剿",要消灭我们。敌"会剿"的主力是罗霖独立第四师的两个团,由黄陂、黄安出发,向北进犯;驻潢川、光山的李克邦暂编第二旅的一个营及光山反动民团红枪会五六千人,向南进犯;驻麻城的夏斗寅十三师补充团和黄土岗一带地主武装,也出动配合,全力压向我根据地的腹心地带七里、紫云地区。

特委事先没有得悉敌人"会剿"的情报,仓促应战,有点乱套。红三十一师正分散在各处游击,在我身边的只有两个队,一百多人枪。面对长驱直入的优势敌人,我们不能硬顶,就撤离七里、紫云地区,和敌人兜圈子。根据地的十多万群众纷纷"跑反",漫山遍野,扶老携幼,一片混乱的景象。我们转到来家河,打了第一仗。没想到敌人一打机枪,游击队都跑散了。这次我们虽未受损失,但说明队伍缺乏严格的战场纪律和过硬作风,遇上战斗力较强的国民党正规军,有怯战心理。

第二仗想办法拣弱敌打。北面的李克邦部是土匪队伍,外加红枪会数千人,已进占柴山堡、白沙关地区。经特委同意,我们决定向这股敌人进攻。七月初,我三十一师两个队在大批手持土枪、长矛的群众配合下,扑向白沙关之敌。经连续五战，毙李克邦部营长以下百余人，捉住了红枪会头子戴五爷，把红枪会基本上打垮了。胜利后我们在白沙关召开了万人大会，镇压了戴五爷等一批恶霸和红枪会的反动头目，大快人心。从此以后，柴山堡那块根据地，才算巩固起来。你不能小看这类土匪队伍、反动武装。他们在地主掌握下，专门和红军作对。平时，在根据地周围捣乱；白军攻来，又积极配合，进到根据地大烧大杀大抢，无恶不作，给我们造成极大困难。当时，粉碎地主下属反动统治及其武装，对巩固和扩大根据地有着头等重要的意义。

罗霖部见李克邦吃了亏，又不断受到游击队和群众的袭扰，待不下去，很快就退走了。不到半个月，"罗李会剿"即宣告失败。

第二次是"鄂豫会剿"，在八九月间。蒋介石令刘峙组织鄂、豫两省的一部兵力，加上反动民团，对我豫东南和鄂豫边两块根据地，同时发起进击。

我们还是采取与敌周旋、避强击弱的作战方针。十多天后，豫东南的红三十二师决定暂时撤出根据地，向光山、麻城一带转移。我们在内线和敌人周旋，抓住机会打一下。经白沙关、鹅公山、磨角楼几仗，搞掉敌人一百多，包括第一次全歼敌一个整排。国民党的正规军不像红枪会那些乌合之众，按我们那时的装备，一仗搞掉敌人一个排，就是辉煌的战果，对士气鼓舞很大。

内线继续作战不利，我们又跳到外线，向麻城北部转移，调动敌人。到了八字门，同红三十二师会合，我第一次见到了周维炯、肖方等同志。周维炯是丁家埠暴动和豫东南根据地的主要领导人之一，打仗很勇敢，但有点骄傲，看上去像个白面书生。三十二师在豫东南活动期间，同鄂东北特委的关系一度搞得很僵，甚至把特委派去的徐思庶（子清）和徐其虚枪毙了。特委又派吴光浩同志去，半路上遇敌牺牲。后中央巡视员郭述申同志去调查处理枪毙二徐的事，也差点被杀掉，有人给郭述申了信，他连夜跑了，才免遇难。具体原因不清楚，后来听说是有坏人挑拨。这次两个师会合后，鄂东北特委采取了团结红三十二师的方针，不提往事，对他们热情关照。我们还拨了些枪支和子弹给他们。主要是子弹，因三十一师靠近武汉，能通过内线关系从那边买。当然，以前发生过枪杀特委委员的事，我们也有顾虑，晚上睡觉枕着枪，以防意外。两个师在那一带同敌人打了一仗，他们打一面，我们打一面，配合得不错。战斗结束时，缴了不少武器。我印象最深的是缴了匹马,我骑过很长时间。俘虏了个小号兵,留在我身边司号,作战很勇敢,后来牺牲了。这是两个师第一次配合作战,取得了胜利,大家蛮高兴。可是第二天早晨起床后,发现三十二师的同志不辞而别了。他们有戒心,也不奇怪。好在两支部队会师后,关系没搞坏,以后好见面。特委的方针是对的,如果不这样处理,就很成问题。

敌人发现红军主力在麻城以北、光山以南,于是,部署新的合围,南北夹击,投入豫东南的部队也向西进击。红三十二师乘机返回根据地,消灭了敌人一批"编练队"。我们则跳出包围圈甩开敌主力南下,先后消灭了黄陂的长堰、夏店,黄安的八里湾,麻城的谢店等地的民团,缴了一批武器弹药。九月下旬,敌人被迫收兵,第二次"会剿"又被我粉碎。

第三次是十月开始的"徐夏会剿"。驻河南信阳的敌徐源泉四十八师从北向南,驻湖北境内的敌夏斗寅十三师由南而北,向我鄂豫边根据地发起新的围攻。

敌人的两次"会剿"被粉碎后,我们乘胜发展队伍,扩大游击活动,打击土豪和民团,对他们威胁很大,土豪劣绅纷纷向国民党政府报警请兵。于是,"徐夏会剿"便接踵而至。

那时,敌人一来,地方上总要求我们打,生怕我们不打,说来说去,无非是怕丢地盘,怕打烂坛坛罐罐。我们有我们的想法,要打得有胜利的把握,自己的伤亡和消耗要少,消灭敌人要多。丢枪,伤亡一大堆人,打败仗,可不行。不然,有生力量消耗太大,部队情绪给打了下去,以后就不好办。地方和军队,常常在打不打的问题上闹矛盾,发生争执。军队里也有人怕群众受损失,主张和敌人硬拼。我们还是坚持有利条件下就打,不利条件下就不打,这一点不能动摇。

敌人众兵压境,怎么个打法呢? 后来确定,打它个埋伏。敌人有多少,我们并不清楚。情报,主要是靠地方党委和群众提供。地方上说,敌人只有四五百人。我想,敌人不太多,我们打得好有可能取胜,下决心打。带上部队,埋伏在敌人撤退时可能路过的天台山铁子岗一带。那里竹林、树林、葛藤特别多。我们没有机枪,只有几百条破步枪,子弹也不多,想缴些枪支和子弹,抓一把就走。谁晓得一打响,敌人足有一两个团。我带了一个队在正面打,敌人的火力很猛,压得我们喘不过气来;两翼的部队也没占到便宜。

敌人开始反扑,部队撤退,最后连小号兵也撤下去了,就剩下我一个人。敌人已攻到寨子下面,近在咫尺。幸好天已擦黑,我就趁机往外跑,敌人在后面追。那时我腿部的伤势未愈(是在一次战斗中跳崖时将腿摔伤的),跑也跑不快,见前面有片林子,往里一钻,敌人找不见,乱打了几枪,就回去了。我坐在林子里,腿疼得厉害。廖荣坤同志带了几个人来找我,才把我接回去。这一仗,情报不准,口张得太大,部队"放了羊",没打好,我们伤亡十几个人,同我一起来鄂豫皖的二队党代表桂步蟾同志也牺牲了。

我们总结了教训,做好部队的思想工作,离开天台山向北转移。时值蒋介石和冯玉祥的军阀混战爆发,蒋急忙调兵回去应战,只留下反动民团对付我们。趁敌向平汉线撤退,我兵分三路向外追击。先后在长岭岗、柿子树店、姚家集、河口镇等地,消灭和击溃敌四个民团,缴枪百余支。黄陂六指店驻有国民党正规军一个连,经过争取瓦解工作,向我投诚。这事反响很大,附近的群众说:"还是红军厉害!"这时,红三十一师发展到七百多人,六百余枪。

十一月间,皖西六安、霍山地区的农民群众,在六安中心县委舒传贤、徐百川、毛正初、周狷之、吴干才、朱体仁等同志的领导下,武装起义成功,成立了红三十三师,开创了皖西的武装割据局面。不久,红三十二师又一举攻克了商城。这些胜利给鄂东北根据地的军民以极大鼓舞。

敌人的"徐夏会剿",又失败了。

七条游击战术原则和初期的建军经验

实践出真知。鄂豫皖革命根据地的游击战术和建军经验,是在武装斗争的实践中形成的。

一九二九年九月,党中央为统一鄂豫边、豫东南两根据地的领导,决定将黄安、麻城、黄陂、罗田、黄冈、商城、光山、罗山八县划为鄂豫边特区,成立鄂豫边特委,统一领导。十一月间,中共鄂豫边第一次党代表大会在光山南部胡子石召开,选出特委,徐朋人为书记。十二月又召开第一届工农兵代表大会,选出革命委员会,曹学楷为主席。我被选为特委委员和革委会军委主席。这两次会议,认真总结了根据地的斗争经验,制定了政治任务问题、军事问题、教育宣传、群众运动、青年运动等九个决议案及《革命委员会政纲》《土地政纲实施细则》等,对深入土地革命,进一步加强根据地建设和红军建设,有重大意义。

游击战的战术原则,就是这个时候提出来的。我和戴克敏、曹学楷共同研究,在军事问题决议案里,总结了这么几条:

(一)集中作战,分散游击;

(二)红军作战尽量号召群众参加;

(三)敌情不明,不与作战;

(四)敌进我退,敌退我进;

(五)对敌采取跑圈的形式;

(六)对远距离的敌人,先动员群众扰乱敌人,再采取突击的方式;

(七)敌人如有坚固防御工事,不与作战。

戴克敏还提出了游击队员的"八会":跑、打、集、散、进、退、知、疑。

这些东西,既不是天上掉下来的,也不是人们头脑里固有的,是部队和群众实际斗争经验的总结。

敌强我弱,形势逼人。当年坚持过武装割据的同志,都会记得那是一种多么严重的形势,多么艰难的处境。我们仅那么点人,几百条枪。四周都是敌人,凶得很,整天要消灭你,逼得很紧。弱小的红军,要生存下去,得解决在强敌面前,如何保存自己、消灭敌人的问题,攻击和防御的战术原则问题。达尔文讲过,要"适应环境"。动物是这样,人也是这样。小小的蝴蝶为了免受人和其他动物的伤害,把自己打扮得像花一样,它要生存嘛!红军要生存,要发展,也得"适应环境"。搞游击战,开始难免吃亏,打些败仗。然而,"吃一堑,长一智",打来打去,逐渐就有了经验,摸到了点规律性的东西。

关键是避实击虚,避强击弱,消灭敌人,保存自己。打也好,跑也好,进也好,退也好,集中作战也好,分散游击也好,都离不开这一点。我们面对的敌人有三种:国民党正规军;地主民团;红枪会之类的乌合之众。国民党正规军的力量强,人也多,但从外线开进山区来"搜剿",五个指头一伸开,兵力就分散了,使我们有空子可钻。反动民团和红枪会等战斗力差些,搞掉他们,一是利于发动群众;二是便于孤立国民党正规军;三是能够缴获点武器弹药。所以，我们就重点打击他们。像柴山堡一带的反动红枪会，成千上万，势力很大，我们在粉碎"罗李会剿"中狠打了一下，搞垮了他们，柴山堡革命根据地才完全巩固起来。有些地主民团的据点，是敌军进攻和分割根据地的跳板，又是供应点。我们避开敌人的主力，拔掉这些据点，"釜底抽薪"，既增加了敌军供应的困难，又为根据地的进一步发展创造了有利条件。

红军人少武器差，打大仗不行，要靠多打小仗取胜，积小胜为大胜。对付国民党正规军，主要是打伏击。利用有利的地形条件埋伏好兵力，抓住他们的个把连或排，突袭一下。打完就走，瞅准机会再打。碰上大股敌人就不行，如一个营以上的兵力，我们对付不了，得跑，和敌人转圈子。因为力量有限，吞不掉人家，还有被吞掉的危险。打仗，也像现在搞经济建设一样，要算账，看本钱，量力而行，口不能张得太大。不顾自己的力量和本钱，想一口吃成个胖子，非吃亏不可。在哲学上，这叫作主客观条件的统一问题。对付地主民团，主要是夜间奔袭、白昼伏击。他们守在寨子里，有粮吃，有工事，有机枪、手榴弹，你硬攻也不行。我们几百人枪，人家有了准备，你硬攻怎样行呢！怎么办？趁敌人不备，搞突然袭击。一般是选些孤立的民团据点，夜间发起攻击，打他们个措手不及；速战速决，天亮前解决战斗。再则是诱敌出笼，打伏击。先派几个人引敌人出来，游击队埋伏在附近，打一家伙，至少能打死几个人，缴几支枪。那时，我们到处和敌人转圈子，避实击虚，搞伏击、奔袭、夜袭，多打些小仗、胜仗，一口一口地吃掉敌人，一步一步地发展自己。胜仗打得越多，士气就越高，队伍就越好带，这是很自然的道理。

红军的力量在于民众之中。反三次"会剿"，拖得敌人捉襟见肘，精疲力竭，失败而归，就是因为有广大群众积极配合红军作战。毛主席说过，真正的铜墙铁壁是什么？是千百万真心实意地拥护革命的群众。鄂豫皖边的群众，受压迫很深，与官僚、军阀、地主有不共戴天之仇。工农武装起义成功，打土豪、分田地，搬掉了压在人民头上的大山，他们打心眼里拥护革命。敌人来了，又烧又杀又抢，搞什么"清乡"、"搜剿"，残害群众的手段骇人听闻。每次"会剿"来临，群众纷纷藏粮食，进深山，封锁敌人，支持红军。他们宁肯丢掉家园，在山里风餐露宿，忍饥挨饿，也不愿落到白军手里。有些群众被敌人抓住，百般受刑，至死不吐露红军的一点消息。在特委领导组织下,男女老少,拿起扁担、矛子、大刀、土枪,四处击敌,弄得敌军风声鹤唳,草木皆兵,防不胜防。红军有了群众的支持,如鱼得水,任我驰骋,这是弱小的红军能够生存、发展、克敌制胜的根本原因。

在军队建设上,人民军队的一些基本特点已经具备:各级都建立了党组织,实行党代表制,坚持了党对军队的领导;部队设士兵委员会,官兵平等,经济公开;废除了肉刑;有严格的组织纪律。《中共鄂豫边第一次代表大会关于军事问题决议案》明确规定红军的主要任务为:(一)发动和帮助白色区域内的民众的各种斗争;(二)坚决实行土地革命;(三)夺取反动武装;(四)保障和扩大革命根据地。部队也搞统战工作。对地主采取一面打击、一面孤立的政策;对白军下属官兵注意争取瓦解;对反动枪会,重点打击其反动头目和骨干,将一般群众和反动分子区别开来;不杀俘虏,有的经过教育就释放,有的留下当兵。部队的经费来源,一是靠地方筹款,一是靠特务队到白区打土豪筹款。

军队的政治工作,主要是搞党的工作。不论是师长、党代表、政治部主任,都要编到党小组,和机关干部、勤杂人员一起过组织生活,学习党的决议、指示,开展批评和自我批评。我们党小组的组长是个马伕。小组会一周一次,请假的很少。我参加小组会,有时讲讲党内的一些常识,有时讲讲其他同志不了解的事,并听听大家的意见、要求。我们水平也不高,只能按自己的认识去讲,不见得完全正确。每个队有十几二十个党员,干部都是党员,党组织公开,但党组织开会是秘密的,群众不一定都知道谁是党员。发展党员,个别发展,条件很严格。打仗要勇敢,纪律性好,要起模范作用。主要是打仗要勇敢。如果打仗怕死,就不够入党条件。再一条要遵守纪律,听从指挥,服从命令,严守党的秘密。党员的模范作用也很强调,吃苦在前,冲锋在前,行军要帮助别人背枪、背行李,到了宿营地主动烧开水、烧洗脚水,还要做群众的思想工作。通过党员的模范带头作用,就能把部队带起来。

分散的游击战争环境,尤其需要建立铁的纪律。起初,我们没有像“三大纪律、八项注意”那样完整的规定和提法,但也有些条条和要求。军队嘛,就要服从命令听指挥。打仗不听指挥,轻者批评,重者禁闭。路过家乡,你要回家看看,得请假,不能自由行动。打土豪所得的财物,都是归公的。不准贪污,贪污要被枪毙。我们师就枪毙过一个司务长,他贪污了二十元。

那样艰苦的环境,钱来得不易,二十块银元不是个小数目。再就是,不准调戏妇女,不准随便抓人、杀人,不准抢东西,不准烧房子。那时,"赤白对立"很厉害,敌人来到革命根据地,又烧又杀又抢;我们有严明的纪律,规定不管走到哪里,一律不准烧、杀、抢。部队到一个地方,派饭一桌给一元;借一床被子给三个铜板,睡觉没稻草,要用钱去买;走的时候,得把房子收拾干净,上好门板。破坏纪律的很少,因为部队成分纯洁,都是贫雇农,真是挑了又挑,拣了又拣的。有了严格要求,一般说来大家会自觉遵守。官和兵,不太分得出来。吃一样的饭,睡的都是民房,铺的都是稻草,不同的是给我们这些领导干部,多铺一个单子。原来,干部也没有马骑,一九二九年底部队扩大了,大队(团)以上干部才有马骑。我们骑马,见有病号走不动,都主动让骑。干部给战士背枪、背行李,很普遍。打人骂人的现象也不严重。打仗,强调节省子弹。子弹很少,最多时一个人才有十来发,一般是两三发。就这么一点,不节省不行。后来,部队发展了,经验也多了,我们将红军纪律规定了十条:(一)不拿穷人一针一线;(二)不拿穷人粮食;(三)对穷人态度要和蔼;(四)爱护枪不要弄坏;(五)节省子弹勿乱打;(六)对群众要宣传红军主张;(七)火线上要对白军宣传;(八)占城市注意收集机器医药;(九)得物资要先顾伤员同志;(十)到地方要研究地形道路。纪律是红军执行革命政治任务的保证。有了严格的纪律,才能上下一心,军民一致,不断发展壮大自己。

军队要有军事训练和政治教育。日常主要是搞点队列训练,立正、稍息、出操,不能弄得兵不像个兵的样子。也搞些瞄准射击、夜战、山地训练。要求人人学文化、识字,能写标语、家信。后来还办起了教导队,培训班、排、连长。政治教育主要是围绕"六大"的十大纲领、党的决议和指示、红军的任务、革命的前途等问题进行,使每个士兵明了党的路线、政策,划清红军和白军的界限,为工农阶级的彻底解放而战。教育方式有干部队前讲话、集体上课、阅读通俗讲义、小组讨论等。士兵中间有人才,有些人文化程度不高,但记忆力、理解力相当强。学过的东西,能结合实际向群众宣传,一讲就是两三个小时,颇受群众欢迎。

后勤供应非常困难。后方供给机关不健全,服装也不统一,有什么穿什么。尤其是特务队,要经常到白区活动,什么长袍短袍的都穿,五花八门。

到了一九二九年底,才有了统一的服装,官兵能穿上自制的灰色军服,戴上大八角帽。兵工厂很小,有二三十个工人,设备简陋,开始连"撇把子"也不会造,弄了个把月,造出一支是废品,根本不能用。经过多次试验,才能造点"撇把子"枪。名义上有个医院,但只有中、西医生各一名和几个学看护的小姑娘,医疗设备和药品都很缺,伤病员大都送到群众家里休养、治疗。总务科负责供应伤病员的营养品,只要医生开个条子,写上给某某同志"鸡蛋两个"或"花生半斤",就能领取。一九二九年底,苏井观同志任医院院长后,医院的规模才大了些。后勤供应是令人头痛的事,主要靠多打胜仗,多打土豪,取之于敌。

这一套,不是上面规定下来的,也不是从黄埔军校带来的,而是根据当时的实际情况,逐步搞起来的。上面很少有指示,有指示也不及时,因为交通不便,又没有电台。各个革命根据地都被敌人分割包围着,互不联系,人家的经验也传不过来。黄埔军校哪有睡稻草、上门板的?打仗哪有三发子弹的!黄埔军校的东西,是一般军事常识,在这里是另外一套,靠自己摸。

总而言之,在一九二九年,鄂豫边区基本上贯彻了"六大"决议精神,反帝反封建,实行土地革命,坚持武装斗争,加上客观形势有利,因此,各个方面的发展都比较顺利,积累了许多宝贵经验。这个时期,特委的领导基本上是正确的,对于中央指示的工作地域上"应该由单纯的乡村转变到着重城市"的方针,因行不通而未机械执行,政策上虽然有些"左"的东西,但只是局部的问题。这就为鄂豫皖革命根据地的形成和发展,奠定了良好的基础。

一个红军士兵的通信

有封鄂豫皖红军士兵的通信,写于一九三〇年三月十九日,颇能反映当时的一些具体情况:

国民党的统治

国民党军阀在鄂豫边境的"训政"工作,已有三年的历史,这三年来的成绩如何,我们看看那里群众反抗斗争的尖锐程度,也就可以知道。国民党军阀在鄂豫边境的压迫和剥削,除了苛捐杂税和"清乡"之外,还有他们的"血洗"政策,所以群众的反抗,也就由抗租抗债的运动,逐渐进展到没收豪绅地主阶级的财产和土地,建立自己的武装政权。国民党军阀在鄂豫边境的苛捐杂税,除了屠宰捐,烟酒捐,硝磺捐,百货捐等以外,还有门牌捐,灶头捐,人头捐,房屋捐,婚姻捐,田赋捐(田赋外另加二成),枪支捐,电杆捐,剿匪捐等等,这是每户都要完成的。至于田赋,比一九二六年增加了三倍,而且豫省各县,已缴到一九三六年了。此外还有红契复验,每张契纸要收价一元八角。这还是平常的时候,若是打起仗来,拉伕拉车,派草派饷。一般老百姓经过连年的灾荒和军阀长期压榨,不说没钱缴纳,就是一日两餐,也难维持。所以一部分就跑去上山落草。豪绅地主国民党还是不肯罢休,立刻组织保卫团,成立"清乡委员会",叫民众不纳钱就纳命。

国民党军阀知道他所采用的这些硬榨的方法,并非上策,于是雇了一批走狗,组织什么党部,什么"清乡委员会",到处狂叫着"农民不要打土豪劣绅,如果将土豪劣绅打倒了,没有人给你们田地耕种"。孝感的狗党部告群众说:"共产党叫工人增加工资,农民要抗租抗捐抗税抗债,兵士要发清欠饷,改良待遇,这是他们对你们的阴谋,要防备他,不要上当。"黄安"清乡委员会"的布告说:"十龄幼女,口喊自由。三尺之童,目无长上。黄安素称礼仪之邦,一变而为禽兽之所。"这些欺骗,也就是他们给群众的"训政"工作了。

国民党的白色恐怖

但是群众并不像猪牛那样笨,到底国民党的话有理呢,还是共产党的话有理? 他们都认识得很清楚。所以他们为了自身的利益,英勇地向豪绅地主抗租抗债,并且逐渐进到没收豪绅地主的财产和土地,建立自己的政府(鄂豫边境革命委员会),组织自身的武装(红军)。国民党军阀虽死到临头,神经错乱,但是仍然要勉强挣扎一下。他们挣扎的方法,就是血洗政策(他们有一标语是"如果不组织联庄会、铲共会者,则血洗全村")。他们对于反抗租债捐税的乡村,房屋烧毁十之五六。建立革命委员会的乡村,就烧毁十之八九。在黄安七里区地方,出农民不意,绑了一百五十多人,不管男女老少,一概施以最惨的死刑。有的剖心挖目,有的用香熏,有的切指头,有的截足杆。孝感县土豪,不顾农民的死活,故意抬高谷价。农民把一个土豪的谷仓打开了。于是孝感的狗县长,率领了一百二十多"清乡"军,挑着二十桶煤油,一直把五六个村庄烧个干净,被烧的共有一百二十多家,被杀的农民二十七人,还有一个老妇女,捆着横在火车道上碾死了。国民党说我们杀人放火,其实杀人放火最凶的而且最残忍的,仅只有国民党军阀。我们红军除了杀豪绅地主以外,简直是非常平和的。

我们的红军

群众受了这样严重的武力压迫,便感觉到加强自己武装的必需。现在鄂豫边境革命委员会之下,有预备军和常备军两种。预备军都是鄂豫边境八县的农民,自十八岁以上,至四十岁以下都有当红军的义务。武器新旧都有,每人必须有一件,都受过军事训练,而且经过多次的战斗。去年和夏斗寅、徐源泉空陆两军作战一年,结果夏、徐损失二三千的将士。常备军共三师,人数六千多①,分成六个先遣队。武装整齐,组织严密。他们中间有些特别的几点:

一、士兵的错误,除了士兵互相批评纠正以外,都由士兵委员会来负责,很少要长官或者军纪管束。

二、军需的来源和支出,完全公开,并经士兵委员会审查。

三、官长士兵间,生活一律平等。

四、军中有网球、足球、琴、棋、音乐等娱乐设备。

五、尤其特别的,红军到处帮助群众分配土地,肃清反动势力,帮助群众的武装组织和训练,所以每到一处便有成千上万的群众,举行欢迎会和慰劳会。红军士兵家里的田,无人耕种的时候,大家争着帮忙。在每一次大会上,农民都亲热地叫出"我们的红军"。红军士兵也说:"这一支枪不是我的,也不是上级官长的,是谁的呢? 是工农阶级的,也是全世界工农阶级的。"

---

① 人数应为二千多,可能是笔者所误。

六、国民党军队的士兵群众,对红军都表示好感,每次打仗都留给红军许多子弹,并且告诉红军他们军中的情形和消息。有些简直举行哗变,投到红军里。所以国民党大小军阀都怕红军的标语和传单,每次进攻和退却的时候,总要派几个不识字的士兵,先把红军的标语和传单撕尽,然后通过。有一次一个国民党军队的士兵,拿着一张红军的传单,反动军官立刻把他枪毙了,说他是私通共匪。

……

这个红军士兵的信,内容翔实、生动,可以作为这段历史的一个见证和注脚。

出击平汉路

一九三〇年,军阀重开战。四五月间爆发的蒋(介石)冯(玉祥)阎(锡山)中原大战,到十月才结束,持续了六个多月。蒋介石陈兵平汉、津浦、陇海线上,对付冯玉祥、阎锡山,顾不上"围剿"红军。鄂豫皖革命根据地,处在敌人兵力空虚的后方,取得了大好发展时机。

二三月间,中共中央为统一鄂豫边、豫东南、皖西三块革命根据地的领导,在上海召开会议,决定成立鄂豫皖特区,在中共湖北省委领导下建立鄂豫皖特委。特委委员有:郭述申、许继慎、曹大骏、姜镜堂(以上均为中央新派来的)、徐朋人、曹学楷、戴克敏、徐宝珊、王平章、何玉琳、钱文华、戴继伦、戴季英、吴焕先、詹才芳、郑位三、郑新民、雷绍前、王宏学、徐向前、王树声、李梯云、王秀松、周纯全、甘元景等,郭述申任特委书记。

至此,鄂豫皖革命根据地正式形成。

这时,鄂豫皖革命根据地已具有相当规模,总面积约一万五千平方公里,人口逾百万。鄂豫边根据地北起光山以南的晏家河、宣化店,南抵黄陂北部的紫潭河、汪家西湾;西起澴水东岸的汪洋店、小河溪,东至麻城以北的黄土岗、福田河附近,纵横约一百七十余里。豫东南根据地北起固始的段集附近,南抵松子关、长岭关一带,西起商南大木厂、白沙河,东与皖西根据地相衔接,纵一百五十里,横百里。皖西根据地北起六安的丁家集、徐家集,南抵潜山、英山以北的水吼岭、金家铺,西与豫东南根据地相接,东至六安、霍山附近淠河两岸,纵一百八十余里,横约百里。三块根据地境内,除黄安县城、新集、金家寨等少数敌孤立据点外,均为红军区域。鄂豫边和豫东南根据地之间,北起商城以南的亲区①,南至麻城、宋埠,有一条为敌军和反动民团控制的狭长地带,使两块根据地尚未连成一片。

三块根据地的三支红军,鄂豫边的红三十一师,豫东南的红三十二师,皖西的红三十三师,亦根据中央决定,改编为红一军。

上海会议还讨论了鄂豫皖革命根据地红军的军事行动方针问题。三月下旬,郭述申同志从上海回来,在黄安北部箭厂河向特委及红三十一师领导干部传达了《中央关于成立红一军及军事工作的指示》。中央的指示明确指出:"目前边特的军事工作任务,无疑是根据总的政治任务而决定的,就是扩大红军,发动地方暴动,扩大游击战争,武装工人,武装农民,组织兵变,汇合这些武装斗争,与各方革命势力联合起来,以争取湘、鄂、赣等省政权先胜利的前途。"这里所说的总的政治任务,即二月二十六日中共中央发布的第七十号通告中规定的,以推翻国民党统治、建立苏维埃政权为总的政治路线,以积极进攻、组织和动员群众"准备暴动"为中心策略。中央的指示还指出:"中央认为在目前要配合湘、鄂、赣等省首先胜利的工作准备,无疑的要把三十一、三十二、三十三师红军在集中组织、统一指挥原则之下联系起来,将这三师编成第一军,并且加紧执行扩大第一军的策略。"为此还提出了成立红一军前敌委员会,从军到连均设立政治委员(政治上的权限大于军事指挥官),发展地方暴动和兵变运动,猛烈扩大红军,扩大农民赤卫队并将他们集中到红军来,部队向武汉方向发展以争取湖北首先胜利,等等。显而易见,这些指示和要求,反映了"左"倾思想正在抬头,因为那时在党中央内部已形成了以李立三同志为代表的"左"倾势力。会议上,大家讨论了中央的决定和指示,表示拥护和坚决执行。仅徐朋人、郑位三等少数同志对于将地方武装集中到红军的要求,提出了异议,但被特委书记和多数委员所

---

① 亲区及和区、乐区是一九二九年商城南部行政区划的一种称谓。亲区为民团头子雇敬之所控制。

否决。后来事实证明,少数同志的意见有道理。主力红军和地方武装互为作用,二者缺一不可。不能只顾加强和发展一头,而削弱或取消另一头。

会后部队即进行改编。建立了红一军军部,军长许继慎,政治委员曹大骏,副军长徐向前,政治部主任熊受暄。下辖三个师,一个独立旅。红三十一师改为一师,师长徐向前兼,政治委员戴克敏(后为李荣桂),参谋长刘英;三十二师改为二师,师长漆德伟,政治委员王培吾,参谋长漆海丰;三十三师改为三师,师长周维炯,政治委员姜镜堂,副师长肖方;独立旅系由原三十二师一部及地方武装组成,旅长廖业祺。红一师八百余人,二师六百余人,三师及独立旅各三百余人,全军共二千一百人。改编后的红一军,统一了指挥,有重要意义。

红一军前敌委员会亦宣告成立。中央指定曹大骏任书记,委员包括军长、政委及各师师长,外加两名士兵。重大问题需经前敌委员会讨论决定。前委归中央军委直接领导,与省委和特委发生横的关系。如与省委、特委发生不同意见时,报请中央批准;在未受中央指示前,前委有独立决定行动的权力。这样,根据地的红军就脱离了地方党委的领导。中央决定成立前敌委员会,加强对部队的集中统一领导,十分必要。但是,一个根据地内有地方和军队两个平行领导机关,却不利于整个力量的调度和保持行动的一致,有时甚至出现前委指挥特委的情况,助长单纯军事观点和枪杆子主义的发展。而地方党委囿于地方情况,往往主张红军硬攻敌人的强固据点,啃硬骨头,不考虑红军的装备和力量,也容易和军队闹矛盾。双方开联席会议发生争执时,地方同志说:"军队不能自己说了算,想干什么就干什么!"前委的同志就说:"你报告中央好了!"往往弄得不欢而散,各行其是,的确影响工作的开展。

红一军成立后,决定由我带红一师向平汉路出击,军长许继慎率军部去商南、皖西,向二、三师传达中央和特委的决定,整编队伍。许继慎也是黄埔第一期的,但我俩以前不认识。考虑到沿途有敌军和民团袭扰,二师过去又发生过枪杀二徐的事件,经前委同意,我们派王宏恕带一师师部手枪队的四五十人护送许继慎。他到商南、皖西后,顺利改编了部队,带领红二、三师打了金家寨,占领了霍山,打了土匪鲍刚,取得了很大胜利,有力巩固和发展了根据地的局面。

不久,我们又看到了党中央三月二十二日致鄂豫皖特委的指示信,"左"的气味更浓了。信中对什么"争取一省或数省的胜利"、"城市工作"、"平汉铁路罢工"等,讲得很多,而对农村如何搞根据地,如何进行土地革命,扩大游击战争等,讲得极少。指示信还批评鄂豫皖边特委的路线"整个是右倾的",过去实行依靠贫雇农,联合中农,中立富农,保护中小工商业,消灭地主阶级的政策,是什么"富农路线"、"十足的机会主义"。六月,李立三完全把持了党中央的领导权,"立三路线"在全党占了统治地位。当时,"长江总行动委员会"业已成立,积极贯彻李立三的一套。他们给鄂豫皖边区的任务是:迅速发动武汉周围的地方起义,配合"以武汉为中心的全国总暴动",切断平汉路,以进逼武汉,并准备联合红二军和红六军进攻武汉。胃口的确是够大的! 要实现这个计划,说实在的,没有几个军无论如何是不行的。而我们名义上是一个军,实际才两千来人。作计划,给任务,不度量实际可能性,一味充满大干的幻想,这叫主观主义、冒险主义。

西出平汉铁路,我们去了。但是,要打武汉,却没想过。就那么一点力量,怎么个打法?! 起初想,能打到外线去,搞到一两千条枪就蛮不错,谁还敢想去打武汉! 要不是傻瓜,是不会干那个事的。如果叫一个人背五百斤,背得动吗? 背不动,他自然就不背,这是常识。

红一师第一次西出平汉路在六月间。首先袭占杨家寨车站,消灭川军郭汝栋部两个连,我四队队长杨先圣在战斗中牺牲。战后我军移驻黄柴畈,将后方赤卫军补来的三百多人及数十名俘虏兵编入红军,改编红一师的五个大队为三个支队,辖十二个大队,另有一个师直特务大队。全师共一千二百余人。下旬,郭汝栋从广水派出一个团进至杨平口以南的郑家店;另一个团也从花园进至小河溪,企图寻找我们作战,进行报复。

我们接到孝感县游击队派人送来的情报后,决定采取诱敌伏击的战术,在杨平口附近消灭郑家店之敌。

杨平口虽接近平汉线,但地方党的组织较强,群众条件较好,地形也利于红军隐蔽和出击。这是我军第一次伏击敌人一个整团。师部召开干部会议,进行部署,要求各级领导干部服从命令听指挥,带头冲锋陷阵,打好这一仗。二十八日晚,部队从黄柴畈出发,经半夜急行军,在杨平口附近与孝感县游击队会合。根据那里的地形条件,将主力隐蔽在杨平口以北、澴水东岸的傅家湾和新寨一带的山地,布成口袋阵势,派出师直特务大队及孝感游击队一部,前去郑家店吸引敌人。

次日上午,我诱敌部队在郑家店与敌接火。敌发现系小股部队,遂倾巢而出。我特务大队和游击队边打边撤,敌紧追不舍,终于进入了我军伏击圈内。十时左右,我们下令攻击,埋伏在周围山峦上的红军主力,俯冲而下,将一团敌军切成三段。敌遭此突然袭击,慌乱不堪,首尾难顾,先头营和后卫营被我们迅速歼灭。中段的一个营在敌团长带领下,抢占傅家湾以东的高地,被我军团团包围。经数次猛攻,配以战场喊话及派出俘虏劝降,敌团长见无路可走,遂令部队交枪投降。

这一伏击战,我们是硬着头皮打的。因那时部队从未打过这么大的仗,我心里也没有十分把握。战斗中,我和参谋长刘英,分头带着部队向前冲杀,各级干部身先士卒,所以战斗发展比较顺利。历时四个小时,计毙俘敌一千二百余人,缴枪千余支,取得了鄂豫皖红军成立以来首次歼敌一个整团的重大胜利。战后,我军重返黄柴畈休整,将红一师扩编为三个团,每团二个营,每营三个连,人数达一千五百余名。

根据地内部因贯彻立三路线,推行反富农的过左政策,引起黄安南部部分农民反水。土豪地主乘机东山再起,外部的红枪会、绿枪会、黄枪会等反动武装也趁主力红军西出平汉路,闯进来大烧大杀,搞得八里区、西斋区、二程区、桃花区、高桥区的红色政权大都塌台,跑反群众达数万人之众。特委着了急,要一师回师黄安南部收拾局面。我们去后,坚决打击反动枪会和地主豪绅,积极争取参加反水的农民,帮助跑反的群众重整家园,形势有好转。但因"左"的政策伤害了部分群众的感情,恢复工作很费周折。

七月下旬,我们留下二团继续巩固黄安南部的根据地,率一、三两团及师直特务大队,再次出击平汉路。

部队攻克郝家湾车站后,转至青山口,得悉距该地四十里之花园镇为钱大钧部教导三师第五团驻守。该敌辖有步兵营、重机枪营、迫击炮营及直属步兵连,武器装备好,但经常任务为培训下层官兵,战斗力不很强。时驻小河溪的郭汝栋部一个团已退守广水,花园守敌相当孤立。我们决定乘机奔袭花园,全歼这股敌人。

二十八日夜,我军从青山口出发,向花园疾进,准备拂晓前发起攻击。

因部队刚刚扩编,没有大部队行军经验,走出二十里地,后卫部队掉了队,与前面失去了联络。我们令前锋部队停止前进,坐在路边等了好一阵子,后卫部队才跟了上来。查了查掉队的原因,是走错了路。部队继续前进,走到距花园车站十五里的平头山时,天已破晓,失去了夜袭时机。还打不打?师部当即召开紧急会议,进行磋商,有的主张打,有的主张不打。这时,地方党来人说,夜间镇内敌仓库起火,敌军忙着救火,折腾了大半夜才休息。我们据此判断,疲乏的敌人凌晨势必晚起,警戒亦必疏忽,因而决定仍按原计划行动。

花园镇位于平汉路东侧,敌人的兵力部署呈梅花形:步兵营两连驻镇内,另一连驻车站东南之曾家庵、丁家台子;重机枪营两连驻镇北车站东侧,另一连及团部驻车站西侧的北门外横街;迫击炮营驻镇西北的李家祠;团直步兵连驻滠水岸边的罗湾。为全歼守敌,我军兵分两路,由一团从东南方向进击,解决铁路西侧的敌步兵连、重机枪营、团部及罗湾的直属步兵连;由三团及师属特务大队从西南方向进击,解决镇内的敌人,而后会合一团夹击敌迫击炮营。

为出敌不意,成功突袭,师属特务大队化装成赶街的群众,三五成群,先行一步,负责解决沿途及城关的敌岗哨。大部队紧跟,利用田间农作物掩护,秘密向敌接近。凌晨六时许,红三团不费一枪一弹即进入镇内,向敌突然发起攻击。敌人有的正在睡觉,有的刚刚起床,当即乱成了一团。同时,红一团也迅速突入铁路东侧的敌阵地。敌遭我三面围攻,西面又有滠水阻隔,插翅难逃。经三小时战斗,我军以极少伤亡的代价,取得了全歼守敌一个团的战果。共毙伤俘敌团长以下官兵一千四百余人,缴获重机枪八挺,迫击炮五门,长短枪八百余支。

那个时候,部队光知道要步枪、短枪,不懂得要炮,要机关枪。打完了仗,一人身上背着三四支枪,长的短的都有。我就问:"迫击炮呢?"有人说:"什么是迫击炮?"我给大家边说边比划,命令一定要把迫击炮找来,谁也不准破坏。结果还不错,找来五门能用的。机关枪也不错,都是汉阳造的全新水机关枪。战士们不懂,把枪身、枪鞍、枪架拖乱了套。我也是第一次见到水机关枪,不会摆弄。找了些俘虏兵的班、排长来让他们装配好,当老师,教给部队使用。从此,我们有了自己的机枪手和炮兵。

花园战斗中，孝感县委动员群众积极配合红军作战，起了很大作用。县委的同志不仅将敌情摸得一清二楚，及时向部队提供情报，而且连夜发动铁路沿线的群众，破坏铁路数十里，并袭占了卫家店车站。红军每次出击平汉路所取得的胜利，是与地方党和群众的大力支援分不开的。

红军的胜利，震动了武汉，鼓舞了根据地及其周围的人民群众。战后，红一师进驻小河溪，受到群众的热烈欢迎，纷纷前来慰劳红军，许多年轻人拥来报名处报名参军。几天之内，红一师即扩至三千多人。我们将全师编为两个步兵团，一个机炮混成团。这是鄂豫皖红军第一次拥有机炮混成部队，因而战斗力明显增强。

扩编后的红一师，兵强马壮，士气昂扬，西越平汉路，袭占云梦城。守敌反动民团慑于红军声威，闻风先逃，我们没取得多少战果。部队在城里驻了三天，开仓分粮，宣传群众，扩大了红军的影响。嗣后仍返路东的小河溪一带。这时，已是八月中旬末，敌戴民权师根据蒋介石的指令，派出三个团来犯。我们考虑在平汉路附近与敌作战不利，遂向黄安西北转移，诱敌进至四姑墩附近。这里地形条件较好，趁敌孤军前进，我发起反击；正巧，许继慎同志率领二、三师也赶来投入战斗，迂回了一下，歼敌一个团，溃敌两个团。这一仗，打得痛快麻利，主要原因是兵力集中，坚决果断，迂回包围，近战歼敌。我军乘胜追击，至小河溪又将敌彭启彪十四旅一个团大部歼灭。前段时间里，许继慎同志率领红二、三师在皖西北一带活动，曾连克英山、霍山、罗田等县，取得了歼敌近三千人的重大胜利，有力推动了皖西根据地的工作，红二、三师共发展到一千八百多人。

从六月到八月，红一军的三个师分东西两线出击，连战皆捷，先后共歼敌七千余人。自身兵力扩展到五千余人，增加了一倍以上。特别重要的是，红军的战术有了新发展。可以说，开始了从小规模的游击战向较大规模运动战的过渡。过去只能跑圈子，伏击、袭击小股敌人，消灭国民党正规军的个把排和连；现在不同了，能主动调动大股敌人，在运动中整团整团地歼灭。过去只能攻打些小的民团据点，缴获也少；现在不同了，能打下县城或重镇，缴获大批枪弹和轻重机枪、迫击炮，武装自己。战术多样，机动灵活：英山战斗，攻占据点与打援相结合；杨平口战斗，诱敌伏击；花园战斗，远距离奔袭；四姑墩战斗，诱敌深入，迂回包围。战斗中，并能注意开展政治攻势，战场喊话,瓦解敌军。总之,部队的战术思想有了新的提高,战斗力大大增强,标志着鄂豫皖的红军进入一个新的发展阶段。

这期间,立三路线的那些错误东西,不断通过"长江总行动委员会"传达下来。要求广泛组织地方暴动和白军士兵哗变,令红军向交通要道、中心城市进攻,"打到武汉去",从而实现"以武汉为中心的一省与数省革命暴动首先胜利的路线"。特委便决定立即组织"以城市为中心的地方总暴动",甚至提出"打到武汉过中秋"的口号。红一军的前敌委员会和特委联合组成"平汉特别区行动委员会"。还有什么合并党团组织呀,"一支枪也要集中到红军去"呀,组织"集体农庄"呀……把地方上忙得个不亦乐乎!

八月底,红一军从四姑墩出发,又向平汉路出击。

先打广水,因敌人预有准备,凭坚固守,我军硬攻未克,有较大伤亡。这一仗,本来是袭击,变成了恶攻,一、二师的配合也不得力。军部令我带着一师从北面强攻,部队前仆后继,勇敢冲锋,但不知什么原因,南面的二师却按兵不动。我们有个最好的营长叫高汉初,牺牲了,我很痛心,气得和许继慎大吵了一顿。又攻信阳,也未克。军部决定放弃在铁路沿线活动的计划,移师豫南之陡沟镇,将该地数百民团全部消灭后,就地休整。为补充下级干部的缺额,军部成立了随营干部学校,培训排、连、营长。此外,又与正阳、汝南的地方党及游击武装配合,发动群众,建立政权,正式组成两百多人的一支游击队。游击队长姓金,黄埔第四期的学生,比较精干。后该同志在商城、光山一带作战牺牲。

此时红军远离根据地,终非上策。前委研究后,决定部队走息县,渡淮河,迂回光山、潢川,向鄂豫边区靠拢。十月上旬,许继慎指挥红二、三师袭占了光山,歼守敌数百;我指挥红一师强攻潢川未下,仅在北门外歼敌一个营,继而西指,攻克了罗山,歼王泰部一个团及反动民团一部。

我军三次出击平汉路,积极向外发展,虽然取得不少胜利,但不能说没有受"左"倾路线的影响。那个时候,我们水平不高,不懂什么路线斗争,中央的指示发下来,总的是要执行的。实在行不通的事,如打武汉,不干就是了,只能采取这种方式抵制。从这个时期军队的行动路线上不难看出,我们是跳跃式地行动。这跳那跳,不是有阵地、有计划、波浪式地向外发展。毛泽东同志在总结江西革命根据地的经验时说,根据地的发展,要采取"波浪式的推进政策",很有道理。跳跃式的推进不利于根据地的真正巩固和扩大。我们打了那么多胜仗,打开那么多地方,因为不是波浪式地推进,地方工作、政权工作一下子跟不上去。部队一走,一切都塌台,地盘又落到敌人手里。另外,对拔掉根据地内部的障碍,也重视不够。像商城的亲区,麻城的黄土岗、木店子等,均为反动民团控制区,是在我根据地范围内的"钉子",很讨嫌。我们只顾向外线出击,却没有把内线的敌据点拔掉。在当时的有利形势下,拔掉他们,把根据地内部连成一片,不仅是可能的,而且是十分必要的。这些,都是受立三路线影响的结果。

红一军的整编和南下

党的六届三中全会是九月间召开的,纠正了李立三同志的"左"倾错误领导,停止了冒险主义的总暴动、打武汉的计划,有重要意义。但是,会议的精神当时还传达不到鄂豫皖革命根据地来,特委和前委仍在执行过去的行动方针。不久,蒋冯阎大战结束,蒋介石腾出手来,开始进行"围剿"红军的部署。

红一军于十月间攻克光山,即决定在光山召开全军的党代表大会。会议开了三天,主要解决两个问题:(一)检查领导工作并改选前委;(二)反对山头主义等不良倾向,部队实行混编。

检查前委的领导工作,以是否坚决执行立三路线为尺度。自然,"左"的批评意见占了上风。尤其是特委负责同志认为,红一军领导在前段时间里,出击平汉路"作战不力",是一种消极等待革命高潮到来的"机会主义的路线",要求大会代表对此进行"总的检举"。会议的方向是有问题的。大会正式通过的政治任务、组织问题、宣传问题、政治工作、拥护全国苏代会、拥护鄂豫边特苏特区苏维埃简称等七项决议案,都是进一步贯彻立三路线的产物。军长许继慎受到的批评最多,改选前委时落选。新的前委由曹大骏、姜镜堂、王培吾、徐向前、刘英、孙永康、曹学楷及二名士兵代表组成,曹大骏仍任书记。

郭述申、曹大骏、许继慎等同志刚来根据地成立红一军时,中央就决定将鄂豫边、豫东南、皖西的三个师实行混编。但因当时条件不够成熟,故未实行。经过半年多的斗争实践证明,红军要担负起巩固和发展鄂豫皖革命根据地的艰巨斗争任务,将三支不同地区发展起来的部队,打乱原建制进行混编,已是刻不容缓的事了。一是利于打破地方观念。三个师过去来自三个地区,基本上是按地区系统形成建制的,地域观念、山头主义较明显地存在着。有人动不动就说:"这一师是我们的,那一师是他们的。"甚至相互瞧不起,闹矛盾,妨碍部队的团结和集中统一。二是便于形成三个拳头。三个师建立的时间有先有后,实战经验、战斗作风、武器装备都不一样。红一师成立早,底子厚,人多武器好,战斗力最强。相对说来,其他两个师就显得弱些。混编后把红一师的干部和武器多调些给二、三师,就能进一步加强这两个师,使全军力量相对平衡,形成三只有力的拳头,协同作战,打击敌人。同时,通过混编,各部队亦能相互学习,交流经验,取人之长,补己之短。许继慎同志一直主张部队早日混编,做过不少动员工作,我们也赞成。把三个师捏在一块,他有很大的功劳。

光山会议后,各师均召开了党的活动分子会议,传达党代表大会的决议,并着手整编部队。红一师由三个团合编为一、三两个团,师长刘英,政治委员李荣桂;原红二、三师合编为第二师,辖四、六两团,师长孙永康,政治委员王培吾。除干部交流外,一、二两师各抽五个连对调。不久,又将军属独立旅、黄麻补充营与皖西中央独立一师合编为第一军第三师,师长肖方。各级党组织也健全起来,军有前委会,师、团有党委会,营、连有党支部,班排有党小组。士兵委员会也进行了改选,各连并成立了列宁室(俱乐部)。全军共六千余人。军长许继慎,政治委员兼政治部主任曹大骏,参谋长李昂茨。我任副军长,免兼一师师长职务。

这次混编,在统一全军的领导、统一意志、统一作风、统一纪律及打破地方宗派观念上,起了积极作用。但也存在着问题,如对一师,拆得太厉害,将一些干部调往外师降职使用,是不妥当的,也是军领导对一师不够信任的表现。撤二师师长漆德伟的职,送中央另行分配工作,没有多少道理。他是商南起义的领导人和二师的创建人之一,在二师中有较高的威信,因对枪毙该师参谋长漆海峰持消极反对的态度,便被撤职送上海。二师参谋长漆海峰错误严重些,品质不好,吸食鸦片,与反动亲属关系不清,但他在创建二师中出过力,决定枪毙他也是过火的。当时,二师有人反对枪毙漆海峰,结果被扣上"有背叛党路线的企图"的罪名,开除了党籍。这些问题,给部队混编带来了不良后果。

十一月上旬,夏斗寅部向我根据地南部进犯,黄麻地区吃紧,特委书记郭述申专程赶来豫南调红一军南下。经前委讨论,决定放弃光山、罗山,南下击敌,并准备伺机向长江沿岸发展,打通与红十五军的联系。红十五军活动于鄂东地区的蕲春、黄梅、广济一带,原系红八军的四、五纵队。根据中央命令,一九三〇年十月正式改编为中国工农红军第十五军,蔡申熙任军长,陈奇任政治委员。

敌戴民权新编二十五师位于平汉路东侧,夏斗寅十三师分布于南面的黄陂、麻城、黄冈一线,郭汝栋二十六师在西南的浠水、蕲春地区。我们南下,矛头首先指向夏斗寅。

一战于黄陂的姚家集,二战于黄安。因敌人固守,两个攻坚战,均未奏效。我军伤亡较大,一师三团政委江竹溪、营政委郑植磺牺牲。部队旋即转到麻城,敌人也主动撤离了黄安。在麻城,县委坚决要求我们打料棚,说不打下料棚,地方工作无法开展。前委和军部考虑,两次攻坚都没打好,不能再攻坚,料棚是个硬据点,不打为好。地方同志不同意,双方争执不下,吵得很凶。我们得悉夏斗寅部补充团的一个营进驻谢店,立足未稳,决定突袭他们。那天黄昏后,一、二师主力以急行军扑向谢店,向敌猛攻,一举全歼该敌。这一胜利,大大鼓舞了群众的斗争情绪,稳定了麻城的局势,地方党的同志也很高兴。

十一月底,天已转冷,但部队还穿着单衣,冬装无着落,叫人犯愁。地方上送来的情报说,新洲城空虚,只有些民团防守。前委决定奔袭新洲,搞点物资,解决部队的冬装问题。我记得很清楚,出击那天晚上,正下雪。南方的雪,边下边化,道路泥泞难行,部队冒雪踏泥急行军,一气跑了五十多里。这样坏的天气,敌人意想不到红军出击,疏于防守。我们没打枪,就进了城。一问,出乎意料,里面驻着郭汝栋部第二混成旅的两个团及特务营,是当天晚上才开进城里宿营的。他们吃罢饭后,正在安顿睡觉的地方,乱糟糟的,毫无秩序,也不知道红军已经来到跟前。好吧,打!当夜就全歼了这部分敌人,缴获大批枪支和军需物资,打了个大胜仗。新洲是个商埠,城内大的店铺不少,有金店、布店、粮店、当铺。我军将敌人的粮仓打开,分给贫苦百姓。把地主资本家的商店没收,从军长到战士,每人发棉布一匹,银元一块,并给愿意回家的俘虏发了路费。对中小工商业则采取保护的政策,买东西一律给钱。通过向群众广泛宣传红军的宗旨、政策,扩大了党和红军的影响。

在新洲城里住了一天,前委获悉徐源泉部有进击新洲的企图,就决定部队撤离该城,东移但店休息。此时中央派曾中生同志来鄂豫皖革命根据地任特委书记,并传达三中全会的精神。中生同志到达根据地后,一面召集特委开会,一面派人来但店向前委传达。前委听了传达,认为三中全会纠正李立三那一套是对头的,符合大家心愿,表示拥护。许继慎同志很高兴,因为他被原特委视为消极分子,在光山会议上批评了一顿,连前委委员都被选掉了。部队学习了三天,统一思想认识。三中全会决议虽然有缺点,但基本上是正确的,对纠正立三"左"倾错误,起了重要作用。

蕲黄广的红十五军,这时已离开该地去皖西找红一军会合。前委考虑,继续向东深入敌区已无必要,而皖西、商南正遭敌侵袭,情势危急,遂放弃原来向长江沿岸和蕲黄广发展的计划,撤离但店,去皖西、商南寻机歼敌。红十五军在皖西、商南找不到我们,转而西进黄麻地区。两家走的不是一条路线,没碰上头。我军进到皖西,才知道敌人的第一次"围剿"已经开始,旋即投入反"围剿"的战斗中。

一九二九年和一九三〇年,是以大别山为中心的鄂豫皖革命根据地正式形成和胜利发展的重要时期。这个时期,之所以能够取得如此显著的成就,原因在于:

第一,利用军阀混战的有利形势和敌人统治的薄弱环节,发动群众,打击敌人,壮大红军,扩大革命根据地,实行土地革命,坚持了工农武装割据的道路。

第二,建军思想比较实际对头,并初步形成了以弱胜强、以寡敌众的一些战略战术原则。

第三,加强了党对根据地和红军的集中统一领导,党政军民密切配合,关系比较正常。尤其是鄂豫皖特委的成立和关于统编红军的决定,意义重大,对根据地的发展和红军的建设,起了积极作用。

"枪杆子里面出政权"。鄂豫皖革命根据地的形成和发展,充分证明了毛泽东同志的这一论断是正确的。一九三〇年下半年的活动,虽受立三"左"倾错误的影响,但幸好时间不长,红军也未长期远离根据地作战,故未遭受大的损失。不言而喻,如果不搞那些"左"的东西,在军阀混战的形势下,鄂豫皖革命根据地的成就,将会更大些。

第 五 章

鄂豫皖革命根据地的
反"围剿"斗争(上)

双 桥 镇 大 捷

敌人对鄂豫皖革命根据地的第一次"围剿",始自一九三〇年冬。过去对付红军,是几省军阀势力的联合"会剿",这时,变成了由反动势力的总头目蒋介石,统一组织全国性"围剿"。原因是中原大战后,他稳固了统治地位,有了全力"围剿"红军的力量和时机。这次"围剿",蒋介石以中央革命根据地为重点,亲自坐镇南昌,进行部署,动用了十万兵力之众。对鄂豫皖革命根据地,也投入八个师、三个旅,不下十万人。

我军在十一月间奔袭新洲,歼敌向前推进的两个团另一个营,打胜了第一仗,揭开了反"围剿"的战幕。可那时我们的情报工作不灵,不知道敌人已从四面八方压向鄂豫皖根据地,开始"围剿"行动,也未意识到新洲一仗是打乱敌人"围剿"部署的第一步。好在取得了胜利,解决了部队的冬装问题,而皖西和商南根据地又大部被敌侵占,处境艰难,红一军主力便根据前委的决定,挺进商南、皖西击敌。

十二月上旬,正当我军东移罗田途中,敌展开了对鄂豫皖革命根据地的围攻:十三、四十四、四十八等师由南向北;三十、三十一两师由北向南;驻平汉路的岳维峻三十四师及新编二十五师、新编第一旅等,自西而东;驻皖西的四十六师、警备二旅及罗田的新编第五旅,自东而西。敌企图重点合围鄂豫边区,先突击占领集镇,寻机歼灭红军主力,而后分区"清剿",一网打尽。

"围剿"任务由蒋介石的武汉行营主任何成浚负总责,军阀李鸣钟任督办。

红一军抵近罗田时,守敌已弃城而逃。部队在罗田住了一夜,翌日开拔,经滕家堡、松子关、吴店等地,向商南进发。经三天行军,到达豫皖边的李家集。一路过来,红军受到沿途群众的热情迎接和慰问。路过每个村庄,道路两旁都挤满了男女老少,举着红旗子,喊着欢迎口号,给红军送茶送水,送馍送鸡蛋,送鞋送袜子。乡亲们鼓励指战员英勇杀敌,恢复和保卫根据地。李家集的群众,听说红军要到,早已腾出了房屋,预备下食品、蔬菜、茶水、鞋袜等慰问品,妇女们还组成了慰问队,给红军送饭、烧水、洗补衣服。人民群众对待红军,情深似海,亲如家人,使红一军指战员们深受感动。

这时,皖西的"围剿"之敌已进至金家寨地区,李家集距金家寨仅六十里。我们决定立即消灭这股敌人,于是打了反"围剿"的第二仗。

我军利用夜袭,一鼓作气,首克金家寨,歼敌四十六师一个团和民团共千余人,缴长短枪一千多支。金家寨的民团头子,也被俘获。敌军和民团极为残酷,在当地杀害了许多革命干部和群众,尸骨一堆一堆的,令人发指。我们召开了公审大会,把民团头子枪毙了。继攻鹅毛岭,歼敌一个营;乘胜进击麻埠、独山,守敌仓皇逃窜。再经两河口渡淠河,克青山店、苏家埠、韩摆渡,又歼敌两个营。而后兵分两路,进逼六安县城。

六安县城为敌四十六师一部驻守,城坚壕深。我以两个师的一、六两团攻南面,三、四两团攻西北方面。围攻一天后,敌增兵来援,向南关出击。一、六两团与敌激战一阵,互有伤亡,双方成对峙状态。战斗中红一师师长刘英负伤,许继慎、曹大骏着我暂回一师代理师长。前委认为,继续在六安城下与敌相持不利,乃下令撤兵,向南转移。那天夜里,大雨如注,道路泥泞不堪,路边的坑洼地带,全是积水,有的地方齐腰深。部队在伸手不见五指的雨夜里行进,分不清哪是道路,哪是水坑,弄得浑身透湿。至两河口地区后,军部令一师北进逼霍山,二师一部出西南经石婆店克叶家集。

第三仗是东西香火岭战斗。这是粉碎敌皖西"围剿"部署的关键一仗。

敌安徽省主席陈调元、鄂豫皖三省边区"剿匪"督办李鸣钟见六安一度被围、霍山告急,急忙令敌四十六师、警备二旅分别自六、霍出动,进据诸佛庵、苏家埠、韩摆渡;三十师一个旅由商城进占金家寨;二十五师一个旅进占叶家集。敌企图从东、南、北三面合围,聚歼我军。有鉴于此,前委又令红一军主力移至麻埠地区集中，待机歼敌一路，以打破陈调元、李鸣钟的合围部署。

我军进驻麻埠后，抓紧时间休整，准备迎敌。麻埠是皖西的重镇之一，有"小上海"之称。街面上店铺不少，物资较丰富。时年关已近，群众纷纷拿出预备过年的东西，慰劳红军。十二月二十九日，敌四十六师分左、中、右三路，分别从霍山、苏家埠、韩摆渡出动，向麻埠进犯。而进占金家寨、叶家集的豫南敌三十师、二十五师，则迟疑观望，未敢继续进兵配合。这样，敌四十六师的部队就处于孤立作战、突出冒进的地位。

前委根据上述敌情，作出了集中主力于运动中击破各路敌人的部署。分工由我带领第一、三、四团北出，迎击敌中路的两个团；调红二师第六团自叶家集地区南下石婆店，钳制敌右路一个团；以地方游击队、赤卫军于麻埠以东钳制敌左路一个团；军直部队和机关守麻埠。

三十日凌晨，我率三个团从麻埠出发。九时许，在东香火岭与中路敌先头团遭遇，进入战斗。那里地形不坏，南北两侧为高地，中间是一条横贯东西的土路。我令一、三团分别抢占南北两侧高地，居高临下，对敌侧击；以四团从正面发起猛攻。乱如麻团的敌人，很快被我军压到一条山沟沟里，全部就歼。敌后卫团见势不妙，急忙掉头回窜，我一、三团乘胜猛追，在赤卫军配合下，将该敌包围在同兴寺附近。在此同时，敌右路一个团已穿过石婆店，进据西香火岭，直接威胁我侧后翼的安全。我率四团转而猛扑西香火岭之敌，当即歼敌一个先头营，敌团长柏心山正在山头上写作战命令，被我军活捉。另两营敌人向北溃窜，被四团的追击部队和从叶家集南返的红六团，在石婆店地区夹击，予以全歼。下午五时左右，被围在同兴寺附近的敌中路一个团，亦被一、三团和赤卫军消灭。

我们在东西香火岭与敌激战时，来自霍山的敌左路一个团，曾乘虚占领麻埠附近的梁山，并一度突入镇内。镇内只有我军部的少许警卫部队，情势很危险。多亏许继慎军长作战经验丰富，指挥警卫部队和机关人员沉着应战，最后终于将敌军赶出镇去。我们闻讯后，火速率红一团星夜回师麻埠，会同军直部队和赤卫军击敌。该路敌军遭受重创后，狼狈逃窜回霍山。

这次战斗，我军共歼敌三个团，缴获步枪一千七百余支，迫击炮数门，电台一部。敌四十六师遭到毁灭性打击，残敌龟缩六安不敢复出；敌三十、二十五两师,也吓得慌忙向商城、固始撤退。这一胜利,不仅彻底粉碎了敌人在皖西的"围剿"计划,且极大振奋了人民群众的斗志,群众纷纷起来向反攻倒算的地主豪绅、反动分子讨还血债,报名参加红军。六安县革命委员会宣告成立,并将六安独立营扩编为独立师。广大军民,在欢庆胜利的锣鼓声中,迎来了新的一年。

第四仗,是个遭遇战,溃敌三十师一个旅。

年后,前委留红三师第七团(红一军在皖西作战期间,曾将三师大部编入一、二师作战,后以二师两个连、六霍补充营及三师余部编为第三师第七团)在皖西活动,率一、二师向豫南进击。这时,吉鸿昌三十师一个旅,正在从金家寨向商城撤退的途中。

我带领一师一团走在前面。至二道河附近的叶家墩子,包围了反动民团一部,展开攻击。忽然,敌三十师一个团从我背后的山上扑了下来。我们两面临敌,左右开弓,与敌激战。恰好,许继慎军长率军直属队到来,见此情景,立即将军部的手枪队、交通队、警卫连投入战场,并派传令兵火速去调后续部队。敌三十师有一定战斗力,善于防守。我在前面组织部队向敌发起三次冲击,才突破敌阵线。部队没有手榴弹,靠白刃格斗解决顽抗之敌,打得很艰苦。经两个多小时的激战,才将这股敌人消灭,俘敌数百,缴枪四百余支、山炮两门。这是我军第一次缴到山炮。接着,留小部兵力解决叶家墩子的民团,大部乘胜追歼三十师的另两个团。敌人逃往商城,我军乃收兵进驻二道河。至此,豫南敌人的"围剿"又被我粉碎。

在二道河,曾中生派旷继勋与红十五军军长蔡申熙等同志前来,传达中央关于合编红一军和十五军的决定。随后,红一军即开往麻城县的福田河,同红十五军胜利会合。两军根据中央决定,正式合编为红四军,归鄂豫皖特委直接领导。全军共一万二千余人,编为十、十一两个师。十师师长蔡申熙,政治委员陈奇,副师长刘英。十一师师长许继慎,政治委员庞永俊。军长旷继勋、政委余笃三都是党中央新派来的,我任参谋长,曹大骏任政治部主任。

前段时间里,因红一军转战皖西、商南,鄂豫根据地受敌重兵压迫,大部地区被占领。敌人大规模"围剿"鄂豫边区时,那里只剩下了六个教导队和黄安、麻城、光山、罗山、黄陂、孝感六县的特务队等地方武装,仅有枪三百余支。加上各县、区半脱产的红色补充军(赤卫队),总人数共两万余人。要对付来自西、南、北三面的国民党正规军七个师和一个旅的进攻,艰难程度可想而知。多亏曾中生同志处变不惊,组织红十五军和黄麻地区的武装群众,与敌周旋,才支撑了局面。

我们回师鄂豫根据地后,得知曾中生同志采取了以下的反"围剿"措施:

第一,召开紧急会议,确定反"围剿"的方针和部署。敌人的"围剿"来势突然、迅猛,主力红军又去皖西,远水解不了近渴,情势相当严重。曾中生同志当即召开各县负责同志的紧急会议,明确提出反"围剿"的作战指导思想是利用群众战争的战略战术来牵制、打击、抄击、夜袭敌人,使敌人抑制而不敢冒进与分散;组成了临时特委、临时军委及特区苏维埃临时政权,建立统一指挥机构;逐层深入思想动员,树立战胜敌人的坚定信念,反对失败主义、拼命主义情绪;将现有武装分为三路,协同作战,一致对敌。根据地军民在临时军委的领导下,广泛展开了袭击、骚乱敌军的战斗,有力迟滞了敌人的"围剿"步伐。

第二,妥善解决了群众跑反的问题。每次敌人进攻根据地,都有群众跑反。这次主力红军不在,敌人长驱直入,奸淫烧杀,跑反群众尤多,不下数万人。其中,许多人是地方武装和赤卫军的父母、妻小,明显影响部队的情绪。为妥善解决跑反群众的问题,临时特委采取了一系列措施,如加强政治宣传鼓动,激发群众的阶级仇恨;组成管理委员会,组织指导群众从事兵运、侦探、打草鞋、砍柴、做饭、放哨、救护等活动,积极参加对敌作战;想尽一切办法,解决数万跑反群众口粮问题。通过向根据地群众借粮、去白区筹粮、挖野菜和葛根等办法,保证了跑反群众有最低限度的口粮供应。这对稳定群众和部队的情绪,有很大作用。

第三,克服了主张红十五军分散游击或离开根据地的错误意见。红十五军的一千多人,刚转至黄麻地区,就赶上了敌人的"围剿"。当时,全军共千余支枪,平均每枪子弹三发,绝大部分同志尚无棉衣,与红一军会合的计划又落空,因而部队中的失败主义情绪上升。经曾中生同志亲自去部队,会同蔡申熙军长、陈奇政委加强思想动员和组织工作,才有所好转。河口一仗,因地方部队配合不力,没有打好;部队集中在一地,吃饭更是问题。因此,围绕十五军的行动方针问题,地方和军队发生了争论。地方同志主张将部队化整为零,分散游击;军队同志则主张离开鄂豫皖根据地,另图发展。曾中生同志认为,这两种主张,都是不正确的。正确的方针应是急切整顿红十五军,集中兵力,突破敌人的包围圈,与红一军会合。十五军据此进行了三天整顿,统一认识,组织突围。福田河一战,消灭敌人数百,打了胜仗,跳出敌包围圈,终于同红一军胜利会师,合编为红四军。

一九三一年二月初,鄂豫皖临时特委召开扩大会议,正式组成鄂豫皖特委和鄂豫皖军事委员会。曾中生任特委书记兼军委主席,蔡申熙、郑行瑞任军委副主席。会议批判和纠正了立三路线的错误,总结了反"围剿"的斗争经验,提出了加强根据地建设和红军建设的一系列措施。我参加了这次会议,第一次同曾中生同志见面。曾中生原名曾钟圣,曾希圣同志的哥哥。他是湖南资兴县人,在黄埔第四期学习时入党。后去莫斯科中山大学学习,回国后在中央军委工作,任过中共南京市委书记。会议期间,他对一些问题的深刻分析能力和平易近人的风度,给我留下了极好的印象。

"围剿"鄂豫皖革命根据地的敌人,经过一个多月的进攻作战,兵损五千,被迫转为守势。合编后的红四军,面临的紧迫任务是转入战略反攻,收复失地,扩展根据地,把敌人的"围剿",彻底粉碎。特委决定了以红军主力突击敌弱点,调动敌人于运动中加以消灭,以一部分兵力配合地方武装,扫清后方的作战方针。

反攻的第一仗,围攻磨角楼,吸打援敌。磨角楼位于麻城以北,驻有夏斗寅部一个营。我们想以少部兵力围住它,引麻城敌主力来援,在野战中聚而歼之。但军领导同志有的主张既攻磨角楼,又打援敌。最后决定由军长旷继勋带两个团攻坚,我带一个师和另一个团作预备队,相机攻城或打援。结果攻坚部队伤亡很大,乱了章法,不得不把预备队的力量陆续用上去。这时,麻城敌四个团来援,我去组织打援时,兵力有限,仅歼敌五百余人;磨角楼虽被我攻克,但战果是不理想的。这一仗,我们等于和敌人打了个平手,没赚到便宜。如果我们一开始用个把团围点,集中五个团的兵力在野外打援,待吃掉援敌后再解决点上的敌人,那就好了。打仗,最忌平分兵力,不讲战术。磨角楼之战就是教训。

次打新集。新集三面环山,东临潢河,城墙高两丈余,全部用长方岩石砌成,易守难攻。它是光山南部土豪劣绅盘踞的顽固堡垒,以曾、刘两姓大户为首,统治全城,组织数以千计的反动民团及红、黄枪会,凭坚固守,并经常出来为害根据地群众。如果当初红一军少到平汉线出击,早个一年半载地拔掉这个反动堡垒,根据地要巩固得多。我们将新集包围后,以十师三十团担任主攻任务。部队围攻一个星期,强攻难下,有些伤亡。我们进一步察看了地形,和旷继勋军长商量,决定改用坑道作业的办法开辟攻击道路。我们令部队利用城北门外的小店掩护,秘密挖了条四五十米长的坑道接近城堡,然后把几百斤炸药塞到棺材里,推进坑道引爆。一声巨响,敌人的寨墙被炸塌一截,成了斜坡,部队沿坡而上,冲进城内与敌巷战,经三个多小时的逐屋争夺,全歼守敌千余人,胜利解决战斗。新集麇集着不少从根据地内逃来的地主豪绅,都给捉住了,送交地方政府处理。群众扬眉吐气,极为高兴,锣鼓喧天,庆贺胜利。从此,解除了我根据地的一大心腹之患,打通了鄂豫边和商南根据地的路线,新集也成了鄂豫皖革命根据地的政治中心、首府。

在此期间,驻守六安的敌四十六师一部,在营长魏孟贤(共产党员)的组织领导下,兵变成功,摧毁敌两个旅部、一个团部,毙敌旅长、团长等反动分子多人,与皖西红军胜利会合。

第三仗,西出平汉路,袭占李家集、柳林车站。攻破新集后,部队高高兴兴过了个春节,吃到了醪糟。节后,我们以十师围攻大山寨,未克;以十一师出击李抱冰部,歼敌一个警卫连。这时,蒋介石抽调兵力对中央革命根据地进行第二次“围剿”。平汉路南段空虚,我军决定乘虚西出。开至武胜关路东的三里城地区,首先派红十一师攻打李家集车站。部队冒雪夜袭,截住一列兵车,全歼车上敌新编十二师一个旅,毙敌旅长侯镇华,缴获大批军火物资。继袭柳林车站,又歼敌一个营,溃敌两个团。这两次战斗,共毙俘敌两千多人。

最后一仗是双桥镇战斗,活捉敌师长岳维峻。(见附图二)

红十一师袭占李家集、柳林车站,逼近信阳,使敌人大为震惊。敌郑州绥靖公署主任刘峙,忙令第六师主力集结信阳,并令该师三十八旅、骑兵一师、三十一师之九十一旅、第二十军之六十三旅等部,由信阳、罗山向南推进;武汉“绥靖”主任何成浚也同时令新编第二旅固守广水,三十一师主力由广水向信阳,岳维峻第三十四师由孝感经花园沿平汉路东侧向北推进,企图南北夹击红四军。

各路进击的敌军，以岳维峻部最为冒进突出。该师自三月四日由孝感出发，八日即进抵广水以东的双桥镇地区，距我主力集结的三里城、大新店仅五十里地。我们派人把敌情查清楚后，决定留一个团在三里城监视北面敌人，集中六个团（二十八、二十九、三十、三十一、三十三团及罗山独立团），向南奔袭双桥镇之敌。

双桥镇东傍滠水，周围环山。岳维峻将该师第一〇〇旅两个团布于滠水西岸刘家湾、松岭山、田子山、罗家城一线，第一〇一旅的两个团布于滠水东岸的长岭岗、刘家楼、白马石岗、小葵山一线；师部、两个旅部及山炮营均驻双桥镇。我军以红十师从南向北进击滠水西岸之敌，由三十团正面突击；二十九团从双桥镇西南迂回，断敌退路；二十八团位于双桥镇以北之二店湾，作预备队。以红十一师从东向西进击滠水东岸之敌，由三十一团正面突击；罗山独立团向双桥镇东南方向迂回，断敌退路；三十三团位于余家集以西的麻雀岭，作预备队。

九日拂晓，我东西两岸的突击部队发起攻击，迂回部队翻山越岭，向敌后猛插。敌遭到突然攻击后，仓皇组织反扑，我三十、三十一团与敌展开了争夺制高点的激战。上午十时左右，我迂回部队第二十九团占领了双桥镇西南的尖鸡岗，罗山独立团亦抵东南的小葵山一带，敌三十四师陷于我军的四面包围之中。周围数十里的群众，也在地方党的动员和组织下，拿着土枪、大刀、长矛前来参战，呐喊声响彻滠水两岸，场面极为壮观。岳维峻"狗急跳墙"，亲自带着两团人出镇反扑。敌人仗着飞机、大炮掩护，与我争夺阵地，企图打开缺口，向南逃窜。战斗十分激烈、残酷。大白天，我们站在山头上，看得清清楚楚：他们扑上来，我军反击下去；阵地被敌夺去，又被我夺回，敌我双方反复冲杀，肉搏格斗，扭成一团。我们的部队真英勇，发挥了近战歼敌的战术特长和勇猛顽强的战斗作风，干部带头冲锋、肉搏，伤亡再大都不打退堂鼓。我十师师长蔡申熙胳膊负伤，仍坚持指挥战斗。这是个硬仗，鏖战了几个小时，难分难解。中午，敌人精疲力竭，我们下令预备队出击，对敌猛烈分割穿插，直扑双桥镇内，打瘫了敌人的指挥系统。这一锤子下去，敌人受不住了，很快被我分割全歼，结束战斗。经七个多小时，我军毙敌上千人，俘敌五千多人，缴枪六千余支，山炮四门，迫击炮十多门。红军取得全歼敌三十四师(一个师部、两个旅部、四个团、一个山炮营、两个迫击炮连)的重大胜利。敌师长岳维峻的马弁骑上他的马逃掉了,岳被我军活捉。

肥头胖脑的岳维峻是个老牌陕军,当过冯玉祥的河南省府督办。一九二五年他任国民二军军长,我是他属下第六混成旅的参谋、团副。当知道我曾是他的老部下时,他长叹一声,说:"蒙多多关照,只要不杀我,我答应你们提出的一切条件!"我和曾中生、旷继勋商量,决定留他将来做西北军的统战工作。后来,岳维峻的家属托人与我党中央联系,愿拿出几万块钱赎他。我们也同意,提出要二十万套军装。张国焘来鄂豫皖后,人家给我们送来十万套军装和不少银元,可张国焘变了卦,钱也要,命也要,借口岳组织反革命团体,把他给枪毙了。杀俘虏,是张国焘来鄂豫皖后才有的,破坏了红军的传统。

双桥镇大捷,大壮了红军声威,宣告了敌人第一次"围剿"的彻底破产。这次反"围剿",在特委领导下,红军与地方武装、群众相配合,先后共歼敌一万五千余人。根据地进一步巩固和扩展,人口达二百万,红军也发展到一万五千多人。

三个多月反"围剿"的经验证明:在统治阶级内部矛盾相对缓和的形势下,蒋介石已经有力量组织全国性的统一"围剿",对付日益发展着的红军和根据地。敌人的"围剿",指挥统一,兵力众多,规模大,时间久,不同于以往一省或几省军阀势力的联合"会剿"。我们粉碎敌人的"围剿",明显具有战略防御和战略反攻两个阶段,而每个阶段,都包含着一些敌攻我防或敌防我攻的重要战斗。根据地的领导人,如果不是从战略全局着眼,通观反"围剿"的全过程,来制定计划,部署力量,组织战斗,就会陷于盲目和被动的地位。严格地说,这次反"围剿"的第一阶段——战略防御阶段,我们的自觉程度是不够的。红军主力离开鄂豫边区去豫皖边区作战,不能算作有预见的战略性行动,因为当时不知道敌人全面"围剿"的来临;而鄂豫边区由于对反"围剿"的准备不足,也出现了仓促应战的局面。假如不是曾中生同志及时采取一系列应急措施和红十五军及时到达,支撑局面,情形还要严重得多。反"围剿"的第二阶段——战略反攻阶段则不同,特委正确地分析了形势,估量了敌情,抓住了战机,计划性、主动性明显加强。这种反攻,是有阵地的向外发展,有后方的向前推进,把拔除根据地内的敌据点和外线出击结合起来,因而不仅彻底粉碎了敌人的第一次"围剿",同时也为下次反"围剿"准备了条件。经过反"围剿"的实践,使我们在战略指导思想上有了新的飞跃,应当说这是最重要的收获。

经验又证明:随着红军力量的发展,武器装备的改善,战斗规模的扩大,运动战已成为我们克敌制胜的基本作战形式。无论在战略防御或战略反攻阶段,部队能够连战告捷,整团整师地歼敌,都和以运动战为主的作战形式,密切相关。我们的防御,是运动中的防御;我们的进攻,是运动中的进攻。有进有退,有攻有防,忽东忽西,忽南忽北,打得敌人晕头转向,措手不及。曾中生同志把这种战法,叫作"飘忽战略"。所谓"飘忽",就是来无影,去无踪,神出鬼没,运动歼敌。这时,运动战开始成为我们的拿手好戏,并非偶然。一是红军是从游击战起家的。整天和敌人转着圈子打,有游有击,有进有退,"打得赢就打,打不赢就走",那不是"运动战"吗?不过是一种低级的非正规的运动作战的形式罢了。力量发展起来了,从游击战向运动战转变,是很自然的。二是红军觉悟高,肯吃苦,服从命令听指挥,战斗作风过得硬。红军是为人民利益而战的,上下一心,不怕牺牲,指到哪里打到哪里,越是艰难越向前。吃不饱,穿不暖,照样能连续行军,连续作战。这一条白军就不行,没法和红军比。三是无论内线作战或外线进攻,都有根据地广大群众的积极支持、配合、掩护。当时,我们谓之"群众战争的战略战术"。群众站在红军一边,敌人就成了聋子、瞎子。他们费尽九牛二虎之力,也捉不到矫若游龙的红军,红军却能随时"从天而降",突然置敌于死地。根据地人民的条件,是红军运动作战最可靠的保证。与运动战为主的作战形式相适应,战术也必然有新的发展。这一时期,远距离奔袭、奇袭;集中兵力,击敌一路;围点打援,运动歼敌;正面突击,两翼包抄;近战夜战等等,已发展为红军的主要战术手段。

经验还证明:红军的壮大和根据地的发展,离不开正确的政治领导。鄂豫皖革命根据地第一次反"围剿"的胜利,也是特委根据中央六届三中全会的精神,积极纠正立三"左"倾错误的结果。停止冒险主义的进攻武汉的计划,取消根据地内军队和地方两个平行领导机关,恢复和建立特委和军委的统一领导,采取集中精锐击敌弱点和群众战争的战略战术打破敌"围剿",整编红一军和红十五军,以及解散"集体农庄",按照人口与劳动力的标准重新分配土地,取消侵犯中农利益及破坏中小工商业的过"左"政策,统一财政管理等方针和措施,都很及时,很必要。尤其是曾中生同志来担任鄂豫皖特委书记、军委主席,相当得力。这位同志,有战略头脑,工作实际,善于总结经验,也能团结同志。在反"围剿"的关键时刻到来,掌握全局,开展工作,起了很大作用。根据地远离党中央,独立性大,主要领导人的选择特别重要。后来拿掉曾中生换上张国焘,是失策的。

以后的几次反"围剿",基本上是这些经验的继续和发展。

避强击弱　机动歼敌

粉碎敌人的第一次"围剿"后,正是春暖花开的时节。根据地里万众欢腾,慰劳红军,扩红,春耕,恢复政权机构,惩处反动地主,扩大群众组织和地方武装……一派热闹和繁忙的景象。

这时,党的六届四中全会已经开过,王明一伙上台,把持中央领导权,全面推行"左"倾路线。中央从上海派康荣生同志来鄂豫皖革命根据地,口头向特委传达了四中全会的精神。因正式文件尚未转来,四月上旬在新集召开的鄂豫皖特区党代表大会,虽作出了拥护党的四中全会精神的决定(我在前方,未出席这次会议),但实际工作并未受影响,仍按特委的原定方针行事。

特委计划下一步的军事行动方针是:以一部分兵力拔掉光山陡沙河西南的大山寨、打银尖两个最大地主山寨;以主力红军去商南亲区肃清那里的反动武装,而后南下蕲、黄、广地区,恢复根据地,占领武穴,威胁九江,从而配合中央革命根据地的反"围剿"斗争。商南的亲区,是反动民团头子顾敬之牢牢控制的地方,反动宣传很厉害,老百姓不敢接近红军。拔掉这个反动据点,对巩固商南根据地,打通鄂豫边和皖西根据地的联系,有迫切意义。

但是,这个计划还未实行,敌人的第二次"围剿"已部署就绪。他们准备出动十二三万人,根据蒋介石的限令,"五月完全肃清"鄂豫皖红军。

首先是皖西根据地告急。四月中旬,皖西敌四十六师、警卫一旅等七个团,向我根据地进犯。特委得悉后,决定主力红军出皖西击敌。这时,张国焘、陈昌浩已从上海来到新集，沈泽民等同志也抵皖西。他们都是四中全会后的中央派来鄂豫皖革命根据地的领导成员。特别是张国焘，老资格的党员，在党内颇有名气。大家听说来了这么一位"大人物"，都很高兴。来后没几天，他就和陈昌浩、旷继勋带上红军主力到皖西独山一带打陈调元部去了。我带二十八团留在鄂豫边攻打反动民团据点大山寨、打银尖。

我们打大山寨还没打开，敌人的正式"围剿"就开始了。北来的有吉鸿昌指挥的敌三十师、三十一师、三十三师；南来的有夏斗寅、萧之楚两个师，是个合击的态势。他们计划第一步合击新集、七里坪，寻歼我主力；第二步转向皖西"进剿"。

吉鸿昌部四月二十四日占领新集，进而占领檀树岗、七里坪；黄安之葛云龙师亦北上来犯。因主力红军不在，我们不能大规模歼敌，就把二十八团从大山寨撤围，与黄安、光山、罗山三县独立团（每团千把人）集中在一起，采取侧击、袭扰、打敌尾巴等战术，对付敌人。北面的吉鸿昌部参加这次"围剿"，不是坚决找我们打。他们走的是大路，对着两边山头放放枪、开开炮就算了事，等于在根据地搞了一次"武装游行"。五月初，经宣化店退往罗山。南面的敌人遭我根据地军民袭扰，亦不敢孤军深入。敌第一步"围剿"鄂豫边红军的计划，即告失败。

敌第二步的合击部署，重点为皖西的麻埠、金家寨。红军主力出皖西作战歼敌一部后，在独山镇又打了一仗，全歼陈调元部两千余人，缴步枪一千二百余支，给东进之敌以迎头痛击。余敌惊惧，向霍山地区溃逃，皖西根据地之危遂解。而后，部队西返鄂豫边区，与我们会合。敌五十三师从泼皮河南下，企图占领新集。我军在新集以北之浒湾痛击敌人，经一昼夜激战，歼敌千余。乘胜横扫光山南部的地主围寨，攻克团山、胡山、雾山、丘家店等不少据点。敌因在东西两侧受创，未敢再继续深入。我们为进一步打破敌人"围剿"，五月底，南下围攻黄安附近的桃花镇（守敌一个营），吸引黄安之敌来援。援敌三个营在十里铺中伏，桃花镇亦被我攻克，共歼敌四个营。至此，敌人的第二次"围剿"又被粉碎。

这次反"围剿"，仅用了个把月时间，先后共歼敌五千余人。红军主要是采取东西两侧往返机动，避实击虚，各个击破，待机反攻的战法。北面的吉鸿昌部不想和红军作战，虚晃一枪就走，对我们有利。事后我才知道，他曾派人来和红军谈判,以便联合反蒋。李健明、徐海东同志都和他们谈过。因张国焘等人不讲统战政策,谈判未获任何成果。不久,蒋介石就迫使吉鸿昌出走了。

南 下 之 争

张国焘来鄂豫皖革命根据地不久,即对党和红军的领导层进行了全面的改组和调整。

根据中央决定,鄂豫皖特委撤销,组成中央分局,直属中央政治局领导,并成立鄂豫皖省委。分局的职权系直接代表中央领导一切,有权否定地方党委的决议或解散地方党委。中央指定由张国焘、陈昌浩、沈泽民、曾中生、舒传贤、徐宝珊、王平章、蔡申熙等八人组成分局(又补充了郭述申、周纯全、高敬亭三同志及十五名候补委员),张国焘任分局书记兼军委主席,沈泽民兼省委书记,曾中生、旷继勋为军委副主席,陈昌浩为共青团分局书记。红军和地方武装,统归军委直接领导和指挥。同时,红四军的领导干部亦进行了调整。旷继勋任红四军军长,曾中生任政委,下辖十、十一、十二、十三师。十师师长刘英,政治委员康荣生;十一师师长周维炯,政治委员余笃三;十二师师长许继慎,政治委员庞永俊;十三师师长徐向前,政治委员陈奇。继后,又成立了培训干部的"彭(湃)杨(殷)学校",由蔡申熙任校长,傅钟任政治部主任,李特任教育主任。

粉碎敌人第二次"围剿"后,曾中生等四军领导人,鉴于外线敌人暂已处于守势,而根据地内粮食供应十分困难,曾向分局建议:留一部分兵力结合地方武装扫清商南亲区等地的反动武装,集中主力南下蕲黄广地区,恢复根据地,解决粮食问题,并牵制敌人,配合中央革命根据地的反"围剿"斗争。张国焘给他们扣了一顶"立三路线残余"的帽子,予以否定,命令四军去商城亲区,解决顾敬之的反动民团。因顾逆令所部大搞坚壁清野,威胁群众,逃离家园,红军所到之处,荒无人烟,供应发生了严重困难,并时遭敌反动游击的袭扰,短期内很难取胜。四军领导人复向分局和军委申明理由,希望采纳原来的建议。但又遭到张国焘等人的反对,指责四军领导的意见是

"揭开了立三路线的面具而来了一个实际工作的机会主义"。六月底，分局召开扩大会议，沈泽民等人与红四军出席会议的曾中生、余笃三、许继慎等，围绕红军主力是否南下问题，展开激烈争论。时值中央革命根据地反三次"围剿"开始，我主力南下作战具有配合作用，曾中生等同志的意见，得到与会多数同志的支持，张国焘也暂时放弃了原来的主张，同意部队南下。会议决定：在巩固现有阵地的基础上配合中央革命根据地的反"围剿"斗争是最迫切的任务，为此，红四军应以少部兵力留在根据地巩固阵地，而以主力部队南下向外发展。

七月上旬，军委在商城西南的余家集召开会议，讨论具体行动部署，不料又发生了分歧。张国焘推翻原来的南下决定，认为要援助中央革命根据地，红军就得进攻和威胁大城市，要四军攻英山，出潜山、太湖，进攻安庆，威胁南京。显而易见，这是个冒险主义的计划，和立三路线攻打武汉的味道差不多。四军的领导人不同意，还是主张先打英山，后出蕲、黄、广，威胁长江，策应中央革命根据地，使鄂豫皖根据地与蕲、黄、广连成一片。最后，张国焘拍板，硬是按他个人的意见作了决定。部队奉命积极进行南下英山、东出潜太的准备工作。

七月中旬，红四军的领导又进行改组。原军长旷继勋到十三师当师长（他在五月间向中央写工作报告，不承认前段工作是"立三路线"的继续，而受到中央的指责），我调任四军军长，曾中生任军政治委员，刘士奇任政治部主任。我们过去就觉得，中央的委派制度有问题，致使鄂豫皖革命根据地的党和红军的领导干部改组太频繁。本来红一军成立时，已将鄂豫边、商南、皖西的三支红军统一起来，许继慎、曹大骏等同志虽然思想上有点毛病，但还是能干的，部队连战皆捷，发展很快。但一九三一年一月红一军和十五军合编成红四军时，中央又派旷继勋来任军长，余笃三任政治委员。其实，旷继勋并不比许继慎强。许继慎这个同志是行的，指挥打仗有一套，带兵也有经验，就是英雄主义厉害点。此后，许继慎与旷继勋的关系疙疙瘩瘩，曹大骏同余笃三的关系也不融洽。军队不断改组，地方上也不例外。徐朋人同志能干，土生土长，与当地干部、群众有密切联系，熟悉鄂豫边区的情况，但上面换下了他，派来郭述申同志。三中全会后，又派来曾中生，替下了郭述申。曾中生文武都行，干得不错，但四中全会后，又把张国焘换来了。对张国焘，开始大家认为他长期在中央工作，又到过苏联，的确都很尊敬他。没想到这个人那么凶，来了就给人扣帽子，打棍子，狠批了几次曾中生，还开除了徐朋人的党籍。可他是党中央的代表，鄂豫皖分局书记，你思想上不满意，组织上要服从的。下级服从上级，在战争环境中特别强调。省委书记沈泽民同志，也是中央派来的。他是沈雁冰同志的弟弟，在莫斯科中山大学学习过，工作热情积极，是个好同志，但军事上一窍不通，又缺乏领导经验，曾中生同志要比他强得多。这样改来改去，加上后来的"肃反"，原来地方上土生土长的一些领导干部，多被搞了下去。这对鄂豫皖革命根据地和红军的建设与发展，是极为不利的。不重视土生土长、有丰富实际工作经验的干部，频繁更换根据地的领导人，是"左"倾路线在组织上的表现之一。

我调任红四军军长后，积极与曾中生同志合作，厉兵秣马，准备南下。八月初，我们率红十、十一、十二师的五个团从商南亲区开拔，冒着酷暑行军，直取英山。该城驻有敌五十七师的一个团及反动民团一部，工事比较坚固。拂晓前，我军兵力部署就绪，用三个团从西、南、北三个方向发起进攻，袭占城外要点，两个团作预备队。敌凭险固守，战斗很激烈。打到午后，我们只打下了城南、城西的几个要点，还是攻不进城去。研究了那里的地形，觉得城西北角的船形山、凤形山居高临下，靠城又近，是个好突破口。当即调整兵力，以一部佯攻城北的要点鸡鸣尖；集中主力，从城西北突破。下午四时发起攻击，一举突破，占领了船形山、凤形山。部队迅即登城，经两小时战斗，全歼守敌一千八百余人，缴步枪一千二百余支，机关枪十八挺，迫击炮四门及大批弹药和军用物资，首战告捷。

根据张国焘的决定，打下英山后要东出潜山、太湖，攻打安庆，威胁南京。对此，大家本来就想不通。在英山，曾中生同志和我分析了当时的敌我态势和力量对比，觉得东进确实没有把握。第一，路程太远。从英山到安庆，中间要通过四百多里的白区，沿途敌有两个多旅把守。我们远离根据地，无后方作战，危险太大。第二，兵力有限。我们三个师才五个团的兵力，留下一个团驻英山守后方，东进只有四个团。一路下去，敌众我寡，敌防我攻。沿途再留点兵力，还有多少力量去攻安庆？又何况安庆战略地位重要，是敌人重兵设防之地呢！第三，太湖、潜山、安庆一带的地形条件、群众条件、敌情条件，我们都不熟悉。一鳞半爪地知道点，是从敌人报纸上看来的，不可靠。兵书上说："知己知彼，百战不殆。"你对敌情、地形、群众情况两眼一抹黑，远距离跑去出击，不是找着吃苦头、打败仗吗？与此相反，如果南下蕲、黄、广地区，则有利得多。那里在党的八七会议后曾发生过黄梅暴动，建立过苏维埃政权，后又发展为红八军四、五纵队的根据地。党的基础和群众条件比较好；离英山又近，才二百里的路程；敌人兵力也空虚。曾中生同志最后决定，红军趁势进据蕲、黄、广，一面行动，一面将这一决定报告分局。

八月初，我们留下十二师守英山，固后方，率十、十一两师向南进击。沿江水涨，武穴一带被淹，部队抵蕲春县境后乃改变部署，横击浠水，回扫罗田。中旬，我派出两团兵力，冒着盛暑，一昼夜行军一百二十里，突袭蕲春北漕河镇敌新八旅。拂晓打响，迅即全歼该旅的两团人，毙敌数百，活捉旅长王光宗以下一千六百余名，缴枪一千二百余支，乘胜进占广济。同时，派倪志亮同志率一部兵力去打黄梅，但因城壕水深，没有打成。蕲、黄、广的原十五军干部、战士，回到家乡，打了胜仗，个个兴高采烈，笑逐颜开。当地的党组织和农民群众，见红军到来，热情慰问，夹道欢迎，使我们深感老根据地群众的觉悟和温暖。在红军和地方党的组织下，群众迅速展开了如火如荼的斗争。每次开仓分粮或分当铺的东西，都有无数群众拥来，领回一袋袋粮食和他们典当的衣物，鞭炮齐鸣，像过节那样热闹。通过打土豪和没收敌仓库，短期之内，我军就收缴了金子二十余斤（后派人送交上海党中央），银子一千八百斤，大洋七万元，使部队的物资补给问题得到了解决。

我军南下的胜利，使敌人着了慌。九月底，敌徐源泉部从鄂西经武汉，来我后面堵击。该敌装备较好，有一定战斗力。我们连夜撤回广济、英山的部队，迎击敌人四个团于二城之间的洗马畈，以十、十一两师由南北两面进攻，十二师从东西两面配合，围歼该敌。我带司令部赶到前面时，部队已和敌人接火。那带有个村寨，周围是山地，倪志亮那个团没等红十二师进占村寨，就从山上冲了下来，敌一个多团退进寨子坚守，我们攻不下来。该敌乘夜间窜逃叶家湾，我们又派部队追去围住它。洗马畈战斗，因指挥、联络有漏洞，仅歼敌三个团大部，未达到全歼这股敌人的预期目的。

红四军的南下行动违背了张国焘的决定，他肯定不甘罢休。果不然，命令来了，要部队北返。事前，我们估计到会招麻烦，由曾中生和我及政治部主任刘士奇联名，于八月二十日向中央写了个报告，申明南下行动的必要性。信中明确指出："现在我们的战略是要巩固蕲、黄、广苏区,与皖西苏区、黄麻苏区打成一片,同时相机而据武穴(水不退仍然不能去),尤其是准备这一阵地的群众基础。敌人能来则集中力量而必消灭他数师以上,敌人不来则从宿松、太湖、潜山一带巩固阵地的发展而出安庆。""在战略上,如果想脱离根据地几百里的阵地,如我们由英山直取安庆等,不但做不到而且要发生许多不能解决的困难,如果勉强行之,必然成为单纯军事行动,根本上忘却了巩固阵地的发展任务了。我们深深认识中央根据地胜利的伟大,就是有了强度群众基础的阵地所致。自然这与(把)主力束缩在根据地内来防御敌人的计划是根本不同的。"曾中生同志在上海期间,看过中央革命根据地的一些工作报告,对毛泽东、朱德同志的建军思想和创建根据地的经验,十分重视。他起草的这个报告,反对远离根据地攻打安庆,主张依托根据地群众的强固基础逐步向外发展,是符合毛泽东同志的思想的。

张国焘八月二十七日的来信,气势汹汹,给我们扣上了一连串罪名。这封信是以鄂豫皖中央分局、军委会的名义写给我和曾中生的,主要内容是:(一)红四军没有执行进攻安庆、威胁南京的决定而出蕲春、武穴,是放弃了援助中央革命根据地的政治任务。(二)出潜、太进攻安庆,是有阵地的进攻,由英山出黄、广往武穴,是脱离后方的无阵地作战。(三)太湖地区无重兵,陈调元部已是惊弓之鸟,红军可乘英山之胜直下安庆,而出黄、广、武则遇夏斗寅部,该敌较强,且我以长途进军击敌,纵敌势弱,亦较潜、太难攻。(四)解决经济问题是这次四军南下的中心原因。不以援助中央革命根据地的政治任务为重,而以满足"蕲水之欲"的经济问题为归。"司马昭之心,路人皆知"。总之,四军的南下行动,是对中央分局的"公开的抗拒","把红军行动与土地革命隔离","原则上是根本错误的";四军与分局的分歧"是原则上路线上的分歧"。最后令我们见信后火速率四军北上根据地,不能有丝毫的动摇。

九月初,我们才收到张国焘的信。当即撤叶家湾之围,率军北进至英山以南的鸡鸣河。曾中生同志在那里召开支部书记、指导员以上的活动分子会议,讨论张国焘的来信。大家当然不同意张的指责。绝大多数同志认为,红四军南下中已取得了伟大胜利,应继续留在现地,开展英、蕲、黄、广等地的工作,恢复原蕲、黄、广根据地,并在长江北岸积极活动,牵制敌人,配合中央革命根据地反三次"围剿"的行动,减轻国民党对中央根据地的压力;同时,鄂豫皖革命根据地周围的敌人尚无发起新的"围剿"迹象,老区粮食和物资供应又相当困难,调四军北上是不适宜的。会上,群情激愤,通过申明书,并决定派军政治部主任刘士奇回去,向中央分局陈述意见。十二师政治部主任吴焕先同志不同意这种做法,认为在组织上、行动上应执行分局的命令北返。鸡鸣河会议,在军事行动方针上坚持正确意见,无可非议,但从组织原则上来看,毕竟是下级组织召开活动分子会议反对上级组织的指示,这是不妥当的。结果,给张国焘抓住了把柄。

南下之争,本是战略方针的分歧。我们给中央写了报告,张国焘当然也写了报告。官司打到中央,中央是个什么态度呢? 十一月三日,党中央给鄂豫皖分局的信里,作了回答。那时的中央,对他们派来的张国焘等人相当器重和信任,所以尽管张国焘的东出方针不对头,中央也不同意,但用词是相当委婉的。所谓"军委会及中央分局对于决定出潜、太到六、霍,而不到黄、广去恢复苏区的决定是战略上的疏忽",仅此而已。对于坚持南下方针的我们就不同了,罗织了一大堆罪名。所谓"立三路线的重复"、"违抗军事委员会的命令"、"反抗中央分局的决议"、"企图蒙蔽中央"、"严重的反党错误"、"污辱了工农红军中的政治工作的光荣"等。信里还特地点了曾中生同志,说他"决不能继续在红军中担任任何领导工作,同样军事委员会参谋长的职务亦是不能担任"。这就为张国焘进一步打击曾中生同志,推行王明路线,提供了"尚方宝剑"。

由此可见,教条主义者蛮不讲理。在他们的词典里,人们是很难找到"公正"二字的。

白雀园"大肃反"

白雀园"大肃反",是鄂豫皖根据地历史上最令人痛心的一页。将近三个月的"肃反",肃掉了两千五百名以上的红军指战员,十之六七的团以上干部被逮捕、杀害,极大削弱了红军的战斗力。

红四军在南下问题上坚持自己的意见,召开鸡鸣河会议公然反对中央分局的决定,使张国焘十分恼火。九月中旬,我们按他的命令率军北返麻埠时,陈昌浩同志匆匆赶来,宣布分局的决定:撤销曾中生的军政委职务,由陈昌浩接任。我心里很不痛快,因为是分局的决定,也不便说什么。曾中生同志表现很好,并没有因为遭受打击而灰心丧气。

这时,蒋介石窜到武汉,亲自部署对鄂豫皖革命根据地第三次"围剿"。敌三十师师长吉鸿昌已下台,蒋介石令投靠他的李鸣钟(原为冯玉祥系)率该师驻信阳;而将西北军的另两个师(张印相三十一师、葛云龙三十三师)调驻黄麻,使之北靠革命根据地,南临长江,以便挟制。敌五十八师、十二师和国民党的王牌军第二师,调豫南接防。赵冠英第六十九师,进驻鄂东。徐庭瑶第四师和俞济时南京警卫师,调往武汉,有点战略预备队的性质。敌军调动频繁,我们有所考虑,但一时还看不清蒋介石的总意图。

陈昌浩接任红四军政委后,即开始在部队中"肃反"。部队一面"肃反",一面打仗。他管"肃反",我管打仗。我们首先在武庙集、草庙集、河凤桥一带打戴民权。戴是土匪部队,很狡猾,你一打,他像乌龟一样,把头缩进城里,死活不出来,结果只消灭了他们个把营。以后又转到仁和集打敌十二师,连打援在内,打垮敌人三四个团。战后,部队进驻白雀园,张国焘亲自跑来,坐镇红四军的"大肃反"。

鄂豫皖根据地"大肃反"的直接导火索,起自所谓"AB团"。"AB"二字,是英文"反布尔什维克"一词的缩写。

据陈昌浩告诉我,八月初,红四军南下作战时,政治保卫局在后方医院中破获了一个"AB团"组织。成员多是岳维峻的旧部,准备在九月十五日暴动,要炸毁医院,抢走岳维峻。一些县委、区委也发现有改组派,并牵扯到了部队,军委在新集就逮捕了原一师政委李荣桂。所以,他到麻埠后,就立即逮捕了十师参谋主任柯柏元、二十八团团长潘皈佛、范沱等二十多人。说这些人是四军中的反革命,要举行兵变,拖走红军去投降国民党。开始,我将信将疑。一方面,在"赤白对立"的那种严重形势下,敌人派特务、探子、狗腿子来根据地内部进行破坏、策反,屡见不鲜,我们过去就处理过这类的事。而且,中央也不断有指示来,强调肃清混入我党我军内部的改组派、第三党、AB团等反革命组织。说我一点都不相信,那是假话。但是,另一方面,我有怀疑,也是真的。因为陈昌浩同志抓起来的那些红军干部,都是跟我们一起打游击走过来的,作战勇敢,平时没有什么异常表现,一夜之间就成了改组派、AB团,使人不可理解。我们一边行军、打仗,他就一边抓人,越抓越多,给了我很大的震动。

有天,部队走到商城以西的余家集,我正站在路边的山坡上看着队伍行进,陈昌浩也在。队伍里抬着两副担架,上面蒙着白布,我就问他:"谁负伤了,抬的什么人?"他看了我一眼说:"没有谁负伤,那是许继慎、周维炯,反革命,逮捕了!"我大吃一惊。许继慎、周维炯都是师长,也成了反革命啦?!我说:"怎么搞的,把师长抓起来,也不和我说一声!"他知道我不满意,但没再说什么。按照那时的规矩,"肃反"是单线领导,决定权在政治委员。捕人他有这个权力,相反,你要过问,便是越职擅权,不允许的。搬的是苏联的那一套,有什么办法呀!

说许继慎是反革命,当时就难以令人信服。

据我所知,红四军南下期间,发生过这样一件事:有天,蒋介石的特务头子曾扩情,派了个姓钟的特务来给十二师师长许继慎下书,搞反间计,表示欢迎许带部队去投蒋,定将受到优厚待遇,云云。许继慎立即将特务逮捕,连人带信一起送交军部处理。曾中生和我审讯了特务,转送分局处理。我们还给分局写了封信,说明根据许继慎同志的一贯表现,他不会有什么问题。敌人下书是搞的阴谋,企图离间和破坏我们。

对此,曾中生和我在八月二十日致党中央的报告中也作了说明:"打下英山后,有名钟蜀武者,自称来找许继慎的,经过我们秘密审讯以后,他说名义上是从南京政府派来运动许继慎倒戈,实际上他是第三党,受邓演达之命来找许继慎的。""钟某我们还在密禁着,将解到中央分局去,由中央分局去处办。这里我们要负责,许继慎在组织上当然不会有什么问题,然而许多社会关系不能打断这一点,我们已严重警告他。总之,这完全是敌人用各种阴谋来破坏我们,这里,我们更有严密党的非常重要(的)意义。"

如果仅仅为了这桩公案,就逮捕许继慎,有什么道理! 他要是和蒋介石真有秘密勾结,还能把特务和信件,交给组织上处理吗?

倪志亮同志从上海开会回来,曾悄悄对我说过:中央打了招呼,说许继慎这个人关系复杂。我也认为,他是有些毛病,但不能说他就是反革命。许继慎是黄埔军校一期的学生,北伐战争担任过叶挺独立团的营长、二十五师七十三团参谋长、二十四师七十二团团长。他很早就入了党,作战身先士卒,指挥果断、灵活,不怕死。我和他在红一军、四军一块工作,未发现他有什么异常活动。在军队中,他并没有拉拉扯扯,培植私人势力,或是企图把军队变成自己的工具,大家也没有发现他同国民党有什么勾搭。他只不过有点个人英雄主义,生活上散漫些,社会关系比较复杂点。这算什么大问题呢?那个时候和现在不一样,一天到晚大家在一起,吃饭、睡觉、行军、作战,都是集体活动。谁有什么心思、动静,容易被大家看得清清楚楚。我想了很长时间,觉得他怎么会成了反革命呢?难以理解。许继慎经常讲张国焘是老右倾机会主义。为这件事,张国焘很讨厌他。我劝过他,叫他不要再这样讲。我想,把他抓起来,这可能是一个原因吧。

至于周维炯,他不光是有个人英雄主义,旧习气也比较多。但他打仗很勇敢,人也聪明,是员战将。我到鄂东北后,就听说二徐(徐子清、徐其虚)在商南被枪毙的事。还有个戴抗若,六安县委派去的师党代表,也被秘密处决。以后中央派郭述申、刘英两同志去,调查整顿,又差点被搞掉。这件事闹得很大,上至党中央,下至鄂豫边区、商南根据地的干部,都知道。后来,特委书记郭述申向中央写过调查报告,六安县委也写过调查报告,都证明枪杀二徐及戴抗若的事件,主要系王泽渥等人所为,许多密谋都是背着周维炯的。他是师长,当然要负一定责任,但与王泽渥等绝不能相提并论。他怎么忽然成了反革命呢?

为了搞清这些问题,抗日战争期间我在延安时,曾找到鄂豫皖时期在保卫局看押犯人的一个同志,问他:张国焘为什么要抓这些人,他们有些什么口供?他说:"周维炯的口供是,老子二十年后还要革命,我不是反革命,你们才是反革命!"你看,表现得多么坚决!那个同志还说:"许继慎的口供是,你们说我是改组派,我就算改组派好啦!"搞了半天,也没有办法证实许继慎、周维炯他们是反革命。后来还是一个叫冷欣的国民党特务说了真话。一九四二年陈毅同志到延安的时候告诉我,他在新四军与国民党谈判时,特务冷欣亲口对他说:我们略施小计,你们就杀了许继慎。可见,我们是上了国民党的当了。

白雀园"肃反",闹得真凶。张国焘亲自审讯。开始还让我参加会议,因为我提了些不同意见,保人,说我刚来鄂豫边时廖荣坤等同志就是营长、连长，打仗好等，以后就干脆把我甩到一边，连会也不让参加，甚至暗地里审查我。"肃反"的对象，主要有三种人：一是从白军中过来的，不论是起义、投诚的还是被俘的，不论有无反革命活动，要审查；二是地主富农家庭出身的，不论表现如何，要审查；三是知识分子和青年学生，凡是读过几年书的，也要审查。重则杀头，轻则清洗。为了防止部队发生异动，张国焘等分局领导人还决定，以营为单位拆散混编；中央分局和鄂豫皖省委组成巡视团，派到各师，监督"肃反"。弄得人人自危，熟人见了面都不敢说话，生怕被说成是"秘密组织"、"反革命活动"。就连王树声、倪志亮这些老同志见到我，都不敢说什么。真是一片白色恐怖的气氛！

许继慎一案，是张国焘做文章的借口。他们把一些人抓起来，逼、供、信，宣称许继慎组织了反革命集团，要利用南下带上部队投降蒋介石；所谓在英山活捉的敌团长张汉全，亦被许继慎放走；曾中生包庇他，所以才被撤职。有鼻子有眼，以证明张国焘东出方针的正确和"肃反"的必要性。他一手拿着中央的肃反指示，一手抓着许继慎等人的"证据"，谁还能说话呀！张国焘这人不是没有能力，但品质不好，他是借口肃反，剪除异己，建立个人统治。不仅搞军队，也搞地方。被肃掉的大都是有能力、有战斗经验、和群众有密切联系的领导骨干。最早革命的一些领导人，如徐朋人、戴克敏、曹学楷、陈定侯、肖方、周维炯、姜镜堂，以及许继慎、熊受暄、陈奇、王培吾、李荣桂、柯柏园、庞永俊、潘皈佛、罗炳刚、查子清、李奚石、高建斗、封俊、江子英、黄钢、程绍山、王长先、袁皋甫、吴荆赤、王明、魏孟贤、任难、廖业祺等团以上干部，均先后被逮捕、杀害，令人痛心。营以下的干部、战士和地方上的干部、群众，不知名的，更不知有多少！部队纪律严格，抓就抓吧，杀就杀吧。地方上把群众搞翻了，黄安五区的人民起来反对保卫局，群众贴标语、喊口号："打倒张国焘帝国主义！"群众把张国焘比作杀人不眨眼的帝国主义，不是没有点道理。像张国焘这种品质不好的人，搞家长制统治的人，根本就不该派来鄂豫皖当一把手。这是第一条教训。

第二条，一些领导同志害了"左"倾幼稚病。像沈泽民同志，是好人，但"左"得很。他不仅积极搞"肃反"，还有套理论，提出要"从那些思想意识不好与非无产阶级观念的分子中找反革命线索"。主观上认定必有反革命，非打着灯笼找出来不可，幼稚得很。其实，哪个人的思想百分之百的正确，没有一点毛病呢？“人无完人，金无足赤”，毛泽东同志说过这句话，就是要我们用一分为二的观点，即辩证的观点，看待同志，看待事物。天底下没有一贯正确的人。人，总会有缺点和错误。有了缺点或错误，有非无产阶级观念，就变成找寻反革命的线索、依据，行吗？革命和反革命，是有界限的。把一般思想认识问题与反革命混同起来，势必搞扩大化。陈昌浩同志就更凶喽，捕杀高级干部，有时连口供都不要。这个人干劲十足，但容易狂热。记得围黄安时，有个农民领袖、红军团长叫黄钢，被当作改组派抓起来。他不服，自杀了。陈昌浩回来说：“你看黄钢反革命多么坚决，他剖腹自杀！”认定人家是改组派，没有证据也信以为真。指导思想上“左”到那么严重的程度，冤死了多少革命好同志噢！

第三条，逼、供、信，确实害死人。逼、供、信这东西，奴隶社会、封建社会司空见惯，是剥削阶级司法制度的产物。看京戏，那里面的青天大老爷把惊堂木一拍，动不动就上大刑，被屈打成招的事可不少。《苏三起解》里的老解子，见到的冤案太多，才发出“公道不公道，只有天知道”的感叹。我们的“肃反”，把封建主义的东西搬来了。一逼、二供、三相信。捕人、杀人不讲证据，全凭口供。许多刑罚骇人听闻。一些基层干部和战士，连 AB 团、改组派、第三党是什么名堂都不懂，更想不到那是掉脑袋的罪名。你说他是，就承认。承认了还不行，得说出“同党”来。说吧，无非是些要好的同志、同乡，在一块议论过什么事，便成了“同党”、“反革命组织”。就这样，一株连一大片。逼供信，冤假错案，在我们党的历史上一再发生，共产主义运动中也不鲜见，很值得研究。

最后一条，鄂豫皖根据地的“大肃反”，不是孤立的。那个时候，是教条主义者统治中央的时候。教条主义、主观主义、宗派主义搅在一起，在全党，在各个根据地，搞“肃反”，搞扩大化。他们把中央革命根据地挖 AB 团的经验，推广到鄂豫皖来，又把鄂豫皖、湘鄂西的“肃反”经验推广到别的根据地去，来回折腾，大搞特搞，造成特别令人痛心的损失。党的六届七中全会《关于若干历史问题的决议》，对此专门作过总结，这里不必多谈。

历史的教训，值得注意。我们的子孙后代，一定不要再重演。

附带说一下我爱人程训宣在“肃反”中的遭遇。这段叙述，也是我对她的悼念。

我和程训宣同志是一九二九年底结婚的。她是黄安人,家住檀树岗程伍德村,妇女工作干部。我老在前方打仗,她在后方工作,我们难得有见面团聚的机会。一九三二年反四次"围剿"时我在七里坪一带打仗,战局很紧张,我无法回家看她,让警卫员把袜子拿给她补一补,好行军作战。警卫员回来悄悄地对我说:程训宣被抓走了,人家说她是改组派!她的命运如何,我不得而知,也不便过问,听候组织"审查"就是了,还是打我的仗。

部队撤离鄂豫皖根据地后,我一直打听她的消息。没有人知道,也没有人告诉我。一九三七年到延安,才听说她和王树声的妹妹等一批人,都被杀害了。我就问周纯全,为什么把我老婆抓去杀了,她有什么罪过?周说:"没什么罪过,抓她就是为了搞你的材料嘛!"

她家里弟兄姐妹五个,全都参加了革命,对党忠心耿耿。大哥程启光,共产党员,我们的特务队长;二哥当教员,也是共产党员;三哥任过基层的苏维埃主席,被敌人杀害;弟弟在我们司令部当警卫员,以后在红二十五军,也被肃掉了。她被抓走后,究竟受过什么刑罚,我不清楚,听说是打得不成样子,没什么口供,相当坚强。

一场革命,人民群众的牺牲是巨大的。不仅对敌斗争要付出血的代价,在党的路线发生错误时,同样会付出血的代价。由此不难理解,坚持党的马克思主义的路线,是多么重要!

当时内部杀了那么多的人,也没有把我们党搞垮,把红军搞垮。人心向着共产党,向着红军。不革命,人民没有出路。干部被抓一批换一批,再抓一批再换一批。被肃掉的同志,难以计数。队伍就是不垮,极少有人叛变投敌。原因是我们党领导的反帝反封建的革命,代表了人民的利益;红军指战员,工农出身的占百分之九十以上,与帝国主义、封建主义、官僚资本主义,有血海深仇。历史证明,我们的党尽管多灾多难,但力量却是无穷无尽的。

第 六 章

鄂豫皖革命根据地的
反"围剿"斗争（下）

成立红四方面军

九一八事变后，全国的政治形势，处在激烈变动中。

日本帝国主义武装侵占我东北三省，激起了全国人民的抗日怒潮。中国共产党发出了全国人民武装起来抵抗日本帝国主义侵略的号召。广大群众和各阶层爱国人士，纷纷要求国民党政府停止内战，枪口对外，武装抵抗日本侵略者。但是，代表大地主、大资产阶级利益的蒋介石，却顽固坚持"攘外必先安内"的反动方针，继续把枪口对准根据地，一心要"剿灭"工农红军。

我们在山沟沟里，消息闭塞，对外面的动荡形势，了解甚少。根据中央分局的决定，一面发动群众进一步武装和组织起来；一面整编和扩大红军，将红四军和刚成立的红二十五军改编为中国工农红军第四方面军，准备粉碎敌人新的"围剿"。

一九三一年十一月七日，红四方面军在黄安七里坪宣告成立。

七里坪，位于黄安县正北，是个不小的集镇，鄂东北特区最早的"首府"。有条主要街道，两旁开着些小店铺，比较热闹，被命名为"列宁街"。西门外的倒水河清澈见底，宽阔的河床铺满雪白的碎沙石。红四方面军成立大会，是在倒水河河滩上开的。那天人山人海，锣鼓喧天，红旗如林，刀枪耀目；部队武装整齐，精神抖擞；周围的田坎、山坡上，聚拢着无数前来庆贺的群众。选择十一月七日这一天在七里坪召开红四方面军的成立大会,有两重意义:一是为了庆祝"十月革命节";二是七里坪乃当年黄麻起义队伍首次集合攻打黄安的出发地,因而也是大别山区第一支工农红军的诞生地。会前,确定由王树声同志担任阅兵总指挥,组织各部队进行了认真的演练。

我是开会的前一天从新集赶到七里坪的,张国焘、陈昌浩也都去了。第二天的大会,我和陈昌浩骑马检阅了部队,并讲了话。

改编后的红四方面军,由我任总指挥,陈昌浩任政治委员。辖四军、二十五军,共三万多人。

四军无军部,归方面军总部直接指挥,共三个师。十师师长倪志亮,政治委员甘元景,辖第二十八、二十九、三十团;十一师师长王树声,政治委员甘济时,辖第三十一、三十二、三十三团;十二师师长陈赓,政治委员刘杞,辖第三十四、三十五、三十六团;彭杨军政干部学校直属方面军总部。二十五军是十月间在麻埠成立的,随后即在皖西活动,没来参加七里坪的大会。军长旷继勋,政治委员王平章。辖七十三师,师长刘英,政治委员吴焕先,下辖第二一七、二一八、二一九团。另有七十四、七十五两师,尚待组建中。

红四方面军的成立,是鄂豫皖革命根据地发展史上的一件大事,标志着党领导的武装斗争,走向新的发展阶段。

地方武装也进一步组织起来,加强了集中统一领导。各县的基干武装队伍均组成了独立团,与正规红军的编制一样。所有不脱产的赤卫队、守备队,一律改称赤卫军。凡满十八岁至三十五岁的男子,除地富分子及残废者外,均编入赤卫军。一般大村编为一个排,小村则几个村合编一个排,每乡编一连或一营,每区编一团,每县编一师,共成立了十五个地方师,分别归各县军区指挥部组织指挥,隶属于鄂豫皖分局的军委会。赤卫军完全是地方军的性质,不脱离生产。任务是坚持生产,加强军事训练,积极协助红军作战,巩固革命根据地。

儿童和妇女,分别组成儿童团、少年先锋队和妇女会。别看儿童团、少先队是些十来岁的娃娃,作用可不小。村头路口由他们站岗放哨,盘查行人。娃娃们特别认真,遇上不认识的生人,得要他们交出苏维埃政府或红军开的路条,否则不予放行。英勇的红军,是他们心目中的英雄。不管红军队伍走到哪个村里,都有一群群孩子围在红军指战员周围,问长问短,摸这摸那,和红军亲得不得了。你若是问他们长大干什么,他们会异口同声地说:"当红军,打反动派!"每次扩红,都有许多孩子跑到报名处要求参军。不让他们报名,就哭哭啼啼,缠住不放。弄得各部队没办法,陆续吸收了一些。为便于管理,专门编了一个少共国际团,归总部领导。少先队和儿童团又是拥军活动的先锋。仅一九三一年红五月的拥军活动中,他们在共青团的领导和帮助下,就给红军送来七千双布鞋、八千双草鞋、六千多双袜底、二百九十多担粮食、二十多块银洋。这些东西,是他们向各家各户动员、筹集来的。有些孩子甚至从家里偷钱、偷米、偷面出来拥军。"妇女能顶半边天",她们除忙生产、家务、带小孩子外,在妇女会组织领导下积极帮助红军洗衣、缝纫、做鞋、护理伤病员、侦察敌情等。有些妇女同男子一样,也参加军事训练,苦练杀敌本领。鄂豫皖根据地的劳动妇女泼泼辣辣,很能吃苦,在保卫根据地的战斗中,作了出色的贡献。

列宁说过,无产阶级在夺取政权的斗争中,除了组织而外,没有别的武器。党和红军是这样,群众也是这样。一盘散沙,只能处在任人分割、各个击破的地位。组织就是凝聚力,能把各种分散的、个体的力量,收拢、聚集起来,形成强大的战斗力。高度的组织性,是无产阶级政党赖以战胜敌人、克服困难的重要手段。原始社会里,人们要抵御洪水猛兽或外族部落的侵袭,也懂得组织起来,一坨一坨的,群体活动。现代无产阶级,与先进的大生产相联系,赤手空拳夺天下,就更重视组织的意义。鄂豫皖根据地的党政军民,在国难当头、敌军压境的严重时刻,整编队伍,强化组织,增强力量,有重要战略意义。

四大战役的胜利

蒋介石对鄂豫皖革命根据地的第三次"围剿",虽未开始,但重兵云集,已具箭在弦上之势。

鄂豫皖革命根据地周围的敌军,由十个多师增加到十五个师以上。其兵力部署为:鄂东南地区为汤恩伯第二师、曾万钟十二师、陈耀汉五十八师、戴民权四十五师;鄂东地区为彭振山三十师、张印相三十一师、葛云龙三十三师、赵冠英六十九师、萧之楚四十四师、夏斗寅十三师、徐源泉四十八师；皖西地区为岳盛瑄四十六师、阮肇昌五十五师、李松山五十七师、历式鼎第七师。另外，徐庭瑶第四师、俞济时南京警卫师等，也分别由河南、南京调来武汉；张钫第二十路军亦向信阳集结。从白雀园"肃反"到红四方面军成立期间，我们一直密切注视敌人的部署变动和增兵活动，预计蒋介石的第三次"围剿"，又将来临。

分局根据中央指示和当时的敌我态势，提出了以外线出击的进攻策略，打破敌第三次"围剿"计划，占领一两个中心城市，与湘鄂西及湘鄂赣革命根据地打通联系，为造成湘、鄂、赣、闽、豫、皖六省的整片根据地打下基础。这一战略方针，从对付蒋介石消灭红军的部署来看，有积极意义；但从鄂豫皖红军力量上来看，却是难以胜任的。有正确方面，也有"左"的倾向。偏差出在对总形势和自己力量的过高估计上。估计客观形势和力量对比，要实事求是，留有余地，不能一厢情愿，满打满算。

根据分局规定的方针，我们积极开展外线进攻。从一九三一年十一月至次年六月的八个月时间里，方面军连续进行了黄安、商潢、苏家埠、潢光四大战役，取得了极其辉煌的战果。

第一个是黄安战役。我军采取"围点打援"战术，成功歼敌。（见附图三）

黄安县城是南线敌人伸进根据地的重要据点，位置突出、孤立，县城附近的地盘大都在红军和游击队手里。守敌为国民党杂牌军赵冠英第六十九师，两旅四个团，战斗力不很强。该敌接防不久，人生地疏，城内粮食不多，主要靠后方运送接济。赵冠英以师部和二〇六旅驻城内；二〇七旅驻城外，控制环城的潘家湾、陈家畈、王家畈、课子山、长林榜、田湾铺等据点作依托，并在城西的下徐家和城北的东王家设立了两个前出据点。配属该师的敌三十师二〇七团，则分驻于城南的桃花镇和城西南的高桥河，以维护通向宋埠、黄陂的运输线，保证军需供应。

赵冠英部的侧后及后方，尚有敌四个师作援应。黄安以东的麻城，为三十一师驻守；东南方向的宋埠，为三十师驻守；南面的黄陂，为三十三师驻守；西南方向的孝感，为四十四师驻守。我根据地南部敌人的一线兵力部署，呈"山"字形。

据此，我们决定从"山"字头上开刀。采用"围城打援"战术，兵围黄安，吸引援敌,野外聚歼,以粉碎南线敌人的"进剿"部署,巩固和扩大根据地。方面军除以十师的两个团和七十三师分别配置在豫东南和皖西地区,配合地方武装牵制敌人外,集中十一师、十二师和十师之三十团及黄安独立团共八个团的兵力,进行黄安战役。

战役的第一步,扫清黄安外围的敌据点,切断守敌通向宋埠、黄陂的交通线。

我攻击部署为:以十一师和黄安独立团为主力,麻城赤卫军相配合,消灭桃花镇和高桥河守敌,控制交通线,并打击宋埠、黄陂、麻城等地可能来的敌援兵;以十二师和十师三十团为主力,黄安赤卫军相配合,攻歼黄安外围下徐家、东王家等前出据点的守敌,并在附近部署兵力,打击黄安来援之敌。

十一月十日夜,我军各部队从七里坪出发,按计划到达指定位置,分别向敌据点发起攻击或准备打援。经十天激战,歼麻城、黄安、宋埠的援敌一部,并将下徐家、东王家、桃花镇、高桥河等据点全部攻克,胜利完成了第一步的战役计划。

第二步,紧缩包围圈,吸打援敌。

围点打援的目的,着重在打援。这是战役过程中的关键性阶段。

从二十一日起,我军一面以十二师及黄安独立团,担负紧缩对黄安守敌包围圈的任务;一面将十一师与黄麻赤卫军配置于黄安以南,宋埠、黄陂以北的大小峰山、五云山、嶂山地区,筑成三道阵地,准备打援。以十师三十团为总预备队,置于嶂山西侧的云台山。方面军总部位于嶂山以北的郭受九。至二十七日,我围城部队即攻占了黄安的东关、西关,黄安赤卫军一部亦抵近北关,唯城东北的课子山据点,工事坚固难克,仍在敌手中。

敌军在城里筑工事,我军在城外筑工事。他出来我们就打,不出来则被困在城里,有耗无补,难乎为继,干着急。赵冠英两次派兵出城,企图向南突围,均遭到我军致命回击,被迫逃回城去,南关亦被我占领。敌机前来投粮,往往投到城外红军阵地上。饥饿的敌人出城抢粮,屡遭杀伤,一筹莫展。红军和赤卫军乘机大力开展政治攻势,瓦解敌军,弄得赵冠英频频告急求援。我军围城不到十天,援敌就来了。

先出动的是宋埠方向的敌三十师两个旅,我十一师以三十三团在大小峰山迎敌。敌步步推进,红三十三团边打边撤,经桃花镇诱敌进至我主阵地嶂山地区后,埋伏在两翼的红三十团、三十一团向敌发起猛烈反击,一举将敌先头团全歼,余敌溃逃。这一仗,我们的口袋张得小了点,歼敌一个团,溃敌三个团,战果不太理想。

接着是敌三十三师全部和三十师一个旅,共四旅八个团,又从宋埠、歧亭出动,分两路向黄安增援。这次敌人增援的兵力多,来势猛,我们决心把口袋张大一些,大胆放敌进入我第三道阵地——嶂山、寨山地区,集中十一师主力、黄麻赤卫军和总预备队,实施两翼包抄,围歼敌人。

十二月十九日,两路敌人并进到嶂山地区。二十日拂晓前,即以敢死队向我十一师三十一团阵地猛攻。这时,发生了意外的险情。我三十一团的五连,因麻痹大意,疏于戒备,阵地被敌突破,敌人趁势猛进猛插,一直突入我嶂山顶峰十一师指挥所附近。十一师师长王树声、政委甘济时当即组织手枪队、通信队、机关人员及三十一团一部与敌激战、肉搏……情况万分危急。

十一师指挥所离方面军总部驻地仅四五里地。如果敌人得手,下一步将直接危及我总部安全,的确到了千钧一发的时刻。闻讯后我带上总部手枪营,火速赶到前沿阵地,一面指挥部队向敌反击,一面令前线所有打援部队全线出击,向敌两翼迂回。总预备队第三十团也投入战斗。这是一场恶战,山上山下,敌我相搏,杀声震天。经半日血战,我军反击成功,将两千多敌人包围全歼,战局才转危为安。敌遭此致命打击,后续部队慌忙退守桃花一线。翌晨,我军兵分两路,向敌出击,敌全线崩溃,逃向宋埠、黄陂。敌人的四个旅,被我军消灭近半,弃尸千余具,再也不敢复出。

嶂山战斗,我军阵线几乎被敌突破,为我们始料所不及。但部队打得英勇、顽强、主动,充分表现了红军队伍的优良的战斗素质。我的右肩负了伤,临时包扎一下,坚持到战斗结束。在那样危急的情况下,指挥员在不在现场指挥,意义大不一样。越是关键、激烈、危险的时刻,下级指战员看到你在现场,镇定从容,士气就越打越旺盛,再危险的局面,也能撑得住。

战争年代,我们都把死伤置之度外,毫不在乎。有次吃饭,一发迫击炮弹落在我们的房顶上开了花,大家照样吃饭,谁也没给炸着。又有一次,我站着指挥战斗,一发炮弹打来,在前面距我三四米的地方开花,但没炸着我。巧不巧?我站的地方,前面是个坑,坑边有埂子。炮弹落在埂子那侧炸开,弹片都飞向前方。我的指挥位置要是再向前一点,准保不死即伤。大概是一九三二年初打仁和集,一颗子弹打在我背上。我把衣服扒开一看,弹头在衣服上。因为前面有层麦秸挡了下,我穿的又是棉衣,所以没打进背里去。还有一次,警卫员在我后面走,飞来颗子弹,把他给打死了。走在前面的人没吃上子弹,走在后面的倒吃得上。战争就是这样,说说笑笑,嘻嘻哈哈,一个弹头飞来,就能把你打死。战场上,子弹、炮弹经常落在身边,怕死还行?怕死就不能打仗。作为一个军事指挥员,沉着坚定,从容不迫,很重要。遇到危险,你自己首先慌张起来,怕得要命,部队不乱套才怪呢!

第三步,总攻黄安,解决点上的敌人。

敌援兵被击溃,赵冠英成了瓮中之鳖,待我擒拿。在我军事围困和政治攻势下,敌许多官兵,纷纷跳城,跑来投降。我们认为,守敌山穷水尽,士无斗志,已是我发起总攻的好时机。方面军总部决定,十二月廿二日夜间攻城。党政军民齐动员,布下了天罗地网。

那天白天,陈昌浩坐上飞机到黄安上空扔炸弹,散发宣传品,骚扰敌军。这架德式教练机是四川军阀刘湘的军用飞机,我们于一九三〇年初在宣化店缴获的。驾驶员叫龙文光,从南京驾机回四川,因迷航后汽油烧完,被迫降落在根据地。飞机运到新集后,命名为"列宁号"。这是红军拥有的第一架飞机,陈昌浩曾坐上它穿越白区,去过皖西根据地。他那时才二十七岁,干起来真行,也有办法。怕驾驶员不可靠,在白区降落,就带上手枪,拿着手榴弹,逼他听指挥。这次,飞机到达黄安上空后转了几圈,敌人以为是给他们空投物资来了,纷纷跑出工事,准备抢东西。万万没想到,来的却是红军的飞机。撒了些传单,还丢了些迫击炮弹,搞得敌军愈加慌乱不堪。我黄安独立团乘机猛攻课子山,守敌一个营大部被歼。

当夜十时,我军发起总攻。由我指挥主力部队攻城,陈昌浩带一部兵力和赤卫军准备在郊外围歼逃敌。攻城很顺利,我三十五团突击部队以偷袭手段从城西北角突破,迅速向城内切入;第二梯队跟进,五千多守敌慌忙向城西夺路逃跑,被陈昌浩指挥部队将敌团团围住,予以全歼。敌师长赵冠英化装溜掉,逃到城西通往河口的路上,被赤卫军俘获。

黄安战役历时四十三天,我军先后共歼敌一万五千余人。其中俘敌师长赵冠英以下近万人,缴枪七千余支、迫击炮十余门、电台一部。这次胜利,使黄安、麻城、黄陂、孝感等县革命区域连成了一片,迫使南线敌人处于守势,不敢向我根据地贸然进犯。

第二个是商(城)潢(川)战役。

南线搞得不错,我们便掉转头去搞北线。部队在黄安过了新年,略加休整,一九三二年元月中旬,北上北亚港。我们计划发起商潢战役,以便给予北路敌人以有力打击,夺取商城,把鄂豫边和皖西两块根据地连接起来。

商城、潢川均为豫东南的军事重镇,敌重兵集结地。曾万钟第十二师主力位于潢川城区,一部布于城南商潢公路上的北亚港;蒋介石嫡系汤恩伯第二师及唐云山独立三十三旅,布于北亚港东南商潢公路上的傅流店、豆腐店、江家集一线;陈耀汉第五十八师主力驻商城,一部布于商潢公路上的河凤桥;戴民权第四十五师驻商城以北、潢川以西的固始地区,与商潢之敌互为掎角。从敌军的布局不难看出,他们企图以商、潢、固地区为阵地,南经商城以南的亲区、麻城东北区至麻城,构成一条隔离地带,以分割我鄂豫边和皖西两块根据地,便于在"围剿"中各个击破。

我们率红四军的三个师北进,同时又令在皖西的红二十五军七十三师西进,以便集中力量,在商、潢地区突破。根据敌人的兵力部署,我们计划战役的第一步,"腰斩"敌第二师,控制商潢公路,切断商、潢两城敌军联系;第二步,相机夺取县城。

一月十九日,我军发起攻势。四个主力师合力作战,先后在北亚港、傅流店歼敌一部,并占领了豆腐店、江家集、仁和集、河凤桥等地。敌二师、十二师仓皇逃往潢川,我军完全控制了商潢公路,也切断了固始与商城之间的联系,使商城之敌五十八师处在我包围之中。鉴于商城城坚难破,而敌主力二师、十二师尚未遭受重创,我们遂决定"围点打援",对商城围而不取,伺机在商潢公路附近运动歼灭来援之敌。北面固始的敌四十五师师长戴民权,是个滑头,手下兵力又少,装备也差,且屡遭红军打击过。我们估计该师的来援性极小;打援的主要方向,放在潢川方面。我以地方武装监视固始的敌人,以一个团抵近潢川诱敌,大部队则隐蔽集结在商潢公路两侧。方面军指挥部设在商城以北的河凤桥。

红军一部兵力,做了个进围商城的样子,攻都没攻,就把援敌吸引而来。二月七日,猬集豫东南之敌第二、十二、七十六师及独立三十三旅共十九个团出动,沿商潢公路向我进攻。我们连夜把主力拉到豆腐店地区,选择有利地形,布好阵势,准备击敌。天正下大雪,部队冒雪行军,到达目的地后,立即抢筑工事。我以红十二师担任正面突击任务;十、十一两师置于左侧,七十三师置于右侧,担任两翼迂回包抄的任务。

二月八日上午,战斗打响。作战对手是蒋介石嫡系部队第二师等部,装备好,战斗力不弱。我们硬着头皮,以正面部队死死顶住敌人的疯狂进攻,激战至下午,红十、十一师从左侧迂回成功,抵刘寨包围了汤恩伯第二师和曾万钟第十二师的两个指挥部,并抢占傅流店渡口,切断了右路敌人的后路。敌军心动摇,全线慌乱,我正面和左翼部队亦乘势向敌猛攻。兵败如山倒,数万敌军纷纷向北夺路逃命。我军一气追到潢川附近,共歼敌四千余人,缴枪两千余支。商城敌军见援军溃败,即将炮栓卸掉,扔下大炮和笨重物资,连夜弃城突围,经商南反动亲区逃往麻城,十日,我军遂克商城。这次战役,我军发扬英勇顽强、机动灵活、猛打猛追的战斗作风,以十多个团的兵力击败优势装备的敌人十九个团,打断了蒋介石嫡系第二师的脊梁骨,很有意义。汤恩伯因此而被撤了职,北线的敌军龟缩潢川、固始等据点,不敢再轻举妄动,我根据地进一步巩固和扩大。战役过程中,敌人不仅损兵折将,溃不成军,而且有三个师长(汤恩伯、曾万钟、张钫)一度被红军围困在刘寨,动弹不得,的确叫蒋介石够恼火的了。那时敌人太多,跑得又快,我们兵力不够,火力不强,打的是个击溃战。

第三个战役是苏家埠大捷,我军获得了歼敌三万余人的空前胜利。(见附图四)

商潢战役结束时,已是一九三二年的二月中旬。我们决定,红二十五军七十三师仍回皖西根据地活动,四军北上围攻固始。

固始城坚难下,敌人又不出来,我军仅在城北的三河尖歼敌一个营,没收了盐卡,将大批食盐分给了群众。这一带因头年闹过大水灾,遍地饥荒,群众靠吃树皮、树叶、观音土等维持生存,困苦万状,令人目不忍睹。红军指战员纷纷把干粮袋里的粮食倒给群众,宁肯自己忍饥挨饿,也要让群众吃上几口米粮。在我军号召和组织下,群众纷纷起来,袭击地主和土豪,进行抢粮斗争,搞得轰轰烈烈,很有起色。但因指导思想上对白区群众不够信任,又因缺乏平原游击战的经验,不相信在平原地区能够开展游击战争,故未深入开展工作,放手扩大红军队伍,也未建党建政,建立地方武装。红军一走,那里的群众运动便又消沉下去,无声无息。留下的少数游击队无法坚持斗争,遂转回了豫东南根据地。

在固始地区,我们获悉皖西敌陈调元部已进占苏家埠和青山店,准备继续向根据地进攻。经方面军总部讨论,决定留十二师在商潢地区活动,总部率十、十一师出皖西,收拾那边的敌人。

部队进至独山镇,与红二十五军七十三师、霍山独立团会合,由旷继勋军长介绍了敌人兵力部署的情况。当时,皖西敌人共有十二个团的兵力,北起六安,南至霍山,沿淠河东岸一线布防:第四十六师(辖一三六、一三七、一三八旅,每旅两个团)师部率五十五师之一六三旅全部、警备第二旅的一个团和一三七旅的一个团,驻六安县城;一三七旅旅部及所属二七四团,驻马家庵;警备第二旅的另一个团驻韩摆渡;一三八旅全部及一三六旅旅部和二一七团,驻苏家埠;一三六旅二七一团驻青山店;警备第一旅驻霍山城。敌二线兵力尚有五十五师另两个旅、五十七师、第七师等,布于合肥、潜山、蚌埠一带,距六安、霍山较远。敌一线和二线兵力之间,空隙甚大。

根据上述敌情,我们决定主力红军的三个师,全部东渡淠河,从侧后分别包围六安、霍山之间的韩摆渡、苏家埠、青山店,吸打六、霍来援之敌。

三月二十一日晚,我军从青山店以西的两河口架起浮桥,秘密过淠河。翌日拂晓,部队实施战役展开,由七十三师、霍山独立团包围青山店;总部和十师、十一师绕过青山店向北急进,行至茵草洼,我十师先头团与苏家埠出援青山店的两团敌人遭遇,经反复冲杀,将敌击溃,红十师乘胜猛追,进而围住了苏家埠。红十一师继续北向,韩摆渡、马家庵等敌闻风先逃,窜进六安城内。二十三日,敌有两个团(一三七旅二七四团和警备二旅一个团)从六安出动南来,增援苏家埠。至韩摆渡附近,遭我夹击,敌警备二旅一个团窜入苏家埠;二七四团窜入韩摆渡。我十一师一部及六安独立团又将韩摆渡围住。三天之内,我军歼敌一部,完成了分割包围青山店、苏家埠、韩摆渡之敌的计划。

三个据点的敌人被我军困在围寨里,固守待援。他们出不来,我们也不着急攻。第一,敌据点均筑有坚固工事,我军火力不强,硬攻损失必大,划不来。尤其是苏家埠,寨墙高二丈,厚一丈五尺,环墙筑有九个三丈高的碉堡,居高临下,火力密集;寨壕深一丈,宽三十米,壕外设有竹围等副防御设施,宽达七八十米。该地是六安与霍山之间的一个硬钉子,我强攻很难取胜。第二,更重要的是,我军围点的目的,在于打援。霍山敌人兵力不多,出动的可能性不大;六安敌人众多,是我吸援击敌的主要方向。因此,我们在继续围点的同时,以少部兵力布于霍山以南监视该城之敌,而以红十一师的三十一团、三十二团布于六安至韩摆渡、苏家埠之间的平岗头、樊通桥一线,占据有利地形,构筑工事,在地方武装配合下,准备打击六安方向的援敌。十二师二十九团为总预备队。

方面军总部驻苏家埠以东的朱大院墙。我和前线指挥部驻苏家埠东南一里多路的永慧寺。

三月底,援敌果然出动。敌四十六师师长岳盛瑄令六安、霍山两城的敌军,倾巢而出,企图对我南北夹击。六安来敌共四个团,在岳盛瑄亲自督战下,经十里桥突破我平岗头一线阵地,直插苏家埠东北的凉水井、桂家老坟。我们判断,苏家埠之守敌有乘机突围的可能,当即命令我围困该敌的红十师严加封锁,务必阻止敌人突围;同时,火速令总预备队二十九团投入战斗,与担任阻援任务的两个团从东西两面,钳击突入凉水井、桂家老坟之敌。经一番激战,敌二七三团被我全歼,警备旅一个团溃逃窜入韩摆渡,岳盛瑄仓皇率残部逃回六安。霍山出援的敌警备二旅,在十里铺地区亦被我七十三师击溃,复窜回原地。战斗过程中,青山店守敌冒死突围,被歼过半,残部窜入苏家埠,青山店遂落入我军手中。

截至四月中旬,韩摆渡、苏家埠两处守敌,被我围困经月,弹缺粮尽,不得不靠吃野菜、啃树皮充饥。敌机投粮,多为我军获取。据点里的居民,粮米断绝,饥号哭泣,弄得敌人焦头烂额,无计可施。为使居民免于饿毙,经方面军总部派人与守敌协商,先后共接出上万男女老少,由地方党委妥善安置,表现了我党我军的高尚革命人道主义精神。

敌安徽省主席陈调元频频向蒋介石告急求援。四月下旬,蒋介石委任第七师师长厉式鼎为"皖西剿共总指挥",率第七师五个团、十二师两个团、五十七师两个团、五十五师四个团及警备一旅两个团,共十五个团两万余人,自合肥出动,分两路前来增援解围。

敌人来了那么多,打不打,是个难下决心的事。如果打不垮他们,附近只有韩摆渡一个渡口,又逢河水猛涨,我军没有退路,弄不好要被压下淠河"放鸭子"。打仗,要想困难的一面,不能只想胜利的一面。把不利条件,有利条件,败的可能性,胜的可能性,通通估计清楚,才好下决心。敌众我寡,背水作战,决心不大好下。这个时候,张国焘不想打了。陈昌浩支持我的意见,打!我主张打的原因:一是援敌虽多,但除第七师未经我打击,战斗力较强外,其余的十二、五十五、五十六师等部队,均曾遭受过我军的打击,里面有不少人是我们放回去的俘虏,士气不振。二是敌远道而来,为疲惫之师,我军以近待远,以逸待劳,兵力虽少,胜敌一筹。三是在丘陵地带作战,具有便利发挥我军野战、近战长处的地形条件。四是有地方武装和群众的配合。我军的士气当然是最重要的因素。但是,如果我们不打,仓促撤退,被敌追击,或是打了吃不掉敌人,而被援敌和苏家埠、韩摆渡的守敌两下夹击,后面只有一个渡口,你士气再旺,也会吃大亏的。这一仗,的确是硬着头皮干的。

陈昌浩支持我的意见,张国焘最后也同意。我们就集中主力,在六安以西的樊道桥、戚家桥一线布阵待敌。该地丘陵起伏,林木茂密。中有陡拔河纵贯南北,是我军运动歼敌的好战场。我们以七十三师布于樊通桥以东地区构筑工事担任正面阻击;十、十一两师主力布于七十三师两翼伺机迂回包抄;以七十三师一个营和六安独立团至陡拔河以东,佯作抵抗,诱敌深入。围困苏家埠、韩摆渡的任务,留十师三十团、十一师三十二团及地方武装担任。这两个据点周围,我军挖有纵横交错、密如蛛网的堑壕、盖沟,敌人要突围而出,比登天还难。

五月二日,敌先头部队第七师十九旅,轻我锐进。与我诱伏部队接触后,即不顾一切,冒险冲过陡拔河,向红七十三师阵地猛攻。我军利用工事予敌以重大杀伤后,向敌发起猛烈反击,敌军大乱。适逢连日大雨,河水猛涨。遭我沉重打击的敌十九旅仓皇后退,不明情况的敌后续部队继续前拥,陡拔河两岸敌之人马自相践踏。红七十三师乘势冲杀,敌落水者无数,十九旅迅即大部被歼。

河东岸的敌后续部队,见先头旅失利,慌忙抢占老牛口、婆山岭等高地顽抗。我左右两翼部队,已完成从敌侧后迂回包抄的任务,将敌完全包围。我们发出总攻击令,我军的七个团与游击队、赤卫军多路突击,向敌猛烈穿插、分割、围歼,并突入敌纵深,一举打乱了其指挥系统,至下午五时结束战斗,两万多敌军全部覆灭。敌总指挥厉式鼎亦被活捉。

那天,苏家埠、韩摆渡守敌曾几次冒死突围,均被我围城部队堵了回去。援敌覆灭后,该两据点的敌人外失援兵,内无粮弹,在我军事压力和政治攻势下,五月八日也全部缴械投降。苏家埠守敌交枪时,还举行投降仪式,在大广场上把枪摆得整整齐齐,官兵列队迎接我们。国民党军队就是这个样子,投降也讲门面。

这次战役,历时四十八天,我军共歼敌三万余人。其中生俘敌一个总指挥、五个旅长、十二个团长及其他官兵二万人,缴长短枪一万六千余支、机关枪二百五十挺、炮四十四门、电台五部,击落敌机一架,解放了淠河以东的广大地区,胜利是空前的。至此,敌人对鄂豫皖革命根据地的第三次"围剿"部署,基本上被我粉碎。

苏家埠战役后,以六安、霍山两县独立团为基础,组建了红七十四师、七十五师,归属红二十五军,留在皖西活动。红军主力则挥师西进豫南,**发起第四个战役——潢(川)光(山)战役。**

我军在苏家埠地区作战期间,敌张钫第二十路军进驻潢川,趁隙南犯,进占我双柳树、仁和集地区,修筑工事据守,并准备继续向前推进。我们回到商城得悉这一情况后,立即决定歼灭双柳树、仁和集之敌,收复潢川、光山南部根据地。

六月十二日,战役开始。我们先以十师出光山南部,牵制郜子举新编第十二师;另以十一师秘密插到光山以北、潢川以南的璞塔集、彭店地区,割断潢川守敌与双柳树、仁和集之敌的联系,准备打援;而以十二师进攻双柳树,以七十三师和少共国际团进攻仁和集。因敌人的防御体系被我突然割裂,我各师均能灵活作战,机动歼敌,仅五天时间,战役即胜利结束。总计歼敌正规部队八个团和反动民团一部,毙伤俘敌近万人,缴枪七千余支,收复并进一步扩大了潢、光南部根据地。

从一九三一年十一月到一九三二年六月上旬,经过黄安、商潢、苏家埠和潢光四大战役,我军先后共歼敌六万余人,其中成建制被歼的敌正规部队近四十个团,使蒋介石对鄂豫皖革命根据地的第三次"围剿"计划尚未完全实施即被粉碎,鄂豫皖革命根据地和红军得到了猛烈发展。根据地东起淠河,西迄平汉路,北达潢川、固始,南至黄梅、广济,总面积达四万余平方公里,人口三百五十余万,拥有黄安、商城、英山、罗田、霍丘五座县城,建立了二十六个县的革命政权。红军主力部队组成两个军六个师,还建立了四个独立团和一个少共国际团,总兵力四万五千余人。各县独立师、游击队和赤卫军等也发展到二十余万人。这是鄂豫皖革命根据地发展的极盛时期。

红军胜利粉碎敌人的第三次"围剿"计划,主要原因为:

第一,充分利用有利客观形势,实行外线进攻作战方针,各个击破敌人的"围剿"部署。那时,敌人虽在鄂豫皖革命根据地周围集中了很大兵力,准备第三次"围剿",但尚未部署就绪,杂牌部队多,缺乏统一指挥,"卒离而不集,兵合而不齐。"(《孙子》九地篇)原因是蒋介石一面忙于解决中日民族矛盾所引起的内部危机;一面将中央革命根据地作为主要进攻方向,暂时顾不上在这边统一兵力,统一部署,统一号令,全力对付我们。我们采取主动进攻的方针,先打这股敌人,后打那股敌人,陆陆续续把敌人的"围剿"部署打乱,具有十分有利的条件。如果看不到这个形势,或是不敢在有利条件下"先发制人",主动出击,就不会取得如此重大的胜利。"围剿"和反"围剿"的不断反复,是我国十年内战的主要形式。毫无疑问,积极防御、诱敌深入、内线歼敌,是红军粉碎敌人"围剿"的基本方针。但这是否意味着不容许在一定条件下,用积极进攻手段,事先打破敌人的"围剿"计划呢? 当然不是,而且也不应当是。防御和进攻,要看条件。条件允许,对我有利,"先发制人",进攻歼敌,何乐而不为! 在战争问题上,最要不得机械论。机械论只能捆住自己的手脚,招致战机的丧失,战争的失败。

第二,集中兵力,"围点打援"。在敌众我寡、敌强我弱的条件下实施外线攻击,集中兵力,形成拳头,是关键一环。集中兵力,说起来容易,做起来可不简单。要下狠心,舍得暂时丢些地盘,受点损失。那时作战,有两个东西是集中兵力的最大障碍:一是军事保守主义,囿于现地,不敢或不愿集中兵力,大胆进攻。二是军事平均主义,分散兵力,四面出击。我们克服了这些障碍,坚持了集中兵力的原则,形成一个拳头,狠狠打击敌人。红军共四个主力师,每攻一个方向,均动用四分之三以上的兵力,只留少部兵力和地方武装应付其他方向的敌人,配合主力部队的作战行动。根据地处在敌四面包围之中,主力用于南线作战,北线会吃紧;用于东线作战,西线会吃紧,有时甚至会失些地盘,受些局部损失。但是,等我们一股一股地把敌人搞掉后,全局就会改观,根据地不是缩小而是全面扩展。怕丢地盘,分兵把口,看上去"保险",实际上最不牢靠。

战术的正确运用,也很重要,甚至能对战役战斗的胜利,起决定性作用。黄安、商潢、苏家埠三大战役,我们采取的主要战术手段是"围点打援",证明符合实际情况,达到了大量歼敌的目的。为什么要搞"围点打援"? 情势所迫,逼出来的嘛! 我们要执行外线进攻的方针,但兵力少,装备差,"乞丐和龙王比宝",比不起。敌有优势装备,我们缺乏。我们的装备很落后,没有大炮,炸药极少;手榴弹有些,大都是土造的马尾手榴弹,杀伤力很小,扔到树上都掉不下来。敌人深沟高垒,凭坚固守,像黄安、商城、苏家埠的城墙,又高又厚,还有吊桥、城壕、栅门、炮楼、城垛子,防得严严实实,像铁桶一般。我们缺乏攻城的火器,攻得动吗? 如果硬叫部队去爬城,那得死很多人。硬攻不行,就动脑筋,想办法,办法是"围点打援",野战歼敌。我军的装备固然差,攻城力量不足,然而,却长于运动,长于野战。于是依托根据地,先用小部兵力把突出、孤立的敌据点围住,死死围上若干天,敌粮断炊断,自然告急求援。估计敌援兵从哪个方向来,我主力部队便预先选好战场,利用有利地形,构筑工事,以逸待劳。援兵开来,运动在野外,立足未稳,正好给我以歼灭之机。消灭了援兵,守敌人心惶恐,不战自乱,我军可趁势解决点上的敌人。事实证明,"围点打援"乃扬己之长、避己之短的重要战法,运用得当,能收以弱胜强、以少胜多之效。

第三,攻必克,战必胜。就是说,要打有把握之仗,不打则已,打则必胜。接连吃败仗,是提不起部队的战斗士气来的。苏家埠战役,我们围住六千多敌人,先拿部队试攻了一下,没强攻。看看攻不动,决心打援,不仅打了第一次,而且打了第二次。第二次打援时,敌人来了那么多。我们分析了敌我情势,认为有取胜的六七成把握,才下决心硬着头皮打。如果根本就没有胜利的把握,或者把握很小,是不能那样干的。打援也不是敌人一来我们就攻,而是让敌人先攻我们。待其疲惫不堪,攻势到了"再而衰,三而竭"的时候,我们集中主力和预备队出击,把敌人包抄分割,彻底摧垮。一个指挥员,要千方百计想办法打有把握之仗,打胜仗;万一打了败仗,也要争取不吃大亏。否则,连吃几个败仗,死伤一大堆,再有战斗力的部队,也会把士气打下去的。新部队的使用,尤其要注意这一点。红四方面军成立后,扩展到三万多人,立即发动了这几个战役。当时新部队不少,约占三分之一,都没上过战场。我们反复强调,使用新部队,第一炮一定要打响。要通过多打胜仗去提高士气,锻炼他们。我们开始不用新部队打强攻或打阻击战,因强攻和阻击战伤亡大,而是用他们去打追击战。等主力部队熬过难关,发起反击,把敌人冲垮后,再拿新部队上去,跟着老部队追歼溃败之敌,抓俘虏,缴武器、弹药。追击战,伤亡小,战果大,取得胜利,鼓起大家的劲头,搞上几次,新部队有了实战经验,士气越打越高,勇猛顽强的战斗作风就会形成。

第四,战时政治工作有了加强,发挥了威力。红四方面军成立时,注意了政工干部的选拔和配备,团以上各级政治工作机构健全起来,工作的计划性、针对性有明显改进。虽然也搬了些苏联的条条,如政工干部有监督同级军事指挥员的权力等,但总的说,工作内容是适合战争任务要求的。陈昌浩同志有实干精神,对四方面军的政治工作作出了积极贡献。当时的政治工作,主要包含三个方面的内容:一是广泛动员民众,参加和支援战争,所谓"小小黄安,人人好汉;锣鼓一响,四十八万;男将打仗,女将送饭",的确有那种气势。二是不断提高和巩固部队的士气,战前、战中、战后都有响亮口号和思想工作,充分发挥干部和党员的模范带头作用。三是开展政治攻势,瓦解敌军。瓦解敌军这一条,很重要,搞得也比较实际。像黄安战役、苏家埠战役中,对被围之敌喊话,编成的顺口溜很有趣:"老乡老乡,不要打枪。本是穷人,理应反蒋;为蒋卖命,卖的哪桩?上有父母,下有儿郎;一年到头,难见妻房。长官待你,何处一样?长官洋面,鱼肉鸡汤。你们吃糠,树皮啃光;更有兄弟,饿死床上。飞机运粮,有啥指望?红军围城,铁壁一样。""老乡老乡,快快交枪。放下武器,红军有赏;若不交枪,困饿死光。来当红军,前途亮堂;愿回家乡,发给光洋。"这些宣传,既抓住了敌军下属官兵的心理,又交代了红军优待俘虏的政策,对削弱敌军的顽抗有很大作用。各路敌军中,有不少是被我放回的俘虏兵,了解我们的政策,在战场上往往朝天放枪,不打红军;红军冲上来,不作任何抵抗就乖乖交枪,大大减少了我军的伤亡。苏家埠战役时,有的俘虏说:"我是第三次交枪了,红军优待俘虏兵,一上战场我们就准备交枪!"战时政治工作,抓住对我和对敌这两面,效果甚大,有力保证了战役战斗的胜利发展。

第四次反"围剿"的失败

蒋介石灭我之心有增无已,第三次"围剿"鄂豫皖革命根据地的计划破产后,便又开始了第四次"围剿"的部署。

一九三二年春,蒋介石在疯狂镇压和平息全国抗日民主运动的同时,重新组织力量,计划对根据地实施新的"围剿",企图在短期内扑灭红军。蒋介石是三步棋:第一步,搞垮湘鄂西革命根据地;第二步,搞垮鄂豫皖革命根据地;第三步,搞垮中央革命根据地。这是一个集中兵力,各个击破红军力量的计划,用心险恶。五六月间,他亲自出马,任鄂豫皖三省"剿匪"总司令,李济深为副司令,积极部署对鄂豫皖革命根据地的前所未有的大规模"围剿"。

当时,党中央给鄂豫皖红军的任务是:"鄂豫皖红四方面军,除以二十五军巩固皖西北新发展根据地外,主力应向西行动,扩大与巩固鄂东区,以一师以上的兵力过平汉路,配合红三军行动,消灭徐源泉、萧之楚等主力,造成平汉路两旁孝感、武胜关间比较巩固的新根据地,必要时可重新进攻黄陂、威吓武汉,调动敌人进攻湘鄂西力量,求得战争的解决,以造成包围武汉的形势。"(一九三二年六月《中央为反对敌人"围剿"给各苏区的军事训令》)

我军经过七八个月的连续作战,十分疲劳,亟待休整。但张国焘却被胜利冲昏了头脑,不顾部队的实际情况,坚决令部队立即执行中央指示,西出平汉路,进逼罗山,向信阳、广水段出击,而后伺机南下,进逼武汉。六月下旬,我们在信阳一带打了几仗,仅攻克鸡公山,歼敌一个团,战果不大。于是向分局建议,回师根据地,休整部队,准备迎击敌第四次"围剿"。

蒋介石的军队频繁向平汉路的信阳至武汉一线调动,"围剿"在即。而分局领导人却我行我素,漫不经心。我们东返途中,张国焘、沈泽民从后方赶来,于夏店召开中央分局会议,又要部队马上南下作战,进攻麻城。

会上,我和陈昌浩都认为,自从去年秋天洗马畈战斗以来,我军连续作战,疲惫已极,当务之急是养精蓄锐,休整训练。应当停止外线进攻作战,把主力摆到鄂豫边界,一脚踏在根据地,一脚踏在白区,边休整部队,边掩护地方开辟工作,为粉碎敌人的"围剿"作准备。这样,老区既能巩固,新区又能发展,同时,部队主要就粮于新区,还可减轻老区人民的负担,乃一举数得之策。当时,敌人的"围剿"部署尚未完全就绪,仅在我根据地边缘地带构筑工事,作些小规模的侦察性进攻,如果按我们的意见去做,转入反"围剿"的准备工作,尚有比较充裕的时间。然而,沈泽民同志极力反对。他认为,国民党军队已被红军打得溃不成军,处于"偏师"地位,新的"围剿"不会来临。主张红军应乘胜利余威立即南下麻城一带击敌,开拓南部工作,威胁武汉,说什么"胜利了要再胜利"、"不能停止进攻"等。我说:蒋介石的黄埔系精锐部队还没拿出来,我们打的多是些杂牌军,怎么能说国民党是"偏师"呢?这是一个涉及全局的行动方针问题,双方各持己见,争论相当激烈。张国焘支持沈泽民同志的意见,作了部队南下进攻麻城的决定。

形势规定任务。对形势作出错误的判断,行动方针和部署是不会对头的。从这时起,已经种下了反四次"围剿"失败的根苗。

根据分局决定,我军向麻城地区开进。当时的动员口号是:攻下麻城,攻下宋埠、黄陂,打到武汉去!七月天,骄阳似火,气候炎热。不少指战员患烂脚病,忍着疼痛,拖着红肿的脚板强行军,十分艰苦。部队真过硬,服从命令听从指挥,叫南下就南下,不管多么疲劳困苦都挺得住,没有任何怨言。

麻城、宋埠、黄陂地区为敌第三十、三十一师及一个特务旅驻守,属三十一军军长张印相指挥。敌三十师驻麻城,三十一师驻黄陂,五十四师驻罗田,互为掎角。麻城以北的福田河、黄土岗,为地主反动武装盘踞的堡垒。我十、十一、十二、七十三师及独立一师南下后,当即向麻城外围据点发起猛攻,以实现孤立和围困麻城,吸打黄陂、武汉方向的援敌的作战企图。

七月七日至八日,我军首先占领了骑龙铺、长岭岗、阎家河、梅花脑、邓家竹园等地,并于红石堰、七里桥一带全歼敌三十一师九十三旅,俘敌旅长章祖卿以下官兵二千余人,缴枪二千三百余支,机枪四十余挺,迫击炮四十余门。进而以主力控制麻城以西的霸王山、麻姑洞至红石嘴一带高地,围住驻城西南中馆驿的敌三十师九十二旅,切断了麻城与宋埠、歧亭、黄陂的交通线,待机打援。同时,我还以一部兵力与地方武装配合,将麻城周围纵横百余里的地主民团一扫而光,毙俘敌上千,俘获了一批土顽首领,顽固的白色堡垒黄土岗、福田河亦被解放。麻城之敌,陷入我军的重重包围之中。

这时,皖西的红二十五军一部也遇到敌徐庭瑶部的进攻。旷继勋军长打来电报说,他们正在霍丘城内坚守,"以城攻城",与敌决战。张国焘拿到电报气坏了,说:"什么叫以城攻城!"我们也认为,这种和敌人硬拼的办法不对头。所以,马上派蔡申熙同志去皖西。可是,已经来不及了。红二十五军的守城部队一千多人与敌人血战五昼夜后,全部损失,仅军长旷继勋及少数人脱险。旷因此被撤职,军长由蔡申熙接任。

敌三十一军军长张印相见麻城被围,乃调黄陂的三十一师经宋埠绕道北呆北进来援,避开了我打援的战场。敌变我变。我们当即决定放弃原计划,率主力乘虚南出黄陂。十八日中午,红十二师一举攻占黄陂以西距汉口仅五六十里的要点仓子埠,歼敌一部,没收食盐万余斤。前锋进逼黄陂,武汉为之震动。敌忙调武汉的八十九师及罗田的五十四师向北堵击,并令麻城、宋埠之敌三十、三十一两师派主力向西南出击,企图夹击我军。我们掉转头来杀"回马枪",在李家集、靠山店、甘棠铺一带迎击敌三十、三十一师。经激烈战斗,全歼敌一个多旅,缴枪五六千支,余敌溃退宋埠、歧亭等据点,我主力复转至麻城围敌。八月上旬,攻下陡陂山,歼敌一个团。

可是,就在这时,蒋介石命令所部对我根据地发起了全面进攻。鄂豫皖革命根据地第四次反"围剿"的战幕拉开了。

第四次反"围剿",与以往的反"围剿"有明显的不同点,也是对我们的不利因素:

(一)敌大军压境,指挥统一,动用的"王牌"部队多。蒋介石的"剿匪"总司令部设在汉口,副部设在安徽的蚌埠。兵分左、中、右三路,以左路军对付湘鄂西根据地,而以中、右两路军共二十六个师又五个旅约三十余万人,另有四个航空队,全力压向鄂豫皖根据地。蒋介石亲自兼任中路军司令官。其嫡系精锐主力师,除陈诚等部尚在江西对付我中央红军外,大部(胡宗南第一师,黄杰第二师,李玉堂第三师,徐庭瑶第四师,蒋鼎文第九师,李默庵第十师,李思塑第八十师,蒋伏生第八十三师,俞济时第八十八师,汤恩伯第八十九师)均调来围攻我们,占总兵力的三分之一以上。当时国民党军队的编制师,不外甲乙丙三种:甲种师"三三制",每师三个旅,每旅三个团;乙种师"三二制",每师三个旅,每旅两个团;丙种师"二二制",每师两个旅,每旅两个团。蒋介石的主力师,大都按"三三制"编成,人多,自动火器多,协同动作也比较好。敌一下拿这么多主力师出来,泰山压顶,的确不易对付。

(二)"围剿"战术,有所改变。所谓"纵深配备,并列推进,步步为营,边进边剿",遇红军主力,据地固守,待援合围;击破红军主力后,并进长追,四面堵截;等等。蒋介石是想避免以往分兵"进剿"、长驱直入易被各个击破的弊端,才改进"围剿"战术的。敌计划第一步,从东西北三面发起攻击,攻占黄安、七里坪、新集、商城等要地,网开一面,从东南方向将红四方面军驱出鄂豫边境;第二步,实施东西夹击,将我军主力压至长江北岸,聚而歼之。在此同时,蒋介石还提出"三分军事七分政治"的方针,企图以政治手段争取和瓦解根据地军民,帮助下属反动土豪劣绅恢复统治。

(三)我军反"围剿"的准备不足,仓促应战。前面说过,分局领导人被三次反"围剿"的胜利冲昏头脑,对面临的第四次"围剿"的严重形势,毫无戒备,一直在贯彻"不停顿地进攻"的方针。他们既说敌人的四次"围剿"一定到来,又说国民党正在"大崩溃"(原来的"偏师"说因受到中央来信的批评,不再提了);既说要准备反"围剿",又不采取积极措施。虽提出过"动员三万新兵,囤集三万担粮"的任务,实际上并未认真实行,只不过是一个口号而已。八月九日,敌总攻开始,中央分局获得急报后,仍未引起重视,真是到了麻木不仁、雷打不动的地步!直至敌军向根据地中心七里坪一带突进,才如梦初醒,转过弯来,改变原来的"进攻"部署,急起应战。因此,无论从战略上或战役战斗上来说,我军都处于被动应付的地位,丧失了措置裕如的能力。

(四)推行王明路线的后果,也明显呈现出来。张国焘等人是六届四中全会后的党中央派来鄂豫皖革命根据地的,执行的是王明路线,许多政策是"左"的。比如,"地主不分田,富农分坏田",肉体上消灭地主,经济上打击富农;对中小工商业者不是采取保护的政策,而是孤立、打击和没收;俘虏政策上"要兵不要官","放兵不放官";统战工作上,不去利用敌人营垒内部的矛盾做争取分化工作,而是强调"绝不妥协",搞关门主义,吉鸿昌曾派人来新集和张国焘谈判,想与红军联合,但败兴而归;"肃反"政策上,搞扩大化、逼供信,屈死那么多干部和群众;知识分子政策上,是排斥、歧视、打击;等等。结果,"为渊驱鱼",吓跑了中立者、同情者,脱离了根据地的群众,大大孤立和削弱了自己。

所以，反第四次"围剿"与以往不同。我们的处境，起首就极端不利。

我军正在麻城与南线敌人呈相持状态，敌从东线、北线、西线大举进攻，如入无人之境。蒋介石"进剿"军的主力，一是卫立煌纵队，辖十、八十三、八十九等师，由花园向河口进；一是陈继承纵队，辖二、三、五十八、八十等师，出罗山，向七里坪进；其他还有靠平汉路东侧的马鸿逵纵队，皖西的徐庭瑶纵队，豫南的张钫纵队，麻城、黄陂的张印相纵队，蕲黄广的上官云相纵队等，是个分进合击的架势。蒋介石见各路"进剿"军进入根据地后未遇有力抵抗，遂改变步步为营、稳扎稳打的战术，下令总攻，要主攻纵队迅速插入根据地中心区域，寻我主力决战。八月十日，陈继承纵队向七里坪急进，卫立煌纵队亦进抵河口一带，扑向黄安。张国焘发现情势严重，仓皇决定放弃围攻麻城的计划，令红军主力星夜向黄安以西转移，迎击敌主力，试图一举打破蒋介石的"围剿"。

麻城到黄安，俗称"九十里当一百三"，会走的走一天半，不会走的得走两天。我军急如星火，拂晓出发，下午五时左右赶到。因天气炎热，中暑掉队的人不少。指战员疲惫不堪，马上要进入战斗，那个仗怎么打好呀！在冯寿二地区，陈赓的红十二师与敌先头部队卫立煌纵队李默庵第十师遭遇。我带后续部队跑步上去支持。队伍上来一批投入一批，顶住敌人的疯狂进攻。激战至下午，我十一师向敌左翼迂回，河口独立团亦主动抄袭敌人后路，配合十二师正面反击成功，歼敌三十旅旅长王劲修以下两千余名，才迫使敌人后退，但我军伤亡也重。敌十师与八十三师联合据地固守，我军攻不下去，与敌形成对峙。同时，黄安独立师(即独立第一师，师长曾中生)也同汤恩伯八十九师激战于高桥河。我援军赶到，敌依托工事固守，又成相持状态。这时，陈继承纵队正从宣化店向七里坪开进，我后路有被敌抄击的危险。于是，我们决定放弃黄安，转向七里坪击敌。

七里坪是老根据地的中心地带，地形条件、群众条件都好，利于我军作战。我军转到七里坪后，沿倒水河布阵：十一、十二两师在北，控制酒醉山；十、七十三两师居中，布于大小雾嘴山；独立第一师和少共国际团在南，控制古风岭，准备迎敌。当地群众纷纷献出粮食、物资，慰劳子弟兵，对部队有很大鼓舞。

七里坪这一仗，我们是下了狠心的，想一鼓作气把西来之敌彻底摧垮。战前，部队深入动员，讲清形势，交代任务，提高士气，充分做好反击敌人的一切准备。八月十五日拂晓，敌全线出动，向我阵地猛攻。敌第二师担任主攻，以第五旅由周田渡过倒水河，正面突击我主阵地大小雾嘴山；以第六旅于右翼经小明家、双河口渡河向古风岭进攻；以第三师第九旅配合第二师第五旅向大小雾嘴山北麓进攻。蒋介石的嫡系部队，有最好的武器装备，又有飞机、大炮掩护，攻势相当凌厉。我军以劣势装备对优势装备，与敌拼搏，打得十分艰苦。激战半日，敌攻势略减，我看反击时机已到，令五个主力师集中出击，想打乱敌阵线，全歼这股敌人。部队从两侧扑向进攻大小雾嘴山之敌，当即歼敌第五旅两个团大部。敌急调第四旅八团和第六旅十一团加强倒水河西线，第三师九旅十七团则向南延伸，策应二师，固守阵地。敌人阵地战的本领也不错，其顽强程度出乎我们意料。我攻敌防，寸土必夺，一场血战！我们站在山头上，一直用望远镜观察，指挥战斗。两军厮杀在敌阵地前沿，白刃格斗，扭打成一团，致使敌人的飞机大炮都失去了作用。日落西山时，我军终于从正面突破敌阵地，越过倒水河，向纵深前进。敌第二师全线溃退，其四旅第八团和六旅第十一团大部被歼。红军乘胜向前推进八九里，直插白马嘶河，占领敌第二师指挥所。如果再向前突进，接近陈继承纵队司令部，敌便有全线崩溃的局面。可惜我们兵力不足，四个主力师和黄安独立师均已投入战斗，手头缺乏后续力量。敌依托山地坚守，我军反复冲杀，攻不上去，心里着急也没办法。我看天色微明，相持下去不利，遂令部队停止进攻，撤回河东。听说，在我夜间突进时，陈继承本已慌忙，准备撤退，但卫立煌赶到，要他坚守，才顶了下来。看来，卫立煌这人，比陈继承强些。

七里坪之役，战斗的激烈程度，实属少见。敌第二师被打垮，六名团长悉数毙命，战场上到处是敌军的死尸和伤号。我军伤亡约两千人，独立一师师长曾中生同志负伤，脚后跟被打坏。这次战斗敌我双方都精疲力竭。我们主要是怕天亮后援敌赶来，才令部队撤退的。假如再坚持一下，也许会好些。

我军在倒水河东与敌对峙两三天后，卫立煌纵队由南向北进逼七里坪。我当面之敌陈继承纵队一面固守，一面派出兵力去宣化店，配合北路敌人张钫纵队进攻新集。我军前进不能，久留又有被敌合击的危险，遂向新集以北的扶山寨转移,准备打击北路之敌。

敌人非常鬼,一遇到我军主力,就固守工事。我们呢? 火力太弱,攻也攻不动。硬攻不行,就想找敌人的弱点,在运动中歼敌,但未能如愿。在新集以北的浒湾附近,我们以七十三师监视北面的张钫纵队,以十师于檀树岗阻止卫立煌纵队北上;将十一师、十二师布于扶山寨、四面山、金兰山、旗盘山一线,与宣化店方向西来之陈继承纵队第三师、第八十师激战三日,歼敌两千余人。扶山寨战斗中,我十二师师长陈赓负重伤,我当时在场,让他赶紧下去。这时,敌卫纵队由南向北,张纵队由北向南,步步推进,企图与西面的陈纵队合围聚歼我军于扶山寨地区。敌众我寡,相持不利,我们又决定撤离豫东南,向皖西根据地转移,新集、商城遂落入敌手。

上述冯寿二、七里坪、扶山寨三战,我军万众一心,奋勇杀敌,共歼敌八千余人。冯寿二和七里坪两战,都是趁敌立足未稳,猛烈反击,打垮了敌人的先头师。尤其是七里坪一役,可以说是鄂豫皖革命根据地前所未有的一场大恶战,使敌遭受重创,打乱了他们企图聚歼我军的部署。虽然这样,但我军并没有击破敌之一路,被动地位仍未摆脱。原因是多方面的。从作战指导思想上来看,一是对敌军的战斗力和"围剿"战术的改变估计不足;二是初战时机选择不当,仓促击敌,过早与敌主力决战;三是没有实行避强击弱、避实击虚的方针,未能在局部上形成优势兵力。

九月中旬,我们在向皖西转移途中,致电党中央,报告了鄂豫皖红军的转战情况:

> 敌分路合进,每路均三师人,互相策应,我军已与敌转战一月。在黄安、七里坪两次激战,敌第二、第十、第八十九师受重挫,退回黄安补充。敌第三、八十、八十三三师又取道新集西北,协同五十八师及张钫部进攻,激战三日,敌八、(八)十两师又受重挫。因敌人分路合进,我军尚未能消灭敌之一路,现正移师皖西,首先消灭进攻金家寨之敌,七里坪、新集已自动放弃。我军最大困难即补充人员不易;医院中现有近万战斗员,四分之三系烂脚病,生烂脚病者仍在增加,缺医生缺药……我军处在激烈战斗中,当(按)中央来电坚决斗争下去,请中区及中央紧急动员各区红军及工农群众急起策应我军。望经常告我们以敌军消息。

党中央九月十三日向在中央革命根据地前方指挥作战的周恩来、毛泽东、朱德、王稼祥同志转发了我们的去电,周恩来等同志复电如下:

(一)此次敌集结兵力分进合击我鄂豫皖苏区,整个形势已不同于去年,但其战略战术颇似去年三次"围剿"对付中央区之并进长追,并益以坚守据点稳扎稳打。

(二)因此,我们建议红四方面军目前应采取相当的诱敌深入到有群众工作基础的、地形便利于我们的地方,掩蔽我主力目标,严格的执行群众的坚壁清野,运用广大的游击队,实行四面八方之扰敌、截敌、袭敌与断绝交通等等动作,以疲劳与分散敌人力量,而不宜死守某一点,以便利敌之分进合击。这样在运动中选择敌人薄弱部分,猛烈打击与消灭敌人一点后,迅速转至另一方,以迅速、果敢、秘密和机动求得各个击破敌人,以完全粉碎四次"围剿"。

(三)这三次战斗中的战略与战术的经验,你们可以根据目前形势与四方面军的优点灵活运用。

(四)红十六军在通山、咸宁的两次胜利,这次一方面军向北发展的胜利的开始,均是对鄂豫皖的配合策应行动。湘鄂西应在打击敌人一方的便利条件下,以一部分兵力向平汉路西行动。

周恩来、毛泽东、朱德、王稼祥同志这一电文,提出鄂豫皖红军应通过诱敌深入、击敌一路、群众配合、运动歼敌来粉碎敌人的"围剿",无疑是非常正确的。如果在反"围剿"的准备和开始阶段,分局领导人有这样明确的指导思想,局面一定会好得多。在鄂豫边革命根据地,我们既已失去运动歼敌的时机和条件,便只能从皖西方向想办法。

方面军总部率红十、十一、十二、七十三师抵皖西金家寨后,与红二十五军会合。这时,皖西的"进剿"之敌徐庭瑶纵队,已西越淠河、独山一线。我们计划首先挥师六安方向,打击深入叶家集、独山镇的敌四十师。但部队隐蔽行动不够,行至东西香火岭,即与迎击之敌遭遇,打得很艰苦。后面的卫立煌、陈继承两纵队又经沙窝、新店追来,与徐庭瑶纵队形成东西夹击之势。我们决定,南下英山,会合地方武装,寻机歼敌。

　　走到燕子河,听说英山也被敌占领,部队停下来就地休息待命。分局在燕子河召开会议,讨论下一步的行动方针问题。出席会议的有张国焘、沈泽民、陈昌浩、徐向前、蔡申熙、方英、王平章等。鉴于"围剿"之敌已从四面八方深入根据地的腹心地带,我军的周转回旋余地越来越小,张国焘、陈昌浩和我,都主张南下先取英山,以英山为立脚点,喘息待机,与敌周旋,恢复根据地;如继续受敌重兵压迫,则将红军主力暂时拉到外线,向潜山、太湖方向转移,伺机打回根据地。沈泽民、王平章同志不同意红军跳出外线,积极主张将部队拉回黄麻地区。蔡申熙同志则认为,如果红军暂时跳到外线作战,东出潜太不如西出平汉路以西的应山、随县、枣阳一带有利,因那带有党和红三军的活动基础,南靠桐柏山,地形条件也比较好。讨论的结果,决定放弃出潜太的计划,以郭述申和独立四师师长徐海东等同志带少部兵力及地方武装,在皖西和潜太地区扰敌后路,主力红军则先取英山,再向黄麻地区转移。

　　九月底,方面军由燕子河经西界岭、五显庙直下英山,拟打击上官云相纵队。这路敌军和其他敌军一样,依托工事坚守防御,使我无隙可乘。我军遂移而西进,由英山以西的石桥铺分两路行动。张国焘、蔡申熙带一路,我和陈昌浩带一路,至新洲会合后,于十月上旬末抵黄安的高桥河、河口镇地区。

　　敌人发现红军主力向黄麻地区转移,卫立煌纵队、陈继承纵队由东而西穷追不舍。同时,西线敌第一师和中路总预备队第八十八师和十三师等,分别由平汉线经河口镇、华家河向黄安、麻城方向堵击。我先头部队红十师、十二师刚进入河口镇以东地区,即同敌一师、八十师遭遇;红二十五军一部,也在冯寿二地区同敌十三师遭遇,经过激战,歼敌一部后,我军急向黄柴畈转移。战斗中,红十一师政委甘济时同志牺牲,二十五军军长蔡申熙负重伤,第二天也牺牲了。牺牲前我去看了他。那天正下雨,他躺在床上,疼得没办法,要人补他一枪。我对他进行了安慰,就急忙指挥部队去了。蔡申熙同志是红十五军的主要创始人之一,对鄂豫皖红军的建设和发展作出了重大贡献。他不仅具有战略家的胆识和气度,而且在历次战役战斗中机智果断,勇猛顽强,因而在红四方面军中有很高的威望。在河口镇地区作战中,他身负重伤后躺在担架上仍指挥战斗,直至坚持到胜利,充分表现了一个杰出红军高级指挥员的责任感和无畏精神。他的牺牲，是红四方面军的重大损失，大家都很难过。

抵黄柴畈地区的当天，尾追我军的陈继承纵队先头第二师赶来，又向我发起猛攻。血战至黄昏，我担任阻击任务的红七十三师毙伤敌副师长柏天民以下近千名。敌立即部署新的合围，以陈纵队和十三师密布于河口镇以东至华家河一线，准备从南面和东面向红军进攻；马鸿逵纵队由平汉路东侧南下，向四姑墩方向进逼；敌一师、八十八师也从河口镇向北推进。我军处在方圆仅几十里的"弹丸"之地，四面临敌，已经到了岌岌可危的地步。

当务之急是解决红军的行动方针问题：是继续留在根据地打，还是跳到根据地外面打？十月十日晚，分局在黄柴畈召开紧急会议，进行讨论。参加会议的有张国焘、沈泽民、徐向前、徐宝珊、王平章、吴焕先等二十来个人。成仿吾同志说，他也出席了会议。

关于红军的行动方针问题，有两种意见。一种是主张红军跳出根据地打，待机歼敌后再返回；另一种是主张红军留在根据地坚持，分散游击。张国焘是前一种意见，他认为：反第四次"围剿"中敌人的力量大大超过我们，我军经过各次战斗未能完成击溃敌人的任务，已完全处在被动、失败的地位。根据地内的主要城镇被敌占领，红军主力没有周旋余地，无法粉碎敌人的"围剿"。只有跳出敌人的包围圈外，才能保存力量。如果将红军主力继续留在根据地进行战斗，是毫无希望的。关于红军的转移方向，他提出：去平汉路以西，与红三军会合。这也正是燕子河会议时，蔡申熙同志的建议。沈泽民、王平章等同志认为：反第四次"围剿"，我军未能击退敌人，处于被动和失败的地位，是客观事实。但是，红军不应脱离根据地。在敌人重兵深入根据地的情势下，可采取分散游击的办法，坚持游击战争，待机破敌。

与会绝大多数同志在发言中，不同意后一种意见。我也赞成将红军主力暂时拉出外线，待调动和歼灭敌人后，重返根据地。我在发言中指出：根据地中心区域已经被敌人占领，我大部队不易活动，又已丧失了歼敌一路的机会；要分散游击，地方游击队还行，大部队就有许多困难，敌人兵力总比我大，有几十万人，而我根据地仅剩那么一小块地方，只要枪一响，不用两三个钟头敌人就会从四面八方合击而来，更何况你分散敌人也会分散呢！

关于留在根据地坚持斗争的兵力问题，也有不同意见。有的人主张多带些部队走,只留下二十五军的第七十五师。二十五军政委王平章则主张只带七十三师走,留下七十四、七十五两师坚持斗争。不少同志和我都同意王平章同志的意见。

张国焘最后根据与会多数同志的意见作出了决定:留下七十四、七十五两师与各独立师团,由沈泽民同志负责,在根据地坚持斗争;方面军总部率十、十一、十二、七十三师及少共国际团,跳出根据地,暂到平汉路以西活动,伺机打回根据地。(见附图五)

第四次反“围剿”,从八月上旬开始到十月中旬为止,我军苦战两月,虽歼敌万余人,终未能扭转战局,遭到了失败。失败的教训,概括地说,主要是:第一,错误地估计了客观形势和敌我力量对比。头脑发热,盲目轻敌,没有及早进行反“围剿”准备,丧失了主动地位。第二,在敌人重兵压境的严重形势下,未采取避强击弱、诱敌深入、各个击破的作战方针,而是率尔应战、正面硬顶、孤注一掷,始终未能形成战役战斗中的优势。第三,王明路线的推行,搞得根据地民穷财尽,毁坏了根据地的坚实基础和抗敌能力。相当一部分群众,脱离我们;还有成千上万的群众,只跟着红军“跑反”,无法形成人民战争的海洋。今天回想起来,那时完全粉碎敌人的“围剿”,虽有不少困难,但如果分局领导人,尤其是张国焘不犯这些带根本性的错误,争取胜利是有希望的。

我们率领红四方面军主力一部撤离鄂豫皖革命根据地后,留在那里的红军和群众进行了长期的、英勇不屈的斗争。沈泽民同志后来不幸牺牲。红二十五军在吴焕先、王平章、郭述申、徐海东等同志领导下,依靠广大群众的支援,多次粉碎敌人的“清剿”,发展壮大起来。一九三四年十一月,红二十五军根据中央指示实行战略转移,离开鄂豫皖革命根据地后,又有鄂豫皖党组织和高敬亭同志领导的游击队,组建成红二十八军,胜利坚持了三年游击战争,直至抗战爆发改编为新四军第四支队。抗日战争、解放战争中,大别山区红旗飘扬,武装斗争从未间断,一直是我党我军的重要根据地之一。从黄麻起义到全国解放,英雄的鄂豫皖革命根据地人民,为中国革命事业付出的牺牲,作出的贡献,是巨大的。他们的光辉业绩,将永垂青史。

第 七 章
西行转战三千里

枣阳新集之战

为避免不利条件下与敌决战,保存有生力量,我军根据黄柴畈会议的决定,计划第一步西越平汉路,转到鄂豫边蹲一蹲,伺机再杀"回马枪",转回根据地。

在当时的情况下,东、南、北三面都去不得,只有平汉路以西的少堡垒地带,是我军较理想的转移方向。那带敌人防守力量比较薄弱,不难突破;地势有利,可借桐柏山、大洪山作依托;又是红三军活动的地方,有一定的工作基础。从各方面条件来看,都便于我军周转回旋,待机破敌。

第四次反"围剿",敌我力量对比上强弱悬殊,非同往常。又因分局主要领导人战略指导思想上的错误,"未雨绸缪"麻痹于先,"亡羊补牢"失策于后,致使红军在根据地内处于极端危险的境地。这样,主力红军暂时退却到根据地外面是不是可以呢?我认为是可以的。我们都看过毛泽东同志的《中国革命战争的战略问题》,那上面认为在情势特别严重时,红军退到白区去并不是绝对不允许的。在根据地内部,我们既然失掉以运动战方式反攻破敌的机会,暂时退到白区去,待消灭和调动了敌人再回来,这并没有错误。问题在于:退却的决定很仓促;全盘计划不周到,对可能出现的逆境缺乏充分估计;分局的意图没有全面向下传达,部队思想不够统一。优势敌人拼命围追堵截,打破了我们转回根据地的预想,结果,被迫实行长途战略转移。

一九三二年十月十一日晚,我军分左右两路纵队,从四姑墩出发,经两天两夜急行军,突破敌两个师的防线,在平汉路西的陈家巷地区会合。西越平汉路时,红七十三师与尾追之敌激战三小时,将敌击退,保证了全军的安全转移。十四日,部队又经洛阳店、新店向原红三军活动过的璩家湾一带转进。蒋介石发现主力红军跳出其包围圈后,马上施行"追剿"部署:以卫立煌率李默庵十师、蒋伏生八十三师和罗启疆独立三十四旅等,跟踪追击;以胡宗南第一师北沿花园至襄阳的公路,萧之楚四十四师南沿京山至宜城的公路,平行追击;原在襄阳、枣阳、宜城地区的刘茂恩六十五师和冯鹏翥六十七师,则依托沙河堵击。敌企图将我主力聚歼于襄阳、枣阳、宜城地区。

我军昼夜疾进,奔向璩家湾一带。谁知到了那里一看,红三军已经走了,根据地早垮台了。没有政权,没有红军,没有游击队,没有党组织,剩下的只是一片断垣残壁的荒凉景象。标语倒不少,说明贺龙的部队来过,但已转走。我们很失望。正是早晨,赶紧搞饭吃。饭还没吃上,敌军追至,打起炮来,这就是枣阳新集之战。

饥疲不堪的我军,仓促临敌,急起应战。当天上午,我十一师与敌八十三师激战数小时,打退了敌人。部队赶紧搞饭吃,略事休息,准备反击。新集西南十余里的乌头观,是个制高点,有些地主寨子。控制了乌头观,才能保障我右翼阵地关门山、刀锋岭的安全。我们把抢占这一制高点的任务交给红十二师完成。但因山上的寨子有地主武装防守,十二师攻击不得力,行动迟缓,没有拿下来,乌头观反倒被追来的敌军当夜抢占。敌居高临下,火力又强,我军硬攻难克,伤亡不小,给我们造成了很大的困难。

战役战斗往往是这样:关键的一个寨子、山头、制高点落入敌手,就会让你被动应付,全局吃紧。反"围剿"斗争中,战略上不计较内线一城一地的得失,大踏步后退或前进,十分必要。战役战斗上则不同,一山一寨的得失,有时会关系战局的成败,儿戏不得。失去乌头观这个制高点,将我右翼暴露在敌威胁之下,弄得我们守难固,攻难克,等于把战场主动权丧失了许多。

再困难也得打,被动中求主动,以实现歼敌一部,调动敌人,转回鄂豫皖根据地的计划。翌晨,敌三十四旅、十师、八十三师从东、南、北三面开始对我包围和进击,企图以左右钳击的态势,围歼我军于新集以西、汉水以东地区。激战一天后，敌后续部队四十四师、一师、五十一师相继压了上来，形成了对我军的合围。中间，我军一度集中兵力向敌右线薄弱处三十四旅反突击，虽重创该敌，击伤敌旅长罗启疆，但因乌头观制高点在敌手中，使我军的反击未奏全功。最危险的是我指挥部被突进之敌逼近，真是到了千钧一发的时刻。我们跟前只有三百来人的机关人员和警卫、通信部队，紧急集合，投入战斗。幸亏敌人弄不清虚实，只是一般性的进攻，未形成强大突击力量。十一师师长倪志亮、政委李先念获悉总部被围的消息，马上率部驰援。经一番激战，终于击退敌人，扭转了总部的厄运。

枣阳新集战斗，是我军转移以来打得最凶恶的一仗。这次战斗，如果不是我军失去先机占领制高点乌头观之利，情势会好得多。我们虽歼敌不少，但自己伤亡也大。三十一团团长林维权、三十三团团长吴云山都牺牲了，十师师长王宏坤负了伤。像吴云山、林维权，在全军是数得着的团长，打仗机智英勇，死得很可惜。

敌众我寡，四面受敌，部队被迫突围，向北转移。这样一来，我企图在外线寻机歼敌、打回根据地的计划，即告失败。

走了一夜，早上进入枣阳附近的土桥铺地区，又碰上敌刘茂恩部堵击我们。我记得从来没有那样累过，两条腿走得拖也拖不动了，话都不想说。敌向我军冲锋，炮火打得很厉害。不管他，准备好，横下一条心，硬突过去！过了土桥铺，向西转移，堵击的敌人又来了。我正在曾传六那个团，即十师二十九团，我告诉部队不准动，埋伏好，子弹上膛，刺刀上好。等敌人来到跟前，一个突击，将敌击溃，缴获了不少武器弹药。下一步要过沙河，继续转移。部队进行了整编，将少共国际团撤销，人员分别补充到各师。伤号带不走，发几块光洋，安排在老百姓家里；缴获的武器带不走，统统毁掉、埋掉。走了好远，遇上敌彭启彪部打伏击，我军只有两个团跟在我们后面。立即组织突击，激战一场，打退了敌人。这次，张国焘、陈昌浩和我，都在一起，有个小警卫员叫马宝山，在我们跟前。平时挺活泼的，我喜欢逗他，开开玩笑。我正在山头上拿望远镜看部队作战，"叭"的一声，敌人的子弹，打中了他的头部，牺牲了。他才十六岁，叫人惋惜不已！

新集反击战和土桥铺突围战，我军浴血苦斗，化险为夷。先后共毙伤敌三千余人，粉碎了蒋介石围歼我军于襄阳、枣阳、宜城地区的计划。

漫川关突围

十月下旬,我军走新野,过邓县,夺路向淅川前进。一路过来,看到的是荆棘丛生、渺无人烟的荒年景象。走上几十里,见不着一户人家,找不到一点粮食。部队忍饥熬寒,昼夜兼程,越过七十二道水,从淅川西南涉丹江。在宋湾,分局和总部向中央报告了从新集突围西进的情况。十一月初,我军进到鄂豫陕交界的南化塘地区。

南化塘地区北靠伏牛山,南傍鲍鱼岭,介于丹江和汉水之间,地形较好,粮米较丰。方面军总部作了研究,准备在这里发动群众,建立根据地,并向党中央报告了我军撤离鄂豫皖的原因和打算。电文说:

> 此次(鄂豫皖)战区未能冲破包围,客观原因系革命发展不平衡,战区处交通便利、四面受敌、反动势力较雄厚之区域。在此次激烈斗争中,并未得四面工农,特别是交通界城市工人的最低赞助,最主要的是战区政治工作和政治领导之错误,对敌力估计不足,发动赤区群众反包围不够,发动白区士兵斗争的工作不够,省委之白区机关工作方式在紧急斗争时完全表明不能胜任。即中央(与)各区的红军亦未有更有力的配合行动,中央未能供给战局最低必须之政治、军事、技术的无产阶级的干部,亦是原因之一。我四方面军精锐英勇慷慨,我以孤军大战数倍之敌,转战千里未曾一挫锐气,但终被迫脱离赤区。鄂豫皖赤区尚有近三万枪之游击队,必能在困难条件下斗争而有发展。红四方面军现已到鄂豫陕边,当以联合湘鄂西、鄂豫边、陕甘边赤区和红军,形成襄江上游之巩固赤区和红军为目的。

然而,我们的计划未能实现。在南化塘刚驻三天,追敌又至。我十二师阻敌四十四师于南化塘以北;十一师与敌六十五师激战于南化塘以东之化山坪、太山庙一带;南面的敌第一师迫近至距南化塘十余里之七柯树;东南方面之敌五十一师已到达白桑关、黄石坪。敌企图从东、南、北三面合围我军,我们遂被迫放弃在南化塘建立根据地的计划,继续向西转移。

部队进至鄂陕边界的漫川关地区,杨虎城的重兵已卡住关口,挡住我军西进去路。胡宗南等部又追了上来,将我军合围在康家坪至任岭的深山峡谷中。开始,胡宗南的部队弄不清我们是哪个部分的,还吹号同我们联络。如果这时乘敌人立脚未稳、情况不明,我们一个冲锋打下去,有可能把敌人击溃。但十二师师长旷继勋指挥不力,贻误了战机,旷因此而被撤了职。当时敌众我寡,地势险恶,就剩下机关枪能交叉射击到的那么个口子可以突围,的确到了危险至极的境地。在这个最紧要的关头,我们开会,研究对策。张国焘这个人一到叫劲的时候就稀松,也不懂军事,往往瞎指挥。他提出,化整为零,让部队分散打游击。这怎么行呢? 我说:这支部队不能够分散,在一块儿才有办法。我们好比一块整肉,敌人一口吞不下去;如果分散,切成小块,正好被人家一口一口地吃掉。所以,无论如何不能分散打游击,要想尽一切办法突围。陈昌浩等同志支持我的意见,最后决定集中突围。情势很紧张,分秒必争。所谓开会,无非是几个人碰碰头,商量一下,决定了就行动。

红十二师的三十四团(团长许世友)和七十三师的二一九团(团长韩亮臣)都是善于打硬仗、恶仗的部队。我们以三十四团正面突击,二一九团配合,夺占北山垭口,为全军打开通道;以十、十一师各一部顶住南面和西面的敌人。陈昌浩在前面指挥。敌我反复争夺阵地,仗打得很凶恶。三十四团的二营,五百多人,拼到最后只剩下了一百多人;二一九团团长韩亮臣也牺牲了。但我军终于控制了垭口,打开了通道,连夜突围而出。

漫川关突围,是关系我军生死存亡的一仗。许世友那个团立了大功,二一九团打得也不错。幸亏敌人刚到,合围圈不够严密;我军决心果断,行动迅速,利用夜间突围奏效,否则,后果将不堪设想。

有根据地时感觉不到根据地的重要,到了没有根据地的地方,才晓得那种苦处。在根据地里,有党和地方组织,有游击队,有群众。敌人来了,群众一天送几次情报;敌人不容易发现我们,我们却容易发现敌人。穿衣、吃饭问题也好办,群众节衣缩食,供应红军。记得张国焘搞"大肃反"时,黄安仙居区的群众和干部极为不满,逃进山里"避难"。临走前派人给区政府送来五百多担大米和一千多双鞋袜,还写了封信,说是给红军的。群众和红军真是鱼水情深,难离难分啊!而我们到了远离根据地的地方作战,情形则大不一样。群众不了解红军,在敌人威胁下跑得远远的。红军要粮没粮,要衣没衣,要情报没情报,困难要大得多。我们左一次突围,右一次突围,为什么?就是因为没有群众基础,情报不灵,往往被敌人堵到门上才知道,不突围没有办法。至于吃啦,穿啦,供应啦,更难以提起。所以,毛泽东同志关于建立根据地的思想异常重要。革命根据地,是红军赖以生存、发展和胜利进行革命战争的基地。事实证明,没有这种基地,是绝对不行的。

越秦岭　走关中

我军面对敌人的围追堵截,流动作战,打了走,走了打。一面打击敌人的堵截,一面打击敌人的追击,就打这两种仗。边走边打,目的是为了争胜利,求生存,寻机建立新的革命根据地。

流动作战的特点和消息闭塞的状况,使我们不可能作出一成不变的建立根据地的战略预想。艰苦转战的我军,只能走一步看一步,打一步算一步,好像下棋似的,从对弈局势的每步变化中,审时度势,确定新的步伐。离开鄂豫皖革命根据地时,曾想暂在璩家湾地区活动,待机打回根据地,却因情势所迫,改为西进;到了南化塘,觉得地形、民情条件不错,想立脚生根,又落了空;而后,奔向漫川关,打算去汉中地区建立根据地。汉中盆地,历史上赫赫有名,曾是汉刘邦养精蓄锐、回定三秦、进取天下的战略出发地,史书上记载过的。出秦岭,据汉中,这时就成为我们的主要行动目标。

关键是甩掉敌人,不甩掉敌人,便无法实现我们的预想。

我军从漫川关突围而出,转道北向,夜走野狐岭。野狐岭山势陡险,只有条两尺来宽的羊肠小道,一边靠峭壁,一边靠深壑,又处在敌火力封锁之内。我军抢在夜间通过,人走马踏,路都快垮了,人和牲口有的翻下山去。我下了马,指挥部队砍树铺路,边铺路边走人马;笨重的东西,通通扔掉。我有个皮包,里面还有块怀表,也在忙乱之中丢失了。翻过野狐岭,直扑山阳城。但胡宗南部走大路,抢先一步到达。我军掉过头来,攻占了竹林关。这一仗打下来,我军名声大震,附近老百姓都说红军不怕死。红军为人民的利益而战,指到哪里打到哪里,具有压倒一切敌人的英雄气概,的确不怕死。

已是十一月中旬,寒气袭人。部队的冬装问题尚未解决,我们很伤脑筋。过了竹林关,经龙驹寨、商县到杨家斜,想去镇安、柞水一带。走到凤凰嘴以东,又遇上胡宗南部堵截,只好避开。我跟十一师上了山,随后折而向北。部队抵曹家坪后,我们开了会,决定兵分两路越秦岭,一路走汤峪,一路走库峪,向关中平原转进。

秦岭山脉,高耸入云,气吞万里。山连山,水连水,翻不完的山头,越不尽的急流。我军衣衫单薄,食不果腹,伤病号又多,进军备受艰辛。可是部队的宣传工作很活跃。总部和各部队的宣传人员站在山坡、隘口、沟边,不断用快板、顺口溜、歌声、口号,激励指战员们攀岩涉水,战胜疲劳和饥寒。"人力可以歌取",这话有道理。艰难困苦的时候,一支歌,一段快板,一阵笑声,都会使人消除疲劳,焕发精神,勇气倍增。七十三师政治部主任张琴秋同志,沿途开展政治宣传工作认真积极,相当活跃。

我军翻越秦岭后,进入关中平原。杨虎城见红军飘忽而至,逼近西安,赶忙调孙蔚如十七师在王曲、子午镇一带阻击。尾追我们的敌第一、六十五、四十四、五十一、三十五等师,也扑向关中;敌第二、四十二两师,沿陇海线西进,企图对我合围。

前有敌阻,后有敌追。我军首先向临近的堵截之敌开刀,在西安以南约四十里处的王曲镇打了一仗,歼敌四个营。接着,子午镇一战,又击溃陕军一部。战斗中,十一师政委李先念负了伤。我说:你先跟部队走吧,后面我来指挥。那时,我们的担架剩得极少,负伤的同志大都是步行;重伤号走不动,尽量用担架、马匹带走,实在带不了的,才给几块光洋,留在老百姓家里。有些同志养好了伤,又去找部队。

再往西走,抵户县以南的彷徨镇。部队分两个梯队前进,张国焘带第一梯队的十一师、七十三师先行,我和陈昌浩带第二梯队的十师、十二师殿后。我们还在彷徨镇附近休息,敌人又来了。我起床一看,哟!南山上的敌人已经摆开散兵线,向我驻地扑来,东面、北面也有敌军逼近,情况很危急。不管三七二十一,紧急集合队伍,组织反突击。激战数小时,歼敌胡宗南师一部及陕军警备旅数千人,方转危为安。前行的我第一梯队闻讯返回接应,战斗已近结束。红十师代师长曹光南不幸牺牲。

这时,我们收到了中央十一月七日的来电。电文指出:

（一）虽然在临城战役中（按:原文如此),红军获得伟大的胜利,击溃敌人九师主力,坚强了自己。但是由于对于国民党崩溃过分估计及由此而产生的对四次"围剿"严重性的估计不足,使我们不得不离开原有的根据地,这是很大的损失。（二)现在的任务是要红四方面军在鄂、豫、陕边建立新的根据地,发动当地的群众的革命斗争,给红军主力以整理补充,并尽量扩大红军,以准备向敌人反攻。继续向西入陕与长期行动是不适当的。（三)迅速与红第二军团取得联系与行动的呼应。特别是在向敌人反攻准备时期,这有极重要的意义。（四)帮助领导鄂豫边区,恢复鄂豫边苏区,发动在这些区域中的游击战争,最高限度的发展土地革命的斗争,这是创造与巩固鄂豫边苏区的不可分离的步骤。（五)红军主力整理休息补充之后,应取向回发展的方向,造成时时威胁襄樊及武汉形势,所以与鄂豫皖苏区取得密切的联系,是十分必要的。

教条主义的中央领导人,远在江西根据地,他们提出的上述任务和要求,远远脱离我军转战的实际,是行不通的。

再越秦岭　南渡汉水

关中之行,我军歼敌一部,调动了敌人,于是趁机再越秦岭,南下汉中。

十一月底,部队从周至县南马召镇附近出发,又进入苍莽崇峻的万山丛中。深山里面,气候严寒,大雪纷飞,粮米匮乏,逼着我们不顾疲劳,催军急进。部队发扬坚韧不拔的精神,经九日行军,一连越过九座海拔二千至三千米的高山,通过老君岭、厚畛子、佛坪、都督河、黄柏源等地,于十二月七日进抵秦岭南麓的小河口。

我在小河口略事休息,就带上先头部队到前面去了。因为下一步部队要出山口,需弄清前面的敌情,也要防备敌人的突袭。那时情报工作跟不上,了解敌情主要靠找老百姓打听,再就是捉俘虏审问。

小河口会议我没参加,一些情况是后来才听说的。

张国焘自到鄂豫皖革命根据地后,实行家长制领导,推行王明路线,搞"左"的一套,许多同志早就有意见。特别是反第四次"围剿"失败后,部队跳到外线,被迫无止境地长途转移,有些同志想不通;张国焘也没有召开干部会议,统一思想认识,明确行动部署,因而更引起了大家的不满。其实,大家的意见有道理,你转来转去,总要开开动员会,至少要在高级干部中讨论讨论。我们打一仗,事先还要向部队作动员嘛!在小河口,曾中生、旷继勋、余笃三、张琴秋、朱光等同志酝酿,要派人去党中央揭发张国焘的错误,请中央采取措施加以纠正。张琴秋和陈昌浩同在莫斯科学习过,她去做陈昌浩的工作,想争取陈的同情和支持。陈昌浩当然不会赞同,就报告了张国焘。张国焘为缓和下面的不满情绪,立即召开师以上干部会议,听取意见。会上,曾中生等同志对他提出了不少意见和批评。话说得比较尖锐,但仍是同志式的态度,并建议恢复军委会,集体讨论和决定重大问题。会议取得的具体结果是组成了前敌委员会,委任曾中生为鄂豫皖军分会参谋长,张琴秋为方面军政治部主任,但同时也使张国焘对那些反对他的同志怀恨在心。川陕革命根据地建立后,张国焘便借口"肃反",陆续将曾中生、余笃三、旷继勋等人逮捕或杀害,张琴秋也被降职使用。

西北军赵寿山的两个团布于秦岭出口处许家庙、升仙村,堵截我军。我先头部队发起猛攻,打垮了这两个团,全军于十二月十一日进入汉中平原的城固地区。因那带回旋余地小,不好搞根据地,我们决定南渡汉水,去大巴山北麓的西乡、镇巴一带立脚。汉中地下党曾来人接头,我们送了些武器给他们搞游击队。

渡汉水,要抢时间,选在当夜。船只极少,我军大部需徒涉。我们派人去看地形,回来说:水太深,过不去。于是,我和陈昌浩带侦察人员骑马到江边,又进行勘察。因是枯水季节,水势并不大,至多齐胸深,我们骑着马就过了江。选好地点,我军星夜渡河。除伤病员和妇女由船只、马匹运渡外,其余上至总部领导人,下至勤杂人员,一律徒涉。来到江边,指战员纷纷跳入水中,奔向对岸,直至上元观地区。在那里我清点了人数,全军共一万四千四百人。其中,仅有十来个女同志,包括张琴秋、曾广澜、林月琴、汪荣华、何福祥、刘伯新、王泽南等。她们从鄂豫皖一直随部队转战,很不容易!

部队南渡汉水,向镇巴、西乡转移,是极为重要的一着。从此,摆脱了遭敌追堵的被动局面,取得了主动权。汉中地区,仅汉水两岸有西北军十七师一部驻守,兵力不多;我军渡过汉水后,杨虎城鞭长莫及,无力再追堵我们,只能令部队远远地打打炮,做做样子。敌胡宗南第一师被甩在关中,尚未赶来;四十四、六十五师则奉令调去安康地区,对付转到鄂陕川边境的红三军。这样,经过两个多月艰苦转战的我军,终于使敌人的"此股残匪""不死于炮火,即死于冻饿"的梦想彻底破灭,迎来了胜利的曙光。(见附图六)

风雪大巴山

我军进驻西乡以南的钟家沟地区,已是十二月中旬。本想在这带建立根据地,可是这里已经给土匪糟蹋得不成样子,加上连年干旱歉收,粮食极缺,群众又少,大部队无法久驻。怎么办? 还得另找出路。这时,我们从敌人报纸上得知,四川军阀正在成都一带混战,有隙可乘,于是决定进军川北。

进军川北建立根据地的方针,在钟家沟召开的团以上干部会议上,进行了认真讨论。我们分析了在这带不便久驻和决定入川的原因,向干部说明,进军川北是最好的出路。四川号称"天府之国",物产丰富,地势险要,混战的军阀又自顾不暇,不论从供应条件、地形条件或敌情条件来看,以川北为中心建立根据地,要比镇巴、西乡一带更为有利。这次会议,开得很好,达到了统一意志的目的,对部队鼓舞很大。

进军川北的主要障碍是横在我军面前的"巴山天险"。大巴山脉,雄峙于川陕交界处,气势磅礴,横断两省通道。我们向群众调查,得知从钟家沟经天池寺、核桃树翻过巴山,抵两河口,是条入川的捷径,但路隘山险,人迹罕至,极难通行;过了两河口,便可直下通江、南江、巴中,那里是军阀田颂尧的地盘,兵力空虚。为争取时间,出敌不意,进据川北,我们决定,以这条"鸟道"作为进军路线。

严冬时节,大雪封山,御寒衣物又极缺乏,使我军面临新的严重考验。据老乡们说,翻越大巴山,上七十,中七十,下七十,合共要走二百一十里的路程。尤其是山顶上的七十里路，风雪弥漫，最为难走。这个时候，深入思想动员，树立部队战胜困难的信心，固然十分重要，但物资准备工作也不容轻视。我们要求每个指战员要打两至三双草鞋；带足三天的炒米和铺路、取暖用的稻草；马匹集中，供伤病员使用；多花点钱，尽可能向周围群众购买些衣被，等等。准备工作就绪后，我到七十三师二一七团做了检查和动员，他们是先遣队，担负为全军开路的光荣任务。看到那些面黄肌瘦的指战员们乐呵呵的，仍然保持着旺盛的斗志，充满压倒一切困难的必胜信念，使我坚信：巴山天险一定会被我军征服！

大队人马于十二月十九日开拔，向川北进军。我随十二师行动。这座大山的确不易攀登，山路崎岖，泥滑难行。越往上爬越寒冷、越陡险，有些人马掉进坑里就完啦。开路的部队损失较大，牺牲了一些同志。我们在山顶上住了一宿，找些树枝，点起篝火，取暖御寒。翻过巴山，第二天晚上到达瓦石铺，几十个人住在破草棚子里睡觉。瓦石铺是通江县属的一个小山镇，百多户人家，净住些木架竹筋的房屋，外面糊一层泥巴，屋内又暗又潮。半夜里，街上忽然起了火，我们都起来救火，折腾了半夜才扑灭，但已烧掉了半条街。老百姓从来没见过如此好的队伍，帮助他们救火、救人、救财物，纷纷跷起大拇指赞扬红军。

全军越过大巴山后，兵分三路，迅即进通江，克南江，据巴中。从此，开始了创建川陕根据地的新时期。抗日战争期间，我在延安时，陈云同志和康生找我谈过一次话，主要就是谈红四方面军去四川的问题。他们说，你们那时候是有计划地到四川的吗？我说，谁想到四川哟，哪里晓得四川是个什么样子噢！我们是一路走，一路看，最后才到四川的。我就把部队撤出鄂豫皖到四川的经过情形，说了一遍，整整谈了一天。

总之，从我军被迫撤离鄂豫皖到川北立脚，历时两个多月，转战三千里，终于以我们的胜利和敌人的失败而告终。我军在没有根据地作依托的条件下，流动作战，屡履险境，但始终拖不垮，打不烂，战胜了敌人的围追堵截，保存了有生力量。先后共歼敌近万人，自己仍有一万四千多人，占撤出鄂豫皖时总兵力的四分之三。毛泽东同志说过："一切军事行动的指导原则，都根据于一个基本的原则，就是：尽可能地保存自己的力量，消灭敌人的力量。"又说："保存自己消灭敌人这个战争的目的，就是战争的本质，就是一切战争行动的根据,从技术行动起,到战略行动止,都是贯彻这个本质的。战争目的,是战争的基本原则,一切技术的、战术的、战役的、战略的原理原则,一点也离不开它。"(《毛泽东选集》第三七五页、第四五〇页)因此,保存自己、消灭敌人这个战争的目的,战争的本质,战争的基本原则,也就是衡量红四方面军西征转战成败与否的主要依据。我们的有生力量是人,是红军队伍。红四方面军经过那样艰难困苦的战略转战而消灭了敌人,保存了自己,应当说,是党和红军的一个伟大胜利。

红四方面军的战斗作风

作风就是战斗力。一个革命政党,要有好的党风,才能团结群众,实现自己的纲领、路线。同样的,一支革命军队,也必须具有好的战斗作风,才能执行革命的政治任务,保存自己,消灭敌人。

红四方面军的战斗作风,是在党的领导下从长期战争实践中锻炼出来的。战斗作风好,打仗过得硬,是这支军队的特点和优点之一,也是它能压倒一切敌人和困难而不被敌人和困难所屈服的重要原因之一。

我想把红四方面军的战斗作风概括为五个字:狠,硬,快,猛,活。

首先是"狠"。

这个"狠"字,是首要的、根本性的东西,贯穿于红四方面军的全部战斗活动中。不论打小仗或打大仗,游击战或运动战,进攻或防御,正面突击或迂回包围,分散袭敌、扰敌或集中主力歼敌,内线转战或外线出击,一言以蔽之,部队从上到下,自始至终,都有一股狠劲:有敌无我,有我无敌,不消灭敌人,决不甘休。

那时,部队作战一不为钱,二不为官,一心一意要消灭敌人。指战员不是怕打仗而是盼打仗,巴不得天天有仗打,天天捉俘虏、缴武器弹药。如果一两个月不和敌人交锋,下面急得像开锅似的,意见一大堆,领导上要做许多思想工作。相反,战斗任务一下达,几乎用不着费唇舌,下面就忙活起来,人人生龙活虎,个个摩拳擦掌,把枪支、子弹、草鞋、干粮袋弄得好好的,随时准备投入战斗。

　　谁都知道,战争不是儿戏,而是敌我双方的生死搏斗。打仗,不仅要吃大苦,耐大劳,而且要流血,要死人。战役战斗的准备和进展过程中,连续行军,连续作战,顶酷暑,冒严寒,喝不上水,吃不上饭,几天几夜睡不上觉,是家常便饭。每个战役战斗的胜利,我们都要付出血的代价——少则几十人、多则几百人甚至上千人的伤亡。然而,部队硬是一不怕苦,二不怕死。为了彻底消灭敌人,解放受苦受难的工农大众,什么饥寒呀,苦累呀,危险呀,伤病呀,流血牺牲呀,通通不在话下。"怕死不革命,革命不怕死!""不消灭敌人,不是英勇的红四方面军!"是广大指战员的响亮战斗口号。只要枪声一响,指挥员把驳壳枪一举,喊声:"同志们,跟我来!"战士们就奋不顾身,前仆后继,扑向敌人,直至将敌人摧垮和消灭。大家把在战场上的英勇牺牲叫作"革命到底",认为这是一个红军指战员的神圣归宿,因而也是最大的光荣。

　　部队有了这么股狠劲,从而形成了近战歼敌的优良传统。当时,敌众我寡,敌优我劣,敌强我弱。不仅战略上如此,且战役战斗中也往往如此。每次敌人"会剿"、"围剿"的兵力,均数倍、十数倍于我。敌人有飞机、大炮、自动火器和充足的弹药,我们没有。我们只有步枪、撇把子、大刀和马尾手榴弹;从敌人手里缴来些迫击炮和轻重机枪,但缺乏弹药,坏了又无法修理。在这种条件下,我军靠什么去战胜敌人呢? 主要就是靠士气,靠勇敢,靠有股非消灭敌人不可的狠劲,靠短兵相接,刺刀见红,手榴弹开花。这就是近战。或攻或防,或迂回或突击,不接近敌人不打,五百米不打,三百米不打,二百米不打,单等几十米以内再打。一锤子下去,敌人倒下一大片,惊慌失措,锐气顿挫。这样,才能有效发挥我军的优势,灭杀敌人的优势,迅速克敌制胜。红四方面军历次战役战斗的胜利,充分证明了近战手段的强大威力。我们的火力火器不行,远远落后于敌人,如果又不实行近战歼敌,所谓消灭敌人,保存自己,争取胜利,便是空谈。而要近战歼敌,杀出部队的威风来,关键在于一个"狠"字。两军对垒,势不两立,你死我活,必须"狠"字当头,力争多多消灭敌人。消灭敌人,是保存自己的最基本的手段。"宋襄之仁"和"菩萨心肠"乃自取灭亡之道,为我军所鄙弃。只有对于放下武器的敌人,我们才施以"仁政",宽大处理。

　　狠的战斗作风,建立在红军指战员高度阶级觉悟的基础之上。没有对人民的无限热爱和对敌人的无比憎恨,没有远大的革命理想和视死如归的牺牲精神,打仗是狠不起来的。在这里,经常的政治教育和阶级教育起着主导作用,它是培养这种战斗作风的基础一环。

第二是"硬"。

部队作战,不但要狠,而且要硬。程咬金的三斧头,狠是狠,但砍完就"撒气马"。没有后劲,过不得硬,是不行的。尤其在战役战斗的严重、惨烈、危急时刻,部队一定要有"泰山崩于前而色不变"的气概,真正拿得出,挺得住,过得硬。这股硬劲,有时能起到反败为胜,化险为夷,扭转整个战局的重大作用。红四方面军历经许多艰险危难的严峻考验,树立了过硬的战斗作风。

我们的胜利,确确实实来之不易。一部红四方面军成长壮大的历史,就是不断同敌人打硬仗、恶仗,以弱胜强,以少胜多的历史。那个时候,我们叫作"硬着头皮打"、"坚持最后五分钟"。

事实证明,我军在敌强我弱的条件下作战,虽然主要采取"避强击弱"的作战方针,但打的却多是硬仗、恶仗,轻而易举取胜的战例是不大多见的。这是因为:(一)根据地范围有限,又处在敌人的重重包围之中。敌人的"会剿"、"围剿",一次比一次规模大,时间久;投入的精锐部队,也一次比一次众多。红军回旋余地不大,要想完全避免同强敌、众敌作战,几乎是不可能的。(二)敌我力量的悬殊,使红军的劣势地位短期之内无法改变,因而即使是敌人的弱军(与其强军相对而言)同我们作战,也往往有恃无恐,其嚣张气焰和拼死决斗的程度,相当可观。国民党正规军如此,杂牌军如此,反动民团也如此。同我作战的敌军,几乎没有成建制倒戈的事件发生;我拔掉某些根据地边缘地带的反动民团寨子,也不容易,原因就在这里。(三)虽然各路敌军"围剿"根据地时,互存戒心,各保实力,给我以可乘之隙,但在对付红军这一点上,他们毕竟有共同的利害关系。我拣某一点或某一路弱敌去打,有时会遇到他路敌人迅速来援的情况。我军必须连续作战,进而打破援敌的包围和夹击。"围点打援"时,援敌来势凶猛,人数众多,要吞掉他们,更是需要花费力气的事。(四)特别在我军反"围剿"失利被迫转战的情况下,敌人疯狂围追堵截,有些敌我力量悬殊的艰险战斗,避也避不开,非打不可。所以说,我们那时打的许多仗,的确是硬着头皮干的。形势所迫,斗争需要,不这样干怎么行呢!如果部队只想拣省劲的仗打,一见到硬敌、众敌就望而生畏,远走高飞,不敢抓住战机,尽一切可能去夺取胜利,那就势必走向消极避战和逃跑主义,要打破"围剿"和壮大红军是不可能的,想巩固和扩大根据地当然也是不可能的。

每个战役战斗,无不都是敌我双方的拼力竞赛。谁胜谁负,除了主观指导正确与否、战术运用恰当与否等条件外,部队能不能在节骨眼上过得硬,熬得住,具有特别重要的意义。

我们在敌众我寡或敌我力量大体均衡的条件下进行战役战斗,经常遇到这样的情形:关系双方主动地位的一个口子的突破,一个制高点的夺取,一个防御阵地的固守,要经过反复多次的、剧烈而残酷的冲杀和拼搏。这是叫劲的时刻。谁能咬紧牙关,压倒对方,谁就会取得先机之利,推动战局向有利于自己的方向发展。另一种情形是,由于战场形势千变万化、敌我力量悬殊或我方出现某种失误等原因,部队突然面临攸关生死存亡的危急关头。例如,黄安战役"围点打援"时,我嶂山阵地被援敌突进,已经危及方面军总指挥部的安全,使战局面临逆转的极大危险;漫川关战斗中,我军遭敌重兵包围在深山峡谷地带,险遭全军覆灭的命运。在这种千钧一发的危急时刻,部队顶得住,冲得出,结果转危为安,否则,将不堪设想。再一种情形则是敌我双方旗鼓相当,鏖战到精疲力尽的地步,看来几乎已无战胜对方的希望。然而,这也正是需要"坚持最后五分钟"的时刻。坚持下来的就容易取胜,反之则功亏一篑,甚至招致完全失败的结局。我们当时强调部队在鏖战的最后关头,一定要有"坚持最后五分钟"的毅力,以便把敌人熬垮,趁势歼灭之。假如失去了这种机会,等他们缓过劲来再同我们打,你想消灭他,谈何容易!这些情形说明,过硬的战斗作风,对于我军来说,并非可有可无,而是绝不可少的。

培养部队的过硬作风,关键在干部。我常说,只有不能打仗的官,没有不能打仗的兵。兵是干部带出来的,有什么样的干部,就会有什么样的兵。假如干部惯于打滑头仗,他能带出部队的过硬作风来,才是见鬼的事呢!

我刚到鄂豫边区带兵打仗时,敌人的机枪嘟嘟嘟嘟一响,不少新兵赶紧趴在地上,动都不敢动。我不管三七二十一,照样站在那里指挥战斗,子弹嗖嗖从身边穿过,不予理睬。搞上几次,部队就不怕机枪了。杨平口战斗,是鄂豫皖红军第一次打大仗——红一师的千把人伏击川军的一个团。能不能把敌人吃掉,是个未知数,大家没有把握。战斗打响后,我和师政委李荣桂、参谋长刘英,提着驳壳枪带头冲锋,哪里吃紧到哪里去。这一仗,将敌人全歼,对指战员鼓舞甚大。再打类似的歼灭战,部队就有了信心和办法。红一军、红四军时期,像许继慎、周维炯、蔡申熙、刘英等同志,都是敢于和善于打硬仗的干部,对形成部队的过硬作风,起了重大作用。

当然,不顾需要与可能、不讲战术的死打硬拼,是主观主义、盲动主义、拼命主义在战争问题上的表现,必须给以坚决反对。

第三是"快"。

"兵贵神速"。时间就是力量,就是胜利,就是军队的生命。古今中外的军事家,无不重视时间对于军队和战争的意义。以运动战为主要作战形式的我军,更是这样。我们在战争实践中练就了"走"和"打"的两套本领,凭着它去消灭敌人,保存自己,巩固和扩大革命根据地。这两套本领的施展,都离不开一个"快"字。

毛泽东同志在总结红军的作战经验时,曾对运动战作过通俗的解释:打得赢就打,打不赢就走。一条是打,一条是走。走的目的,是为了争取时间,做打的文章。

敌人的"会剿"、"围剿"来了,四面围攻,分进合击,张牙舞爪,凶得很。我们打不赢他们,首先就得走。忽东忽西,忽南忽北,同敌人"捉迷藏"。那时部队行装简单,人人有副铁脚板,地理条件熟悉,又有群众掩护。命令一下,干粮袋一背,一天一夜走上一二百里地,不成问题。敌人当然不如我们,走走停停,拖泥带水,所以尽管他们处于主动进攻地位,兵力、装备占绝对优势,但因丧失了时间,达不到围歼主力红军的目的,结果其主动和优势,便至少减杀了一半。我军赢得了时间,飘忽自如,拖着敌人转来转去,直到把他们拖到疲竭不堪的程度,进行反攻,聚而歼之。由此可见,红军的走,对打破敌人的优势和主动地位,改变自己的劣势和被动地位,关系是何等的重大。我们愈是走得主动,走得隐蔽,走得神速,便愈能达到避实击虚、避强击弱、歼敌制胜的目的。这类情形,明显见之于粉碎罗李、鄂豫、徐夏三次"会剿"和第一、二、三次反"围剿"中。反第四次"围剿"失利后,我军被迫长途转战,争取时间的意义尤为突出。前有敌堵,后有敌追,我们边打边走,边走边打,分秒必争,和敌人比速度,抢时间。敌人走大路,我们翻山越岭走小路,慢一点就有被敌人包围、消灭的危险。当时,我们真是拼上命去和敌人竞赛,所以才终于甩掉了敌人,取得在川北立脚建立根据地的时机。可以说,我军西征转战的胜利,一不靠天,二不靠地,靠的是一双行如疾风的飞毛腿、铁脚板。

我军的打,更离不开快的特长。

速战速决,是运动战的基本要求,也是红四方面军对敌作战中坚持的重要原则。从游击战阶段到运动战阶段,从小规模的战斗到大规模的战役,从内线防御到外线进攻,概莫能外。这是因为,持久对我们不利,各种条件不允许我们在战役战斗中和敌人长期对垒,持久消耗。对付敌人,我军一般是在周密计划、充分准备的基础上,集中兵力,出敌不意,突然进击,争取几个小时或一两天内干净利落地解决战斗。如杨平口战斗、东西香火岭战斗、双桥镇战斗、英山战斗等,皆是如此。大规模的进攻战役,如潢光战役,歼敌八个多团,仅用了五天时间,同样是速战速决。只有黄安战役、苏家埠战役费时最久,各四十余天。这两个战役,是在特定条件下"围点打援",故不同于一般的速决战。对点上的敌人,采取持久围困的办法,而对来援之敌,则抓紧时间,趁其立足未稳,速战速决,予以消灭。苏家埠战役消灭援敌两万余人,只用了一天的时间。"围点打援",是一种战役的局部持久同战役的全局速决相结合的打法,仍属速决战的范畴。

战役战斗的速决原则,要求我军每战必须果决神速,雷厉风行,以快制敌:集结兵力要快,开进战场要快,兵力展开要快,抢占有利地形要快,扫清外围据点要快,断敌退路要快,突破缺口要快,分割穿插要快,扩张战果要快,追歼逃敌要快。总之,尽一切可能保持战役战斗的突然性,从而夺取各个环节上的先机之利,达到迅速全歼敌人的目的。事实证明,这是我军以劣敌优、以寡击众的有效手段。从一定意义上说,时间也就是兵力。几十分钟或几个小时的争取,有时比几营几团的兵力都顶用;反之,几十分钟或几个小时的丧失,用几营几团的兵力也无法补救。商潢战役中,我军获悉大量援敌出动的情报后,当机立断,连夜冒雪急行军,抵豆腐店地区筑好工事,严阵以待。我们兵力虽少,但争取了几个小时的准备时间,因而取得了打援的主动地位(战场选择、兵力部署、构筑阵地、精神准备等),一举将数万敌军打得溃不成军。枣阳新集之战,我军丧失了几小时的时间,乌头观制高点被敌抢占,我们付出了相当大的代价,亦未能扭转被动的战局,最后不得不突围而走。战争中的得失、胜负,取决于军队行动快慢的事例,是屡见不鲜的。

夜战是红四方面军歼敌制胜的重要法宝之一。为什么要搞夜战?就是为了以快制敌,速战速决。夜间敌人龟缩于驻地,耳目不灵,便于我集中兵力,神速运动,秘密接近敌人;夜间敌人往往疏于戒备,高枕而眠,便于我出敌不意,奇袭突破;夜间敌人视野有限,优势火器火力难以发扬,便于我发挥近战特长,迅速解决战斗;夜间敌人不易弄清红军的兵力,枪声一响,草木皆兵,也便于我收以少胜多之效。红四方面军打的不少快速歼敌的胜仗,都是靠采取夜战手段奏效的。我们进行夜战,一般说来,多是远距离的奔袭、奇袭,上半夜急行军,下半夜发起攻击。行动神速,正是保证夜袭成功的前提条件。

战时的快速作风,靠严格要求,点滴抓起,平素养成。我们主要是通过日常生活、训练、行军宿营、执行命令、完成任务等活动,树立指战员坚强的时间观念和令行禁止的紧张作风,反对稀稀拉拉,慢慢腾腾,马马虎虎,军队不像个军队的样子。习惯成自然。部队平时养成了快的作风,战时就能发挥作用。

第四是"猛"。

进若锋矢、战若雷霆的勇猛作风,也是红四方面军的作战特点之一。

部队的勇猛作风,首先是一种震慑敌人的强大精神力量。战争不仅是敌我双方物质力量的较量,同时又是精神力量的较量。物质的因素固然重要,固然必不可少,而精神的因素在一定意义上来说,却更重要,更必不可少。"两军相遇勇者胜"。战争实践告诉我们,这是真理。一支军心涣散、萎靡不振、缺乏战斗勇气的军队,装备再好,人数再多,也不堪一击。我军当时装备差,人数少,然而却迭摧强敌,屡战屡胜,道理就在于红军指战员是大无畏的勇者,上下一心,同仇敌忾,视死如归,首先从精神上压倒了敌人。部队打起仗来,眼睛都红了,人人奋勇,个个争先,高喊着"杀"声,猛虎般地扑向敌人。前面的同志倒下去,后面的同志继续上;一次冲锋不成功,两次、三次、四次……敌人往往被这种先声夺人的勇猛气势吓破胆,仓皇无主,不战自乱,以致完全失去抵抗的勇气和能力。有时,我们一个战士、一个班、一个排,能俘获数倍于己的敌人,缴获一大堆武器弹药,原因就在这里。

部队的勇猛作风,又是战役战斗中的一种强大突击力、摧毁力。进攻时猛打猛冲,排山倒海;防御时以十当百,众志成城;迂回分割时猛进猛插,宛如行蛇利刃;追歼逃敌时猛打猛追,摧枯拉朽一般。那时,一口气追下去,就是三五十里,有的跑得吐了血。孙子兵法里所谓"若决积水于千仞之溪者","如转圆石于千仞之山者",就是指的这种力量。懂得这种力量的重要性并不难,做起来却不容易。突破口选择不当,碰到根本就啃不动的"硬核桃"上,勇猛只能增大自己的伤亡;兵力分散,形不成拳头,勇猛便无从发挥其有效的突击、摧毁性作用;疲兵屡战,部队的精力、体力消耗过大,勇猛则"心有余而力不足";没有围住敌人便仓促发起攻击,勇猛自然难收速决战、歼灭战之效。所以,要使部队的勇猛作风在战争中真正发挥其有效力量,归根结蒂,有赖于各级指挥员的正确组织,正确运用,正确指挥。部队越是勇猛善战,指挥员越应慎重从事,把它确实用到点子上去,以避免无谓的牺牲和消耗。

形成部队的勇猛作风,首先靠强有力的政治教育和政治工作。要使部队具有明确的斗争目标和胜利信心,保持高昂的士气,发扬革命英雄主义精神,一往无前,打击敌人。其次是干部和党员起模范带头作用。那时一仗打下来,基层干部和党员的伤亡比例占的相当大,因为他们冲锋在前,退却在后。新兵初上战场,难免有怯战心理,但有了干部和党员的带动,打上几仗,会很快成长,变成勇猛无敌的战士。再次,部队的及时休整也极为重要。须充分利用战役战斗的间隙时间,休整队伍,恢复体力,养精蓄锐,以利再战。第四次反"围剿"前,我军几个月内连续作战,疲惫已极,但张国焘无视休整部队的必要性,坚持所谓"不停顿的进攻",是很不应该的。又叫马儿跑,又要马儿不吃草,办不到。

第五是"活"。

活,即灵活机动性。它是指战员的主动性、积极性和聪明才智在战争中的充分发挥,是人的主观能力适应战场条件及其变化的表现,因而也是消灭敌人、保存自己的重要一环。红四方面军的狠、硬、快、猛,是同灵活机动的战斗作风紧密联系在一起的。

我军的灵活机动性,主要表现为:充分利用客观形势的有利因素及各路敌军之间的矛盾,避实击虚,避强击弱,出敌不意,各个击破;兵力使用从实际出发,或集中击敌,或分散扰敌,兵力集中时注意发挥各部队的优势和特长,分散作战时不忘全局的任务和要求;根据不同的作战阶段、作战对象、作战条件,去规定任务,部署兵力,灵活运用战术,变换战术,机动歼敌,不拘泥于机械死板的条条和框框;充分发挥各级指挥员和士兵在战场上的主观能动作用,灵活机动,协同配合,巧妙制敌;等等。

这些东西的形成,并非偶然。

我们的部队,是打游击起家的。灵活机动作战的特点,早在游击战争阶段,即已产生和具备。当时提出的"集中作战,分散游击"、"敌情不明,不与作战"、"敌进我退,敌退我进"、"对敌采取跑圈的形式"等战术原则,就明显反映了这一点。游击队经常分散作战,因时因地制宜,用各种方法去迷惑、诱击和袭扰敌人,掌握了一套声东击西、飘忽制敌、会打会跑会藏的本领。特务队更是神通广大,经常钻到白色据点里把土豪劣绅收拾掉,带上没收的钱财、武器,平平安安地转回来。部队后来扩展了,仗打得更多更大了,发展到以运动战为主要作战形式的阶段。然而,这并不意味着排斥和否定过去灵活作战的特点,只不过是在新的条件下使之更加充实、完备,以适应更高的作战要求罢了。部队的领导骨干,也不外乎是那批经过游击战争锻炼的老同志。他们带出来的干部和战士,继承和发展灵活机动的战斗作风,是顺理成章的事,一点也不奇怪。

古往今来,不论进行何种战争,交战双方都要求各自的军队灵活作战,机动制敌。如果参战的一方死滞呆板,作茧自缚,则势必陷于被动挨打的地位,下文就是失败。灵活机动的必要性,不但是由交战双方为取得胜利,均想方设法采取各种手段去力争主动、力避被动所致,同时也为千变万化、扑朔迷离的战场形势所使然。我军以弱敌强,打的是运动战、速决战、歼灭战。我们进行每个战役战斗,拼火力拼不过敌人,耗时间、耗物资也耗不过敌人。要争取主动和优势地位,达到速决歼敌的目的,除了情报准确、决心果断、计划周密、士气高昂、运动神速、近战夜战、群众支援等条件外,最重要的便是如何根据战场的实际情况,充分发挥指战员的主观能动作用,因时因地因敌而灵活机动作战的问题。因而,灵活机动性,既是战争规律的一般要求,又是我军劣势地位的特别需要。离开了它,部队便无法发展壮大,担负起胜利进行革命战争的伟大斗争任务。

我们的军队,是区别于一切旧式军队的新型人民军队。战争中的高度灵活机动性,又是人民军队的本质所规定的。毛泽东同志说:"灵活性是什么呢? 就是具体地实现主动性于作战中的东西。"(《毛泽东选集》第四六一页)这种表现人的主动性的东西,只有在人民军队进行的革命战争中,才能得到最大限度的集中和发挥。战争的正义性,人民军队的性质和宗旨,广大指战员为人民利益而战的革命热忱,政治工作的强大威力,官兵之间的平等关系,各部队之间的密切配合,建立在自觉基础上的革命纪律,等等因素,为充分调动人的主动性、积极性和聪明才智,形成我军灵活机动的战斗作风,提供了坚实的基础和条件。因而,高度的灵活机动性,也是人民军队必然具有的一个重要特征。一切反动的军队都望尘莫及,难以匹比。

红四方面军在这段历史时期形成的战斗作风,大体就是如此。这些东西,不是哪一个人的发明创造,而是鄂豫皖革命根据地群众斗争实践的产物,是广大军民用鲜血和生命凝成的宝贵结晶。历史证明,红四方面军的战斗作风,不仅对完成当时的建军和作战任务,起到了有效的作用,而且在后来的战争岁月里进一步发扬光大,对争取中国革命战争的胜利,也发挥了积极的影响。

第 八 章

创建川陕革命根据地

进 据 通 南 巴

川北的通江、南江、巴中地区,背靠巴山南麓,俯视川东盆地,物产丰富,地势险要,易守而难攻。四川军阀田颂尧盘踞多年,是他赖以同各路军阀角逐争雄的要地。

一九三二年十二月下旬,我红四方面军翻越大巴山后,田颂尧正出动三十个团的主力,参加成都的军阀混战,站在刘湘一边,同刘文辉部打得鸡飞狗跳,难解难分。趁敌人后方空虚,我们于苦草坝决定兵分三路,迅速实施战略展开,夺取通南巴。以七十三师为右翼,西出进击南江;十师为左翼,东出进击洪口;方面军总部率十一、十二两师居中,直下通江,进取巴中。苦草坝为战略后方,西北军委机关、后勤部门和医院、伤病员等,暂留在那里。这是我军西行转战以来第一次分兵作战。我们要求各师神速运动,机断专行,加强联络,一定要打好入川的第一仗,在大巴山下取得立脚点,创造新局面。

"蜀道之难,难于上青天。"我们行进在川北的深山密林峡谷中,方知我国大诗人李白在《蜀道难》里,长歌咏叹,感慨系之,确有因由。大小通江河两岸,悬崖壁立,怪石嶙峋,狰狰然似欲搏人;水流湍急,鸟道崎岖,真有"一夫当关,万夫莫开"的气势。虽是严冬季节,但阳光和煦,满山青绿,一派生机,与风雪交加、举目荒凉的秦岭山区相比,迥若两重天地。目睹这里的山势、地形、自然条件,竟使我们这些长年累月同山林打交道的人,也耳目一新,惊叹不已。指战员们高兴地说:"川北真是好地方,这下我们可找到落脚点了。"

十二月二十五日,我十二师先头部队出敌不意,首先攻占通江县城。守敌一个营及当地团防,大部被歼,仅小部逃窜。我军乘胜向前发展,控制了通江的大部地区。方面军总部和军委机关,随即进驻通江。

通江县城不大,约千余户人家。三面临山,一面傍水,四周环有相当坚固的城墙。主街道两旁有些店铺,经营日用百杂、山货土产、饭菜小吃之类。白木耳甚多,一块光洋能买一大堆。部队不知道那是高级营养品,买回来成锅煮,当稀饭吃。而盐巴、布匹、医药,则极为短缺。民房一般为木质结构,大都年久失修,破旧不堪。最令人瞩目的建筑,要算一座宽敞的孔庙和一座坚固的天主教堂了。方面军总部和西北军委机关,临时设在这两座建筑里。城里有个小小的公园,站在园内小山包上,全城的轮廓,便尽收眼底。

四川军阀连年混战,割地自肥,向来不顾人民死活。所以,尽管川北的自然条件利于男耕女织,自给自足,但群众生活却苦不堪言,简直贫困到令人吃惊的地步。不论县城或乡村,我们见到的多是些"打精巴子"的男女老少,衣不蔽体,面黄肌瘦,佝偻着身子,缩成一团。十七八岁的大姑娘,没有裤子穿,围着块棕片遮身。名目繁多的苛捐杂税,压得人们简直透不过气来。据老乡们说,仅田赋税一项,田颂尧早已预征到三十年以后去了。山坡平坝的大片良田,被勒令种植鸦片,供大小军阀、官吏吸食和贩卖。"十室之邑,必有烟馆;三人行,必有瘾者。"一座千余户人口的通江县城,竟有上百户人家以开大烟馆为业,瘾君子之多,可想而知。有些青少年甚至也染有抽鸦片的恶习,弄得骨瘦如柴,不成个人样子。土匪(当地人叫"棒老二")猖獗,啸聚山林,经常打家劫舍,绑票杀人。号称"天府之国"的四川,在军阀地主统治下,成了兵匪为患、烟毒遍地、民不聊生的人间地狱。

哪里有压迫,哪里就有反抗。群众实在活不下去,便奋起造反。早在一九二八年,由李家俊、王维舟领导的川东农民起义,就震动了川北。一九二九年,旷继勋领导了蓬溪兵变。我军入川前夜,阆中、南部一带,又爆发了地下党领导的两万多农民的起义。川北人民的抗捐抗税运动,此伏彼起。一九三二年下半年,南江农民为反对"预征烟款",潮涌般地结队去县城请愿示威,持续两个多月,终于迫使反动政府宣布"延期征收"。通江也发生了大规模的抗捐斗争。无数贫苦农民,手持矛刀、扁担、棍棒,进城大闹公堂,搜捕团总、保长、提款委员,张贴"官逼民反"的标语传单;被反动政府拘捕的闹事"要犯",塞满监狱,直至我军解放通江,才予全部释放。巴中县的大批饥民,也纷纷起来"吃大户",成群结队,到财主家闹粮食吃。川北农民同军阀地主的矛盾,已经尖锐到冰炭不容、一触即发的阶段。

红军首次进入通江,石破天惊,在这座偏僻山城激起了巨大反响。经过两个多月艰苦转战的我军,虽衣着破烂,疲惫不堪,亟待补给,但态度和蔼,买卖公平,秋毫无犯,军纪严明。先头部队入城,怕惊扰百姓,晚上都露宿在街道两旁的屋檐下面。屡遭军阀部队蹂躏的川北群众,从未见过这样好的队伍。一传十、十传百,纷纷聚拢到街头路边,打着小旗子,端茶送水,欢迎我军。红四方面军有个好传统:部队走到哪里,宣传到哪里。满街满墙,都是我军张贴的传单和涂写的标语;街头巷尾,均有指战员宣传党的政策和红军宗旨,景象好不热闹! 红军的到来和指战员们的言行,成了群众"摆龙门阵"的中心话题。我军来自鄂豫皖,而许多操着浓重湖北口音的同志,则说成是来自"鄂尔款"。从此,"鄂尔款"一词便流传开来,成了四川老乡尊称红军的代名词。

方面军总部刚刚在通江扎下营盘,就获悉田颂尧已从嘉陵江沿岸调兵遣将,向我反扑。其第二路刘汉雄部进抵南江,第一路李炜如部及罗乃琼第三师进抵巴中,企图堵击我军,并反攻通江。原追击我军的胡宗南第一师、刘茂恩第六十五师,亦进抵大巴山北麓。胡宗南部向碑坝开进,刘茂恩部则从西乡向万源地区开进。

我们的决心不变,仍以控制通南巴,建立新的根据地为主要目标。为麻痹和分化敌人,我军致书各路军阀,说明红军入川,只是"借路",不拟久留,若以武力相加,必将遭到迎头痛击,云云。同时,令十师两个团东向竹峪关,阻击刘茂恩部;七十三师由小通江河西岸的平溪坝西出,迎战刘汉雄部;十一、十二师布于通江城西的山险要地鹦歌嘴,迎击李炜如、罗乃琼部。我去前线随十二师行动,陈昌浩去七十三师,张国焘和曾中生留在通江,发动群众,巩固后方。

一九三三年一月上旬,我率十二师及十一师一部,于鹦歌嘴与来犯之李、罗部激战,将敌击溃后,乘胜向前推进。我们没有四川军用地图,道路、地形都不熟悉,花了点钱,请老乡带路。没想到四川老乡不简单,还懂军事,帮了我们的大忙。我们追进到马家坪、杀牛坪一带时,敌人占据山垭口,猛烈阻击。山又高又陡,部队仰攻几次,攻不上去。老乡说,川军怕打屁股,得绕到山后去打。这招灵得很!我们派少部兵力迂回到山后一打,敌人当即乱了阵脚,在我前后夹击下,纷纷夺路逃命。这一仗,共歼敌一个多团。追至清江渡地区,又打退敌人七个团的反扑,毙伤敌千余。一九三三年一月下旬,我军进克巴中县城。巴中是川北的重镇,盛产高质量的大烟土,颇有点名气。城内有九井十八街,市面相当繁华、热闹,比通江县城要气派得多。

在南江方向,进展比较顺利。陈昌浩、王树声率七十三师于十月底进至大河口地区后,与刘汉雄部一个团遭遇,一举将其全歼。接着,土著武装任玮璋部起义。经关峪口、甄子垭等战斗,红军二月一日解放南江。在此期间,我十一师三十三团于通江以南溃敌一部后,占领了屏障通江的要点得胜山。东路的十师也击溃进抵竹峪关的敌六十五师。因四川军阀不让蒋介石的势力入川,该敌不久即奉命撤出万源,又退回巴山以北去了。

红四方面军入川仅一个月,即歼敌三个团,溃敌八个团,解放了通南巴三县城及周围的大部地区,初步实现了我们的战略预想。从此,以通南巴为中心的川陕革命根据地,开始形成。

回想起来,红四方面军转战到川北才能立脚,有多方面的原因。

首先是敌人营垒有矛盾,混战,不统一。当时,四川境内共有刘湘、刘文辉、邓锡侯、田颂尧、杨森、刘存厚、李家钰、罗泽州等数股军阀势力,各领"防地",独霸一方,连年混战,互争雄长,闹得不可开交。不仅四川军阀之间有矛盾,蒋介石同四川军阀之间也有矛盾。四川当时是"国中之国",川军的天下。各路军阀名义上接受蒋介石中央政府的统一委任和领导,实际上则以维持川人治川的军阀统治局面为本旨。他们生怕蒋介石"剿匪不分畛域",把触角伸进四川,吞并自己的军队和地盘。因而,在对付蒋介石上,四川军阀之间,又存在共同的利害关系,大家都有点不愿"开门揖盗"的味道。我们入川,利用了这两种矛盾。

红四方面军进据通南巴,选在田颂尧倾其主力参加"成都之战"的当口,可以说是恰到好处的一着棋。"螳螂捕蝉,黄雀在后。"田颂尧只顾在成都参加混战,没有防备这一点。这就便于我们迅速打开战局,立脚生根。当时,蒋介石的势力想不想进川呢?倒是想的。而四川军阀呢?怕请神容易送神难,硬是不要他们进来帮忙。所以,刘茂恩部进到万源,不久便退回去了;胡宗南部已从汉中进到川陕交界处,爬上了巴山的,但也吃了闭门羹,不得不悄然回兵。假定那时没有四川军阀混战的局面,我军入川,川军联合起来一致对付我们,我们的处境将会困难得多。假定那时四川军阀和蒋介石之间没有矛盾,同意蒋介石的嫡系部队入川"剿共",那么,蒋军由北而南,川军由南而北,两边一压,我军腹背受敌,首尾难顾,要想在大巴山下立脚,更是不可能的。

另一个原因是,我们有一支英勇善战的红军队伍。开创革命根据地,建立立脚点,离不开枪杆子。有了坚强的革命武装力量,才能歼敌制胜,打开战局,建树一切。毛泽东同志说:"建立武装部队是建立根据地的最基本一环,没有这个东西,或有了而无力量,一切问题都无从说起。"(《毛泽东选集》第四一四页)这是完全正确的。我军经过极其艰难的西征转战,仍保存了一万四千余人枪,子弹平均每枪十排左右,士气高昂,斗志旺盛,是最为可贵的。有了这么一支革命武装队伍,我们就能利用敌人营垒的矛盾,乘隙进击,建立立脚点。部队从翻越大巴山起,不畏严寒,不怕牺牲,神速运动,连续作战,一鼓作气打垮了敌人,拿下了通南巴。事实证明,红军在军事上的胜利,是创建根据地的主要条件之一。

再一个原因是,川北的地形条件、自然条件、群众条件非常好,是块天然的用兵、养兵之地。那里山川纵横,险峰交错,路隘林深,许多地方被原始森林覆盖着,树木又高又粗,一两个人合抱都抱不过来。我们用上少数兵力把山口子一堵,敌人就不易攻进来;大部队集结、隐蔽、穿插,敌人很难发现,便于我军发挥山地战、隘路战、运动战的特长,进行防御和反攻。土地肥沃,一年四季长东西,山里的飞禽走兽不少,解决部队的吃穿问题,比较好办。群众受压迫剥削很重,迫切要求翻身解放,容易发动。特别是妇女,革命积极性甚高,能吃苦耐劳,是相当活跃、得力的革命力量。川东游击军战斗在达县、宣汉、万源一带,陕南游击队战斗在西乡、镇巴一带,对红四方面军进军川北,也起了配合、支援的作用。

总之,综合各方面的因素来看,川陕边区是我军较理想的建立根据地的地方。与毛泽东同志在《中国的红色政权为什么能够存在?》和《井冈山的斗争》两篇文章中,分析的那些条件差不多。红四方面军能够结束西征转战,立脚通南巴,开创新局面,是主客观条件具备和统一的结果。

十 一 桩 大 事

我军解放通南巴后,田颂尧的反攻部署,尚未就绪,前线暂时无战事。

方面军总部在通江开了会,决定利用这一有利时机,休整部队,发动群众,建党建政,实行土地革命,拔除军阀地主的反动社会根基,为建立革命根据地奠定坚实基础,为迎击敌人的进攻做好充分准备。

革命的急风暴雨时期,"一天等于二十年"。紧迫的客观形势,容不得我们慢条斯理,按部就班。议决了就干,大刀阔斧,雷厉风行,先打开局面再说。通南巴地区,以土地革命为中心的各项工作,全面开花,齐头并进,搞得热火朝天。举其荦荦大者,有下列十一桩:

分兵发动群众 川北地势偏僻,没有经受大革命运动的洗礼。我们党的活动,也一直处于极薄弱的状态。像巴中全县,人口约五十万,却找不出几名党员来。这同我刚到鄂东北时的情形,大不相同。许多农民住在交通闭塞的山旮旯里,连三民主义、国民革命也闻所未闻,更不要说什么共产主义和苏维埃运动了。好在群众受压迫剥削很重,极端痛恨军阀地主的统治。提起敌二十九军军长田颂尧,人们从不称呼他的官衔,而是直呼其名字或绰号("田冬瓜"),冠以"棒老二"、"狗日的"、"龟孙子"、"那舅子"等头衔,说:"我们穷人被他整苦了!"积恨之深,可见一斑。这是我们发动群众的有利条件。

发动群众的力量,只能是红军。红军既是战斗队,又是宣传队、工作队。自解放通江起,我们就从部队陆续抽调了数以千计的指战员,由师、团政治部主任带领,组成工作队,深入城乡,走家串户,宣传群众,组织群众。陈昌浩热情很高,亲自部署、检查。政治机关对工作队提出了具体要求,如认真执行党的政策,严守革命纪律,尊重群众的风俗习惯,学习当地方言,注意工作方法等。南江、巴中解放后,我们又统一进行了部署,按各部队驻地划分区域,分片包干,发动群众。由总部直属队负责通江城区和郊区;总医院负责通江以北的泥溪场、苦草坝地区;十师负责通江东北洪口、龙凤场和万源西部竹峪关地区;十一师负责得胜山、江口场地区;十二师负责巴中县城及以南地区;七十三师负责南江地区。这样,部队一面就地休整、补充、备战,一面大力开展发动群众、建党建政的工作,两不耽误,效果较好。

各部队的经验证明,发动群众的重要一环,在于从感情上真正同群众融成一片。要使群众相信:红军就是穿上军装、拿起武器的穷人,是穷苦人自己的队伍,是全心全意帮助穷人翻身解放的。我在巴中对下去的干部说:天下穷人是一家。群众对你有了"一家人"的感情,才能相信你的宣传,跟你起来闹革命。否则,雷打他也不会动弹的。我军指战员,绝大多数是贫苦农民出身,同一切被压迫的劳苦群众,有天然的感情联系。他们到了川北老乡家里,说能说到一块儿,干也能干到一块儿。挑水、砍柴、背粮、背煤、烧饭、肩娃儿、扫院子、修房子、喂猪喂牛……不论什么脏活累活都干,干起来又内行,因而容易很快打破外地人同本地人、军队同老百姓之间的界限,短时间内赢得了广大群众的信任。有了人民群众的信任和拥护,事情就好办。

开仓分粮,平分土地　粮食和土地,是农民的命根子,也是红军发动群众的基本武器。

川北军阀、地主、官吏,对农民的剥削,简直是公开或半公开的血腥掠夺。百分之七十至八十以上的土地,集中在仅占人口百分之六七的豪绅地主手里,多数农民处于靠出卖劳动力为生的赤贫地位。土地分等级,交租有区别。一般是上田佃三主七或佃二主八分成;中田佃四主六分成;下田佃主对半分成。"打打钱"(高利贷)盘剥尤重,月息高达百分之十以上,到期不还,利上加利。巧立名目的捐税,如田赋、青苗捐、烟捐、青山费、马路费、招待费、人口税、灯花税等,不下数十种,一年要征收十多次。封建地租,高利贷,苛捐杂税,像是套在农民身上的三条追命索。加上连年不断的战祸、匪患,许多农民被剥夺得"屋里光光,肚里空空",背井离乡,逃荒要饭,境地十分凄惨。川北的自然条件那么好,而一无所有的赤贫户竟占百分之五六十,充分说明了军阀地主统治的野蛮性、残酷性。

饥民们过去为什么要"吃大户"? 就是因为大批的土地、粮食、财富都聚集在"大户"手里。川北的"大户"又称"发财人",就是大地主。一个"大户",往往囤积着几万斤粮食。解放通南巴后,我军首先是没收这些豪绅的粮仓,救济饥民。每当开仓分粮时,就像赶场一样的热闹。那些衣衫褴褛的贫苦农民,背着背篓,挑着箩筐,从几十里外赶来,喜盈盈地领回全家的"救命粮",含着热泪,对红军千恩万谢。他们说:"红军来了,穷人才能吃上白米干饭!""红军救了我们穷人的命,是我们的大恩人,我们一生一世都不会忘记的。"

"打倒土豪劣绅"、"平分土地"、"废除一切高利贷债务和地主契约"、"取消一切苛捐杂税"等口号,对农民有极大的吸引力、号召力。这是他们祖祖辈辈做梦也没想到过的事,红军来了,却成了现实。政治机关印发了"六大"通过的《中国革命十大纲领》和鄂豫皖时期《怎样分配土地》的小册子,作为动员群众、划分阶级成分和掌握政策的依据。分配土地,基本上是以乡村为单位,按土地和人口的总量,抽多补少,平均分配。除留部分红军公田外,一般成人人均各五背田("背"是川北计算土地的单位,每背相当于二斗粮的产量),小孩人均各三背田,大体能维持温饱生活。地主豪绅的土地、山林、房产、耕畜、财物全部没收,富农的部分没收,分给贫苦农民。中农的土地和财产不动。土地分配中的主要问题是,贯彻了从肉体上消灭地主和地富家里分坏田的过"左"政策,并有侵犯中农利益的现象发生,带来了不良后果。

打倒了地主豪绅,广大农民有了自己的田地、耕牛、房屋、山林,结束了"打精巴子"的苦难岁月,开始了新生活。他们的革命和生产积极性空前高涨,掀起了支援红军,加紧春耕生产,"不让一寸土地放荒",努力建设根据地的热潮。

发展党员,建立党组织 通南巴过去党的基础很薄弱,群众对共产党的性质、任务知之甚少。但根据当时的斗争形势,发展一批党员作为领导和团结群众的骨干,又是刻不容缓的事。怎么办? 部队政治机关和工作队除个别考察教育吸收(一般是给红军带路、送情报和打土豪中的积极分子)外,还采取了召开群众大会,宣传党的性质和主张,让群众自愿报名的办法。像扩大红军一样,会场上放一块大门板,上面写着"加入中国共产党报名处"。开完大会后,将报名入党的人登记下来,进行谈话和调查,经政治机关审查批准,即履行入党手续,宣誓入党。这是一种不得已而为之的发展方式,所以当时发展的二百多名党员质量不高,后来逐步淘汰了一些。党的各级组织建立后,发展党员的工作才走向正常化。

一九三三年二月七日,在通江县召开了川陕省第一次党代表大会。军队和地方出席会议的代表,共五百余名。张国焘致开幕词。大会选出袁克服、曾中生、吴永康、郑义斋、傅钟等三十七人组成中共川陕省委,袁克服任书记。同时,新划分的赤江、红江、赤北、巴中、南江五县的县委亦宣告成立。会议通过了《关于目前政治形势与川陕省党的任务》、《发展党的组织与扩大红军》和立即召开川陕省第一次工农兵代表大会等决议,明确了党的任务与建设方向。为加强对新党员的教育,提高党员的质量,决定成立川陕省委党校,分批训练党员干部。从此,党在川陕边区开始扎下了根基,由红四方面军前敌委员会领导地方党的状态,亦告结束。

建立红色政权　我军入川之初,从省、县、区至各乡、村,普遍建立了临时革命委员会,履行政权机构的职责。川陕省临时革命委员会主席,由旷继勋同志担任。他是贵州人,在四川活动的时间较长,又是蓬溪兵变的主要领导人,有一定的声望。各级革命委员会的成员,大都是在拥军、带路、打土豪中表现积极而坚定的工农分子,部队政治机关和工作队也派人参加。临时革命委员会是过渡性质的政权组织,一面担负分配土地、组织生产、支援红军、肃清反动分子、动员群众的任务,一面筹备召开各级工农兵代表大会,为正式产生苏维埃政府创造条件。

一九三三年二月中旬,在通江县召开了有一百五十名代表出席的川陕省第一次工农兵代表大会。会上明确宣布以《中华苏维埃宪法大纲》为根本大法,通过了《川陕省苏维埃组织法》,并正式成立了省苏维埃政府。主席熊国炳,通江人,只有二十几岁,贫雇农出身,是个拥护党和红军的积极分子。《川陕省苏维埃组织法》规定:"川陕省苏维埃是川陕工农兵的代表会议,这一政权是属于全川陕工人、农民、红军士兵及一切劳动群众的。"其任务是在中共川陕省委领导下,执行中华苏维埃中央政府所颁布的一切法令和指示,保护工农群众的利益,彻底摧毁帝国主义、国民党反动派和四川封建军阀的统治,扩大革命战争,争取苏维埃政权在全川和全国的胜利。省苏维埃政府下设保卫局、军事部(主管地方武装工作)及内务、监察、土地、粮食、财政、交通、文教、劳工等委员会和革命法庭,辖新划分的红江、赤江、赤北、南江、巴中五县和巴中特别市及包括镇巴、西乡一带的陕南特别区,约一百万人口。会后,各级临时革命委员会,亦均由正式的苏维埃政府机构取代。

红色政权的普遍建立,标志着川陕革命根据地的正式形成。新建立的红色政权机构,虽然尚不健全,存在不少弱点,但主流是好的。干部的积极性很高,对深入土地革命,建立地方武装和群众组织,支援红军,打击反动分子,组织生产,克服财政困难等,发挥了重要作用。

建立群众组织　在红军工作队、临时革命委员会、地方党组织的推动下,各种群众组织相继建立,成为团结群众和教育群众的大学校。

工会——吸收农村的无产者雇农及县城、乡村的手工业工人、店员和军工参加。一九三三年三月,在通江召开川陕省第一次代表大会,规定了工会章程和各级工会的组织草案,川陕省总工会亦宣告成立。各级工会是"共产主义的学校",担负着动员群众、保障工人利益、改善工人工资待遇、保卫红色政权、提高生产效率、培养工运干部、提高工人政治文化水平等项任务。对各级苏维埃政府,工会有检查和监督的权利。工会监督苏维埃政府的内容,规定得很具体。如不分田给雇农、贫农和红军、游击队的;在苏维埃吃闲饭,烧鸦片,不做事情的;把苏维埃委员当官做,见穷人就摆架子,看不起穷人的;乱拿穷人东西,强迫命令群众摊派物资的;侵占和浪费苏维埃银钱的;包庇反动分子的;本人是地主、富农、流氓、兵痞的;等等,工会有权揭露,召开群众大会罢免。工会的另一个重要作用,是组织和动员工人加紧生产、支援战争和加强根据地建设。当时我们成立了造币厂(造银元、铜元、布币、纸币)、兵工厂(修理枪炮)、子弹厂(红军打仗,要将用过的子弹壳如数交回,送工厂造子弹)、炸弹厂(造马尾手榴弹)、脚码子厂(指战员套在脚上的铁器,便于走泥滑难行的道路)、斗笠厂、被服厂、织布厂、制药厂、盐厂、农具厂等工厂,解决军民物质保障问题。这些工厂的男女工人,在工会的团结教育下,加班加点,日夜生产,作出了积极贡献。

妇女委员会——成员为贫雇农、中农、工人、县城居民中的青壮年妇女。负责领导工作的有张琴秋、吴朝祥等同志。后会员发展到三十余万人之多。

"四川的女同志真是好样的!"这是红军指战员对川北妇女的赞叹。我军刚翻过大巴山,就有打赤脚的女孩子跑来,主动给部队带路。田野里、山坡上,见到的多是妇女在劳动、砍柴、背粮、挑粪、耕田……有些妇女身后背着娃娃,照样干活。后来我们才知道,这里的妇女从小就参加劳动,是主要劳动力。男人抽大烟的多,体力不行,家里家外的繁重劳动,便靠妇女来承担。但是,妇女的地位也最低贱,命运也最惨。她们终年像奴隶般地劳动,却经常遭受公婆、男人的欺凌和虐待,经济上、人格上毫无独立性可言。买卖婚姻盛行,"干女子"(童养媳)甚多。她们从小被卖到婆家,当牛马使唤,过着非人的生活。如果反抗或逃跑,会遭受极残酷的刑罚。有的被毒打致残,有的被切开小腿肚子塞进盐巴折磨,有的被捆起来扔进河里淹死。妇女自寻短见的事,层出不穷。川北妇女的这种社会地位和悲惨生活,决定了她们具有勤劳、肯吃苦、反抗性强、渴求自由解放的特点。

红军到来,提倡妇女解放,男女平等,婚姻自由,男女同工同酬,妇女有选举权和被选举权,打碎了套在妇女身上的枷锁,使她们挺起了腰杆,见到了天日。就拿婚姻自由来说,同过去的封建买卖婚姻比较,真是一个天上,一个地下。苏维埃政府规定,凡男女双方办理结婚手续,必须做到"男从女愿"。政府工作人员要当面问清,才予批准。如先问男方:"你从的她啥?"男答:"我从她人品好,劳动好,是穷苦人。"再问女方:"你为啥愿他?"女答:"我愿他人老实,心地好,打土豪积极。"审查时一定要妇女开腔,表示自愿才行,否则就不准登记结婚,得调查清楚再说。别看是个婚姻问题,动员妇女的作用可了不起。妇女们觉得自己的地位改变了,被当人看待了,生活有了希望。所以,她们的革命积极性很高,不愧是土地革命运动和反封建的先锋。斗地主、拥军、生产、戒鸦片烟、参加苏维埃和地方武装等活动,妇女都站在前列。第一次省工农兵代表大会,就有三十名妇女代表出席,有十一名被选进省苏维埃机构工作。有的妇女白天出来参加活动,晚上被封建家庭捆打、饿饭,第二天照样跑出来干。不屈不挠的精神,实在可嘉。她们在妇女组织领导下,担负起为红军做衣服鞋袜、看护伤病员、侦察敌情、运送粮食物资、代耕军属土地、动员扩红等任务,搞得十分出色,是党和红军的得力助手。红四方面军妇女独立团,就是在这种基础上诞生的。

共青团、少先队、儿童团——青少年的革命组织,主要由红军中的共青团员和原少共国际团的成员协助建立。以共青团为领导核心,把广大青少年组织起来,团结在党的周围。任务是打土豪,站岗放哨,捕捉敌探,传送文书,帮助困难户和红属担水砍柴耕地,积极参加扩红,认真学习文化,开展文娱活动等。青少年极少保守思想,富有革命和进取精神,朝气蓬勃,是一支创建根据地的有生力量。后来成立的红军少年先锋师,在保卫根据地的斗争中,贡献是突出的。

戒绝鸦片烟　鸦片烟毒是川北人民的一大祸患。军阀田颂尧在通南巴一带勒令群众种植鸦片,每年收税达二十万银洋。结果,造成了三多:种鸦片的多,吸鸦片的多,迷信鸦片的多。男女老少,不论生大病小病,都靠吸鸦片治疗。敬神敬祖,也把鸦片当供品,庙里的菩萨、土地老爷,嘴上抹的尽是烟膏子。人们说笑话:川北连老鼠都想抽大烟!所以我军进据通南巴后,立即广泛宣传抽鸦片的害处,打破群众的迷信,发出戒烟号召,禁止继续种植鸦片。苏维埃政府成立后,专门设立了戒烟局,推进这一工作。当时,方面军政治部机关报《川北穷人》,登了一则消息,反映刚刚开始戒烟的情况:

"我们通南巴的穷人受鸦片烟的毒害甚深,苏维埃政府为除此害魔,解除我们穷苦工农的痛苦,特设戒烟局,精制戒烟丸,平价赠送穷人戒烟。据戒烟医生报告,连日来戒烟的将及百余人,两星期内已有五十余(人)完全戒脱。四年者即需一个月,毫无痛苦。(患)烟瘾的同志们:坚决起来和这鸦片毒魔作斗争啊!"

刚开始戒烟,响应者寥寥。许多烟客持消极对抗态度,有的甚至制造谣言,挑拨红军和群众的关系。随着土地革命的深入,各级苏维埃政府和群众组织的建立,才逐步将戒烟运动推向高潮。群众分到了土地、房屋、耕牛,有了过好日子的希望,铲除烟害,便成了千家万户的迫切要求。尤其是妇女,深受鸦片烟之害,男人们抽大烟,不仅人不像人,鬼不像鬼,且倾家荡产、卖儿卖女也在所不顾,确实坑苦了她们。因而,她们最相信红军和政府的宣传,最拥护戒烟的号召,是戒烟运动的积极分子。戒烟对象重点是青壮年。凡是政府干部、共产党员、共青团员、红军战士,一律不准抽大烟;对一般青壮年群众,要求自觉自愿,早日戒绝;对积习甚久的老年人,则适当迁就。戒烟运动关系到群众的切身利益,我们采取的方针和方法又比较对头,短期内取得了明显成效,仅巴中县城,戒烟的人数即达千人以上。这对保障人民健康,发展生产,稳定群众生活是有利的。唯当时要求抽大烟者不准参加红军,影响了扩红数量。我们后来改为先入伍后戒烟的办法,才解决了兵员补充问题。

任玮璋部起义　我七十三师尚未解放南江,王树声师长即报告说,驻该县桃园寺的土著武装任玮璋部与红军接头,表示愿意起义参加红军。任玮璋原是杨森的一名旅长,兼渠县县长,绰号"任胡子"。因不满杨森,把队伍拉到田颂尧"防区",被田委任为旅长,盘踞在南江北部桃园寺一带大山区里,打富济贫,占山为王。升钟寺起义的领导人、共产党员张逸民和李载溥,就在这支队伍里。任玮璋愿意率部起义,是张逸民他们影响和鼓动的结果。

方面军总部研究了这件事,同意收编任玮璋部,由七十三师和他们具体谈判。结果很顺利,该部两千余人遂编为红军独立师,由任玮璋任师长,张逸民任参谋长,李载溥任政治部主任,方面军派刘杞去任师政治委员,还从七十三师调了一批政工干部去做政治工作。嗣后,该部配合七十三师作战,攻占了南江以北的甄子垭、芦角垭,为解放南江作出了贡献。这是一支旧习气很重的队伍,纪律涣散,普遍抽大烟,经常抢老百姓的东西,影响红军声誉,大家很不放心。反三路围攻开始后,张国焘派陈昌浩去南江,将该师拆散混编,并清洗了一批军官。任玮璋、张逸民则在后来的"肃反"中,被张国焘下令逮捕杀害。

肃清反动分子　通南巴是封建势力盘根错节的地方,各县都有一批"东霸天"、"南霸天"、团总、惯匪、地头蛇,长期鱼肉乡民,坑害百姓。土地革命中,这些家伙的反抗和破坏活动,相当厉害。有的造谣惑众,威胁农民,土地明分暗不分,继续收租逼债;有的隐瞒成分,假装积极,混进红色政权机构为非作歹;有的勾结土匪或边缘区的敌军,袭击红军,杀人放火,反攻倒算。南江县有个大地主,公然拉起人马,进行反革命叛乱。不坚决镇压他们,群众就难以发动,根据地也无法巩固。

当时杀了一些地主豪绅和反动头目,推动了土地革命运动的深入。一般是由群众检举揭发,保卫机关审讯查证,而后召开群众大会公审,就地正法。我是不主张杀保甲长的,因为他们中不少是穷人出身,为了混饭吃,给军阀地主当差跑腿。只要没有血债,民愤不大,就不宜当敌对分子处理。但张国焘不以为然,把多数保长、甲长当反动分子看待,杀了一批。把开烟馆的和当道士、和尚、阴阳先生、妓女、卜卦者,也视为异己力量,剥夺其公民权。这就扩大了打击面,增加了对抗我们的社会势力。

打击和瓦解土匪队伍　川北交通闭塞,山高林密,是"棒老二"啸聚出没之所。红军入川后,有些地主豪绅和兵痞流氓又逃进山里,勾结土匪,对抗红军,残害群众。为巩固根据地,我们决定采取军事打击和政治瓦解相结合的方针,依靠群众,消灭土匪。一是根据群众提供的线索,派出小股部队进剿;一是利用土匪的家属去做工作,劝他们放下武器,改邪归正。成绩最显著的,要算傅钟等同志争取曲江洞二百多土匪投降一事。曲江洞位于通江以北的两河口地带,距我军的战略后方苦草坝不远。那个山洞很大,能容纳一个营的兵力。地势险要,只有一条架在深壑之间的独木桥通过,上下左右都是绝壁,洞里有水,有囤粮,利守难攻。傅钟等同志用给土匪头子写信的方法,宣传党和红军的政策,逐渐和他们建立了往来关系。最后将这股土匪全部调出洞子,经短期训练教育后,少部留在红军,大部释放回家。那个山洞,成了红军安置伤员的地方。在巴中县境,主要是会道门组织"盖天党"捣乱,共两千多人,也被我军逐步瓦解和消灭。由于方针比较对头,经过军民共同努力,短时期内基本上消除了根据地内的匪患,有力保障了群众的安全,大大提高了红军的声望。

发展陕南游击战争　毗邻川北的陕南西乡、镇巴一带,有过党的活动基础。我军入川前,曾给当地的党组织一批武器弹药,帮助建立了游击队,开始坚持武装斗争。游击队后来又争取了一部分"神团"和土匪队伍加入,根据中共陕南特委的决定,建成红二十九军,形成了以马儿崖为中心的一片游击区域。军长兼政治委员陈浅轮(陈潜)。为加强陕南游击战争,方面军派刘瑞龙去该部任政治部主任。红二十九军共有两千余人,但枪支弹药很少。他们在极为艰难的条件下,不断同"进剿"的优势敌军战斗,扩大了游击区,控制了从陕南到川北的一条通道,牵制了敌人一个旅的兵力,积极配合了通南巴的斗争。

然而,不久即发生"马儿崖事变",红二十九军被搞垮。一九三三年三月间,田颂尧已向我根据地发起三路围攻。红二十九军原收编的一些"神团"、土匪头目和骨干,趁军部派一部分兵力外出剿匪,刘瑞龙同志带人回川北领取武器弹药的时机,发动叛乱,袭击马儿崖军部驻地。军的主要领导人陈浅轮、陈子文、李艮、孟芳洲及一批骨干,猝不及防,或在战斗中牺牲,或被俘后遭杀害,队伍大部被打散。红七十三师闻讯后派部队赶去支援,为时已晚,半途而归。后该军余部一百余人即编为陕南游击队,继续坚持当地的游击战争。

酿成这一事变的主要原因,是部队发展太快,成分不纯。对收编的"神团"、土匪队伍警惕不够,没有采取果断措施,打乱建制,进行改造,清除反动头目的影响。建立和发展红军队伍,必须坚持依靠基本工农群众的阶级路线,注重质量。尤其在自己力量弱小的情况下,弄一大堆土匪、流氓、兵痞、会道门分子进来,鱼龙混杂,是很危险的。马儿崖事变血的教训,便是证明。

扩红和建立地方武装　我军在川北立脚后,获得了大批粮食、衣物补充自己,经短期休整,面貌焕然一新。各部队结合土地革命运动,动员群众参加红军,保卫革命果实。师、团均成立了新兵营、连,妇女独立营也组建起来,进行训练。全军发展到一万八千人,每师三个团、一个特务营,建制和装备比较齐全。十师师长王宏坤,政治委员周纯全;十一师师长倪志亮,政治委员李先念;十二师师长何畏,政治委员甘元景;七十三师师长王树声,政治委员张广才。

一人参军,全家光荣。苏维埃政府和红军,很注意优待军属的工作。开军属会议,把送子参军的大爷、大娘请来,喝碗茶,吃顿肉,讲讲参加红军的好处,问问有些什么困难,每家还发一面红纸做的光荣旗子。参军的红军战士都分有土地,由地方政府和群众团体派人代耕。这些工作,对推动扩红,解除红军指战员的后顾之忧,有明显作用。

各县、区均建立了独立营、连,乡、村普遍有了赤卫军组织,按军事化的要求训练和行动。地方武装主要是在"保卫地方,保卫家乡"的口号下,维持地方治安,捕捉反动分子,协助红军做工事、筑木城、修桥铺路、侦察敌情、剿匪等。开始,地方武装的武器弹药很少,装备多为大刀、梭镖、土枪、长矛、棍棒,反三路围攻胜利后,才有所改观。

"斧头劈开新世界,镰刀割断旧乾坤。"这副对联,生动概括了大巴山下翻天覆地、如火如荼的斗争情景。我们进行的上述一系列工作,归结到一点上,就是发动群众四个字。党和红军有了坚实的群众基础,才能立脚在川陕边的斗争舞台上,演出一幕又一幕威武雄壮的戏剧来。(见附图七)

反 三 路 围 攻

红四方面军刚入川的时候,四川军阀认为红军不过是些东流西窜的

"残匪",区区之灾,不足为虑。一心要坐王位的刘湘,坚持"先安川而后剿赤"的方针,纠集各路军阀,仍在成都一带同刘文辉部火并。

一九三三年一月二十一日,"二刘之战"以双方暂时妥协而告一段落。二十七日,蒋介石委任田颂尧为川陕边区"剿匪"督办,拨给二十万元军费,一百万发子弹,令其迅速"进剿"红军。二十八日,田颂尧在成都宣布就职,随即将嘉陵江以西的部队大部东调。二月中旬,完成了对我根据地进行三路围攻的兵力部署。

田颂尧的第二十九军,辖五个师(每师三旅六团)三路(每路二旅四团)及军、师独立旅,共六十个团的兵力。投入三路围攻的有三十八个团,六万余人,占总兵力的三分之二。田敌将总部设在嘉陵江东岸的阆中,委任副军长孙震为前敌总指挥。根据蒋介石"着重左翼、防匪西窜"的指令,兵分左、中、右三个纵队,以左纵队为主攻方向,中、右纵队为助攻方向,妄图乘红军立足未稳而全力消灭之,重返通南巴,恢复其反动统治。

敌人的具体部署是:

左纵队以第一师两个旅、第四师两个旅、第五师一个旅、第二路和第三路各两个旅、独立旅等共二十二个团组成,由第四师师长王铭章任纵队司令官。自广元、旺苍坝地区开进,企图经木门、长池夺取南江,进而控制大巴山南麓,切断红军退往陕南的道路。

中纵队以第二师两个旅、第五师一个旅共七个团组成,由第二师师长曾宪栋任纵队司令官。自阆中、苍溪经恩阳河地区开进,企图扫清巴河沿岸红军兵力,夺取巴中,而后以一部威胁红军侧翼,协助左纵队占领南江。

右纵队以第三师及第一路两个旅等九个团组成,由第三师师长罗乃琼任纵队司令官。自南部、仪陇向巴中以南开进,控制巴河两岸,协助中纵队收复巴中。

三个纵队,以攻克南江、巴中为第一阶段的作战任务。略事休息后,再分进合击,收复通江,将红军消灭或逐出川境,完成第二阶段的作战任务。

盘踞于巴中以南的杨森第二十军和通江以东的刘存厚川陕边防军,相机配合田部的作战行动。巴山以北的胡宗南、刘茂恩部,也做好了堵截红军的准备。

二月十二日,敌开始用小部队在我根据地边缘地区,进行袭扰和侦察活动,并掩护主力部队展开。我们综合各方面的情报判断,田颂尧的大规模进攻,即将开始。那时,我们同白区地下党未取得联系,军事情报主要靠抓俘虏提供。有些翻身群众,利用社会关系深入敌占区活动,也能搞回些情报来。这样,使我们对敌军的部署、动向,大体上有个谱。

各领"防地",自保实力,是四川军阀的一个重要特点。川陕根据地南面的杨森部和东面的刘存厚部,"防地"没有被红军占领。估计他们以主力部队参战的可能性不大,我军置少数兵力进行警戒即可。田颂尧部是我们的主要作战对象。根据川北的地形条件,我们决定采取收紧阵地、积极防御的作战方针。要求各部队和地方武装、人民群众密切配合,利用险要地势,构筑工事,在积极防御中节节抗击、消耗、迟滞敌人,逐步诱敌深入,待机反攻歼敌,彻底粉碎敌人的围攻。当时,我们还缺乏收紧阵地的经验,只能有个大致的预想,阵地收紧到什么程度,则视战况的发展而定。

我军的部署是:

以七十三师(欠二一八团)布于南江及其以西的三江坝地区,十一师(欠三十三团)布于南江西南之木门、长池地区,抗击敌左纵队。

以十二师布于巴中及其东南的曾口场、粉壁场、兰草渡一带,抗击敌中央纵队和右纵队。

以十一师第三十三团布于通江西南的江口至得胜山地区,十师布于通江以东及东北的麻石场、洪口场、竹峪关一线,警戒可能来犯之杨森、刘存厚部,掩护方面军侧后安全,并担负战略预备队的任务。

以七十三师二一八团布于南江东北的碑坝地区,向汉中方向警戒。

反三路围攻战役,从二月中旬开始,至六月中旬结束。历时四个月,分为第一期收紧阵地、相持、第二期收紧阵地、总反攻四个阶段。

(一)二月十八日至三月十八日,为作战第一阶段。

二月十八日,田颂尧、孙震令其所属左、中、右三路纵队,向我发起全线进攻。

田军有蒋介石和各路军阀打气、撑腰,熟悉川北地形和民情,人数与装备又占绝对优势,故而没把红军放在眼里,骄横不可一世,攻势十分凌厉。战斗最激烈的是头十天。我和陈昌浩在前线视察过,陈昌浩同志开玩笑说:"川军有股烟劲!"这话有点道理。敌人一般是抽过大烟后,凭股"烟劲",发起冲锋。羊群式的队形,密密麻麻,"咯老子"、"那舅子"的乱喊乱叫。"敢死队"领头,军官压阵督战。脚板硬,爬山快,冲击力强,但怕肉搏和包抄。进攻时气焰嚣张,来势凶猛;溃败时抱头鼠窜,保命要紧,连武器都扔掉。我军依托有利地形和工事,顽强抗击,采取阵地正面防御同两翼反击包抄相结合的战术,在侯家梁、高壁寨、中魁山、青岗梁、南坎坡等要点,不断打退敌人的疯狂进攻,使他们尝到了红军铁拳头的滋味。田颂尧、孙震见久攻未下,急调其中纵队的一部加强左纵队,试图从南江方向突破,但除损兵折将外,一无所获。十天之内,我南江方向的部队,即毙伤俘敌左纵队官兵五千余人;巴中方向的部队亦歼敌一千余人。敌人的进攻凶焰,顿受挫折。

我军的防御战线长,兵力少,武器弹药不足,不宜同敌人持久对垒。为骄敌前进,诱敌深入,我们决定边打边撤,逐步收紧阵地。二月二十八日,我十一师放弃通往南江的重要据点长池,转移阵地至八庙垭地区。三月八日,敌左纵队一部扑向八庙垭。八庙垭山势陡险,是南江至巴中间的重要阵地。我们原计划在那里顶一阵子,但十一师没打好,阵地被敌突破,部队后退十余里。半夜里张国焘打来电话,说八庙垭失守,我急得觉都没法睡。天不亮就赶去,集中十一师、七十三师一部向敌反击。这一仗,我攻敌防,打得很激烈。我们采取正面攻击和两翼迂回相结合的战术,"包饺子"成功,全歼敌一个旅和独立团大部,毙敌团长何济民及代理团长何柱,夺回了八庙垭。三月十八日,我军放弃南江县城,七十三师同十一师收紧阵地至贵民关、官路口、观光山、大明垭一线。扼守巴中方向的十二师,亦于三月八日撤离巴中县城,收紧阵地至清江渡一线。在此期间,杨森、刘存厚趁火打劫,各派出一部兵力进犯我侧后阵地,遭迎头痛击后溃退。

这一阶段作战中,我军先后歼敌近八千人,给进攻的敌人以沉重打击,达到了迟滞和消耗敌人的目的。

(二)三月十九日至四月二十五日,为作战的第二阶段。

我军主动撤到新的防御阵地后,布于南沿官路口、观光山、大明垭、杀牛坪至得胜山,由得胜山向东北沿麻石场、龙凤场至竹峪关一线,准备继续迎击敌人的进攻。

这时,收复了南江、巴中县城的敌人,兴高采烈,正陶醉在一片"胜利"的吹嘘声中。国民党电台,天天给川军的"胜利"添油加醋,吹得天花乱坠。

我们听了,不过一笑置之而已!田颂尧、孙震令所部停止进攻,就地休补,准备发起更大攻势,消灭我军于大巴山下,完成其第二步战役企图。

于是,战局成对峙状态。利用这一有利时机,我们抓了三件事情:

一是休整训练部队,加强政治工作。要求各部队就地休整补充,吃足睡好,养精蓄锐,以利再战。军民结合,抢修和加固防御工事。开展战场练兵和冷枪冷炮杀敌运动,加强小分队、游击队的袭敌扰敌活动。树立持久作战的思想,一切行动听指挥,克服急于反攻求胜的心理。抓紧对俘虏的训练教育,放回一部,瓦解敌军。

二是动员群众,稳定人心。通南巴的群众,不同于鄂豫皖根据地的群众,这里是新区,群众没经受过赤白"拉锯"的锻炼。反围攻开始的时候,不少人对红军能否取得胜利,疑虑重重。尤其是看到我军一撤再撤,连南江、巴中都已放弃,更担心我们像兔子尾巴似的,长不了。敌对分子乘机煽风点火,搞得人心惶惶,极不稳定。不解决这个问题,红军便无法依靠群众的力量,把旷日持久的战争打到底。为此,地方党、苏维埃政府、红军工作队及各群众组织一齐开动,深入群众,广泛进行红军必胜、白军必败的教育工作,号召翻身群众紧紧和红军站在一起,为保卫自己的政权、土地、家园而斗争。愿意转移的老弱妇孺,派人护送到后方山区,妥善安置。对于造谣破坏的反动分子,则坚决镇压,绝不留情。

为巩固后方,还组建了妇女独立营,后发展为妇女独立团。这是红军的第一支独立妇女武装,在川陕时期、长征途中以及西路军的艰苦岁月里,顽强战斗,英勇不屈,在中国妇女运动的历史上,树立了一面光辉旗帜。

三是扩大运输队伍,增强运输力。"兵马未动,粮草先行。"没有必要的物资供应和运输能力,就会大大削弱部队的机动力、战斗力,要打赢一场战争是不可能的。当时,通南巴的物资不算短缺,我们处在内线作战地位,按说供应不成大问题。但恰恰相反,这正是最叫人头疼的一大难题。那带前前后后、左左右右尽是大山,交通运输极为不便。运送粮食、弹药、物资和伤病员,全靠人力背和抬。从这山到那山,站在山头上喊话能听见,但走起路来,就得花半天到一天的时间,的确是"蜀道难"啊!第一阶段作战中,由于运输力量不足,前线就出现了粮食接济不上来,伤员运送不下去的困难。有些山头、垭口,本来还应再守一守,但不得不放弃。撤离南江、巴中县城,许多我军急需的物资转移不走,只好一把火烧掉,叫人心疼得很。因此,我们下决心增强运输力。由省苏维埃政府和红军统一组织,编制县、区、乡的运输队伍,管饭给钱,分段"接力",构成数条连绵不断的运输线,保证伤号、弹药、粮食、盐巴及其他物资,顺利运送和转移。这支运输大军多达数万人,在反三路围攻中发挥了重要作用。

相持阶段,我们抓住了休整训练部队,积极发动群众,大力增强运输能力三个环节,为战局的胜利发展,创造了有利条件。

(三)四月二十六日至五月中旬,为作战第三阶段。

敌人经过一个月的休补,部署就绪,四月二十六日,又向我发起了强大攻势。前沿阵地,一片硝烟火海。

这次进攻,敌以其中央纵队、右纵队和左纵队一部,分别向杀牛坪、得胜山、大明垭等地猛扑,钳击通江;左纵队主力则向贵民关、观光山一线猛攻,企图截断红军的后路,包围我们于通江北部地区而消灭之。

红军和地方武装紧密配合,依托险要地形和工事,顽强阻击敌人。两天之内,即毙伤俘敌三千余人。杀牛坪之战,我十二师三十六团两个连,即溃敌一个团。大明垭之战,红十一师两个团,击退敌八个团的连续进攻。红十一师另一部在屈家山,七十三师一部在黑岩场等地,也予敌以大量杀伤。

敌军数倍于我,攻势猛烈,我前线部队承受的压力极大。我们决定,再次收紧阵地,放弃通江县城。四月二十九日,我军转移到通江城以北、小通江河以东,布阵于平溪坝、新场坝、鹰龙山、鸡子顶、九子坡、竹峪关一线,方面军总部撤至战略后方最北端的空山坝地区。

川北的地势,南低而北高。愈是向北,山势愈陡险,愈利于我军坚工固守。像鹰龙山、鸡子顶、九子坡等要点,皆有"连峰去天不盈尺,枯树倒挂倚绝壁"之势,摆上几个连的兵力,就能顶住整团、整旅敌军的进攻。这个时候,我们的战略退却,退到了终点,收紧阵地,紧到了极限,选择反攻的时机和地点问题,提上了议事日程。反攻的作战方案,由我提交方面军总部讨论决定。

"鸷鸟将击,卑飞敛翼,猛兽将搏,弭耳俯伏。"(《六韬·发启》)我军一而再、再而三地收紧阵地,示弱于敌,就是为了创造条件,发起置敌于死地的反击。敌人蠢得很,不懂这个道理,作了相反的估计。他们占领通江后,竟认为红军"溃不成军",将"兵退汉中"。田颂尧狂妄宣称胜利"不过指顾间事",令所部再次发起全线进攻,以"竟其全功"。

五月上旬,敌担任主攻任务的左纵队,在孙震率领下,集中第四师五个团、第五师一个旅、独立师三个团及第三路两个团共十三个团的兵力,由西而东,向我空山坝、余家湾、柳林坝地区猛扑。其中纵队、右纵队则向通江以北推进,妄图南北夹击,围歼我军。中旬,敌左纵队冒进到空山坝西南的余家湾、柳林坝一带。东面的刘存厚部也想趁机捞一把,于十四日派八个团出动,攻占竹峪关,形成对我左侧的严重威胁。

骄兵必败。敌人孤注一掷,冒险突进,急于求成,这就注定了他们必将惨败的命运。

(四)五月十五日至六月十五日,为作战第四阶段。

我军主力集中在方圆不及百里的空山坝地区,像一只收回的拳头,握得紧紧的,准备给敌人以致命打击。

我军的节节抗击,逐步退却,骄敌诱敌,造成了敌人的两个致命点:一是大兵团深入到深山密林峡谷地带,回旋余地小,兵力展不开,易遭杀伤。一是减员增大,疲劳加剧,补给困难,士气愈来愈沮丧。这就使敌人丧失了他们的优势地位,为我军的反攻准备了条件。我们的处境当然也很困难。主要是部队集中后,粮食不够吃,靠挖野菜、嫩竹、胡豆充饥;医药短缺,伤病员数量不断增加;兵员、弹药有耗无补。

我们决定,以冒进到空山坝西南的敌左纵队十三个团,作为反攻的首要打击对象。这是因为:第一,该敌是三路围攻的主力,歼灭这路敌人,将使敌全线震恐,不战自乱,围攻破产。俗话说,"蛇打七寸"。要打,就往敌人要害上打。这样,才能保证反攻的决定性胜利。第二,该敌冒险突进,与其中、右纵队之间,空隙甚大,已处在我军的三面包围之中。退路一断,插翅难逃。第三,左纵队兵力愈多,上述的两个致命弱点,便愈严重,愈突出。第四,我军兵力集中,士气高昂,长于运动战、山地战,军政素质占绝对优势,非敌军可企及。

为争取反攻的胜利,我们先令十师、十一师主力星夜东出,奔袭竹峪关刘存厚部,解除我翼侧威胁。五月十五日深夜,战斗打响,我军一举占领竹峪关外围的包台山、亭子庙、佛爷山等制高点。次日,敌八个团慌忙溃逃,被我消灭八百余人,我军旋即星夜转回。这一战斗,使田军错误地认为我主力东移,因而更加强了对西线、南线的进攻。我七十三师及十一师一部于大、小骡马及小坎子阵地,抗击敌左纵队;十二师一部和十师二十八团及地方武装,坚守小通江河以东鹰龙山、鸡子顶、九子坡一线,顽强阻击和牵制敌中、右纵队。当时,我东袭竹峪关的部队尚未返回,这边的敌人连续猛攻,战局很吃紧。我到阵地前沿去看过,进攻的敌人漫山遍野,冲锋一次接着一次。我对团长孙玉清说:要沉住气,让敌人攻,攻到一二百米的地方再打!部队真英勇,和冲上来的敌人拼杀、肉搏,人在阵地在,杀得敌人鬼哭狼嚎,成片倒地。就这样,敌人的进攻虽然连续不断,但在我军顽强抗击下,终未能前进一步。

五月十七日,我们在空山坝方面军总部住地召开军事会议,进行反攻部署。张国焘、陈昌浩、曾中生及各师主要负责同志,出席了会议。会议由我主持,分析了当前的敌我态势和总反攻的有利条件,传达了总部研究的反攻作战方案。大家一致同意首先向敌左纵队开刀的决心和部署。由十一师担任自空山坝以北向敌左侧迂回,断敌退路的任务;十师、十二师担负向敌右侧进攻的任务;七十三师继续坚守通向空山坝的咽喉之地大、小骡马及小坎子等阵地,伺机转为正面进攻。会后,各部队按规定的任务,积极进行反攻的准备工作。

七十三师阵地是敌左纵队攻击最猛烈的地方,也是关系到决战成败的最紧要之点。那里如果被敌突破,我反攻部署将付诸东流,全局会陷于极为不利的境地。所以我对王树声同志说:"你那里可是要命的地方噢!伤亡再大,也得顶住。你们顶得住,胜利就有希望。"七十三师指战员,没有辜负全军的期望。他们在敌人的疯狂进攻下,沉着应战,顽强抗守,多次与敌展开肉搏,把冲上来的敌人消灭在阵地前沿。经五昼夜激战,阵地屹然未动。这就胶住了敌人,同时也为我反攻部队集结运动,赢得了时间。

五月二十日晚,我十一师以三十三团为先锋部队,从空山坝以北的深山老林中开路,秘密插入敌侧后,后续部队陆续跟进。晚上正下大雨,道路泥泞。部队人人有副铁脚码子(供下雨天爬山跑路用),派上了大用场。按预定计划到达指定地点后,占领要点,构筑工事,切断敌左纵队的退路。二十一日拂晓前,我们下达了总攻击令。我十一师指战员突然向敌左侧发起猛攻,打得敌人茫然不知所措,阵脚大乱。接着,七十三师从正面反击,十师、十二师向敌右翼进攻。我们的一万多部队,将敌左纵队十三个团大部,包围分割在余家湾、柳林坝地区。经三昼夜激战,全歼敌七个团,溃敌六个团,毙伤俘敌旅长杨选福、参谋长李汉城以下官兵近五千人,缴枪三千余支、迫击炮五十余门。

接下去是乘胜扩张战果,猛烈追击。田军左纵队遭此沉重打击,全线崩溃。孙震率左纵队残部夺路而逃,中、右纵队慌忙回窜。川军素有"川老鼠"之称,溃败时不仅逃得快,而且耍花招。官兵往往把枪支、弹药、辎重、衣物、银元等,沿路丢弃,让对方去拣,以便自己争取时间逃命。这次,敌人如法炮制,又玩起了边跑边丢东西的把戏。我们命令各部队一律不许打扫战场,只管猛打穷追敌人。川军从未见过如此凶猛的追击战术,愈加溃不成军。我率七十三师、十一师向南江方向追击。部队只顾跑路,饭也顾不上吃。快到南江附近时,一气翻了座四十里的大山,下山后我头疼得厉害,两手抱着脑袋,坐在个院子里,话都说不出来,第二天才好些。前面的部队运动不得法,没截住刘汉雄部,给他们跑掉了。眼看到手的一块肥肉没吃上,真令人遗憾。这次追击,有六千多敌官兵当了俘虏。我们有个炊事员,一人就俘敌五十余人。

田颂尧见全军溃败,赶忙抽调后方留守部队五个团,进至三江坝、长池一线,进行援应。我军乃乘胜向该敌发起猛攻。六月十日,七十三师二一七团两个连,夜袭险要据点华盖山,仅以轻伤两名的代价,即歼敌五百余人。十二日,三江坝守敌一个旅掉头溃逃,七十三师追至旺苍坝地区,将该旅大部消灭。在此同时,我十一师经官路口、长池、木门向苍溪进逼;十二师一路南向江口,一路东趋仪陇;十师亦从竹峪关南进到镇龙关地区。从五月二十六日至六月十五日,我军连克南江、通江、巴中、江口等地,前锋逼进仪陇、广元、苍溪县城,胜利结束了反三路围攻战役。(见附图八)

这次战役历时四个月,我军共歼敌二万四千余人,缴长短枪八千余支,机枪二百余挺,迫击炮五十余门。田颂尧多年惨淡经营起来的实力,被搞掉三分之一。这位败军首领的川陕"剿匪"督办头衔,亦被蒋介石一纸命令罢免。他痛心疾首,气急败坏,一面下令"各县官绅民众戒除宴乐,以示哀悼";一面大骂其他军阀隔岸观火,坐视不救,声言:"共产党如果再追来,我连保宁(阆中)都放弃,让大家都过不成清静日子!"原想出兵捞点油水的杨森,见势不妙,赶忙派人和红军联络,想稳住我军,保住自己的地盘。刘湘集团内部,则爆发了"先剿赤还是先安川"的争论。反三路围攻的胜利,进一步加深了四川军阀之间的矛盾。

战争是熔炉,是学校。四个月的反围攻斗争,大大提高了群众的阶级觉悟和胜利信心。战争中,许多翻身群众热烈响应党和红军的号召,纷纷参军、参战,运送物资,捉敌探,抓俘虏,经受了血与火的洗礼,增强了抗敌本领。那些被田军重新占领过的地区,普遍遭受洗劫、蹂躏,景象凄惨,疮痍满目。土豪劣绅的反攻倒算,十分残酷,不少人被砍头、活埋、烧死或毒打致残。巴中县有户雇农,一家七口,全被杀光。目睹血淋淋的事实,更加激发了群众对敌人的仇恨和对红军的热爱。原先,一部分人有这样的顾虑:"'鄂尔款'能打败田冬瓜吗?""红军好是好,就是不知道能不能站住脚?""穷人的好日子,长久得了吗?"有的不敢公开和地主翻脸,分得了土地,暗地里仍向地主交租;有的对红军和苏维埃政府的宣传,半信半疑,抱观望态度;有的对混进红色政权为非作歹的坏分子,明明知情,也不敢揭发报告。他们主要是怕变天,怕军阀地主卷土重来,反攻倒算。经过反三路围攻,他们确信红军不会走了,田颂尧、杨森、刘存厚快垮杆了,通南巴确实是"精巴子"的天下了。因而,态度有了明显的转变。通南巴的广大群众,经过反三路围攻的锻炼,革命热情空前高涨。一些农民在高山深谷中发现窝藏的地主、反动分子或散兵游勇,都捆起来送政府惩办;主动向政府揭发某些基层干部包庇地主、隐瞒土地、徇私舞弊、打击报复等不法行为;踊跃缴纳公粮,积极参加红军;等等。不论老区、新区的根据地建设,都呈现出一派欣欣向荣的景象。以通南巴为中心,包括苍溪、广元、仪陇、万源等一部新区的川陕革命根据地,面积达三万平方公里,人口逾二百万,进入了一个巩固和发展的新时期。

这次战役,是在广泛发动群众,初步奠定根据地工作基础上进行的。有红军的英勇作战,有地方武装的积极配合,有人民群众的大力支援,保证了战役的胜利发展。除此之外,导致胜利的一个根本原因,则是战略方针适应了新情况。

反三路围攻,我们的战略方针是积极防御,而不是消极防御。收紧阵地呀,节节抗击呀,待机反攻呀,重点突破呀。就是以有利的地形,少数的兵力,劣势的装备,与优势的进攻敌人"磨蹭",经过一个逐步消耗敌人的阶段,使他们战线拉长,孤军深入,疲惫不堪,难乎为继,而后我实施总反攻,把敌人一下子打垮。这与鄂豫皖时期截然不同了。鄂豫皖时期,先是小规模的分散游击战,敌进我退,敌退我进,袭敌扰敌。后来红军发展壮大起来,发展为大规模的运动战,声东击西,"飘忽"制敌,搞远距离的奔袭、奇袭、搞野战,搞围点打援。这个时候,则是采取阵地战和运动战相结合的打法,搞收紧阵地这一套啦。这是利用了川北南低北高、山险路隘的特殊地形,战略方针和战术原则适应了新情况。

收紧阵地是为了待机反攻,与敌决战。因之,逐步收紧阵地与向心退却的过程,也就是为最后的反攻决战积极创造条件的过程。收紧阵地必须达到消耗敌人、骄纵敌人的要求。前者是为了造成敌人的不断疲惫和减员,后者是为了造成敌人的严重错觉和失误。具备了这两条,敌优我劣、敌攻我守、敌居主动地位我居被动地位的局面,便会向相反的方向转化,反攻决战的时机才能到来。反三路围攻的前三个月,我们一方面节节抗击,先后消灭敌人上万,有力地消耗和疲惫了敌人,大大增加了敌军内部的矛盾和困难;另一方面节节后退,陆续放弃南江、巴中、通江县城,使敌人不断尝到进攻的"甜头",误以为红军畏敌怯战,软弱可欺,不堪一击。因此,敌左纵队才敢孤军深入,冒险突进,陷于进退失据、疲劳沮丧的绝境。一旦我军发起反攻,他们便不战自乱,一败涂地。这绝不是偶然的。

战略退却的终点,选在根据地的后部,也是符合实际情况的。我们的根据地不大,没有广阔的回旋余地。我们的根据地是新区,尚不具备军民一体从四面八方袭敌扰敌的条件。我们的兵力有限,必须最大限度地保存和集中。我们的敌人兵力众多,来势凶猛,占绝对优势地位。我们的作战地势是南低北高,利守难攻,愈往大巴山靠近,地形愈险要。我们的作战方针是逐步收紧阵地,节节消耗敌人,待机举行反攻。所有这一切,都规定了战略退却的终点,不宜选在根据地的前部、中部,而应选在根据地的后部。一般情况下,反攻决战的文章,也必须从根据地的后部做起。这一点不仅为反三路围攻的胜利实践证明,而且也为后来反六路围攻的实践所证明。

逐步收紧阵地和从根据地后部发起反攻的战法,在兵力的分散和集中方面,有它的特点。一般说来,高度的集中兵力,是弱军对付强军的最有效的手段。往往敌人的进攻一开始,指挥员首先就要集中主力在手,避其锋芒,择其弱点,待机破敌。鄂豫皖时期的历次反"围剿",无不如此(第四次反"围剿"虽招致失败,但也是起首就集中了兵力的)。然而,川陕边却恰恰相反,首先不是集中兵力,形成拳头,而是"分兵把口",节节御敌。从局部上、一个防御方向上看,兵力相对集中;从全局上、整个防御战线上看,兵力则相对分散。我们只有四个师的兵力,要从三面抗击优势敌人的进攻,达到逐步消耗和疲劳敌人的目的,不分散行吗? 是不行的。这种必要的分散,适应了川北的地形条件,正是收紧阵地这一作战方针不可缺少的一环,是集中兵力实施反攻决战的前提条件。反三路围攻的战役全过程表明,我军的阵地是逐步收缩的,兵力也是逐步集中的。前三个作战阶段,各师"分兵把口",独当一面,零敲碎打,机动歼敌;主力的高度集中,则实现于作战第四阶段,即空山坝决战的前夜。如果没有前面的分兵防御,也就没有后面的集中反攻。在川陕边的特定地形条件下作战,兵力分散和集中之间的关系上,呈现出的这种特殊性,证明了革命战争进程中矛盾形态的多样性、复杂性。

逐步收紧阵地的作战方针,容易给我们带来诸多困难。如群众暂时不理解,士气受影响,持久同敌人作战,自身的疲劳和消耗增长,回旋余地狭小,物资供应缺乏等。指挥员要有极大的耐力,依靠坚强的政治工作,群策群力,去战胜这些困难。不管打什么仗,困难总是有的。坚韧不拔,熬过难关,就是胜利。

古往今来,没有一成不变的战略战术。正确的战略战术原则,都是同当时当地的战场实际相结合,是从战争实践中形成和发展起来的。指导战争,驾驭战争,一刻也不容忽视地形、民情、敌情、我力,不能离开一切从实际出发、实事求是的根本原则。

我以为,这就是反三路围攻经验的主要之点。

第 九 章
川陕革命根据地的巩固和发展

木门会议前后

田颂尧第二十九军惨败的消息,无疑等于在四川军阀头上响了一声炸雷。震惊之余,他们不得不重新估计红军的力量。这时,又一次爆发的刘湘、刘文辉的川西混战,胜负未分,欲罢不能。其他军阀慑于红军威力,提心吊胆,自保"防地",谁都不想贸然进犯我根据地,落个田颂尧第二的下场。陕南的西北军孙蔚如部,也同红军谈判,暂时达成了互不侵犯默约。在川陕边,暂时出现了有利于根据地建设的相对稳定局面。

巩固根据地,加强红军建设,是摆在我们面前的两大任务。二者又是相互联系、相互促进的,不可偏废。当时分工由张国焘、曾中生着重抓地方工作建设,我和陈昌浩着重抓军队工作建设。

一九三三年六月二十五日,川陕省委在通江的新场坝召开第二次党代表大会。会议听取了曾中生同志代表省委所作的政治报告,作出了《关于目前政治形势与中国共产党川陕省党的任务》等决议。明确规定党和地方工作的主要任务是:猛烈扩大红军,加紧武装农民,积极开展根据地周围和敌占区的游击战争;扩大和深入土地革命,开展查田运动,彻底分配土地;健全各级红色政权机构;加强反对帝国主义的宣传,扩大反帝大同盟的组织;党员、团员和革命群众普遍军事化;开展白区工作和白军内部的士兵运动;扩大和健全党的组织和工会、青年团的组织;继续镇压和肃清反革命等。规定这些任务是必要的,正确的。根据地的进一步巩固和建设,有了明确的要求和目标。

接下来是木门会议。这是加强军队建设的一次重要会议。

六月底,我们在旺苍县的木门场召开军事会议。出席会议的有一百多名红军领导干部,我和陈昌浩主持了会议。会址设在木门附近半山腰的一座寺庙里,周围绿树掩映,分外幽静。我们这些满身征尘的人,来到这里,像是进入世外桃源一般。

总结反三路围攻的作战经验,是会议的重要议题之一。各部队检查了作战中的优缺点,交流了情况和经验,我就作战和建军问题发了言。那时讲话不用稿子,事先想几条,列在小本本上,即席发挥。时隔多年,讲了哪些具体内容,已经记不太清楚了。要点大致有:反围攻胜利的意义;收紧阵地的必要性;川军的作战特点及我们的战术;扩大红军,改编红军;加强政治工作等。

另一个议题是停止部队内部的"肃反"问题。反三路围攻开始不久,张国焘即借口部队"不纯",令陈昌浩和保卫局进行"肃反"。老一套的办法,单线领导,搞逼供信、"自首"运动,任意捕人杀人,军委主席和政治委员说了算。罪名无非是什么"托陈取消派"、"右派"、"通敌"、"AB 团"、"改组派"等,天晓得! 当时,战争异常紧张,部队整天和敌人拼杀,一个人顶好几个人用,有生力量宝贵得很。我在前线听说一些干部、战士被捕的消息,真是恼火极了。十二师七十三团政委陈海松,年仅二十岁,很能打仗,被列为"审查"对象,要抓起来。军长何畏跑来找我,我说:他是个小孩子,有什么问题呀,不能抓! 我打电话问陈昌浩:"同志,你们想干什么? 我们的部队从鄂豫皖打到四川,是拼命拼过来的,哪来那么多'反革命'嘛! 现在弄得人心惶惶,仗还打不打呀? 命还要不要呀?"陈昌浩有张国焘撑腰,"奉命行事",我的话他当然听不进去。电话里应付了我几句,实际上仍在坚持"肃反"。部队意见很大,层层进行抵制。李先念同志在十一师,就没有照保卫局列的黑名单抓人,说:"打完了仗再说!"保护了一些干部。这个期间,先后被逮捕杀害的团以上干部,有:旷继勋、余笃三、吴展、闻盛世、陈少卿、赵箴吾、杨白、王振华、袁诚汉、李绍德、任玮璋、张逸民等。七十三师二一八团第三营一仗没打好,政委陈少卿被当作"改组派"抓起来,株连全团排以上干部,几乎全部抓光。有的被关,有的被杀,有的被送到运输队里扛大米袋子。木门会议上,大家议论纷纷,慷慨激昂,强烈要求停止部队内部的"肃反"。有个师政治部主任,搞刑讯逼供,杀人不少,在会上挨了批斗。陈昌浩的头脑清醒了些。他在讲话中虽肯定前一段部队中"肃反"的必要性,但承认错抓了些人,同意停止"肃反",将错抓的人放回。木门会议,在抵制张国焘的罪恶"肃反"上,取得了胜利,意义非同小可。

再一个议题是部队扩编和整训问题。反三路围攻的胜利,极大地提高了红军的声望,参加红军成了群众心目中最荣耀的事情,部队和地方武装力量有很大发展。为适应新形势,会议决定将红四方面军的四个师扩编为四个军,并通过整训,加强政治工作和军事训练,恢复彭杨干部学校,进一步提高部队的军政素质。

木门会议后,部队进行了整编,全军共四万余人。编制情况如下:

川陕革命根据地的最高军事领导机构为西北革命军事委员会。主席张国焘,副主席陈昌浩、徐向前,参谋长曾中生。下设红四方面军总指挥部、总政治部。总指挥徐向前,政治委员陈昌浩,副总指挥王树声,总政治部主任陈昌浩兼,副主任傅钟、曾传六。方面军直辖机关和部队有参谋处(主任舒玉章)、总经理部(即后勤部,主任郑义斋)、总医院(院长苏井观)和警卫一团、二团、妇女独立营等单位。彭杨学校直属军委领导,校长倪志亮。

以十师为基础,扩编为第四军。军长王宏坤,政治委员周纯全,政治部主任徐立清(后为洪学智)。辖十师(师长汪乃贵,政治委员甘良友)、十一师(师长陈再道,政治委员叶成焕)、十二师(师长张才千,政治委员徐长勋),共八个团。

以十二师为基础,扩编为第九军。军长何畏,政治委员詹才芳,副军长许世友,参谋主任王学礼,政治部主任王新亭。辖二十五师(师长许世友兼,政治委员陈海松)、二十七师(师长王学礼兼,政治委员梅华樊),暂缺二十六师,共六个团。

以十一师为基础,扩编为第三十军。军长余天云,政治委员李先念,参谋主任文建武,政治部主任张成台(后为李天焕)。辖八十八师(师长汪烈山,政治委员王建安)、八十九师(师长柴洪儒,政治委员杜义德)、九十师(师长邹洪盛,政治委员程世才),共八个团。

以七十三师为基础,扩编为第三十一军。军长王树声(兼),政治委员张广才,政治部主任黄超。辖九十一师(师长朱德崇,政治委员林安英,副师长王友钧)、九十二师(师长陈友寿,政治委员杨朝礼)、九十三师(师长叶道智,政治委员王德安),共七个团。

各军军部机关为司令部、政治部。军直属单位有军医院、修械所、担架营、特务营(包括侦察、通信、警卫、工兵等分队)和迫击炮兵连。不久,军以下的后勤机构,也相继建立和充实。

这次扩编,采取由地方武装、赤卫队向主力红军升级为主的办法,较好地保证了扩兵的质量。

干部很年轻,都是从战火中成长起来的。我那时三十二岁,陈昌浩二十九岁,王树声二十八岁。军、师两级干部,二十来岁的占绝大多数。四军军长王宏坤,二十四岁;三十军政治委员李先念,二十四岁;九军二十五师政治委员陈海松,才二十岁。团以下干部中,十七八岁的"娃娃",一大片。他们虽然年岁不大,但来自工农,来自基层,来自枪林弹雨之中。不仅富有为工农阶级的解放而战的牺牲精神,而且具备比较丰富的实战、训练、带兵经验。红四方面军英勇善战,一往无前,生龙活虎,不畏艰险,是同放手提拔和任用大批经过战火考验的优秀青年干部,分不开的。

文化程度偏低,是干部队伍的一大弱点。除总部保留了屈指可数的知识分子干部(如张国焘、陈昌浩、曾中生、傅钟、李特、黄超、余笃三、朱光、张琴秋、舒玉章等)外,军以下几乎是清一色的工农干部。有些师、团干部,斗大的字认不了几个,连作战命令、书信也不会写。受领任务,传达指示,全凭记忆力。有位师长,作战勇敢,屡建战功,但写不了自己的名字。签收文件,画个"鸭蛋"了事。这固然是旧社会的历史条件造成的,但更主要的是与当时轻视文化知识、排斥知识分子的倾向有关。从教条主义的中央起,就盲目搬用苏联的经验,把知识分子视为异己力量,机械执行共产国际的指示,把中间势力当作"最危险的敌人"。选拔干部,不强调重在表现,而首先看是不是工人成分,搞"唯成分论"。不然,他们是不会把向忠发作为样板,高抬到中央总书记的位置上去的。现在觉得幼稚可笑的事,那时却被奉为金科玉律,"百分之百的布尔什维克化",在全党推行。张国焘更起劲,"肃反"中将具有初中以上文化程度的人,列为重点对象,查祖宗三代,或关或杀或清洗。入川之初,他亲自物色了位抬过滑竿的年轻人,即熊国炳,发展成党员,一下当上了川陕省苏维埃主席。人倒老实，但能力太差，形同虚设，实际上是秘书长黄超当家。所谓知识分子犯错误"罪加三分"，工农分子犯错误"罪减三分"，也是张国焘的发明创造。"上有所好，下必甚焉！"上面"左"到那样的地步，下面形成怕学文化、怕有知识的心理，难道不是必然的吗？一定的文化知识，是提高干部军政素质、指挥才能、战略战术素养的基础。由于红四方面军的干部队伍文化程度偏低，当时又存在普遍轻视文化知识的倾向，给部队发展建设造成的障碍，是相当严重的。

大练兵运动和根据地建设

部队扩编完毕，各就各位，便转入为期三个月的军政训练。

新兵数量大大增加，抽鸦片烟的不少。这是我们在四川扩红遇到的一个特殊问题。不首先解决它，便无法进行正常训练，无法打仗，败坏纪律的现象也难以制止。我们采取教育为主、逐个打通的办法，要求各部队大张旗鼓地开展戒烟宣传，分工包干人头，帮助新兵戒烟。政治机关专门编出教材，发到连队；医务部门大批供应戒烟药丸；部队把烟瘾大的人集中到一块儿，吃、住、训练，每天供应点鸦片烟丸，逐渐减少供应量，直至完全戒脱。连队的"发明"更新鲜：有人犯起烟瘾来，没有鸦片烟供应，就抓上把胡椒或花椒，塞进他嘴里，帮着挺过去。吃胡椒、花椒，竟成了"救急"的灵丹妙药。

有一首戒烟小调，当时很流行：

> 工农呀，弟兄呀，静声听呀哈，唱一个歌儿给你听，其中有原因呀，嗯嗯呀，其中有原因呀。
>
> 洋烟呀，本是呀，大毒品呀哈，军阀弄来害人民，不让我翻身呀，嗯嗯呀，不让我翻身呀。
>
> 川北呀，穷人呀，受他骗呀哈，吸上一服大烟瘾，田地卖干净呀，嗯嗯呀，田地卖干净呀。
>
> 自从呀，吸上呀，洋烟瘾呀哈，别人工作我不行，烟瘾发死人呀，嗯嗯呀，烟瘾发死人呀。

大烟呀,害处呀,说不尽呀哈,不戒大烟活不成,它和军阀不能分呀,嗯嗯呀,就是大敌人呀。

不戒呀,大烟呀,就是死呀哈,戒了大烟身体壮,一齐去打仗呀,嗯嗯呀,一齐去打仗呀。

政府呀,发下呀,戒烟丸呀哈,不伤身体不花钱,戒烟不为难呀,嗯嗯呀,戒烟不为难呀。

不戒呀,大烟呀,人讨厌呀哈,戒了烟瘾人人敬,全家都喜欢呀,嗯嗯呀,全家都喜欢呀。

这种当地的民歌俚曲,像川菜似的,适合四川战士的口味。内容丰富,生动,深刻,极能打动人心。有些新兵在联欢会上听了阶级姐妹唱的戒烟歌,回想自己抽鸦片烟给家人带来的痛苦,愧悔交加,声泪俱下,发誓痛改前非,同烟毒一刀两断。

戒烟一事,成效可观。快则一个星期,慢则个把月,绝大多数患者即戒绝了抽鸦片的恶习。他们饭吃得香了,觉睡得安逸了,面色红润了,身体强壮起来了,练兵自然有了劲头。人民群众看在眼里,喜在心田,说:"军阀把人变成鬼,红军把鬼变成人,还是参加红军好咯!"这项工作,对增强部队体质,完成作训任务,密切军民关系,保持人民军队的阶级本色,起了重要作用。

军事训练是中心任务。

苦练出精兵。战争实践告诉我们,一支能在战场上过得硬的军队,毫无疑义,平日必然是训练有素的军队。兵不练不精。平时稀稀拉拉,缺乏严格训练,战时势必放"羊子",吃败仗。一个指挥员,不重视练兵,又指望打胜仗,岂非梦想!所谓练兵,一练胆量,二练技术,三练战术,四练行军,五练作风,至少离不开这几项基础的东西。这些东西,决不是从天上掉下来的,要靠教育,更要靠实际锻炼。拿胆量来说,一个新兵,没攀过高,没履过险,没走过夜路,没见过刺杀,没摸过枪炮,上来就去打仗,哪来多大的胆量? 心里不打哆嗦才怪呢。练兵,首先就要练胆。技术和战术素养,更是如此。不练习扔手榴弹,能投得远、投得准吗? 不练习瞄准射击,能弹无虚发吗? 不练习刺杀动作,能白刃格斗吗? 不懂利用地形地物,不会修筑堑壕工事,能隐蔽自己、保存自己吗？……而且，战术和技术总是愈练愈娴熟，愈巧妙，愈高强，而绝不会相反。"艺高人胆大"，战术和技术过得硬，反转来又是增强人的杀敌胆量的动力。因而，平时只有严练苦练勤练，真正掌握一套克敌制胜的过硬本领，战时才能临阵不慌，化险为夷，减少流血牺牲，以小的代价换取大的胜利。军队的战斗力，是由多种因素构成的。训练因素，占有极为重要的地位。严格、经常、刻苦的训练，是提高军队战斗力的关键一环。我们在根据地相对稳定和新兵大量增加的局面下，确定大规模地开展练兵运动，是十分必要的。

红四方面军的练兵传统，早在鄂豫皖时期，即已形成。不仅平时练，战时也利用间隙练；不仅风和日丽的气候条件下练，烈日炎炎或风雪交加的恶劣气候条件下，更要练；不仅基层干部和战士练，高级干部、机关干部、勤杂人员，也得练。什么跪射、立射、卧射，刺杀，甩手榴弹，土工作业，跳越障碍，强行军，变换队形，实战演习等，翻来覆去地搞。指战员每走到一个地方住下，刚放下背包，就支起靶子练射击，练投弹，练刺杀。夜间搞紧急集合，急行军，是家常便饭。战前演练，战后总结，打一仗进一步，始终坚持。鄂豫皖时期的练兵传统，在这次练兵运动中进一步发扬光大。时值酷暑季节，气候炎热、潮湿、闷人，山区蚊蝇、小咬、山蚂蟥甚多，日射病、烂脚病、痢疾、疟疾、伤寒、肠炎等疾病不断发生，给部队训练增加了不少困难。各部队大力加强思想政治和后勤保障工作，发扬吃苦耐劳、团结互助、顽强奋战的精神，按"抓紧空隙，利用时间"进行严练苦练的要求，实施训练计划。上自军长下到炊事员、给养员，上自总部机关下到各师团机关、连队，人人参加，无一例外。每个机关、连队驻地的门口和俱乐部里，都有练习瞄准的设置。除正规训练时间外，饭前和饭后，每人都要增练几次瞄准和投弹。每逢开干部会，会前均测验干部的射击和技术能力，有时我们也参加。练兵热潮，遍及全军的每个角落。声势之大，人数之多，时间之久，前所未有。

练兵运动，完全从实战需要出发，突出重点，不同要求，反对弄花架子，走过场，搞形式主义。根据川北的地形条件、作战对象和我军的武器装备、作战特长，重点训练下列课目：(1)四大技术(射击、劈刺、甩手榴弹、土工作业)。如射击一项，即包括操枪、射击姿势、测距离、定表尺、瞄准、击发、装退子弹、上下刺刀、枪支的拆装和保养等。要求新战士掌握各项技术的基本要领,达到合格水平;老战士动作娴熟、准确、迅速,精益求精。(2)山地战斗。包括跑步、急行军、爬山、攀登悬崖、跳越障碍、利用地形地物、变换战斗队形,以及山地战斗(尤其是近战)的一般攻防和追击原则。(3)夜间战斗。包括紧急集合、判定方位、视力听觉、静肃行进、通讯联络方法、通过障碍物、摸敌岗哨和据点、夜间射击和劈刺,以及夜袭夜战的一般战术原则。(4)干部的组织指挥能力。包括明了任务、判断敌情、定下决心、运用兵力、指挥位置、机断处理情况、灵活变换战术、图上作业、实地指挥,以及特种战斗(山地、河川、隘路、居民地、森林、夜间)的一般指挥原则和组织实施方法。在训练中,我们还有意识地根据各部队的特点,加强专长训练,以备战时用在刀刃上。有的团队重点练夜摸,有的团队重点练攻坚,有的团队重点练防御。后来的实践证明,这些部队,在战役战斗的关键时刻,像尖刀,像铁锤,发挥的威力极大。

总结实战经验,加强理论学习,始终贯串在练兵运动过程中。各级领导干部和老战士,总结自己的实战体会,现身说法,相互交流,并帮助新战士入门。方面军的军事理论学习,一直是薄弱环节,这次有所加强。从七月至九月,政治机关出版的《干部必读》,大量介绍军事知识和实战经验,并专门印发了些小册子,如《与川军作战要点》、《游击战争要诀》、《与"剿赤"军作战要诀》、《军事知识研究》、《步兵基本动作》、《追击要点》等,供部队学习研究,提高军事理论水平。我那时忙得要死,没有时间坐下来写东西。这项工作,由曾中生和参谋主任舒玉章负责,取得了可喜成效。

曾中生同志写的《与"剿赤"军作战要诀》,特别值得称道。全书分纲要、敌我对比、红军注意事项、作战要领、特种战斗等部分,着重阐述了红军反"围剿"的战略战术问题。作者认为,"反'围剿'已成为一时代的特种战术",总结我们自己的经验,研究敌人对付红军的各种手段,"有系统地练成反'围剿'的全国军事艺术",以推动革命战争的胜利,至为必要。"知己知彼,百战百胜。"书中对白军和红军,从政治主张、民心向背、部队素质、战斗特点、内部关系、士气等方面,作了分析和对比,说明敌人力量虽大,但存在无法克服的种种致命矛盾,故"立于根本必败的地位";红军力量虽小,但具有优于敌人的诸多强点,"能处处得到广大群众力量的帮助与拥护",只要不断发挥自己的长处,纠正自己的弱点,就一定能够发展壮大,战胜敌人。

作者指出,敌人"围剿"红军的主要战术是:(1)围攻、封锁;(2)分进合击,并进长追;(3)重层配备,活动"搜剿";(4)步步为营,稳扎稳打;(5)依凭碉楼、堡垒、城寨、前进工事;(6)在各部队中挑选抽编和编组新兵部队"进剿";(7)与我主力持久战;(8)集结优于我数倍的力量进攻;(9)利用地方反动武装,发动反革命游击战争;(10)逼我脱离根据地,然后集结力量并进长追。而红军反"围剿"的主要战法则是:(1)内线作战,各个击破;(2)专击敌人联结点;(3)前进包围,后进包围;(4)专于抄击迂回;(5)声东击西,避实就虚,专以飘忽行动击敌要点;(6)围攻一点,消灭援兵;(7)诱敌深入,集中力量而消灭之;(8)布置大的游击战争网;(9)尽力发挥夜战的效果;(10)突出外线的攻击。此外,书中还详细介绍了红军进行山地、河川、居民地、森林及夜间战斗等,应采取的战术原则和注意事项。这是一篇渗透着军事辩证法的重要文献,对红四方面军的作战经验作了深刻总结,使之在系统化、理论化方面,向前大大迈进了一步。

练兵运动中的政治教育,是必不可少的内容。由陈昌浩抓总,方面军政治部具体负责。约占全训时间的百分之二十左右,搞得也比较实际、活跃。

政治教育的根本目的,在于提高部队的阶级觉悟,发扬革命英雄主义精神,为完成红军担负的任务而斗争。扩编后的我军,新成分大量涌入,大部分是翻身农民,少部分是穷苦家庭出身的俘虏兵。他们一般地知道红军比白军好,参加红军光荣,但毕竟是些朴素的认识。暴露的问题也不少,有的怕戒大烟,有的不愿离开家乡,有的怕打仗,有的违犯纪律,甚至有的开了小差。干部和老战士的急躁情绪有发展,管教方式简单化,埋怨四川兵落后、难带,打骂新兵的现象屡有发生。同时,因为根据地是红军一手创建起来的,军队和地方的关系上,也存在着"老子天下第一",随意包办和指挥地方工作,瞧不起地方干部的倾向。

针对这些问题,政治教育首先从培训骨干入手。军、师、团三级政治机关,分别举办了政治干部训练班和党、团训练班,学习《干部必读》、《党员须知》、《连指导员须知》等,对广大政工干部、基层党支部委员和党、团员骨干,进行短期轮训。连队的政治教育,普遍以中共"六大"的《十大纲领》、《红军战士读本》、《红色战士必读》、《红色战士丛书》为教材,着重解决为什么要当红军和怎样才能当好红军的问题。内容包括:帝国主义和国民党反动派,中国工人阶级和中国共产党,土地革命和红色政权,红军的任务、传统和纪律,红军和人民群众的关系等。新兵中的一些现实思想问题,主要通过正面教育,提高觉悟去解决。除课堂教育、班组讨论外,还利用唱歌、竞赛、读报、讲故事、办墙报、开文娱晚会等多种形式,开展工作。各连队普遍有列宁室、读报班,设有《干部必读》、《战场日报》、《赤化全川》、《红星》、《红旗》等刊物和小报;行军演练时,设流动阅报处。文化学习要求扫除文盲,将不识字的干部、战士混合编组,每天认几个字,逐步达到能看懂报纸和写家信的水平。团以上政治机关,还成立了"白色士兵工作委员会",以加强对敌军的宣传瓦解工作,检查对敌军工作的贯彻执行情况。军地关系上,要求克服骄傲情绪,尊重地方政府和党组织的领导,任何人不得随意干预地方工作,更不得指手画脚,命令地方干部干这干那。政治训练的一系列活动,对提高部队的斗志,保证军训任务的完成,增强军内外的团结,有明显的促进作用。当然,政治教育上的形式主义、简单化的现象还存在,这在一定程度上,影响了教育效果。

总之,为期三个月的整军训练,在军事、政治、后勤工作上,都取得了明显成绩。这是自方面军成立以来进行的第一次大规模练兵运动,对部队的建设和发展,对根据地的巩固和扩大,产生了深远影响。

这个期间,地方工作在川陕省第二次党代表大会精神的指导下,也有飞速的发展。

政权建设方面,省工农民主政府于八月一日召开了第二次工农兵代表大会,通过了《目前政治形势和川陕苏维埃的任务》的决议,制定了优待红军家属、公粮、婚姻和禁鸦片的条例。通过各级政权机构的改选,进一步纯洁了组织,提高了群众当家作主的责任感。农业方面,新区进行了土地革命,老区普遍开展查田运动,广大农民生产情绪高涨,获得了历史上少有的大丰收,产量明显提高。工业方面,先后恢复和新建了一些农具、纺织、造纸、被服等小型工厂;在通江城内外和沙漠嘴地区开挖盐井,解决根据地缺盐的问题;制斗笠、制药、染坊等手工业也恢复了生产。交通建设方面,省工农民主政府先后发动五十万民工,劈山炸石,干了件大工程——疏浚巴中至江口、江口至苦草坝总长三百余里的河道,不仅保证了舟船的顺利通行,而且减少了巴河下游的水患。不论从军事运输或方便群众的角度来说,都是值得称道的。财政方面,颁发了公粮和各种税务条例,设立工农税务局,征收统一累进税;建立了工农银行,发行根据地的银币和布币。文化教育方面,省工农民主政府成立了干部学校,各县、区均建立了列宁小学,进行义务教育;每个集镇均设俱乐部,开展群众性的文化娱乐活动。地方武装建设方面,八月八日,川陕省委召开了地方武装代表会议,决定成立中国工农红军川陕省军区指挥部,张广才任指挥长;并对西北军区政治部决定的《川陕省军区指挥部组织条例》和《西北军区赤卫军条例》,进行讨论和学习,进一步明确了地方武装的组织系统和任务。这一系列工作,是川陕根据地党政军民共同努力的结果。

但是,"左"的倾向有所发展。主要表现在查田运动中将一部分中农划成富农,将一部分富农划成地主,扩大了打击面;"改选苏维埃"清洗的干部太多,甚至把一些犯有错误的当阶级敌人杀掉,弄得地方干部战战兢兢,缩手缩脚;反对宗教迷信过火,打菩萨,毁庙宇,伤害了一部分群众的感情;对中小工商业,不是采取扶持、鼓励的政策,而是打击、限制,影响了根据地的商品繁荣。这些问题,没有得到及时纠正,给根据地建设造成的不良后果,也是严重的。

所谓反"右派"和"托陈取消派"

正当我军练兵运动进入高潮,根据地建设蓬勃发展的时刻,张国焘认为,难关渡过,大局已定,扎根川北,铁板钉钉。于是,便腾出手来,开展了一场反对"右派"和"托陈取消派"的"肃反"斗争。矛头主要指向入川前在小河口会议上,公开反对过他的曾中生、余笃三等同志。旧账新翻,要报小河口的一箭之仇。

七月底,张国焘即以西北军委会主席名义,公布了一道命令。内称奉中央革命军事委员会的命令,免去西北军委参谋长曾中生的职务,另行分配工作;参谋长职务,由倪志亮接任。张国焘是怎样向中央请示报告的,我们不清楚。没过几天,有人告诉我,说曾中生被保卫局关起来了。我异常吃惊,赶紧去问陈昌浩:"这是怎么回事,中生同志也成反革命啦?"陈昌浩很激动，说从苏联回来的余笃三、王振华、朱光、杨白、赵篪吾等，过去就和托派有联系，被共产国际开除或处分过，现在查清，他们都是混进党内的"托陈取消派"。曾中生和他们团在一起，搞非组织活动。他的问题严重，所以中央同意免他的职，进行审查。陈昌浩向我打招呼："向前同志，你不了解情况，不要过问这些事。"我说："别人历史上的问题，我不清楚，不敢打保票，但中生同志我们大家都了解他，中央也了解他，有话慢慢说嘛，关起来总不合适吧！"陈昌浩说："不会关多久的，搞清问题就放他，放心好了。"我就没有再说什么，但心里很不是个滋味。想来想去，觉得这件事情，很可能同小河口会议有关。因为曾中生他们在会上尖锐批评过张国焘，张耿耿于怀，不会轻易放过他们的。

接着，张国焘在通江召开领导机关党团活动分子会议，由陈昌浩报告"肃反"问题。中心内容是"反对托陈取消派与右派"。绘声绘色，并且点了曾中生、余笃三等七八个同志的名。这时，话就说得更吓人了，什么"阴谋活动"、"反革命先锋"、"投降敌人"、"推翻党的领导"、"派侦探和敌人接头"……帽子一大堆。张国焘的讲话，调门同陈昌浩是一致的。说什么"右派与托陈派、改组派、AB团、第三党联合起来，形成小组织的活动"，要大家"背靠背与敌人作殊死战，反对右派这种反革命组织作用"。

他们罗织曾中生等同志的具体"罪状"，有下列几条：

第一，主张"红军不应离开鄂豫皖，应分散游击"，乃是企图"让敌人来各个消灭我们"。

其实，这是黄柴畈会议上的一种意见。据我所知，曾中生并不支持这种意见，他和我们的想法一致，同意暂时跳到外线，伺机打回根据地去。把主张"分散游击"的罪名扣到他头上，毫无事实根据。而且，"跳到外线"或"分散游击"，是军事行动方针的争论，根本不是革命和反革命的分野。主张"分散游击"的同志，出发点也是想保存革命力量，争取挽回第四次反"围剿"的败局的。将军事行动方针上的不同意见，说成是有意"让敌人来各个消灭我们"，真是耸人听闻！张国焘本人，就在漫川关突围前夕，提出过化整为零、分散游击的意见，又当作何解释？

第二，西征途中，提出"到哪里去"的问题，主张"回鄂豫皖"，计划派人去中央反映情况，乃是"根本取消革命，要我们向敌人投降"，"公开组织开小差"。

我军从鄂豫皖根据地跳出外线后,在强大敌人围追堵截下,未能实现原来的战略企图,被迫西征转战。今天转到这里,明天转到那里,一时找不到立脚之地。"到哪里去"的疑问,普遍存在于军中,高级干部也不例外。有些同志主张打回鄂豫皖去,更不奇怪。因为我们起初有这样的计划,且向干部传达过。西进途中,中央来了电报,也要我们打回去,只不过是当时敌情严重,行不通罢了。主张打回鄂豫皖根据地去,能同"取消革命"、"投降敌人"画等号吗?

中生他们对西征转战有疑虑,对张国焘有意见,的确酝酿过派人去中央告状的问题。我后来得知,参加酝酿的高级干部有:曾中生、余笃三、旷继勋、张琴秋、傅钟、朱光、王振华、杨白、吴展等。此事因张琴秋去做陈昌浩的工作,希望他支持,而被陈揭露出来。我认为,在紧急、危险的转战关头,这样搞是不恰当的。但是,说他们"公开组织开小差",显而易见,也是无限上纲的做法。

第三,议论和批评张国焘搞"个人独裁"、"军阀投机"、"家长制度",乃是以"反对个人来掩饰其反对革命","企图以推翻党的领导来间接推翻红军"。

党的组织原则是民主集中制。破坏民主集中制原则,搞家长制统治的人,十个有十个爱吹不爱批,视批评意见如洪水猛兽,极尽压制打击之能事。人的嘴巴是锁不住的。你不讲民主,称王称霸,不准人家议论,办不到。张国焘搞家长制统治,是尽人皆知的事实。中生他们对此不满,有些议论,也是事实。背后议论过些什么,我不太清楚。但在小河口会议上,当张国焘作出愿意听取意见的姿态时,曾中生开诚布公,提出了自己的意见。那个会议我没参加,事后听说,他对张国焘的批评相当尖锐,这也符合他的性格特点。中生同志批评人历来不讲情面,激动起来,话不会那么中听。小河口会议的结果并不坏,张国焘的家长制作风有所收敛,领导层的团结有所加强,因而才取得了钟家沟会议决定入川的统一认识。把小河口会议上对张国焘的批评,说成是反对革命,企图推翻党的领导和红军,纯系欲加之罪!

第四,提出"四川山大人稀"、"军阀太多"、"群众滑头不革命"、"红军不能创造赤区"的理论,可是"事实打了中生的嘴巴","中生又想把狐狸尾巴夹起来,待时而动"。

这一条,只能用"莫须有"三个字说明。

我军进军川北,发动群众建立根据地,收紧阵地粉碎三路围攻,首先是领导层意志统一,行动一致,共同努力的结果。那时,我印象最深的是大家忙得要命,但兴高采烈,劲头十足,上上下下,配合得不错,决心在川北立脚生根。川北是块建立根据地的好地方,没有人表示怀疑,中生他们也是这样。而且,经过小河口会议,他们对"张主席"的不满情绪,有较大的缓和。曾中生在川陕省委,旷继勋任川陕苏维埃主席,朱光在总政治部,余笃三在总经理部,张琴秋在红江县委,都是很尽职的。曾中生不仅积极主管地方工作,且关心红军的作战和建设。他专门研究了川军的作战特点,写出《与川军作战要点》一文,供红军指战员学习。字里行间,充满红军必胜、川军必败的信心。差不多就在同时,蒋介石委任刘湘为四川"剿匪"总司令。针对这件事,曾中生在一篇《准备活捉刘湘》的短文中,热情奔放地写道:"田逆费了九牛二虎之力,进攻红军,结果,丢下来一万条枪,四个旅长,多个团长和成千成万的俘虏与军用品。刘湘又来了吗? 好的! 率(索)性将他带来的兵和将、枪和刀,一件一件的缴下,还要不让逃脱了刘湘的一条狗命!"号召大家不要被胜利冲昏头脑,切切实实做好发展地方武装、扩红、瓦解敌军、扩大游击战争的工作,为争取更大的胜利而斗争。这些,难道不都是拥护在川北"创造赤区"的铁证吗?

第五,张国焘还指出,早在鄂豫皖时期,曾中生就是"一个立三主义者"。立三的"半托洛茨基的观点","得到了惯于军事投机的曾中生的极端拥护","中生曾以这种立三路线的观点反对鄂豫皖中央分局的正确路线,形成小组织式的斗争,结果助长了改组派、AB团、第三党"。

这一条,指的是鄂豫皖时期的"南下之争"、"鸡鸣河会议"和"白雀园大肃反"。谁是谁非,本书前面已有较详细的叙述,不再重复。张国焘重翻历史旧账,用意很清楚:"一石二鸟"。既打了曾中生,又敲了我和王树声、倪志亮等同志。因为我们和红四方面军的绝大多数领导干部,在"南下之争"中都是站在曾中生一边的,并受到教条主义中央领导人的严厉指责。谁想出来替曾中生辩护,谁就是"立三路线"、"半托洛茨观点"、"小组织"的坚持者和维护者。

曾中生同志被捕后，我就再也没有见过他。审讯是由张国焘亲自掌握的，别人不能过问。据说他一直正气凛然，坚持同张国焘斗争，拒不写"认罪悔过"的所谓"自首书"。一九三五年夏，红一、四方面军会合后，他在狱中写了封信给中央，没有送出去即落到张国焘手里。张起了杀机，将曾中生秘密杀害。这些情况，我们到延安后才弄清。

曾中生同志是个能文能武、智勇双全的红军领导人，杰出的共产主义战士。他对党忠诚，待人诚恳，才思敏捷，浑身充满革命者的战斗激情和力量。鸡鸣河会议和小河口会议这两次同张国焘的斗争，虽在组织原则方面和斗争方式上有缺点，被张国焘抓住了把柄，但瑕不掩瑜，他敢于坚持真理的精神，是十分可贵的。他又是一个能够经得起打击迫害和忍辱负重的人。我记得鄂豫皖时期，因南下之争，被王明一伙和张国焘批得够呛，罢掉了他的分局军委副主席和红四军政委的职务，分配去地方武装黄安独立师当师长。他那时身患肺病，咳得厉害，体质很虚弱。面对政治打击和疾病的折磨，他毫无颓丧、失望情绪，夜以继日地工作，从而很快使该师发展成为战斗力甚强的一支地方武装力量，反第四次"围剿"时，起到了主力军的作用。七里坪恶战，他指挥在前，脚负重伤后，躺在担架上随军转战到川北。在川陕边根据地，他不顾张国焘的继续打击（明的或暗的），一心扑在根据地和红军建设上。尤其难能可贵的是，身陷狱中，仍奋笔书就了《与"剿赤"军作战要诀》这篇重要军事著作；由西北军委会印发全军干部，人手一册，成为四方面军干部提高军事理论水平的基本教材。曾中生同志遇害时，年仅三十五岁。

川陕根据地的内部"肃反"，时断时续，不像鄂豫皖"白雀园大肃反"那么集中、突出。但是，遇害的同志也不少。除反三路围攻和反"托陈取消派"期间被关、被杀的一些干部外，张国焘还先后监禁过四川省委书记罗世文、中央派来的干部何柳华（廖承志），陆续杀害了参谋主任舒玉章、陕南特委书记杨珊、四川地下党派来的一些知识分子干部，以及川东游击军（红三十三军）的一批骨干。川陕根据地的"肃反"，应由张国焘负主要的罪责。被害的革命同志，应受到党和人民的永远追念。

三次进攻战役

经过三个月的大练兵运动,我军的战斗力明显加强。广大指战员斗志昂扬,摩拳擦掌,准备迎接新的战斗任务。

敌人新的围攻尚未准备就绪,仍处于战略守势状态。我根据地周围的田颂尧、杨森、刘存厚等军阀,慑于红军声威,各坐巢穴,互相观望。东南部势力最雄厚的军阀刘湘,虽已被蒋介石委任为四川"剿匪"总司令,但他正忙于"先安川而后剿赤"的大业,在川西同刘文辉部混战犹酣,暂时无意罢兵,回师"剿赤"。形势对我们有利。我们决定采取依托根据地,由北而南,各个击破,全面推进的对敌作战方针,立即发起外线进攻,进一步扩大根据地,解放更多的劳苦群众,壮大革命力量。

从一九三三年八月中旬至十月底,我军连续发起了三次进攻战役,即仪(陇)南(部)战役、营(山)渠(县)战役、宣(汉)达(县)战役,取得了辉煌战绩。田颂尧部、杨森部、刘存厚部分别受到沉重打击,川陕根据地进入全盛时期。

仪南战役从八月十二日开始,至二十七日结束,历时半个月。

仪陇和南部县的嘉陵江以东地区,位于我根据地西南方向,系田颂尧的地盘。东、南连接杨森的"防区",西靠嘉陵江东岸,北邻阆中、苍溪至巴中的红色区域,是块孤零零的菱形角落。

南部县是四川著名的产盐区,盐井很多。夺取南部的盐井,是我们发起这次战役的原因之一。川陕根据地已发展到二百多万人口,但仅有通江的几口盐井产盐,产量甚低,根本无法保证群众的最低需要。在敌人严重经济封锁下,外面的盐巴不能大宗输入,小商小贩偷运点进来,杯水车薪,无济于事。食盐这东西,别看现在不稀奇,一块钱买一大堆,那时却金贵极了。物以稀为贵。根据地盐巴奇缺,缺到一块光洋买不到一两,甚至有钱没处买的地步。二百多万人民群众要生活,要生产,不解决吃盐问题还了得!盐,关系到群众的切身利害,关系到红军的战斗力,关系到根据地的生存和巩固,当时是个具有战略性意义的问题。我们首先发起仪南战役,就是从解决吃盐问题着眼的。

田颂尧兵败通南巴后,垂头丧气,将部队大部拉回嘉陵江以西休整。江东只留少数兵力扼守几座孤城。其新收编的王志远第五路和刘汉雄独立师约六个团,布于广元及其以北地区;罗乃琼第三师和何德隅第三路八个团据守苍溪一线;李炜如第一路四个团,一部驻阆中,大部驻守仪陇、南部地区。切断广元、苍溪之敌同李炜如部的联系,我军就能横扫仪南守敌,实现自己的战役企图。那时打仗,我们手头上没有军用地图。我记得这次战役前,将徐深吉同志调来总部当参谋,我就把绘制地图的任务交给了他。他到处搜集县志、报纸、地图,找老乡和俘虏访问,才画出一张包括七八个县的交通图。地名、里程、路线及敌人兵力部署,虽不十分精确,但很有用处。我们制定仪南战役计划,靠的就是那么一张交通图。

我们的决心是:多路突击,几处制敌,迫使西岸田军主力不敢贸然渡江援应,集中我主力一部,迅速围歼仪陇、南部之敌。具体部署:以九军担负战役的主要任务,由巴中以西之恩阳河向仪陇、南部进攻;以三十军一部西出向苍溪进击,以三十一军一部出西北向广元地区进攻,迷惑和牵制敌人,配合九军行动;另以四军在江口和洪口场等地,钳制南面的杨森部和东面的刘存厚部。我率前线指挥部,随九军行动。

八月十二日,我军全线出动,发起进攻。九军兵分三路,直指仪陇。右路在尹家铺打了个遭遇战,溃敌一个团,歼敌二百余名,余敌逃向阆中。左、中两路进展顺利,当天就包围了仪陇县城及其周围的据点。仪陇是个山城,朱总司令的故乡。县城建筑在高山顶上,城墙坚固,不太好攻。县城外围的据点,如兴隆场、黄林石、日兴场、凤仪场、土门铺等,居高临下,筑有坚固防御工事。守敌并不多,合共两团多人。我们是八个团,兵力占绝对优势。

田颂尧的部队,吃过红军的苦头,很怕我们。但是,现在他们占据有利的地势,有坚固的城墙、工事屏障,有水喝,有粮吃,你喊话要他们缴械投降,就不那么容易了。只有硬攻,打山地攻坚战。

红四方面军打起仗来,干部层层下放,靠前指挥。方面军的干部下到军,军的干部下到师,师的干部下到团……以此类推,保证每个连以上战斗单位,均有一名上级指挥员在场。这有几个好处:一是利于了解情况,二是利于机断专行,三是利于鼓舞士气,四是利于掌握部队。这次打攻坚战,是个费劲的事,新兵又多,弄不好会伤亡一大堆人,得不偿失,所以更需要各级干部层层下去,直接组织指挥战斗。各部队一面积极进行攻坚的准备工作,一面组织小分队进行夜袭,消耗和疲劳敌人。经过一个星期的连续苦战,才将敌外围据点全部攻克,共歼敌一个团。

八月二十二日,九军向县城发起总攻。不到半日,就攻进了县城。县城后面的金城寨是有名的天险,敌人一个多团退到那里据险顽抗,很难啃。第二天又激战一天,才从侧后方向突开,将守敌全歼。

九军攻克仪陇后,右路指向阆中,中、左两路迅速向南部地区挺进。

南部有地下党的基础,过去搞过农民暴动。听说红军到来,立即发动一批秘密农会会员,拿着土枪、长矛四处袭敌、扰敌,积极配合红军作战。田敌仓皇失措,纷纷向嘉陵江以西逃窜。阆、南交界的大佛寺徐子辉民团,负隅顽抗,被我全歼。四天之内,九军即将嘉陵江东岸的南部产盐区全部占领。在地方党配合下,发动九十余口盐井的职工继续生产,组织运输队将大量食盐运往后方,并且开凿了新盐井六七十口,基本解决了根据地的盐荒问题。

与九军发动进攻的同时,我三十一军向广元方向猛攻。连克元坝子、红土关等要点,十五日攻占千佛岩,十八日攻下广元城东南的险要阵地柳林子,歼敌两个多营,形成对广元的三面包围,压迫田敌不敢复出。而后,以一部兵力向陕南宁强县境发展。三十军一部于苍溪地区,亦连克五龙、三川寺、永宁场、白合、伏公等敌据点,歼敌一部,进抵苍溪城郊,将守敌困住。三十军、三十一军的进击,有力地牵制和分割了敌人,配合了九军的作战行动。

为时半个月的仪南战役,我军总共歼敌三千余名,缴枪千余支。解放了仪陇县城及其大部地区,控制了广元、昭化、苍溪、阆中、南部等县的嘉陵江东岸的广大地区和陕西宁强县一部。尤其是大批盐井的夺取,意义重大。部队经过实战,锻炼了大批新兵,提高了山地作战能力,也是很大的收获。

仪南战役后,九月间,我们接到了党中央致红四方面军领导人的来信。这是自西征转战以来,第一次通过秘密交通转来中央的文字指示,大家都很高兴。信中对国际国内的形势作了分析,对红四方面军创造川陕根据地的斗争深表嘉许,并指出:"你们应采取积极进攻的路线,在巩固原有阵地基础之上,来迫切地争取苏维埃首先在四川全省的胜利","运用一切力量,抓紧这一历史时机,把革命的火炬烧遍整个西北"。具体任务是:(1)必须在嘉陵江与渠江之间,创造一个巩固的根据地。(2)扩大红军,在年内创造富于战斗力的主力红军五万人,以便打碎敌军和夺取中心城市。(3)争取和加强对四川数十万抗捐军(指农民)的领导,并与川滇边游击队取得联系。(4)加强红军各部间的行动统一。(5)坚决执行土地革命的任务。(6)加紧反帝工作。(7)动员群众拥护即将在中央苏区召开的第二次全国苏维埃代表大会,并派代表出席会议。

方面军总部认真讨论了中央的指示信,大家都同意。现在看来,上述任务的指导思想,虽明显带有"左"的倾向,可是在通过积极进攻去扩大根据地、猛烈发展红军、协调红军各部的关系等问题上,还是适合川陕根据地的实际情况的。至于夺取中心城市,我们当时没有那么大的力量,当然办不到。有多大力量打多大的仗,只能这样。

营渠战役自九月二十二日开始,至十月六日结束,历时十四天。

营山、渠县位于川陕根据地南部,渠江和嘉陵江之间,系敌二十军军长杨森的"防地"。早在武汉军校时期,我带领学兵队第一次和川军打仗,打的就是杨森的部队。他那时和叛变革命的夏斗寅搞在一起,进攻北伐军。后来他在四川武力发动"统一之战",想吞并全川,被刘湘等联军大败,只身逃往汉口避难,公开宣誓向北洋军阀吴佩孚"效忠"。不久,借助吴的力量回川,重整旗鼓,占据了广安、岳池、南充、营山、渠县一带,盘剥人民群众。我军入川时,曾致信于他,希望他持中立态度,不要进犯我军。但杨森置之不理,反而派兵参加三路围攻,为田颂尧壮胆。我军粉碎田敌围攻后,杨森坐卧不宁,一面派出代表夏炯与红军谈判,要求"互不侵犯";一面则在军内和防区内加紧防共、清共,各地设立"清共委员会",强化保甲长组织,捕杀共产党嫌疑分子,口号是"宁枉杀一百,不走漏一个"。

杨森二十军的前哨据点,伸进我巴中县境南部的玉山场、鼎山场,突出于仪陇和江口中间。在我根据地不仅要向西南发展,而且要向东南发展的情况下,它就像个拳头从正南面抵住我胸部,极大限制红军的回旋余地。而在敌人新的围攻到来时,它又像把尖刀,可直插巴中、南江,危及我腹心地带。不拔掉杨森这个钉子,我军将进退失据。现时,既会失去胜利扩展根据地的大好机会;将来,又有在新的围攻面前受制于敌的危险。从战略全局着眼,方面军总部一致作出了攻打杨森的决定。

敌二十军辖六个混成旅,每旅三团,另有手枪团、宪兵团和团务精练司令部的两个团,共二万余人。兵力从巴中县属的玉山场、鼎山场配属起,由北而南,沿蓬安、营山、渠县、南充,直至岳池、广安一线,利用山险要隘,实行纵深梯次配置。

我们决定采取中央突破、两翼迂回的战法,首先消灭突出于北端的玉山场、鼎山场之第二混成旅。进而乘胜向纵深发展,相机歼营山、渠县之敌。具体部署是:以驻守巴中地区的三十军主力,担任正面突击任务;九军主力由仪陇地区向东,四军十一师由巴中东南向西,实施两侧夹击;三十一军监视广元、陕南方向之敌;四军一部监视川东刘存厚部;组织阆南、苍溪的地方武装,在嘉陵江东岸频繁活动,造成西进姿态,迷惑和牵制田颂尧部,以保证主攻部队右侧后的安全。

九月二十二日夜,我们下达了总攻击令。那天正下大雨,敌人意想不到我军会在这样恶劣的气候条件下出击,毫无思想准备。我军虽然新兵不少,但经过大练兵运动和仪南战役的锻炼,已经掌握了夜间、雨天行军爬山的一套本领,各部队均能神速、隐蔽到达指定地点。翌日拂晓前,战斗打响,三十军从正面突击,九军和四军一部从背后突击,将玉山场、鼎山场之敌,打得不知所措。鼎山场守敌一个团被四军十一师包围击破;玉山场守敌慌忙南逃,九军和三十军冒着大雨猛追。二十四日,九军抵营山以北六十余里的马深溪,将凭险顽抗的敌第二混成旅残部,全部击溃。此时,敌整个阵势已呈混乱状态,我们令三十军乘胜向东南发展,四军十一师跟进配合,直指渠县;九军则攻击营山,以突破敌人的第二道防线,相机歼敌。

杨森突然遭此打击,有点手忙脚乱。连电刘湘告急求援,同时急调驻守南充的第三混成旅增援蓬安,第五混成旅两个团增援营山,企图据险堵击我军。二十九日夜,我三十军向渠县第一混成旅的扼守要地发起攻击,指战员冒着敌人火力封锁,攀登悬崖绝壁,一气攻下佛楼寺、杨家寨,全歼敌第一团和第三团。三十日,四军十一师亦攻占佛楼寺以东之石河桥,并南下进逼渠县。为集中兵力围歼营山敌第五混成旅,我们令三十军西向,迂回营山,协同九军作战。十月三日,九军、三十军各一部,冒着滂沱大雨,猛攻营山东北的大庙场、新店子一线。九军的七十三团打得最出色,英勇冲入敌阵,同敌肉搏,连破七道工事,打乱了敌人的阵线。该线守敌和来援之第三、第五混成旅,被九军、三十军歼灭二千余人,余部逃向嘉陵江对岸。当晚,九军攻克营山;六日,继占嘉陵江边的周口。至此,营渠战役胜利结束。

营渠战役,势如破竹。十多天内,我军攻坚越险,突破敌纵深梯次配备的坚固防御体系,前进上百里。先后共歼敌三千余人,缴枪两千余支,解放了近百万人口的大片土地。战役期间,正赶上连续下大雨,道路泥滑,部队冒雨行军作战,十分艰苦,但大家毫无怨言,万众一心,战胜困难,完成作战任务。这样的部队真是可爱啊!

打完杨森,发生过一次争论。我们回到双凤场,住在个戏台子上。四川的戏台子很多,木质结构的,既宽敞,又亮堂,干干净净,风风凉凉。我们宿营时,都愿意找戏台子住。那天吃早饭的时候,为打杨森的事,我们的参谋主任舒玉章,与陈昌浩吵了起来。

舒玉章不同意打杨森,认为红军和人家的代表谈判过,无论如何不该进攻人家。他是东北满族人,毕业于日本士官学校、广州黄埔军校。会几国文字,喜爱翻译或写点军事文章。为人耿直,性格刚强,工作勤勤恳恳,是个好同志。他也是中央派到鄂豫皖的,一直搞参谋业务。行军打仗可辛苦啦,每次行军他都督促我。我呢,疲劳得要命,睡觉也是抢时间。等部队集合出发,我带上警卫员,骑马到先头部队出发的地方,下马把皮大衣一盖,呼呼地睡上一觉,等后续部队走完,再起来跟上队伍,走到前面去。忙里偷闲,要不,难得有休息的时间。每次行军,舒玉章就留在后面,找呀,催呀,生怕我掉队,出危险。他是很尽职的,细致认真,一丝不苟。那时,我们和参谋主任、参谋、警卫人员,不分彼此,大家在一起吃饭。打饭的时候,按高矮个头排队,谁个子高,先打饭吃。那天吃早饭的时候,你一言、我一语,讲起了打杨森的事,他就和陈昌浩争论起来了。

争来争去,陈昌浩的意思无非是说,我们消灭了杨森那么多部队,缴了那么多枪,取得了那么大的胜利,不对吗?舒玉章说,不管你们怎么说,我们和人家的代表说的是互不侵犯,你们打杨森,犯了错误,是"立三路线",官司打到中央去,我也保留意见!这下陈昌浩可炸了,拍着桌子说:你是个"日本特务",在这里搞煽动,反政治委员!下令:"马上给我把他捆起来!"按说,舒玉章同志有自己的看法,不同意打杨森,正确与否,可以讨论。仗已经打完,也有时间坐下来,心平气和地研究。他扣帽子不对,但保留意见有什么错?他是共产党员,有提出意见和保留意见的权利。陈昌浩在火头上,我怎么劝都不听,结果硬是把舒玉章关进了班房。政治委员决定一切,能随便抓人、杀人,搬的是苏联那一套,害死人哪。

陈昌浩很能干,有才气,但年轻火旺,盛气凌人。他是从莫斯科回来的,连张国焘都得让他几分。平时,干部佩服他能写能讲,但也怕他发脾气。舒玉章和他争论问题,吵了架,他就决定把人抓起来,关进了班房。我说,我没有参谋主任不行。要了几次,他都不理。后来,听说是以"反革命"的罪名,把舒玉章杀掉了。这是个好同志,死得冤枉,令人惋惜。

宣达战役自十月十七日开始,至二十七日结束,历时十天,打老牌军阀刘存厚,战果最大。

刘存厚是个贪婪而又昏庸、顽固的老朽。我军入川后,几次写信给他,要他严守中立,他都不予理睬。不仅如此,他还趁我军收紧阵地的困难时刻,派兵抢占竹峪关,配合田敌,妄想置红军于死地。敌人的报刊曾这样描绘他:"这位老将军名义上虽是最早接受了国民政府委给他的国民革命军二十三军军长的头衔,但是在脑海中依然憧憬着'吴玉帅'统治时代的他,所用的国徽依然是'五色'的,不是'青天白日'的。他在题赠绥属联合中学的匾额上煌煌题着'勋一位,一等文虎章,一等宝禾章,崇威上将军'的荣衔。不但在形式上,就是在精神上他也完全继承着北洋时代的典章文物的。"(《国闻周报》第十二卷第九期)这位吴佩孚的"崇威上将军",升官有道,治军无能,在军阀混战中屡遭败北,最后不得不退处川东北的万源、城口、宣汉、达县(绥定)一带,苟延残喘。如同其他军阀一样,他在搜刮民脂民膏上,绝不留情。就在宣达战役前夕,还派军队去四乡逼款,"每户派兵一名,坐收剿赤军款","人民被迫投环跳水者,在在皆是"。(一九三三年十一月一日《新蜀报》)群众恨之入骨,称他为"瘟牛"(谐音刘)。

刘存厚的边防军有两师一路加一个独立旅,共十五个团,二万余人。在长达三百余里的"防地"里,兵力呈一线式配备,分兵把口,纵深薄弱。我军从敌防线上突破一两个口子,便可直捣刘存厚绥定官邸,掀掉"瘟牛"的窝棚。

战前,我们在通江东南的得胜山,召开军以上干部会议,研究了宣达战役的作战方针和部署。出席会议的有:张国焘、陈昌浩、徐向前、王树声、余天云、李先念、王宏坤、周纯全、何畏、詹才芳等。

兵不厌诈。为了麻痹刘逆，迷惑敌人，保持战役发起的突然性，我们确定，战役准备的关键一环是声于西而击于东。以三十一军一部、九军和三十军各一部，向嘉陵江沿线之广元、苍溪、蓬安等地，积极佯动，虚张声势，造成主力红军西进攻击田颂尧部的态势。主力攻击部队，则保持绝对隐蔽，秘密向东线集结。这一工作，要求十月十五日前完成。

作战方针是集中兵力，中央突破，直捣敌后方，并在两翼实行辅助进攻，力争全歼刘存厚部。具体部署：以三十军之八十八师及八十九师一个团为第一梯队，九军之二十五师为第二梯队，组成中路，集结于通江东南的刘坪、麻石场地区，担负中央突破的任务，攻击以土地堡为中心的敌第一师阵地，得手后直接向宣汉、达县发展。以四军之十师及十二师一个团为左路，集结于通江以东的龙凤场、芝包场地区，攻击以草坝场为中心的敌第二师阵地，嗣后向罗文坝、毛坝场发展，相机占领万源县城。以四军之十一师为右路，集结于通江城南的元山场、江口地区，由江口附近东渡巴水，向老鹰寨敌独立旅突击，嗣后向达县方向发展，并协助中路兜抄可能南逃之敌。我们要求各部队深入政治动员，发扬夜战近战的特长和迅速秘密行动的战斗作风，采用奇袭手段，攻占要点，突破敌人防线，大胆迂回包抄，猛打穷追，速战速决。我和陈昌浩随中路行动。

会后，各军按既定方针和部署，积极进行准备工作。我和三十军、九军的领导干部，一起去看了地形，选定了突破口。

十月十六日夜，我各路纵队按指定地点集结完毕，虎视鹰瞵，待命出动。十七日拂晓前，我们下达总攻击令。敌人猝不及防，张皇失措。

在中路，三十军二六八团，通过陡峭的山路，攀越五丈多高的绝壁，一举袭占土地堡之要隘烟灯寨，歼敌一个营，打开了缺口。其他部队陆续跟进。当天即攻下了土地堡、凤凰观、邱家堡、马渡关，歼敌第六团，溃敌第五团，胜利摧垮敌第一师的防地，余敌向宣汉、达县逃窜。在左路，进展亦较顺利。四军十师、十二师部队，经与敌激战，歼敌一个营，占领了镇龙观、余家坪，次日又占草场坝、五龙台，守敌一个旅另一个团突围逃窜，敌第二师阵地亦被摧毁。唯我右路四军十一师尚未按计划渡过巴河，延误了一天时间。

中路和左路猛打穷追,按预定计划向纵深发展。

十八日拂晓,左方向敌溃逃的一个旅另一个团,行至五龙台,被我全歼,俘敌旅长以下二千余人。万源守敌廖雨辰等部五个团,惧怕被歼,放弃万源,经黄金口、峰尘场向南猛逃。刘存厚的部队,打仗不行,逃跑有本事,比兔子还快。左路四军遂以一部追敌,一部进占万源,东向逼近城口。

主突方向中路的九军、三十军各一部,猛烈向宣汉、达县发展。我随九军、陈昌浩随三十军行动。沿途敌军纷纷溃逃,极少遇到抵抗。十九日,九军二十五师占领宣汉。三十军先后占领了达县以北的双庙场、蒲家场和罗江口,控制了达县通往宣汉的大道。刘存厚在达县,企图依托城北凤凰山险要地形和坚固工事据守。但我三十军出敌不意,二十日以两营兵力佯攻凤凰山,而以一个前哨营绕过凤凰山,沿宣汉大道偷袭达县城,攻进城东门后与敌激战。主力部队陆续跟进,刘存厚仓皇逃跑。这时,我右路十一师于十八日渡过巴河,攻克老鹰寨、江陵溪,歼敌四百余人后,也逼近达县西郊。两军配合,将凤凰山及城内守敌两个团全歼,达县解放。

这一仗,本可活捉刘存厚,可惜被他逃脱。当我少数先头部队向城东门进击时,他尚在府中饮酒扶乩。听到枪响,才如梦初醒,惶惶然带上家眷卫兵,从南门出逃。敌人的报刊上写道:"在绥定(达县)危急那几天,刘存厚向刘湘求援的电也不亚于雪片。他在电中,一面告急,一面却也毫不示弱地表示他要'誓死坚守'。刘湘一面赶急派他在梁山的三师去应援,一面也明白老将军只是在虚张声势,未必坚守得住绥定,所以坦白地向他说,如守得住固然很好,万一守不住,而所有的武器也来不及运走的话,至少也得把它们毁了再走。然而我们老朽昏庸的老将军,在那军书旁午的紧要关头,偏偏还那样好整以暇地饮酒扶乩,连搬运要紧东西的大事都想不到,表演了那么一幕仓皇逃走,又厚赠了赤匪一笔礼物的丑剧。"(《国闻周报》第十二卷第九期)这和我们战后了解的情况,基本相符。可见,我三十军部队绕过凤凰山,直取达县一招,相当巧妙,完全出乎刘敌意料。但问题在于后续部队尚未跟进,围住敌人,先锋部队就仓促发起了攻击。右路四军十一师过巴河耽误了一天,也是重要原因之一。

宣汉解放后,王维舟的川东游击军派人来联络,说南逃的敌人一部被游击军和参战群众围在南坝场。我们当即令许世友副军长率七十三、二十八两团,前去应援,配合游击军作战。没想到敌人那么多,约八个团。结果,打了个击溃战,仅俘敌五百余名,余敌继续南窜。陈昌浩留在宣汉。我赶到南坝场,和王维舟同志会见后,简单谈了谈情况,即率军继续向开江方向追击,但无所获。至此,宣达战役胜利结束。

宣达战役,战果辉煌,把刘存厚的"绥定王国"端了个底朝天。经十一天战斗,我解放宣汉、达县、万源三座县城。根据地向东扩展二百余里,与川东游击区连成了一片。敌川陕边防军六个团全部或大部就歼,我毙敌千余,生俘敌旅长以下三千余人,缴枪八千余支,子弹五百余万发,银元百余万,棉布二十万匹,棉衣两万余套,还有兵工厂、被服厂、造币厂、印刷厂及库存的大批粮食物资。这是我军入川以来的一次特大丰收,运输都成了问题。特别是搞了个兵工厂(工人一千多,机床一百多台),我们用它自造手榴弹、子弹,修理枪炮,对后来打刘湘起了很大作用。

宣达战役结束后,军民兴高采烈,同庆胜利。陈昌浩在宣汉,主持了上万人参加的庆祝大会,宣布将川东游击军改编为红三十三军。

川东游击军是一九三一年夏天,由中共四川省委派王维舟同志回宣达地区组织起来的。宣汉是王维舟的家乡,又是他长期从事革命活动的地方,以前曾发动过两次游击战争,有广泛的群众基础。游击军成立后,不断给刘存厚的"围剿"以有力打击,积极配合了红四方面军在通南巴的斗争。游击军改编为红三十三军,由原总指挥王维舟任军长,原梁(山)达(县)中心县委书记杨克明任政治委员,不久又调去罗南辉任副军长。辖九十七、九十八、九十九三个师。九十七师师长蒋群麟,九十八师师长冉南轩,九十九师师长王波。全军发展到一万余人。

仪南、营渠、宣达三次进攻战役,历时两个半月。我军先后歼敌近两万,缴获长短枪一万二千余支及大量军用物资,沉重打击了敌人,极大鼓舞了群众。新区老区群众,纷纷参加红军,红四方面军发展为五个军,八万余人。根据地扩展到东起城口近郊,西抵嘉陵江沿岸,南起营山、达县,北至陕南镇巴、宁强,纵四百余里,横五百余里,总面积达四万二千余平方公里,人口约五百余万。控制了通江、南江、巴中、仪陇、营山、宣汉、达县、万源等八座县城,建立了二十二个县市的革命政权。由此,形成川陕根据地的鼎盛局面,是方面军发展史上的新高峰。(见附图九)

　　三次进攻战役胜利的实践证明,革命根据地的巩固和发展,不能单靠积极防御,也要靠积极进攻。防御和进攻,交替运用,依具体情况而定。敌人压来了,我们用积极防御去打破他们的进攻,乘胜追击,扩展根据地。敌人龟缩回去了,我们就积极开展有利条件下的外线出击,一面扩大根据地和游击区,一面为打破和迟滞敌人的新攻势创造条件。防御和进攻形式交替变更,不断反复,贯串在根据地的发展进程中,二者缺一不可。这是由中国土地革命战争的特殊规律决定的。只有把握这个规律,才能正确地指导战争,夺取胜利。

　　三次进攻战役的胜利,具体地说,有三个方面的因素。

　　第一,奠定基础,积聚力量。

　　粉碎田颂尧三路围攻后,我根据地周围的敌人,各回巢穴,胆战心惊,已经转为战略上的守势,利于红军向外发展。那时,我们为什么不立即发起外线进攻呢? 道理很简单,自己的力量不足,根据地的基础还不稳固。

　　川陕根据地是刚刚诞生不久的新区,且在边打边建的情况下生存、发展,说实在话,根基并不牢靠,力量自然有限。经过四个月的反三路围攻,当务之急是取得喘息时机,稳定群众情绪,医治战争创伤,深入土地革命,发展和恢复生产,进一步清理和镇压敌对分子,为外线进攻积极创造条件。

　　创建革命根据地,决不是一蹴而就、轻而易举的事。要几上几下,要反复发动群众,要费时费力去做许多扎实细致的工作。像盖房子一样,首先要打好地基。地基打不牢靠,房屋盖得越高,架子散得越快。加之,红军经过几个月的连续苦战,亟待休整;大量新兵的涌入,尤需教育和训练。因此,当时我们只能关起门来,老老实实办家里的事。只看到客观上的有利进攻形势,不顾及主观上的基础和力量,一厢情愿,"不停顿的进攻",叫冒险主义,非吃亏不可。鄂豫皖第四次反"围剿"的教训,我们记忆犹新。

　　巩固第一,发展第二。我们在反三路围攻后,采取这种方针是对头的。先关起门来,花上三个月的时间,深入而广泛地发动群众,扩大红军,狠抓根据地建设和整军训练,从而有力地巩固了中心区域的阵地,积聚了新的力量。根据地面目一新,四万多红军兵强马壮,随时准备迎接新的战斗任务。三次进攻战役所向披靡,攻无不克,正是我们稳扎稳打,在巩固根据地的基础上求发展的结果。

第二,把握时机,适时进攻。

展开外线进攻,关键是在积聚力量的基础上,把握战机。有战机而无力量,固然不行,有力量而失去战机,同样不行。经过三个月的准备,我们大体上解决了进攻的基础和力量问题。而利于我军发起进攻的客观条件,却并未丧失,依然存在。这是我们发起进攻的最好时机。

刘湘虽已被蒋介石任命为四川"剿匪"总司令,但他仍在川西混战,无法脱身;"六路围攻"红军的计划,尚在酝酿中。根据地周围的敌人,"群龙无首",各图自保。在这样的客观条件下,如果瞻前顾后,不敢大胆果断地实行外线进攻,为粉碎敌人的新围攻创造条件,就有丧失有利战机的危险。下一步的困难,也是不难想象的。

我们抓紧时间,抢在敌人的围攻部署就绪之前,发起三次进攻战役,打得各路军阀措手不及。刘湘见营山失守,危及下川东,赶忙派兵增援杨森。但我军复挥军东指,一举打垮刘存厚,刘湘又不得不火速回师东防。抓住了战机,主动权在我手中,敌人只能被我们各个击破。

第三,把弱敌当强敌打。

根据地周围的敌人,合起来力量大于我军,占优势地位。然而,分开来看,却没有一个是红军的对手,数量亦不占优势。

我军共四万余人。而田颂尧嘉陵江东西两岸的主力,充其量不过四万人,和我们是一对一的比例;杨森部、刘存厚部各两万余人,和我们是一对二的比例。这三股军阀势力,画地为牢,各不相顾,军心涣散,士无斗志,与我军的战斗力和群众基础,无法比拟。显而易见,优势在我方而不在敌方。这样,我军进行外线进攻,各个击破敌人,就处在强军对付弱军的有利地位。

强军对付弱军,最忌盲目轻敌,掉以轻心。历史上弱军打败强军的战例,屡见不鲜。正确的指导思想,必须是"打鼠如虎",把弱敌当强敌打。立脚于此,方能保证万无一失,稳操胜券。

我们进行三次进攻战役,共同特点是:(1)从难处着眼,战前充分准备,周密计划,深入动员,不打无把握之仗,坚决破除"川军真不经打"、"川老鼠只会跑"的轻敌思想。(2)想方设法,迷惑敌人,出敌不意,发起突然进击。(3)集中优势兵力,各个击破敌人,每次进攻,形成拳头,狠打一股势力。(4)战术灵活多样,因时因地制宜,速战速决,达到目的,即适可而止。(5)

充分发挥近战夜战、山地战、运动战的特长,发扬"狠、硬、快、猛、活"的战斗作风。(6)大力发动地方武装、地下党以及根据地和敌区人民群众的力量,配合主力红军作战。所有这些,都证明我们的确是把弱军当强军打的。离开了这一条,也不会取得三次进攻战役的决定性胜利。

川陕革命根据地的形成和大发展,意义重大。正如毛泽东同志高度评价的:"川陕苏区是中华苏维埃共和国的第二大区域,川陕苏区有地理上、富源上、战略上和社会条件上的许多优势,川陕苏区是扬子江南北两岸和中国南北两部间苏维埃革命发展的桥梁,川陕苏区在争取苏维埃新中国伟大战斗中具有非常巨大的意义和作用。"(《中华苏维埃共和国中央执行委员会与人民委员会对第二次全国苏维埃代表大会的报告》)

第 十 章

十个月的反六路围攻

从外线进攻转入内线防御

红四方面军连续取得外线进攻的重大胜利,威震全川。四川军阀联合起来,一致对付红军。

一九三三年秋末,四川"剿匪"总司令刘湘在蒋介石的大力支持下,纠集各路军阀势力,向我根据地发起了六路围攻。我们遂由外线进攻,转入内线防御。敌人先后投入的兵力,达一百四十个团,不下二十五万人。我们花了整整十个月的时间,与敌鏖战,先后粉碎敌人的四期进攻,歼敌八万余人。当然,红军也付出了重大代价,共伤亡两万余人。

反六路围攻,是我们在四川打得最艰苦的一个战役。在红四方面军的历史上,也可以说是战役规模最大,持续时间最久,战果最辉煌的一个战役。(见附图十、十一)

我们打刘存厚的战役尚未完全结束,刘湘的进攻就开始了。一九三三年十月底,我正带着四军十师(师长汪乃贵,副师长王近山)等部向南追击逃敌廖雨辰部,准备乘胜进占开县、开江。两开比较富庶,利于我军获得更大补充。但是,到了开县以西的杨柳关地区,却同刘湘主力第三师王陵基部遭遇。那天晚上,我们的宿营地和敌人的宿营地挨着不远,互相都不知道。我派一个通信员给部队送信去,他摸错了路,跑进敌人营地的伙房里去了。要了碗水喝,抬头一看,人家的帽子不对,就赶紧往外跑。敌人发现后,乱打了一阵枪,没伤着他。他回来报告情况,我们才知道敌人就在跟前。既然与敌遭遇,那就狠打一家伙吧! 但敌第三师不愧是刘湘的精锐,武器装备好,战斗力不弱,又有飞机大炮掩护,我们啃不动它。与此同时,我左右两翼部队,亦与敌两个师接火,打得很激烈。我们只有八个团,经五天激战,虽歼敌五千余人,但未能击退敌人。敌后续部队源源不断增加,我军遂被迫转入防御,节节抗击,逐步向后收缩阵地。

这场遭遇战,揭开了反六路围攻的战幕。

刘湘的六路围攻开始,就投入一百一十余团,约二十万兵力,另有飞机十八架助战。来势汹汹,并进合围,颇有点吓人。

第一路总指挥、二十八军军长邓锡侯,率十八个团,由广元、昭化向木门、南江方向进攻。

第二路总指挥、二十九军军长田颂尧,率二十四个团,由阆中向巴中方向进攻。

第三路总指挥、新编六师师长李家钰和副总指挥、二十三师师长罗泽州,率十五个团,由南充向仪陇、巴中方向进攻。

第四路总指挥、二十军军长杨森,率十二个团,由蓬安向营山、鼎山场、通江方向进攻。

第五路总指挥、刘湘二十一军第三师师长王陵基,率二十四个团,由开江、开县向宣汉、达县、万源方向进攻。

第六路总指挥、二十三军(原刘存厚部改编)军长刘帮俊,率十二个团,另有土匪王三春部六个团,共十八个团,从开县、城口地区向万源方向进攻。

总之,敌人依仗优势兵力,从西北的广元起,东至城口的千余里弧形线上,形成了对我根据地的合围进攻。主攻方向是王陵基第五路,其他各路为辅助方向。刘湘的围攻计划分为三期:第一期占领宣汉、达县、江口、营山、旺苍、木门、恩阳河、曾口场等地;第二期进占通江、南江、巴中;第三期会攻我战略后方苦草坝。企图以分进合击、步步为营、稳扎稳打的战法,"三个月内全部肃清"我红四方面军。

四川军阀派系林立,割地自雄,狗咬狗的斗争,十分激烈。这时,他们能够从内乱走向统一,联合起来听候刘湘调遣,纷纷出兵合围川陕根据地,不是偶然的。

红四方面军的壮大和川陕根据地的发展,已经严重威胁到各路军阀的统治利益。尤其是我军的三次进攻战役,势如破竹,锐不可当,不仅打得田颂尧、杨森、刘存厚焦头烂额,溃不成军,而且造成了"赤化全川"的战略态势。红军西抵嘉陵江东岸,如跨江而进,可横扫岷嘉流域,控制川西平原,直逼成都;东至万源、两开地区,进而可据下江东的万县、夔门,端掉刘湘老巢,扼住全川咽喉;沿长江而上,则涪陵、重庆亦岌岌可危。因而,各路军阀如坐针毡,成都和重庆的豪绅巨商、达官贵人,纷纷转移资财,逃往武汉,全川为之震动。盘踞重庆至下江东一带的刘湘,眼看田颂尧快垮了,杨森快垮了,刘存厚完蛋了,红军再打下去,势必轮到他头上。如果两开屏障一失,下江东难保,覆巢之危就在眼前,岂能坐视不管?

控制四川的,就是刘湘、刘文辉、邓锡侯、田颂尧、刘存厚、杨森、罗泽州、李家钰这几股军阀势力。一心要坐王位的是刘湘。因为他的实力最强,且早就倚门卖俏,同蒋介石眉来眼去,进而秘密勾结,得到了蒋介石的暗中支持。一九三二年,他趁蒋在江西"剿共"失败的时机,提出了一个"安川剿匪"计划,呈报"蒋委员长"。内称:只要给我以应有的权责,并予邓(锡侯)、田(颂尧)两军相当的利益,就能形成对刘文辉的夹击之势,解除其武装,占领其地盘,去掉其主席(四川省),以达到军民财政的统一。这不仅能防止共军的侵袭,还有余力以备中央"剿共"的调遣,云云。蒋介石对此深表嘉许,旋即密电刘湘:如能有把握,可便宜行事。刘湘打起"先安川而后剿赤"的旗号,联合邓、田两军,一再同刘文辉火并,奥秘就在这里。我军发起宣达战役前夕,刘湘终于战败刘文辉。全川军阀,开始形成唯刘湘马首是瞻的局面。"安川"霸业已定,刘湘势必全力"剿赤"。

蒋介石对我中央革命根据地的第五次"围剿",业已开始。他急需四川军阀放弃内争,统一行动,合力围攻川陕根据地,以解除"西顾之忧"。在此以前,他先是任命刘湘为统领各路军阀的"四川剿匪总司令",而后又派"武汉行营"主任何成浚和大特务曾扩情入川,参加刘湘的"就职"典礼,给刘湘撑腰打气。何、曾等人扛着蒋介石的招牌,游说四方,规劝各路军阀停止火并,协力"剿共",不然,"不仅各人的权位难保,而且将死无葬身之地"。蒋介石还答应以二百万元的军费、万余枪支和五百万发子弹,资助川军,归刘湘统一调度分配。这样,刘湘"剿共"就更有了资本,也便于进一步挟制其他军阀,听命麾下。

面对四川军阀联合进攻的严重形势，我们一面令前线部队抗击敌人，一面在通江开会研究对策。办法有两条：一条是积极防御，诱敌深入。和反三路围攻一样，收紧阵地，节节抗击，待机反攻，重点突破。一条是广泛发动群众。党政军民总动员，一切为了战争的胜利。东线为刘湘的精锐部队，敌主攻方向，由我担任前敌指挥；西线为邓锡侯、田颂尧、杨森、李家钰、罗泽州各部，敌辅助进攻方向，由王树声、李先念担任前敌指挥。我们决定以四军全部、九军和三十军各两个师、三十三军全部，共二十余团，布于万源至宣汉、达县的东线地区，对付敌第五、第六两路；以三十一军主力、三十军九十师、九军二十七师共十余团布于北起广元，沿嘉陵江以东至营山、渠县以北的西线地区，分别牵制敌第一、二、三、四路；另以三十一军的二七八团、二七六团，分置于通江北端的碑坝和旺苍北部的三道河地区，以四军和三十三军各一个团，分置于西乡、镇巴以南地区，监视陕南敌军。各县区的地方武装和游击队，就地配合红军作战。这一前所未有的，由八万多红军和大量地方武装构成的，宽正面、有重点、大纵深、多梯次的防御体系，要抗击六路军阀二十余万敌军的进攻，从而揭开了方面军作战历史上的崭新篇章。

会后，我和王树声、李先念分别去东西两线，陈昌浩居中调度，张国焘坐镇后方。川陕根据地的党政军民，万众一心，投入紧张而艰苦的反六路围攻中。

四期收紧阵地和两次反击战

我军由进攻转入防御后，东线部队节节抗击敌第五、第六两路的进攻。至十一月中旬撤至南坝场、宣汉、达县一线，与敌对峙。西线敌第二、第四两路，也分别自阆中、蓬安出动。下旬，杨森第四路进占营山后，继续北犯，被我九军一部突然反击，将敌第三混成旅打垮，歼敌两个团。杨森急于收复失地，想在西线夺取首功，挨了这一锤头，才清醒了点。田颂尧第二路谨慎些，不紧不忙，左顾右盼，乌龟式地爬行前进，生怕再被红军搞一家伙，赔掉老本。十二月上旬，敌第一路、第三路又相继从广元、南充方向出动，投入战斗。至此，刘湘的六路兵力全部展开。

十二月中旬,敌第一期进攻开始。六路敌军,同时在东西两线向我发起进攻,企图占领宣汉、达县、仪陇等城和旺苍坝,压迫红军退向大巴山脉,实施严密军事围困和经济封锁,进而待机围歼。

东线敌人以第五路为主,辅以第六路,兵分左右两兵团,于十五日向我展开多路突击。战前,我军在州河北岸、宣达城郊的三河场、普光寺、曾家山、土主场、卜家场、雷音铺、凤凰山、双龙场、铁山一带,日夜加固工事,严阵以待。同时,组织了庞大的运输队伍,将宣达战役中缴获的大批物资、粮食,川流不息地向后方转移。四川雾多雾大,上午经常雾蒙蒙的,能见度极低。十五日凌晨,敌第五路和第六路,利用浓雾掩护,强渡州河。我们发觉后,拟乘敌半渡之机,挥军击敌,灭敌一部于州河北岸。当天中午,我军发起反攻。敌第五路总指挥王陵基一面令已渡河部队背水顽抗,一面令后续部队在飞机掩护下陆续强渡。州河北岸,敌我相搏,杀声震天,山河尽染。经两天血战,我四军一部在宣汉城东三河场、九军主力在城西南曾家山,分别给敌王陵基第三师和廖雨辰部以大量杀伤,约歼敌三千余人。三十军主力亦在达县城东南的雷音铺等地,予敌范绍曾第四师以大量杀伤。我八十八师师长汪烈山,不幸牺牲。他是黄安县人,任过红军排、连、营长,少共国际团团长,是个很能打的干部。八十八师能攻善守,作战勇猛顽强,屡建战功,是同他的指挥分不开的。

因敌人投入的兵力越来越多,打得相当凶猛,致使我军未能阻止敌人攻势。灭敌一部后,我军遂于十七日放弃宣汉,十八日放弃达县,转移到庙坝、井溪场、东升场、双河场、碑牌河、北山场一线,继续抗击敌人。途中,击落刘湘的助战飞机一架。至一九三四年一月中旬,我三十军在北山场等地,四军在尘峰场等地,九军在大城寨等地,不断与敌激战,均使敌损失了大量的兵员和装备。

正当红军在宣达地区抗击敌人进攻时,我后方的罗文坝和万源附近,发生"神兵"叛乱。那一带是新区,一些地主、富农、会道门头子,为策应刘湘的进攻,纠合了几千所谓"刀枪不入"的"神兵",袭击我后方机关和群众,大杀大抢,闹得乌烟瘴气。闻讯后,我们立即着王维舟率三十三军和四军一部兵力,火速赶到后方,消灭了这批乌合之众。

西线红军在王树声、李先念同志指挥下,同样有力抗击了四路军阀的进攻,予敌以重大杀伤。三十一军于快活岭一战,歼敌第一路近千人;鸡山梁一战,溃敌第二路三个旅。九军二十七师在二七一团配合下,五里墩一战,反击成功,溃敌四个团,歼敌六百余,并不断使敌第三、四两路遭受打击。一九三四年元月十一日,西线我军主动放弃仪陇,收紧阵地至旺苍坝、千佛岩、尹家铺、鼎山场、兰草渡、江口一线,继续拒敌。

从十二月中旬至一月中旬,我东西两线部队和地方武装,英勇抗击敌第一期进攻,共毙伤敌一万三千余人,有力抑制了敌人进攻的锐势。

逐步收紧阵地,节节抗击敌人,要求我军必须讲究布阵艺术,主次相应,虚实结合。每道防线,均利用有利地势设置若干主阵地,以主要兵力作纵深梯次配置,依凭山险要隘,构成集团工事和多道堑壕,积大量鹿砦及滚木礌石等,反复抗击和杀伤敌人。次要阵地亦不容忽视,以少数兵力结合地方武装、赤卫队防守。利用密林险崖,遍树红旗,广布疑兵,假假真真,迷惑敌人,并适时机动作战,策应主阵地的固守。川北的山势很有意思,自北而南,多为斜坡;自南而北,多为断崖绝壁。敌人自南而北向我进攻,处处遇到深涧陡崖的阻挡,遇到我军阵地的阻击,结果,付出的代价惨重,进展却十分缓慢。

充分发挥近战特长,是歼敌制胜、挫敌锐气的重要一环。每当敌人整团整旅地进攻时,我先以少数兵力在前沿阵地顽强阻击,尽量杀伤和迟滞敌人;待敌群仰攻到我主阵地几十米处,步机枪突然开火,手榴弹开花,滚木礌石齐下,予敌以致命杀伤;趁敌慌乱,实施阵前反击,冲入敌群,白刃格斗,消灭敌人。如此多次反复,以十当百,以寡胜众,不断灭敌威风,达到逐步减弱敌人攻势的目的。部队构筑防御阵地,有新的创造。就地取材,将碗口粗的松树砍倒,排成几排,埋在阵前。树枝树杈朝前,纵横交错,挡住敌人仰攻的去路。敌人进攻,要越过这种障碍,十分困难,伤亡很大。

夜战是我军的拿手好戏,最易奏效。不少川军初次同红军作战,不晓得夜摸夜袭战术的厉害。每当太阳落山,攻势停顿,他们便拿起烟枪,横躺竖卧,在一起过烟瘾。这时,我军派出少数兵力隐蔽接近敌人,突然发起攻击,往往以极小代价歼敌制胜。黑夜来临,各部队和地方武装分别组织小分队,越敌防线,摸敌岗哨,袭敌驻地,四处击敌扰敌。弄得敌军风声鹤唳,胆战心惊,疲惫不堪。

我军转移阵地时,杀"回马枪",运动歼敌,也是重要作战手段。因为这时敌人往往以为红军溃败,趾高气扬,轻我锐进。我们抓住机会,运用夜袭、伏兵、侧击等战术,突然掉头杀一家伙,在运动中灭敌,极易收出敌不意之效。东西两线的一些成功反击战例,皆是明证。

这些,都是反三路围攻时的战术手段的继续和发展。东西两线红军,灵活运用,机动歼敌,起到了有力消耗和疲劳敌军的作用。

为诱敌深入,骄纵敌人,造成更有利的反击态势,一月下旬,我东线部队在敌猛烈攻势下,将左翼阵地收缩至沿山场、罗大湾、罗文坝、固军坝一线;右翼则继续坚守北山场、马渡关等山险要冲地带。王陵基以为红军"全线崩溃",一面令右路军急进,一面向马渡关发起猛攻。二十三日晚,我们令三十军夜摸团队二六五团(团长邹凤鸣、政治委员黄英祥),秘密而神速地插入敌左翼后方十余里,在庆云场发起突袭,将敌第四师十二旅预备队一团人全歼。该旅前沿的两个团,亦在我正面部队和二六五团的夹击下,大部被歼。这一仗打得很痛快,二六五团立了大功。

我右翼阵地马渡关,是王陵基拼命争夺的要冲。那里地势十分险要,山高林密,路险涧深,为通向城口、万源的必经之地。由许世友率九军一部防守。我的指挥所,就设在马渡关。从二十四日起,王陵基以主力三师第八旅反复冲锋,并亲自带领手枪大队临阵督战。仗打得很凶恶,敌人把机枪营、炮兵营都拉上来,向我猛烈射击,掩护步兵冲锋。敌我双方,不断肉搏。我们有些阵地,被敌人夺去,部队马上组织反击,又夺回来。经四天激战,我军毙伤敌两千余人,遂退至大垭口地带。经此两仗,敌主力遭受重创,攻势顿挫,东线呈暂时对峙状态。西线各路敌军,犹豫观望,徘徊不前,亦无多大进展。

春节将临,陶醉在"胜利"声中的敌军开始休整,忙着搜刮民脂民膏,网罗鸡鸭鱼肉,准备过节。第五路总指挥王陵基,也悄悄溜回万县,同家人团聚去了。这一情报,由我后方电台侦知,通知了前线。这时,敌左路第四师被阻于东岳庙、石龙场一线;中路第三师在马渡关及其以东的花池山一线;而右路之二十三军郝耀庭部,却冒进突出到沿山场以东的马鞍山地区。敌东线预备队的两个旅,尚在宣汉、达县,与前线距离较远,空隙较大。我们在前线召开军以上干部会议,决定利用这一有利时机,立即组织反击。首先集中四军、九军、三十军各一个师,消灭敌右路郝耀庭部及中路三师第七旅,得手后转入反攻。

二月十日(农历腊月二十六日)夜,我四军十师、九军二十五师、三十军八十八师三支精锐部队,分别向敌后秘密穿插,迂回马鞍山、毛坝场等地。拂晓前发起攻击,八十八师当天即攻占马鞍山、毛坝场,在四军一部配合下,全歼郝耀庭旅,郝亦被击毙。我与陈昌浩、何畏在一起,率二十五师行动,当天攻下了敌精锐三师师部所在地胡家场,歼敌第七旅大部;十二日折头向西,占领池溪场,进逼马渡关敌第八旅左侧。这时,我们本想乘胜突破敌纵深,举行反攻。但因敌二十三军迅速与三师靠近,利用山险工事拼命堵击,我八十八师和二十五师分别在毛坝场、池溪场地区向敌突击,激战两天,均未获得成功。我们遂决定停止进攻,转入防御,在马渡关、红灵台、毛坝场一线与敌对峙。

新春佳节,敌第五路遭此令人晦气的打击,军心混乱,怨声四起。刘湘当即将擅离职守"私自返回万县"的王陵基,召往成都撤职软禁,改任一师师长唐式遵为第五路总指挥,许绍宗任三师师长。我军指战员缴获了大批敌人预备过节的鱼肉、罐头、食品,高高兴兴,过了一个好年。

刘湘的第一期进攻,就在这样损兵折将的懊丧气氛中,仓皇收场。所谓"三个月全部肃清"红军的计划,成了一枕黄粱。

三四月间,刘湘令六路军阀,向我连续发起第二期、第三期总攻。整个春季烽火连绵,我根据地军民始终处在浴血苦斗中。

三月三日,刘湘下令第二期总攻令。企图在一个月内将西线我军压至通江和巴中以北、木门以东地区;东线夺取万源,推进到石盘关至竹峪关以北之线,封锁川陕边界至镇巴门户,截断我军退往陕南的通道。四日,西线敌军首先出动,发起进攻。五日,唐式遵至第五路就职,加紧部署东线的进攻。

西线的四路敌军齐头并进,来势汹汹。其第一路攻旺苍坝,第二路攻恩阳河,第三路攻玉山场,第四路攻鼎山场。西线我军力量单薄,战线又长,顶了几天,歼敌两千余人,遂从七日至十九日,陆续撤出玉山场、鼎山场、旺苍坝、恩阳河、巴中城和木门。西线敌军,基本上实现了第二期总攻的要求,战局转入暂时对峙状态。

东线敌军从三月十二日开始，向我发起重点进攻。妄图集中优势兵力，突破一点，全面推进。唐式遵先以第四师三个旅和一个独立旅，猛攻我东西两线的接合部红灵台地区，激战三日，我军昼防夜袭，共歼敌一千五百余人，阵地巍然屹立。二十二日，敌又集中五个旅的兵力，改向东线中段老鹰嘴、毛坪地区猛攻，激战两昼夜，又被我歼灭二千余人。东线敌军的重点进攻，遂告失败。

这时，陕南西北军根据蒋介石的密令，出兵配合刘湘的进攻，被我军堵了回去。所谓"互不侵犯"的默约，已被对方破坏。恰巧，红二军团转战到万县、奉节境内活动。刘湘认为，红军退往陕南的可能性很小，而集中主力突破下江东，进袭川鄂边境，与红二军团会合，另图发展的可能性极大，因而又向东线增加二十余团的兵力，防堵我军南下，并积极准备发起第三期总攻。

四月初，敌第三期总攻开始，妄图在东线夺取万源，西线进占南江、通江，而后东西两线相向合围，消灭我军。我们再次收紧阵地，与敌抗衡。西线部队撤出江口、长池、南江，转移到贵民关、观光山、得胜山一线。东线部队撤至万源城以南，西经镇龙关至刘坪一线。收紧阵地过程中，我军利用敌前进运动、立足未稳之际，在东线的庙垭场，西线的杀牛坪、新座子、甄子垭等地，进行了多次阻击和反击战斗，给敌以重大杀伤。四月下旬，东线敌第三师师长许绍宗，指挥该师全部及第二、第四、第五共三个旅，连续向镇龙关、石窝场、高白寨一线猛攻，企图从我东西两线接合部打开缺口，直下通江。我军顽强抗击，经六日激战将敌击溃。仅在镇龙关附近，即歼敌四千人。敌第三期总攻，又告破产。

刘湘的三期进攻，均遭挫折，损失兵力达三万多人，引起各路军阀的不满，士气低落，军心动摇。五月间，他在成都召开各路总指挥参加的军事会议，拨出三百万元军费和三百万发子弹分给各军，收买军心。同时，请出一位刘"神仙"登台拜印，挂上"剿匪"总司令部前方军事委员长的头衔，统领各路敌酋，准备发起第四期总攻。

"神仙"名刘从云，是个野心勃勃、踌躇满志的会道门首领。从二十年代起，他就在四川组织"一贯先天大道"，结交权贵，网罗道徒，自称"刘备转世"，妄图"治国平天下"。后与刘湘深交，鼓吹"以神治军"，"一川不容二流(刘)",积极为刘湘夺取四川王位出谋划策。刘湘为控制军心,完成并吞全川的霸业,令其二十一军大小军官通通入道,拜"神仙"为师。这次进攻我根据地,损兵折将,久战未下,刘湘眼见各路军阀灰心丧气,疑惧日增,便想出了借助"神仙"号令全军的把戏。成都军事会议期间,刘湘亲自率领各路总指挥举行拜师仪式,向刘从云顶礼膜拜,执弟子礼。据说,事后杨森大发牢骚:我妈死了我都没有磕头,今天是我最大的耻辱,我是为我的几万人拜福!

旷日持久的战争,使我根据地的范围愈来愈小,困难与日俱增。大片麦田,来不及收割,被敌人占去。兵员、粮食、盐巴、医药、弹药有耗无补,难乎为继。我们极为焦虑,决定从西线发起反攻。

六月中旬,我们以三十三军二九七团东向城口方向移动,迷惑敌人。同时,为了集中兵力,将过于突出的得胜山一带阵地放弃,并撤出通江县城。我二九七团出动后,先后击破陈国枢、王三春等匪部,乘胜东进,攻克城口。敌以为我军将由城口出巫溪、奉节,直捣下江东,因而忙将第五路主力第一、二、三师及第六路的廖雨辰师,由通江地区东移万源地区,只留第五路的第四师在通江至镇龙关正面,以陈兰亭、杨国祯、汪铸龙等师、旅位于镇龙关至万源间。这样,刘湘的主力即东移到通江至城口间的二三百里长的战线上。

这时,我们以九军第二十五师和四军、三十军各一部,坚守东线阵地;集中主力十余团于西线,准备从贵民关、观光山之间的分水岭地区做反攻的文章,消灭敌第一路邓锡侯部。六月二十二日,敌发起第四期总攻,以东线为重点,向万源城南至通江一线猛攻;西线各路敌军亦向东、向南进攻。二十七日拂晓,我反攻部队在分水岭地区发起反击,兵分左、中、右三路,冲入敌阵。右路将敌两个团包围于官田坝,歼其五百余人;中、左两路经过一昼夜激战,连续破敌十多道阵地,直逼敌主阵地马鹿寨。适逢连日大雨,小通江河水猛涨,严重妨碍我军的运动和供应。敌凭险固守,我冒雨猛攻马鹿寨未下。我们遂决定停止反击,将部队撤回小通江河以东,隔河与敌相峙,另寻反攻战机。

自一九三三年十一月至一九三四年六月底,我东西两线红军和地方武装、赤卫军相配合,经过四期收紧阵地和两次大规模的反击,先后共杀伤敌三万七千余人,大大削弱了敌人。马鞍山反击战和分水岭反击战,我们试图举行反攻,但因条件不成熟,兵力的高度集中受到限制,未能如愿。及时停止反击,是必要的。如果不顾主观力量和客观条件,急于反攻,冒险蛮干,局面就难以收拾了。

万源决战防御

敌人的第四期总攻,来势更凶猛,共动用了一百四十余团的兵力。在东线,刘湘孤注一掷,不仅拿出了他的全部精锐,且将其全部兵力的五分之四,计八十余团十多万人投入战场。刘从云窜来窜去,焚香卜卦,扬言"三十六天内"必将消灭"赤匪"。

敌人在东线进攻的企图一清二楚:重点夺取万源,截断川陕通道,一举将我军消灭在通江以北地区。这时,我军已经退却到根据地的后部,扼守东起万源以东的甄子坪,西经大面山、孔家山、南天门、插旗山、火嵌子山、鹰龙山,向北沿小通江河东岸至碑坝一线,纵横仅一二百里地的范围。如果万源失守,我军就有被压出川北的危险。七月上旬,我们在万源前线召开军事会议,讨论作战方针,统一思想认识。张国焘、陈昌浩、王树声和各军、师领导干部,都参加了会议。

我们分析了两次反攻未能成功的主要原因。一是敌人兵力众多,步步为营,攻势尚未达到"再而衰,三而竭"的地步,我军反攻时机过早。二是我们的防御战线较长,兵力集中不够,前面突开了口子,后续力量明显不足,无法打破敌人的层层壁垒,进一步向纵深发展。要造成有利的反攻条件,还必须经过一个艰苦消耗敌人的阶段。东线是敌主力第五路重点进攻的地区,要下决心在这里实施决战防御,把前沿阵地变成埋葬敌人的坟场,造成反攻的有利形势。熬垮了刘湘的精锐之师,其他军阀势必"树倒猢狲散",我军反攻就是水到渠成的事了。从地形条件上说,东西两线比较,东线反攻更有利些。因为西线山脉多南北走向,利于敌人节节抗击;东线地形南低北高,我军居高临下,反攻开始后可顺着山脉走向,直捣敌人后方,大纵深迂回歼敌。我们要求各部队继续发扬以寡击众、以少胜多的顽强精神,硬着头皮顶住,准备力量,适时转入反攻。口号是"誓死保卫万源!""活不交枪,死不丢尸,人在阵地在!""紧急关头,准备反攻,进行决战!"

七月中旬,敌人开始了以万源为主要目标的全线进攻。其第一路向川陕边界的两河口推进;第二、三路以攻取德汉城,第四路和总预备队以攻取竹峪关为目标;第五、第六两路,企图攻占万源及其以西地区。接着,刘湘又发布奖惩条例,以三万元作为夺取万源一带红军主阵地的奖金,规定擅自放弃阵地者处死,师长、旅长在所属三分之二兵力投入战斗而不亲临现地指挥者,亦处死刑。

"困兽犹斗",更何况是红军!敌人拼了死命,我们也拼了死命。唐式遵连日以人海战术,驱使八九个旅的兵力,从东、南、西三面,主攻我屏障万源的大面山、玄祖殿、甄子坪、花萼山、孔家山等阵地。每次进攻,均先以强大炮火猛轰目标,而后组织波浪式的密集冲锋。一次冲锋被打退,接着组织第二次、第三次、第四次。一个团攻不动,就投入两个团、三个团、四个团。刘湘的一、二、三师和模范旅、教导旅,拥有大批新式轻重机枪、一二〇迫击炮和充足弹药,抽足大烟后借着"烟劲"冲锋,相当厉害。王三春、王太部是"要钱不要命"的土匪、亡命徒,为了领取光洋、烟土,手持短枪,光着膀子上阵,大喊大叫,猛打猛冲。我军指战员发扬"以一当十,以十当百"的大无畏精神,勇猛顽强,坚守阵地,抗击敌人。每个作战方向,均依据山势自下而上,筑成数道以至十数道堑壕盖沟,设置层层竹篱、鹿砦、木城等副防御障碍物,并备有大量滚木礌石。传统的打法:打近战,打阵前反击,打夜摸夜袭。人在阵地在,寸土必争,寸步不让。战局最吃紧时,我到大面山二十五师的阵地去看过,陈海松、许世友在那里指挥,部队真是杀红了眼。每天要对付敌人五六次以上的冲锋,从天亮打到天黑,大刀砍卷了,刺刀捅弯了,阵前敌人的尸首一堆一堆的,臭不可闻。这是关系川陕革命根据地生死存亡的一场血战,不拼命不行啊!

但是,不论敌人的进攻何等凶猛,我们的部队何等疲劳,我们总是用少量兵力置于一线,凭险抗击和消耗敌人。主力部队则放在二线,休整训练,准备反攻。那个地区山很高,林又密,"一夫当关,万夫莫开",利于我军坚守。我们用一个营的兵力守住一块阵地,敌军整团整旅地攻来攻去,就是攻不下来。在老鹰寨、青山,我仅有三个连的兵力,加上些地方武装,就抗住了两旅敌人的轮番进攻。徐深吉同志带着个一百二十来人的总部教导队,对付敌人一个团,最后只剩下几十个人,可敌人还是攻不动。部队真顽强,一不怕苦,二不怕死。不仅要战胜优势敌人的进攻,还要经受其他困难的考验:白天,烈日、硝烟、战火,把阵地烤得像蒸笼似的。夜晚,是蚊虫、小咬的天下,成群成群地围着堑壕、工事飞舞,咬得人们满脸满身的疙瘩,痛痒难忍。暴雨天,泥水灌满堑壕,指战员泡在齐腰深的水里,坚守阵地。烂脚病,像瘟疫一样地蔓延,许多人的腿脚溃烂红肿,行动艰难,又缺乏药物治疗,照样坚持战斗,不下火线。敌人的尸体横七竖八,密密层层地堆在阵地前沿,来不及处理,两三天就发腐发臭,熏得人恶心呕吐。粮食供应不上,指战员靠挖洋芋野菜充饥……所有这一切,都吓不倒我们的钢铁战士。原因就在于红军指战员有党的领导,有高度的阶级觉悟,有坚强的内部团结,有视死如归的牺牲精神,有干部和党员的模范带头作用,有从百战中打出来的过硬作风。

万源保卫战,是积极防御中的一个决战防御。敌我双方,破釜沉舟,决一死战。在这种罕见的困难条件下,就产生了问题:这种打法行不行? 再熬下去还有没有希望? 要不要早些把二线兵力投入战场? 西线那边,兵力单薄,主要是招架招架,牵制敌人。东线这边,主力集中,既要顶住敌人,又要准备反攻。这个时候,收紧阵地已达极限,前线部队十分疲劳,形势艰险。有的同志感到,顶下去太困难,主张兵退汉中;有的同志认为,一线部队太吃紧,主张动用二线兵力。我不同意。不退,一步也不退。退往汉中,放弃川陕根据地,坚决不能干。二线主力不能动用。"不见兔子不撒鹰",要熬到总反攻,投到总反攻中去。实际上,当我们最困难、最熬不住的时候,往往也正是敌人最困难、最熬不住的时候。打仗,就要有股狠劲、硬劲,要熬得过战局中的"最后五分钟"。

从七月下旬至八月上旬,近二十天时间里,敌人在万源地区共发动五次大规模的进攻,死伤万余人,却未获进展。刘湘抬出的那位"神仙"军事委员长,窜来窜去,专门选定黄道吉日进攻,预言川军必胜,以振军心,结果适得其反。时值酷暑季节,天气炎热,疫病流行,敌军病员大增,逃亡不断。有些连队,只剩下二十至六十人不等。前方的物资供应,全靠抓来的人力运输;大批民夫不堪其苦,或消极怠工,或聚众逃跑,使敌人的供应发生了严重困难。敌报纸惊呼:"前线士兵,形同乞丐。有开回者,令人视之,惊为僵尸。"我军乘机开展强大的宣传攻势,用战场喊话、释放俘虏、顺河流放宣传牌等形式,瓦解敌军。敌士气沮丧,怨声盈野,官兵大骂刘"神仙"是骗人妖道,必欲啖其肉而后快。

敌力是有尽头的。刘湘的重点进攻,已是强弩之末。我军总反攻的时刻,就要到来。

总　反　攻

万源决战防御的日日夜夜,为我军的反攻创造了具有决定意义的条件。趁着东线敌人伤亡惨重,精疲力尽,军心动摇,我们一鼓作气,反攻过去,恰是时机。

这时,西线四路敌军被阻于北起碑坝,南沿小通江河东岸至鹰龙山,东至麻石场、喜神滩以北地区。东线敌第五路一、二、三师及王三春、陈国枢等部,位于万源东南凤凰寨至正南的白沙河、清花溪一线;第六路二十三军汪铸龙第二师等部,位于万源以南的青龙观地区;第五路第四师、独立一旅及边防军陈兰亭师,位于龙池山、石窝场、镇龙关、喜神滩至麻石场一线。

张国焘根据宋侃夫他们从电台侦察的情报,提议以青龙观为反攻的突破口,我和陈昌浩赞成。那里由敌二十三军汪铸龙师一个旅驻守,原刘存厚所部,被红军打怕了的。该敌处于敌第五路右翼一、二、三师和左翼第四师等部中间,是东线上的薄弱环节。青龙观地势险要,悬崖壁立,易守而难攻。我去过那些地方,晚间战士出去放哨或解手,一不小心滚下山去就完了。这个最险要的地方,正是敌人守备最薄弱的地方,战斗力最差的地方,意想不到红军会进攻的地方。我们从那里实行中央突破,不仅出敌不意,且便于分割其第五路,达到迂回包抄刘湘主力的目的。我们制定的反攻部署为:第一梯队由三十一军九十三师,四军十师、十一师及九军二十五、二十六师,共十四个团组成,担任突破敌防线的任务;第二梯队由三十军八十八师、九十师和三十三军九十九师组成,协同第一梯队向纵深发展,迂回歼敌。其余部队继续坚守阵地,相机转入反攻。战法是夜袭突破,大纵深迂回包抄。奇袭青龙观的任务,交给九十三师第二七四团执行。该团擅长夜摸夜袭,是全军打近战、夜战的出色团队之一。

反攻突破,关系全局,必须慎之又慎,力争万无一失。战前,我带三十一军军长孙玉清、九十三师师长叶道智和随从参谋杜义德等同志,去二七四团具体部署、动员、检查。青龙观海拔约两千五百米,矗立在南天门对面。山北是一壁悬崖,直上直下,险峻至极。山南较坡些,但敌碉林立。东西两侧通往山顶的小路,敌亦有重兵把守。为出敌不意,我们决定以该团二营从山北攀崖而上,山顶开花,一、三两营从东西两侧夹击,一举歼敌。我告诉大家,这是关系整个战局的一仗,只许成功,不许失败。关键是准备充分,胆大心细,运用我军夜摸夜袭的特长,打破敌人的天险壁垒,为全军的总反攻打开通道。二七四团的指战员们,都很兴奋。认为总部把奇袭青龙观的战斗任务交给他们,是全团的最大骄傲和光荣,决心克服一切困难,胜利完成任务。部队的这种荣誉感、自豪感、责任感,异常可贵,是战斗力量的源泉。一支缺乏荣誉感、自豪感、责任感的部队,决不会创造出惊天动地的英雄业绩来。

八月九日夜,反攻的第一枪打响。夜摸,夜战,奇袭,这一着很成功。二七四团二营的勇士们,利用暗夜,以惊人毅力和神速动作,攀藤附葛,爬上数丈高的悬崖绝壁,一举抢占了青龙观要隘"天鹅抱蛋"。他们举火为号,两侧的部队,沿山路突击而上,拿下了青龙观大庙,歼敌旅部。守敌混乱不堪,我后续部队陆续突进,杨国祯旅当即被分割消灭。我军攻如河决,猛插猛进,席卷两翼,饭也顾不上吃。敌有个团长正在打电话下命令,就当了俘虏。几天之内,直下敌纵深庙垭场、河口场、龙池山等地,中央突破口达百里以上。敌第五路的防御阵线,被我军劈成了两半。

突破缺口,楔入纵深,还消灭不到敌人的主力。下一步是迂回包围,寻歼刘湘的精锐。

但这时,发生了问题:究竟是左旋,还是右旋?左旋向东,东边是刘湘的主力一、二、三师。右旋向西,西边是范绍曾师,不是敌人的主力。我想左旋,旋刘湘的主力。这三个师是他的"王牌"部队,全新装备,攻到了万源附近,还没有退下来。万源保卫战期间,他们被消耗得精疲力尽,战斗力已大大削弱。而且东面的阵地呈斜形,我们左插,越过一条小河,卡住山口,敌人退下来,必然被堵住。他们想通过,就得攻坚。山势那么险要,敌人那么疲急,攻坚谈何容易呀。显然,左旋地形有利,又能消灭刘湘的主力,机会难得。如果我们搞掉刘湘的一、二、三师,他要恢复元气是很困难的,下江东的地盘就有落入红军手中的可能,我军的武器装备会大大改善,这是左旋的好处。右旋旋什么? 旋范绍曾第四师。右旋向西,西面的敌人同我们距离很近,两军处于平行地位,地形也不利。你还没有旋过去,敌人就能跑掉,而且,他们又不是刘湘的主力。我们在前面,决定东旋。张国焘在后面,来电话要西旋。电话里讲来讲去,我反复陈说利弊,坚持东旋。他充耳不闻,一再要我们西旋。吵了几个小时,就是说不服他。陈昌浩同他说,也不行。他是中央代表、西北军委主席,说了算,我们最后只好服从命令,率军西旋。

范绍曾是土匪出身,滑头得很,跑起来比兔子还快。没等我们旋下去,他已带着队伍从喜神滩掉头鼠窜,五昼夜窜了四百余里,后卫筑起工事,凭险固守。右旋没有旋成,我们只好转回来左旋,但左边的敌人早已退了下去。部队追着敌人的屁股打,没能消灭多少。他们在宣汉附近的马家场、东升场一线,筑起防御阵地固守,我们啃也啃不动。这样,东线反攻就告结束。我军约歼敌万余人,刘从云被迫通电辞职,刘湘也致电蒋介石,声称耗资一千九百万元,官损五千,兵折八万,"难乎为继",请免四川"剿匪"总司令等职。事后看来,左旋是对的,右旋是错的。如果开始就左旋,刘湘的主力第一、二、三师很可能大部被歼,整个战局会大不一样的。

东线的反攻结果很不理想,只有从西线想办法。

西线敌军见东线第五、六路总崩溃,震恐万分。仓皇调整部署,撤出通江,企图在北起贵民关、南至江口一线,依据小通江河西岸山地,筑垒抵抗我军。八月下旬,方面军总部在通江附近开会,决定主力向西线反攻:留一部兵力于东线,由陈昌浩指挥,牵制敌人;我和王树声率三十军、四军、九军主力及三十一军九十三师,迅速西转。八月二十八日,我军从通江城南上老官庙越过小通江河,开始了西线反攻。

第一次突破,选在敌第三、第四两路的接合部,通江城南得胜山附近的冷水垭。利用夜袭,成功突破,继而向前发展。但因敌人缩得很快,我们没获多大战果。接着,我军又从巴中至清江渡一线,进行第二个夜袭突破,西线敌军开始全线溃退。李家钰第三路向仪陇方向退却,杨森第四路向营山方向退却,北边的邓锡侯第一路、田颂尧第二路也准备逃跑。我们顾不上连续作战的疲劳，昼夜疾进，同敌人抢时间。时间就是胜利。耽误了时间，又会像东线反攻那样，失去战机，捞不到多少油水。

我们以王树声率九军一部追击第三路，王宏坤率四军一部追击第四路，我带三十军及三十一军九十三师直扑巴中。九月十一日，克巴中县城。这时，又遇到了深迂回还是浅迂回的问题。

北面的第一、第二路敌人虽尚在原防地，但已是惊弓之鸟，随时准备西逃。我和李先念一面吃东西一面商量，要大纵深迂回，直插黄猫垭、旺苍坝方向，免得敌人跑掉。张国焘来电话，要我们北向长池方向迂回。这是浅迂回，兜不住敌人，只能追着敌人的屁股打。有了东线的教训，我横下了一条心，不听他的。我说：那是抓兔子尾巴，抓不住的，这回就是犯错误也不听他的，打完仗再说，我负责！先念说：对呀，"将在外，君命有所不受"嘛，我们听总指挥的命令。我说：好！我们来个机断专行，搞大纵深迂回。当即令部队紧急集合，马上从巴中出发，昼夜兼程，经凤仪场、雪山场，直插木门以西的黄猫垭、旺苍坝，向敌第二路兜去。

李先念、程世才他们，率三十军先头部队急速穿插，我带后续部队跟进。这是一次和敌人比意志、比速度的竞赛。部队跑得上气不接下气，有的一头栽到地上就起不来了。敌第二路已开始西撤。我先头部队赶到黄猫垭，刚把阵地占住，敌人恰恰退了下来。他们挑着枪支行李，大摇大摆，被抓来一问，原来是打前站的，大股敌人还在后面，这就好啦。我带后续部队赶到时，李先念、程世才正指挥队伍同逃敌激战。黄猫垭以山上有块岩石发黄，形状似猫而得名，周围皆崇山峻岭，是敌军西逃的必经之地。敌越来越多，共十多个团。我们将部队展开，团团包围了敌人。敌人集中火力，拼命突围，和我们争夺山头。那种情景，真叫"困兽犹斗"啊！我军指战员死死扼住制高点，与敌肉搏血战，不断打退敌人的疯狂反扑，最后发起全线进攻，分割歼敌。经一天一夜激战，敌全部就歼。我军共毙敌旅长以下官兵四千余人，俘虏旅长以下万余人，缴获长短枪七千余支、迫击炮四十余门，获反攻以来最大胜利。

这一仗打得不错，证明深迂回是对的。迂回问题，该迂回哪部分敌人？哪个方向？迂深迂浅？看来是个战术问题，但对战斗能起决定性的作用。战绩摆在那里，张国焘自然无话可说。

西线搞了这么一家伙,敌军纷纷逃命,"只恨爷娘少生两只腿"。原西线的三十一军两个师,追击邓锡侯第一路,克南江后,在三江坝、旺苍坝等地,歼敌周世英旅和陈泽旅各一部,前锋追至广元城郊。九军本想吃掉李家钰的,但追击方法不对头,追到仪陇地区打了一仗,没抢到要点,未断敌退路。敌钻进城里守起来,不好再打。杨森那路早已跑掉。三十军主力,击溃罗泽州一部后,进克苍溪。这样,西线的战事就没有什么戏好唱了。刘湘历时十个月的六路围攻,至此彻底破产。

当时,还有件事情,值得一提。

三十军的部队追到嘉陵江边上,进占苍溪,搞了些船。我和李先念商量,主张立即派一个师打过江去,在对岸的南部县一带搞块地盘。因为那带地区发生过农民暴动,有群众基础。我们乘胜过江,有一个师的兵力就能打开局面,先站住脚,然后继续扩展。田颂尧是叫我们打怕了的,对付这个师,他没有多少办法,而且我们还可以增援。红军控制住嘉陵江两岸,回旋和发展余地将大得多。

川陕革命根据地已经是两次拉锯。红军打下去,收回来,又打下去,又收回来。这中间,战争的破坏很厉害,加上"左"的政策的影响,弄得经济困难,兵员枯竭,叫民穷财尽。这也是我们主张打过嘉陵江的重要原因之一。不论从日后发展或克服眼前困难着眼,先去一个师,有百利而无一害。部队已经上了船,等命令过江,但张国焘又不同意。他说,根据情报,东南刘湘的部队有向江口进攻的企图,部队不能过江。我说,大部队不去,去个把师搞块地盘,两边活动总好一点吧。力量不够的话,把东线那边收一收也行。但他很坚决,反对过江,那就只好作罢。

后来,红四方面军还得过嘉陵江发展。特别是第一次过江没有成功,我真是恼火。今天回想起来,还是我和先念的主张比较好。趁敌人溃乱之际,派一部兵力打过江去,追一追,打一打,把群众发动起来,武装起来,搞块天下。万一不成,还可以退回来。当时没有乘胜渡江,跨嘉陵江两岸发展,的确是战略上的失策。

反六路围攻,我军付出了伤亡两万余人的代价,换取的胜利是巨大的。先后共毙伤俘敌八万余人,缴枪三万余支,炮百余门,击落飞机一架。川陕根据地鼎盛时期的辖区,基本上得到了恢复。党和红军、人民群众经过锻炼,更加坚强。敌人的联合阵线遭受沉重打击,内部矛盾加剧。坐镇南昌指挥"剿共"的蒋介石,既震惊,又恼火,严电指责刘湘。刘湘无颜见下江东父老,还在从成都去重庆途中,演了幕假投江的丑剧。

十个月反围攻战役的实践表明:干革命,干战争,必须具有敢于压倒敌人的革命胆略和坚强耐力,绝不能被优势敌人的气势汹汹所吓倒。

刘湘的六路围攻,"空全省之兵力",铺天盖地,步步为营,并进合围,势如狂风暴雨,凶猛异常。特别是敌主力第五路,乃刘湘积二十年心血培养的精锐,装备优良,供应充足,兵员众多,从未受过红军打击,又是川西混战的胜利之师,确实不易对付。我军虽有自己的独特长处,但兵力、武器、粮食、物资供应等远不如敌军,根据地回旋余地相当狭窄,战略退路仅限于大巴山南一二百里的"弹丸"地区。敌我对比,敌处明显优势地位,我处明显劣势地位,是不言而喻的。这种战略战役态势,就规定了反六路围攻的艰巨性、残酷性、持久性,当然也包含着敌胜我败的严重危险性。

一般说来,兵贵胜,不贵久。以弱敌强,以寡敌众,以劣敌优,尤其如此。然而,当时的客观形势和条件,却不容许我们速战速胜,要打,便只能打一场漫无期限的持久防御战。敢不敢打,能不能打? 是摆在红军面前的关键问题。我军没有被敌人的来势汹汹所吓倒,冷静分析了形势,充分估计了面临的困难和有利因素,下决心打! 适时从外线进攻转入内线防御,动员根据地广大军民急起应战,从而迈出了反围攻作战的第一步。这一步,很不简单,有重要意义。假如那时只看到敌人的优势而轻视自己的力量,只看到我军的劣势地位而忽视有利条件,只看到战局逆转的危险性而忽略争取胜利的可能性,就容易陷于张皇失措、束手无策的境地,后果是不堪设想的。

战役进程中,我军两次大反击,试图转入反攻,均未成功,不得不继续防御下去。敌人经过七八个月的消耗,死伤累累,疲惫不堪,而敌第五路在万源前线,竟能爆出那么旺盛的攻击力,发起那么猛烈的攻势,则为我们始料所不及。仗越打越恶,越打越难,越打越险。敢不敢打下去? 能不能打到底? 又成了摆在红军面前的关键问题。有人主张兵退汉中,并不奇怪,因为当时的确已经到了存亡续绝的危急关头。这个时候,我们更没有被敌人貌似强大的攻势所迷惑,所吓倒。沉着冷静,审时度势,毅然决然"聚三军之众,投于险地"(《孙子》九地篇),实施万源决战防御。从而,又一次渡过了最大难关,终于赢来了胜利反攻的时刻。假如那时只看到敌人疯狂性的一面而忽视其虚弱性的一面,只看到自己的严重困难而看不到敌人更加严重的困难,只看到战局的无尽无期而不懂得这是"黎明前的黑暗"(这种时刻最难度过,也最容易判断失误,动摇决心),放弃决战防御,那就不仅"功亏一篑",失去胜利反攻的机会,而且,很可能被迫东流西窜,陷于身无立锥之地的困境。

反六路围攻,对我军的胆略和耐力,是一场前所未有的严峻考验。全军上下,万众一心,豪气干云,"不为敌之其势汹汹所吓倒,不为尚能忍耐的困难所沮丧,不为某些挫折而灰心"(《毛泽东选集》第二三〇页),经住了考验,打赢了战争。无产阶级的革命胆略和坚韧毅力,是我军优于敌军的一个最强点,也是贯穿于反围攻过程的始终,对争取战争胜利起决定性作用的因素之一。

十个月反围攻的战役实践又表明:利用川北的有利地形,实行收紧阵地、节节抗击、待机反攻、重点突破的积极防御的战略战术,是粉碎敌步步为营、持久围攻战法的有效手段。

刘湘六路围攻与田颂尧三路围攻不同的地方,不但在于四川军阀已经联合起来,全力对我,兵力众多,装备精良,更重要的是,刘湘采取的围攻战术有了变化。田颂尧是兵分三路,自西而东,猛攻一面,长驱直入;刘湘则是兵分六路,三面合围,稳扎稳打,步步为营。刘湘的这一套,并非他的独特创造,而是蒋介石的"围剿"新战略——持久作战和堡垒主义的具体应用。堡垒主义是蒋介石总结历次"围剿"失败的教训,集古今中外反革命扑灭革命力量的经验,形成的新战法。我们在鄂豫皖第四次反"围剿"中,吃过它的亏。我军这次采取收紧阵地、积极防御的方针,对付敌人的六路围攻,可以说是打破蒋介石堡垒主义方针的新尝试。

敌人"步步为营"的堡垒战术,最大特点是集绝对优势兵力于一块革命根据地周围,分进合击,层层筑碉设防,三里五里一进,十里八里一推,稳扎稳打,逐步压缩包围圈,以达持久消耗并最后消灭红军力量的目的。对付这种"围剿"战术,各革命根据地的条件不同,当然不能强求一律,只能"各自为政",因时因地制宜。

川陕根据地的情形是怎样的呢? 第一,远离中央及各个革命根据地,四川境内又无其他红色区域相配合,是座处于巴山蜀水之间的孤岛。第二,建立根据地虽仅一年时间,但经过发动群众和反三路围攻,已经形成较坚实的根据地中心区域。第三,三次外线进攻战役的胜利,扩大了新区,壮大了红军,取得了支持战争的大量物资。第四,根据地背靠巴山天险,红军又与山北的孙蔚如部有互不侵犯默约,后顾之忧不大。第五,川北地势南低北高,易守难攻,利于红军实行山地坚守防御,并已为反三路围攻的实践所证明。第六,根据地范围不大,回旋余地有限,不便我军大踏步周转,"飘忽"制敌。上述情形说明,在川陕边,要粉碎敌人步步为营、分进合击、持久围攻的战略战术,上乘的方法,不是主力跳出外线,待机破敌;也不是内线"飘忽",运动歼敌;而是逐步收紧阵地,实行决战防御。反六路围攻的作战方针,就是根据川陕边当时的实际情况确立的。战役过程中的兵力部署和战术手段,均服从和服务于作战方针的需要。在这方面,较反三路围攻更自觉,更娴熟,更有所发展,也是事实。

敌人步步为营,不是长驱直入。我军节节抗击,不是大踏步后退。这就出现了工事对工事、堡垒对堡垒的交战状态。在这里,"堡垒对堡垒",有它的特殊意义和作用。因为我们不是消极防御,而是积极防御;不是"不失一寸土地"、"御敌于国门之外",而是逐步收紧阵地,节节诱敌深入;不是不分主次,平均使用兵力,而是有主有辅,以主力集中于主要作战方向,以一部兵力钳制于次要作战方向;不是单纯同敌人拼消耗,拼实力,消极被动,疲于应付,而是充分利用有利地势和红军战术特长,以寡击众,以少胜多,尽量保存有生力量,直至从战略退却转入战略反攻;等等。这正是适合川陕根据地具体条件的战法,是打破蒋介石的堡垒主义新战术,保存自己、消灭敌人的有效手段。

敌人的堡垒主义战略战术,给我军反攻造成的困难,也值得重视。从横向来说,敌各路并肩推进,你打开个口子,人家两边的部队一靠近,就能堵上。从纵向来说,敌人的兵力配属至少有一、二、三线,且有山险和工事屏障,你突破第一道防线,人家纵深还有足够兵力抵挡,不致引起全线慌乱。战役过程中,我军两次大反击告捷,然而当试图乘胜转入反攻时,却未奏效,原因就在这里。由此告诉我们,实施决战反攻,打破敌堡垒主义的攻防体系,必须注意下列几点:(1)反攻前以最大耐心,最大限度地消耗、疲劳、沮丧敌人。(2)反攻时一个拳头打人,集中绝对优势兵力,对准敌人的薄弱环节,实施突然、凶猛、连续的突破,扩大缺口,直插纵深。(3)得手后实行大纵深迂回包围,断敌退路,利用敌人的张皇失措,迅速分割歼敌。这些,在东线的反攻突破中,西线的黄猫垭大捷中,都得到了证明。

十个月反围攻的战役实践还表明:灵活地集中和使用兵力,充分发挥各部队的特长,真正把钢用到刀刃上去,是以寡敌众、以少胜多的决定一环。

刘湘的六路围攻,先后投入的兵力达一百四十余团,而我们却仅有三十五个团。敌我力量对比,悬殊很大。处在反围攻作战地位的我军,要从被动转为主动,从劣势转为优势,从不利地位转为有利地位,从战略防御转为战略反攻,达到胜利粉碎敌人围攻的战役企图,基本的一着,就靠灵活保存和集中自己的兵力。"集中兵力之所以必要,是为了改变敌我的形势。"(《毛泽东选集》第二〇七页)舍此,想战胜敌人,是不可能的。

反六路围攻,是一场历时十个月的持久战。阵无常势,兵无常形。战役进程中,交织着攻与防、进与退、伸与缩、分散与集中、被动与主动、包围与反包围、突破与反突破、阻击与追击等诸多战斗形态。战况异常曲折、复杂、惨烈,形势千变万化。这就要求我们在兵力的保存、集中和使用上,尤需保持高度的自主性和灵活性。否则,势必陷入疲于应付、捉襟见肘的地步,要战胜敌人,更是不可能的。

所谓兵力的集中和使用,其实就是战斗力的集中和使用。概而言之,战斗力的组成,不外乎两方面的因素:一是人员、武器;二是军政素质、战术特长。前者,我们远远不及敌人,即使是最大限度地集中,也很难形成两倍、三倍、四倍于敌的绝对优势。后者,敌人却远远不及我们,即使是最低限度地集中,也会爆发出强大的威力来。我军的优势,主要在后者。因此,兵力的集中和使用,就不能单纯从数量上打算盘,做文章,还要着眼于部队的素质和特长。这样,才能用有限的兵力,去发挥以百当千、以千抵万的作用。

红四方面军在长期的战争实践和日常训练中,形成了一批具有优良素质和特长的主力师、团。有的长于进攻,有的长于坚守,有的长于夜摸夜袭。反六路围攻中,方面军总部根据不同阶段的作战任务,集中这些部队在手,用到关键的地方去,从而发挥了守如礁立、攻如河决的作用。例如,在四期收紧阵地过程中,我们以善于防守和钳制敌人的四军大部、三十军二六三团、三十一军二七一团分别集中于东西两线,控制要点,节节御敌,达到了大量消耗敌人,保存我军有生力量的目的。马鞍山反击战,我们集中四军、九军、三十军的三个主力师在手,以著名的"夜老虎"二六五团担负夜袭突破的任务,直插敌后方阵地楼门口,一举突破敌防线,大部队乘胜猛攻,歼敌两个多旅。万源决战防御中,善于坚守防御的第七十五团,扼守屏障万源的大面山主阵地,顶住了敌人四个旅的轮番进攻。总反攻开始,我们以善于夜摸的二七四团夜袭青龙观,打开反攻突破口,而以善于进攻的第十师、二十五师、九十三师,担负第一梯队的作战任务,一举突破敌人纵深防线,为东线反攻的胜利,作出了重要贡献。事实证明,我军虽然在数量上处于劣势地位,但只要重视发挥各部队的特长,把钢用在刀刃上,那么,一个团就会顶几个团用,一个师就会顶几个师用,自己兵力不足的困难,自然迎刃而解。

"为阵之法,在于分合。"所谓分合,指的就是兵力的分散和集中,亦即因时因地因敌因己制宜,正确而灵活地组织和使用兵力问题。分合得当,以弱可以胜强;反之,即使是处于强军的地位,也难免败在弱敌的手中。

最后,十个月反围攻的战役实践还表明:战争的胜利,来源于人民群众的伟大力量。

革命战争是群众的战争。人民群众的伟大力量,是红军战斗力的源泉。在川陕边一隅,红四方面军之所以能够打一场如此旷日持久的坚守防御战,之所以能够坚持无产阶级的革命胆略和惊人耐力,之所以能够用积极防御的战略战术去粉碎优势敌人的"围剿"新战略,从根本上说,就是因为红军的作战,得到了根据地广大人民群众的拥护、支持与配合。没有人民群众的强大力量作后盾,我们要打赢这场战争,简直是难以想象的。

自从我军从外线进攻转入内线防御后,面对敌人大军压境、六路围攻的严重形势,川陕省委和政府机关即发动群众,组织群众,全力投入"保卫赤区,消灭刘湘"的紧张战斗中。川陕省委召开了党的第三次代表大会,苏维埃政府召开了粮食问题会议,各级党组织和群众团体逐级成立"战斗委员会",迅速掀起了参军参战,扩大地方武装,组织运输大军,构筑防御工事的热潮。战争进程中,全民军事化,一面坚持农业、军工和其他物资的生产,源源不断向红军提供大批粮食、武器、弹药、被服、鞋袜等;一面担负侦察、运输、袭敌扰敌、转送伤员、修桥铺路、坚壁清野、构筑工事等任务。九万多地方武装力量,是红军作战的得力助手。数十万运输大军,是前线和后方一体化的血脉(据不完全统计,整个川陕时期,参加运输队伍的群众达二百万人次以上)。在根据地日益缩小、粮食严重缺乏的形势下,群众宁肯自己吃野菜、喝清汤度日,也不愿让浴血奋战的红军指战员挨饿。他们把家中仅有的少量粮食、胡豆、洋芋、竹笋,都献给红军。留在敌占区的群众,则继续坚持斗争,袭击敌哨所、据点,瓦解敌军队伍,搜集敌人情报,积极配合内线的军民作战。川、陕两省的地下党组织,也数度派人越过敌人的层层封锁,向川北运送粮食、衣物、药品等物资,给我军以有力支援。

川陕革命根据地的群众,在战争中承受的牺牲、苦难、压力,事实上,早已远远超出了他们所能承受的限度。但是,依靠党的领导,依靠群众的觉悟,依靠军民的团结,依靠艰苦卓绝的奋斗精神,人民终于熬过十个月的战争难关,沉重打击了敌人,胜利保卫了革命果实。由此证明:"战争的伟力之最深厚的根源,存在于民众之中。"(《毛泽东选集》第四七八页)未来的反侵略战争,也不例外。

第十一章
冲破"川陕会剿"

川 陕 甘 计 划

十个月的反六路围攻,固然以我军的胜利和敌人的失败而告终,但川陕根据地的元气,却受到了严重损伤。我们的面前,废墟一片,困难重重。战役结束后,我从前线回到后方。沿途所见,皆为战争破坏带来的灾难景象。良田久荒,十室半毁,新冢满目,哀鸿遍野,令人惊心惨目。

党政军机关全力以赴,投入医治战争创伤的中心任务中去。可是,对于一个元气伤害过重的躯体来说,短时间内,想收"回春"之效,谈何容易?人民对土地的热望降低了。一则是粮荒严重,许多地方连种子都没有;二则认为种下去也难保收成,"围剿"一来,又会落到敌人手里;三则劳力十分缺乏。兵员枯竭了。根据地的青壮年,早已大批参加红军。战争中遭敌侵占的地区,又被抓走或杀害一批。还有些人受反动宣传影响,逃往敌占区去。红军士兵的来源,到了山穷水尽的地步。物资短缺,补给困难。南部和通江的盐井,被敌破坏殆尽,短期难以恢复。敌人的经济封锁,日甚一日。根据地急需的食盐、粮食、衣被、药物等,无法解决。随着饥饿现象的日趋严重,伤寒、痢疾等传染病猖狂蔓延,夺去不少人的生命。根据地的秩序,大不如前。逃难的,抢东西的,当土匪的,屡有发生。这种情况,不仅使我们眼下艰窘万分,度过翌年的春荒,应付敌人的新"围剿",更成问题。

敌人的川陕会剿计划正在加紧准备中。一九三四年九月底,蒋介石一面电令刘湘"即日遵命复职,重行区分,提挈进剿,以资振作"。一面令杨虎城"迅饬陕南各军袭击匪后,以资呼应"。十月十九日,刘湘于成都召开各路军阀头目参加的"剿匪"会议,二十二日通电复职。不久又同大特务曾扩情同赴南京,三次面见蒋介石,请示"安川大计"。根据蒋介石的指令,敌胡宗南部派兵由甘入川,进驻川北的咽喉要地广元、昭化;上官云相指挥的第四十四师、四十五师、四十七师及独立第四旅,向川陕边境推进,准备经紫云、安康、平利、岚皋,夺取万源。各路川军,均重新补充了兵力,并由蒋介石拨款二百四十万元,加以资助。四川的"防匪剿赤"事宜,亦归蒋介石统一指挥。他派出以贺国光为首的"委员长行营驻川参谋团"入川,监督指导作战。敌人在我根据地周围部署的"川陕会剿"兵力,很快增加到二百个团以上。

其他根据地红军的处境,甚至比我们还坏些。反六路围攻胜利前夜,红二军团一度活动在万县、奉节边境,有同我们会合的迹象。因遭敌堵截,后遂转至湘鄂川黔边境,继续同围追的敌军苦斗。红二十五军被迫脱离鄂豫皖根据地,向西转移。中央红军未能粉碎敌人第五次"围剿",被迫长征。我们那时和中央有电台联系,知道中央红军正在西征转战中。从行进方向来看,估计他们有入川同红四方面军会合的可能。

形势是严重的。据此,我们首先提出了"准备一切力量,冲破'川陕会剿'"、"拿战胜刘湘的精神,去战胜蒋介石主力"、"唯有斗争才是出路"、"与红一方面军会师,首先拿下四川"等口号,层层动员,统一思想,激励部队克服困难,保持旺盛战斗意志。继而于十一月间,连续召开了毛裕镇党政工作会议和清江渡军事会议,总结粉碎敌六路围攻的经验,确定新的行动方针和战斗任务。

毛裕镇会议规模很大,连以上单位均派代表出席,共八百余人。会上,由张国焘作了形势与任务的报告,陈昌浩作了党政工作报告,我作了军事工作报告。经过几天讨论,最后,张国焘又作了总结发言。

这是一次着重从政治上建军的重要会议,在方面军历史上有不可磨灭的意义。红四方面军政治工作干部文化程度低,经验没有很好地总结起来,政治工作存在一些薄弱环节,亟待克服。另一方面,当时我们面临严重形势,也急需强化政治思想工作,从政治上做好克服困难,粉碎敌人新"围剿"的准备。会议分析了当时的形势和任务,明确提出冲破蒋介石的"川陕会剿"是一切工作的中心。会议比较系统地总结了方面军的政治工作经验，通过了《红四方面军政治与党务工作决议案》，制定了《红四方面军军训》、《军、师政治部暂行工作细则》《团政治处暂行工作细则》，对政治工作的方向、任务、地位、作用，提出了明确而具体的要求。为激励斗志，发扬革命英雄主义精神，会议还表彰了反六路围攻中功绩突出的部队，授予一些团队以荣誉称号。如授予七十三团"攻如猛虎"奖旗，七十五团"守如泰山"奖旗，二六三团"钢军"奖旗，二六五团"夜老虎"奖旗，二七四团"夜袭常胜军"奖旗，二九六团"百发百中"奖旗，等等。那时，授予奖旗和光荣称号，是最高荣誉。奖励个人，另发一块红色绸布，上面不写什么字。形式虽然简单，但对部队的鼓舞作用很大。这次会议，对统一全军思想，加强政治工作，提高政工干部的责任感，密切军政、军地、军民关系，有重要推动作用。实际上，也是一次冲破蒋介石"川陕会剿"计划的政治动员。

我在军事工作报告中，着重总结了反六路围攻的经验。经验证明，敌人对付红军的"堡垒主义"战略战术是：进攻时多路围攻，步步为营，稳扎稳打，分进合击；防御时梯次配置，固守堡垒，经济封锁，反动游击。只要根据地存在一天，敌人就一天也不会安宁。旧的"围剿"被粉碎，新的"围剿"又在准备。我们对付敌人的战略方针是积极防御，收紧阵地，待机反攻，重点突破，并积极开展有利条件下的外线进攻。在战术上，集中兵力，形成拳头，击敌一路，纵深迂回，以各个击破对付敌人的分进合击，以近战夜袭的特长打破敌人的防御，以广泛的群众武装配合主力红军作战，陷敌于灭顶之灾。

会议期间，张国焘和我闲谈时，曾问我：你看将来该怎么办？现在根据地物力、财力很困难，如果刘湘再发起新的进攻，该怎么个打法？去汉中行不行？据我观察，张国焘这时对老根据地已信心不足，不过没有明说就是了。我说，西渡嘉陵江的战机已经丧失，敌人筑碉防御，我们再向南部一带发展，有很大困难。汉中地区是块盆地，南面有巴山，北面有秦岭，回旋余地不大，去不得的。我看还是依托老区想办法比较好。因为是随便交谈，他对我的意见未置可否。

接下来召开清江渡军事会议。师以上干部及部分团的干部参加，讨论新的行动方针。会址设在一所小学校里。

会议期间，我们介绍了中央红军转战的情况，并制订了向川陕甘发展的战略方针和作战计划。整个计划是我负责准备的,摊开地图,思索了一两天才拿出来,交大家讨论。这个战略方针的主要打击目标是谁呢? 是胡宗南。基本的指导思想是依托老区,收缩战线,发展新区,重点夺取甘南的碧口和文(县)武(都)成(县)康(县)地区,并伺机向岷州、天水一带发展,以打破敌人的"川陕会剿"计划。这是因为:第一,盘踞甘南和川陕甘边的胡宗南部是蒋介石的嫡系,"川陕会剿"的主力部队。该部虽战斗力较强,但同四川军阀和陕南的西北军均有矛盾,处境孤立。四川军阀是被红军打怕了的,西北军对红军则敬而远之。红军集中主力打击胡宗南,他们有可能按兵不动,作壁上观。而消灭胡宗南部,正是粉碎蒋介石"川陕会剿"计划的重要一着棋。第二,碧口和文、武、成、康地区,座于汉水和白龙江流域,临山傍水,人口不少,利于我军解决物资和兵员补充问题,摆脱眼前的困难。第三,依托老区,进取甘南,比较稳妥可靠。我军进退自如,有回旋周转余地,不致造成无后方作战的危险。我当时指出:从各方面条件看,这个计划是能够实现的。只要我们集中三个军以上的精锐部队突然出击,不惜花上大的代价拿下甘南的战略要地碧口,打开战局,搞掉胡宗南,我军就能缴获一批自动步枪、火炮,装备会大大加强,弹药也能得到很大补充。有了新的根据地,既能减轻老区人民的负担,又能解决粮食、兵员等困难,粉碎敌人的"川陕会剿",要好办得多。而且,这对正在转战中的中央红军,无疑也是一个有力的鼓舞和支援。

会议同意这一方针和计划,并决定留下一些高级干部,举办训练班。我给他们讲了三天课。主要讲战术的应用,包括集中兵力、进攻突破、运动防御、迂回包围等。边讲课,边在黑板上画图,所以印象很深。

会后,全军进行整编,开展大规模的训练,积极进行攻打胡宗南的准备工作。

经过反六路围攻,部队减员较大,仅剩六万余人。我们将原五个军的十五个师缩编为十一个师三十二个团。四军辖十、十一师,七个团;九军辖二十五、二十七师,六个团;三十军辖八十八、八十九、九十师,九个团;三十一军辖九十一、九十三师,六个团;三十三军辖九十八、九十九师,四个团。另外,方面军的炮兵营扩编为炮兵团;彭杨干部学校改称红军大学,内设高级班、初级班、政治班、特种兵器班及教导队,妇女独立团保留原建制。

各部队根据清江渡会议制定的《军事教育计划大纲》,掀起了新的练兵热潮。这次练兵,在技术上,以射击、投弹为主要内容。射击训练,由过去的三角瞄准练习为主,改为着重对隐现目标和活动目标的瞄准练习。要求既能正确瞄定目标,又能缩短瞄准时间,竞赛标准提高到三秒钟活靶、二百米距离、三发子弹命中二十环以上。投弹训练,着重于持枪、背枪和冲锋条件下的投掷,竞赛及格标准要求每连人均达三十米。在战术上,以夜间战斗为主要训练内容。大纲规定,夜战训练共有十四个项目,可分为四个方面:一是军事生活上对夜战环境的适应力。包括夜间紧急集合与着装,夜间视力、听力的锻炼,以及方位判定、静肃行进、夜行军和通过障碍物等。二是夜间战斗勤务的遂行。包括夜间侦察、警戒和通信联络等。三是基本军事技能在夜战中的运用。包括夜间射击、投弹和劈刺等。四是夜战战术,即夜间进攻和防御等。在训练中,各部队从严、从难要求,较普遍地掌握了以搭人梯(最高达七层,金字塔式的)或用长竿、铁钩、绳索攀登悬崖绝壁的技术,夜间动作一般地达到了迅速、敏捷、准确、无声息的地步。指战员们还结合实战经验,改进夜间联络方法,如用竹筒装火香,筒口朝后,除直接跟进的人员外,前方及两侧均不能发觉;用竹子做成"联络哨",哨声高尖特异,枪炮声中亦清晰可辨。夜战这一套,打仗最管用。川军吃尽了苦头,把红军叫作"天兵",平时在住地几十里外都派人整夜打更,提防"天兵"降临。我们狠抓夜战训练,是增强红军优势的重要一环。

广 昭 战 役

一九三五年一月中旬,党中央举行了具有伟大历史意义的遵义会议,结束了王明路线的统治,实际上确立了毛泽东同志在全党的领导地位。从此,中国革命走上了正确的航道。

中央红军的动向,一直是我们急切关注的问题。我记得除了由四方面军电台不断将情报向中央提供外,陈昌浩还经常想办法搜罗这方面的消息,私下里同我研究、讨论。中央的命运,谁不关心呀!因为情况不大好,也不便向下面去讲,反正大家心里都很着急就是了。遵义会议的情况,我们多少也知道一点,中央来过电报。会议的正式文件,在长征中过草地的时候,我才看到。

不久,中央来电要我们派出一个师南进,接应中央红军北上。我们立即开会,讨论如何策应的问题。派部队出去多了,等于大搬家,放弃川陕根据地。少了,去一个师,等于拿肉包子打狗,有去无回。四川那种地形,敌人把山险隘路截断,你无处可走哇!还有,从敌人报纸上得悉,徐海东已率红二十五军抵陕南豫西,也需要我们接应。有的说先派一个团去吧,有的说我们又不是三头六臂,一个团哪能行呵!怎么办?讨论来讨论去,想不出好办法。最后,决定仍按清江渡会议制定的方针向川陕甘发展,先把广元、昭化拿下来,消灭胡宗南刚刚伸进四川的一部分力量。那里是嘉陵江上游,江面不宽,冬季水稳,容易渡过。如果拿下广元、昭化,我们就控制了嘉陵江两岸川陕交界的咽喉要地,进而可图川西平原、甘南、陕南,伺机接应中央红军和红二十五军。

这时,敌人已经形成对我根据地的包围"会剿"态势。胡宗南部丁德隆旅进驻广元、昭化地区;上官云相第四十七、五十四两师,进抵川东奉节、万县;邓锡侯部扼守昭化城南射箭河至江口一段江岸;李家钰、罗泽州部分布于蓬安东北的歧山场、龙凤场、天池场、凤仪场地区;杨森部布于营山、渠县及其以北地区;刘湘主力布于渠县三汇镇及以东的罗江口、厂溪至城口之线,一部向南集结防堵中央红军渡江北上;孙蔚如部及上官云相一部兵力,布于陕南宁强、西乡、镇巴、紫阳、岚皋一线。

胡宗南部在广元、昭化地区,共有五个团和两个游击支队,统归独立旅旅长丁德隆指挥。其旅部及第一、第三两团驻广元,第二团驻昭化;附属该旅的第一旅第一团和补充旅第一团,位于广元以西的羊模坝、三磊坝一线,两个游击支队活动于川陕交界的转斗铺等地,以固广、昭侧背。胡宗南还另以其第二旅第六团驻于广元以北的阳平关,遥为策应。据此,我们集结了十八个团的兵力,准备发起广昭战役。拟首先以主力突击敌之侧背,割断两城敌军的联系,而后扫清广、昭外围之敌,相机攻城或打援。具体部署为:以九军和三十军主力九个团,从广元北面渡过嘉陵江,直扑广、昭敌军与甘南联络线上的重要据点羊模坝、三磊坝,消灭守敌,并截击自碧口来援之敌。三十一军九十三师,从广、昭之间渡江,切断两城敌军的联系,包围昭化,相机打击可能自剑阁方向来援的邓锡侯部。以四军十师和三十一军九十一师各一部向广元东北的转斗铺地区进击，保障主力部队从广元以北顺利渡江，并阻击可能由阳平关方向来援的敌军。这是我军第一次越渡嘉陵江，跨江两岸作战，对手又是蒋介石的嫡系精锐。战前，各部队深入动员，做了积极准备。

一月二十二日，战役开始。我九十一师和十师，先以部分兵力沿川陕大道直扑转斗铺；另一部经黄坝河，迂回转斗铺左侧背，断敌退路。驻转斗铺地区的胡宗南第一游击支队潘名世部，突遭南北夹击，大部被歼。其第二游击支队闻讯来援，遭我军伏击，伤亡甚众，残部逃回原驻地得胜关。当晚，我带主力部队九军、三十军的九个团，从广元城北的朝天驿，架设浮桥渡过嘉陵江，二十三日下午将羊模坝守敌包围。该地周围山势较高，胡敌补充旅第一团团部及二、三两营，凭借有利地形，在山头构筑工事，互为掎角，组成火力网，实行重点防御。当晚，我军发起猛攻，第二天又打了一整天。敌人是集团工事，很不好攻，我军逐次夺取，伤亡不小。最后，我们令炮兵将仅剩的一发迫击炮弹打出去，击中敌山头主阵地，步兵趁势猛冲，才解决了战斗。那位炮手是以前俘虏来的，立了功。战斗中，八十八师副师长丁纪才就在我跟前，被一发流弹打中，牺牲了。二十五师副师长潘幼卿，也光荣牺牲。这时，敌第一营由大坝口来援，被歼一部，余敌逃往广元、碧口。

转斗铺、羊模坝两仗，我军共歼敌八百余人，缴枪千余支。驻守三磊坝的第一旅第一团，惧怕被歼，仓皇向碧口逃跑。我军追击不力，没能歼灭该敌。随后，我们即令八十八师等部掉头，参加围攻广元的战斗，留二十五师等部在现地，准备打援。

我三十一军九十三师，已于二十二日晚从广、昭之间的塔子山附近渡江，占领广元西南的河湾场、走马岭，歼敌一部后，切断了广、昭敌军的联系。旋即以一部挺进至昭化以北的宝轮院，二十四日溃来援之敌邓锡侯部两旅，二十五日渡过白龙江，围攻昭化。守敌独立旅第二团，凭借坚固工事和强大火力，死守凉亭子、天雄关、后山等城外制高点，九十三师连续攻击未克，与敌成相峙状态。

二十六日，我包围广元的部队开始进攻。

广元为川、陕、甘三省的要冲，枕山面水，是座古城。城东的城隍庙山纵列,碉堡林立,由敌第一旅第一团扼守。城西的九龙山雄峙,深沟高垒。主阵地乌龙堡筑有五大圈堡,由敌独立旅第三团防守。广元城垣坚固,堡垒密布,由独立旅旅部及第一团驻守。我三十军主力及三十一军一部,二十七日在东岸红军的密集炮火支持下,架设浮桥,抢渡嘉陵江,一举占领广元飞机场。接着,向乌龙堡进攻,经两天激战,攻占该堡外围的八个山头阵地。二十九日夜,八十八师夜老虎团和九十三师一部,夜袭敌乌龙堡主阵地。十师也从广元城东发起猛攻。经彻夜激战,进攻乌龙堡的部队,连破敌五大圈堡的四道圈堡,使敌遭受重创。鉴于广、昭两城的守敌相当顽固,粮食、弹药充足,有恃无恐,我军硬攻难克;而胡宗南又不出兵来援,意在凭坚疲劳和消耗我力;邓锡侯部五个旅已逼近广、昭,威胁我侧背安全,我们遂决定撤兵,结束广昭战役。

广昭战役,我们和敌人打了个平手,未达到预期的目的。主要原因是胡敌装备好,战斗力强,凭险固守,我军缺乏炮火,硬啃啃不动。羊模坝一仗,追击不力,失去了野外歼敌的战机。这同我们对敌情、地形了解不够有关。

陕 南 战 役

我军发起广昭战役后,总部才收到中央和军委一月二十二日(一九三五年)的来电。电义如下:

> 为选择优良条件,争取更大发展前途计,决定我野战军转入川西,拟从泸州上游渡江,若无障碍,约二月中旬即可渡江北上,预计沿途将有许多激烈的战斗,这一战略方针的实现,与你们的行动有密切关系。为使四方面军与野战军乘蒋敌尚未完全入川实施"围剿"以前,密切地协同作战,先击破川敌起见,我们建议:你们应以群众武装与独立师团向东线积极活动,钳制刘敌,而集中红军全力向西线进攻。因我军入川刘湘已无对你们进攻可能,你们若进攻刘敌,亦少胜利把握,与我军配合作战距离较远,苏区发展方向亦较不利;西线则田部内讧,邓(锡侯)部将南调,杨(森)、李(家钰)、罗(泽州)兵单力弱,胜利把握较多,与

我军配合较近,苏区发展亦是有利的。故你们宜迅速集结部队完成进攻准备,于最近时期,实行向嘉陵江以西进攻。至兵力部署及攻击目标,宜以一部向营山之线,为辅助方向;而以苍溪、阆中、南部之线为主要方向。在主要方向宜集中主力,从敌之堡垒间隙部及薄弱部突入敌后,在广大无堡垒地带寻求敌人,于运动中包围消灭之。若你们依战况发展,能进入西充、南充、蓬溪地带,则与我军之配合最为有力。同时我们要估计到敌人可能以较少兵力利用堡垒钳制四方面军,而乘野战军立足未稳之际转移主力实行突击,以收各个击破之效,因此你们作战方针从速决定电复。

中央发出这个电报时,红一方面军已离开遵义,向川黔边的赤水方向前进。形势紧迫,不容我们犹豫不决。我从前线匆忙赶回旺苍坝,出席总部举行的紧急会议,讨论这一牵动全局的作战方针问题。

中央要求红四方面军集中全力西渡嘉陵江,突入敌后,运动歼敌,策应红一方面军渡江北进。这就是说,红四方面军的主力,将离开川陕根据地,向嘉陵江以西发展。大家认为,如果不是中央红军的处境相当艰难,中央不会作出这样的决定,因而西进策应中央红军作战,是头等紧要的事。会议决定,第一,暂时停止与胡宗南的角逐。第二,由三十一军和总部工兵营,火速搜集造船材料,隐蔽造船,解决渡江工具问题。第三,适当收缩东线兵力,准备放弃城口、万源一带地区。第四,即以主力一部出击陕南,调动沿江敌人北向,为在苍溪、阆中一线渡江创造战机,并接应已经进入陕南商县一带的红二十五军。会上,也讨论过是否以主力南下,直接与中央红军打通。走哪条道路?需要多少兵力?能不能打到长江边?因力量有限,没有把握,只好作罢。

驻守陕南的孙蔚如第十七师,辖三个旅另一个独立旅(直辖十七路军)共十二个团。其兵力部署为:独立第一旅刘文伯部三个团,驻宁强、勉县地区;第四十九旅王劲哉部三个团,驻南郑地区;第五十旅段象武部三个团,驻南郑、褒城一带;第五十一旅赵寿山部四个团,驻西乡、镇巴、石泉、汉阴一带。过去,孙蔚如部怕胡宗南的势力入陕,侵占西北军地盘,曾和我们达成过互不侵犯默约,双方一度相安无事,并有些来往。但在敌六路围攻期间,他们屈服于蒋介石的压力，出兵攻打过我们。同时，任凭胡宗南的势力伸向川陕边，威胁我侧背，也使我们够恼火的。我们这次出于战略上的需要，出击陕南，顺便给孙蔚如点颜色看看，以示惩戒，是必要的。

二月初，我们集结了十二个团的兵力，北出陕南。

宁强是由川入陕的门户。战前，我们派人送信给该县守敌独立一旅二团团长杨竹荪，打个招呼，要他主动撤兵，勿作抵抗。但杨置若罔闻，命令部队坚守。二月三日，我十师主力及十二师一部，向宁强外围据点发起攻击，经一昼夜激战，连克贺家梁、七星池、乐山观等地，乘胜攻克县城，全歼敌团部及两个营。与此同时，红十二师一部亦攻克阳平关，将守敌第二团的另一个营大部歼灭。

二月五日，我四军、九军、三十军各一部，分三路从铁锁关、宁强、阳平关向东北挺进。孙蔚如急调第四十九旅及独立旅一团，经勉县向西迎击。八日拂晓，我军向敌发起攻击，激战半日，进展不大。次日拂晓，我们用两翼迂回战术，以一部兵力直扑勉县，断敌退路，敌军心动摇。我军乘胜猛攻，一举将敌四十九旅和独立旅第一团大部歼灭。接着，乘胜前进，溃敌骑兵一部，占领勉县，围攻褒城，直抵南郑城郊。利用时间，我军在陕南党的配合下，大力发动群众，扩大红军，仅三十军即扩红一千五百余人。

我军在陕南的十多天内，先后攻占了宁强、勉县和阳平关重镇，歼敌四个多团及一批地方民团，缴机枪五十余挺，步枪五千余支。俘敌团长以下官兵四千余人，悉数放回。这时，蒋介石赶忙调兵向川陕边境增援。胡宗南将伸进四川的兵力回调甘南，防我进攻其后方天水。邓锡侯部的五个江防团，北进接替广、昭防务。敌第四十九、六十、六十一等师，亦向陕甘南部移动。由于我们出击陕南的企图，不是打击杨虎城部而是吸引沿江敌人北向，以便我军从嘉陵江中段突破，接应中央红军，所以，这次战役行动颇有节制，不过是虚晃一枪罢了。假如我们实打实地要歼灭孙蔚如部，夺取汉中盆地，那就不会仅用有限兵力从西面出击，而是要集中三个军以上的兵力，一路西出宁强、勉县，一路中出南郑，一路东出镇巴、西乡，合围汉中，"瓮中捉鳖"。那样，孙蔚如是吃不消的，汉中盆地难免落入红军手中。

达到了调动敌人的目的，我们遂于二月中旬停止进攻，回师川北，准备渡江西进，策应中央红军入川。

　　然而,情况又发生了变化。二月十六日,中央军委来电,放弃了拟从泸州上游渡江北上的计划。电称:"我野战军原定渡过长江直接与四方面军配合作战,赤化四川,及我野战军进入川黔边继续向西北前进时,川敌以十二个旅向我追击并沿江布防,曾于一月二十八日在土城与川敌郭、潘两旅作战未得手。滇敌集中主力亦在川滇边境防堵,使我野战军渡江计划不能实现。因此军委决定我野战军改在川滇黔边广大地区活动,争取在这一广大地区创造新的苏维埃根据地,以与二、六军团及四方面军呼应作战。"土城一仗没打好,我看主要是部队连续转战,疲劳不堪,敌人以逸待劳,火力又强,不好对付。我们从鄂豫皖向川陕边转战途中,尝过那种苦头。部队连续行军,吃不上饭,睡不好觉,疲劳得要死,仗怎么能打好呀,不容易的。不是亲身经历过的人,很难懂得这一点。

　　既然土城受阻,中央红军根据当时的敌情、我力,临时改变一月二十二日的作战方针和行动计划,是完全必要的。但是,红四方面军因受一月二十二日作战方针的牵动,已若箭在弦上,非进不可。在东线,刘湘的主力占领万源后,正向通江、巴中推进。西线的苍溪、阆中、仪陇、南部亦为田颂尧、罗乃琼部分别占领。川陕根据地的地盘越来越小。我们决定,仍以强渡嘉陵江,实现原定的川陕甘计划为主要目标,并密切注视中央红军的转战动向,伺机进行有力策应。

强 渡 嘉 陵 江

　　为实现川陕甘计划,配合中央红军作战,三月初,我们复挥军南进,连克仪陇、苍溪。共歼田颂尧、罗泽州部五个团,俘敌三千余人,缴枪五千余支。我军忽北忽南,敌人摸不清我们的真正企图。我们则利用这一机会,勘察地形,训练部队,隐蔽造船,加紧进行渡江作战的准备工作。

　　嘉陵江为巴蜀的四大名川之一。源出陕西凤县的嘉陵谷,由北而南,自广元起,汇合白龙江水流,一泻千里,直下长江。两岸山峦耸立,水面宽阔坦荡,堪称天堑。当时,嘉陵江西岸北起广元、南至南部一线的江防任务,由敌邓锡侯、田颂尧部担任。敌人的兵力部署是:邓锡侯部二十一个团,防守北起广元以北陈家坝,南至江口以北的沿江地段。其中,以十五个团守备江防,以六个团分置于广元西北之车家坝和昭化东南的剑门关,作预备队。田颂尧部三十二个团,防守江口以南至南部县境的新政坝,共四百里的沿江地段。其中,二十八个团守备江防,另有七个团配置于阆中以西的衣思场地区,为总预备队。三月上中旬,我带领孙玉清、杜义德等同志,沿江勘察地形和水文情况,选择主渡点。而后,制定了渡江作战计划,提交方面军总部讨论。

根据敌人阵势,我们决定从苍溪和阆中之间约百里的沿江地段,实施偷渡和强渡相结合,多路突击,重点突破。这一带是田颂尧的防区。该敌曾屡遭红军打击,士无斗志,畏我如虎。又因江面宽阔,敌意想不到红军会从这里渡江。敌兵力配置单薄(仅有三个团,前沿只有四个营),防守亦较疏懈。主渡点塔子山地区地形不错,河道弯向我方,水势平稳,又有塔子山雄峙东岸,居高临下,便于我隐蔽船只,发扬火力,掩护强渡。对岸前沿是一片平滩,纵深为丘陵起伏地,利于我渡江部队抢占登陆场,展开兵力,两翼迂回(起初将主渡点选在阆中以北,我们派一个班偷渡过江,被敌发现,仅剩一名会泅水的战士回来,后才改为塔子山)。我军如出其不意,一旦强渡成功,便可造成摧枯拉朽的战役态势,席卷西岸守敌,乘胜占领嘉陵江、涪江之间的广大地区,为进击甘南创造条件。

我军的渡江作战部署如下:

三十军为渡江主力,于苍溪以南的塔子山附近实施重点突破,消灭守敌后向剑阁、剑门关方向进攻,协同三十一军消灭剑门关之敌。

三十一军居右,从苍溪以北之鸳溪口渡江,尔后消灭剑门关守敌,并迅速向昭化、广元发展,打击邓锡侯部和阻击位于甘南的胡宗南部南下,保障我右翼侧的安全。

九军居左,从阆中以北渡江,尔后以一部协同三十军向北进攻,以另一部消灭阆中、南部的守敌,保障我左翼侧的安全。

四军为方面军第二梯队,待第一梯队渡江成功后于苍溪渡江,以一部向南迂回,协同九军消灭南部守敌,主力则向梓潼方向发展。

方面军总部炮兵营配置于苍溪塔子山上,掩护三十军强渡。

总部分工由我负责渡江战役的指挥工作,陈昌浩于东线指挥三十三军及地方武装牵制敌人。

这是我军第一次进行大规模的强渡江河作战,准备工作至关紧要。一要军民协力,迅速完成上百只木船和三座竹扎便桥的营造,解决各路部队的渡江工具。二要深入政治动员,利用支流河汊苦练渡江本领,保证部队具有必胜信心,熟练掌握渡江作战的战术和技术。三要根据各自担任的任务,研究敌情,侦察地形,层层制定周密的具体作战方案。四要绝对隐蔽、秘密,包括侦察、训练、造船、集结等,以保证战役战斗的突然性。各项准备工作,要求三月下旬完成。

为迷惑敌人,三月下旬,我们以一部分兵力向南进攻。敌人判断:红军"希图突破二、三两路阵地,均因官军防守甚严未逞。近忽改由营(山)、巴(中)方向移动,有突破四路军企图"。并据此调整部署,防我南进。

三月二十八日夜,我们下达了渡江命令。我和张国焘都在塔子山附近,直接指挥。事先,各强渡部队和苏维埃政府组织群众,从几十里外把船只抬到江边,伪装隐蔽,敌人毫未觉察。结果,渡江很顺利。主渡部队三十军八十八师先头团,首先从塔子山附近秘密渡江成功,全歼对岸守敌一个营,巩固了登陆场。继而,八十八师的另两个团渡江,攻占了飞虎山、高城山、万年山等制高点,溃敌一个增援旅的反扑。大部队陆续跟进,向纵深发展。我和方面军指挥部,于次日上午跟三十军过了江,直趋剑阁。与此同时,右翼三十一军和左翼九军,亦分别从苍溪以北和阆中以北地区,强渡成功,向前扩展。继后,第二梯队四军渡江,我四个军的兵力全部投入战斗。

从渡江到攻打剑门关,是突破缺口的阶段。

我军兵分三路,以疾风扫落叶之势,席卷沿江敌人。左翼九军一部在四军一部配合下,经阆中地区南下,于四月二日攻占南部县城,歼李炜如部三个团。右翼三十一军击溃刘汉雄一部后,迅速向剑门关推进。中路三十军及九军另一部于三月三十一日攻占剑阁后,以八十九师控制县城,八十八师向东北疾进,协同三十一军攻占剑门关。

我随中路行动。带着一名参谋,一个通讯队,一个警卫队。每次打仗,这两支队伍都跟着我们行动。通讯队负责架设电话及侦听和破坏敌人的电话联系;警卫队负责我们的安全,传送信件,关键时刻还可投入战斗,很顶用。那时,敌人乱得一塌糊涂,电话打来打去,乱喊乱叫,被我们听得一清二楚。我军刚进剑阁,别处的敌人不知剑阁已失,打来电话问:"赤匪到哪里了?你们怎么样呀?"有的干部回答倒干脆:"老子是红军,你们完蛋啦!"令人又好气又好笑。我叫通讯队把电话机守起来,敌人来电话就装作是他们的人回答,趁机了解敌情,迷惑敌人,以便我们随时调整战斗部署。

四月二日,我八十八师、九十三师及九十一师一个团,分别进抵剑门关下,从东、西、南三面包围了剑门关。剑门关位于横亘剑阁、昭化之间的剑门山上,扼控川陕大道,"插翅难渡",是邓锡侯部江防部署的支撑点。敌二十八军宪兵司令刁文俊,率三个团,依托险要地势及预构的集团工事防守。王树声在前面指挥,要求动用方面军总部的迫击炮营,摧毁敌阵地,我们同意。十一时许,部队发起攻击。我军在迫击炮和机枪火力的掩护下,前仆后继,猛烈向敌阵地突击,多次与敌人展开肉搏。经半天激战,全歼守敌三个团,拿下了剑门关。剑门关向来以"一夫当关,万夫莫开"的险要地势而著称,三国时姜维就守过那个地方。战后,我去剑门关一看,真是个奇怪的地形。你从北面来的话,它是个高山,一壁千仞,险恶万分。你从南面来的话,它是坡的。南攻容易北攻难。人家说剑门关险要,我看也险要也不险要。从陕西到四川就险要,从四川到陕西就不险要。我们的部队是从南面打过去的,只用半天就解决了战斗,打了个漂亮的歼灭战。那里"汉柏"很多,又粗又壮,传说是张飞令蜀军栽的。王树声说笑话:山上树太多,我们的马尾手榴弹扔出去,挂在树上掉不下来。一发迫击炮弹打响,把树上的马尾手榴弹都震到地上,四处爆炸,吓坏了敌人,部队趁势一冲,就拿下了山头。我说:这种战术,叫"全面开花"嘛!

剑门关这个江防支撑点一失,邓锡侯部慌了神,沿江敌人纷纷溃逃。我军乘胜进击,三十军和三十一军一部当夜由剑门关直扑昭化,次日占领该城,歼守敌一个团。三十一军主力进至羊模坝、三磊坝地区,阻击胡宗南部南下,并包围了广元。我南面的九军、四军,主要是收拾田颂尧的部队。四军以一部西向梓潼发展,另一部协同九军克阆中、南部,溃敌一个旅,歼敌三个团。至此,我军控制了北起广元、南至南部约四百里的嘉陵江西岸地区,敌人的沿江防线悉被摧毁,战役的第一阶段遂告结束。

第二阶段是进击。向纵深发展,横扫沱嘉流域的敌人。

敌人的江防被突破后,蒋介石极为恼火,手令第二十九军军长田颂尧撤职查办,副军长孙震记大过一次,暂代军长职务,"戴罪图功"。这时,田颂尧部已逃向射洪、盐亭、三台地区集结;邓锡侯二十八军一部退缩于广元及其以北地区,另有三个旅和军部所率之部分机动兵力,布防于梓潼、魏城、江油、中坝地区;胡宗南部仍在川甘交界的青川、碧口至南坪一线。我们决定,集中主力歼灭梓潼、江油地区的邓锡侯部,并伺机向川甘边发展攻势。

八日,我们令三十一军主力继续扼守羊模坝、三磊坝,并围困广元;令三十军八十九师出青川、平武,分割广元、江油敌军并阻击胡宗南部南下,保障我右侧安全;而以三十军、九军主力向江油,四军主力向梓潼,展开猛烈进攻。十日,九军渡过涪江,包围江油,前锋直迫中坝。这一攻势,直接威胁成都、绵阳,使刘湘、邓锡侯大为震惊。邓锡侯慌忙拼凑十个团的兵力,亲自率领,经中坝向江油增援。江油守敌一个旅,依托坚固工事和优势火力,顽固据守,我军难以攻克。我和指挥部住在江油城南一座民房里,获悉邓部来援,我们当机立断,决定打援。令九军二十七师继续围城,集中九军二十五师、三十军八十八师及四军十、十一两师各一部,在江油以南的塔子山、雉关山一带,布下阵势。经两天激战,全歼钻进来的敌四个团,接着乘胜追歼逃敌,十八日克中坝,十九日克彰明,邓锡侯差一点被活捉。四军十八日克梓潼,一部西向又克北川。向西北推进的三十军八十九师,亦相继克青川、平武。

经过这段进击,我军控制了东起嘉陵江,西至北川,南起梓潼,北抵青川,纵横二三百里的广大地区。如按原计划向甘南进击,深感兵力不足。下一步怎么办?我就发电报给后面的张国焘、陈昌浩,催他们表态。

谁知,我们在前面打,后面可就搬了家,放弃川陕根据地。那时张国焘在剑阁,陈昌浩在旺苍坝地区,搞一锅端,大搬家。我打电报左催右催,提议把南边的部队向北集中,迂回碧口,抄胡宗南的后路,进取甘南。但张国焘死活不吭气,叫人干着急。部队只好就地发动群众,补充兵员、给养,待命行动。后来他说,那时他正注视中央红军的动向,对西出或北出,下不了决心。这样一拖拖了个把月,使我们打胡宗南的计划流产了。战机就是两三天、三五天时间,不会总有的。你抓住战机,乘敌不备,打破一两个要点,接连下去就能打开局面。如果慢条斯理,犹豫不决,失去战机,再想创造战机谈何容易!而且胡敌是蒋介石的主力部队,武器装备好,战斗力不弱。我们耽误了时间,敌人加强了准备,再想啃就啃不动了。后来,三十军、三十一军一部向摩天岭攻了一下,人家凭险固守,我们没打出个名堂,只好作罢。(见附图十二)

强渡嘉陵江战役从三月二十八日开始,至四月二十一日结束,历时二十四天。我军总计攻克阆中、南部、剑阁、昭化、梓潼、青川、平武、彰明、北川等九座县城,共歼敌十二个多团,一万余人。只是由于张国焘慢慢腾腾,瞅来瞅去,忙着在后面搞大搬家,才使进击甘南的战机丧失,未达到战役预期目的。

红四方面军撤出川陕根据地,是由多方面的原因造成的。

首先,是优势敌人的联合压迫。我军入川时,四川军阀混战犹酣,并反对蒋介石的势力染指四川"剿赤"事宜。敌人营垒的四分五裂,是红军立脚生存和发展壮大的基本条件之一。但是,自从刘湘组织六路围攻起,这个条件便发生了变化。四川军阀从内乱走向联合,开始统一对付红军。我川陕根据地军民,费尽九牛二虎之力,艰苦鏖战十个月,才粉碎了六路军阀的联合围攻。接踵而至的,是蒋介石与四川军阀的联合。刘湘等军阀不仅同意蒋介石的势力入川,而且在军事上甘愿服从蒋介石的统一调度。于是,蒋介石迫不及待地纠合其嫡系部队及川、陕两省的军阀势力,向我根据地周围云集重兵,部署发起"川陕会剿",企图一举将红军置于死地。

条件决定形势。敌人营垒的暂时稳定和统一,造成从四面八方联合压迫我军的严重局面。蒋介石在川陕根据地周围部署的兵力,达二百个团以上,层层筑碉,严密封锁。一旦"川陕会剿"开始,敌东西堵截,南北夹击,势必陷我军于背腹受敌、进退失据的极端不利境地。这与我们以往反三路围攻、六路围攻时,背靠巴山,只对付川敌一面、两面、三面的进攻,是显然不同的。

在这种情况下,出路安在? 一是破釜沉舟,死守根据地,准备拼上全力,同敌人决一死战;二是提前冲破敌人的"川陕会剿"部署,打出外线,保存和发展有生力量。权衡利弊,考虑再三,我们在清江渡会议期间,选择了后一条出路,制定了依托老区、收缩战线、发展新区的"川陕甘计划"。这个计划,虽然在付诸实践中尚需修正,但主力红军将向川陕甘边转移,打击胡宗南,发展新的根据地,却是毫无疑义的。

孟夫子说过:鱼我所欲也,熊掌亦我所欲也,二者不可得兼。欲有所得,必有所失。在周围敌人的重兵压迫下,我们要集中主力出击甘南,发展新区,就得准备舍弃川陕根据地的一部分或大部地盘,甚至暂时变根据地为游击区,日后伺机再图恢复。下不得这个决心,是不行的。这是冲破敌人"川陕会剿"计划的需要,保存自己和消灭敌人的需要。从战略指导原则上看,应当允许的。相反地,不顾敌情我力,企图固守一地,死打硬拼,结果只能断送红军的力量,实为兵家之大忌。

毛泽东同志在《中国革命战争的战略问题》中指出:敌人的强大和红军的弱小,是中国革命的一个基本特点。因此,"革命根据地只有乡村和小城市。其区域开始非常之小,后来也并不很大。而且根据地是流动不定的;红军没有真正巩固的根据地。"(《毛泽东选集》第一七四页)井冈山时期,为打破湘、赣两省敌人的"会剿",毛泽东同志亲率红四军主力,离开井冈山,转移到赣南、闽西,胜利建立了新的革命根据地。中央苏区第五次反"围剿"前夜,面对敌人重兵包围的严重形势,他又建议主力红军应跳出内线,向苏浙皖进军,伺机打回根据地。可见,毛泽东同志在强敌压境的情况下,也主张转移外线作战。那种不计后果,死死抱住根据地固守的观点,理论上是错误的,实践上是有害的。

第二,川陕根据地民穷财尽。革命根据地要支持战争,支持红军的存在和发展,离不开必要的人力、物力、财力。红军打仗,一要吃饭,二要穿衣,三要兵员,四要武器弹药。没有这些,所谓保存自己,消灭敌人,便是空想。川陕根据地后期的情况,可以用四个字概括:民穷财尽。要粮没粮,要衣没衣,要兵员补充没兵员补充,别说部队打仗,就是生存都成了问题。如果敌人的"川陕会剿"来临,我们缺乏支持战争的人力、物力、财力,即使咬紧牙关,勉力支撑,但毕竟难以持久。要想再打一场类似反三路围攻或反六路围攻那样的战争,说到底,叫心有余而力不足。

川陕根据地搞得民穷财尽,有两方面的原因。一方面,是长年战争的消耗和破坏。从我军入川到强渡嘉陵江的两年零三个月里,仅战役规模的大仗,就足足打了十六个月。我们虽然取得了军事上的胜利,但战争给根据地带来了巨大的消耗。战争过程中,敌人两进两出,在我根据地空舍清野,烧杀掳掠,破坏尤烈。另一方面,则是"左"的政策所导致的。张国焘在川陕根据地，推行的还是王明的那一套，许多东西是"左"的。如对地方政策，只要当过保长的，多要杀掉；认定是地主、富农的，也要杀掉。其实，有些保长是穷人，大家推举他出来干这份差事的。有些地主、富农虽有剥削，但民愤不大，可以改造，不同于罪大恶极的土豪劣绅。不问青红皂白，把他们通通杀掉，只能扩大敌对势力，吓跑中立者，孤立自己。土地政策、经济政策也"左"。地主不分田，富农分坏田；侵犯中农利益，甚至将一些中农划成地富成分，无条件地剥夺，使他们失去了生产积极性；把小经纪人当资本家打倒，搞得根据地商业凋敝，连日用生活物资都很难买到。俘虏政策上，要兵不要官，放兵不放官，尤其是对营以上被俘军官，杀掉不少，增加了敌军的对抗、报复心理。这些"左"的政策和在鄂豫皖时期差不多。历史经验证明，推行"左"的政策，想不受惩罚是不可能的。"左"的东西，开始往往被轰轰烈烈、有声有色的革命形式掩盖着，一时不易被人识破。然而，它的灾难性后果，总要集中爆发的。一旦爆发，局面即难以收拾。

总之，战争的破坏和"左"的政策交互作用的结果，把川陕根据地搞到了民穷财尽的地步。好比一个池塘，水都抽干，鱼还能活吗？活不了的。根据地的人力、物力、财力消耗殆尽，红军只有另找出路，以图生存和发展。

第三，策应中央红军的战略需要。中央红军第五次反"围剿"的失败，牵动着各个革命根据地红军的命运。红四方面军兵力较多，位于连接西南和西北地区的桥梁地带，对正在向云贵川边和川西北转战的中央红军，无疑具有重要的策应作用。正因为如此，蒋介石也就更加重视对这两支红军力量的分割，以便各个击破。打破蒋介石的分割包围，全力策应中央红军北上，是红四方面军全体指战员义不容辞的责任。我们的一切计划和部署，必须服从这个大局。

从一九三五年一月中央来电，令红四方面军全力西渡嘉陵江，配合中央红军作战之日起，我们就把冲破蒋介石的"川陕会剿"计划和策应中央红军的战略任务，紧密结合，变成这一时期全军的战略行动方针。"皮之不存，毛将焉附！"中央红军如果被敌人消灭，红四方面军的命运，可想而知。我军一边密切注视中央红军的动向，及时用电台向他们提供情报；一边调整兵力部署，积极进行强渡嘉陵江的准备。尽管中间因敌情变化，中央红军的行进路线有些曲折，但全力策应中央红军北上的方针和任务，我们是明确的，毫不动摇的。强渡嘉陵江战役的主要企图,就在这里。假如不是为了策应中央红军的战略需要,我军实现"川陕甘计划",就没有必要渡江西出,同川敌作战,而是应当直接出西北方向,寻歼胡宗南部。对此,稍懂战略问题的人,不难一目了然。嘉陵江战役结束不久,我军转而进军川西北,终于实现了一、四方面军的胜利会合,更是有力的证明。

整个说来,红四方面军退出川陕根据地,有它的复杂原因。优势敌人的压迫,长年战争和"左"的政策造成的困难,策应中央红军的紧迫战略需要,凑到了一起。在这个意义上说,是历史的必然。问题在于:主力红军撤出根据地后,没有留下足够兵力坚持游击战争,只留下刘子才、赵明恩等千把人枪,如果把三十三军留下,要好得多;强渡嘉陵江后,犹豫徘徊,丧失了进击甘南的战机,使"川陕甘计划"流产。川陕甘计划未能实现,非常失策,是关系整个革命命运的问题。如果当时实现了这个计划,我军将能得到更大补充,中央红军北上就有了立脚点,形势会不一样的。

川陕革命根据地,在第二次国内革命战争中有过它的光荣历史地位和作用。那里的人民群众,为了中国革命的胜利,前仆后继,艰苦奋斗,英勇牺牲,贡献了他们所能贡献的一切力量。红四方面军的生存、发展、壮大,与川陕根据地人民的大力支持是分不开的。成千上万川陕人民的英雄儿女,在创建和保卫根据地的斗争中,献出了宝贵的生命。川陕人民的英雄儿女永垂不朽!

第十二章

长征路上(上)

懋 功 会 师

一九三五年五月初,中央红军胜利渡过金沙江,继续北上,准备在川西北建立新的革命根据地。

这时,红四方面军主力集中在涪江地区,就地休补,发动群众,筹粮扩红。我还记得,我们的电话机工作人员本来就不少,三天中又扩进一百多名新兵。因电话机有限,用不上这么多人,只好把他们分配到部队中去。四军十师第二十八团,强渡嘉陵江战役中减员二百来人,但扩红近九百人,全团人数达一千七百余人。总部还组建了一个补充师,师长秦基伟。武器、弹药、粮食、被服、经费等,各部队亦获得较大补充,比在川陕根据地后期的日子,要好过得多。全军共八万多人,加上从川陕根据地撤出的党政机关人员和革命职工,总计不下十万之众。

蒋介石为防止红一、四方面军会合,实行各个击破,正调遣兵力,企图以江油、中坝为中心,对我实施东西堵截,南北夹击。敌人的部署是:以刘湘主力王缵绪部十三个旅为右路纵队,由罗江地区出绵阳、魏城,沿涪江东岸向彰明、两河口、重华堰进击;以邓锡侯第二十八军和孙震第二十九军各一部为左路纵队,由三台、绵阳出动,沿涪江西岸经香水场、双合场向中坝、江油进攻;以胡宗南部南下青川、平武,配合左、右两纵队的夹击;广元以北的邓锡侯一部南下,向剑阁推进;唐式遵一部守备昭化至阆中一线,防我东返;邓锡侯另一部封锁土门及北川河谷,防我西进;李家钰部防守阆中及其以西左壁垭、店子垭一线,阻止红军南下。

涪江流域的江油、中坝地区,枕山面水,紧邻川西平原,物产丰富,利于我军休养生息。然而,"梁园虽好,终非久恋之乡"。要打破蒋介石的合围部署,要策应中央红军北上,我军不能在这里久留。这时,张国焘、陈昌浩已经上来,立即在江油附近召开了高级干部会议,各军的负责同志均参加。会上,张国焘讲了撤出川陕根据地,是为了迎接中央红军北上。两军会合后,要在川西北创建根据地,赤化川、康、陕、甘、青等省。为打破蒋介石的合围部署,方面军下一步应首先占领北川、茂县、理县、松潘一带地区,背靠西康,作立脚点。他还提出,那带是少数民族杂居地区,应成立苏维埃西北联邦政府,以利开展工作,云云。陈昌浩也发了言。大家没有异议,一致同意按张国焘的意见行动。

西向岷江地区,建立川西北根据地,迎接中央红军北上,实现两个方面军的胜利会师,成了动员和鼓舞部队的巨大动力。全军指战员,士气高昂,精神焕发,纷纷表决心,做准备。我们计划,首先突破邓锡侯在土门、北川河谷设置的防线,占领岷江流域的松潘、茂县、理县、汶川。五月上旬,部队先后撤出彰明、中坝、青川、平武等地,向西进发。

松、茂、理、汶一带,是邓锡侯的地盘。境内高山连绵,河谷错列,地形险要,为汉、藏、羌、回等民族杂居区域,盛产黄金、木材、烟土、药材、牛羊、兽皮等。为防止我军西进,邓锡侯在进入川西北的咽喉要地北川至茂县的土门险关,设置了三道防线,陈兵约三万余人,凭险筑垒,封锁土门,全力守备北川河谷。

五月十二日,我先率九军、三十军主力,由北川西进,翻山越岭,直抢土门。沿途多原始森林,人烟稀少。我军经激烈战斗,连续击溃邓锡侯部十一个团和各地民团的防堵,强占北川河谷,夺取土门险关。十五日,先头部队占领茂县。我和前线指挥部在土门驻下,指挥部队消灭附近顽抗的残敌,扼住南面的制高点,接应后方机关转移。从成都、绵竹方向来援之敌,拼命向我进攻,想把红军的通道截断。我掩护部队在土门以南的山上,抢筑工事,顶住敌人。敌人处于仰攻的不利地位,死伤惨重。我后方机关包括从川陕根据地撤出的兵工厂、被服厂、造船队、医院、妇女组织、地方干部等,相当庞大。男男女女,抬着机器、粮食、担架、物资,走了几天,才转移完毕。嗣后,方面军总部进驻茂县。先头部队一部沿岷江南下，控制了文镇关、雁门关、威州等要点；一部直逼汶川，占领理番（今理县）。后续部队四军、三十一军一部，则北进至松潘、平武以南的镇江关、片口等地。北进的这一路，本想占领松潘县城，扼控从川西北通往甘南的咽喉要地，屏障茂、理。但胡宗南部先我一步，进驻松潘。松潘是座古城堡，城墙厚达二三十米，周围皆崇山峻岭，敌筑有坚固防御工事。我们的部队缺乏炮火，攻也攻不动，遂退至松潘以南的镇江关，与胡敌对峙。从镇江关、片口、北川、观音梁子、千佛山至汶川一线，敌我双方不时发生激战。

方面军总部驻地茂县，即现今的茂汶自治县。县城内有几百户人家，全县约六七万人口。羌族占总人口的百分之八十以上，是川西北羌族人民最集中的县份。民房多为山石垒砌而成，依山面水，方方正正，相当坚固。境内烽火台不少，矗立在高山顶上，远远望去，像擎天柱似的。寺庙也多，一座不大的县城，就有二三十座大小不等的寺庙。羌族人民多从事畜牧业或经商。农业以种植苞谷、红薯、土豆为主，刀耕火种，靠天吃饭，产量甚低。尚白色是他们的民族传统，一切以白色为上，蓝色、黑色次之。我们见到的男女老少，衣着一般为白、蓝、黑三色，显得格外朴素。

这个民族勤劳，朴实，好客，喜歌舞，性情开朗。但是，由于长期受汉官、军阀的压迫和掠夺，对汉人积恨较深，戒备心很强。红军到来以前，邓锡侯部大肆进行反动宣传，诬蔑红军"普烧普杀"、"共产共妻"、"青面獠牙"、"头长八只角"、"专吃人脑花和小娃娃"等，更加深了羌族人民的疑惧。不少人弃家出走，逃进深山老林里去。红军来后，使敌人的宣传不攻自破。我军指战员不仅长得和常人一模一样，不烧不杀，不抢不夺，而且积极帮助群众背水、劈柴、治病，提倡宗教信仰自由，尊重少数民族的风俗习惯，宣布取消一切苛捐杂税，强调加强各民族的团结。我军的模范行动和政策的威力，颇见成效。许多人打消了原先的疑惧心理，把红军视为亲人，纷纷杀猪宰羊，献馍敬酒，载歌载舞，慰劳红军。一些跑到深山老林去的群众，也陆续回来。报名参加红军的青壮年不少，红四方面军有些羌族干部就是那时入伍的。

红一方面军已进入川康边，正经会理、冕宁北上。两军会合，指日可待。方面军总部在茂县开会，研究迎接中央红军的工作。首先是派部队前往接应的问题。确定由三十军政治委员李先念，率该军第八十八师及九军二十五师、二十七师各一部，西进小金川地区，扫清敌人，迎接中央红军。其次是动员部队做好两军会师的思想准备和物质准备。要求各部队层层深入动员，以坚持战斗岗位、多多消灭敌人、认真执行民族政策、大力筹集和捐献慰劳品等实际行动，迎接兄弟部队。川西北高原气候变化多端，昼暖夜寒，要多筹集些羊毛羊皮，制作毛衣、毛袜、皮背心，作慰问品。根据我军西征转战的经验，炊具容易丢，伙夫不够用，部队经常开不上饭，直接影响行军和作战，是件叫人恼火的事。估计转战中的一方面军，也会遇到同样的困难。所以，我提议从各部队抽一批炊事员，带上粮食、盐巴、炊具，跟八十八师行动，会师后立即补充到一方面军，先解决吃饭问题。大家都赞成。

我印象最深的是，陈昌浩在会上提出了"欢迎三十万中央红军"的口号。当时我有点反感，觉得这是吹牛。就说："恐怕中央红军没有那么多吧，还是留点余地为好。"但是，会后还是那样宣传的，标语也是那样写的。会师后的事实证明，中央红军还不到两万人，哪来的三十万嘛！我们的宣传打了自己的嘴巴，弄得四方面军的指战员议论纷纷。可见，不论任何情况下，政治宣传都要实事求是，留有余地，决不能忘乎所以，信口开河。

李先念率八十八师和九军一部出发后，为便于指挥前线部队作战，我即移住理县下东门。张国焘、陈昌浩仍在茂县。下东门为岷江和杂谷脑河汇流的地方，是块平坝子。四周环山，林木葱茂，蹦跳腾蹿的猴群，嬉闹在山林间，逗人喜爱。有时我和警卫员、参谋一大早起床，站在山边看猴子玩耍，别有一番情趣。

进入理县境内，藏民逐渐多起来。越向川西北和西康地区深入，藏民越多，约占总人口的百分之六七十。为了发动藏民，团结藏民，部队派人做了不少调查研究工作，使我们第一次对藏族社会，有了概略的了解。

当地有句俗话："官住平，民住坡，蛮家住到山窝窝。"所谓"蛮家"，又称"番民"，是历史上沿袭下来歧视藏民的称呼。他们大都散居在山区，从事农牧业生产。二三十户人家为一寨，不少寨子筑在人迹罕至的高山顶上。每寨是个小小的社会单位，自给自足，与外界很少往来。民房系石头砌成，一般分三层：上层供佛、晒谷，中层住人、烧饭，底层圈牛、羊、马等。家有二三十条牛以上的为"发财人"，有十多条牛的为中等人，仅有二三条牛或没有牛的为穷苦人。阿坝的大土司是川西北藏民的最高统治者，各地分别设有大小不等的土司,行使统治权力。大土司每年要向成都军阀交几万两银子。奴隶制盛行,每个土司头人家里有十多个以上的"娃子"(奴隶),供剥削役使。奴隶没有人身自由,像牲口一样,任凭奴隶主生杀予夺。奴隶主划个圈圈,奴隶们就不敢越出圈子一步,真是"画地为牢"。平民百姓每年需向土司头人、汉官进贡银钱、物品,担负种种劳役,生活极端贫苦。"以物换物"的原始交换形式,依然保留,许多藏民甚至以经商赚钱为耻辱。出口货物以毛皮、麝香、鹿茸、贝母、金子为主,入口货物以茶叶、布匹、油、盐、糖等为主。理县西南的杂谷脑,就是一个出入口货物交换的地点。藏民性情朴实、剽悍、直爽。善骑射,喜着皮衣、革履,食物以牛羊肉、青稞、糌粑、酥油、牛奶为主。信仰喇嘛教,崇奉活佛、喇嘛。家家供有佛像,每寨均有喇嘛寺庙。活佛就是"活神仙"。藏民平时见到土司头人不叩头,只需脱帽垂目即可,见到大小活佛则必须下跪叩头。喇嘛教的地位和影响,可见一斑。

我军进入川西北地区时,即组成了中华苏维埃西北联邦政府、少数民族委员会和党的西北特区委员会。张国焘任联邦政府主席,周纯全任民族委员会委员长。提出了建立藏族苏维埃和人民政府、民族自决、信教自由、取消一切苛捐杂税、没收汉官和发财人的土地分给穷人、武装藏民劳苦群众、藏回羌汉穷人联合起来打倒国民党军阀等项纲领、政策,发动群众,建党建政。这是我军第一次开展少数民族地区的工作,一切要从头做起。

这里的条件远不及通南巴,发动群众的工作困难重重。一是语言不通,障碍甚大。二是历史上形成的民族隔阂很深,短期内不易消除。三是地广人稀,走上百多里山路,往往见不到一个寨子。四是少数上层反动的土司、喇嘛,利用他们的统治势力和影响,暗地进行破坏活动,甚至公开组织反革命武装。尽管如此,由于我军抓住了汉、藏统治阶级同广大劳动群众之间的尖锐对立这一主要矛盾,打倒汉官、反动土司,分田分粮,不断进行艰苦细致的工作,因而发动群众是有成绩的。许多藏民分得土地后,把"分配土地证"当神物供奉起来,烧香念佛,祈求神灵保佑土地,保佑红军。各县、区、村的人民政府相继建立,吸收了一批藏民积极分子当家作主。藏民地方武装组织,也逐步建立。有些地方还建立了党、团支部。总之,党和红军的影响,已经在藏族人民中日益扩展开来。

筹集慰问中央红军的物资,是和发动群众的工作结合进行的。部队一面走家串户，发动群众，一面筹集粮食、羊毛、羊皮、牛羊、盐巴、茶叶等。群众工作愈深入，筹集物资愈好办些。一些重要地点，总经理部分别设立了粮站，专门积蓄粮食，有的粮站积存达二百万斤以上。盐巴极缺，各部队都组织了些人到山里选石头，熬盐巴（那带有种白石头，可以熬盐）。指战员普遍会打草鞋，又学会了剪皮衣服，撕羊皮，捻毛线，织毛衣、毛背心、毛袜子。物少情意重。大家制作的每件慰问品，都渗透着对一方面军的兄弟情谊。从前线到后方，从总部机关到连队，从地方政府到人民群众，处处在为迎接中央红军忙碌，气氛热烈而紧张，十分感人。

前线的战斗，相当激烈。北面的胡宗南部，东面和东南面的川军，频频向我发起进攻。我军凭借山险和工事固守，不断予敌以重大杀伤。我最担心的是灌县、汶川方向的来敌，因为那带是从川西平原通向川西北的大道，敌人运输方便，增兵容易。我们利用山险河谷，布下了几道防线扼守。敌攻我防，部队天天打消耗战，够恼火的就是了。北川、松潘、茂县、理县、汶川地区的各族人民群众，在各级苏维埃和人民政府的组织下，冒着敌机轰炸和炮火杀伤的危险，源源不断地向前线运送粮食，帮红军砍柴、烧饭、送水、护理伤病员等，给前线指战员们极大鼓舞和有力支援。

六月八日，李先念率领的迎接中央红军的部队，攻占懋功，歼邓锡侯部近千人，继占达维。这时红一方面军已先后占领安顺场和泸定桥，渡过天险大渡河，经天全、芦山向宝兴急进。大家盼望很久的两军会师，就在眼前。消息传来，我们极为兴奋。六月十二日，张国焘从茂县打来电话，要我代表四方面军领导人写一份报告，火速派人去懋功，转送中央。因我住理县，距离懋功近些。我连夜写报告，介绍了敌军和我军在川西北的部署情况，请示两军会合后的作战方针，表示热烈欢迎艰苦转战的中央西征大军。连同两幅地图，第二天一大早，就派人送走了。

一、四方面军的前锋部队，十二日胜利会师在夹金山下。毛泽东等中央领导人于十五日抵懋功，会见了李先念等同志。部队驻地一片欢腾。各部队将慰问品集中起来，赶着牲口，一批批送往会师地区。仅三十一军，一批就送去了衣服五百件，草鞋一千四百双，毛袜五百双，毛毯一百条，鞋子一百七十双，袜底二百双。藏族同胞，跳起"锅庄"舞，表示庆贺。红一、四方面军的会合，使蒋介石企图各个击破红军力量的计划，彻底破产。

曲　折

　　两军会合后,面临的首要问题,是确定战略方针,统一作战部署,打破蒋介石的围堵计划,建立新的革命根据地。党的团结,红军的团结,是实现这一任务的主要条件。然而,会师不久,张国焘即和中央发生分歧,给党和红军的团结,投下了愈来愈浓重的阴影。

　　张国焘与党中央的分歧,首先始自战略行动方针问题。

　　会师前夜,蒋介石判断我一、四方面军"急图合股川西","不外横窜康、青,北向甘、陕两途"。因而以胡宗南部二十七个团,布于松潘至平武一线,扼我北进;以刘湘、孙震、李家钰等部九十余团,固江油、汶川、灌县一线,以杨森、邓锡侯部五十余团至名山、芦山、雅安、荥经一线,防我东出;以刘文辉、李抱冰、薛岳等部,自南而北推进,追堵红一方面军,并策应岷江东岸;以甘、青两省的马家军,防我西出青海。我北面的四军、三十军一部,在松潘以南的镇江关、松平沟地区,与胡宗南部对峙;东面的四军、三十一军各一部,在汶川、观音梁子、千佛山、土地梁、北川、片口一线,与川军对峙。敌人不断向我进攻,激战一直不停。我们当时以一部主力南下接应中央红军,一部兵力在茂、理、汶一带发动群众,筹集粮食、物资。前线兵力有限,处于守势。

　　对于战略发展方向问题,方面军总部那时没有讨论过。当然,领导层里并不是毫无考虑。我军刚进入川西北地区,张国焘就宣布成立苏维埃西北联邦政府,出布告,写条例,发指示,建立各级地方人民政府,忙得不亦乐乎。表面看来,似乎要铺开摊子,在这带立脚生根。其实不然,大家都在考虑下一步向哪个方向发展。因为谁都清楚,川西北山大地广,人稀粮少,不适合大部队久驻。又是少数民族地区,历史上形成的民族隔阂不易消除,红军要建立革命根据地,谈何容易呀! 我和李先念同志交换过意见,认为还是原来的川陕甘计划比较好。如果中央红军上来,两军的力量加在一起,北上消灭胡宗南一部分主力,争取在川陕甘边创建根据地,与通南巴的游击区打通联系,再图发展,似为上策。而张国焘、陈昌浩呢? 据我观察,是个举棋不定的态度。有时说北取陕、甘,有时说南下川西南边,拿不出个成熟的方案来。

当时,迎接中央红军是当务之急,战略发展方向问题亦需两军会合后才能决定,大家都有等待的思想,想等党中央上来后再说。

蒋介石不断向我东部和北部增兵筑垒,我们整天和敌人对峙,打消耗战。所以,我是很着急的。六月十二日,我起草的致中央的报告里说:"目前我军之主要敌人为胡宗南及刘湘残敌,我军之当前任务必先消灭其一个,战局才能展开,因之或先打胡或先打刘须急待决定者。""西征军万里长征,屡克名城,迭摧强敌,然长途跋涉,不无疲劳,休息补充亦属必要,最好请西征红军固阵休息补充,把四方面军放在前面消灭敌人,究以先打胡先打刘何者为好,请兄方按各方实况商决示知为盼。"这些话,说明我对战略行动方针问题,是焦急与等待的心情,交织在一起的。

六月十六日,中央和军委来电,提出两军会合后的总方针是:占领川、陕、甘三省,建立三省苏维埃政权,并于适当时期以一部兵力组织远征军,占领新疆。目前的行动计划是一、四方面军主力,"均宜在岷江以东,对于即将到来的敌人新的大举进攻给以坚决的打破,向着岷、嘉两江之间发展。"如发展受到限制时,则以陕、甘各一部为战略机动地区。坚决地巩固茂县、北川、威州在我手中,并击破胡宗南之南进,是这一计划的枢纽。并且指出:以懋功为中心的地区均深山穷谷,人口稀少,给养困难。至于西康,情形更差。邛崃山脉地区,只能用小部队活动。红军主力出这些地区,均非良策。如敌人完成封锁计划,则将使红军北出机动,极端困难。由此可见,中央当时想以夺取岷江和嘉陵江上游的中间地区为立脚点,伺机向甘南和陕南发展。这同我们原来制定的"川陕甘计划",有相近之处。

驻在茂县的张国焘、陈昌浩,没有向我打招呼,十七日即复电中央。他们虽表示同意向川陕甘发展,但认为东出北川和北打松潘,地形和敌情均极为不利,因而主张一方面军沿金川地区北进占领阿坝,四方面军从茂、理北上进占松潘西,两军去青海、甘肃,以一部组成远征军占领新疆,主力伺机东向陕西发展。为解决给养困难,隐蔽作战企图,暂时可南下先取岷江以西的天全、芦山、名山、雅安地区。十八日,中央来电指出:"目前形势须集中主力首先突破平武,以为北向转移枢纽。其已过理番部队,速经马塘绕攻松潘,力求得手。否则兄我如此大部队经阿坝与草原游牧区域入甘、青,将绝大困难,甚至不可能。向雅、名、邛、大南出,即一时得手,亦少继进前途。因此力攻平武、松潘,是此时主要一着,望即下决心为要。"十九日,在川敌猛攻下,我军被迫放弃北川县城,于笔架山至神仙场一线,继续凭险阻敌。南面的红一方面军,亦被杨森部压迫,撤离宝兴。当日张国焘来下东门,致电中央,同意北打松潘,又提出"东扣岷江,南掠天、芦、灌、邛、大、名"的意见。并要我第二天去懋功当面向中央陈述他的意见。二十日,中央又来电强调,力争红军主力出东北,实现川陕甘计划;如绝无办法,暂时只好向川西南发展。如是,则四方面军须速向懋功开进,两军集中二十个团以上的兵力,突击雅、名、邛、大地区,打开战局。因为这一行动关系全局,中央认为,需张国焘立即去懋功面商。这样,张国焘才急忙动身,赶到懋功去。

这个时候,陈昌浩也来到理县。我们商量,还是应按中央北出的指示,做攻打胡宗南的准备。北川已失,出平武困难,唯一的出路是想法拿下松潘。我们一面派兵加强东面的千佛山、观音梁子一线,阻击川敌,扼控茂县;一面调两团兵力向松潘方向运动,并派人侦察黑水地形,拟西取黑水作后方,援应攻打松潘的部队。

松潘是个地震区。一九三三年八月,我军正在进行仪南战役时,松潘发生大地震,我们都感觉到了。地震中心在叠溪地区。据老乡说,当时岷江曾断流三天,江水流入地震中心,形成一个宽五百余米、深八十余米的大海子。我四军一部从茂县进占松潘以南的松平沟时,就是从叠溪海子坐船渡过的。由茂、理到松潘,山高林深路险,又因地震关系,山石不断塌方,极难通行。部队一边排除塌方,一边行进,每天只能通过一个团。三十一军有个班,行进途中遇上塌方,全部牺牲。我军刚到川西北时,计划占领松潘,但因行进困难,才被胡宗南部抢先一步扼控,打了一下,攻不动,退到镇江关一带。这次调兵上去,准备再打松潘,是硬着头皮干的。

六月二十六日,中央政治局于懋功的两河口开会。二十八日,正式作了《中央关于一、四方面军会合后战略方针的决定》。决定明确指出:

一、在一、四方面军会合后我们的战略方针是集中主力向北进攻,在运动战中大量消灭敌人。首先取得甘肃南部以创造川陕甘苏区根据地。使中国苏维埃运动放在更巩固、更广大的基础上,以争取中国西北各省以至全中国的胜利。

二、为实现这一战略方针,在战役上必须首先集中主力消灭与打击胡宗南军,夺取松潘与控制松潘以北地区,使主力能够胜利的向甘南前进。

……

接着,军委制定了松潘战役计划。确定一、四方面军兵分三路(一方面军为左路军,四方面军为中路军、右路军和岷江支队),攻占松潘,北出甘南。

张国焘从两河口回返茂县途中,经下东门见到了我。他对会见中央领导及两河口会议的情况,不愿多谈。只是说:中央红军一路很辛苦,减员很大,和我们刚到通南巴时的情形差不多。我最关心的是下一步向哪个方向打? 他说:中央的意见,要北出平武、松潘,扣住甘南,徐图发展。我看还是先取川西南比较好,否则,粮食、给养都不好办。我说:北打有北打的困难,南打也有南打的困难。平武那边,地形不利,硬攻不是办法;松潘地区不利大部队展开。我和昌浩商量,准备扣住黑水,分路迂回袭击,或许能够取胜。南下固然能解决目前供应上的困难,但一则兵力有限,二要翻越雪山,且不是长久立脚之地,万一拿不下来,北出将会遇到更大的困难。张国焘沉思良久,最后表示同意先打松潘,但仍未放弃南取邛崃山脉地区的意见。

张国焘回茂县后,又来电话,要我们按中央的决定,攻打松潘。具体部署是:以王树声率岷江支队四个团于岷江东岸,控制北川至茂县一线阵地,继续阻击和牵制川军,并吸引胡敌南向;以陈昌浩率一部(右路),我率一部(中路),分路经黑水、芦花北进,出毛儿盖,迂回松潘。七月六日,我和陈昌浩分别率部队从理番、茂县出发。

就在我们出发的当天,中央慰问团抵杂谷脑,慰问四方面军。慰问团成员有李富春、林伯渠、罗迈(李维汉)、刘伯承等同志。张国焘在杂谷脑,迎接慰问团。后来我听说,张国焘曾在那里借口"统一军事指挥",向中央要权。还煽动一些同志,向中央建议由我当红军副总司令,陈昌浩当总政治委员,周恩来当总参谋长等。陈昌浩也发电报要求由张国焘任军委主席,朱德任前线总指挥,周恩来兼总参谋长。我当时被蒙在鼓里,对这些事情一概不知。

　　从这以后,我们耳闻目睹的一些不利于两军团结的现象,就日渐增多起来。有些话很难听。张国焘对下面散布:"中央政治路线有问题","中央红军的损失应由中央负责","军事指挥不统一"……据说还派人找一方面军的同志了解会理会议、遵义会议的情况等,实际上是进行反中央的活动。在此同时,凯丰、博古他们,则指责四方面军撤离鄂豫皖和退出通南巴是"逃跑主义",还有什么"军阀主义"啦,"土匪作风"啦,"政治落后"啦,甚至公开写文章抨击。他们这种"左"的做法,与当初刚到中央苏区时,对待毛主席和一、三军团差不多,只能激起四方面军干部的反感。许多指战员想不通,憋着一肚子气。这也给了张国焘以挑拨的借口。

　　对于这种复杂局面,我缺乏思想准备。两军会合之初,我想离开四方面军,去中央做点具体工作。因为自从在鄂豫皖和张国焘、陈昌浩共事以来,我的心情一直不舒畅。张国焘对我用而不信,陈昌浩拥有"政治委员决定一切"的权力,锋芒毕露,喜欢自作主张。许多重大问题,如内部"肃反"问题,军队干部的升迁任免问题,等等,他们说了算,极少征求我的意见。特别是在川陕根据地,取消了原来的中央分局,由张国焘以中央代表身份实行家长制的领导,搞得很不正常。我处在孤掌难鸣的地位,委曲求全,凭党性坚持工作。既然两军已经会合,我就想趁此机会,离开四方面军。我在下东门见到陈昌浩时说过:"我的能力不行,在四方面军工作感到吃力,想到中央去做点具体工作。听说刘伯承同志军事上很内行,又在苏联学习过,可否由他来代替我。"我请陈昌浩把我的要求,向张国焘郑重反映。陈昌浩当时说了些鼓励我的话,答应适当的时候,向"张主席"做工作。后来,听说四方面军有些同志议论一方面军部队装备不好,打了败仗等。为此,我严肃批评了他们,嘱咐部队要学习一方面军的长处,不准背后议论。再往后,教条主义者对红四方面军的指责就更多了,不少干部都向我反映。我虽然教育干部不要向底下散布这些东西,但说老实话,心里是不痛快的。四方面军这支部队,是从鄂豫皖的一支三百来人的游击队伍发展起来的,打了那么多硬仗、恶仗,是党领导的队伍,发展到八万多人,很不容易。尽管部队存在这样或那样的缺点,但本质是好的,是坚决打蒋介石的,是实行土地革命的,是拥护第三国际的,是听党的话的,是和人民群众血肉相连的,是竭诚拥护同中央红军会合的。怎么又是军阀,又是土匪,又是落后,又是逃跑的?! 不看主流,把四方面军说得漆黑一团,对两军团结对敌,没有任何好处。我确实想不通。后来同彭德怀同志谈起这些问题,他对我说,这是教条主义那些人搞的。会合的时候,毛主席主张讲团结,团结第一,大局为重。我说:要是按毛主席的意见办就好了。

总之,张国焘怀有野心,想当头头,一再制造分歧,破坏了两军会合后的团结局面。教条主义者没有贯彻毛主席的团结方针,对四方面军吹毛求疵,横加指责,也起了不好的作用。

向毛儿盖进军

按照两河口会议的决定,一、四方面军的部队陆续开拔,分路北进。

我带的一路部队,七月六日从理番地区出发,斗折蛇行,沿黑水河北岸行进。黑水河面不宽,约三四十米,但水流湍急,浪涛翻滚,深不可测。据老乡说,没有索桥是过不去的。沿岸的溜索桥本来就很少,敌人为防红军渡河,几乎破坏殆尽。两岸山势陡峻,小道崎岖,大片大片的原始森林,茂密无间,遮天蔽日。敌机虽不易发现我们,但部队运动受地形条件的限制,一天只能走五六十里。沿途经过些藏民山寨,大都空空如也。他们受反动宣传的影响,早已牵上牲口,驮着粮食,转移到深山老林里去,有的还不断向红军放冷枪。民族矛盾是历史上形成的,"冰冻三尺,非一日之寒。"我们要求部队严格执行群众纪律,吃了藏民的粮食,用了藏民的柴草,都要如数付款,或写个欠条,留在那里。住过的房屋,临走时要打扫干净,上好门板。那时,我们最困难的是粮食。部队路过的地方,能搜罗到的粮食差不多都搜罗净尽,即使这样,粮食还是不够吃的。途中,零星战斗不断,主要是藏族上层反动分子进行武装抵抗和袭扰活动。

七月中旬,三军团已进抵黑水、芦花地区。彭德怀军团长得悉我军正向维古开进,当即亲率一个团前来接应。维谷渡口的索桥遭敌人破坏,大家只能隔河相望。那里水流甚急,水声很大,双方说话听不大清楚。我见对岸有个身材粗壮、头戴斗笠的人,走路不慌不忙,估计是彭军团长。相互招手后,我便掏出笔记本,撕下张纸,写上——彭军团长:我是徐向前,感谢你们前来迎接。捆在块石头上,扔过河去。两岸的同志,十分高兴,互相喊话、招手、致意。第二天早晨,我从维古赶到亦念附近,找到一条绳索,坐在竹筐里滑过河去,与彭德怀同志会见。我们谈了些敌情及沿途见闻,还商谈了部队架桥事宜。他给我的印象,是个开门见山、性格爽直的人。

因桥未架好,大部队无法过河,我们在维古一带住了两天,才抵芦花。张国焘、陈昌浩和党中央领导机关,也陆续来了。在那里,我见到了毛泽东、周恩来、朱德、刘少奇、张闻天、博古等同志。见到这么多中央领导同志,我既高兴,又拘谨,对他们很尊重。毛主席还代表中华苏维埃政府,授予我一枚红旗金质奖章。这不是给我个人的荣誉,而是对英勇奋战的红四方面军全体指战员的高度评价和褒奖。

红四方面军八十八师和一方面军先头部队已占领毛儿盖。王树声率后卫部队陆续撤出岷江东岸,向黑水、芦花、松潘地区集中。胡宗南部正加强对松潘的固守,薛岳一部亦进抵平武、文县,配合胡敌防我北出甘南。那时我和朱总司令接触最多,几乎天天在一起核对敌情,调动队伍。我对周围敌军的兵力部署、番号、装备、位置、作战特点及我军各部队的驻地、人数、行进方向等,全装在脑子里,记得滚瓜烂熟,能有问必答,总司令对这点比较满意。他认为红四方面军的干部年轻,有朝气,部队生龙活虎,纪律严明,是支难得的有战斗力的队伍。他说一方面军过去也是这样的,但经过万里转战,损失不小,十分疲劳,亟待休养生息,恢复元气。他希望一、四方面军的指战员互相学习,取长补短,团结一心,度过眼前的困难,争取更大的发展。他的这些话,完全是顾全大局的肺腑之言,给我留下了难忘的印象。朱总司令作风朴实,宽厚大度,平易近人,为接近过他的干部、战士共同称道。有次,我去他驻地,他正坐在房里烧糌粑吃。见我来到,高兴地说:来吧,我们一起吃! 我俩边吃边谈,无拘无束。此情此景,至今仍历历在目。

我从朱总司令那里得知,一方面军保存的干部较多,兵员较少,便和陈昌浩商量,建议从一方面军派些干部来四方面军工作,我们调几团兵力,补充一方面军。我们一起去张国焘住地,征得了他的同意。张国焘当时已任军委副主席,摆出的是统筹全局的姿态。他答应立即向中央建议,落实这件事情。原来,我们计划抽调四个团给一方面军,后经中央同意抽了三个建制团过去,即四军三十二团,一千一百人;三十军二七〇团,一千六百人;二十三军二九四团,一千一百人,共三千八百人。同时,中央又从一方面军调了些有指挥和参谋工作经验的干部,来四方面军各军任参谋长。

为了统一部队的指挥,加强两军团结,胜利完成北上的任务,七月十八日,军委公布了由朱德任红军总司令,张国焘任红军总政委的命令,规定"一、四方面军会师后,一切军队均由中国工农红军总司令、总政委直接统率指挥"。十九日,制定了《松潘战役第二步计划》。二十日,对军队组织系统作了如下的调整。

中革军委:主席朱德,副主席张国焘、周恩来、王稼祥。

中国工农红军:总司令朱德,总政治委员张国焘,总参谋长刘伯承。

红军前敌指挥部:总指挥徐向前(兼),政治委员陈昌浩(兼),参谋长叶剑英,副参谋长李特。

一军:军长林彪,政治委员聂荣臻,参谋长左权。

三军:军长彭德怀,政治委员杨尚昆,参谋长肖劲光。

五军:军长董振堂,代政治委员曾日山,代参谋长曹里怀。

三十二军:军长罗炳辉,政治委员何长工,参谋长郭天民。

(以上各军为原一方面军的一、三、五、九军团。)

四军:军长许世友,政治委员王建安,参谋长张宗逊(原一军团)。

九军:军长孙玉清,政治委员陈海松,参谋长陈伯钧(原五军团)。

三十军:军长程世才,政治委员李先念,参谋长李天佑(原一军团)。

三十一军:军长余天云,政治委员詹才芳,参谋长李聚奎(原三军团)。

三十三军:军长罗南辉,政治委员张广才,参谋长李荣。

(以上为原四方面军各军,番号未变,方面军总部仍保持原建制。)

七月二十一日,中央政治局在芦花召开会议,听取四方面军的汇报。中央派人通知我出席会议,要我汇报军事方面的情况。出席会议的有:博古、张闻天、毛泽东、周恩来、朱德、王稼祥、李富春、张国焘、邓发、凯丰、刘伯承、陈昌浩。会上首先由张国焘发言,讲了红四方面军撤出鄂豫皖和川陕根据地的经过。接下来是我发言。我在汇报四方面军的情况时指出:这支队伍的优点是工农干部多,对党忠诚;服从命令听指挥,纪律较好;作战勇敢,打起仗来各级干部层层下放,指挥靠前,兵力运动迅速敏捷,长于夜战,以二七四团、二六五团夜战最好;平时注意军事训练,射击、手榴弹操练很勤,战后注意总结经验。缺点是文化程度低,军事理论水平及战略战术的素养不够,参谋业务薄弱。陈昌浩在发言中,扼要介绍了四方面军政治工作的情况。当天的会议,遂告结束。第二天继续开会,因我和陈昌浩要率前敌指挥部先去毛儿盖,便未再出席。后来听说,会议开得比较圆满。中央领导同志一致肯定了四方面军的英勇奋斗,肯定了是坚决执行中央路线的,但存在某些缺点。会上没有出现新的争执。

我和陈昌浩、叶剑英带一部兵力,向毛儿盖进军。举目所见,尽是崇山峻岭和原始森林。部队披荆斩棘,翻山越谷,走得很艰苦。翻越长岱山时,有棵大粗树横倒在那里,我们的马都过不去,只得绕路走。毛儿盖位于松潘以西约二百五十华里处,若尔盖大草原的边沿,是块平坝子。居住的藏民多数从事畜牧业,少数务农。有座相当讲究的喇嘛寺庙,坐落在西山坡上,与附近那些破旧不堪的藏民住房,成了鲜明对比。我住的是普通藏民的房屋,两层——上面住人,下面住牲口,气味颇大。藏民的楼房不造楼梯,砍根树桩子,挖上些梯槽,当楼梯用。我们进房,就得爬树桩。陈昌浩、叶剑英的住处离我不远,也都是藏民的房屋。我先头部队二六八团于七月间占领毛儿盖后,曾想方设法,筹集了些粮食、牛羊,等待大部队上来。我们安顿就绪,吃了顿饱饭,立即派人为中央领导同志安排住地,并了解敌情,计划攻取松潘。

这时,我四军一部,经与胡敌激战,攻占了距松潘十多里的要点毛牛沟。后续部队,继续向松潘运动。敌人判断我军的企图是:袭取松潘,以大部经毛儿盖、松潘进占岷县;一部经阿坝进据夏河,"期达越过洮、夏两河,接通'国际路线',或由陇中窜向陕北、宁夏,与陕匪合股,如其不成,仍回窜川北。"因而,蒋介石除严令松潘地区的胡宗南部筑碉固守阵地外,以王均第三军布于洮河沿线,主力控岷县、临潭;于学忠第五十一军布于天水、甘谷、武山、陇西一线,主力控陇西;以青海、宁夏的马家军布于贵德、同仁、循化、皋兰、临夏地区,主力控临夏。另以第四十五军出懋功,向抚边、阿坝追击;第二十一军越岷江,向理番、毛儿盖、班佑追击;新编第六师李家钰部出威州、茂县,向镇江关、松潘追击;暂编第二师彭诚孚部,出白草场,向镇江关追击。战略预备队杨森部,控懋功;郭勋祺师,控新津;王瓒绪部,控绵竹;薛岳部,控平武。蒋介石企图死扼松潘,压迫红军经草地出甘、青,而后在"临潭、临夏、夏河、同仁间，将其聚歼"。

我和陈昌浩、叶剑英商定，以多路突击的办法，攻打松潘。但是，由于松潘那带地形险要，胡敌兵力众多，凭碉固守，我军火力不行，不论正面突击或迂回攻击，均难奏效。

八月初，党中央领导同志和红军总部来到毛儿盖地区。军委召集会议，重新研究敌情，确定行动部署。朱德、毛泽东、张闻天、博古、王稼祥、张国焘、刘伯承、陈昌浩、叶剑英和我，出席了会议。大家一致认为，因松潘地区敌人兵力集中，凭垒固守，我军屡攻难克，决定放弃攻打松潘的部署，改为执行夏洮战役计划。夏洮战役以红军主力出阿坝，北进夏河地区，突击敌包围线之右背侧，争取在洮河流域灭敌主力，创造甘南根据地为作战目的。为实现这一新的战役企图，我和陈昌浩提议，集中红军主力，向一个方向突击。但张国焘主张分左、右两路军行动。会议采纳了他的意见。决定左路军由红军总司令部率五军、九军、三十一军、三十二军、三十三军组成，从卓克基北进取阿坝，控墨洼，继而向北出夏河；右路军由红军前敌指挥部率四军、三十军、一军组成，以少部兵力担负扼阻和牵制松潘胡敌的任务，大部从毛儿盖北出班佑、巴西地区，万一无路可走，再改经阿坝前进。彭德怀率三军全部及四军一部作总预备队，掩护中央机关前进。

部署既定，部队忙着做北上的准备，并派人侦察行进的道路。但是，张国焘野心不死，又节外生枝，要中央召开政治局会议，解决"政治路线"问题。中央政治局随即在沙窝开会，正式通过了《中央关于一、四方面军会合后的政治形势与任务的决议》。决议重申了党的北进战略方针，是要首先取得甘肃南部，创造川陕甘革命根据地，以争取苏维埃在西北和全中国的胜利。而加强一、四方面军的团结，彻底击破蒋介石的包围与封锁，消灭敌人有生力量，则是实现党的战略方针的基本条件。"一切有意的无意的破坏一、四方面军团结一致的倾向，都是对于红军有害对于敌人有利的。""必须使一、四方面军的每一个同志都了解，一、四方面军都是中国工农红军的一部分，都是中国共产党中央所领导的，在我们中间只有阶级的友爱与互助，而与攻击、分散相对立。只有这样，一、四方面军的团结一致才能巩固与争取胜利，才能溶成一片，去消灭阶级敌人。"决议针对张国焘要求清算中央政治路线的观点，进一步申明了遵义会议对这个问题所作的结论，即中央的政治总路线是正确的,没有粉碎敌人第五次"围剿"的主要原因是军事路线上的错误,经遵义会议已得到了纠正。后来我听说,不论在遵义会议或沙窝会议期间,毛主席都不主张清算中央的政治路线,因为那时军事问题具有最紧迫的意义。政治路线的错误,待时机成熟时再予解决。所以,决议上才那样写。毛泽东同志的这种考虑和处理,是正确的。在这次会议上,还补选了陈昌浩、周纯全二人为政治局委员,徐向前为中央委员,何畏、李先念、傅钟为候补中央委员。

沙窝会议后,张国焘满肚子不高兴,脸色阴沉,不愿说话。陈昌浩向我发牢骚,说中央听不进国焘的意见,会上吵得很凶。我对张国焘、陈昌浩说:现在不是吵架的时候,这里没有吃的,得赶紧走,我们在前面打仗,找块有粮食吃的地方,你们再吵好不好呀!当时的确到了闹粮荒的严重地步,我心里着急得很。部队天天吃野菜、黄麻,把嘴都吃肿了。供应中央领导机关的粮食,眼看快要吃完。郑义斋、吴先恩他们是"老后勤",愁得不行,向我反映,我也没办法。周恩来同志患疟疾,病得起不了床。我去看望他时,带去几斤牛肉,算是头等补养品。我想,这么困难的情况下,要命第一。我一再催促张国焘、陈昌浩早走,以后再吵,原因就在这里。至于当时争论的焦点是什么,谁是谁非,我不了解。那是中央政治局内部的事,没有人和我谈过,自己也不想过问。

好说歹说,走的问题总算说成了。朱总司令和张国焘率红军总部去左路军,我们和党中央走右路。经党中央同意,决定以三十军二六五团、二六四团为先遣兵团,经墨洼过草地出班佑、包座,为全军开路。右路军主力分为三个梯队,采取阶梯队形,交互掩护,缩短长径,蝉联北进。岷江两岸的牵制部队殿后,逐段掩护,适时向主力靠拢,衔接前进。

八月二十日,中央政治局在毛儿盖举行会议,讨论战略方针和夏洮战役的作战行动问题。出席会议的有张闻天、毛泽东、博古、王稼祥、陈昌浩、凯丰、邓发,列席会议的有李富春、徐向前、林彪、聂荣臻、李先念。朱德、张国焘、刘伯承已去左路军,叶剑英带右路军先头部队先行,彭德怀率三军殿后,均未参加会议。

会议首先由毛泽东同志发言。他说:根据中央关于创造川陕甘根据地的方针,我军北进夏河地区后,有两个行动方向。一是东向陕西,一是西向青海。我的意见,主力应当向东,向陕甘边界发展,而不应向黄河以西。他认为,红军北出后,应以洮河流域为基础,建立根据地。这一地区,背靠草地,川敌不易过来。临近青海的回民区,党的民族政策得当,回民不至于反对我们。如东进受阻,以黄河以西作战略退路,也是好的。

会上,相继发言的有陈昌浩、王稼祥、凯丰、林彪、博古和我。我表示完全赞成毛泽东同志的意见,北进夏河后,坚决向东发展。我说:原则上的问题,中央早已决定,战略方针当然是向东。我军北出甘南后,应坚决沿洮河右岸东向,突破岷州王均部的防线,向东发展。万一不成,再从河左岸向东突击。陈昌浩的态度同样很坚决,主张快速北进,集结最大兵力,向东突击,以实现中央既定方针。其他同志的发言内容,是一致的,都赞成毛泽东同志的意见。毛泽东很高兴,还特地表扬了陈昌浩的发言。

而后,毛泽东同志作了结论。大意是:第一,向东还是向西,是全局中的关键。向东,是积极的方针,我们必须采取这一方针。否则,将被敌迫我向西,陷红军于不利境地。第二,从洮河左岸或右岸前进,可视情况而定。如有可能,即采取包座至岷州的路线北出。占领西宁,目前是不对的。第三,左路军应向右路军靠拢。阿坝可速打一下,后续部队应不经阿坝而向右路军靠拢。我们只应将左路军看成是战略预备队。作战役预备队它赶不及,不能指望。总之,必须坚决向东打,以岷州、洮河地区为中心向东发展,决不应因遇到一些困难,转而向西。

会议最后决定,以毛泽东同志的发言为基本内容,形成《中央关于目前战略方针之补充决定》。

毛儿盖会议是一个重要会议,改变了夏洮战役计划的具体部署,变右路军为北进主力,有重大历史意义。会后,右路军迈上了征服大草原的艰难途程。

打开北上的通道

八月二十一日,右路军陆续出动。一军团先行,继后是党中央领导机关、红军大学等,再后是三十军、四军,彭德怀率三军殿后。我和陈昌浩、叶剑英随三十军行动。

当时,朱德、张国焘率领的左路军,根据原定的夏洮战役计划,正通过草地边沿地区,经查理寺向阿坝北进。他们来电说,已从查理寺派董振堂带五军主力探查北进道路。阿坝地区人粮较丰,比芦花、毛儿盖要好得多。主力占领阿坝,很有必要,既可解决财源给养问题,又可作为战略后方,多辟北进道路,必要时还可协助右路军行动。八月二十日,先头部队即攻占了阿坝。

鉴于毛儿盖会议已决定右路军为打通北进通道的主力,左路军应向右路军靠拢,八月二十日、二十一日,我和陈昌浩连电朱、张,告以中央的新决定。即以岷州为根据地向东发展,首先以岷、洮、哈达铺为主要目标,争取在洮河东岸与敌决战。目前主力西向或分兵出西宁,均不妥当。左路军占领阿坝后,不必肃清该地区之敌,可速向右路军靠拢,以便集中兵力灭敌,速出甘南。接着中央政治局亦发电将《中央关于目前战略方针之补充决定》的精神,告诉了张国焘和朱德总司令。但是,张国焘公然无视中央的决定,仍坚持左路军以阿坝为后方,出夏河、洮河地区,左右两路分兵北进。我和陈昌浩商量,认为张国焘总和中央闹别扭不好,而且从军事上看,左右两路军集中兵力出甘南是上策,因而八月二十四日,又致电朱、张,陈说利害:"目前箭已在弦,非进不可。""弟意右路军单独行动不能彻底消灭已备之敌,必须左路马上向右路靠近,或速走班佑,以便两路集中向夏、洮、岷前进。主力合而后分,兵家大忌,前途所关,盼立决立复示,迟疑则误尽中国革命大事。"张国焘呢?把中央的决定和我们的劝告当耳旁风。我们左催右催,也没有用。

从八月二十二日起,我们率右路军进入若尔盖大草原的边缘地带,开始了穿越草地的进军。辽阔的草原,起伏的山丘,湛蓝的天空,交织成一幅壮丽而神秘的画卷。行进的队伍,逶迤蛇行,忽隐忽现,像是漂泊在浩渺无际的绿色海洋里。

这是军事史上罕见的艰苦行军,是人同自然界的殊死斗争。在这片神秘的土地上,既显示着大自然力量的凶猛无情,更表现着具有高度觉悟的人——红军指战员的无穷智慧和力量。天气令人莫测地变幻着。中午还是晴空万里,烈日炎炎,下午突然黑云密布,雷电交加,暴雨、冰雹铺天盖地而来。夜间气温达零度以下,冻得人们瑟瑟发抖,彻夜难眠。黑色的泥沼,被深草覆盖着,一不小心,人和牲口陷进里面,就会被吞没。水塘不少,但大都含有毒汁,喝下去又吐又泻。四野茫茫,渺无人烟,找不到粮食。野芹菜、草根、马鞍、皮带,成了指战员充饥的食物。一方面军的部队减员尤多,因为他们长途转战,体力消耗太大,实在经不起恶劣环境的折腾。为减少死亡和发病率,党中央、前敌指挥部和各军领导同志,想了些办法。如令前锋部队在沿途标上安全路标,指示道路;组织有经验的人挖野菜、尝"百草",个人不要乱挖乱吃;尽量减少一切不必要的辎重和干部坐骑,腾出马匹、牦牛,供宰杀食用;夜间组织联欢会,点起篝火,大家围在一起,边活跃情绪,边取暖御寒;加强政治思想工作,发扬团结友爱和革命乐观主义精神,不准丢弃伤病员,从绝境中求胜利;等等。"人定胜天"。依靠广大指战员的高度觉悟和坚强毅力,我军终于通过了人迹罕至的大草原。由此证明,中国共产党领导的工农红军,的确是一支打不垮、拖不烂、难不倒的英雄队伍。这样的队伍,是永远不可被战胜的。

穿过草地,部队进入了半农半牧的巴西、班佑地区。有粮,有水,有牛羊,有民房,大家可高兴啦。毛主席和中央领导机关住阿西,我、陈昌浩、叶剑英及前敌指挥部住巴西。两地相距不远,来往较方便。陈昌浩是中央政治局的成员,又和博古、张闻天、王稼祥等同志熟悉。有什么事情,都是他去和中央联系。

距离巴西、班佑一百多里的上下包座,是通往甘南的必经之地,由胡宗南部扼守。上下包座相距数十里,有包座河纵贯其间,山高路险,森林密布。守敌利用山险隘路,修筑许多碉堡,并备有大批粮食,构成了可以长期坚守的防御阵地。胡宗南得悉我军北进消息后,急调其驻漳腊的伍诚仁第四十九师,星夜向包座增援,妄图扼住红军北进的通道。

抢在胡宗南增援部队赶来之前,强占包座,出师甘南,是摆在右路军面前的紧急任务。丧失战机,我军就有被迫退回草地的危险。八月二十六日,我们到达班佑、巴西地区后,立即派人侦察地形、敌情,进行攻打包座的战斗部署。鉴于三军尚未通过草地,一军在长征途中减员太多,我和陈昌浩向党中央、毛泽东同志建议:攻打包座的任务,由四方面军的三十军、四军承担。中央批准了这一建议。我们决心在敌援兵到来之前,速战速决,攻取上下包座,然后集中兵力打援。以三十军八十九师二六四团攻击包座南部的大戒寺;八十八师两个团和八十九师另两个团位于包座西北地区,相机打援;以四军一部攻击包座以北的求吉寺守敌。一军作预备队,集结于巴西和班佑地区待机,并负责保护党中央的安全。我的指挥所,设在上下包座之间的一座山头上。

八月二十九日,我二六四团向大戒寺一营守敌发起攻击。经一夜激战,歼敌两个连,余敌退据大戒寺山后的碉堡里顽抗。三十日夜,援敌四十九师先头部队进抵大戒寺南。为诱使援敌全部进入我伏击圈内,二六四团略予抵抗后,奉命撤至大戒寺东北。当夜,敌进至大戒寺。次日,敌师长伍诚仁率师部进到大戒寺以南,令三个团的兵力沿包座河东西两岸进击,企图压迫我军于上下包座附近而歼灭之。当天下午三时,我们下令反击。埋伏在山林间的八十八、八十九师指战员,一举切入敌三个团中间,将敌割成三块,激战至晚,将敌四十九师大部歼灭。

在此同时,我四军一部也向求吉寺之两营守敌发起猛攻,歼敌一个多营。残敌继续凭险固守。打得最激烈的时候,我在求吉寺前沿。那座寺庙的院墙又高又厚,敌在庙后山上筑了坚固工事,控制着制高点,很不好攻。部队前仆后继,伤亡不小,我遂令部队停止攻击,围住残敌,待机消灭。战斗中,我十师师长王友钧打红了眼,端起机枪,架在警卫员肩膀上,向敌猛烈扫射,掩护部队攻击,不幸中弹牺牲。战后,部队将他与其他烈士的尸体,一起掩埋在求吉寺附近的山下。

王友钧是湖北广济县人,原红十五军的战士。在红四方面军历任班长、特务队长、营长、团长,屡建战功,是全军著名的"夜摸将军"。他所带领的二七一团,擅长夜摸、夜袭,神出鬼没,经常出敌不意,出奇制胜。在川陕苏区反六路围攻时,他带着三十多名手枪队员,夜间从西线偷渡小通江河,攀越几丈高的悬崖,摸入敌后方牛角嵌团部阵地,砍死敌团长,摧毁敌团部,带着缴获的武器、文件、俘虏,安全返回,受到了方面军总部的表扬。他牺牲时,年仅二十四岁,令人十分难过。我在第二次北上路过那里时,曾去王友钧和其他烈士的坟前,献上一束野花,以示哀悼和缅怀之忱。

包座战斗,我三十军立了大功,四军打得也不错。是役共毙伤敌师长伍诚仁以下四千余人,俘敌八百余人,缴获长短枪一千五百余支、轻机枪五十余挺,电台一部,粮食、牦牛、马匹甚多。我军指战员经过草地的艰难行军,不顾疲劳,不怕牺牲,坚决完成党中央和毛泽东同志赋予的打开北进通道的任务,取得了全歼蒋介石嫡系部队胡宗南一个师的重大战果,有不可磨灭的历史意义。(见附图十三)

右路军出了草地,占领包座,已是八月底。左路军那边,不见动静,令人焦急。毛主席找我和陈昌浩去,研究如何做张国焘的工作,催他带左路军上来。我说,如果他们过草地困难,我们可以派出一个团,带上马匹、牦牛、粮食,去接应他们。毛主席说:这个办法好,一发电报催,二派部队接,就这么办。接着,即以毛泽东、陈昌浩和我三人的名义,发出电报。我们又令四军三十一团准备粮食,待命出动。

可是,张国焘离开阿坝,刚进入草地,就变了卦。九月三日,他来电说:"(噶曲河)上游侦察七十里,亦不能徒涉和架桥,各部粮食能吃三天,二十五师只两天,电台已绝粮,茫茫草地,前进不能,坐待自毙,无向导,结果痛苦如此,决于明晨分三天全部赶回阿坝。""如此影响整个战局,上次毛儿盖绝粮,部队受大损;这次又强向班佑进,结果如此。再北进,不但时机已失,且恐多阻碍。"可见,这时张国焘连北进的方针也不同意了,实际上是要南下。他的"理由",并不能成立。一是所谓噶曲河涨水,无法徒涉和架桥。其实,四方面军有支一百多人的造船队,就在左路军,就地取材,营造简便渡河工具,不成问题。二是所谓粮食缺乏。其实,阿坝那带,粮米较毛儿盖地区要多,张国焘以前来电也说过。我们从毛儿盖出发,每人只带了供两三天食用的炒青稞,还不是通过了草地!他们的粮食,绝不会比我们少,过草地有什么不行? 更何况我们还要派部队带粮去接应他们呢! 所以,张国焘这是找借口,与中央的北进方针相抗衡。

这时,我们已令红一军一师为先头部队,向俄界地区探路开进。敌文县、武都、西固、岷州线兵力不多,筑碉未成,难以阻我突击。中央一方面希望早日北进,一方面也在考虑如何使张国焘转弯。因为这是关系全局、关系左路军命运的问题,而不是张国焘一个人的问题。那几天,陈昌浩几乎天天往中央驻地跑,希望能找出个妥善办法来。

根据陈昌浩回来讲的情况,九月八日,我们致电朱、张请示:"胡不开岷,目前突击南坪、岷时间甚易。总的行动究竟如何? 一军是否速占罗达? 三军是否跟进? 敌人是否快打? 飞示,再延实令人痛心。""中政局正考虑是否南进。毛、张皆言只有(要)南进便有利,可以交换意见;周意北进便有出路;我们意以不分散主力为原则,左路速来北上为上策,右路南去南进为下策,万一左路无法北进,只有实行下策。如能乘(敌)向北调时(取)松潘、南坪仍为上策。请即明电中央局商议,我们决执行。"

当天晚上,陈昌浩来电话通知我去周恩来住地开会。周副主席当时患病未愈,身体很虚弱,起不了床。我到那里时,毛主席、张闻天、博古、王稼祥、陈昌浩都在,说:就等你来了。在座的都是政治局委员,只有我不是,所以我是个听会的态度。会前,毛主席他们已经拟好了一份要张国焘执行中央北进指示的电文,会上念了一下,要陈昌浩和我表态。陈昌浩表示,同意电报的内容,建议力争左右两路军一道北上;如果不成,是否可以考虑南下?我同意中央的意见,对南下问题考虑不成熟,没有表态。

接着,中央即以我们七人的名义致电左路军。原电如下:

朱张刘(伯承)三同志:

目前红军行动是处在最严重关头,须要我们慎重而又迅速地考虑与决定这个问题。弟等仔细考虑的结果认为:

(一)左路军如果向南行动,则前途将极端不利,因为:

(甲)地形利于敌封锁,而不利于我攻击,丹巴南千余里,懋功南七百余里均雪山,老林,隘路。康□天芦雅名邛大直至懋抚一带,敌垒已成,我军绝无攻取可能。

(乙)经济条件,绝不能供养大军,大渡河流域千余里间,术(?)如毛儿盖者,仅一磨西面而已,绥崇人口八千余,粮本极少,懋抚粮已尽,大军处此有绝食之虞。

(丙)阿坝南至冕宁,均少数民族,我军处此区域,有消耗无补充,此事目前已极严重,决难继续下去。

(丁)北面被敌封锁,无战略退路。

(二)因此务望兄等熟思深虑,立下决心,在阿坝、卓克基补充粮食后,改道北进,行军中即有较大之减员,然甘南富庶之区,补充有望。在地形上、经济上、居民上、战略退路上,均有胜利前途。即以往青宁新说,已远胜西康地区。

(三)目前胡敌不敢动,周、王两部到达需时,北面仍空虚,弟等并拟于右路军抽出一部,先行出动,与二十五、(二十)六军配合行动,吸引敌人追随他们,以利我左路军进入甘肃,开展新局(面)。

以上所陈,纯从大局前途及利害关系上着想,万望兄等当即立断,则革命之福。

恩来、洛甫、博古、向前、昌浩、泽东、稼祥

九月八日二十二时

随后,我们又收到同日二十二时张国焘命令右路军南下的电报:"徐、陈:一、三军暂停留向罗达进,右路军即准备南下,立即设法解(决)南下的问题,右路皮衣已备否。即覆。"这样,党中央的北进和张国焘的南下之争,终于发展到针锋相对的明朗化地步,成为牵动全局和影响红军命运、前途的斗争焦点。

这份电令是陈昌浩先看到的,拿来和我商量。事情发展到这般地步,我们夹在中间,感到很为难。陈昌浩改变了态度,同意南下。我不愿把四方面军的部队分开,也只好表示南下。他去中央驻地反映我们的意见,回来很不高兴,说是挨了一顿批评。

九日,中央又致电张国焘:"陈谈右路军南下电令,中央认为是不适宜的。中央现恳切指出,目前方针,只有向北才是出路,向南则敌情、地形、居民、给养,都对我极端不利,将要使红军陷于空前未有之环境。中央认为:北上方针绝对不应改变,左路军应速即北上,在东出不利时,可以西渡黄河占领甘、青交通新地区,再行向东发展。"

当晚,毛主席亲自来到我的住处,站在院子里问我:向前同志,你的意见怎么样?我说:两军既然已经会合,就不宜再分开,四方面军如分成两半恐怕不好。毛主席见我是这种态度,便没再说别的,要我早点休息,遂告辞而归。

九日二时①,张国焘电复我们并转中央,再次明确表示反对北进,坚持

---

① 此处原文为"九日二十四时",现又查到一份相同的电报稿为"九日二时"。判断二时较准确,故作了修改。

南下。电文如下：

　　（甲）时至今日，请你们平心估计敌力和位置、我军减员、弹药和被服等情形，能否一举破敌，或与敌作持久战而击破之；敌是否有续增可能。

　　（乙）左路二十五、九十三两师，每团不到千人，每师至多千五百战斗员，内中病脚者占三分之二。再北进，右路经过继续十天行军，左路二十天，减员将在半数以上。

　　（丙）那时可能有下列情况：

　　1.向东突出蒙西（？）封锁线，是否将成无止境的运动战，冬天不停留行军，前途如何？

　　2.若停夏、洮是否能立稳脚跟？

　　3.若向东非停夏、洮不可，再无南返之机。背靠黄河，能不受阻碍否？上三项诸兄熟思明告。

　　4.川敌弱，不善守碉，山地隘路战为我特长。懋、丹、绥一带地形少岩，不如通、南、巴地形险。南方粮不缺。弟亲详问二十五、九十三等师各级干部，均言之甚确。阿坝沿大金川河东岸到松岗，约六天行程，沿途有二千户人家，每日都有房宿营。河西四大坝、卓木碉粮、房较多，绥、崇有六千户口，苞谷已熟。据可靠向导称：丹巴、甘孜、道孚、天、芦均优于洮、夏、邛、大更好。北进，则阿坝以南彩病号均需抛弃；南打，尽能照顾。若不图战胜敌人，空言鄙弃少数民族区，亦甚无益。

　　5.现宜以一部向东北佯动，诱敌北进，我则乘势南下。如此对二、六军团为绝好配合。我看蒋与川敌间矛盾极多，南打又为真正进攻，决不会做瓮中之鳖。

　　6.左右两路决不可分开行动，弟忠诚为党、为革命，自信不会胡说。如何？立候示遵。

毛主席和党中央决定，单独带一、三军团北上（一军团已在俄界），速出甘南。他们于九日夜间开拔，第二天凌晨，我们才知道。那天早晨，我刚刚起床，底下就来报告，说叶剑英同志不见了，指挥部的军用地图也不见了。

我和陈昌浩大吃一惊。接着,前面的部队打来电话,说中央红军已经连夜出走,还放了警戒哨。何畏当时在红军大学,他跑来问:是不是有命令叫走?陈昌浩说:我们没下命令,赶紧叫他们回来!发生了如此重大的意外事件,使我愣了神,坐在床板上,半个钟头说不出话来。心想这是怎么搞的呀,走也不告诉我们一声呀,我们毫无思想准备呀,感到心情沉重,很受刺激,脑袋麻木得很。前面有人不明真相,打电话来请示:中央红军走了,还对我们警戒,打不打?陈昌浩拿着电话筒,问我怎么办?我说:哪有红军打红军的道理!叫他们听指挥,无论如何不能打!陈昌浩不错,当时完全同意我的意见,作了答复,避免了事态的进一步恶化。他是政治委员,有最后决定权,假如他感情用事,下决心打,我是很难阻止的。在这点上,不能否认陈昌浩同志维护团结的作用。那天上午,前敌指挥部开了锅,人来人往,乱哄哄的。我心情极坏,躺在床板上,蒙起头来,不想说一句话。陈昌浩十分激动,说了些难听的话。中央派人送来指令,要我们率队北进;陈昌浩写了复信,还给张国焘写了报告。

"男儿有泪不轻弹。"然而,那两天我想来想去,彻夜难眠,忍不住偷偷哭了一场。我的内心很矛盾。一方面,几年来自己同张国焘、陈昌浩共事,一直不痛快,想早点离开他们。两军会合后,我对陈昌浩说,想去中央做点具体工作,的确是心里话。我是左思右想,盘算了很久,才说出来的。另一方面,右路军如单独北上,等于把四方面军分成两半,自己也舍不得。四方面军是我眼看着从小到大发展起来的,大家操了不少心,流了不少血汗,才形成这么支队伍,真不容易啊!分成两半,各走一方,无论从理智上或感情上说,我都难以接受。这也许是我的弱点所在吧!接着,中央又来电报要我们带着队伍北上。并说:中央已另电朱、张取消八日南下电令。陈昌浩决心南下,骂中央是什么"右倾机会主义"啦、"逃跑主义"啦。我想,是跟着中央走还是跟着部队南下呢?走嘛,自己只能带上个警卫员,骑着马去追中央。那时,陈昌浩的威信不低于我,他能说会写,打仗勇敢,又是政治委员。他不点头,我一个人是带不动队伍的,最多只能悄悄走几个人。想来想去,还是决定和部队在一起,走着看吧!这样,我就执行了张国焘的南下命令,犯了终生抱愧的错误。

党的北进方针,不是随心所欲的决定,而是基于一定的历史环境和党所面临的任务而形成的马克思主义的方针。当时,正是日本帝国主义加紧侵略我国,中华民族同日本侵略者的民族矛盾日益上升,并变动着国内阶级关系的时期。日本帝国主义者继武装侵占我东北三省、河北北部、察哈尔省北部后,进而制造"华北事件",发动所谓"华北五省自治运动"和冀东"自治",公然声称要独霸全中国。"落后"的北方,一扫万马齐喑的局面,掀起抗日救亡的怒涛。蒋介石的不抵抗主义和"攘外必先安内"的反动政策,不仅愈益被广大人民所反对,同时也引起了统治阶级营垒内部一些爱国人士的不满。党中央和毛泽东同志从粉碎蒋介石的灭共计划,保存和发展红军力量,使党和红军真正成为全民族抗日斗争的领导力量和坚强支柱这一基本目的出发,确定北进川陕甘地区,创造革命根据地,进而发展大西北的革命形势,是完全正确的。

毛泽东同志在分析建立川陕甘根据地的条件时,就明确指出:第一,在政治上,能够利用陕北苏区及通南巴游击区取得协同配合,短期内形成巩固的根据地,迅速形成在西北地区和全国的革命领导中心。第二,在敌情上,这个地区的敌人分属几个系统,互相之间存在着矛盾和冲突,战斗力一般较薄弱,并远离其政治军事中心,便于红军各个击破。尤其是东北军张学良部,反帝与不满蒋介石的情绪日增,正是红军开展争取工作的有利条件。第三,在居民条件上,由于连年不断的深重农业危机,普遍的饥荒,沉重的捐税和土地在地主手里的高度集中,正迅速生长着农民土地革命的要求和斗争。第四,在物质条件上,川陕甘边是西北比较富庶的区域,能够保证红军现有力量及今后发展的需要。基于上述条件,党和红军集中兵力,乘间北进,在川陕甘边立脚,建立起可靠的前进阵地,就一定能够影响全国革命形势的发展,把民主革命和民族革命推进到一个崭新的阶段。与此相反,张国焘的南下方针,虽然从战术上看,不无可取之处,但从战略上看,这一方针,不仅会使党和红军退处川康边的偏僻之地,失去迅速发展壮大的机会,而且更重要的是,会使党的力量远远脱离全国抗日图存的革命高潮,无法担负自己对全国革命的领导重任。张国焘反对北进,坚持南下,是错误的。

列宁说过:原则的政策是唯一正确的政策。原则的分歧,不能退让,不能调和,只能通过斗争去解决。但是,由于我当时没有从原则上、战略上的

高度去看待"北进"和"南下"之争,更没有识破张国焘的个人野心,因而当
斗争尖锐化、明朗化的时候,彷徨困惑,心情焦虑,仍然寄希望于中央能够说
服张国焘,带着左路军一道北进;实在不行的话,宁肯等一等,不然只好一道
南下,结果跌了跟头。

　　毛泽东同志说过:南下是绝路。后来的事实,完全证明了这一正确论
断。"吃一堑,长一智。"我对毛主席的远大战略眼光和非凡气魄,是经过南
下的曲折,才真正认识到的。

第十三章

长征路上（下）

进 军 川 西 南

一九三五年九月中旬,左路军和右路军余部奉张国焘的命令,分别从阿坝和包座、班佑地区南下,向大金川流域的马塘、松冈、党坝一带集结。我和陈昌浩率右路的四军、三十军及红军大学部分人员,回头再次穿越草地。

浩渺沉寂的大草原,黄草漫漫,寒气凛冽,弥漫着深秋的肃杀气氛。红军第一次过草地时留下的行军、宿营痕迹,还很清楚。有些用树枝搭成的"人"字棚里,堆着些无法掩埋的红军尸体。衣衫单薄的我军指战员,顶风雨,履泥沼,熬饥寒,再次同草地的恶劣自然条件搏斗,又有一批同志献出了宝贵生命。回顾几个月来　、四方面军合而后分的情景,展望未来的前途,令人百感交集,心事重重,抑郁不已。一路上,我话都懒得说。

我军抵毛儿盖略事休息后,旋即沿着黑水、芦花以西的羊肠山路,向党坝、松冈开进。时值苹果、核桃、柿子的收获时节,部队沿途找藏民购买或交换,弄来充饥果腹。月底,我们在大金川北端的党坝同左路军会合。朱德、张国焘、刘伯承、王树声等,已来到这里。朱总司令面色黧黑,目光炯炯,步履稳健,见到我们有说有笑,一如往常,似乎天塌下来,也没放在心上一样。

十月五日,张国焘在卓木碉(脚木足)召开高级干部会议。出席会议的有朱德、张国焘、徐向前、陈昌浩、刘伯承、王树声、周纯全、李卓然、罗炳辉、余天云等军以上干部,大约四五十人。会址在一座喇嘛寺庙里。就在这个会上,张国焘公然宣布另立中央,打出了分裂主义的旗帜。

　　会议由张国焘主持。他的发言，蛊惑人心，欺骗性很大。大意是：中央没有粉碎敌人的第五次"围剿"，实行战略退却，是"政治路线的错误"，而不单是军事路线问题。一、四方面军的会合，终止了这种退却，但中央拒不承认自己的错误，反而无端指责四方面军。南下是终止退却的战略反攻，是进攻路线，而中央领导人被敌人的飞机、大炮"吓破了胆"，对革命前途"丧失信心"，继续其北上的"右倾逃跑主义路线"，直至发展到"私自率一、三军团秘密出走"，这是"分裂红军的最大罪恶行为"。他攻击中央领导人是什么"吹牛皮的大家"，"'左'倾空谈主义"，还说他们有篮球打、有馆子进、有捷报看、有香烟抽、有人伺候才来参加革命；一旦革命困难，就要"悲观"、"逃跑"等等。他宣布中央已经"威信扫地"，"失去领导全党的资格"，提倡仿效列宁和第二国际决裂的办法，组成新的"临时中央"，要大家表态。

　　另立"中央"的事，来得这么突然，人们都傻了眼。就连南下以来，一路上尽说中央如何如何的陈昌浩，似乎也无思想准备，没有立即表态支持张国焘。会场的气氛既紧张又沉闷，谁都不想开头一"炮"。张国焘于是先指定一方面军的一位军的干部发言。这位同志长征途中，一直对中央领导有意见，列举了一些具体事例，讲得很激动。四方面军的同志闻所未闻，不禁为之哗然。大家你一言，我一语，责备和埋怨中央的气氛，达到了高潮。

　　张国焘得意扬扬，要朱德同志表态。

　　朱总的发言心平气和，语重心长。他说：大敌当前，要讲团结嘛！天下红军是一家。中国工农红军在党中央统一领导下，是个整体。大家都知道，我们这个"朱毛"，在一起好多年，全国和全世界都闻名。要我这个"朱"去反"毛"，我可做不到呀！不论发生多大的事，都是红军内部的问题，大家要冷静，要找出解决办法来，可不能叫蒋介石看我们的热闹！

　　张国焘又让刘伯承表态。

　　刘讲了一通革命形势相当困难的话，弦外之音是要讲团结，不能搞分裂。张国焘为此怀恨在心。不久，便将刘的参谋长职务免去，调他去红军大学工作。

　　张国焘见朱德、刘伯承都不支持他，脸色阴沉，但不便发作。接着，就宣布了"临时中央"的名单，以多数通过的名义，形成了"决议"。还宣布开除毛泽东、周恩来、张闻天、博古的党籍。"临时中央"主席，自然由他担任。

这样,张国焘的反党行为,就发展到了高峰。

这次会议,明显带有突然袭击的性质。所谓"决议",并未经郑重讨论,不过是一哄而起罢了。我在会上没有发言,也没有举手表决,对眼前发生的一切,既不理解,又很痛心。拥护吧,没有多少道理,原来就有党中央,这边又成立一个,算什么名堂?但自己有些事还没想清楚,说不出个所以然来。头一回遇上如此严重的党内斗争,左右为难,只好持沉默态度。会后,张国焘找我谈话,我表示不赞成这种做法。我说:党内有分歧,谁是谁非,可以慢慢地谈,总会谈通的。把中央骂得一钱不值,开除这个,通缉那个,只能使亲者痛,仇者快,即使是中央有些做法欠妥,我们也不能这样搞。现在弄成两个中央,如被敌人知道有什么好处嘛!我的主导思想是希望团结,不要感情用事,免得越弄越僵,将来不堪收拾。张国焘呢?大言不惭地以列宁反对第二国际、成立第三国际的事例为自己辩解,根本听不进我的劝告。

分裂不得人心。大敌当前,党的团结和红军的团结,是党和人民的根本利益所在,是一、四方面军广大指战员的迫切要求所在。张国焘愈是公开制造分裂,煽动分裂,广大指战员就愈加渴望团结,珍视团结。红四方面军的不少同志,脑子里都打了问号:"这样做对吗?""符合党章要求吗?""有利于一致对敌吗?"他们虽然不敢公开表示自己的意见,但对"张主席"的盲目崇拜心理,开始怀疑动摇,窃窃私议之风,不可遏止。红一方面军的指战员,不满情绪尤甚。调来四方面军任军参谋长的陈伯钧同志,就曾直接找张国焘谈话,呼吁团结,反对分裂。他是黄埔五期生,参加了毛主席领导的秋收起义,任过红军师长、军团参谋长等职。他秉性刚直、豪爽,敢于坚持原则,陈述己见。红四方面军南下期间,他调红军大学执教,一面培训干部,一面积极支持刘伯承对张国焘的斗争,表现不错。

我的精力,主要集中在军事问题上。

当时,敌人发现红军一部北上,大部南下,乃沿大小金川地区,布阵防堵。刘文辉二十四军两个旅,位于大金川沿岸的绥靖、崇化、丹巴一线;杨森二十军四个旅另一个团,布于小金川沿岸的懋功、抚边、达维一线;邓锡侯二十八军一个团,扼守抚边以东的日隆关等地。为打开南下通道,我们制定了夺取绥靖、崇化、丹巴、懋功的战役计划,报请红军总部批准实施。

朱德总司令虽不同意张国焘的分裂主义行为,但认为部队既然已经南下,就应打开战局,找块立脚生存的地方。那么多红军,没有地盘,没有饭吃,无异于不战而自毙。同时,他又坚信,只要大家是革命的,最后总会走到一起的。因而,在军事行动方面,积极行使总司令的职权,及时了解敌情,研究作战部署,定下决心。早在大革命时期,他就和川军打过交道,对军阀部队的作战特点,了如指掌。他说:川军向来欺软怕硬,惯打滑头仗,我们不打则已,要打就抓住打,狠狠地打! 他要求各级指挥员要讲究战术,发挥运动战的特长,以快以巧制敌,用小的代价去换取大的胜利。朱总司令在逆境中不当"空头司令",尽量发挥自己的作用,完全是从爱护和发展红军力量出发的。

根据《绥(靖)崇(化)丹(巴)懋(功)战役计划》,我们作了具体部署。以五军、九军二十五师、三十一军九十三师组成右纵队,由王树声率领,沿大金川右岸前进,抢占绥靖、丹巴;以四军、三十军、三十二军及九军二十七师大部组成左纵队,由我和陈昌浩率领,从大金川左岸进攻,直取崇化、懋功;三十三军及二十七师一个团,驻守马塘、梦笔山地区,屏障红军总司令部驻地卓木碉;三十一军九十一师师部及二七七团、红军大学,留驻阿坝,掩护后方。

十月八日,我左右两路纵队,开始行动。

大小金川地区,地形复杂,多深山绝壁和峡谷急流,利守难攻,不便大部队运动。战役开始后,我右纵队九军二十五师首先向绥靖河以北绰斯甲附近的观音桥强攻,以便渡河南下,与左纵队的进攻夹岸相应。但因守敌刘文辉部凭坚固守,我硬攻难克,右纵队渡河受阻。我们临时调整部署,令左纵队的四军从党坝地区出动,强渡大金川。十一日,四军渡河成功,沿右岸疾进,十二日克绥靖,十六日克丹巴。与此同时,我左岸之三十军亦向南疾进,十五日攻占崇化,以一部继续向懋功方向发展。九军二十七师于十五日夜间,对绥靖以东之两河口守敌杨森部第七旅发起攻击,经三小时激战,将敌击溃,继而跟踪追击,于十六日克抚边,十九日溃杨森第四旅,占达维。二十日,三十军一部克懋功。守敌杨森部两个旅南逃,被我进占达维之二十七师主动截击,俘获一部;该师继而乘胜向东南发展,连克日隆关、巴郎关、火烧坪、邓生等地。至此,这一战役胜利结束。总计溃敌刘文辉、杨森部六个旅,毙俘敌三千余人。

这一仗是山地隘路战,很难打。我军机智英勇,灵活迅速,充分发挥夜摸、奇袭和小部队大胆迂回穿插等战术特长,渡激流,穿峡谷,破敌垒,夺要隘,表现了红军坚无不摧的优良战斗素质。九军二十七师连续作战,疾进五百余里,打得最出色。夜袭达维之战,行动秘密、神速,当部队摸进街里时,敌人还在睡大觉。敌第四旅旅长高德州惊醒后,顾不上穿衣服,仓皇逃走。战后,朱德总司令高度评价红四方面军的战斗力,认为是一支过得硬的红军队伍,继承了叶挺独立团的铁军传统。这次战役的主要缺点是右纵队渡河受阻后,未能及时转移兵力,配合左纵队行动,致使近半数兵力陷于无用武之地的状态;追击不力,对溃逃进山林的残敌搜索不够,影响了扩大战果。

百 丈 决 战

我军南下川西南作战,与蒋介石的"剿匪"大军,碰个正着。

蒋介石的"攘外必先安内"方针,包藏着"一箭双雕"的企图:一方面,彻底消灭红军,扼杀革命力量;另一方面,乘机削弱和收服地方军阀势力,形成蒋家的一统天下。四川一地,正如诸葛亮所谓:"益州险塞,沃野千里,天府之土。"蒋介石早就垂涎三尺。他借着"追剿"中央红军的机会,派大批嫡系部队入川,进而控制了四川的各派军阀势力,正力图把"天府之土"变成他的战略大本营。十月间,蒋介石确定结束其"剿共"指挥中心"武汉行营"的工作,正式成立"重庆行营",宣布"指挥剿匪之军事重心,即移于重庆"。他鼓吹四川"不愧为我们中国的首省,天然是复兴民族最好的根据地",随即派大批国民党军政要员入川"建设四川",并对川军进行了整编。

整编后的川军,编制情况如下:

二十军军长杨森,辖一三三、一三四、一三五师,共十五个团。

二十一军军长唐式遵,辖第一、第二、第四师,共十六个团另十二个独立营。

二十三军军长潘文华,辖教导师、第五师,共十四个团另六个独立营。

二十四军军长刘文辉,辖一三六、一三七、一三八师及军直属旅,共十五个团另一个特务大队。

四十一军军长孙震,辖一二二、一二三、一二四师,共十八个团另一个特务团。

四十四军军长王缵绪,辖第一师、第二师,暂编第一师,共十六个团另十一个独立营。

四十五军军长邓锡侯,辖一二五、一二六、一二七、一二八、一三一师,共二十四个团。

第一〇四师师长李家钰,共九个团另一个补充团。

四川善后公署直辖部队,包括暂编第三师、第四师,模范师,暂编第三旅,独立第五、六、七旅,警备第一路及边防第六混成旅等。

由此,四川军阀即被蒋介石一手控制,天府之国,遂成蒋土。

整编后的川军,紧缩约三分之一的名额,但充实了建制,补充了武器弹药,战斗力有所增强。这时,蒋介石令川军集中力量对付我军;胡宗南部北向甘南,对付中央红军;吴奇伟部南下,对付红二、六军团;李抱冰部则扼守西康一带。我们估计,我军趁势南攻,打击川敌,夺取天全、芦山、名山、雅安、邛崃、大邑地区,有较大把握,遂制定了《天芦名雅邛大战役计划》。

我军的具体作战部署是:以四军、三十二军为右纵队,由丹巴经金汤攻取天全,并以一部向汉源、荥经活动;以三十军全部、三十一军九十三师及九十一师之两个团、九军二十五师为中纵队,取宝兴、芦山,得手后向名山、雅安及其东北地区进攻;以九军二十七师为左纵队,除以一部巩固抚边、懋功、达维外,主力向东伸进,威胁灌县、大邑之敌。另以五军为右支队,巩固丹巴地区;以三十三军为左支队,留驻马塘、两河口,相机威胁理县,占领威州;以三十一军九十一师师部率二七七团驻守达维、懋功。这一部署,以主力夺取天、芦、名、雅、邛、大等县为目的,对康定、汉源、荥经、灌县方向,采取佯攻姿态,配合主力行动。

朱德总司令完全同意以上部署,并就战术问题作了重要指示。他认为,这一战役与绥崇丹懋战役的不同点在于:部队已经打出了川西高原的山险隘口,作战形式将由山地战、隘路战变为平地战、城市战,由运动战变为阵地战、堡垒战。为打破敌人的堡垒封锁线,在战术上必须充分注意集中兵力,择敌弱点攻击,尽可能在野战中溃敌,乘胜追击,袭取堡垒和城市。要熟悉攻击敌人堡垒和阵地的方法,详细侦察,周密计划,多用夜袭手段取胜,并注意对付敌人的阵地反击。针对部队在开阔地形条件作战的情况,他特别强调加强防空教育的重要性。既要消除畏惧敌机的心理,又要采取应付敌机的具体措施,万万不可掉以轻心,等闲视之。他说:我们是工农红军,不是拜物教主义者,绝不惧怕帝国主义的清道夫——蒋介石的飞机大炮。但是,我们又要承认敌人的飞机确有杀伤威力,是要吃肉的。口头上空喊不怕,而不去研究对付它的科学方法,只会使红色战士经受无代价的牺牲。他对如何组织对空射击、对空侦察、对空隐蔽和伪装、疏散队形及战斗中应注意之点,都作了具体要求。

川敌为扼阻红军前进,自南而东加强兵力,筑碉封锁。以刘文辉部防守金汤、泸定至汉源、雅安一线;杨森部防守宝兴至大硗碛一线;邓锡侯部防守宝兴以东大顺场至水磨沟一线;郭勋祺模范师九个团集中天全;另从绵竹等地抽调十八个团,向西增援。

十月二十四日,我军翻越夹金山,向天全、芦山、宝兴发起进攻。我和陈昌浩随中纵队行动,直趋宝兴。守敌杨森部是被红军打怕了的,一触即溃。我军"打狗如打狼",毫不松懈,猛打穷追,溃敌三个旅,于十一月一日进占宝兴。继而乘胜前进,连续打垮刘湘教导师一个旅和一个团的阻击,直逼芦山城下。沿途共俘敌千余,缴步枪两千余支,轻重机枪五十余挺。在此同时,我左、右两纵队亦顺利进展。七日,左纵队攻占大顺场,歼邓锡侯第七旅一部,前锋抵近邛崃县境。右纵队克金汤后,又溃敌模范师一个旅,十日占领天全,随即向东迂回,协同中纵队包围芦山。刘湘急令其独立旅向名山地区增援,遭我三十军、九军各一部钳击,全部被歼。名山西北之王家口镇一团守敌,亦被全歼。十二日,芦山守敌在我军猛烈攻击下,弃城溃逃,该城遂被我占领。

我军战若雷霆,声威大震。十多天内连下宝兴、天全、芦山等县城,共歼敌五千余人,击落敌机一架。邛崃山以西、大渡河以东、青衣江以北及懋功以南的川康边广大地区,均被我控制,造成了东下川西平原,直掠成都的战略态势。成都告急,重庆震动,国民党军政要员和大小军阀,无不惶惶然。

战役过程中,红军以主力西取康定、泸定,还是东叩名山、芦山,发生了不同意见。张国焘要我们重点夺取康、泸,将来以道孚为战略后方,在西康地区发展。我和陈昌浩商量,觉得还是按原定的作战计划,重点加强左翼的攻击,夺取天、芦、名、雅地带为上策。一是这带人烟和粮房较多,部队易于补充;二是我军与川敌作战,较易得手,如能乘胜东下川西平原,可获更大补充,过冬不成问题;三是距离转战于川黔边的红二、六军团较近,能对他们起到有力的策应作用。如果重点向西康发展,则人、粮补充不易,气候寒冷,过冬困难,不利策应二、六军团的转战。我说:现在早已不是"山大王"的时代了,我能往,寇亦能往,蒋介石不会让我们僻处一方,优哉游哉的。陈昌浩和我的看法一致,认为蹲到川康边,被敌人封锁住,我们的处境将会更困难。张国焘未再坚持他的意见,我们遂挥军向名山、邛崃地区进击。

刘湘唯恐川西平原有失,成都难保。于是,急调其主力王缵绪、唐式遵、范绍曾等部及李家钰部,星夜赶赴名山及其东北的夹门关、太和场、石碑岗地区,扼阻红军。连同原来的守敌,合计兵力达八十余团。

川军是我们的老对手,对付他们,有点把握。我们计划从名山和邛崃间的通道上,实施夜袭突破,完全切断两城敌军的联系,进而围攻名山,吸打邛崃方向的援敌,相机发展攻势,打到岷江西岸,控制青衣江以北、岷江以西、邛崃以南的三角地带。

十一月十三日,我们集中中纵队全部及右纵队四军的兵力,计十五个团,向朱家场、太和场发起猛攻。当天,溃敌两个团,乘胜前进。十六日,直下邛崃、名山大路上的重镇百丈。再打下去,我军即将进入人粮极丰的川西平原。

敌人着忙,出动六个旅的兵力,进行反扑。经半日激战,被我三十军及九军一部击退。九军二十七师乘胜沿百丈通邛崃的大路进击,势如破竹。仅七十五团一营人即连破敌堡二百多个,当天下午占领了黑竹关、治安场、王店子。由于敌人沿邛名公路纵深配备,碉堡林立,兵力集中,我军继续突进不利,我们遂令部队停止前进,主力向百丈左右靠近。以九十三师围攻名山,三十二军向名山至洪雅的大路突击,吸引邛崃方向的援敌出动。

十九日拂晓,敌十几个旅从东、北、南三面向我进攻,拉开了百丈决战的战幕。

据俘虏供称:刘湘下了死命令,要川军拼死夺回百丈,援救名山守敌,临阵不前者,一律就地枪决。战斗一打响,敌人即集中强大炮火,向我阵地猛烈轰击。成批敌机盘旋上空,疯狂施行轰炸。整营整团的敌军,轮番向我阵地猛攻。从黑竹关到百丈十多里的战线上，处处是战火硝烟、刀光血影，是爆炸声、枪炮声、喊杀声，是敌我双方的殊死搏斗。

百丈一带，地势开阔，多丘陵、树丛、深沟、水田。战斗开始后，我骑马赶到那里，观察情况，现地指挥。三十军指挥所设在百丈附近一座小山包上，我绕来绕去，好不容易才摸到。见了李先念他们，简单问了问情况。我们当时判断，刘湘是狗急跳墙，孤注一掷，如果我军顶住敌人的攻势，灭敌一部，有可能胜利转入反攻，直下岷江西岸。唯敌机太讨厌，对我前沿至纵深轮番轰炸，威胁甚大。部队在开阔地带运动和作战，不易隐蔽，对付敌机又缺炮火，伤亡增大，叫人很伤脑筋。我军坚守在月儿山、胡大林、鹤林场及黑竹关至百丈公路沿线的山岗丛林地带，与敌反复拉锯，血战三昼夜。敌用两旅兵力企图通过水田进占百丈，在我几十挺机枪扫射下，整营整连的敌军，被击毙在稻田里，横七竖八，躺倒一大片。但因该地交通方便，敌人调兵迅速，后继力量不断增加，攻势并未减弱。二十一日，我黑竹关一带的前锋部队被迫后撤，敌跟踪前进。二十二日，百丈被敌突入，我军与敌展开激烈巷战。我到百丈的街上看了下，有些房屋已经着火，部队冒着浓烟烈火，与敌拼搏，打得十分英勇。百丈附近的水田、山丘、深沟，都成了敌我相搏的战场，杀声震野，尸骨错列，血流满地。指战员子弹打光，就同敌人反复白刃格斗；身负重伤，仍坚持战斗，拉响手榴弹，与冲上来的敌人同归于尽。百丈战斗，是一场空前剧烈的恶战，打了七天七夜，我军共毙伤敌一万五千余人，自身伤亡亦近万人。敌我双方，都打到了筋疲力尽的地步。

战局没有打开，薛岳部又从南面压了上来。敌我力量悬殊，持久相峙对我不利。我们只好放弃原计划，从进攻转入防御。十一月下旬，我三十军、九军撤出百丈地带，转移到北起九顶山，南经天品山、王家口至名山西北附近之莲花山一线。四军在荥经方向，遭薛岳部猛攻。因敌众我寡，被敌突进，部队遂撤至青衣江以北。在西面大炮山的三十三军，则继续巩固阵地，与李抱冰部对峙。我军遭敌重兵压迫，堡垒封锁，南下或东出已不可能。

我军百丈决战失利，教训何在呢？第一，对川军死保川西平原的决心和作战能力，估计不足，口张得太大。川军是我们的老对手，被红军打怕了的，历次作战中往往一触即溃，闻风而逃。但这次却不同。经过整编，蒋介石向各部队都派了政工人员，多数军官又经峨嵋军官训练团的训练，敌军的战斗力有较大加强。为确保成都平原,刘湘亲自坐镇,不惜代价,挥军与我死打硬拼。加上敌人兵力众多,运输方便,地形熟悉,堡垒密布,炮火强大诸条件,便成了难啃的硬骨头。战役过程中,薛岳部又压了上来。对于这些情况,我们战前缺乏足够估计,想一口吞掉敌人,打到川西平原去。这是导致决战失利的主要原因。第二,与此相联系,我军高度集中兵力不够。刘湘在这带集结的兵力,达八十个团以上,纵深配备,左右呼应,凭碉坚守。我们只集中了十五个团的兵力进击,一旦遇到敌人的拼死顽抗和反扑,深感兵力不足,捉襟见肘。部队两过草地,体力消耗很大,乍到新区,人地生疏,群众还没发动起来,无法积极配合红军作战。这样,就难以取得战役战斗中的优势地位。第三,战场的选择失当。百丈一带,地势开阔,部队的集结、隐蔽、攻防受很大限制,极易遭受敌机袭击与炮火杀伤。当敌发起反攻时,我军处在十余里的长弧形阵地上,三面受敌,相当被动。另外,部队习惯于山地战、隘路战,而对平地、水田、村落战斗,则缺乏经验。有些干部到了平川地带,连东西南北都辨别不清;敌机来了,无法对付;部队撒出去作战,抓不住,收不拢,影响了指挥信心。仗打得比较乱,有的部队"放了羊";有的部队你打你的,我打我的,协同配合不好;有的部队不讲战术,增大了伤亡。凡此种种,都与我们在战役指导思想上的急躁和轻敌有关。广大指战员的浴血奋战精神,是可歌可泣的。

百丈决战,是我军从战略进攻转入战略防御的转折点,也是张国焘南下方针碰壁的主要标志。战后,我军遂以巩固天全、芦山、宝兴、丹巴地区为中心任务,在这带与敌相峙,发动群众,准备过冬。红军总部和方面军总部,住芦山城北的任家坝。

那年冬季,天气异常寒冷。临近川中盆地的宝兴、天全、芦山,本属温热地区,冬日气候较暖,但却一反往常,下了十多年未遇的大雪。位于大小雪山——折多山和夹金山附近的丹巴、懋功地区,更是漫山皆白,地冻三尺。部队派出筹集粮食、牦牛的人员,大都得了雪盲症,有些同志冻死在雪地里。当地人口稀少,粮食、布匹、棉花无继,兵员扩充有限。敌军重兵压迫,战斗不止。我军处境日趋艰难,广大指战员愈来愈清楚地认识到,张国焘的南下方针是错误的。

柳暗花明

正当我军南下碰壁、处境困难的时刻,党中央的民族统一战线策略和团结对敌的方针,及时传来,给全军带来了希望,带来了力量。这是一个转折关头,在红四方面军的发展史上,有重要意义。

我军南下期间,全国的政治形势发生了急剧变化。日本帝国主义对华北的露骨侵略,我党"八一宣言"的发表,中央红军长征到达陕北的胜利,白区地下党组织的英勇斗争,推动全国的抗日救亡运动,走向新的高潮。

十二月九日,北平爆发了大规模的学生运动,矛头直指日本侵略者和蒋介石的不抵抗主义,其势如波涛汹涌,席卷全国,标志着中华民族的伟大觉醒。这时,共产国际已派张浩同志(林育英)回陕北,与党中央取得了联系。十二月二十五日,中央政治局在瓦窑堡会议上,作出了《关于目前政治形势与党的任务的决议》,进一步确立了党的建立抗日民族统一战线的策略路线。不久,即将这个决议的基本内容和张浩回国的消息,向红军总司令部和四方面军作了通报。

张国焘虽挂起了分裂党的伪中央招牌,但一直不敢对外公开宣布。据我观察,他是做贼心虚,骑虎难下。

张国焘的"中央",完全是自封的,并不合法。既未按党规党法,经民主选举产生,又未向共产国际报告,得到批准。那时,中国共产党是隶属共产国际的支部之一,一切重大问题的决定,必须经共产国际认可,方能生效。张国焘是老资格的政治局委员,当然更明白这一点。他生怕公开打出另立"中央"的旗号后,一旦被斯大林和共产国际否决,局面将不堪收拾。特别是王明、博古等人,都是共产国际的"宠儿",斯大林决不会轻易否定他们。张国焘对此颇有顾虑,要给自己留条退路,便不敢把事情做得太绝。

朱德同志坚决反对另立"中央",对张国焘也起了有力的制约作用。朱德总司令在党和红军中的巨大声望,人所共知。也只有他,才能同张国焘平起平坐,使之不敢为所欲为。自从张国焘另立"中央"起,朱德同志就和他唱对台戏。他同张国焘的斗争,绝不像"左"倾教条主义者那样,牙齿露得越长越好,而是心平气和,以理服人,一只手讲斗争,一只手讲团结。我去红军总部汇报工作时,曾不止一次地见过他同张国焘谈论另立"中央"的问题。他总是耐心规劝张国焘,说你这个"中央"不是中央,你要服从党中央的领导,不能另起炉灶,闹独立性。张国焘就劝朱德同志出面,帮他做党中央的工作,要中央承认他的"中央"是合法的,是全党的唯一领导。两人的意见,针锋相对,谁也说不服谁,但又不妨碍商量其他问题。张国焘理不直,气不壮,矮一截子,拿朱老总没办法。朱总司令的地位和分量,张国焘是掂量过的。没有朱德的支持,他的"中央"也好,"军委"也好,都成不了气候。张国焘是个老机会主义者,没有一定的原则,没有一定的方向。办起事来,忽"左"忽右。前脚迈出一步,后脚说不定就打哆嗦。朱总司令看透了他,一直在警告他,开导他,制约他。因而张国焘心里老是打鼓,不敢走得更远。

南下以来,我一直支持朱总司令的意见,几次劝张国焘放弃第二"中央",但他就是不听。我毫无办法,心里很不痛快,常常借口军事工作忙或身体不适,不去参加总部的会议。有段插曲,我印象很深。百丈战斗后,我们前敌指挥部收到党中央发来的一份电报,说中央红军在陕北打了个大胜仗,全歼敌军一个师。这就是直罗镇战役。我很高兴,拿着电报去找张国焘。我说:中央红军打了大胜仗,咱们出个捷报,发给部队,鼓舞鼓舞士气吧!张国焘态度很冷淡,说:消灭敌人一个师有什么了不起,用不着宣传。我碰了一鼻子灰,转身就走了。心想:这个人真不地道,连兄弟部队打胜仗的消息,都不让下面知道。可是,没过几天,张国焘又准许在小报上登出了这条消息。从这个小小的侧面,也能反映出他那种七上八下的心理状态。消息传开,中央红军北上的胜利与我军南下的碰壁,成了鲜明对比。张国焘散布的中央"率孤军北上,不会拖死也会冻死"、"至多剩下几个中央委员到得陕北"的谬论,不攻自破。不少同志窃窃私议:"还是中央的北上方针对头","南下没有出路","我们也该北上才对"。全军要求北上的呼声日渐高涨起来。

张国焘上不着天,下不着地,心里着慌。特别是张浩来电,传达共产国际的指示,肯定中央北进路线是正确的,高度评价中央红军的英勇长征,这对张国焘的分裂主义,无疑是当头一棒。这个时候,陈昌浩也转变了态度,表示服从共产国际的决定。孤家寡人的张国焘,被迫"急谋党内统一"。朱总司令和大家趁机做他的工作。我们还是老主意：取消这边的"中央"，其他分歧意见，待日后坐下来慢慢解决。为了给张国焘一个台阶下，有同志提出，这边可组成西南局，直属共产国际中共代表团领导，暂与陕北党中央发生横的关系。这个过渡性的办法，大家认为比较合适，张国焘也表示接受。经与中央协商，中央表示同意。

一九三六年一月下旬，张国焘在任家坝召集会议，讨论党中央发来的"十二月决议"（瓦窑堡会议）要点。出席会议的有朱德、陈昌浩、我、周纯全、傅钟等人。

"决议"要点明确指出，在民族革命新高潮中，一部分民族资产阶级、乡村富农与小地主、小军阀，有同情和参加革命的可能。党的策略路线是发动与组织全民族的一切革命力量，结成广泛的民族统一战线，反对主要敌人日本帝国主义与反动头子蒋介石。为此，党的具体政策上，必须实行若干转变，如准备直接对日作战，团结一切革命的小资产阶级和知识分子，优待反日反卖国贼的白军官兵，不再没收富农的土地和财产，用比较宽大的政策对待工商业资本家等。为坚持党对民族统一战线的领导权，必须反对当前的主要危险关门主义倾向，同时也不放弃反右倾的斗争。

党的策略路线的重要转变，打开了我们的眼界，使我们受到很大鼓舞。大家在发言中均表示，应在新的策略路线的基础上，团结起来，一致对敌。张国焘除表示同意中央的新策略外，还百般为自己的错误辩解。过后，他曾致书四川军阀，要搞统一战线，但未取得任何进展。

确定我军的战略行动方针，亦迫在眉睫。

川康边无法建立革命根据地，已为事实所证明。二月上旬，敌人集中了薛岳等部六七个师及川军的主力，开始向天全、芦山地区大举进犯。我军粮弹缺乏，打得十分艰苦。经一周激战，被迫撤出天全、芦山。面对敌人的重兵压迫，我们准备陆续撤离宝兴、丹巴、懋功地区，向康定、炉霍、道孚转移。

这时，中央来电指出："育英动身时，曾得斯大林同志同意，主力红军可向西北及北方发展，并不反对靠近苏联。"并就红四方面军的战略行动方针，提出了三个方案，供我们选择。

第一方案为北上陕甘。四方面军东渡岷江，二、六军团北渡长江，共同北进。第一步抵川北，第二步抵陕甘，为在北方建立根据地，同苏联红军联合对抗日本侵略者创造条件。

第二方案为就地发展。红四方面军依托现地,打破敌人的"围剿"。第一步迫向岷江,第二步进入岷、沱两江间,实现夺取四川的计划。二、六军团则在靠近川南的云贵川边建立根据地,与四方面军相呼应。

第三方案为南下转战。四方面军南渡大渡河、金沙江,与二、六军团取得近距离的会合,甚至转向云贵川发展,寻求机会前进。

上述三个方案,中央认为,第一方案是上策,如何实行,由四方面军视敌情、地形条件而定。

我们讨论的结果,一致赞同继续北上的方案。因为朱德、刘伯承、陈昌浩和我,过去就同意中央的北进方针,只是由于张国焘坚持南下,才造成了现在的局面。张国焘南下碰壁,又见斯大林同意主力红军靠近苏联,准备与苏联红军联合抗日,自然顺水推舟,同意北上的方案。至于夺取四川或南下云贵川的方案,大家认为,根据敌情、我力及地形条件,难以实现。关于策应红二、六军团北进的任务,自然应由四方面军承担,视发展情况再作决定。

我们制定了《康(定)道(孚)炉(霍)战役计划》。决定以一部兵力(九十一师两个团)位于大硗碛、邓生、达维地区,牵制东南之敌,而以主力迅速西进,经懋功、金汤、丹巴进取道孚、炉霍、甘孜,相机占领康定。争取在这一地区进行休整补充,筹集粮秣、物资,伺机北上。张国焘南下建立川康边根据地的方针,至此宣告破产。

在道孚、炉霍、甘孜

一九三六年二月下旬,我军兵分三路,撤离天全、芦山、宝兴地区,向道孚、炉霍、甘孜进军。刘伯承、李先念率三十军八十九师先行,为全军开路。红军总部与方面军总部从宝兴出发,随第一纵队(三十军、四军、五军及九军二十五师)行动。

行军路上,天寒地冻,没有一丝春意。首先翻越夹金山,漫山皆白,积雪盈尺。七十六团和总指挥部走在一起,费了好大的劲,才攀上顶峰。下山容易些,人和马匹几乎是滑下山去的,指战员都滚得像雪人一般。经达维、懋功至丹巴,沿途有前卫部队指示的路标,筹集的粮草,行进比较顺利。

从丹巴至道孚,横亘着大雪山脉中段的折多山,顶天矗立,海拔五千多米。山上积雪终年,空气稀薄,风暴、雪崩不断,在附近老百姓的心目中,就像一道噬人生命的鬼门关。好在刘伯承、李先念带领前锋部队开路,已经翻过这座雪山,为后续部队提供了经验。我们住在丹巴的一个村子里,又向藏民作了调查。他们说:翻越党岭山,必须赶在中午十二点钟以前。每天下午要起风暴,人到那里,就别想活命。我们令部队充分做好征服大雪山的准备工作。规定每人带足三天以上的干粮;备有两双草鞋和一副铁脚码子;尽量筹集御寒取暖的衣被、毛皮、辣椒、生姜、青稞酒、干柴;每个班、排配有刨冰攀崖用的铁锹、绳索等。各级政治机关大力进行思想动员,号召发扬不怕艰难困苦和团结友爱的精神,万众一心,向雪山进军。

总指挥部和七十六团一起行动。头天下午出发,在半山腰过夜,以便翌日上午通过党岭山。高原地带,爬山特别费劲。越往上走,越觉得头晕脑涨,四肢无力,气都喘不过来,只能一步一步地挪。夜间,寒风怒号,大雪弥漫,气温达零下二三十度。指战员们的衣服冻成了冰筒,眉毛、胡子结满冰霜。有些同志被冻僵在雪堆里,长眠在折多山上。牦牛是个宝,数量虽少,但出了大力气。这种动物,不仅肉可食,皮可衣,而且适应高原的恶劣自然条件,驮运物资,爬山履雪,比马匹还顶用。我们通过党岭山后,那些驮着辎重的牦牛,把四肢收起,趴在雪坡上下滑,一气就能滑下山去。同志们都风趣地把它们称作"革命牛"、"救命牛"。

三月十五日,总部机关抵道孚,随后进驻炉霍。我三十军进而占领西康东北部重镇甘孜。四军经炉霍向西南疾进,攻占瞻化,俘敌国民党西康宣慰使诺那活佛以下百余人。三十一军九十三师及九军二十五师,分别由丹巴、道孚南下,钳击泰宁,守敌李抱冰五十三师一部弃城南逃康定。三十二军及九军二十七师,在懋功以南完成掩护主力转移任务后,跟进道孚、炉霍。三十一军九十一师在宝兴南关、大垭口多次与追敌激战,溃敌两个团,胜利完成后卫任务后,亦从懋功、丹巴向炉霍地区转移。至四月上旬,我军控制了东起丹巴,西至甘孜,南达瞻化、泰宁,北连草地的大片地区。

这带原属四川军阀刘文辉的势力范围,是以藏民为主的藏汉杂居区域。藏族的土司、喇嘛权力很大,是实际统治者。喇嘛庙林立,县城的庙宇盖得金碧辉煌,气势非凡,象征着佛教的显赫地位。喇嘛寺均拥有大批土地、粮食、酥油、金银和牛羊,并有武装自卫。陈昌浩、刘伯承率部攻下炉霍一座寺院即获得粮食一万石、羊毛十万斤、盐四万余斤,及一批贵重药材、金器银器、毛毡、武器弹药等。根据党的统一战线策略,我军放宽了对土司、喇嘛的政策,尽量通过和平谈判,令其停止武装抵抗。用借贷方式,取得我们急需的军用物资。对坚持反动立场、顽固抵抗者,才以武力解决之。甘孜西部的大土司德格,就同红军达成了互不侵犯协议,并捐献了一批粮食和牛羊,慰问红军。我们则派人送去了些武器、弹药,作为谢礼。这对争取其他土司、喇嘛,友好对待红军,有较大影响。

我们原来不准备在这带立脚,只想筹足必要的粮物,即刻北上。三月初,三十军刚占道孚,总部即指定由李先念、何长工、李天焕、曾日三等同志,组成粮食委员会,负责全力筹集粮食和牛羊肉(制肉干)。要求达到供平均每人十五天需用的数量,以备北上。然而,那时策应二、六军团北进的任务,提上了日程,使我们不得不改变原计划,在道孚、炉霍、甘孜地区,停留下来。

二、六军团转战在川黔滇边,同党中央失去了电台联系。中央对二、六军团的指示,便由四方面军电台转发。朱总司令是中央革命军事委员会的主席,极为关心二、六军团的命运。鉴于二、六军团已转战到滇西北地区,拟北进与四方面军会合,朱总司令提议,四方面军暂住现地休整补充,接应二、六军团北上,大家都同意。不知怎么搞的,张浩来电,反对这个计划,说:"二、六军团在云贵之间创立根据地,是完全正确的。""将二、六军团引入西康的计划,坚决不能同意。"并说:四方面军既已失去北出陕甘的机会,应争取先机南出,切勿失去南下机会。那时,中央红军主力已东渡黄河,向山西地区转战。形势错综复杂,方针变来变去,我们感到迷惑不解。多亏朱总司令决心不变,坚持四方面军仍在现地休整训练,待与二、六军团会合后,共同北上。同时,红军总部和方面军总部还向中央建议,陕北为红军活动的重要地区,东征红军不宜孤军突出,脱离根据地,宜早日回到陕北为好。后来,我看了文件才知道,红一方面军东征的目的,是要从绥远方向打通与苏联的联系,推动抗日局面的发展。

这个期间,我们对部队进行了整编。整编后,共五个军四万余人。编制序列如下:

方面军总部:总指挥徐向前,政治委员陈昌浩,副总指挥王树声,参谋长李特,政治部主任李卓然,副主任傅钟、曾传六,供给部部长兼政委倪志亮。

四军:军长陈再道,政治委员王宏坤,参谋长张才千,政治部主任刘志坚。辖十师(师长余家寿,政委叶道志)、十一师(师长周世元,政委陈锡联)、十二师(师长张贤约,政委胡奇才)、独立师(师长张德友,政委高厚友)。各师均直辖营,不设团部。

五军:军长董振堂,政治委员黄超,副军长罗南辉,参谋长李屏仁,政治部主任杨克明。辖十三师(师长李连祥,政委朱金畅)、十五师(师长郭锡山,政委谢良)。该军系一九三六年一月间由五军团与三十三军合编而成。

九军:军长孙玉清,政治委员陈海松,参谋长陈伯稚,政治部主任曾日三。辖二十五师(师长王海清,政委盛修铎)、二十六师(师长刘理运,政委杨朝礼)、二十七师(师长陈家柱,政委李德明,参谋长姜振汉)、教导师(师长张道容,政委易汉文)。各师均直辖营,不设团部。

三十军:军长程世才,政治委员李先念,参谋长黄鹄显,政治部主任李天焕。辖八十八师(师长熊厚发,政委郑维山,参谋长熊德成,政治部主任徐太先)、八十九师(师长邵烈坤,政委张文德,参谋长刘雄武,政治部主任裴寿月)。每师三个团。九十师暂缺。

三十一军:军长王树声兼,政治委员周纯全,参谋长李聚奎,政治部主任王新亭。辖九十一师(师长徐深吉,政委桂干生)、九十三师(师长柴洪儒,政委叶成焕)。每师三个团。九十二师暂缺。

三十二军:军长罗炳辉,政治委员李干辉。辖第九十四师、九十六师。

直辖骑兵师:师长许世友,全师二百余人。

抗日救国军:总指挥王维舟。辖第一路(司令李中芳)、第二路(司令李彩云)、第三路(司令柴中孔)、第六路(司令马良俊)。

红军大学:校长刘伯承,政治委员何畏,政治部主任张际春,参谋长张宗逊。

共产主义学校:校长刘希平。

部队整编后,主要是进行训练和开展地方工作。根据北上的敌情和地形条件,着重突出打骑兵、打堡垒、夜间战斗、江河战斗等战术训练。刘伯承同志主持红大的教学,亲自给干部讲打骑兵的战术问题,还编写了专门教材。我听过他讲课,深入浅出,比喻生动,富有哲理性,让人感到津津有味,听了还想听。在地方工作方面,军队派出一批党政干部协助地方人员建党建政,建立藏民地方武装,建立百姓联合会、青年队、姊妹团等群众组织,并积极帮助群众发展生产。由于当地的经济、文化条件十分落后,藏民对卫生知识简直一无所知。妇女生下孩子,用酥油擦一擦就算了事。大人、小孩患病,听天由命,连"偏方"治疗都不懂。人畜不分,性病流行。因而人口的出生率低,死亡率高。大力开展群众性的清洁卫生工作,帮助群众治疗各种疾病,也是我军的一项重要工作内容。

为策应二、六军团北上,四月中旬,我们派出四军及三十二军一部,由道孚南下,阻止李抱冰部堵截。十六日占东俄洛,十九日逼近雅江,守敌两个团逃窜,三十二军在追击中歼敌一部,占领雅江,继占西俄洛,将康定之敌阻于雅江以东。二、六军团正从丽江一带向川康边的中甸、稻城方向进军,我们预计再有四十天左右,两军即可胜利会师。方面军总部进行了动员和布置,要求各部队大力开展迎接二、六军团的组织准备工作。我在动员会上说:红军是一家人,我们和中央红军与二方面军的关系,好比老四与老大、老二之间的兄弟关系。上次我们和老大的关系没搞好,要接受教训。"兄弟阋于墙,外御其侮。"吵架归吵架,团结归团结,不能分家。现在老二就要上来,再搞不好关系,是说不过去的。每个部队都有自己的长处、短处,方针是互相学习,取长补短,加强团结,一致对敌。

五月间,红一方面军结束东征,回到陕北,开始西征。二十五日,中央来电,分析了当时的形势,提出了四、二方面军迅速北进的战略方针:

(一)国内及国际的政治形势均取着暴风雨般的姿态向前发展,党的反日统一战线策略有第一步的成就(按:指与张学良建立了统战关系),目前议事日程上的具体任务是建立西北国防政府,彻底战胜日本帝国主义。

(二)……红军西渡后,向陕、甘、宁发展,策应四方面军与二方面军,猛烈发展苏区,渐次接近外蒙。外蒙与苏联订立了军事互助条约,国际盼望红军靠近外蒙、新疆。

(三)四方面军与二方面军,宜趁此十分有利时机与有利气候速定大计,或出甘肃,或出青海,在兄等大计决定之后,一方面军适时向天水、兰州出动,进一步策应兄等,使蒋军不能拦阻。至于奉军,已与秘密约定,不加拦阻。

党的这一战略方针,使我们极为兴奋。二、四方面军会合在即,北上问题,迫在眉睫。红军总部和方面军总部一致决定,全军六月底北出夏、洮地区,届时二方面军可到甘孜,随即跟进。六月间,因两广事件发生,蒋介石调胡宗南等部南下,向李宗仁、白崇禧施加压力,甘南地区空虚。中央认为,四、二方面军出甘南最有利。总部讨论后,又改变了北出方向,决定乘虚出岷州地区,横扫王均、毛炳文部,向甘东南发展,并请一方面军向天水方向活动,进行策应。二十五日,我们作出了分左、中、右三个纵队,向松潘、包座一带前进的部署。旋即派李先念率八十九师和骑兵师组成先遣军,经西倾寺先出阿坝,为全军通过草地做物资准备。

取消"临时中央"的问题,大家都很关心。经张国焘与中央磋商,决定由二、四方面军领导人组成西北局。六月上旬,张国焘在炉霍召开党的活动分子会议,正式宣布取消伪中央。这是张国焘分裂主义的彻底破产,也是党的正确路线和团结方针的伟大胜利。

与二方面军共同北上

七月初,二、四方面军在甘孜地区胜利会合。朱德、张国焘、陈昌浩从炉霍去甘孜,会见贺龙、任弼时、关向应、肖克、王震等同志。我因要带中纵队先行北上,留在炉霍布置出发事宜,没有参加会见。

按照原定的北进部署,二、四方面军分三路纵队陆续开拔。集结在炉霍地区的九军、四军十二师和独立师、三十一军九十三师及方面军总部为中央纵队,由我率领,七月二日出动,经让侗(壤塘)、查理寺、毛儿盖向包座前进。集结在甘孜地区的四军十师和十一师、三十军八十八师、三十二军(会合后即编入二方面军)及二方面军为左纵队,由朱总司令率领,七月三日出动,经东谷、西倾寺、阿坝向包座、班佑前进。集结在绥靖、崇化地区的五军及三十一军九十一师为右纵队,由董振堂率领,经卓克基、马塘向毛儿盖、包座前进。

这次北上,目的很明确。正如方面军总部六月二十九日发布的政治命令中指出的:"党目前的战略方针是在创造西北广大与巩固抗日根据地(按:应为创造与巩固西北广大抗日根据地)任务之下,主力红军首先向松潘甘南行动,消灭该地区之敌王均、毛炳文部,进而与一方面军呼应,横扫而东援,(策)应两广,坚决抗日,扩大与加深民族革命战争,争取全中国人民苏维埃的胜利。"因而,广大指战员兴高采烈,精神焕发,勇气倍增。

"雄关漫道真如铁,而今迈步从头越。"我军顶烈日,战饥疲,越山丘,第三次过草地。经近一个月的长途跋涉,终于胜利到达包座地区。

七月二十七日,中央批准西北局成立,由张国焘任书记,任弼时任副书记。任弼时同志异常关心全党全军的团结。他到甘孜后,即与朱德、张国焘、陈昌浩等人交谈,了解张国焘与中央发生分裂的经过,以便找出圆满的解决方案,进一步消除隔阂,促进党和红军的团结。在草地里,他同我第一次见面,就询问这方面的情况,征求我的意见,并说:他已向中央建议召开六中全会,请共产国际派代表参加,从原则上解决以往的分歧。我赞同他的倡议,讲了几点看法:(1)中央和毛泽东同志的北上方针是正确的。自己当时没有跟中央走,是不想把四方面军分成两半。(2)大敌当前,团结为重。张国焘另立中央,很不应该,党内有分歧可以慢慢地谈嘛!但是我说话他不听,朱老总的话他也不听。现在取消了"中央",对团结有利。北进期间,最好不谈往事,免得引起新的争端。(3)一、四方面军会合后,我们很高兴。但中央有的同志说四方面军是军阀呀,土匪呀,逃跑呀,政治落后呀,太过分了,伤害了四方面军的感情。我和四方面军许多指战员都想不通。(4)我们从参加革命起,就表态拥护第三国际,臂章上也是那样写着的。由共产国际出面解决以往的分歧,我赞成。弼时同志很高兴,表示一定要在这方面作出努力。他给我的印象,冷静、诚恳,对促进党和红军的团结,充满信心。任弼时同志的这种态度,在八月九日他给贺龙、关向应、肖克、甘泗淇同志的信中,有充分的反映:"我这次随朱张等行动,力求了解过去一、四方面军会合时的党内争论问题,并努力促成我党的完全团结一致,我与朱(德)、张(国焘)、刘(伯承)、向前、傅钟、卓然等同志的谈话,大家对党在组织上的统一建立最高集体集权领导是认为迫切重要的问题,陕北同志亦同样是认为迫切需要的,在这一基础上我党团结一致想可能得到顺利的成功。我对陕北同志建议召集中央全体会议(在一、二、四方面军靠近和会合时)已得他们的同意。现国际正讨论这一问题,大概是可能批准这一会议的召集,我现在正在这边同志中要求他们将来在六中全会上很(作)客观冷静正确的自我批评。根据目前形势与党的策略路线决议基础,重新估计过去中央的领导;六中全会应着重在目前形势与战斗任务上的讨论,对粉碎五次'围剿'斗争经验只须在主要问题上提出原则上的讨论,而应避免一些枝节不甚重要而且争论也无良好结果的小问题。"弼时同志做的这些工作,对促进党和红军的团结,有重要作用。

甘南的守敌,是王均、毛炳文、鲁大昌等部。为阻止我军前进,王均第三军之第七、第十二师在文县、武都、天水、西固,毛炳文三十七军之第八、第二十四师在陇西、定西,鲁大昌新编十四师在岷州、洮州、西固,分别固防,企图构成西固至洮州、天水至兰州两道封锁线。在青海方向,则由敌新编第二军马步芳部扼守循化至贵德和新城至湟源一线,防止红军西进。八月初,我们制定了《岷(州)洮(州)西(固)战役计划》,经红军总部批准实施。我军的具体部署是:以四方面军之三十军、九军、五军组成第一纵队,主力由包座经俄界、旺藏寺出哈达铺攻击岷州,一部取道白骨寺、瓜咱城相机夺取西固,向武都方向佯动;以四军、三十一军组成第二纵队,夺取洮州、洮州旧城,而后主力向临洮方向活动,一部向夏河、临夏发展,以保障左侧安全;以二方面军为第三纵队,出哈达铺,策应第一、二两纵队。这一战役行动,以先机取得岷、洮、西地区,主力向兰州、天水方向进展,会合一方面军为主要目的。

八月五日,我军从包座地区出发,向甘南挺进。九日,一纵队之八十八师抢占天险腊子口。十日,八十九师攻占大草滩、哈达铺,歼敌千余人。继后,我率三十军一部进克漳县,陈昌浩指挥九军、五军围攻岷州。在此同时,第二纵队之四军经野狐桥、新堡向洮州旧城进攻,十师克洮州旧城,十二师占洮州,并继向临洮方向发展。十师占洮州旧城后,遭马步芳骑兵旅猛烈进攻,激战一周,将敌击退。下旬,八十九师克渭源。唯岷州鲁大昌部凭坚死守,我军久攻未下。我率前敌指挥部驻漳县,陈昌浩在岷州前线,红军总司令部驻岷州三十里铺。

进入甘南,我们才知道党中央与张学良有个通盘计划。这个计划,是根据日本帝国主义者进逼绥远和蒋介石处理两广事件尚未脱手的形势,以首先造成西北的抗日局面,逼蒋抗日为出发点而制定的。其要点为:

第一,一、二、四三个方面军有配合东北军打通苏联、巩固内部、出兵绥远、建立西北国防政府之任务。由此任务之执行,以配合推动全国统一战线的形成,达到大规模抗日战争的目的。根据一、二、四方面军会合西北,东北军与我们联盟,日本指挥蒙伪军进攻绥远、内蒙,企图割断中苏关系及蒋介石注意西南而暂时无法顾及西北等情况,上述任务可能而且必须在较短时间内实行之。

第二,打通苏联为实现全国抗日战争,首先是造成西北抗日新局面的重要一环。打通苏联分两步走。第一步,配合东北军进据甘西。二、四方面军尽可能夺取岷州,以甘南为临时根据地,休整补充。继而以有力一部出陇西,攻击毛炳文部,威胁兰州,以便东北军于学忠部三个师向兰州这一战略枢纽地带集中;另以有力一部出夏河,攻击河州,威胁青海,吸引河西走廊马步芳部东援,以便东北军乘虚接防甘、凉、肃三州,接通新疆。这一步骤,约一个半月内实现之。第二步,三个方面军合力夺取宁夏。第一步骤实现后,一、二、四方面军在甘北会合。十二月起,以一个方面军留守陕甘宁苏区,两个方面军趁结冰期西渡黄河,消灭马鸿逵部,占领宁夏,完成从北面接通苏联的任务。

第三,巩固内部,形成陕、甘、宁、青四省的抗日革命发展新阶段。任务包括:新老革命根据地及红军的巩固与扩大,使之成为西北局面的坚强领导中枢;东北军的加强;陕、甘、宁、青各部统一战线的完成,反动分子的肃清,民主纲领的初步实现等。

第四,东北军与红军联合组成抗日先锋军,出师绥远,抵御日伪军的进攻,推动全国抗日运动的发展。

第五,与南京政府谈判,逼蒋抗日,争取停止内战,一致对敌。为此,我军目前暂不出河南,实行"你不来攻,我不去打"的策略,如蒋介石派兵来攻,则一面坚决作战,一面争取议和。

根据中央上述战略行动计划,西北局放弃了原定乘虚向东南发展的作战企图,作出了二、四方面军在甘南建立临时根据地的部署。为攻克岷州,陈昌浩指挥九军、五军连日攻城,部队伤亡不小,但未获进展。我四军一部克渭源,三十军一部逼近陇西,造成了威胁兰州的态势。

东北军那边,迟迟不见动作,不知是何缘故。八月下旬,中央来电征求西北局领导人的意见:依据现时力量,假如以二方面军在甘南、甘中策应,而以四方面军独立进取青海及甘西,联系新疆边境,四方面军有无充分把握?如在冰期前西渡黄河,能否解决渡河工具? 张国焘打电话来,征求我的意见。我答复说:问题不大,四方面军有这个力量夺取甘西。事后,我即着参谋人员搜集河西的地形、民情资料,考虑出青马敌后,进据河西走廊的问题。

八月底,中央鉴于蒋介石在解决两广事件后,已令胡宗南部回开兰州,并有分化东北军、撤换张学良的企图,因而变更了原来的行动计划。

新的行动方针,要求把甘南发展为战略根据地之一,与巩固和发展陕南根据地和陕甘北根据地相呼应,并迫使胡宗南部停止于甘肃以东,准备冬季打通苏联。九至十一月的具体部署是:一方面军以一部主力南下,占领海原、靖远、固原及其以南地区;四方面军控制甘南,尽可能取得岷州、武山、通渭地区;二方面军速向陕甘南交界地区出动。中央指出:"三个方面军的行动中,以二方面军向东行动最关重要。"一方面是吸引从郑州回开甘肃的胡宗南部钟松旅,迟滞于陕甘交界处,使之无法西进威胁控制兰州;另一方面又可伺机给王均部以打击,把陕南与甘南的根据地联系起来。据此,我三十一军九十三师北出,于九月七日占领通渭;红一方面军一师,由聂荣臻、左权、陈赓率领南下,直插静宁、隆德地区,逼近西兰公路;二方面军由哈达铺地区东出,九月一日占领礼县,继向陕甘边发展,连克成县、徽县、两当、康县等城。任弼时同志去二方面军随军行动,刘伯承同志亦调往二方面军工作。

这时,中央又将陕甘宁根据地的困难情况,向我们作了通报:"陕甘宁苏区版图颇大,东西长约一千二百余里,南北亦六百里,现有盐池、定边、靖边、安定、安塞、延川、保安、环县、豫旺九城在我手中。""各县论地情则山多,沟深林稀,水缺土质松,人户少,交通运输不便,不宜大部队运动。人口总数只四十余万,苏区内当红军的已超过三万,物产一般贫乏,农产除小米外,小麦及杂粮均缺,不能供给大军久驻。"彭德怀也给我发过一个电报,内容和中央的电报差不多,我印象很深。我军在甘南占领的地区,人口约八十万,而陕甘宁根据地的人口,才四十余万,相比之下,我们的处境还好些。

西北局根据当时的情况,提出了两个战略行动方案:一是红军出西北,据黄河以西的甘、宁、青三省地区;二是出川、陕、豫、鄂。中央复示:"我们向国际提出亦是出西北与不得已时出东南两方案。"并称已派邓发同志经新疆去莫斯科,正等待共产国际批准。

为配合二方面军向陕甘边行动,朱总司令和张国焘令四方面军抽出两个军,东出西和、礼县,消灭王均部。陈昌浩认为,派两个军出西、礼作用不大,不如集中主力于现地区,伺机北出通渭、静宁、会宁,与一方面军合力夹击西进的胡宗南部,更为有利。将来四方面军主力应向陇东北发展,与陇东南的二方面军呼应作战。为此,他从岷州前线,赶回三十里铺,与朱、张磋商。结果,于九月十三日共同向中央提出了新的作战方案。

电称:"我军为先机打破敌之既成计划,争取抗日友军,造成西北新局面,一、四方面军乘胡敌在西北公路上运动之时机,协同消灭其一部。二、四方面军尽力阻止和迟滞胡敌西进。"具体部署为:"(一)我一方面军主力由海原、固原地区向静宁、会宁以北地区活动,南同四方面军在静、会段以袭击方式侧击运动之胡敌,并阻止其停止静宁以东。(二)我二方面军以主力在徽、两、凤以北地区,并以一部进到宝鸡活动,虚张声势,扬言:二、四方面军即直出汉中,一方面军(向南)会合,以牵制王均于天水地区和吸引胡敌不敢长驱西进为目的。二、四方面军除以九十三师主力即向静、会段以南地区活动外,以一部机动兵力集结陇西、武山,并适时以八团以上兵力打击静、会间之胡敌,相机打通一方面军。"

我仔细考虑了这个方案,认为主要问题是在西兰通道地区与敌决战,我们占不到便宜。据情报说,胡宗南的第一师、第十八师十八日即可抵咸阳,第四十三、四十七两师随后跟进,再加上王均第三军和毛炳文师及马家军的兵力,敌优我劣的态势相当明显。而战场选在西兰公路附近,敌人运输方便,调兵迅速,我军南北夹击不成,反会遭到敌人的左右夹击。同时,三个方面军都向陕甘北集中,那里人口稀少,就粮困难,不便大部队久驻,也是严重问题。因此,我向朱、张建议,以一部兵力速围马步芳的家乡河州,吸引马敌,主力乘虚从永靖以南的莲花渡过黄河,进据古浪、永登、红城子一带,与兰州的东北军配合,控制这一战略枢纽地区,休整补充,为策应一方面军西渡黄河，共取宁夏，打通苏联，创造有利条件。但是，我的建议没有被接受。

共产国际批准了红军夺取宁夏和甘西的计划。中央认为，第一步应由一、四方面军合力夺取宁夏；第二步进据甘西。鉴于一方面军兵力有限，需固守现有根据地，抽不出更多兵力与四方面军共同夹击胡敌，故决定派红一师向静宁、会宁一带出动，策应四方面军主力北进，控制以界石铺为中心的有利基点，在通渭、庄浪、静宁、会宁地区迎敌。九月十八日，朱德、张国焘、陈昌浩发布了通庄静会战役纲领。我们开始行动，拟向静宁、会宁地区转进。这样，一、四方面军主力南北夹击敌人的计划，就变成了四方面军北进，在西兰通道地区，独立迎击胡敌。我明白这一仗很难打，但准备硬着头皮干。

我们正忙着调动队伍北进，张国焘匆匆赶来漳县。进门就把周纯全、李特、李先念等同志找来，说：我这个主席干不了啦，让昌浩干吧！我们大吃一惊，莫名其妙。问了问情况，才知刚开完岷州会议。会上陈昌浩和张国焘的意见不一致，陈昌浩得到与会多数人的支持，张国焘的意见被否决。分歧的焦点是：陈昌浩主张立即北上静、会地区，会合一方面军，与敌决战。张国焘则认为，既然一方面军主力不能南下，四方面军独力在西兰通道地区作战，十分不利，主张西渡黄河，进据古浪、红城子一带，伺机策应一方面军渡河，夺取宁夏，实现冬季打通苏联的计划。这是张国焘与陈昌浩共事以来，第一次发生尖锐争论，加上他有个另立"中央"的包袱压在身上，所以情绪很激动，还掉了泪。他说："我是不行了，到陕北准备坐监狱，开除党籍，四方面军的事情，中央会交给陈昌浩搞的。"我觉得，陈昌浩在这个时候和"张主席"闹得这么僵，似乎有点想"取而代之"的味道，也不合适。大家你一言，我一语，劝了张国焘一通。关于军事行动方针问题，我们说，可以继续商量。

张国焘来了劲头，指着地图，边讲边比划。大意是说，四方面军北上静、会地区，面临西兰通道，与敌决战不利；陕甘北地瘠民穷，不便大部队解决就粮问题，如果转移到河西兰州以北地带，情形会好得多。从军事观点看来，我们觉得张国焘的意见，并非没有道理。于是，当场制定了具体行动部署：四方面军以两个军从永靖、循化一带渡过黄河，抢占永登、红城子地区作立脚点；以一个军暂在黄河渡口附近活动，吸引和牵制青海的马步芳敌；以两个军继续布于漳县、岷州地带，吸引胡宗南部南下，而后这三个军再渡河北进。主力出靖远、中卫方向，配合一方面军西渡黄河，共取宁夏。这个方案，一是避免了在不利地区同敌人决战；二是吸引胡敌南向，减轻了对一方面军的压力；三是并不违背中央关于两军先取宁夏、后取甘西的战略企图；四是便于解决四方面军的就粮问题。部署既定，张国焘即电告朱德、陈昌浩，要他们来漳县会商。同时，令部队调动，准备从循化地区渡河。

次日一大早，陈昌浩赶来，见这边都同意张国焘的方案，他也就不再坚持原来的意见。朱总司令到来后，亦同意照此决定行动，并提出应报告中央。张国焘一面起草电报向中央报告，一面令部队开始行动。

我带先头部队，向洮州进发，张国焘他们继后。过了洮州，向老乡调查。据老乡说，现在黄河对岸已进入大雪封山的季节，气候寒冷，道路难行。根据这样的地形、气候条件，我觉得渡河的计划难以实现。遂返回洮州，向朱、张汇报。这时，中央来电，明令禁止四方面军西渡。电文说："我一、四方面军合则力厚，分则力薄。合则宁夏、甘西均可占领，完成国际所示任务，分则两处均难占领，有事实上达不到任务的危险。""中央认为四方面军仍宜依照朱、张、陈九月十八日之部署，迅从通渭、陇西线北上，不过半月左右即可到达靖远、海原地域，从靖远渡河；一方面军跟即渡河或合力先取宁夏，或分途并取宁夏、甘西，二方面军仍在外翼制敌，则万无一失。"朱、张在洮州召开会议，讨论了中央的指示，一致决定放弃西渡计划。二十九日，方面军总部下达了北进静、会地区的命令。

九月三十日，我军分为五个纵队，向通渭、庄浪、会宁、静宁前进。第一纵队为四军，经官堡、渭源、华家岭攻占青江驿、翟家所；第二纵队为三十军，经鸳鸯铺、榆盘镇袭占通渭；第三纵队为九军，经野狐桥、中堡里至新市镇；第四纵队为三十一军，进至通渭、马营一带；第五纵队为五军，随九军之后向庄浪、威戎镇发展。我和陈昌浩跟一纵队行动。我军北进的任务有二：（一）执行《通庄静会战役计划》，在西兰通道以北阻击胡敌，屏障陕甘苏区。（二）会合红一方面军，从靖远地区西渡黄河，夺取宁夏。四方面军开始北进后，二方面军亦根据中央指令，经天水地区渡过渭河，向会宁地区前进。十月二日，红一方面军一师进占会宁。八日，我四军先头部队在青江驿、界石铺与红一师部队会合。九日,方面军指挥部抵会宁,受到红一师师长陈赓及所属人员的热烈欢迎。陈赓原是鄂豫皖时期红十二师师长,此次相见,格外高兴。

三个方面军会宁大会师,胜利结束了长征,在中国革命史上揭开了新的一页。

第十四章
血战河西走廊

西 渡 黄 河

红军三大主力会宁会师前后,党中央和毛泽东同志规定的战略总任务是:团结内部,联合友军,粉碎蒋介石的灭共计划,首先造成西北抗日局面,以达逼蒋抗日,停止内战,组成全国抗日民族统一战线,动员一切力量战胜日本帝国主义的目的。

首先造成西北地区的抗日局面,最关键的是红军占领宁夏及甘西,打通与苏联的联系。正如党中央和毛泽东同志指出的:"打通苏联为实现抗日战争,首先为实现西北新局面、进行部分抗日战争之重要一环。"党中央的军事行动部署,都是紧紧围绕这一重要环节进行的。

当时是怎么考虑的呢?

首先,社会主义的苏联,是毗连中国西北的友好邻邦。只有打通苏联,红军和友军才能解决战略靠背问题,保持广阔而机动的回旋余地,建立巩固的抗日战略后方。否则,我前临日寇、蒙伪军和蒋介石的重兵压迫,后受河西"四马"(马步芳、马步青、马鸿逵、马鸿宾)的牵制,对日作战开始后,就会处于腹背受敌、进退失据的境地,要形成西北的持久抗日局面,是不可能的。

其次,苏联是唯一能向我们直接提供国际主义援助的国家。只有打通苏联,红军和友军才能取得军事上、经济上的物资援助,借以对抗日本帝国主义的进攻。日本当时是军事强国,嚣张气焰,不可一世。我们对付日军的侵略战争,不仅要靠强大精神力量的支持,还要靠足够物质力量的支持。对于一支缺乏武器装备和物资供应的抗日大军来说,在战争初期取得必要的军事经济援助,尤其具有生死攸关的意义。

再次,苏联的力量和影响,是巩固红军与友军的联盟,扩大抗日民族统一战线的重要因素。张学良从与我党建立联系起,就殷切期望打通与苏联的联系,取得苏联的支持。为此,他曾一再建议红军及早占领宁夏及甘西;还派出代表,专程赴新疆与盛世才联络。从一定意义上说,他与红军联合,目的就是为了进而同苏联联合,把苏联作为抗日反蒋的后盾。可见,打通苏联,可以起到振奋友军、坚定友军的作用,巩固红军与他们的联盟。同时,国民党朝野人士中,还有一批力主联俄联共抗日的力量。红军打通苏联,取得苏联的直接援助,对他们是个有力鼓舞,对亲日派是个沉重打击,必将促进全国抗日民族统一战线的早日形成。

打通苏联的问题,同苏联人民的切身利害,也息息相关。苏联面临德、意、日法西斯势力的严重威胁,不论在西方或东方,都承受着巨大的军事压力。中国人民的抗日战争,是世界反法西斯事业的重要组成部分,是牵制日军从东方进攻苏联的主要因素。我党关于首先造成西北抗日局面的战略方针,是中苏两国人民的根本利益所在。斯大林和共产国际一再表示同意中国红军从北方和西北方向接近苏联,并答应积极提供军事和经济物资援助,重要原因之一,就在这里。

这些,就是当时的历史实际,当时的革命大局,当时党的战略方针的基本出发点。

党的首先造成西北抗日局面的战略方针,建立在自力更生的基点上,同时重视争取国际力量的援助,是正确的。毛泽东同志早在瓦窑堡党的活动分子会议上就指出:"我们中华民族有同自己的敌人血战到底的气概,有在自力更生的基础上光复旧物的决心,有自立于世界民族之林的能力。"又说:"我们的抗日战争需要国际人民的援助,首先是苏联人民的援助,他们也一定会援助我们,因为我们和他们是休戚相关的。"(《毛泽东选集》第一四七页)中国人民抗日战争胜利的历史,也证明了这一点。

红军三大主力在西北的集中,造成了横跨黄河两岸发展,打通苏联,雄峙西北的战略态势。一心灭共的蒋介石,犹如芒刺在背,坐卧不宁。加之,他对东北军、西北军与我党的秘密联系,已有风闻,生怕"三位一体",抗日反蒋,因而更是心忧如焚,焦灼万状。处理两广事件刚刚脱手,他便急忙回戈西北,全力"剿共"。

蒋介石的"剿共"部署,分为两步:

第一步,组织"通渭会战"。令胡宗南第一军进至秦安、清水地区,王均第三军及关麟征等两个师向天水、甘谷集结,毛炳文第三十七军向陇西、武山、榆盘集结;东北军于学忠部从兰州抽两师进至定西,王以哲部控平凉、隆德、静宁,董英斌部抽两师至固原策应。目的是要在西兰通道地区,给红军主力以致命打击,防止红军西渡黄河,进据河西地带。

第二步,组织最后"围剿"。集中几十万大军,配属一百架新式战斗轰炸机,稳扎稳打,步步为营,将主力红军压迫在黄河以东、西兰通道以北地区,一举消灭。所剩"残匪",予以和平"收编",收编数目不超过五千人左右。同时,乘机观察张学良、杨虎城的动向,如不服从军令,则撤职查办,并将东北军、西北军调离西北,肢解消灭。

十月上旬末,张学良把蒋介石的"通渭会战"计划通报我党,提议红军及早进行宁夏战役,打通苏联。中央认为情势紧迫,专电征求各方面军领导人的意见。朱总司令和张国焘十日抵会宁,顾不上休息,就找我和陈昌浩去,讨论下一步的行动计划。根据当时的敌情、我力,我们向中央建议:首先争取以一、四方面军一部,从靖远地区西渡黄河,而后三个方面军的主力跟进,夺取宁夏;如渡河不成,则在西兰通道地区与胡、毛、王、关各敌进行部分决战,拖延时间,待黄河结冰后再行渡河,执行宁夏战役计划。

党中央和军委权衡轻重,决定提前执行宁夏战役计划。十月十一日,发布了《十月份作战纲领》,主要内容如下:

甲、根据目前敌我情况,为着集中一切力量克服困难条件完成基本作战任务起见,十月份作战纲领拟定如次。

乙、四方面军以一个军率造船技术队迅速进至靖远、中卫地段,选择利于攻击中卫与定远营之渡河点,以加速的努力造船,十一月十号前完成一切渡河准备;四方面军主力在通(渭)马(营)静(宁)会(宁)地区就粮休整,派多数支队组成扇形运动防御,直逼定西、陇西、武山、甘谷、秦安、庄浪、静宁各地敌军附近,与之保持接触,敌不进我不退,敌进节节抵抗,迟滞其前进时间,以期可能在十月份保持西兰大道于我手中。

丙、二方面军进至通渭马营以北界石铺以南地区,休息数日,转进至静宁、隆德线以北地区休整,派支队伸出静隆线以南,威胁胡敌侧翼,滞其西进,准备尔后以主力或一部接替一方面军在固原北部之防御任务。

丁、一方面军之西方野战军主力保持同心城间之枢纽地段豫旺城于手中,其第二师相机袭占庄浪,待二方面军到达静隆线后北上归还建制;第一师及陈支队暂在黄河海原间威胁与抑留于学忠部使不敢东进,尔后逐渐西移归还主力;二十八、二十九两军集中定盐地域,一部逼近灵武,准备居民条件,完成侦察任务,独四师确保环曲苏区,其余东方部队任务不变。

戊、攻宁部队准备以一方面军西方野战军全部及定盐一部、四方面军之三个军组成之,四方面军之其余二个军及二方面军全部,一方面军之独四师组成向南防御部队,可能与必要时,抽一部参加攻宁。

己、攻宁开始时机依造船情况决定,但至迟十一月十号前须完成一切攻宁准备。

庚、十一月十号前各部队注重休息、补充、扩大,尤特别注意训练,以便有力地执行新任务。

党中央为统一军事指挥,团结对敌,确定由毛泽东、彭德怀、王稼祥、朱德、张国焘、陈昌浩六人组成军委主席团(周恩来因准备与蒋介石谈判,暂不参加)。并规定三个方面军的行动,统由朱德、张国焘分别以总司令、总政委的名义,依照中央与军委的决定组织指挥。《十月份作战纲领》的各项任务,亦由"朱张两总及各方面军首长以个别命令行之"。中央这种顾全大局、不咎既往的做法,使大家很兴奋。张国焘舒展眉梢,显得轻松了许多。

《十月份作战纲领》给四方面军规定的任务,十分明确。一是南向西兰通道地区,形成扇形运动防御,拒阻南敌的进攻。二是迅速完成造船任务,以三个军渡河攻宁。据此,方面军总部确定了如下的部署:由三十军开至靖远的大芦子一带秘密造船,侦察渡河点,准备渡河事宜;以四军、五军、三十一军,沿会宁、界石铺、华家岭、马营、通渭、宁远镇、葛家岔、静宁等地,梯次配置,抗击胡宗南、毛炳文、王均、关麟征等敌的进攻;以九军置于会宁至靖远之间,作预备队。如三十军渡河成功,九军即迅速跟进;如渡河不成而南敌突击,则以四、五两军牵制敌之侧翼,而以三十一军、九军反击南敌,为三十军渡河争取时间。部署既定,由朱、张向军委报告。造船任务紧急,我们向三十军政委李先念作了专门布置。我记得那天他急着要赶回部队去,我们留他吃饭,他都没有吃。

我们有支百十来人的船工队,是造船的基干力量。先念当过木匠,指导造船有办法。他们在距离靖远约四十里地的大芦子附近,找了片柳树林,隐蔽赶造船只。为支持四方面军造船,中央特令一方面军火速搜集木板、石灰、桐油、铁钉、棉花等材料,送往三十军。先念他们计划,至十一月十号前,力争造船四五十只。

渡河点选在靖远以南。靖远是个县城,有邓宝珊部一团人驻守。为隐蔽战役企图,我们没有派部队攻打,只是严密封锁和监视。靖远以南地区黄河水面较开阔,水流相对稳些;沿岸多梨木、柳木林丛,遮天蔽日,正是我军隐蔽集结和进行偷渡的好地方。

我们指定,三十军八十八师二六三团为渡河前卫团。该团为全军能攻善守的著名团队之一,曾在川陕根据地反六路围攻中,荣获"钢军"称号。强渡嘉陵江战役时,担任渡江前卫团,出色完成了抢渡任务。八十八师师长熊厚发及二六三团团长熊友庆,接受西渡黄河的任务后,积极侦察敌情,勘察渡河点,组织部队投入紧张的强渡江河训练中去。

十月十六日,蒋介石下达"进剿"令。十八日,敌西北"绥靖"主任兼第三路总司令朱绍良,发布《剿匪计划纲要》,内称:"本路军以歼灭会宁、静宁、通渭附近朱徐等股匪之主力之目的,以第一军及三十七军由东西方向夹击,而以第三军由南向北进击,求匪于该地而歼灭之。"二十一日,敌总攻开始。次日,蒋介石飞抵西安坐镇,逼令东北军、西北军参战。敌人仰仗优势兵力和步步为营的战术,向我并进猛扑,攻势十分凌厉。

顶住南敌的进攻,是渡河执行宁夏战役计划的先决条件。我四军、五军、三十一军部队,于界石铺、马营、华家岭、宁远镇、葛家岔一线,坚守防御,顽强抗击。那带地势空旷,丘陵起伏,利于敌人飞机、炮火发扬威力,而不便我军隐蔽集结,机动制敌。激战两天,敌我双方均遭受较大伤亡。我五军副军长罗南辉,不幸在华家岭壮烈牺牲。我们硬顶下去,代价太大,不是办法,遂令部队边打边撤,逐步向后收缩,拟在会宁一带诱歼敌人。

这时,中央令朱德、张国焘赴打拉池,会见一方面军司令员彭德怀,商讨宁夏战役部署。同时指出:三十军渡河以备足十只船为宜,原定二十日渡河,是否推迟数日,依具体情况而定。二十日,朱、张率红军总部及红军大学一部人员,离会宁去打拉池。行前交代,前线作战事宜,由我和陈昌浩负责,按《十月份作战纲领》的要求,机断处置。二十二日,我们率方面军总部离开会宁,抵甘沟驿指挥作战。我们计划以九军一部及三十一军、四军、五军全部,在会宁附近迎头痛击前进之敌。但是,扼守会宁的五军,注意防空不够,遭敌机猛烈轰炸,伤亡八百余人,损失兵力达四分之一;在敌三十七军的猛烈攻击下,二十三日被迫放弃会宁。如敌继续沿靖、会大道突进,我渡河计划将遭破坏。幸亏敌人摸不清虚实,未敢贸然突击。我们火速从左右两翼抽调四个团的兵力,会同五军扼守会宁城北的二十里铺、三十里铺阵地,填补了缺口,继续阻敌。

战局的发展,使我军渡河问题,刻不容缓。这时,三十军已造船十六只,还从就近搜集了部分船只,争取渡河,有了可能。根据南敌大力压迫的情况,中央电令四方面军应以两个军渡河,控制河西沿岸;以三个军拒阻南敌。朱德、张国焘在打拉池会见彭德怀后,亦完全同意彭德怀提出的宁夏战役计划要旨,电令二十军首先渡河,九军跟进;如渡河不成,南敌突进,则以九军配合南线部队击敌。二十三日,我们令三十军渡河。同时,向军委及红军总部建议,为打开河西战局,四方面军至少应以三个军以上的主力渡河,南拒兰州北进之敌,北进一条山及五佛寺,西控永登、红城子一带,以便有力策应一方面军的渡河行动。拒阻南敌的任务,请从兄弟部队中抽一部力量,协助四方面军完成。当晚,我渡河前卫团进行偷渡,因河道未侦察清楚,船行至河中心,遇浅滩受阻,未能成功。次日,由三十军军长程世才、八十八师师长熊厚发带人另寻渡河点,准备从河包口(虎豹口)继续偷渡。

二十四日夜半,我二六三团的勇士们,驶木船,战恶浪,一举突破黄河天险,在河包口渡河成功。次日晚,三十军全部渡河,势如破竹,摧毁马家军防线,控制了纵横上百里的沿江地带。消息传来,令人欣慰,令人振奋,令人鼓舞！根据三十军已渡河成功的局势，朱德、张国焘、彭德怀于打拉池部署了下一步的作战行动。指出："控制西兰大路十月份在我手中之任务已大体完成，三十军渡河成功，开辟了执行新任务的第一步胜利。"要求四方面军迅速以主力渡河，抢占一条山、五佛寺、永登、红城堡、古浪一带地区，重点在控制五佛寺渡河点在我手中，和对由兰州北进敌为有力之拒止。留出一部机动部队，于一条山、五佛寺之线，以便将来适时协助一方面军在中卫、灵武段渡河。河右岸郭城驿前线部队，尽量迟滞和吸引会宁方向之敌。该掩护部队将来如必须渡河时，其一部可于掩护任务完成后，在靖远下游到五佛寺段渡河。并向军委建议：一方面军将来主要在金积、灵武、中宁、中卫段渡河，必要时亦可从五佛寺渡河；现应速集结同心城地区，准备渡河技术，十一月十日前，完成一切准备工作。

据此，我们令九军向河边开进，接三十军后渡河。从会宁前线抽五军下来，以一部监视靖远守敌，一部休整待命。拒阻南敌的任务，由四军、三十一军负责。方面军总部随三十军、九军渡河，指挥作战。

同日，中央军委根据三十军渡河成功的情况，作出了先击破南敌、后全力北向的部署。要求：第一，四方面军应即以九军以外的一个军，随三十军渡河，两军迅速占领黄河弯曲处西岸大卢塘、眼井堡、大营盘、大塘驿地区之枢纽地带及向中卫方向延伸，侦察定远营与中卫情形，准备第二步以一个军袭取战略要地定远营。第二，四方面军除渡河之两个军外，尚余以九军为中心的三个军，与二方面军一部共同阻击南敌。若干天内，逐渐集结于打拉池地区，对敌则坚壁清野，诱其深入；对我则构筑阵地，鼓舞士气，待敌前进时消灭其三四个团，以阻止南敌的进攻。第三，一方面军之主力，于四方面军两个军控制河西地带后开始行动，以突然手段占领金积、灵武地带。徐、陈拨造船技术队二分之一或更多些附属之，迅速造船渡河。第四，在南敌因受严重打击而停止攻势后，第九军从中宁渡河。此时整个战局进入以北面为重点的第二步，而以四方面军之两个军与二方面军全部防御南敌。

这样，九军虽已开抵河边，但不得不待命行动。部署变来变去，我们很着急，只好令机关人员先过一部分。二十六日一时半，中央军委又电令九军过河："三十军、九军过河后，可以三十军占领永登，九军必须强占红水以北之枢纽地带，并准备袭取战略要地定远营，此是极重要一着。"当时，敌机白天轮番前来轰炸扫射，封锁河面，给我军造成很大困难。部队渡河，主要在黄昏后至日出前。滔滔黄河，奔腾咆哮，小船驶渡，颠簸飘摇，往返一次，至少需要一个多小时。至二十八日拂晓，我三十军、九军及方面军指挥部，渡河完毕。为加强河西力量，打开战局，二十九日，中央军委同意三十一军渡河，军长肖克、政治委员周纯全率部队向河边急进。但因彭德怀建议留该军在河东作战，三十日军委又改变命令，着已经开到河边的三十一军折向麻春堡开进。当天，南线敌关麟征师向靖远突进，负责监视靖远守敌及看守渡口的五军，无法向打拉池靠拢，遂奉朱德、张国焘的命令，全部撤至河西的三角城地区，看守船只，休整待命。

至此，河东河西两岸的红军，被敌割断。东岸红军向打拉池、海原地区集中，诱敌深入，待机歼敌。西岸红军（三十军、九军、五军及四方面军总部）北进一条山地带，开始了孤军奋战的艰难征程。

组 成 西 路 军

渡河后的我军，共二万一千八百人。首要目标是横扫沿岸守敌马步青部，控制一条山、五佛寺等战役枢纽地段，打开北进宁夏的门户。下一步，向宁南进击，乘胜取中卫和定远营，并策应一方面军西渡。

部队在"打通国际路线"、"配合一方面军夺取宁夏"的口号鼓舞下，不顾疲劳，英勇进击。十月二十七日，我前卫军三十军于吴家川、尾泉等地，先后击破敌骑五师马禄第一旅和祁明山第三旅的阻击，继而占领一条山大部村寨，将韩起禄第二旅一团人，包围在一条山西北的堡寨里。月底，九军亦进占一条山南的锁罕堡、打拉牌一线，将马禄旅六百余人围在锁罕堡以北的堡寨里。五军驻三角城，掩护后方，看守船只。方面军总指挥部进驻赵家水。接着，三十军又一举攻克重要渡口五佛寺，消灭马鸿逵部一团人。河西部队初战的胜利，为宁夏战役创造了有利条件。我们派人积极侦察中卫的情况及去定远营的路线，准备实现下一步的战役企图。

但这时河东的敌人，正齐头并进，全力向北压迫。河东红军企图在海原、打拉池一线，诱敌深入，击敌一路，歼敌一两个师的计划，尚未实现。十月三十日,中央军委电示:"九军、三十军暂控眼井堡大路、三塘驿、五佛寺,休息待机。"十一月一日,朱德、张国焘在关桥堡会见林育英后,来电说苏联的援助物资已经准备就绪,何时到达指定地点,尚待通知。并指出河西部队出宁夏,须有三个条件:(1)能单独解决马鸿逵、马步青部;(2)河东海原战役的胜利;(3)弄清宁夏的地形、天候、自然条件。"我们估计五、九、三十三个军必能单独解决二马,海原战役也有把握取得胜利。现在你们应加紧筹粮、制冬衣、问明情况等准备工作,在胜利开展中去完成新任务。"

宁夏战役计划,不能如期进行,使我们深为焦虑。第一,部队渡河时,每人只带了三四天的干粮。此地人户稀少,粮缺水咸,没有补充来源,决非大军久驻之地。第二,地形开阔,堡寨稀疏,不便我军集结隐蔽,却利于敌骑兵的运动和突击。我军三面临敌,背靠黄河,如固守待机,势必处于被动挨打、有耗无补、进退无路的地位。第三,如我们单独北进取定远营,通过腾格里大沙漠至少需四天以上的行程,部队缺粮、缺水,缺骆驼,很难完成任务。而且,苏联的军用物资何时到达那带,还是未知数。我孤军深入该地,取不到援助物资,就有被宁马封锁和消灭的危险。第四,据侦察,河东敌人有向宁夏增兵企图。如敌人北控宁夏门户石嘴子、南扼永宁、中卫,不仅会使我眼前的战机丧失,也将使今后河东红军渡河行动受到严重阻碍。因此,我和陈昌浩向军委建议,及早进行宁夏战役,勿失良机;否则,亦请明确指示河西部队的行动方针。现地待机,总不是办法。

十一月三日,中央军委电令河西部队西进占领永登、古浪一线。一条山、五佛寺地区,可留少部兵力扼守,便于机动。① 五日,朱、张电示河西部队,目前最主要的任务是消灭马步芳部,独立开展一个新局面,首先占领大靖、古浪、永登,必要时应迅速占领凉州地区。但这时,马步青、马步芳部,已向我军发起了疯狂反扑。

统治甘、青两省的回族军阀马步青、马步芳,共有正规军三万余人,民团武装十多万人。马步青任骑五师师长,辖三个骑兵旅、一个步兵旅及炮兵、

---

① 十一月三日,共产国际书记处及王明、陈云电告中共中央书记处:"……现已决定不采用从外蒙帮助的方法。同时,我们正在研究经过新疆帮助的方法。如果我们将约一千吨货物运到哈(密),你们曾否可能占领甘肃西部来接收? 并请告如何接收办法及你们采用何种具体运输。"

工兵、手枪各一团,统治地盘仅限于大靖、永登、古浪、民勤、永昌一带。其弟马步芳任新编第二军军长兼一百师师长,辖四个骑兵旅、三个步兵旅及手枪、炮兵、宪兵各一团,统治着青海全省和甘肃河西走廊的甘、肃二州及以西地区,势力比马步青大得多。红军渡河前,蒋介石即令马步青所部开向兰州至靖远间黄河西岸,进行防堵。红军渡河后,蒋介石又任命马步芳为西北"剿匪"第二防区司令,统一指挥新二军及骑五师。马家军阀代表着回族上层封建统治者的利益,以狭隘的民族观念和宗教迷信欺骗群众,巩固统治地位。马步芳号称"野马",性情残暴,反共坚决,有当"西北王"的野心,比马步青更反动些。

　　坐地称王的封建军阀,历来视地盘为生命。马步芳一怕渡河红军西进,扼控河西走廊,进攻青海,端掉他的老巢;二怕蒋介石以"剿共"为名,派嫡系部队深入河西,吞并他的地盘。所以当红军渡河后,他即火速派出其前敌总指挥马元海,率两个骑兵旅向一条山地带驰援,进攻红军。

　　十一月二日,马步芳部由寺儿滩向我一条山阵地猛犯。李先念、程世才指挥红三十军英勇抗击,将敌击退。三日,敌又纠集三个骑兵旅和两个步兵旅,向三十军阵地发起连续进攻。四日,我打拉牌一线的九军,亦与敌一个骑兵旅及特务团、民团共五千余人,展开激战。敌人的进攻,多先以强大炮火轰击我阵地,而后开始集团猛冲,步骑交加,刀枪并举,乱喊乱叫。虽受猛烈杀伤,亦能组织第二次、第三次、第四次冲锋,不肯轻易败阵。子弹每人携带三五排,打完后回去补充,以免被我缴获。遇我出兵反击时,则迅速退却,诱我追击,利用空旷地带,发挥骑兵特长,实行快速反击包抄。我军初次对付马家步骑兵的集团进攻,边打边摸索经验,从容应战。激战四天,毙敌骑五师参谋长马廷祥以下千余人,顿挫敌人的凶焰,与敌暂成对峙状态。我们的最大困难是少粮缺水,一条山那带产盐,水是咸的,越喝越渴。部队激战终日,找不到水喝,嘴唇干裂,喉咙生烟,实在难熬。

　　被围于锁罕堡附近的马禄旅六百余人,系马步青部。我们当时想利用党的统一战线政策,争取马步青,孤立最反动的马步芳。经一再争取,被围的敌人表示愿意接受我党的抗日主张,交出部分粮食,撤往凉州。我军遂网开一面,令其全部撤走。这件事多少也起了点作用。据说,不想受制于马步芳的马步青,为此曾亲临寺儿滩,想和红军秘密谈判,但因派出的代表被马步芳部击毙,未果。

根据中央军委和红军总部的指示精神,六日,我们制定了《平(番)大(靖)古(浪)凉(州)战役计划》。这一计划,以集中主力西进,首先消灭平番、大靖间的马步芳野外部队,进占大靖、平番、古浪、凉州地区作立脚点,伺机策应河东部队渡河作战为目的。具体部署是:以三十军为第一纵队,由一条山出动,经永泰或寺儿滩,攻取大靖;以九军为第二纵队,由镇房堡出动,经松山、干柴洼、红凉山,攻取古浪;以五军为第三纵队,由三角城出动,经吴家川、赵家水、永泰、红水前进,待三十军进据大靖、九军进据古浪后,再经古浪进取凉州。部队出动的时间,预定在十二三号。上述情况和行动计划,我们向军委和红军总部作了报告。

八日,中央军委决定放弃宁夏战役计划,提出了《作战新计划》。主要内容如下:

第一,三个方面军主力十一月份在关桥堡至金积、灵武之间作战,求得在一二个战役下消灭敌之一部,争取休息与准备,以示我欲渡河,吸引胡师北进,并使关师进到石嘴子,王以哲进到豫旺。河东红军组成南路军、北路军,十二月上旬以后出动。

第二,一、二两方面军组成南路军。第一步占领镇原、西峰、合水、正宁、宁县地域;第二步占领同官、耀州、淳化、中部、宜君、洛川、富县地域;第三步占领韩城、宜川、延长地域。四方面军之两个军组成北路军,在灵武、盐池地区待机,待绥东抗战起后,开始出动。第一步安边地区,以设法夺取安边城;第二步横山、榆林地区,以佯攻姿态吸引二高(高桂滋、高双城)及二十一师向北增援,以便恢复瓦市、延川一带,并吸引神府残敌向西;第三步神府地区,与南路军同时到达黄河沿岸。于适当时机开始在两延(延长、延川)、在清绥(清涧、绥德)、在神府(神木、府谷)分三区造船,准备渡河入晋。

第三,如此时我与蒋、阎之妥协成功,则依协议行动。如此时妥协不成,则实行东征。入晋后如能依照妥协条件参加抗日,则实行抗日。如不能抗日,则第一步占领同蒲铁路作战,扩大红军;第二步如无妥协希望,东进有甚大困难,则出至冀豫晋之交;并应计划第三步,出至直鲁豫之交渡黄河;第四步到皖鲁;第五步到鄂豫皖;第六步到鄂豫陕,尔后再转西北。以一年至两年完成之。目的在于扩大政治影响,扩大红军,争取统一战线在全国胜利,争取与南京订立协定,争取抗日。

第四,徐、陈所部组成西路军,以在河西创立根据地,直接打通远方为任务,准备以一年完成之。

显然,这是一个带根本性的战略变动。不仅放弃了宁夏战役计划,而且改变了首先造成西北抗日局面的整个方针、部署。据此,河东主力红军开始进行脱离陕甘宁根据地的准备。对于如此重大的变动,我们事前事后均一无所知,直到近几年才弄清楚。

根据上述新的战略行动计划,八日,中央电令河西部队称西路军。为统一领导,批准成立西路军军政委员会,委员包括:陈昌浩、徐向前、曾传六、李特、李卓然(以上五人为常委)、熊国炳、杨克明、王树声、李先念、陈海松、郑义斋。由陈昌浩任军政委员会主席,徐向前任副主席。

西路军的建制和装备情况如下:

总指挥:徐向前

政治委员:陈昌浩

副总指挥:王树声

参谋长:李特

政治部主任:李卓然

供给部部长:郑义斋

卫生部长:苏井观

总部一局局长:郭天民

三局局长:宋侃夫

四局局长:杜义德

五局局长:欧阳毅

政治保卫局局长:曾传六

五军:军长董振堂,政治委员黄超,参谋长李屏仁,政治部主任杨克明。辖十三师(师长李连祥,政治委员谢良)、十五师(师长郭锡山,政治委员朱金畅)。共四个团,三千余人,枪一千余支,平均每枪子弹五发。

九军:军长孙玉清,政治委员陈海松,参谋长陈伯稚,政治部主任曾日三。辖二十五师(师长王海清,政治委员杨朝礼)、二十七师(师长陈家柱,政治委员易汉文)。共六个团,六千五百人,枪二千五百支,每枪平均子弹十五发。

三十军：军长程世才，政治委员李先念，参谋长黄鹄显，政治部主任李天焕。辖八十八师（师长熊厚发，政治委员郑维山）、八十九师（师长邵烈坤，政治委员张文德）。共六个团，七千人，枪三千二百支，每枪平均子弹二十五发。

骑兵师：师长董彦俊，政治委员秦贤道。共二百人马，枪二百支，平均每枪子弹二十五发。

妇女独立团：团长王泉媛，政治委员吴富莲，政治处主任华全双。

回民支队：司令员马良骏。

全军共二万一千八百人。机关、医院、伤病员及勤杂人员，约占百分之四十左右。

第 一 次 西 进

为实现《平（番）大（靖）古（浪）凉（州）战役计划》，西路军于十一月九日按指定位置集结完毕，当夜向西开拔。我和陈昌浩随三十军行动，王树声随九军行动。

我军急进在空旷的西北原野里，飞沙扑面，呵气成冰，衣不胜寒。沿途不时同追堵的马家军发生激战，双方均有伤亡。我右翼三十军十一日进至大靖附近，守敌骑五师祁明山旅固守不出。我八十八师绕道西进，包围土门，迫使守敌骑五师工兵营缴械投降。在此同时，我左翼九军亦进至干柴洼地区。十一日晨七时许，敌骑五师两个旅、一百师一个旅在反动民团配合下，分由东、西、南三面向干柴洼猛扑。激战至晚，九军将敌击溃，主力进至横梁山地区，继续打击追堵之敌。

在大靖附近，我们收到中央军委十一日的来电。内称："由于河东还未能战胜胡毛王各军，妨碍宁夏计划之执行，我们正考虑新计划，但河东主力将与西路军暂时的隔离着。"并征求我们的意见：西路军单独西进接通新疆有无把握？如返河东有何困难？

陈昌浩拿不定主意，召开军政委员会讨论。我在发言中列举了西进新疆的好处:(1)解决了西路军的战略靠背问题;(2)能拿到苏联援助的武器;(3)回过头来再打马家军,易如反掌;(4)对河东红军和友军,能起到有力的鼓舞和策应作用……我列举了五六条理由,说明西进的必要性。大家赞成我的意见,一致认为,黄河东岸已被敌人封锁,东返与西进比较,困难更大。于是下决心西进,向中央表了态。我们计划第一步进占凉州、永昌,略作休整补充。第二步进占甘州、肃州,争取年前接通新疆。中央复示:同意向凉州前进,新疆接济正准备中。中央书记处十三日亦致电共产国际:已令西路军依照国际新的指示向接近新疆之方向前进,首先占领凉州地区,然后向肃州前进,并望国际准备接济物资。①

"兵贵神速"。我们同意西进,是要趁天候还不太冷,河西走廊敌人兵力空虚,一鼓作气插过去。而不是慢慢腾腾,走走停停,像后来那样,在河西走廊涮来涮去,孤军鏖战。如果预见到是那种情况,谁不主张东返啊!顺便说一下,在延安时,高岗和我谈过西路军问题。他问我:你对西路军失败有什么看法? 我说:西路军过了黄河,如果不在一条山蹲那么久,不在永昌、山丹搞根据地,照直往西走,扣住嘉峪关,把玉门、安西、敦煌一守,接通了新疆,形势会大不一样的。一是有饭吃,不挨饿;二是有衣穿,不挨冻;三是有枪炮、弹药补充,有广阔回旋余地。说实在话,西路军只要有个炮兵团,马家军再增加一倍,都不够我们打的。西路军先打到西边,取得补充,立住脚跟,再往回打,是不至于失败的,至少也不会败得那样惨。

明确了西路军的主要任务是打通新疆,我们便及时调整部署,令部队迅速西插。十三日,九军以一个团袭占古浪,守敌逃窜,主力进至城内,吸引了马家军向古浪地区集中。三十军乘虚向西疾进,先围凉州,进占城西四十里铺,并致书被困凉州的马步青,告诉他红军只是路过这里,并无攻取凉州之意,切勿派兵拦堵云云。马步青还算听话,龟缩凉州,持静观态度。三十军

---

① 一九三六年十一月十三日,中共中央书记处致电王明、康生转交共产国际:"甲、蒋介石部队已将红军主力与红军已渡河者从中隔断,渡河者现组成西路军,受徐向前、陈昌浩指挥,人数二万二千,令其依照国际新的指示向接近新疆之方向前进。首先占领凉州地区,然后向肃州前进。请你们确实无误的准备从□□接济物品,并以准备情形迅即电告我们。乙、在河东之主力红军不得不改变行动方向,现拟第一步从庆阳原分水南下,占领平凉、泾川、长武、邠州、正宁、宁县等战略机动地区,尔后出山西,或出豫鄂,依情况再定。"

继以一部西进,十八日克永昌,二十一日克山丹。随后,我们令五军跟进,去山丹接替三十军防务。三十军集中在永昌至凉州西北四十里铺一线,休整待命。

出人意料的是,九军在古浪遭敌包围,仗没打好,吃了大亏。一仗下来,兵力损失达三分之一,给整个战局带来了不利影响。

古浪为河西走廊要冲,地势险要,古称虎狼关。南北两面临山,东沿红凉山西进古浪,只有一条"马不并骑,车不同轨"的狭路通行,城西是一马平川,直通凉州。王树声他们,十五日进驻该城后,即以二十五师扼守城西南方向,二十七师扼守城东北方向,并重点布防于南北两面的山头,控制制高点。十六日拂晓,马元海指挥三个骑兵旅、两个步兵旅及四个民团,蜂拥而至,在飞机大炮掩护下,向九军阵地发起猛攻。九军急促应战,被优势敌人夺去城外制高点,压进城内防守。该城地势低洼,城墙因地震被毁,残破不堪,极不利防守。十七日,敌猛攻城垣,一度从东西两面突入城内。九军与敌展开巷战,几经反复肉搏,将敌击退并乘胜出击,但遭敌骑兵野外逆袭,受很大损失。十八日,敌倾全力攻城,九军苦战至晚,难以支撑,遂撤出战斗,在我们派出的援兵接应下,进至四十里铺。

古浪战斗共毙伤敌两千余人,但九军亦损失达两千人,排以上干部伤亡尤重。九军军长孙玉清负伤,参谋长陈伯稚及二十五师师长王海清、二十七师政治委员易汉文等不少干部,均壮烈牺牲。有个师的干部叫姜启华,原一方面军的干部,打得很英勇,也在巷战中牺牲了。这一仗叫人十分痛心,我主力部队九军元气大伤,再也没有恢复过来。西路军后来作战,主要靠三十军。五军人数少,名义上是个军,实际上不足一个师的兵力。再剩下的就是机关人员、医护人员、妇女独立团等,战斗力毕竟是有限的。

总指挥部驻在凉州城南的一个寨子里。我们令三十军阻击东来之敌,九军休整补充,总结失利的经验教训。古浪战斗失利的主要原因是麻痹轻敌,死打硬拼,指挥不当,没有及早组织突围。为此,总部将九军军长孙玉清撤职,派原三十一军参谋长李聚奎(他是负伤住院期间跟医院渡河的)前往九军,进行整顿。陈昌浩和他谈的话,勉励他大胆工作,不要因为是一方面军来的,怕这怕那。李聚奎同志去后,工作积极负责,对九军的建设,作出了贡献。

这时,中央军委来电,要我们停止西进,在永昌、凉州一带建立根据地。陈昌浩蛮有把握,劲头十足,要建立永凉根据地。我呢? 不以为然,对中央要我们停止西进的意图,百思不得其解。我对陈昌浩说:现在可得好好估计估计形势哩! 九军被搞了这一家伙,马家军整天进攻我们,毛炳文部又要西进,形势和过去大不相同,弄得不好,我们还得吃亏。陈昌浩却漫不经心地说:现在是形势大好,马家军被我们基本击溃,有什么可顾虑的?! 我听了这话,真是火冒三丈。我说:什么叫"基本击溃"? 基本击溃敌人有个标志,就是我们转入进攻,敌人转入防御。现在恰恰相反,敌人在进攻,我们在防御;敌人是优势,我们是劣势;敌人有后方,有补给,我们没有。你这个结论,根本站不住脚。

和陈昌浩共事几年,我从来没有与他面红耳赤地争吵过。这次破了例,吵得很凶。他强调形势大好,能在这里建立根据地。我强调形势困难,在这里被动挨打,无法周旋,要吃大亏。我俩住在间民房里,围着炭火盆,边烤火,边争论,谁也说不服谁。天气很冷,门窗都是破的,寒风飕飕地往屋里灌。我的脚尖烤得暖和,脚后跟却冻得生疼。大西北的冬天,就是这般滋味。

争来争去,陈昌浩固执己见,拿"尚方宝剑"压人。他是军政委员会主席,政治委员,有最后决定权,我拿他没办法。就说:你说能建立根据地就建立吧,给部队作动员,我可以照你的口径去讲,但保留自己的意见。陈昌浩认为我是"右倾机会主义"观点,事后曾找军政委员会的成员做工作,准备召开会议,向我"开展斗争"。因曾传六他们反对,只好作罢。

十一月十九日,中央电示:"你们任务应在永昌、甘州、凉州、民勤地区创立巩固根据地,以一部向古浪、土门方向活动,在有利条件下消灭由古浪来敌,大部向凉州、永昌前进之敌,同时以一部夺取甘州、肃州至安西一带地区,并可以一部在民勤活动,迷惑敌人,使敌疑我西路军主力由民勤经定远营配合陕甘企图。"二十一日,总指挥部移驻永昌县城。二十二日,我们发表告指战员书。号召全军指战员,战胜一切困难,建立永凉根据地,为执行党中央和军委给予的光荣任务而英勇斗争。

山丹、永昌、凉州一线,地处河西走廊的蜂腰部。北临大沙漠,南靠祁连山,中间是条狭长的"弄堂"。人烟稀少,村庄零落,大路两旁,尽是荒凉的戈壁滩,极利于敌人的骑兵运动。当地没有党的工作基础,居民回汉杂处,对党和红军的主张多不了解。加之,马家军和民团,多系本乡本土的人员组成,红军是"异乡客",短时间内很难打破民族隔阂与宗教观念,同当地群众融成一片。这带又是马步青的中心地盘,临近西宁,是"二马"必然拼死与我争夺的战略要地。不论从地形、给养、民情、敌情条件来说,都不容我们持久立足,与敌周旋。

我们蹲在那里不进不退,正给敌人以进击之机。马步芳集中兵力向永凉地区进击,胡宗南的补充旅亦向凉州地区开进,予以支持。从二十二日起,马敌不断向我发起大规模的进攻,我军在东起凉州四十里铺、西至山丹约三百余里的地段上,艰苦鏖战。

看了前述中央十一月八日的"新计划"就不难明白,当时令西路军在永凉地区建立根据地的主要企图,是为了造成河东红军将与西路军在河西会合的假象,调动蒋介石的兵力扼控黄河,以便河东主力红军东出或南出,进行大规模的战略转移。我们不知道"新计划"的内容,所以对中央要西路军蹲在永凉地区,不进不退,很不理解。陈昌浩不顾实际情况,一味强调能在这里建立根据地,使我憋了一肚子气。李先念他们也很有意见。有天,先念来总指挥部,对陈昌浩说:在这里东不东,西不西,等着挨打,怎么行? 要东去,我打先锋。要西去,我也打先锋! 陈昌浩说:你懂什么? 多嘴! 在这种情况下,二十四日,我起草了一份电文,向中央反映情况,请求重新考虑西路军的行动方针。电文如下:

　　甲、马敌现伤亡已约五千以上,但能抽大批民团壮丁迅速补充,人马子弹均有。凉州即能抽壮丁三万。因此仍能继续与我拼战。

　　乙、马敌战术以骑兵四出活动,以成团密集队形猛攻堡寨,前仆后继。黄昏后畏我夜战出击,即退守堡寨。反复攻某点不得手时,即又集兵猛攻另一点。敌大部以乘马(为主),进退均速。我方胜利难缴获,败即无生还。

　　丙、这带地形开阔,区域狭小,无树木房屋,尽有堡垒,不便迂回抄击。

　　丁、每守一堡寨须一营以上兵力,枪弹少,难阻敌攻,激战终日,部队即可耗尽子弹、炸药。矛刀、刺刀极少，又难补充，弹尽致陷，损失更多。我今天查九军现有千百支步枪，每枪弹两排不足，现全人数四千六百；五军人四千不足，枪弹更少；三十军人数近六千，步枪二千余，每枪弹有二、三排。人弹有耗无补，无日不战，敌骑到处骚扰、扩红、弄粮、筹资、交通均受限制。我们拟壮大骑兵，但马不易筹。我们现只有五百人马之骑兵。

戊、九军任掩护阻敌，此次激战古浪，敌几面破城而入，人人血战，终将敌击退。三十军连（续作战）。五军更弱。始终不能以优势兵力击敌。现九军在永昌，因受大损失待休整。三十军主力在四十里铺，子弹、炸弹耗尽，都用大刀拼杀。指直在永昌，大部任城墙守备。敌马彪部三个团两天来仍在城郊活动。

己、骑师、二六九团、三十九团已到甘东二十里铺。守城敌一旅约两团、民团二三千，敌有备，不便硬攻。五军主力明日集山丹。到肃州敌一营。

庚、我们现无能集优势兵力，弹药太少，难在甘东地区灭敌。如何速示。

二十五日中央复电，仍要我们就地坚持，打开局面。"毛炳文东撤利于你们发展，在你们打破马敌之后，主力应准备东进一步，策应河东。""远方按济，三个月内不要依靠。目前全靠自己团结奋斗，打开局面。"这样，我们就只好根据中央指示，蹲在永凉地区，同马家军一决雌雄。

从十一月二十二日至十二月上旬，西路军连续进行了一系列战斗。

一是凉州西北四十里铺之战。二十二日，敌五个团向四十里铺三十军阵地猛攻。三十军八十八师及八十九师一个团，坚守堡寨，奋勇抗击。血战三天，最后出击，在野外与敌展开大规模白刃战，终于将敌击溃。战斗中我军共杀伤敌二千四百余人，其中，被大刀砍死者即达七百人以上。我伤亡五百余人，二六三团一个连全部拼光。

二是永昌东南八坝之战。三十军在四十里铺战斗后撤至八坝，又遭敌两个旅的进攻。敌先用山炮、迫击炮猛轰我阵地，将围寨、房舍摧毁，而后以骑兵发起猛烈冲锋。激战两天，我阵地被敌杀进两层，弹药消耗殆尽，全凭大刀拼杀。最后利用夜间出击,将敌杀退,敌遗尸八百余具。

三是永昌以西水磨关之战。十二月初,敌向水磨关迂回,企图切断永昌、山丹之间的联系,实行分割包围,各个击破。我三十军八十八师在该地与敌激战一昼夜。后八十九师前往驰援,将敌击退,共毙伤敌六百余人。

四是永昌之战。水磨关战斗后,敌接着调集约五个旅、四个民团的兵力,蜂拥而至永昌城外,进行围攻。我三十军一部及总部直属队据城抗击,多次打退敌人的猛攻,杀伤敌两千余人,击落敌机一架。

五是山丹之战。与永昌战斗的同时,敌以步、骑兵各一个旅和反动民团两个团,向山丹进攻。当敌刚刚逼近城郊,红五军即乘夜出击,给进入南关的马扑旅旅部及所属一个团以严重打击。次日,多次打退敌人的进攻,以主力向东北方向的民团出击,将敌击溃。但因追击过远,途中遭敌骑兵逆袭,苦战一场,损失数百人。此后,五军总结教训,固守山丹,终使马敌夺取该城的企图,未能得逞。

西路军无日不战,仅半个来月时间里,即毙伤敌六千余人,给马家军以沉重打击。全军指战员处在孤军外线作战地位,为完成中央军委赋予的战斗任务,冒白刃,餐风雪,慷慨悲歌,视死如归,表现了中国工农红军的伟大英雄气概和高度组织纪律性。经过这段时间的消耗,西路军虽由过河时的两万一千余人减至一万五千人,战斗力大不如前,无法扭转被动局面,但却沉重打击了马家军,吸引了黄河两岸十多万敌军西向。这对河东红军的战略行动,无疑是个极为有力的配合。

第 二 次 西 进

十二月十二日,西安事变发生。整个局势,处在瞬息万变的激烈动荡中。

西安事变,不仅使国民党统治集团乱如麻团,同时,也完全出乎我们党的预料。原来,我党与友军联合造成西北抗日局面的计划,因蒋介石亲临西安大力"剿共",已濒临"流产"危局。加之,当时陕甘宁边的数万红军,在敌人重兵封锁下,缺衣少粮,难以过冬,不得不准备进行新的战略转移。部队开动前,我党向张学良作了通报。张学良力主红军留在现地,"熬过一、二个月",等待西北局势的变化。因此,中央才推迟了"新计划"的执行,令李富春、李维汉等紧急筹集一个月的军粮,并着西路军停止西进,在永凉地区创立根据地,作为一支战略机动力量,待机策应河东。十一月中下旬,胡宗南部孤军深入萌城、山城堡、甜水铺一带,寻歼主力红军。一、二、四方面军部队,在中央军委统一指挥下,积极配合作战,取得歼敌一个整旅零两个团的胜利,粉碎了敌人的进攻计划。河东红军遂集结在陕甘宁根据地的西部,待命行动。蒋介石判断,陕甘红军"企图在黄河将近结冰时,突窜甘、新、蒙地区与徐部会合",赶忙调整部署,将兵力向黄河沿岸集结,以便将准备"西窜"的红军,在曲子镇、七营、海原之线,分段截击而歼灭之。同时,又令集中于陇海路郑州至灵宝段、平汉路汉口至郑州段的三十个师,向潼关进发,准备进入陕、甘,全力"灭共",并迫使东北军和西北军就范。

张学良、杨虎城忍无可忍,实行"兵谏",爆发了举世震惊的西安事变。事前,我党毫无所知。事变发生后,全局改观,中央遂决定放弃主力红军东出或南出的战略转移计划,派周恩来、博古、叶剑英等同志去西安会同张学良处理善后事宜,争取实现我党"停止内战,一致抗日"的方针。不久,又令一、二、四方面军主力南下关中地区,策应友军对付何应钦的"讨伐"军。西路军的战略作用,当然就转入配合西安事变和平解决的轨道上来。

西安事变来得那么突然,我们既震惊,又兴奋。总指挥部里,一片欢腾。永昌城内,锣鼓喧天,像节日般的热闹。蒋介石是屠杀人民的刽子手,红军的死敌。一夜之间,忽然被张学良扣了起来,怎不叫人拍手称快呢?马家军被西安事变闹得张皇失措,暂时停止了对我军的进攻。陈昌浩紧急召开军政委员会会议,研究形势。大家一致向党中央提出了下列建议:

(一)党必须用全力来推动这一事件的发展,使之成为组织国防政府和抗日联军,实现全民武装抗日的动力。应迫使蒋介石下令停止内战。否则速予公审枪决,勿留后患。

(二)分化与调动蒋介石嫡系部队,使其不能与我迅速作战。

(三)迅速团结川、滇、桂、晋的力量,使西北和西南打成一片,并进行其他各地力量的争取。

(四)增援绥远、宁夏,以迟滞日寇行动。

（五）先速稳定西北抗日根据地，肃清甘、青、宁后方敌对势力，与新疆、蒙古打通，取得国际的物资援助。争取将马鸿逵、马鸿宾调开，由河东红军以一部主力速占宁夏，与甘北打通，并与新疆取得联络。

（六）成立中国临时中央抗日委员会，速召开全国抗日救国大会，成立国防政府，成立临时抗日联军革命军事委员会及总司令部，统一抗日武装力量的指挥。

（七）发动群众，广泛组织各种群众的抗日组织，并趁机扩红与巩固苏维埃及党的活动。

（八）促进张学良、杨虎城为民族利益坚决斗争到底。

上述建议，反映了我们当时的认识水平，难免有不成熟和失当之处。但从中不难看出，大家殷切期望利用西安事变的有利形势，尽快造成西北和全国的抗日局面。西路军将根据中央的统一部署，发挥它的应有战略作用。

这时，军委主席团电示我们：西路军目前应在现地加紧休整，一面争取二马抗日，一面准备接通兰州和以一部接通安西地区。"总之，西路军是负责奠定抗日后方和接通远方之重大使命。"十八日，又电告我们："你们的任务应基本的放在打通远方上面，限明年一月夺取甘、肃二州。"于是，我们动员部队，准备西移。计划以九军、三十军一举抢占临泽、高台，进取甘、肃二州；五军跟进，直插安西，争取二月中旬接通新疆。

时何应钦的"讨伐"军已进抵潼关。"司马昭之心，路人皆知。"亲日派头子何应钦，想浑水摸鱼，借乱生乱，扑灭革命力量，实现他的卖国计划。张学良、杨虎城决心集中兵力，举行西安会战，粉碎亲日派的进攻。张学良考虑，东北军向西安地区集中，后面的胡宗南、毛炳文等蒋介石嫡系部队，有乘虚袭取天水、宝鸡、兰州的企图；且河西"四马"与东北军关系恶劣，极不可靠，西安侧后方的安全，难以保障。因而，提议由河东红军出击胡宗南，巩固西安侧后方的安全，并望西路军派一部力量东出靖远，牵制马家军及毛炳文部，进行策应。

党中央于是改变了西路军西移的决定，拟令部队东返。二十二日，来电征询我们的意见。西路军军政委员会当即开会，讨论是否东进的问题。会上，绝大多数同志认为，东进和西进比较，前者的困难更大些。因为马家军的主力集中在东面，西路军东进，势必与敌决战。从山丹、永昌至兰州，近千里行程,沿途多堡,缺少补给,夜间气温达零下二十度以下。西路军彩病号又多,约两千名,不便就地安置,带上则更增大行军、作战的困难。据此,东进取胜的把握不大。且放弃河西走廊这一抗日后方基地,不论从策应西安会战上、打通苏联上、造成西北抗日局面上来说,都是不利的。陈昌浩不同意多数人的意见,认为应当无条件地执行中央的指示,东进兰州附近,取得物资补充,向河东进击。我赞成多数同志的意见,认为我军乘虚西进,把握大,损失小,最有利;东进,难免付出大的代价,能否突破马敌的重兵防堵,还是个问号。我说:既然军委征求我们的意见,我们可以如实反映情况,反映看法,但要做好东进的思想准备。如果上面最后决定东进,我们当然无条件地执行。最好请兰州的于学忠部派出一部兵力西进,牵制马敌,接应我们。会后,陈昌浩按照多数同志的意见,向中央作了报告。我则调动部队,派人侦察敌情,做东返决战的准备。二十四日,中央电示:"在整个战略方针上看来,西路军以东进为有利,只要二十天到三十天内到达静宁、隆德地区,便可与于学忠、王以哲之八个师配合作战,至少可以钳制胡、毛、曾、关,而利我主力在东边放手打仗。张学良极盼望你们来,答应在兰州补充子弹、被服。""你们接电后两天内准备一切意见电告,正式的命令,明天或后天电达。"次日,我们复电明确表示:坚决执行中央决定,准备东返。

没想到我们刚开始秘密调动兵力,西安事变已和平解决。二十五日,蒋介石即飞抵洛阳。二十七日,军委电示我们:"西安事变和平解决,前途甚佳,西路军仍执行西进任务,占领甘、肃二州,一部占领安西,开始西进的时机及如何作战,由你们决定。"由此可见,中央那时并不愿放弃打通苏联的计划。一时想叫西路军东返,只不过是在河东形势吃紧关口的一项应急考虑罢了。形势缓和下来,自然又令西路军继续完成打通国际路线的任务。

西安事变和平解决,国共谈判开始进行。合理解决红军驻地,是谈判的实质性问题之一。从战略上着眼,当时红军亟须得一人口稠密、物资丰富、靠近苏联、利于回旋的战略基地,以便养精蓄锐,扩大力量,担负起伟大的抗日斗争任务。中央一致认为,这个基地,以黄河以西的兰州、凉州、甘州、肃州及宁夏地区,最为理想。西路军控制河西走廊,进据甘西,不言而喻,正是我党名正言顺地向蒋介石"讨价还价",索取河西地带的"资本"。但是,蒋介石阴险狡诈,居心叵测,死活不松口。谈判过程中,他不仅始终坚持红军应留在陕甘宁边就地"整编"、"驻防",而且暗地授意马家军加速进攻步伐,彻底消灭西路军。事实说明,阶级斗争,你死我活。蒋介石绝不会轻易放下屠刀,更不会立地成佛。西安事变和平解决后,西路军的处境反倒愈来愈艰险,是不足为怪的。

十二月底,西路军根据中央军委的电令,再次西进。

隆冬时节,冰天雪地,堕指裂肤。我军指战员,衣衫褴褛,饥肠辘辘,冒着零下二三十度的苦寒气候,长夜行军,真是艰苦至极。"明月出天山,苍茫云海间",巍巍祁连山的雪山冰峰,笼罩在朦胧月色中。硬如铁石的戈壁滩上,响着我军坚定不移的步伐,像一道钢铁洪流,滚滚向前。这些来自鄂豫皖边、川陕边和宁都暴动的英雄儿女,赤胆忠心,顽强不屈,目标只有一个:为了胜利,为了明天。任何饥饿、严寒、风暴、伤病、死亡的阴影,都吓不倒他们。他们不愧是中国共产党缔造和领导的红军队伍,不愧是全心全意为人民利益而奋斗的猛士。这样的部队,的确难得啊!

马家军发现我军西进,集兵尾追,不时突袭。我以五军开路,三十军殿后,前攻后卫,边打边进。一九三七年元旦,五军一举攻占高台,守敌保安队、民团共一千四百余人,全部投降,接受改编。从永昌、山丹、临泽逃往高台的一批反动政府官员,亦束手就擒。一月上旬,我九军一部围攻甘州未下,进驻临泽东南的沙和堡。总指挥部及三十军离九军不远。总部直属队和五军一部,驻临泽县城。这带粮食较多,我们准备略作补充和休整后,继续西进。

多事之秋,变幻难测。军委这时又令西路军停止西进,在甘州、肃州地区建立根据地。我们不了解上面的意图所在,左思右想,想不出个所以然来。继续西进吧,没有中央的命令;留在现地吧,四面受敌,处境确实艰险。怎么办? 我们电请中央派四军、三十一军来援,东西合力,夹击马敌,争取灭敌主力一部,为建立甘、肃二州根据地创造条件。但是,军委认为,河东抽不出部队西援我们,令西路军团结一致,紧缩编制,人自为战,坚决歼敌,独立完成任务。张国焘也出面打电报来强调"军委对西路军的指示是一贯正确的,对西路军是充分注意到的","如果还有过去认为中央路线不正确而残存着对领导的怀疑,是不应有的","应当在部队中,特别在干部中,提高党中央和军委的威信。"事情到了这般地步,我们还有什么话可说呢? 只能坚决服从命令,令部队就地坚持。后来才知道,当时军委令西路军停止西进,是因为河东形势又发生变化。蒋介石出尔反尔,破坏和谈,调集四十个师的兵力,拟进攻西安。局势异常紧张,需要西路军待机策应。

我军停在临泽、高台地区不动,数万马家军追踪而至。一月十二日,敌以一部兵力钳制临泽地区我九军、三十军,而集中四个旅另三个团和民团一部,猛攻西面的五军驻地高台县城。五军仅有电台一部,置于住临泽的该军政委黄超处,无法与总指挥部取得联系。董振堂指挥部队孤军奋战,拼死坚守阵地。经一周激战,因原收编的部分民团叛变,里应外合,二十日凌晨,县城被敌攻入。五军与敌巷战十余小时,终因敌众我寡,被敌消灭。军长董振堂、政治部主任杨克明、十三师师长叶崇本、参谋长刘培基以下三千余人,大部壮烈牺牲。少部突围进入南山的部队,亦被反动民团俘获残害。我们获悉五军危急的情报后,立即派出骑兵师前往接应,但途中与敌遭遇,激战中大部损失,师长董彦俊、政委秦贤道均壮烈牺牲。那时,我们的骑兵部队是临时组成的,没有时间训练,所以战斗力不强。

董振堂是宁都暴动的主要领导人之一。他指挥的五军团,在中央红军反五次"围剿"中,在长征途中,在与四方面军会合后的转战中,英勇奋斗,作出了重要贡献。后与四方面军三十三军合编,成为五军。红四方面军南下期间,他一面积极完成作战任务,一面站在朱老总一边,对张国焘的分裂主义进行抵制和斗争。他和杨克明、叶崇本、刘培基、董彦俊、秦贤道等许多指战员的牺牲,是党和人民的重人损失。西路军上下极为震惊和悲痛。

马家军攻克高台,气焰嚣张,复掉头围攻临泽。敌以一部兵力攻击城外的五军余部阵地,而以一个多旅的兵力,猛扑临泽县城。城内红军多为直属队、总经理部的人员,武器装备少,战斗力量薄弱。他们面对强敌的围攻,毫不畏惧,男女齐上阵,前仆后继,打得顽强英勇。经一番激战,我们令守城人员突围而出,会同九军、三十军向东转移。

从十六日起,中央即连续来电,指示西路军准备东进。我们将兵力向东转移,就是为了突破马敌的重兵围堵,执行东进任务。

中央指示西路军东进,与西安的紧张局势,密切相关。蒋介石兵临城下,"黑云压城城欲摧"。党中央估计,如内战再起,西安难以固守,友军和红军必须准备广阔而机动的战略退路,方保无虞。第一步,退向陕甘宁边;

第二步,退向河西地带。这时调西路军东进,占领永、凉一带,正是策应河东部队实行战略退却的重要一环。为避免内战再起,我党与蒋介石的谈判,亦在加紧进行中。西路军问题,是谈判的重要内容之一。党中央一再指示我方谈判人员,要蒋介石勒令二马停止进攻西路军,让出凉州至肃州一线,作为西路军的驻地。此时,西路军主力如能消灭马敌一部,东进凉州,乃是我党与蒋谈判红军驻地问题的口实。

在此期间,中央还有另一层考虑。谈判中,我党原来要求整个红军的驻地,是兰州、凉州、肃州、宁夏地域。但蒋介石不同意,坚持蒋军进驻渭水流域;陕甘红军及东北军、西北军处渭水以北;西路军处凉州以西。如照此案与蒋妥协,陕甘红军和友军南临渭水,北靠沙漠,东西两侧皆有黄河阻隔,如内战再起,就有被蒋介石完全封锁于渭水以北,处于进退失据境地的危险。中央认为,接受上述方案,则必须以陕南留一部红军驻防为条件,以便与陕北红军相呼应。如陕南红军驻地无法解决,那么,就调西路军主力东返渡河,夺取甘南的文、武、成、康地区,作为策应渭水以北部队的战略要地,迫蒋认可。因此西路军的东进目标,第一步为凉州,第二步将视我党与蒋谈判的进展情况而定。

西路军军政委员会虽然不了解中央调西路军东进的全盘计划,但对执行东进命令这一点,意见一致。因为谁都明白,要么西进,要么东进,蹲在现地被动挨打,绝无出路。一月二十三日,我们进至西洞堡、龙首堡一带,电告中央和军委:因敌正防我东进,我快行不易,部队需稍加休整,"行前争取在现地或路上乘机击敌,以利东进。""现在全军发扬士气,团结杀敌,克服任何困难,学习血的教训,虽部分受挫,但所有指战员均极团结,照军委给予任务斗争到底。"军委电令我们:在骑兵追堵下,欲图急进避战达到东进目的,危险较大,应集结全军,切忌分散,用坚决的战斗来完成东进任务。同时,中央又电示在南京的潘汉年同志转告蒋介石:西路军东进,并非增援西安,而是就粮困难;如蒋令马步芳停止进攻,让出凉州及其以西各城给西路军,使该军有粮可食,即停止东进。二十四日又电告我们:"你们行动方针以便利击敌保存实力为目的,行动方向由你们自决。""如果你们决定东进,我们是赞成的。"

马步芳、马步青发现我军收缩兵力,企图东进,乃火速集兵,倾巢出犯。

从一月下旬起,敌人先后出动的兵力,计五个骑兵旅、三个步兵旅、一个手枪团、一个宪兵团,另有甘、青两省的大量反动民团,共七万余人。二十七日,我三十军在西洞堡地区溃敌骑兵旅,歼敌宪兵团,缴枪一千二百余支及大批军用物资。但因东面敌有重兵防堵,决战不利,我军复折回临泽以南,进驻倪家营子。二月一日,数万敌军向倪家营子发起猛烈进攻。为消灭敌人有生力量,创造东进有利条件,我军顽强据守,以寡击众,实行决战防御。在倪家营子地区,敌我双方,展开了一场历时二十余天的血战。

位于临泽东南的倪家营子,分上、下营子,是个人口集中、粮米较丰的大自然村。全营子共有四十三个屯庄,星罗棋布,坐落在祁连山脚下的戈壁滩上。每个屯庄都是一座堡垒,厚厚的黄土围墙,高达三四米,相当坚固。较大的屯庄,并筑有望楼和碉堡。屯庄多以主要人家的姓氏命名,如李家屯、雷家屯、赵家屯等。西路军总指挥部,驻在廖家屯。

根据那里的地形条件,我们将部队收缩在下营子地区的二十多个屯庄里。以三十军扼守西南方向,九军扼守东北方向,两军前沿阵地相接,纵深梯次配置,构成一个椭圆形的防御圈环,凭垒固守。我们计划经过一个消耗敌人有生力量的阶段,转入反攻,乘胜东进。

马敌重兵来犯,我军创病皆起,战局摄人心魄。敌人每次进攻,均先以大炮猛烈轰击,而后组织大量步骑兵,发起冲锋。什么花马营、黑马营、白马营、红马营……都拿上来了。我军连一门迫击炮也没有,全靠近战对付敌人。每当敌人冲到我阵地前沿时,部队突然冲出围子,进行反击,肉搏格斗,杀退敌人。有些围垣被炮火击毁,指战员利用断墙残壁,拼死坚守,直至将冲进的敌人杀出。因为子弹缺乏,步机枪几乎失去作用。我到前沿阵地去看过,战士们的步枪都架在一边,手里握着大刀、长矛、木棍,单等敌人上来,进行拼杀。在这里,没有男同志和女同志、轻伤员和重伤员、战斗人员和勤杂人员的区别,屯自为战,人自为战,举刃向敌,争为先登。围墙被炮火轰塌,血肉就是屏障,前面的同志倒下去,后面的同志堵上来。轻伤员不下火线;重伤员倒在地上,仍紧握手榴弹,准备与敌人同归于尽。在这里,生存就是战斗,战斗就是生存。指战员的智慧、勇气、力量发挥到最大限度,为了胜利,为了红军,为了人民。二六三团一个连,坚守前沿阵地,打退敌人的多次猛攻,最后只剩下九个人,阵地依然在手。二六五团团长邹丰明,负伤后仍手舞大刀,率部酣战,杀得敌军纷纷倒地。有些指战员当手中武器被毁后,赤手空拳,与敌扭成一团,咬掉敌人耳朵,扼住敌人喉咙,拔掉敌人胡子。夜晚,敌人龟缩回去,我军即组织小部队去袭扰、疲惫敌人。三十军一个排,夜袭雷家屯成功,全歼守敌一个排,焚毁敌军火二十四车,染红了半边天。倪家营子苦战的日日夜夜,显示了西路军攻如猛虎、守如泰山、以一当百、凛然不屈的顽强战斗意志和战斗作风。在红军战史上,写下了可歌可泣的光辉篇章。

　　敌人有补充,有后备力量,攻势不是减弱,而是不断加强。我们与敌相反,孤军血战,有耗无补,勉力支撑,处境越来越艰险。二月上旬,我们曾向中央提出,二马与我拼战不止,系蒋介石暗中指使所致。如上级不派四军、三十一军来援,打击二马实力,则西路军难以完成西进任务。在现地坚持一段时间后,只好东出青海大通、西宁一带活动,解决部队的补充问题,伺机再图发展。中旬,党中央为避免加剧西安地区的危急局势,争取与蒋介石达成和平谈判协议,电令我军放弃东进计划,依靠自身力量,就地坚持,粉碎马家军的进攻,适时完成西进任务。十七日中央书记处又电示:同意西路军春暖前在临泽一带寻机破敌,争取春暖后向肃州、安西行动。"依据你们自己与当前敌人力量对比的情况,依据国内与西北的环境,如果蒋介石不能或不愿停止二马向你们进攻,又不愿主力红军派兵向你们增援,则你们唯一的方针,是调动敌人,寻求机会逐渐削弱之与各个击破之。"中央不同意西路军东出青海大通的意见,并指出:"你们(对)过去所犯的政治错误,究竟有何种程度的认识呢?何种程度的自我批评与何种程度的转变呢?我们认为今后的胜利是与过去政治错误的正确认识与彻底转变是有关系的。"南下期间,我们的确犯了错误,欠了账。把西路军的行动方向与过去的"政治错误"联到一起,谁还能动弹?!陈昌浩的压力尤大。他曾是"国焘路线"的积极支持者,现时又身负西路军军政委员会主席的重任。一抓过去的辫子,他更是"哑巴吃黄连",有苦说不出来,只好唯命是从。

　　我思想上当然也有顾虑,但是,摆脱眼前危险处境的想法,毕竟压倒了一切。我建议召开军政委员会,讨论行动方针,陈昌浩同意。会上,我讲了西路军当前面临的严重不利形势,以及中央不能派兵来援的情况,提出了自救突围东返的主张。大家一致赞成,唯陈昌浩显得心事重重,迟疑不决。二月二十一日,我们从倪家营子突围而出,进至威敌堡地区,又遭敌堵截。

突围东进没有中央的命令,陈昌浩本来就有顾虑。他见部队受阻,便提出要重返倪家营子,继续建立甘北根据地。我听了大吃一惊,说:昌浩同志,你还有什么力量回去建立根据地嘛!我们好不容易突围出来,回去不是自寻灭亡吗?但是,他头上有个"紧箍咒",不顾实际情况,坚持要回去。我和他吵了一顿,没有结果。他在军政委员会上,说了些"形势大好"、"打回倪家营子"、"坚决执行中央指示"、"反对右倾逃跑"一类的话。那种气氛下面,谁还能唱反调呀!我憋着一肚子气,在会上没有发言。会议作出了重返倪家营子的决定,这就注定了西路军最后失败的命运。二十二日,我们返回倪家营子。二十六日中央来电:"甲、固守五十天。乙、我们正用各种有效方法援助你们。"陈昌浩又一次占了上风,证明他是马克思主义,我是"右倾机会主义"。后来,陈昌浩回延安向中央写的报告里说:"西路军领导干部中在到永昌时期及甘州地区,还有个别反对中央路线,坚持自己过去错误路线的表示。我当时虽然当面反对这样同志,企图在军政委员会中开展斗争,结果仍是顾虑威信未得实现。"这段话,指的就是我们之间的两次争论。陈昌浩不懂得,一个独当一面的高级干部,执行上级指示必须从实际出发,同当时当地的实际情况相结合,尤其是在远离中央、形势危急的情况下!不管客观实际如何,"照葫芦画瓢",机械地、盲目地执行上级指示,非坏事不可。

兵 败 祁 连 山

我军重返倪家营子后,马家军的围攻愈加疯狂。因这里许多屯庄的围墙、房屋仅剩断垣残壁,给我军防御造成极大困难,部队的伤亡越来越重。经五昼夜血战,待援无望,军政委员会一致决定再次突围,于二十七日晚进至威敌堡,准备沿祁连山向东转移。

我们不断向党中央告急,请求速派援兵支持西路军。但这时我党与蒋介石的谈判,已进入"拍板"阶段,和平协议,即将达成。一着不慎,就会给蒋介石以借口,破坏和谈,挑起内战,危及全民族的生存。所以,对于救援西路军一事,党中央左右为难,总是尽力争取通过谈判途径得到解决,万不得已时方可诉诸武力。鉴于西路军已面临覆灭危险,党中央除紧急指示在西安谈判的周恩来等同志,强烈要求蒋介石令二马停止军事进攻外,二月二十七日决定组成援西军,任命刘伯承为司令员,张浩为政治委员,准备增援西路军。中央指出,增援西路军极为迫切,但必须服从两条原则:(一)不影响和平大局。因此,增援部队开动时,由周恩来即告知蒋介石的谈判代表顾祝同,请其谅解。如蒋介石令二马停战,援西军即中道停止,将部队位于西峰、镇原、固原地区。(二)不使增援军又陷于困难地位。因此,在取得南京方面的谅解而我军西进时,只能控制黄河附近的一段,接出西路军,共返东岸。增援军不可西进过远,以免造成更大困难。由此可见,援西军的组成,带有向蒋介石施加压力的性质;它的行动,以不影响和谈大局为限。据说那时有人主张采取"围魏救赵"的办法,出兵临夏、西宁,吸引马步芳主力回援,以解西路军之危。中央也曾考虑过,但因受和谈问题的牵制,未能实现。三月五日,军委命令援西军从淳化、三原出动,向镇原方向开进。但这时,远在两千里路之外的我军,已经战斗到弹尽粮绝、精疲力竭的地步。援西军出动,远水解不了近渴,西路军败局已定,大势去矣!

我们从倪家营子再次突围而出,进至临泽以南的三道流沟地区,又被大批追敌包围。援西军出动的消息,鼓舞我军与敌拼杀,力挽狂澜。血战五昼夜,被迫于十一日夜间突围,沿祁连山边的戈壁滩进入梨园口,准备向山里转移。梨园口是入山的口子,三面环山,中间有些民房。部队刚到那里,敌骑兵即跟踪而来。祁连山的山头,一般坡度不大,不像四川的高山,一壁千仞,险不可攀。敌人的战马,一个冲锋就能跑到山顶,上山下山,如履平地。我九军为掩护三十军展开,拼命与敌争夺梨园口两侧的山头。指战员杀红了眼,光着膀子,拿着大刀,和敌骑兵肉搏。不到半日,我九军仅剩的两个团约千余人,绝大部分拼光。军政委陈海松、二十五师政委杨朝礼等一些领导干部,均壮烈牺牲。嗣后,敌倾其全力向我三十军阵地压迫。为掩护总部机关和伤病人员安全向山里转移,三十军指战员前仆后继,顽强与敌搏击。梨园口内,战马嘶鸣,白刃交加,血肉横飞,战况极为惨烈。当天,我二六四团全部拼光,二六三团也大部损失。

十二日,中央电示:为保存现有力量,西路军一是冲向蒙古边境;一是就地分散游击。我们率西路军仅剩的三千余人,边打边撤,十三日进入山里的康龙寺地区。翌日,敌追兵又至。我担任掩护任务的二六五团和二六七团,与敌血战一场,又遭重大损失。我总供给部长郑义斋、八十八师政治部主任张卿云,不幸牺牲。

这个时候,掌握部队最关重要,但也确实困难。部队被敌人冲得七零八落,收都收不拢。我们能够直接掌握的,仅有三十军一二千尚成建制的战斗人员,其余大都同指挥部失去联系,独立作战。马敌熟悉地形,运动快,兵力多,不少分散的红军力量,均被敌各个消灭。我们的妇女独立团,就是在与总部失去联系的情况下,遭敌重兵包围,而全部损失的。她们临危不惧,血战到底,表现了中国妇女的巾帼英雄气概。红四方面军妇女独立团的光辉业绩,将永彪史册。

我军从康龙寺地区边打边撤,退到石窝一带的山上,已是斜阳晚照时分。我在前沿阵地指挥部队打退追敌的最后一次进攻,还没喘过气来,就接到陈昌浩的通知,去石窝山顶开会。我到那里一看,剩下的师、团以上干部,还有二三十人。部队吃了前所未有的败仗,大家异常难过。会上,陈昌浩宣布了军政委员会的决定:徐、陈离队回陕北,向党中央汇报情况;现有部队分散游击,坚持斗争。关于我俩离队的事,他可能和别的军政委员会委员酝酿过,但我毫无思想准备。我说:我不能走,部队打了败仗,我们回去干什么?大家都是同生死、共患难过来的,要死也死到一块嘛!陈昌浩说:这是军政委员会的决定,你如果留下,目标太大,个人服从组织,不要再说什么了。会议决定,西路军残部分三个支队就地游击:王树声率一路,约五连步、骑人员;张荣率一路,彩病号及妇女、小孩千余;李先念、程世才率一路,系三十军余部五个营及总部直属队,共千余人。成立西路军工作委员会,由李先念、李卓然、李特、曾传六、王树声、程世才、黄超、熊国炳等同志参加,统一指挥部队。李先念负责军事领导,李卓然负责政治领导。

散会后,我还想动员陈昌浩,不要回陕北。我拉着他的手,恳切地说:昌浩同志,我们的部队都垮了,孤家寡人回陕北去干什么,我们留下来,至少能起到稳定军心的作用,我看还是不要走吧!陈昌浩很激动地说:不行,我们回去要和中央斗争去!他要斗争什么呢?无非是西路军失败的责任问题。我那时的确不想走,但没有坚持意见,坚决留下来。事实上,李先念他们并不想让我走。我迁就了陈昌浩的意见,犯了终身抱憾的错误,疚愧良深。如果我留下来的话,军心会稳定些,最低限度可以多带些干部到新疆去。后来,留下的三个游击支队,有两个被敌人搞垮。只有李先念那个支队,沿祁连山西进,经四十多天风雪转战,历尽千辛万苦,克服了常人难以忍受的种种困难,终于抵达新疆,保存了四百余人,受到中央代表陈云、滕代远的热情迎接和慰问。李先念同志受命于危难时刻,处变不惊,为党保存了一批战斗骨干,这是很了不起的。

我和陈昌浩同志是三月十六日启程东返的。开始,由陈明义、肖永银带了个警卫排护送我们。快走出祁连山时,为减小目标,留下他们就地游击,只剩下我和陈昌浩及一名保卫干部同行。第二天,那个保卫干部失踪,听说是碰上马家军,当了俘虏。

我和陈昌浩走到大马营一带,天已擦黑。转来转去,找到个屯庄,就在老百姓家里住下来。那家户主大概姓但,汉人,业医,湖北人。家里人来人往,和周围居民的关系不错。陈昌浩也是湖北人,碰上了老乡,格外兴奋,有了安全感。我们吃了顿饱饭,就睡下了,睡在一个炕上。我对陈昌浩说:明天早点起来,好走哇!他答应得很痛快。可是次日拂晓前我喊他起床时,他变了卦,说:太累了,休息几天再走吧!我想,他有老乡掩护,住几天没关系,我不行,得坚决走。就说:如果你不想走,就留下住几天,我的口音不对,在这里有危险,得先走了。他表示同意,我便匆匆离去。

归心似箭的我,孑然一身,形影相吊,沿着祁连山边的戈壁滩,大步流星,昼夜兼程。那时,我几个月没刮胡子,好些天没洗脸,穿着件羊皮袄,打扮成羊倌模样。沿途找老乡要点吃的,倒没遇上麻烦。经永昌至凉州地带,碰上了我们的特务营长曹光波,外号叫曹大头,跟我一路走。经土门、景泰,到了黄河渡口,坐羊皮筏子渡河,直奔打拉池。打拉池是个小镇子,有些店铺。我们找了个旅店住下。我用金戒指换了身棉袍穿上,像商人,又像教书先生。给曹大头也换了套衣服,打扮成伙计模样。这里已不属马家军的统治地盘,归邓宝珊管,离陕甘根据地不远,我心里稍微踏实了些。

翻过六盘山,走到平凉,住了一天。那天国民党队伍正往西开,城里乱糟糟的,气氛有点紧张。我在书店里买了张地图,赶紧找个旅店住下,关起门来看地图。因怕敌人搜查,觉也没睡好。离开平凉城,一路向东走,路边有个农民摆摊子,卖小吃。我们买了点吃的,边吃边和他拉呱。后来我问他:你们北边的山上住的什么军呀? 他说:是红军。这下我就有了数,吃完东西,赶紧往北走。到了小屯,见到耿飙、刘志坚同志。悲喜交集的心情,真是难以形容。第二天,刘伯承同志派人把我接到镇原援西军总部。我们谈了些西路军和援西军的情况,他就安排我去休息。那时我疲劳得要死,好像浑身百分之九十九的精力都耗尽了,只想好好睡几天觉。

在镇原休息了十多天,同任弼时、杨奇清一道去云阳。路上,汽车翻到沟里,我头部被撞破,他俩没事。至云阳,见到彭德怀、左权同志。那时,彭德怀任红军前敌总指挥,任弼时任政治委员,左权是参谋长。因我党与蒋介石的谈判已初步达成协议,局势稍微缓和了些。彭德怀他们,向我介绍了些西安事变的经过情形,我也讲了些西路军艰难转战的情况。任弼时听后,叫我写个文字材料,我写后交给了他。另外,还将从西路军带回的十多个金戒指(组织上给我的路费),全部上交给彭德怀同志。没住多久,我的牙疼发作,便又去西安拔牙,住在红军驻西安联络处。

周恩来、林伯渠、谢觉哉都在西安。草地一别,恍如昨日,周恩来同志已剃去了长胡须,神采飞扬,显得格外年轻。他们待我很好,百忙之中仍经常问寒问暖,关心我的饮食起居,使我很过意不去。西路军的情况,我向恩来汇报过。他很关心被俘和失散人员的命运,和谢老想方设法营救被俘指战员,费了不少心血。大概是六月间,我和恩来一道回延安。我们坐的是国民党的战斗机,每架飞机只能坐一个人。周恩来的飞机先起飞,在前面;我那架后起飞,在后面。飞了一段时间,他的飞机就没影了,和我们失去了联络。我这是第一次坐飞机,头晕得很。那个国民党驾驶员向我问话,我听不清楚。他便写了个条子:我们飞到了什么地方? 这下可把我给憋住了,因为我没到过陕北,哪里晓得这是什么地方呢? 又飞了一阵,转到洛河上空,我让他沿着河飞,顺川而上,发现了飞机场,降落下来,才知道是延安。下飞机后,发现周恩来的飞机还没到,我对迎接人说:这下可糟了! 大家都很着急,怕出事。不多时,西安来了电报,说他那架飞机迷了路,又转回西安去了,大家才松了口气。

刚到延安,毛主席就接见了我。他简单问了问西路军的情况,我如实作了回答。他说:留得青山在,不怕没柴烧。你能回来就好,有鸡就有蛋。这话使我很受感动。张闻天见到我则不同,责备了一番,我没吭气。打了败仗嘛,批评、撤职、杀头都应该,没有什么好说的。

陈昌浩同志的下落不明,我很担心。曾向毛主席建议,再派人找一找,毛主席也同意,但一直没找到。抗战开始后,陈昌浩回到延安,我们才知他在大马营那位老乡家里,大病一场后,转回湖北老家,直至抗战爆发。等他回到延安时,清算张国焘路线的斗争,早已告一段落。

回顾历史,既容易,又很难。说容易,是因为历史上的事,自己亲身经历过,写出来就行。说难,则是因为你经历过的东西,不见得就是全面掌握和深刻理解了的,不仅需要大量历史资料的印证、补充,而且更重要的是,必须运用唯物辩证法的观点去分析,去概括,得出合乎历史本质内容的结论来。历史现象纷繁复杂,蛛网交错。要实事求是,忠于历史,反映历史的本来面貌,达到借鉴过去、教育后人的目的,很不简单,是要花力气的。西路军的问题,也不例外。

西路军的两万多人,遭到几乎全军覆灭的命运,在我军历史上,绝无仅有。回顾这段历史,确有"不堪回首话当年"之叹。我是西路军的主要指挥者,这支部队的两个主力军(九军、三十军),又是我和其他同志从鄂豫皖带着发展起来的。西路军的失败,长期使我愧悔交加,余痛在心。下面,我想把西路军失败的主要教训作些探索,以慰先烈,以诫自己,以鉴后人。

如前所述,西路军自始至终是奉中央军委的命令、指示行动的。广大指战员在极端困难的条件下,披坚执锐,喋血奋战,历时近五个月之久。先后共消灭马家军二万五千余人,在战略上起到了有力策应河东红军和友军的作用,对争取西安事变的和平解决,推动全国抗日民族统一战线的形成,实有不可磨灭的贡献。然而,西路军为什么终于惨遭失败呢?

第一,任务问题。

西路军担负的任务,飘忽不定,变化多端,并大大超出应有限度,是导致失利的根本因素。

孤军外线作战,任务不定,迟疑徘徊,实为兵家之大忌。而西路军的情况,却恰恰如此。先是执行宁夏战役计划,渡河北进,鏖战一条山,待机策应一方面军西渡,共取宁夏;继则放弃这一计划,独立西进,准备打通新疆;再又停在永凉地区,不进不退,建立根据地;复则根据西安事变后的形势变化,忽而准备西进,忽而准备东进;后明确执行西进任务,刚至临高地区,又停止西进,就地建立根据地;继复为了策应河东,改为东返;再又奉命"固守五十天",在倪家营子坚守待援;如此等等。西路军的任务飘忽、多变,虽与风云变幻的全局形势有关,但不能说毫无战略指导上的失误。结果呢?造成了西路军孤军深入河西走廊,长期遭敌重兵围困的被动局面。疲兵屡战,有耗无补,进退失据,一筹莫展。这对西路军的有限兵力来说,无疑具有致命的性质。

西路军是整个红军的重要组成部分,党的全盘战略上不可缺少的环节之一。毫无疑义,部队的一切行动,均应服从和服务于策应河东红军与友军的全局需要。但是,如何策应才更符合实际情况,更有利于全局发展,则值得研究。苏联当时应我党要求,为支持我国人民反抗日本侵略者,准备了大批武器,待红军去取(后因西路军失败,才将这批武器转交盛世才的军队)。假如西路军渡河后,抓住战机,乘虚而进,照直往西打,取得武器、弹药,如虎添翼,回师横扫而东指,有没有可能呢?完全可能的。指导思想不同,方法不同,结局会大不一样。这不是"事后诸葛亮",我那时就是这种意见。再进一步说,西路军如果及早背靠新疆,打开战局,控制河西地带,那就不单是一时策应河东局势的问题,对整个抗日战争的进程,亦必将发生积极的影响。八路军就不止编制三个师。盛世才后来也不一定敢叛变,叛变了我们可以立即出兵收拾他。可惜的是,当时在西路军问题上,举棋不定,犹豫徘徊,致使西进的战机完全丧失。西路军的行动,步步以河东形势的暂时需要为转移,缺乏战略性的久远安排。这样虽对河东的红军和友军,起到了一时的策应作用,却毕竟招致了西路军覆灭的不幸结局。

要求西路军在永凉地区和临高地区建立根据地,也是不切实际的。且不说河西走廊的地形、民情如何,仅从西路军面对优势敌人的不断围攻来看,就缺乏建立根据地的起码条件。部队刚刚进入河西地带,四面受敌,防不胜防,整天同马家军血战,哪里还有时间和精力,去从事根据地的创建工作呢?创建革命根据地,离不开两个基本点:一是消灭敌人,站稳脚跟;二是发动群众,建党建政。前提是消灭敌人,否则,便谈不上发动群众。毛主席说过:"要以创造根据地发动群众为主,就要分散兵力,而不是以集中打仗为主。集中打仗则不能做群众工作,做群众工作则不能集中打仗,二者不能并举。"(《毛泽东军事文选》第八十五页)对西路军的要求有悖于此,仗还没打胜,就令一屁股蹲在河西走廊,建立根据地。行得通吗? 事实说明,压根儿就行不通。规定任务,必须权衡主客观条件,从实际出发,有一定的限度。"看菜吃饭,量体裁衣"的道理,就在这里。只看到主观需要的一面,忽视了客观可能的一面,硬要部队去承担其无力承担的任务,是不会有好结果的。

第二,战场主动权问题。

战场主动权问题,关系重大。两军对阵,它是决定双方胜负存亡的关键一环。"军队失掉了主动权,被逼处于被动地位,这个军队就不自由,就有被消灭和被打败的危险。"(《毛泽东选集》第四〇一页)西路军的失败,完全证明了这一点。

一般说来,外线进攻的部队,制敌机先,首先就处于主动地位。如果不是在驾驭战局中发生带根本性的偏差,是不致完全陷于被动,一败涂地的。西路军渡河之初,河西"四马"猝不及防,慌乱不堪。我不论北进宁夏或西进新疆,均稳操主动权在手。那时是敌人被动而不是我们被动,是敌人畏惧我军而不是我军畏惧敌人。然而,好景不长,没过多久,西路军便转入被动挨打的地位,直至最后被消灭。这种变化,正是丧失战场主动权的结果。

在敌强我弱的条件下,我军的外线进攻,历来强调依托根据地,实行战役战斗的速决原则。实践证明,这是我们争取和保持作战主动性的有效手段。西路军则恰恰相反,不仅远离根据地,孤军深入敌军腹地,且旷日持久,与敌鏖战。进不能进,退不能退,左右回旋不好回旋,企求援应没有援应。这样,还有什么战局中的主动地位可言呢? 违背了外线进攻作战的基本原则,丧失主动地位,一点也不奇怪。

在敌强我弱的条件下,我军进行战役战斗,历来重视集中兵力,形成拳头。而西路军担负的任务及所处的地形条件,却使兵力的集中,受到极大限制。开始,我们对马家军的战斗力估计不足,有轻敌思想,西进时兵力不够集中,古浪一仗吃了亏。"亡羊补牢,未为晚也!"然而,当此之时,建立根据地的任务摆在面前,压倒了一切。我们想集中兵力,事实上却集中不起来。河西走廊是条"弄堂",地势狭长,堡寨稀疏,走上几十里地,见不着一户人家。每个堡寨,一般顶多能够容纳一营的兵力,堡寨周围,尽是荒凉的戈壁滩。两万多部队停下来建立根据地,要占据地盘,要吃要住,能不分散吗?这样,就在从山丹到凉州的三百多里地段里,拉成了"一字长蛇阵"。中央要求我们"集中兵力"、"齐打齐进",原则上没有错,但实际上是同建立根据地的任务和当地的地形条件相矛盾的。我们提了不同意见,没有下文,便只能分兵固垒,就地坚持。要想集中兵力击敌,摆脱被动挨打的局面,真比登天还难。

在敌强我弱的条件下,我军主要靠什么作战形式去争取主动,消灭敌人呢? 不靠别的,靠的是运动战。"打得赢就打,打不赢就走",诱敌深入,声东击西,"肥的拖瘦、瘦的拖死",出敌不意,飘忽击敌,等等。这是我们的拿手好戏,是变被动为主动,以寡击众、以弱胜强的主要法宝。而西路军却固守一地,不进不退,被迫以阵地防御战为主要作战形式。敌攻我防,死打硬拼,打得赢得打,打不赢也得打。敌人处于内线作战地位,骑兵多,运动快,熟悉地形,能边打边补充,无后顾之忧。我们则完全相反,外线作战,人地生疏,子弹打一颗少一颗,人员伤亡一个减少一个。要兵员没兵员,要补给没补给,要援应没援应。旷日持久下去,捉襟见肘,精疲力竭,只有招架之功,毫无还手之力。像这种打法,焉能不败?!

在敌强我弱的条件下,我军形成了近战、夜战、奔袭、伏击、迂回、猛打猛追等战术特长。扬长避短,才能百战百胜。但西路军受制于任务、地形、作战形式和骑兵为主的作战对象,使这些战术特长,无从充分发挥,以奏奇效。就拿对付敌人的骑兵来说,我们一无机炮火力,二无伏击阵地,三无大量骑兵。优势装备的敌人,瞬间蜂拥而至,倏忽一啸而去。你想打个歼灭战,谈何容易! 敌人进攻,我军多用大刀同敌拼杀,消灭一个骑兵,往往要付出两三个人的伤亡代价。敌人败阵后一溜烟跑掉,我们干瞪眼。你用小部队追击,人家能杀"回马枪",用大部队追击,阵地就保不住。"虎落平阳被犬欺"。我军的战术特长失去用武之地,优势难以发挥,受制于敌,便是在所难免了。

凡此种种,都是西路军丧失战场主动权的根由所在。

第三,机断专行问题。

"将在外,君命有所不受"这句古话,指的就是军事指挥上的机断专行问题。寓于其中的经验教训,不知是用多少人的流血代价,才换来的。对于一支独立作战的军队来说,指挥员能否根据作战任务和战场情况,机断专行,灵活制敌,往往能对战局发生决定性的影响。战场实际纷纭复杂,千变万化,许多重大问题,要靠身临其境的前线指挥员随机应变,"先斩后奏",果断处置。驾驭战局,指挥战争,如果不敢从实际出发,独立判断情况,定下决心,而是翘首望天,一切唯上,这叫盲目性、机械性。要想不受战争实际的惩罚,是不可能的。

西路军的失败,与战场指挥上的缺乏机断专行,密切相关。造成这种状况,有两方面的原因。

一方面,上级统得过死,未给战场最高指挥官以应有的自由权。西路军虽担负着一个独立作战方向的战略性任务,但每一步行动,均需请示报告,不折不扣地照上级指示去办。上面叫往西就往西,叫往东就往东,叫停就停,叫走就走,指挥员毫无机动自主的权力。有些指示明明行不通,但不问实际情况如何,硬要下面贯彻执行。尤其是河东红军的战略行动部署,既不向西路军通报,又要求西路军配合,令人不知其然,更不知其所以然。古人说:为将之道,"知理则不屈,知势则不沮,知节则不穷。"(苏洵:《心术》)这话很有道理。所谓"理"、"势"、"节",指的就是全局性的东西。指挥员驾驭一个独立作战方向,不了解全局形势,不明白局部战争同全局战争的关系,打的便是糊涂仗。难免如堕五里雾中,晕头转向,缩手缩脚,无所适从,岂有应变自如,"不屈"、"不沮"、"不穷"之理?

另一方面,西路军一把手陈昌浩思想上有包袱,患得患失,当断不断。他是军政委员会主席,政治委员,有最后决定权,对西路军的行动,能起"拍板"的作用。但是,这个同志的精神状态,很不理想。原因是他在红四方面军南下期间,一度支持过张国焘的分裂主义,后见共产国际不承认张国焘的那一套,知道自己犯了错误,包袱沉重,不易解脱。他曾向我流露过:南下的事,共产国际肯定对四方面军另有看法。为了四方面军的前途,今后应唯共产国际和党中央的意见是从。陈昌浩同志愿意改正错误,紧跟中央,无可非议,但是,作为一个党的高级干部,决不允许夹杂某种个人得失或山头主义的情绪在内。党内斗争嘛,谁能一贯正确?犯了错误,该检讨就检讨,该工作就工作,没有必要迫不及待地去表白自己,洗刷自己,从一个极端跳到另一个极端。在西路军期间,陈昌浩自始至终以紧跟中央、"回到"正确路线上来而自居。对于上级的指示,奉为金科玉律,不敢越雷池一步,简直到了一切"唯上"的盲从地步。至于敌我力量对比如何,战场实际如何,哪些行不通的指示应向上级反映,哪些事关全军命运、战局胜负的问题需要机断处置,则一概置诸脑后。我们之间的两次争论,便充分证明了这一点。他不仅不反躬自省,反倒要对我"开展斗争"哩!结果,使西路军失去战机,作茧自缚,步步被动,直至不堪收拾。我作为军政委员会副主席、西路军总指挥,虽向上级和陈昌浩提出过不同意见,但不无顾忌。特别是在受到中央指责的情况下,心情郁闷,不想吭声,缩手缩脚,教训是很深刻的。

西路军的失败,发生在西安事变后的复杂历史关头。这也是蒋介石利用和谈,玩弄两面手法,乘机加速消灭红军力量所致。事实证明,想通过谈判,要蒋介石制约二马,保存西路军,是不现实的。革命力量的生存和发展,必须放在依靠自己、依靠人民的基点上。"反动势力对于人民的民主势力的原则,是能够消灭者一定消灭之,暂时不能消灭者准备将来消灭之。"(《毛泽东选集》第一〇八〇页)这是颠扑不破的真理,是阶级斗争的规律使然。

"青山遮不住,毕竟东流去。"西路军的失败,虽是党在土地革命战争向抗日战争过渡时期遭受的一次严重挫折,但由于党的全局路线是正确的,因而终于冲破重重困难,赢来了全民族"停止内战,一致抗日"的崭新局面。历史的潮流不可阻挡。一个伟大斗争时期的新曙光,出现在东方地平线上。中国共产党及其领导的英勇红军,将在民族革命斗争的烈火中,经受更为严峻的锻炼和考验,领导全国人民,打败日本侵略者,解放全中国。

第十五章

奔赴抗日前线

七七事变前后

西安事变的和平解决,为国共第二次合作,建立抗日民族统一战线,实现全面抗战,奠定了基础。

一九三七年五六月间,华北的局势,十分危急。日本帝国主义野心勃勃,正调动大批军队,分途向北平、天津集中,准备大规模地发动侵略战争,企图攫取华北,进占全中国。蒋介石迫于形势,不得不在庐山举行谈话会,陆续邀集各地军政首脑和社会名流,商谈"国事"。为促进庐山会谈向有利于国共合作、全面抗战的方向发展,击破亲日派制造内战、卖国投降的阴谋,党中央和毛泽东同志先后派出一批领导干部,去山西、河北、绥远、甘肃、四川、两湖、两广、福建、上海、南京、北平等地,多方与各界上层人士接触,宣传我党抗日救国纲领和民族统一战线政策,消除地方实力派的疑虑,进而影响庐山谈话会,促使蒋介石定下抗战决心。在这方面,周恩来、刘少奇、董必武、林伯渠、叶剑英、谢觉哉、张云逸、薄一波、彭雪枫、南汉宸、潘汉年等同志,都作出了重要贡献。

延安已是举国瞩目的抗日圣地。一九三七年六月,我从西安飞抵延安后,住在旧城东北角上,距毛主席、朱总司令的住地不远。街上到处张贴着宣传国共合作、一致抗日的传单和标语。各地的爱国青年,冲破国民党的层层封锁,络绎不绝奔向这里。延安这座充满青春活力和抗日气氛的古城,与国民党统治的西安,简直不可同日而语。

刚回延安，我曾看望过毛泽东、朱德、张闻天、刘少奇、李富春等同志，也看过张国焘。关于西路军失败的情况，都和他们谈过，富春同志还送给我一本书看。红四方面军的一些同志，也常来看我。那时，清算"国焘路线"的高潮刚刚过去，四方面军的干部被弄得灰溜溜的，抬不起头来，心情不舒畅。他们和我谈起这类事情的时候，我只好规劝同志们以大局为重，团结为重，要经得起党内斗争的考验。现在看来，清算"国焘路线"，批判他的分裂主义行为，是至为必要的，但波及面太宽，使一批四方面军干部，受到了不应有的伤害。最突出的，抗大搞出个"反革命事件"，关押了许世友等数名高级干部，罪名是"组织反革命集团"、"拖枪逃跑"、"叛变革命"等。六月间召开公审大会，将许世友、王建安、刘世模、朱德崇、洪学智、詹道奎等人，分别判处几个月至一年的徒刑。其实，这是个冤案。起因在于抗大清算"国焘路线"，矛头指向四方面军的学员，整得好苦，引起强烈不满情绪。许世友他们议论过，在延安待不下去，就回鄂豫皖或川陕根据地，打游击去！不知被什么人报告上去，就变成了"反革命事件"，株连一大片。毛主席大概察觉到有问题，要我去看看许世友等人，做点工作。我去了一趟，眼见他们被关在监狱里，心里很不是滋味。说了几句安慰的话，便告辞而归。

海伦·福斯特·斯诺女士访问了我。她当时是著名美国记者斯诺先生的夫人，对中国人民的革命事业深切同情，对工农红军的英勇斗争十分钦佩。我身体不好，每次谈话不能太长，断断续续地和她谈过几次，着重介绍海陆丰、鄂豫皖和川陕革命根据地的人民群众与红军的斗争历史。有位同志当翻译，大概是陈家康，记不准确了。海伦女士提出不少问题，我一一作了回答。她回国后，整理成一篇访问记发表，从一个侧面反映了中国革命的正义性、艰巨性及终将胜利的历史必然性。这篇访问记是忠实、公正、客观的，表现了作者的优良品德和对中国人民的深情厚谊。她对我讲的红军之所以具有不可战胜的力量，作了如下的表述："一、中国人民的红军是由共产党领导的。它拥护无产阶级的总路线，并且为被压迫民族的解放和全人类的解放而行动。二、红军来自农民和工人群众，而且有一部分来自白军的革命士兵和军官，他们起来反对白军的最高指挥部。三、红军有严格的纪律和组织。四、红军有阶级觉悟：它的指挥员和战斗员有自我牺牲精神和斗争到底的精神。我们绝对相信，最后胜利是属于他们的。五、因为红军代表群众的利益,所以它得到群众的支持,并且能够继续得到群众的支持。六、红军是中国彻底拯救民族和社会的最忠诚的力量,它决心把这个使命坚持到底。七、红军在斗争的过程中,有改正任何错误的自我批评精神。因此,根据它的参战人员的丰富的集体经验,各人都有机会表现和发展自己的创造能力。八、红军坚持真正的中国革命传统精神,并保持大革命时期黄埔军校的革命精神。"那时,世界范围的法西斯侵略势力嚣张万分,中国人民灾难深重,红军力量不仅在长征中受到严重削弱,而且形象亦被各国反动派丑化到无以复加的地步。在这种情势下,海伦·斯诺女士和斯诺先生不畏艰难险阻,万里迢迢来延安采访,向世界人民介绍红军的真相,传播我们的声音,的确是难能可贵的。她和斯诺先生是中国人民的忠实朋友,中国人民永远不会忘记他们。

七月七日,卢沟桥的炮声响了！面对日军的悍然进犯,国民党爱国军人奋起抵抗。这是日本帝国主义大规模武装侵略中国的开始,也是中华民族英勇抗战的开始。

卢沟桥事变的消息,闪电般地传向四面八方。大江南北,长城内外,要求抗日的呼声,如怒潮汹涌。八日,我党中央通电全国,号召全国军民筑成坚固的民族统一战线长城,抗击日本侵略者。同时,由毛泽东、朱德、彭德怀、贺龙、刘伯承、徐向前,代表全体红军将士,致电蒋介石及宋哲元、冯治安、张治中等,声援国民党第二十九军抗击日军的正义爱国行动,表达红军力主抗战、请缨杀敌的决心。接着,党中央在延安召开紧急动员大会,党政军负责同志及各界群众参加。毛泽东作了重要讲话,号召全党、全国人民及全体红军将士,沉着地做好一切抗战准备,以便随时开赴抗日前线,打击日本侵略者。会场上群情激愤,振臂如林,高呼"坚决支援二十九军抗战"、"到抗日前线去"、"保卫平津,保卫华北"、"流尽最后一滴血,抗战到底"等口号,表达了四亿五千万同胞的共同心声。会后,党中央立即派出以周恩来、秦邦宪、林伯渠组成的代表团,赴庐山与蒋介石谈判,阐明我党反对对日妥协,坚持全面抗战的严正立场。

在我党与各界爱国力量的推动下,蒋介石终于迈出了"准备应战"的一步。八月初,他在南京召开国防会议。我党派周恩来、朱德、叶剑英出席,再次就红军改编、国共合作、对日作战方针等问题同国民党谈判。南京那边在加紧协商,陕北这边就积极进行改编和出师抗日的准备工作。这时,天津、北平已相继沦陷,日军正集中其在华北的主力,向南口、居庸关疯狂进攻。为配合华北作战,牵制国民党主力,八月十三日,敌又向淞沪地区展开大规模的进攻。日本侵略者企图速战速决,长驱直入,短期内灭亡中国。

南京的主战派占了上风,国民党政府宣布"自卫"。决定将全国划分为四个战区,对日作战。同意我党提出的国共合作宣言,将红军改编为国民革命军第八路军,立即开赴第二战区晋绥前线作战。但是,蒋介石灭共之心不死,仍在暗地玩弄削弱、瓦解、消灭红军力量的鬼把戏。一是不想公开发表国共合作宣言,亦即不愿正式承认我党和边区政府的合法地位,以便随时加以取缔。二是企图将红军全部开赴抗日前线,担负正面作战任务,"借刀杀人",假手日军消灭我们。三是令红军分路出动,使之力量分散后,不得不受制于国民党军队,若不服从,即可任意收拾。

在这种形势下,党中央根据毛泽东同志的提议,召开了具有历史意义的洛川会议。

洛川县城在延安以南约九十公里处。我于八月十三日动身,十四日抵洛川,住在城关,等待开会。有天上街,正巧碰到陈昌浩同志。他穿着一身便衣,见到我很热情、激动,问长问短。他说,在大马营与我分手后,本想住几天再回陕北,但害了场大病,只好留在那位行医的老乡家里治疗。病愈后老乡送他去汉阳老家住了段时间,现在是刚回来。我说,党中央很关心你,到处打听你的下落,可就是音信全无。现在回来就好了。我俩这次见面分手后,直至全国解放,才又在北京见面。第二次世界大战和我国解放战争期间,他在苏联,据说常和马林科夫联系,还主编了一本俄华字典。全国解放后回国,任中央党校副教育长,后调中央马恩列斯著作编译局任副局长,"文化大革命"中遭迫害致死。昌浩同志的一生,是为共产主义事业积极奋斗的一生,对党和人民作出了许多有益的贡献。他对敌斗争坚决勇敢,才思敏捷,雷厉风行,俄文翻译水平相当高。他是六届四中全会和王明一伙一块上台的,贯彻过教条主义的东西,并一度支持过张国焘的分裂主义,但那时年轻幼稚,属于好人犯错误。他为此很痛心,经常作自我批评。对他的一生,党中央在悼词中作出了实事求是的评价。

洛川会议于八月二十二日召开,二十五日结束,会址在洛川城外的冯家村。这是一次政治局扩大会议,出席会议的有:张闻天、毛泽东、周恩来、朱德、任弼时、博古、关向应、凯丰、张国焘、彭德怀、刘伯承、贺龙、徐向前、张浩、林彪、聂荣臻、肖劲光、罗瑞卿、李富春、林伯渠、徐海东、周建屏,共二十多人。会议议程有三项:(一)政治任务问题;(二)军事问题;(三)国共两党关系问题。后两项议程,涉及党和红军的战略方针及行动部署,讨论很热烈,是主要议题。

毛泽东同志的发言,给我的印象最深刻。他强调在国共合作抗战的新形势下,我党一方面要团结国民党、中央军及地方实力派,积极推动他们拥蒋抗日;另一方面,要提高警惕,坚持统一战线中的独立自主原则,在政治上、组织上保持我党的独立性,以免被蒋介石吃掉,重蹈第一次国共合作失败的覆辙。鉴于抗日战争的持久性、艰苦性,以及蒋介石企图驱使红军开赴前线充当炮灰的险恶用心,毛泽东同志提出了独立自主的山地游击战方针。因为没有独立自主,就会失去党对红军的领导权、指挥权,前途可想而知;不是着重于山地,红军便没有可靠的依托和周旋余地,充分发挥自己的战术特长,发展壮大自己;离开了游击战为主的作战形式,以几万红军去同几十万日军硬拼,那就等于送上门去被敌人消灭,这正是蒋介石求之不得的。有人主张以运动战为主要作战形式,红军兵力全部出动,开上去多打几个漂亮仗。毛泽东同志认为,根据现时的敌情我力,还不能那样干。他主张只出动三分之二的兵力,留下三分之一保卫陕甘宁根据地,防止国民党搞名堂。这些基本思想,表现出毛泽东的远大战略眼光及把握革命航向的非凡能力。

我和与会绝大多数同志,都同意毛泽东同志的意见。会议一致通过了《关于目前形势与党的任务的决定》、《为动员一切力量争取抗战胜利而斗争》的提纲(其中包括"抗日救国十大纲领")。还组成了新的中央军事委员会,成员为朱德、彭德怀、任弼时、林彪、贺龙、刘伯承、徐向前、毛泽东、叶剑英、周恩来等人。毛泽东任主席,朱德、周恩来任副主席。

洛川会议期间,叶剑英同志从南京来电,说国民党政府已同意红军改编为国民革命军第八路军。闭会那天,正式宣布了改编的命令。八路军总指挥朱德,副总指挥彭德怀,参谋长叶剑英,副参谋长左权,总政治部主任任弼时,副主任邓小平,下辖一一五、一二〇、一二九共三个师。一一五师师长林彪,副师长聂荣臻;一二〇师师长贺龙,副师长肖克;一二九师师长刘伯承,副师长徐向前。一二九师辖三八五、三八六两个旅另一个教导团、五个直属营,共一万三千余人。我和刘伯承同志在长征期间相处,对他有所了解。他为人处世光明磊落,豁达大度,熟思断行,军事理论和指挥能力都相当强。再次与他共事,我是很高兴的。

根据会议确定的出师三分之二的原则,党中央令八路军总指挥部率一一五师、一二〇师先赴山西抗战;一二九师暂不出动,保卫陕甘宁边区。我主力部队向山西挺进,行进路线、活动地区、作战原则、指挥关系、后勤保障等一系列问题,需同阎锡山具体谈判,协商解决。党中央和毛泽东同志决定,委派我跟随周恩来去完成这一任务。我是山西人,与阎锡山同乡,又在他办的山西国民师范读过书,晋军中有些熟人,便于开展统一战线工作。中央派我去参加谈判,有这种考虑在内。

太原谈判与五台之行

八路军开动在即,谈判任务十万火急。

洛川会议结束以后,大家骑马的骑马,坐车的坐车,分头行动。我和朱德同志坐大卡车去铜川,半路上汽车抛锚,我们下来推着车子走,正赶上雨天,弄得浑身是泥。到达耀县,在一二〇师司令部住下。周恩来同志先去西安,与国民党谈判我们去山西的事宜。九月三日,他来电要我们直接到西安东面一个火车站上车。我和朱德、肖克上车后,见到他和彭德怀、聂荣臻、程子华等同志。至潼关下车,坐船过黄河,抵风陵渡。阎锡山派来的迎接官员和专列小火车,已等在那里。略事寒暄后,阎的秘书梁化之等人,便陪同我们上车续行。因一一五师已开至山西境内,至侯马车站,聂荣臻同志便和大家告别,去一一五师。火车开至临汾,停下来住了一夜,五日下午,我们方抵太原。

从风陵渡一路过来,见到的是兵荒马乱的景象。省府太原,也不例外。那时,日本侵略军节节推进,已逼近晋东北的边境。攻陷张家口之敌,兵分两路,一路沿平绥路西进,直指大同;一路沿宣蔚公路南犯,拟突破恒山要隘,直取太原。攻陷南口之敌,则沿平汉线南下,企图夺取保定、石家庄,进窥娘子关,从晋东楔入。山西境内,人心惶惶,不可终日。那年秋天,暴雨成灾,数万灾民饥寒交迫,流离失所;大量从冀绥前线溃退下来的散兵游勇及伤病员,四处流浪,无人收容,更增添了混乱气氛。阎锡山唯恐山西有失,损害自己的利益和声誉,亲自跑到岭口行营,坐镇督战。迎接我们的军政官员,固然欢迎八路军出师抗日,但普遍忧心忡忡,言谈话语之间,流露出悲观情绪。周恩来同志充满信心,纵谈抗战形势及必胜前途,倒是给这些官员们打了针强心剂。

阎锡山属下,先是安排我们在绥靖公署的高级宾馆下榻。恩来说:"这里出出进进都是阎锡山的人,我们内部谈事情不方便,还是搬到彭雪枫那里住吧!"大家表示赞成。第二天就搬到了太原八路军驻晋办事处,和雪枫他们住在一起。彭雪枫精干潇洒,能武能文,是办事处负责人。在西安事变以前,党就派他驻太原活动。后刘少奇也来这里,与新军的薄一波等同志配合,一道做阎锡山的工作。阎锡山同意国共合作,共同抗日,欢迎八路军开赴山西前线作战,是与他们的努力分不开的。

为抢时间同阎锡山会谈,七日凌晨,恩来和我即乘汽车去雁门关以西的岭口。阎锡山正在部署大同会战,见我们到来,满面春风,热烈欢迎。这位山西土皇帝,和蒋介石差不多,外战外行,患有恐日症。日军已经打到他的家门口,不抵抗吧,面子上过不去,难向国人交代;打一家伙吧,又没取胜把握,生怕惹火烧身,连老本都赔掉。所以,他表面上摆出一副"守土抗战"的架势,实际上准备见风使舵,对日妥协,保存实力。他对部下曾说:"抗日要准备联日,联共要准备剿共。"这就是他的如意算盘。

我们同阎锡山的谈判,主要有三个内容。

一是坚持国共合作,共同抗日。对他的"联共"态度及"守土抗战"主张,给予积极的评价。希望百川(阎锡山,字百川)先生不负国人期望,履行诺言,与我们合作抗战到底。周恩来同志说:"我们共产党主张建立各党各派各军各界人士的共同联盟,要使山西同胞不当亡国奴,只有联合起来,发动民众,共同抗战。"经反复商谈,阎锡山同意成立第二战区民族革命战争总动员委员会。

二是八路军进入山西后的作战地域和方针问题。恩来同志指出,我党根据自己的兵力及战术特长,前已同百川先生商定,开赴冀察晋绥四省交界的地区,以山地战、游击战侧击西进和南下之日军,配合友军正面作战。现一一五师已经入晋,正在侯马一带修火车路;一二〇师即将入晋;一二九师尚在整顿中,晚些时候才能出动。八路军入晋部队希望早日到达预定地域作战,请阎锡山给予支持和方便。阎锡山满口答应,同时扼要介绍了他的大同会战部署。我们也提了些意见,供他参考。阎锡山搞的是阵地防御战,从南起娘子关,经龙泉关、平型关沿晋绥东部省界及北部外长城一线,筑有绵长的国防工事。主要想依托这些工事"守土抗战",对我们主张的运动战和游击战相结合的战法,一窍不通。这点给我们印象较深。

三是我入晋部队的薪饷和装备补充问题。我方指出,八路军薪饷短缺,装备很差,要同强敌作战,必须解决后勤供应问题。我军急需补充的物资,包括枪炮、子弹、炮弹、炸药、刺刀、手榴弹、军毯、皮衣、棉衣、通信器材及医药卫生材料等数十项,应在部队路过太原时,予以解决。薪饷问题,应与第二战区的友军同等待遇,不能厚此而薄彼。阎锡山答应得满干脆,但后来只给了点棉衣和弹药,别的均未落实。

阎锡山以李服膺第六十一军镇守晋东北的天镇、阳高,屏障大同。骑兵军赵承绶部及傅作义第三十五军、王靖国第十九军,均集中于大同附近。傅作义部不是晋军,阎锡山对他们吃不透,不放心,他希望我们去见见傅作义,疏通关系,与晋军共同准备大同会战。恩来同志表示同意,当晚我们即赶到大同,与傅作义谈了两三个钟头。他给我的印象,忠厚、谦虚、友好,对我党很尊重,表示拥护民族统一战线主张,坚决抗战,服从阎锡山的统一调度。因国民党害怕发动群众抗日,恩来同志特别强调抗击日本侵略者,不能单靠正规军,一定要把民众发动起来,武装起来,与正规军共同作战。恩来精力旺盛,思维敏捷,很善于谈判,讲话能打动人。傅作义对他很佩服。当晚,我们返回雁门关,在火车站过夜,第二天即回太原。没过几天,天镇、阳高、大同相继失守,晋军溃不成军,主力退守内长城一线。后来,阎锡山迫于舆论压力,把失守天镇的指挥官李服膺给杀了。

回到八路军办事处,恩来向朱德、彭德怀、彭雪枫等人,介绍了与阎锡山、傅作义谈判的情况。大家认为,国民党的作战方针是消极防御而不是积极防御,是以阵地战而不是以运动战为主要作战形式,是单纯依赖正规军而不是依靠广大人民群众,相当一部分上层人士中患有恐日症,妥协投降的危险是存在的。我们必须坚持洛川会议的方针，独立自主，发动群众，开展山地游击战争，并且不放松有利条件下的运动战，打击和牵制日军。在太原的主要任务是广泛开展统一战线工作，团结各阶层人士，有钱出钱，有力出力，支持八路军开赴抗日前线，坚定抗战必胜的信心。

周恩来、朱德、彭德怀同志要我回家乡看看。开始我不想走，觉得大家如此繁忙，我回去探家算什么，说：以后再说吧！但他们对我说了好多理由：太原这边我们人手不少，工作有一定基础，你能走得开；五台山区战略地位重要，是我们下一步开展游击战争的基地之一，你去走一趟，能扩大党的影响，为将来做点准备工作；阎锡山很重视老乡关系，相当器重你，你回家探亲，他不会故作刁难；你和家人离别多年，回去看看，合情合理，不能让人家说共产党人不讲人情嘛！彭德怀同志还送我六十块钱，要我给家里买点东西。

九月中旬，我带上警卫员乘阎锡山的小汽车去五台县。到了东冶镇，下车步行，在去永安村的路上，见有个老汉背着东西行走，满吃力的，近前一看，竟是我父亲。父子情深，一别数年，仓促相见，十分激动。我连忙搀扶着父亲回到村里，受到家人和乡亲的热情欢迎。离乡十二载，戎马倥偬，转战南北，没有机会和家人团聚，但故乡的山川草木，亲人的音容笑貌，却一直萦回在我的脑海中。年年岁岁花常发，岁岁年年人不同。十二个春秋过去，故土面貌依旧，人的变化不小。母亲于头年去世，棺材还放在家里。父亲年逾古稀。两个姐姐早已成家，有儿有女，苍老了许多。妹妹在教书。女儿松枝，成了十二三岁的姑娘。我乍一回来，家人恍如隔世相见，悲喜交集的心情，难用笔墨形容。村里热闹起来，亲戚、朋友、同学，奔走相告，前来看我的人，络绎不绝，我家忙得不可开交。人们的最大变化在思想方面，抗战是中心话题。多数人对共产党、八路军积极抗战，持赞赏态度；提起国军的节节败退，无不喟然兴叹；普遍担心家乡沦丧，当亡国奴。我说，日本人来了，你们就拉起队伍，上山打游击去！我父亲有文化，又因儿子是"匪首"之一，多年一直关心国事、政事，经常通过看报，了解党和红军的活动，了解我的踪迹。所以，思想比较进步，认为共产党爱国爱民，比国民党强得多。他说："象谦，看来你这条路走对了！"我说："逼上梁山哪！"后来听妹妹说，那些年国民党反共，阎锡山看在同乡分儿上，倒没来家里找麻烦。只是有次蒋介石派了两名副官来,不知葫芦里卖的什么药。俩人进门很客气,说是蒋校长派他们来,问问家里知不知道徐向前的下落,有什么困难没有?我父亲回答说:"自从象谦考上黄埔军校,就不知哪里去啦,连点音信也没有,我正要找你们蒋校长要人呢!"弄得两名副官哭笑不得,匆匆离去。可见,老百姓也会和"蒋委员长"斗智啊!

我在家只住了三天,便返太原。这时,阎军正奉令向雁门关以南纷纷撤退。沿途所见,尽是些溃退官兵、伤号,士气沮丧,纪律败坏,衣装不整,简直不像个军队的样子,叫人又可气,又可叹。军队腐败到这种地步,不打败仗才怪呢!

九月下旬,我八路军——五师在林彪、聂荣臻的率领下,向晋东北挺进,首战平型关,取得歼灭日军精锐板垣师团第二十一旅团千余人的重大胜利。这是抗战以来的第一个大胜仗,打破了"日军不可战胜"的神话,与国民党军队的节节溃败,成了鲜明对比。平型关之战,极大地振奋了人心,太原城内一片欢腾,全国各地的贺电、贺信雪片似的飞来,前来八路军办事处祝贺的人群一批接着一批,弄得大家应接不暇。我党我军的声望空前提高,这对坚持和发展抗日民族统一战线,建立和发展敌后抗日根据地,增强全国人民的抗战必胜信心,具有极为重要的意义。

太原有不少五台县人,在国民党政府、军队和教育机关任职。周恩来同志要我利用同学、同乡的关系,开展统一战线工作。我有时陪恩来同志一起出去,一般多是单独活动。每天的活动日程安排得满满的,什么同乡宴啦,私人拜会啦,小型座谈啦,校友会啦,群众集会啦,差不多是逢请必到,逢到必讲,逢讲必宣传抗日。我曾陪恩来同志去太原师范讲演。他讲了形势,国家危难,各界一致团结对外,反对西太后的"宁赠友邦,勿予家奴"的思想,号召有人出人,有钱出钱,有枪出枪。他讲了两个多小时,我也讲了话。有天,我的同乡武尚仁、郑季翘来办事处,邀我去教育公会自省堂,给青年人讲讲抗日问题。他们说,里面有不少平津流亡学生,从"一二·九"就搞抗日救亡运动,现在抗日运动真到来,又束手无策,不知怎么个搞法。教育公会自省堂设在中山公园里,我去的时候,有好几百热血青年,高呼口号欢迎,气氛很感人。我在讲话中,着重介绍了当时的形势及我党的抗日救国纲领、政策,并回答了他们提出的如何做抗日工作的问题。我说,首先要有夺取抗战胜利的信心。不论在任何情况下，坚定不移，毫不动摇。没有这一条，就谈不上做好抗日工作。其次，要有过艰苦生活的准备。胜利一定属于我们，但胜利是靠流血流汗、艰苦奋斗得来的。万事开头难，要知难而进，不能碰到困难就打退堂鼓。第三，最重要的，就是要宣传民众，组织民众，武装民众。山西省地广人多，山高林密，把群众发动起来，我方到处是营垒，是战场，是打击日军的生力军，就能陷敌于灭顶之灾。离开了民众，只身奋斗，将一事无成。青年们听了，都很高兴。还有一次，在八路军办事处会见东北籍爱国人士杜重远先生，畅谈抗日形势及前途，周恩来、彭德怀、林彪、肖克、彭雪枫和我在座。我们谈的中心内容，也是如何发动和组织民众抗战的问题。相信民众还是害怕民众？全面发动民众抗战还是单纯依赖正规军队作战？直接关系抗日战争的命运和前途，是我党同国民党的分歧之一。杜先生十分赞赏我党的方针，事后在报纸上还报道了这件事情。

　　山西省政府主席赵戴文，原是我在山西国民师范读书时的校长。此人当过阎军第四混成旅旅长，南京国民政府内政部长，能文能武，颇受阎锡山器重和信任。他知道我是他的学生，曾专门约见我，听取我党的抗日主张，态度比较诚恳。他问我：万一太原失守怎么办？说明他当时正忧虑这件事，想到了下一步棋。我说：万一守不住，就要事先炸掉小钢厂、军工厂之类的工业设施，不能留给日本人。要组织民众，坚壁清野，把日军困守在太原城内，逐步消耗和消灭他们。他点了点头。听薄一波同志说，赵向阎锡山说过这个意见，但阎没有吭气。我们还谈到武装民众的问题。他是山西省总动员实施委员会的副主任委员（阎锡山为主任委员），主管动员民众的工作。虽然从省到村，都成立了动员委员会，立了方案、章程，但实际上仍是采取抓夫、摊派的形式，强迫群众挖战壕、抬伤员、运送军需品等，既缺乏真正的思想动员，又不敢放手武装群众，让群众起来自己保卫自己。这是国民党政权的性质所决定的，要求他们根本改变也不可能。但我向他介绍了我党发动群众、组织群众、武装群众的经验，供他们参考。赵戴文当时表示赞成我们的意见，后来果真搞了些“人民武装自卫队”。太原、临汾沦陷后，有相当一批“人民武装自卫队”转入我党我军手中，成为坚持抗战的革命武装力量。

　　那时，朱德、彭德怀已率八路军总部，离太原去五台山区，来电要我去那边做阎军的统战工作。我告别恩来和八路军办事处的同志，再次去五台。

在南茹村八路军总部,朱德、彭德怀、任弼时同志向我传达了毛泽东同志的指示和我军的总部署:以游击战争为唯一方向,重点控制五台山脉,形成恒山、五台、管涔三大山脉之间的广泛游击战争,配合晋绥军的正面作战。要准备敌人占领整个华北。统一战线和发动群众工作,应紧紧围绕开展敌后游击战争的任务进行。当时,阎锡山的作战指挥部也迁至五台地区,从雁门关、平型关一线撤下来的晋军纷纷向这一带集中,还有些土匪和杂牌队伍,乱糟糟的,简直不堪收拾。朱总司令让我与黄永胜和另一位同志(原二方面军的,名字记不清了),组成一个小组,去做友军的统战工作,帮助他们提高士气,稳住阵脚。我们在豆村、台怀镇、东冶镇等地展开活动,陆续会见了杨爱源、李俊功、田世俊、金宪章等阎军长官,讲了些抗日道理和带兵经验。针对他们部队纪律败坏的现象,着重讲如何加强政治工作,如何爱护民众、团结民众、依靠民众的问题。我一一五师平型关一仗杀出了威风,八路军名声大震,因而国民党官兵见到我们,显得格外尊重,也表示愿意向八路军学习。只因上层腐败无能,畏敌如虎,即使有些爱国官兵,愿意重整旗鼓,守土抗战,也无可奈何。不久,杨爱源就率第六集团军总部,逃往太原去了。

转 战 晋 东 南

我在五台活动期间,战局愈加吃紧。晋北方向,敌陷崞县、原平后,止向忻口进击;晋东方向,攻陷石家庄的一路敌军,则向娘子关逼近。国民党军队分别在这两个方向上布阵扼守,以便阻止日军钳击太原。

我党中央根据战局的发展趋势,对八路军的作战区域重新作了调整。以一一五师位于晋东北的五台山区,一二〇师位于晋西北的管涔山区,从侧后打击进攻忻口之敌;以一二九师向正太路两侧开进,配合友军巩固晋东一线,战略退路为太岳山区;以薄一波同志率决死一纵队转至晋东南,发动群众,立脚生根。如太原失陷,我军即以五台、管涔、太岳三大山区为依托,建立抗日根据地,互为犄角,发展游击战争。

由团长陈锡联、副团长汪乃贵率领的一二九师七六九团,入晋后尚在执行原定计划,向晋东北开进。部队路过东冶镇,见到了我,人家都很高兴。

陈锡联、汪乃贵说,部队改编为八路军时,有两件事许多人想不通。一件是"改名换帽",将红军的番号、帽徽改成国民党中央军的,感情上受不了。一件是整个红军仅改编为三个师,干部层层下放,我们的军长、师长,明明能带一个军、一个师作战,现在却只能带一个团、一个营。为此,上级做了不少工作,部队情绪才稳定下来。我说:蒋介石就是那么个人,八路军越多他越害怕,变法限制你。阎锡山也一样。到了山区,你们放开手脚自己干,独立自主嘛! 这是毛主席的主意,对付蒋介石、阎锡山的好办法。他们说:部队听说一一五师打了大胜仗,早就憋足了劲,恨不得马上开到前线,也打个漂亮仗,向党中央报捷。我说:不着急,日后有的是仗打,先开上去,"占山为王",像鄂豫皖初期那样,发动群众,主力部队和地方武装结合,搞游击战。我特别强调,八路军是由红军的战斗骨干组成的,别看国民党军队多,他们几十、几百人,也顶不上我们一个。要珍惜力量,注意研究日军的战术特点,积小胜为大胜,决不可死打硬拼。那时,陈锡联、汪乃贵都是二十几岁的小伙子,战斗经验不少,但要独立搞块局面,和国民党部队联合作战,毕竟是"初出茅庐"。我有点担心,才反复叮嘱他们。

忻口战役正在激烈进行,日军投入五万多兵力,与卫立煌等部及晋绥军八万余人,打得难解难分。忻口是太原的屏障,利守难攻,丢了忻口,太原难保,阎锡山、卫立煌下决心死守,顶住了日军的疯狂进攻,双方伤亡惨重。我晋东北、晋西北的八路军所部,连续向敌后方出击,配合友军作战。七六九团从东冶镇北进,行至代县境内,发现阳明堡西南有个日军机场。弄清敌情后,一个夜袭,毁伤敌机二十余架,歼灭日军一百余人,旗开得胜。那些飞机是日军为配合进攻忻口用的,被我搞掉,对友军的正面抵抗,无疑是个极有力的支持,显示了八路军敌后游击战的神威。

十月二十六日,晋东天险屏障娘子关失守。那天下午,朱总司令要我执行新的任务,立即率七六九团去正太路以南的昔阳归建,打击和牵制从娘子关西进之敌,尽量迟滞敌人沿正太路进击太原。七六九团当时驻郭家寨,我去那里带部队南返,陈锡联、汪乃贵他们兴高采烈,对我叙述了打阳明堡的战斗经过。这一仗,侦察清楚,决心果断,部队勇猛机智,一举歼敌。但三营营长赵崇德不幸牺牲,年仅二十三岁。南返途中,路过永安村时,我请陈锡联、汪乃贵、范朝利、丁先国等团的干部,在家吃了顿中饭。部队分散在各家各户,均受到热情款待。我家招待的是莜面窝窝、饸饹和羊肉炖山药,陈锡联他们是南方人,不晓得莜面吃多了会胀肚子,饱餐一顿。下午走在路上,几个人都喊肚子难受,弯腰弓背,连马都不能骑。我说:"谁让你们吃那么多呀!"只好令部队停止行进,在坪上宿营。

次日拂晓出发,向南急进,途中吃住遇到不少麻烦。原因是国民党军队四处抢掠,抓丁拉夫,害苦了老百姓。群众听说军队路过,躲的躲,藏的藏,吓得要命。我们戴的是"青天白日"帽徽,要费许多口舌向群众解释,说明是八路军,真正打日本的,他们才转变态度,供部队吃住。行至盂县获悉,突破娘子关、石门口的日军两个师团,正分路向阳泉、平定进攻。刘伯承师长来电,要我们不要停留,迅速穿越正太路。十月三十日那天,部队急行军十八个小时,连夜从寿阳、平定间赛鱼、测石镇越过铁路,抵横河、畔峪沟宿营。至寿阳以南的张净铁时,与林彪、陈光率领的三四三旅会合,我们暂归林彪指挥。

这时,阎锡山已经放弃忻口,准备"依城野战",确保太原。西向太原进击的日军,一路从寿阳西进,另一路从昔阳向平遥方向迂回。刘伯承、陈赓率三八六旅等部,在黄崖底伏击敌一〇九师团一三五联队,歼敌三百余人。七六九团配合一一五师三四三旅和一二九师三八五、三八六旅,在广阳、沾尚地区伏击敌二十师团一部,毙伤敌千余人。

战后,我率七六九团赴昔阳归建。师部住赵壁村,我在那里见到了刘伯承、张浩、李达等同志。总部要求我师一面与一一五师三四三旅相互配合,采取伏击、侧击、尾击等战术,打击西进太原之敌;一面依托太行山区,广泛发动群众,建立晋东南抗日根据地。十一月九日,师部决定将主力南移,至和顺县石拐镇一带休整,留下七六九团在昔阳地区游击。当晚,得知太原陷落。这是我们意料中的事,是国民党消极防御的必然结果。

以太原失陷为主要标志,华北的抗战,进入一个新时期。正如毛主席在《上海太原失陷以后抗日战争的形势和任务》一文中指出的:"在华北,以国民党为主体的正规战争已经结束,以共产党为主体的游击战争进入主要地位。"(《毛泽东选集》第三七八页)党的游击战争的战略战术思想,将在民族革命战争中充分发展,显示它的巨大威力。

根据太原失陷后的形势与任务,毛泽东同志对八路军在山西的活动,作了如下的部署:第一,在华北正规战争业已结束,游击战争转入主要地位的形势下,日军不久即将移主力向着山西内地各县之要点进攻。如晋西北的神池、宁武、静乐,晋东北的五台、盂县、蔚县、广灵、灵丘,晋东南的昔阳、和顺、辽县、晋城,晋西南的离石、中阳、孝义、灵石、蒲县等。第二,估计国民党为保卫河南,在晋城、临汾未失以前,部队不致退出山西,刘湘部亦有开入山西的可能,但不能指望他们长期支持战争,而必须以八路军为全山西游击战争的主体。第三,吕梁山脉应成为八路军的主要根据地之一。必须立即派主力一部(林彪师)前往开辟工作。一二〇师在晋西北,一二九师在晋东南,准备长期坚持游击战争。第四,坚持统一战线中的独立自主原则,放手发动群众,扩大自己。应照每师扩大三个团的方针,自筹枪支、军饷。实行减租减息,废除苛捐杂税,团结左翼力量,打击汉奸势力。各师以一部兵力担负袭击敌人的任务,而以大部兵力尽量分散于各要地,发动群众、武装群众。在大部靠近铁路公路的地带,先布兵先工作;偏僻地方后布兵后工作。敌快要到的地区,先工作;敌暂不到的地区,后工作。"如此作去,期于一月内收得显著成绩,以便准备充分力量对付敌向内地之进攻。"那时,有些同志对独立自主的游击战争方针,不甚了了,总想集中兵力打仗,不愿分兵发动群众。毛主席的这一部署,十分及时,对我军坚持敌后游击战争,发展壮大自己,有重要指导意义。

按照上述精神,师部在和顺县的武家庄、石拐镇,两次召开干部会议,统一思想,部署工作。刘伯承、张浩讲了话。会议明确指出,太原失陷后,我们的主要任务是坚持独立自主的山地游击战争,开辟晋东南根据地。一面继续做好统一战线工作,一面分兵发动群众,扩大队伍。会议决定,在同蒲路以东、黄河以北、正太路以南、平汉路以西的方形区域内,建立四个军分区,并由师参谋长倪志亮负责,组织晋冀豫军区。会后,刘伯承率师部移驻辽县,各部队按指定区域派先遣队或工作团发动群众。我和赖际发率主力一部在和顺县西部山区,发动群众,开展游击战争,配合守榆社的汤恩伯部击敌。

汤恩伯为国民党第一战区副司令兼三十一集团军总司令,所部系蒋介石的嫡系部队,以参加南口保卫战而名噪一时。太原失陷后,蒋介石唯恐日军向河南推进,遂派汤恩伯率部赴晋东南,巩固山西,策应平汉线,其指挥部驻榆社。汤来后即与我军联系,想和我们商谈协同作战事宜。那时,邓小平同志已来一二九师。师部决定,由刘伯承、邓小平和我去榆社与汤恩伯谈判,联络员是李聚奎同志。去后我们住在一所学校里,刘、邓和我睡一个土炕,商量事情挺方便的。和汤恩伯会谈,内容有二:一是如何改造军队,整饬纪律。汤恩伯的军队,纪律败坏,出了名的。刚刚开进山西,老百姓就尝到了苦头,弄得怨声四起,舆论大哗,连阎锡山都看不过去。我们向他指出了这一点,说明脱离了群众,便无法坚持抗战。八路军虽然人数不多,但纪律严明,军民关系密切,得到了广大民众的拥护,这是我们屡屡克敌制胜的根本原因。对此,他无法否认,讲了些漂亮话,搪塞一番而已。二是鼓励他从大局着眼,支持山西战局,不要退往黄河以南。只要他能定下决心,阻止日军南下,八路军一定积极配合。他表示愿意同我们携手合作,同舟共济,但又说要服从军令,上面如果让他撤,他也没办法。言外之意是,如果下一步放弃山西,他不负责任。第二天早晨,大雪纷飞。我和赖际发又去汤的住处,和他交谈了两个多小时,希望他认真考虑我们的意见。汤恩伯不愿正面回答,说来说去,无非是要八路军听他指挥,帮他打仗,别的事情不要过问。没谈出什么名堂,我们遂告辞而归。没过多久,他便率部跑到河南去了。事后看来,他跑了极好。他跑了,我们就好放开手脚,建立根据地;他不走,占着那块地盘,你又不好去动他,反而麻烦。

石拐镇会议后,一二九师分兵发动群众,扩大武装力量,建立抗日政权,短时间内,收到了显著成效。

首先是建立各县区的游击支队。师部先后派出约三分之二的兵力,下到各县区,开展这项工作。一般是以连为单位,配上几名领导骨干,独当一面。指战员多为老红军,有丰富的游击战争经验,搞这套有办法。他们像种子似的,撒到哪里,就在哪里生根、发芽、开花、结果。最早建立的一批队伍有:秦(基伟)赖(际发)支队、汪乃贵支队、赵(基梅)涂(锡道)支队、谢(家庆)张(国清)支队、平定区游击队、长凝区游击队、祁县游击队、太谷地区游击队、榆社工人游击队、寿阳游击队等。游击队成员,主要是农民。建立游击队,必须坚持党的绝对领导,配备强有力的领导骨干。否则,便不能保证其革命性、战斗性、独立自主性。

其次是利用统一战线关系,组织和发展武装力量。例如山西青年抗敌决死队,就是在我党与阎锡山合办的"军政训练班"、"国民军军官教导团"的基础上形成的。薄一波同志是主要领导人,积极发展党的组织,陆续清理一些反动军官,请求八路军派干部帮助工作,终于使这支队伍发展成为一支抗日劲旅。杨秀峰同志则以国民党河北省民训处的名义,组织了冀西游击队。

再次是建立抗日民主政权。晋东南的"牺盟会"组织,虽基本上为我党所掌握,但各县、区、村级政权,未根本改造,是一大障碍。这些政权机构的头头脑脑,多系国民党骨干,对八路军不信任、不支持,甚至千方百计刁难、限制、破坏,给我军筹粮、筹款、扩兵,制造重重困难。事实证明,政权不在我们手里,啥都干不成。我们同国民党有统战关系,不便公开撤换他们。怎么办? 一是统。部队开进一个地区,先与国民党的县长、区长开谈判,晓以民族大义,争取合作抗日。谈妥几条,协议在手,他们违反的话,便可名正言顺,"兴师"问罪。二是挤。"釜底抽薪",发动群众,减租减息,争取一切能够争取的力量。我们有了广大群众的拥护和支持,就不怕他们捣乱。有些顽固的县、区长,见势不妙,只得卷起铺盖溜走,政权便落入抗日军民手中。我有个远房亲戚,在榆社当县长。他和我争论,说他是一县之长,八路军不要搞什么政权。我反驳了他,后来把他挤跑了。三是武装打击。这是对勾结日寇的汉奸政权而言,一经发现,则坚决铲除,绝不留情。秦赖支队在西坑村,发现那里的村长、地主勾结起来,秘密组织"维持会",便将他们一网打尽。八路军和游击队有了自己的政权,才能形成巩固的抗日根据地。

最后是收编散兵。晋东南一带,跑散的国民党官兵甚多,打着"抗日军"、"游击队"的牌子,为非作歹,扰害群众。这是一大祸患,直接危害我抗日根据地的形成与巩固。为此,我们发表了《告散兵书》,欢迎他们投奔八路军。愿留者留,条件是打日本强盗,为民族解放,不侵犯民众利益,共同艰苦奋斗。不愿留者则放下武器,发给路费,开具证明,让他们走。继续流散乡里,危害抗日军民者,则以破坏抗战论罪。

经过这一系列的工作,晋东南的抗日游击武装蓬勃发展,初步形成了点面结合的游击网。为培训游击战争骨干,师部决定开办晋冀豫军政学校。一九三七年十二月开学,第一期招收学员四百多人。师的领导干部都去讲过课。这所学校,为抗日战争造就了不少军政干部。

积小胜为大胜

在敌强我弱、敌大我小的条件下开展游击战争,关键是要多打小仗,积小胜为大胜。这是毛泽东同志反复强调的一个重要指导思想。据此,一二九师从一九三七年冬至翌年春季,连续战斗,不断胜利,从而有力打击了日寇的进攻凶焰,为晋冀豫根据地的形成,奠定了基础。

反六路围攻 一九三七年十二月上旬,正太路沿线的日军,蠢蠢欲动,有向我晋东南地区进犯的企图。师部决定,派陈赓率七七二团向正太路寿阳以南游击,伺机伏击进犯之敌。

敌发现七七二团进至松塔地区,当即从平定、昔阳、榆次、太谷等地,出动五千余人,兵分六路,对我实施马蹄形包围。二十二日拂晓,战斗打响。七七二团在松塔地区与敌激战一天,当晚向南北军城转移,准备侧击敌人。在那里,又遇上另两路敌人,激战竟日,没占到便宜,当晚撤出战斗,又向榆村湾一带转移。这两次激战,我伤亡五十余人,副团长王近山负伤。刘伯承同志一面令外线的汪乃贵支队、秦赖支队积极活动,牵制和迷惑敌人;一面派我去前面了解情况,指挥战斗。我们采取避实击虚的办法,与敌周旋,抓住小股敌人,就打一家伙。日军因捕捉不到我军主力,地形又不熟悉,遂全部撤回。这一仗,我军共毙伤敌七百余人。

军民在欢庆胜利声中,迎来了一九三八年。年后,第十八集团军总部正式任命邓小平同志为一二九师政治委员。张浩同志奉命返延安养病。张浩是个好同志,工人出身,待人诚恳坦白,公道正派,肯动脑筋,有独立见解,身患严重肺病,仍夜以继日,忘我地工作。他返延安不久,即病逝。

凤凰山战斗 二月初,师部在辽县开会,决定我师主力向平汉路东发展。首先进击昔阳之敌,尔后乘胜向东突进,在平汉路两侧建立新的游击区。接着,又召开了营以上干部会议,进行部署和动员。刘伯承、邓小平和我,都在会上讲了话。会后,各部队根据自己担负的任务,统一思想认识,制定行动计划,分别向指定的地区开进。刘伯承和我去三八六旅旅部。十六日,该旅七七一团向正定、昔阳间开进时,昔阳守敌三四百人出动,企图阻止我军。被我诱至凤凰山附近,打了个伏击。敌伤亡百余人,退回昔阳。

长生口战斗 在长岭,我们接到"朱、彭"电令,要我师与一一五师三四四旅协同,截断正太路,配合友军"反攻太原"。我们遂改变原计划,决定向正太路东段井陉进击。具体部署是:以七六九团袭击日军重要据点旧关,吸引井陉的援敌西出;七七一团、七七二团伏于旧关和井陉间的长生口地区,围歼援敌。师部驻吕家村。

二月二十日凌晨四时,我七六九团三营向旧关发起攻击。当部队冲入街心时,发现敌预有准备,依托后山上的工事和优势火力,向我猛烈还击。三营与敌相持了两三个小时,毫无进展,乃撤出战斗。这时井陉的援敌已经出动,在长生口与我打援的先头部队遭遇,接上了火。伏击战变成了遭遇战。我先后将增援的三股日军约四百余人击溃,一直追到井陉城下。这次战斗,共毙俘敌警备队长荒井丰吉少佐以下一百三十余人,击毁敌汽车五辆。我亦伤亡近百人。

神头岭战斗 长生口战斗结束后,"朱、彭"命令我师南移,牵制晋东日军向黄河一线进攻,配合一一五师主力和晋西北的一二〇师作战。二十七日,师部返回辽县,召开支部书记及连以上干部会,作南移动员。三月上旬,部队向襄垣一带展开,拟在邯(郸)长(治)公路,伺机歼敌。

邯长公路横贯太行山脉,为日军的重要运输线。东起邯郸,中经涉县、东阳关、黎城、潞城,直抵长治,均有日军把守。据侦察,黎城守敌仅三百余人。师部决定,袭击该城,吸引涉县、潞城的援敌出动,相机打援。战斗部署下达后,小平同志和我去总部汇报工作,刘伯承同志留下组织指挥战斗。结果,在神头岭伏击成功,共毙俘敌一千余人,骡马六百余匹。

响堂铺战斗 三月下旬,刘伯承、王新亭、刘志坚等同志,去总部出席东路军将领会议。那时,日军正向晋南、晋西黄河沿线大举推进,后方运输十分繁忙。邯长公路上,汽车往返不断,日夜运送兵员和作战物资。国民党军队已纷纷退往黄河西岸,蒋介石却命令我军不准一兵一卒过黄河,企图假手日军消灭我们。我们的口号是"与华北共存亡",坚持敌后游击战争,狠狠打击日军。小平同志和我决定,将部队东移,在涉县和东阳关之间,再打个伏击战。

东移途中,细雨霏霏,道路泥泞,春寒逼人。部队忍饥熬寒,冒雨行进,按时到达指定位置。我们的设伏地点,选在涉县和黎城之间的响堂铺一带,通道沿着干枯的河床延伸,南北两侧皆险山隘路,只要把东西两头一卡,敌人便无路可逃。我们以七七一团为右翼,伏于宽漳、后宽漳;七六九团为左翼,伏于杨家山、江家庄一线,并以小部兵力警戒涉县方向的援敌;七七二团作预备队,伏于右后方的马家拐,并警戒东阳关方向的援敌。小平同志率师直进驻佛堂沟,我的前沿指挥所设在响堂铺路北的后狄村小山坡上。战前我和陈赓及团的干部,看了地形。小平同志和我到七六九团,召开党的活动分子会议,作了战斗动员。

三十日午夜,我军神速、秘密、隐蔽地开进伏击阵地。拂晓前,接到七七二团的报告,说我伏击部队后方马家拐,出现二百多敌人,可能要断我退路,请示要不要撤出伏击阵地? 我当时判断:情报不可靠,如果敌人发现我军企图,决不会只派这么点兵力前来"打草惊蛇"。遂一面告诉七七二团,不准乱动;一面派参谋邓仕俊等,查清虚实。结果证明,东阳关方向的敌人,并未出动,警戒分队看到的,是些赶着牲口走夜路的老百姓。

晨八时半,从黎城开往涉县的一百多辆汽车,进入我伏击圈内。我七六九团、七七一团突然出击,打得敌人晕头转向,狼奔豕突。经半日激战,将敌第十四师团辎重队的森本和山田两个中队除三十余人逃跑外,其余共四百多人全部歼灭,缴步枪二百余支,轻重机枪十五挺,炮四门。一百八十多辆汽车,全部被我焚毁。战斗临近结束时,东阳关及黎城方向的四百余敌人赶来援应,被我七七二团一举击溃,逃回据点。等敌机飞来狂轰滥炸时,我早已撤出战场。战后,小平同志和我向师部和"集总"报告了战斗经过。

反九路围攻　日军在晋东南连续受挫,后方受到极大威胁,震怒不已。四月初,从同蒲路、正太路、平汉路及邯长公路的重要据点,出动三万余人,兵分九路,企图将我主力围歼于榆社、辽县、武乡间。

根据总部的反围攻指示精神,四月上旬,师部在西井召开团以上干部会议,研究和确定了反围攻的部署:一是集中主力,隐蔽待机,击敌一路,首先消灭从武安、涉县西来之敌。二是以一部兵力与地方武装结合,发动群众,空舍清野,破坏交通线,多方游击和袭扰各路敌人。三是机动作战,内线外线相配合,要活打不要死打,击敌一路,不得手时即迅速转移,寻找战机,击敌另一路。会后,邓小平、陈锡联率三八五旅一部兵力去辽县,牵制北面和西面的来敌;伯承同志和我率三八六旅主力东移,执行"涉武计划"。

十日,我军进至乱石岩、鸡鸣铺一带山地设伏。但涉县、武安的敌人未出动,我们的埋伏落了空。总部又令我师西移,配合国民党曾万钟第三军还击南进之敌。曾万钟部消极避战,放弃武乡。总部要求我师在武乡、榆社间打个歼灭战。十三日,部队移至贾豁镇一带,待机击敌。

进犯晋东南的各路敌军,虽占领了一些县城和据点,但抓不到我军主力,又屡受游击武装的袭扰,供应十分困难。北犯辽县的敌军扑空后,怕遭打击,慌忙回窜,占领武乡的敌——七联队亦向襄垣方向撤退。根据总部指示,我三八六旅与一一五师之六八九团,分左右两路纵队,连夜出动,猛追这股敌人。我们沿浊漳河北源,急行军九个小时,追到长乐村附近的河谷地带,咬住了敌苦米地旅团辎重队及一部主力。经半日激战,将敌大部歼灭,并击退回头增援之敌,共毙伤俘敌二千二百余人。我七七二团团长叶成焕,身先士卒,头负重伤,不幸牺牲。他是鄂豫皖时期参加红军的,作战勇敢、沉着,善于团结同志,在群众中有很高的威信。战后,师部开了个隆重的追悼会。伯承、小平和我及陈赓等同志都参加了,大家十分难过。

长乐村一仗,打得敌人心惊胆寒。蒋介石还发来了"嘉奖电",但对消极避战的曾万钟却没有一点制裁。此后,各路敌军纷纷回窜,我军各部乘胜追击,扩大战果。至四月下旬,战斗结束。半个多月的反九路围攻,我师与兄弟部队相配合,先后共歼敌四千余人,收复了辽县、黎城、潞城、襄垣、晋城等十八座县城,晋东南地区基本上为我控制,晋冀豫军区亦宣告成立。从此,以太行山区为中心的晋冀豫抗日根据地,基本形成。

我军连战皆捷,胜利发展,主要原因是:第一,坚持了统一战线中的独立自主原则。部队进入晋东南地区后,趁国民党军队溃败之机,及时而果断地分兵发动群众,组织游击网络,建立地方政权,短时间内,取得了较广阔的回旋余地,初步奠定了部队生存发展的基础。第二,以山地游击战为主要作战形式。利用太行山脉的有利地势,有游有击,发展敌后游击战争,牵制和打击敌人。这一点,领导思想一致,最关重要。刘伯承、邓小平同志能深刻领会毛主席的山地游击战思想,不断总结经验,精心钻研游击战术,坚定不移地搞游击战这一套。第三,从实际出发,贯彻了小而活、快而稳的作战原则。敌人装备好,机动力强,训练有素,骄横无比,是相当难啃的对手。我们的作战原则是：小打而不能大打（量力而行，多打小仗，积小胜为大胜）；活打而不能死打（战术灵活多样，采取侧击、伏击、尾击、吸敌打援等战术手段，多打运动之敌）；快打而不能慢打（保持战斗的突然性，速战速决，打完就走）；稳打而不能蛮打（每战周密计划，细致侦察，集中优势兵力，以众击寡，不打无把握之仗）。这些作战原则和方法，证明是符合游击战争规律的。第四，我军的胜利，还来源于强有力的政治工作。红军时期政治工作的优良传统，在民族革命战争中，进一步发扬光大。我军对敌狠，对己和，官兵一致，军政一致，严格执行"三大纪律，八项注意"，因而具有旺盛的战斗力。第五，兄弟部队的有力配合。一二〇师战斗在晋西北，一一五师分别战斗在五台山区和太岳山区，牵制了敌人的大量兵力，对一二九师开辟晋东南，起了重要策应作用。

就在我们反九路围攻胜利的时刻，中央来电：张国焘背叛革命，公然投靠国民党，中央决定开除其党籍，并予公布。我听了这件事有些吃惊，没想到他会堕落到这般地步。大浪淘沙。这种人被历史淘汰，也是好事而不是坏事。四月下旬，师部召开干部会议，由邓小平同志传达了中央关于开除张国焘党籍的决定。与会同志一致拥护，纷纷表示坚决团结在党中央的旗帜下，为中华民族的彻底解放而斗争到底。

第十六章

冀南平原造"人山"

初 到 冀 南

一九三八年春,日本侵略者趁国民党军队节节败退,从华北抽调大批兵力南下,准备攻占徐州,进窥武汉。我党领导的敌后游击战争,进入一个不仅向着山地,而且向着平原蓬勃发展的新时期。

党中央和毛泽东同志根据当时的形势,四月二十一日,对一二九师作了发展河北平原游击战争的指示:

> (一)根据抗战以来的经验,在目前全国坚持抗战与正当深入群众工作两个条件之下,在河北、山东平原地区广泛地发展抗日游击战争,坚持平原地区的游击战,也是可能的。
>
> (二)党与八路军部队在河北、山东平原地区应坚决采取尽量广泛发展游击战争的方针,尽量发动最广大的群众走上公开的武装斗争;秘密的抗日斗争,只有在敌人统治的城市与铁道附近,才成为主要形式。
>
> (三)根据上述的方针,应即在河北、山东划分若干游击分区,并在军区成立游击司令部,有计划的有系统的去普遍发展游击战争,并广泛的组织不脱离生产的自卫军。
>
> ……

为贯彻这一方针,"朱、彭"命令我师迅速分兵,向冀南、豫北平原及各铁路沿线,实施战略展开。四月下旬,师部在辽县召开会议,确定了具体行动部署:全师主力编为左右两路纵队,左纵队为"路东纵队"(平汉路以东),以一二九师七六九团、一一五师六八九团及曾国华支队(五支队)组成,由我率领,向冀南挺进;右纵队为"路西纵队",以三八六旅主力组成,由陈赓率领,向邢台、沙河一带展开,配合路东纵队的行动。这一部署,以发展冀南平原游击战争为重点,直接威胁平汉、津浦两大铁路干线,并可形成东接鲁西北、南进豫北的有利态势,因而具有重要战略意义。

四月二十六日,我和刘志坚等同志告别刘伯承、邓小平,率路东纵队从辽县出发,翻越太行山,横穿平汉路,经四昼夜行军,抵达南宫,与率先在冀南开辟工作的陈再道、宋任穷等同志会合。

冀南平原地势坦荡,人口稠密,资源丰富,为河北的主要产粮、产棉区。包括邯郸、邢台、巨鹿、南宫等三十四个市县,人口六百五十余万,面积约十七万一千余平方公里。早在大革命时期,那里就有我党的活动。一九三五年,党组织曾领导任县、隆平(今隆尧县)等县人民武装暴动,扩大了党的影响。抗战爆发后,中共北方局和平汉线省委加强了对冀南特委的领导,由马国瑞任特委书记,发动群众广泛开展抗日斗争。一九三七年十月间,冀南地方党派了几个同志来一二九师师部,说国民党军队都跑了,要求我们派武装力量去收拾局面。伯承和我商量的结果是暂时抽不出部队,先派几个人去看一看。于是,令张贤约同志带了几名干部,名义上叫先遣支队,进入冀南西部的沙河、邢台一带,了解情况,配合地方党发动群众。十一月间,为扩大晋冀豫根据地,更大规模地发展敌后游击战争,师部正式制定了"路东计划",派孙继先、胥光义率三十多名营连干部,组成挺进支队,进入冀南平汉路以东的任县、隆平等地活动。短时间内,队伍发展到三四百人,并且将部分农民和收编的地方武装,组成了两个游击支队,证明开展平原游击战争,大有希望。十二月中旬,我们又派陈再道、李菁玉同志率七六九团四个步兵连及一个机枪连、一个骑兵连组成东进纵队,去冀南会同孙继先、胥光义支队,在南宫地区消灭了一些伪军、土匪,立住脚跟,向周围各县开展工作,扩大力量。一九三八年三月,复派宋任穷同志率骑兵团前往,进一步巩固和扩展以南宫为中心的冀南根据地。原冀南特委撤销,成立中共冀南省委,李菁玉任书记。他是南宫县人,曾任中共南宫中心县委书记、平汉线省委书记,对冀南的情况很熟悉,在群众中有较高的威望。那时,晋察冀的游击战争已扩展到平原地区,山东的抗日游击武装亦在平原初试锋芒。冀南、晋察冀和山东的经验,引起党中央和毛泽东同志的高度重视,从而制定了开展平原游击战争的战略方针。

我们初到冀南,中心任务是进一步开创新局面,大规模地开展平原游击战争。

冀南的情况十分复杂,三十多个县的范围内,敌我友三方犬牙交错;会道门组织及各色杂牌武装,盘根错节。什么日军喽,伪军喽,义勇军喽,民军喽,保安队喽,六离会喽……五花八门。当时,邯郸、邢台、威县、丘县、南和、临清等县城,均在日伪军手中。枣强、冀县、衡水、武邑、景县、阜城等地,由赵云祥的民军二路盘踞。南宫、巨鹿、武城、清河、广宗等县,则为我东进纵队和骑兵团占领。六离会的势力很大,主要在南宫、枣强、冀县、武强、清河地区活动。各种杂色武装,则遍布各县的乡里间。天下大乱,群"雄"并起,拉上几个人、几条枪,便自封"司令"、"主任"的人物,简直不可胜数。

控制在我军手中的南宫县城,是冀南的政治、经济中心。物产丰富,商业发达,公路运输方便,处在津浦、平汉两大铁路干线的中间地带,利于我军生存发展和周转回旋。陈再道、宋任穷他们来到后,与冀南特委相配合,积极发动群众,开展工作,建立了战地动员会、妇女抗日救国会、自卫队等群众组织,并与国民党代表赵云祥、杂色武装代表段海洲协商,选出了冀南军政委员会,作为统一战线的政权机构,行使权力。以南宫地区为中心,发展冀南抗日根据地,已经具备了一定的基础。

但是,平原游击战争能不能长期坚持下去,大家脑子里有问号。因为从红军时代起,我们就是靠山起家、靠山吃饭的。在平原地区搞游击战争,干部缺乏经验,信心不足。不首先解决这个问题,冀南的局面就难以巩固和发展。我和一些同志反复交谈,研究这里的地形、民情条件,总结前一时期的斗争经验,提出了"创造平原地的'人山'"的口号,写成《开展河北的游击战争》一文,发表在五月二十一日的《群众》周刊上。

这篇文章里有几段话,可以反映我们当时的基本指导思想:

　　开展河北游击战争,在中国的持久抗战,与取得抗战胜利上,是有其伟大意义的。河北游击战争的展开，可以破坏日寇在平汉、津浦两大铁路干线的交通运输，使日寇的资源掠夺，物资补充，兵力转移，陷于麻痹的状态；可以使日寇利用中国人打中国人的阴谋，归于泡影；而且在扩大抗日的阵地，充实抗日的力量，即在供给抗日的资源上，对全国的抗战有极大的帮助。

河北的地形，除西北两面的一部分是山地外，其余都是广漠无垠的平原地。如果单从战术上的眼光看来，游击队在平原上的活动，自然没有像山地那样多的地形上的便利，相反的，敌人的机械兵种或骑兵，倒有较便利的条件了。……有些人说游击队既无山的依托与荫蔽，自然地形上的帮助是很少的，而人的两条腿又哪能跑过机器的汽车或坦克车呢？不错，在平原地上进行游击战争，上面这些困难，确实是存在着的，但这仅仅只是困难，不能因此作出平原地无法进行游击战争的结论，否则必然会否认华北广大平原地区的游击战争。这种观念，对于开展河北的持久抗战，扩大抗战的阵地，与充实抗战的人力物力，是非常有害的。

游击队活动的依托，一方面是地形上的便利条件，如山地森林等等；另一方面是与广大人民的结合。但游击队要自己能巩固和发展，并进行机敏的灵活的动作，其主要条件是取得广大人民的拥护与帮助。

周恩来同志说："军队与游击队是鱼，而人民是水。"这个比喻是最正确不过的。河北是人口较稠密的区域，假如我们能在河北平原地上，把广大的人民推动到抗日战线上来，把广大的人民造成游击队的人山，我想不管什么样的山，也没有这样的山好。

人民的力量是最伟大的力量，也只有这伟大无比的活动的人的力量，是日寇无法战胜的力量。我们要在平原地开展游击战争，就必须把广大的人民造成人山。

无论从主观上或客观上来说，造成人山的条件是具备的。但是必须同样地指出，空喊是不成的。必须我们有进行这种工作的决心，必须一切的游击队有良好的纪律，具有抗日的高度积极性，在一切行动中，真正表现自己是为民族利益而斗争，真正站在保护人民的利益上，才能造成人山，这是政治上最主要的工作。

有了明确的指导思想,大家就有了信心,有了方向。党政军民拧成一股力量,为在平原创造"人山",建立根据地,坚持和发展游击战争,积极开展各项工作创造了条件。

首战威县。威县在南宫以南,是临(清)邢(台)公路的重要交通枢纽,日军清水部及伪军一部驻守。我们计划首先依托现地,向南发展,袭击威县,伏击临清、平乡、邢台出援之敌,扩展根据地,鼓舞群众斗志。具体部署是:以六八九团一部攻击威县,吸敌出援;以骑兵团及东纵一部,位于临清至威县的公路附近,伏击临清援敌;以七六九团和五支队,位于威县以西的高阜镇,伏击邢台、平乡援敌。五月十日,战斗打响。六八九团夜袭威县县城,两个连悄悄从城东北角爬上城墙,摸到城东门时,抓住了敌哨兵。哨兵说:"你们别杀我,我去劝他们开城门。"我们的同志信以为真,上了当。那个哨兵跑回去报信,敌人开了火。我军的夜袭,变成强攻,部队冲进城去和敌人巷战,火力不行,又被压了出来,仅歼敌百余人,但自己却伤亡二百五十余人。当我部队猛烈攻城时,守敌派人去平乡求援,途中被我七六九团击毙,故打援计划亦未能实现。这一仗,得不偿失,证明一个战斗细节上出了差错,有时也会影响全局。我们平时反复强调各级指挥员要胆大心细,原因就在这里。敌人遭我袭击后,恐慌异常,威县、临清的守敌相继逃往邢台,那带便落入我军手中。

次打六离会。南宫一带的六离会,不单是个封建迷信会道门组织,且为反动地主和汉奸控制,专与八路军为敌。该会信奉八卦教,以八卦中的第六位——"离"字命名,故称六离会。头头李耀庭,南宫人,保定武备学堂毕业生,曾在直系军阀部队当过中将旅长,七七事变后,投靠日本侵略者,是个死心塌地的大汉奸。会员五万余人,多为受愚弄的农民群众。党中央指示我们:"对于会门土匪采取慎重的态度去应付,依据具体可能条件去改造他们。"因而,部队初到冀南后,并未将该会列为武装打击的对象。但是,就在我军进攻威县的第二天,李耀庭竟唆使属下,在南宫以东的小屯、张马附近,武装袭击我派往夏津的津浦支队,抢走电台、马匹,杀害我支队政委王育民以下二十余人,制造了"张马事件"。

我们当即研究对策。我和陈再道、宋任穷、刘志坚同志合作得很好,重要事情,都是大家一起商量决定。针对六离会的猖狂活动,我们提出了"三分军事,七分政治"的方针,制定了四条措施:(1)主力部队向南宫附近集结,动员教育后即向六离会活动地区,进行武装宣传;(2)分化瓦解其组织,争取群众,进行民族教育,揭破汉奸阴谋;(3)对反动首领坚决镇压;(4)散发告人民群众书,张贴布告,勿使群众发生恐慌。我们一面向师部报告,一面拘留了大汉奸李耀庭,并邀请小屯六离会会长宋印亭来南宫谈判。但宋印亭等人顽固不化,拒绝洽谈和交出我被俘人员。我们忍无可忍,令部队攻占小屯,夺回电台、马匹,救出几名被俘的战士,当场镇压了残害我方人员的六离会骨干宋殿元。

刘、邓复电,同意我们的方针和部署。我军继续与六离会的头头联系,争取和平解决,平息事端。但他们鬼迷心窍,不自量力,决心顽抗到底。他们与附近各县的六离会联络,纠合二万多人,向孙村、甘狼冢、西高村地区集结,准备攻打南宫县城。五月十六日,六离会在南宫东南之张马、甘狼冢一带,向我发起进攻。会徒们虽是乌合之众,不讲战术,但吃过"朱砂符",迷信"刀枪不入",头扎红包布,身披红带子,排成一些方队行进冲锋,看上去红彤彤一大片。我军沉着应战,步机枪、迫击炮一起开火,连续打退了他们的几次冲锋,最后用骑兵迂回包抄,一举打垮了他们,抓获了一批反动首领。这一仗,六离会分子伤亡百余人,如果不是我军有意控制,他们死伤还要多。所谓吃了"朱砂符"便"刀枪不入"的鬼话,被事实揭穿,这对瓦解和争取六离会的群众,颇有益处。次日,我们和地方政府在孙村召开万人大会,揭露六离会头头破坏抗日、残害八路军人员的罪行,宣布取缔六离会组织。接着,又派出工作队,去各村镇开展政治宣传,动员会员只要交出"包袱"(红布包着的法衣、护身符等),脱离六离会,便不咎既往,否则,将严加惩处。在我强大政治攻势下,各地六离会纷纷解散,许多受骗成员觉醒过来,积极报名参加抗日自卫队。仅两个多月的时间,六离会组织即土崩瓦解,南宫、冀县、枣强、衡水地区的抗日武装力量,连成了一片。大汉奸李耀庭、反动首领高大奎等,均被处决。

对付六离会,打是一个关键。你不打他,他要打你。不打,我们就存在不住,只有回太行山去,所以非打不可。但是,打又不能太狠,目的在于镇住他们,进行深入细致的分化瓦解工作。六离会的成员都是本地的老百姓,多数人受蒙蔽、裹胁,并非铁板一块,死心塌地与八路军为敌的,只是极少数。

他们的亲戚朋友一大串,是我们抗日的团结对象、依靠对象。打死一个,得罪一家,伤害一片,不利于发展抗日力量。事实证明,我们采取的方针是对头的。

三是分化和打击伪军。伪军是日军"以华制华"的工具,但他们和日本侵略军也有矛盾的一面。尤其是多数劳动人民出身的官兵,并不心甘情愿充当民族败类,为皇军卖命。对待伪军,我们采取军事打击与政治瓦解并重的方针,一面进行武装打击,一面加强敌工工作,积极争取他们反正。五月下旬,我六八九团、东进纵队二团和第五支队,在临清附近一举消灭"皇协军"张屏卿、冯午桥部一千余人。接着,又消灭李殿清、李守兰部千余人。冀南伪军见我势力大增,纷纷弃暗投明,携枪来降。其中,成建制倒戈反正的有三千余人。

四是收编杂色武装。党中央指示:对冀南的杂色武装"必须迅速设法改造或收编,以免被日寇及其他人利用"。我们一到冀南,就重视抓好这项工作。不久,邓小平同志打电报来催,说鹿钟麟将要来河北,收编杂色武装,必须加快步伐。杂色武装的主要特点就是杂:政治目标杂,组织成分杂,内外关系杂。因而,既有被我争取、改造的可能,又有被敌收买、利用的可能。他们是敌我友三方都在争取的力量。

原来,冀南特委和东进纵队,曾积极开展争取杂色武装的工作,奠定了较好的基础。他们与势力较大的段海洲青年义勇军团、赵辉楼民众抗日自卫军等部,均建立了统一战线关系。另外还收编了些小股杂色武装。我主力部队挺进冀南,兵强马壮,声威远震,更是吸引杂色武装的巨大磁力,愈加有利于这一工作的开展。

我刚到南宫不久,就会见段海洲,商谈收编青年义勇军团的问题。他是个地主出身的大学生,满斯文的,国民党员。在冀南拉起一支六千多人的队伍,骨干多系旧军人和土匪,不完全听他的话。慑于八路军的声威,为保存实力,他一再表示愿意接受改编,与我军共同抗战。我们对他的要求,表示赞赏。我说:部队是你辛辛苦苦组织起来的,收编时不给你拆散,保持原有的干部和编制。为了统一序列,名字改一改,叫八路军青年抗日游击纵队吧!他回去后,就把队伍拉到南宫以西的苏村整顿,宣布改编,他当司令员,由我们派去的李聚奎同志任政治委员。不久,与我独立旅合并,组成青年抗日纵队,又派徐深吉同志任副司令员。后来,部分旧军官和土匪,过不惯我们的艰苦生活,陆续溜走。反摩擦时,段海洲见国民党要收拾共产党,也吓跑了。该部又编为一二九师新四旅。

另一个是赵辉楼,宁晋县人,旧军官出身,办过学校,有爱国思想。他领导的抗日自卫军共三千多人,在孙继先、胥光义挺进支队进入冀南时,即初步接受改编,活动在束鹿、宁晋、藁城及石家庄一带。我们到冀南后,他派政治部主任赵月舫来南宫谈判,要求正式改编。我和宋任穷等同志接见了他,谈得很顺利。赵月舫是共产党员,和赵辉楼关系甚好,办事干练,能全权代表赵部处理问题。双方商定,将赵部编为三个团,受一二九师领导,定名为"八路军冀豫抗日游击支队",暂仍在原地区活动。经师部批准,该支队由赵辉楼任司令员,赵月舫任政治委员。不久,与汪乃贵支队合并,组成东进八支队,成为八路军的一支劲旅,在抗日和反顽斗争中作出了积极贡献,赵辉楼也加入了中国共产党。

对杂色武装中的顽固派,则坚决予以打击。枣强县有个杨玉昆,自称忠义救国军,与日本人勾结,相当反动。我带七六九团去把他抓起来,送往太行山去了。

我们正式改编段海洲、赵辉楼的队伍,打击杨玉昆,有力推动了冀南杂色武装的收编、改造工作。仅两个月的时间内,就有二十余县的大小数十股武装加入我军,部队扩展到一万八千五百余人,拥有一万一千五百多条枪,分编为十八个团及支队。

杂色武装蜂起的局面,是在日军深入我国领土,国民党军队溃不成军的历史条件下形成的。这些分散在敌后广大乡村间的武装力量,除极少数为坏人操纵外,大都程度不同地具有某些抗日要求,实际上代表着农民群众抗战图存的自发愿望。只要我们高举抗日旗帜,抛弃关门主义,大胆而积极地进行争取、收编、改造、溶化工作,就有可能把相当一部分武装争取过来,变成真正抗日的力量。杂色武装是在分散的农村自然经济环境中产生的。他们与旧社会、旧势力有千丝万缕的联系,不论从思想上、政治上、组织上来看,均明显带有分散性、落后性、封建性的特点。收编他们,既要讲条件,又不能要求过高、操之过急。还必须特别注意保持八路军的先进性、纯洁性,以免被旧式武装力量影响和侵蚀。

　　五是联合范筑先。范筑先当时任国民党山东省第六专区督察专员兼聊城县长、保安司令，鲁西北的著名爱国人士，曾在冯玉祥的西北军当过师长。他的大本营在聊城。抗战爆发后，中共山东省委即派张霖之同志与他联系，建立了统一战线关系，先后派去张维翰、张郁光、张承先、齐燕铭、袁仲贤、任仲夷、朱穆之等数十名共产党员，在该部工作。联合范筑先，把冀南与鲁西北的抗日力量连成一片，是我们挺进冀南的任务之一。六月上旬，我们接到鲁南特委的来信，说范先生要来冀南，和我们商讨抗战大计。中旬，我们在威县迎接了他，陪他来的有朱穆之等人。我们特地组织了一个盛大的欢迎会。我在会上致词说："范司令是山东的抗战老人，他曾坚决拒绝了韩复榘叫他退到黄河南的命令，团结了鲁西北的广大民众，组织了抗日武装，建立了鲁西北抗日根据地。范司令这样的年纪，为了保卫民族的生存，不辞劳苦与敌人艰苦斗争的精神，是值得我们学习的。今后我们两个抗日根据地，要亲密的团结，加强联防，合力打击共同的敌人。"范老先生精神矍铄，心情激动。他在致答词时说："我们过去是孤军作战，现在来了八路军，有了依靠，今后不再孤军奋斗了。我们要亲密配合，共同作战，保卫神圣国土。"欢迎大会上，上万群众高呼口号，气氛热烈而感人。

　　次日，我和宋任穷、陈再道、刘志坚等同志与范老先生正式会晤，开诚布公，交换意见。双方达成了互通情报，八路军帮助范部培训干部，冀南归八路军驻防和鲁西北归范部驻防，以及互不收编对方防区的杂色武装等协议。范老先生兴致勃勃，与我剪烛夜话。我印象最深的是他对坚持鲁西北抗战很有信心，讲了些对付日军的办法，还说他们那里有山，城里顶不住了可以上山。他不懂游击战，我讲了些这方面的战术和发动群众的问题，供他参考。

　　六是建立政权。根据地发展很快，建立抗日民主政权的工作，必须紧紧跟上。可是，我们的干部有限，派不出那么多人去。怎么办？就采取"放县长"的办法。省委专门办了个县长训练班，培养县长。部队每收编一股武装，接管一座县城，就派去一名县长主事。开个群众大会，请些有名望的人士参加，会上宣布八路军派某某人为县长，请大家举手表决。群众对八路军有好感，容易通过，县政权就是我们的了。七月间，邓小平同志来到冀南，加快了政权建设的步伐，提出了建立冀南行政主任公署的方案，付诸实行。八月十四日,公署正式成立,杨秀峰当选为主任,宋任穷当选为副主任,公布了施政纲领,下设六个专署,辖五十一个县政权机构。一些爱国进步人士都担任一定职务,影响很大。冀南行政主任公署的成立,标志着冀南抗日根据地的正式形成。

杨秀峰那时叫杨秀林,是个大知识分子,曾当过北京师范大学的教授。一九三〇年在法国留学时加入中国共产党,抗战开始后以国民党政训处长的名义,组织冀西游击队,建立了我党在冀西的第一支抗日武装。他在冀南工作期间,同省委和部队配合很好。这个同志党性强,谦虚谨慎,诚恳朴实,工作细致深入,对干部和群众特别温和,在群众中威信很高,大家都亲切地称他为"我们的教授"。他对冀南的抗日民主政权建设,付出了艰辛劳动,作出了重要贡献。

经过上述一系列军事、政治活动,冀南根据地出现了大好局面。截至九月底,我军和地方武装相配合,解放临清、高唐、临漳、内黄、清丰、滑县等二十多个县城,消灭日伪军万余人,争取伪军反正五千余人,收编数十股杂色武装和二十余县的民团、保安队,建立了五十一个县的政权,控制了西起平汉线、东至运河、南起豫北、北至滹沱河以南的广大地区,人口逾八百万。

会见卡尔逊

一九三八年七月,美国驻华武官伊·福·卡尔逊来南宫采访。恰好邓小平同志在这里检查和指导工作,我们一起会见了他。一九四〇年他在纽约出版了《中国的双星》,其中有一章是专门记述这次会见的,比较详细、生动地介绍了谈话内容和他的感想。现转录如下:

在南宫会见徐向前和邓小平

经过五天的艰苦路程之后我们到达南宫。非常幸运,我又见到徐向前将军。他还像我在辽县看见他时的那样和蔼和满面笑容,但是也瘦了一些,而且看起来他很疲倦。

南宫是一个水果之乡。当在这里逗留的两天之中,我们谈话时,小鬼们便拿来桃、梨和苹果。朱德的总政治部副主任(按:实为一二九师政委)邓小平当时正在这里视察,他也跟我们谈了话。

这里有一种冀中所缺乏的沉着和自信。我试图分析一下这种不同的原因,感到这种不同在于领导人是沉着而自信的。这些八路军的人是满怀自信心的。他们在为生存而战争的漫长年月里,深入而全面地考虑了整个社会、经济和政治关系问题,他们的主张是肯定的和明确的。而且,他们对自己的军事战略和自己运用这个战略的能力,也具有无限的信心。

河北省南部地区(用中国话说叫"冀南")位于构成冀中南部边缘的那条公路以南,介于西边的平汉铁路和东边的山东大运河。它的南部边缘是在大名以北不远的一条线之间,河北省在那里变窄,像一只平底锅的锅柄,一直伸延到黄河边。这个地区大约有八千平方英里,面积约和美国的马萨诸塞州相等。

日本人一度占据了从东到西横贯这个地区的一条公路,它把两条铁路联结在一起了,结果是人民遭受很大损害。在日本人向前推进时,中国的正规部队已经南逃了,人民只好自己想办法。有些人成了土匪,而另外一些人则试图组织起来,保护一些具体的地区。但是他们没有基本的计划,而且他们的活动也很分散。

徐向前告诉我:"那是在十二月间,这一地区的某些城市的代表来到辽县我师的师部,要求我们去帮助组织游击队。当时我们正在忙得腾不出手来,所以我派了三个训练有素的非武装人员和他们一起回来。几个星期之后又接着派了二十四个人,一月间又派来四个连。这些部队组织了巨鹿和南宫的人民,并为我们在这儿创建了一个根据地。三月间,宋任穷带着一个骑兵团开到这里,扩大了发展规模。在响堂铺打败了日本人之后,我率领主力部队到达这里。"

"你们在响堂铺是怎样打败日本军的?"我问道。

他回答说:"那是三月三十一日,一支约有三千人的日本纵队,带着一百八十辆卡车通过一个关口向山西开来。我们突然从侧翼对他们发动攻击,打死近一千人。但是战果中最出色的是烧毁了他们的全部车辆。"

我非常想知道他们是怎样对待中国土匪的。"你们消灭了他们吗?"我问。

他回答说:"在我们向他们说明了他们正给中国人的事业造成危害之后,他们还是欺压人民,否则我们是不会消灭他们的。"然后他对我讲了土匪必须满足哪些条件才能被编入八路军,他们必须同意:

坚持抗日直到日本撤出中国;

服从八路军的命令;

接受八路军的政治教育和政治工作人员;

不危害人民;

定期提出收支详细账目的报告;

实行八路军的薪饷标准(等级是战士每月一元,指挥员每月五元);

吃同样的伙食。

他说,汉奸部队(指编入日军的中国部队)必须通过消灭日本人来证明他们的诚意。

"仅仅这个地区,大约就有五千名汉奸部队官兵向我们投诚了。"他说着慢慢地笑了。

我说:"徐同志,在我们谈条件的时候,我想具体知道每一个八路军战士都宣誓遵守的抗日救国十大纲领。"

当我们谈话时,邓小平一直在大吃水果。这时他靠在椅子背上,积极地参加了谈话。

他说:"这些原则是:收复失地;开展我们所有军队的集体行动;动员人民;铲除汉奸和机关中贪官污吏;建立一个民主政府;和日本、朝鲜和台湾农民一齐开展反法西斯运动;没收汉奸的财产用之于抗战;改善人民的生活,提高人民的教育秩序;检举并逮捕汉奸;最后,也是最主要的是实现抗日民族统一战线。"

在他指出这几点时,我心里暗暗用我在山西、河北观察到的活动来和这些原则对照。我看到了实行每一项原则的具体事例。自离开晋西黄河地区以来,在我们访问的每一个地方,人们都非常强调发展统一战线。

雨季正在开始,滂沱大雨下了两天,这使我们延迟进发。但是,这也为和徐向前、邓小平谈话提供了更多的机会。

邓小平在参加八路军之前,当过工人。他在法国待过一段时间,并在那儿研究劳工运动。邓小平个子矮些,身体结实健壮,他的思想极为敏锐。

一天下午,我们讨论了整个的国际政局,他对情况了解的范围之广使我大为吃惊。他讲的一则消息使我感到震惊。

他说:"去年,日本从国外购置的战争物资有一半以上是美国提供的。"

"你肯定这一点吗?"我问。我知道美国主要同情的是受侵略的中国一方,在我在中国内地旅行的八个月里,当我考虑到这件事时,我一直认为美国人会拒绝把战争物资卖给一个侵略的国家,这是不成问题的。我太天真了!

他对我说:"是的,这消息是战争第一年结束时,从美国发的一则电讯中说的。"

这使我感到难过。我说这则电讯的报道准有错误,我不能相信美国人会有意助长我在过去一年来在这里所亲眼见到的大屠杀和苦难。

徐向前进来了,话题重新回到当地的局势问题。我向他问到这个地区的现状。

"现在日本人只守着铁路沿线的城市和我们南面的大名城,这个地区的土匪已经肃清了。但是南边的一些地区并没有这么幸运。不过有一位很不错的人负责掌管大名与黄河之间的五个县,他名叫丁树本。我们曾给他一些帮助。"

他想了解我打算怎样回汉口去。

我回答说:"我想看看山东的情况,然后我希望能在黄河那边到郑州以西找到一条路线。"

他对我说:"如果你难以找到一支护送队的话,回到这里来,我会设法送你过去的。"后来他的这个诺言对我很有用处。

卡尔逊先生回国后参加过第二次世界大战,是位反法西斯战争的指挥官。他已逝世。我在这里详引他的著作,也是对这位国际友人的一个纪念。

反摩擦斗争

我们在冀南平原搞了块天下,聂荣臻他们在晋察冀和冀中平原搞了块天下,使河北的平原游击战争走向一个新阶段。八路军力量的大发展,人民群众和一切爱国人士欢欣鼓舞,而消极抗战、积极反共的蒋介石却难以容忍。

早在国共合作抗战之初,蒋介石就玩弄种种阴谋诡计,企图"限共"、"溶共",在抗战中削弱和消灭共产党的力量。为此,毛泽东同志一再强调坚持统一战线中的独立自主原则,坚持敌后游击战的方针,放手发动群众,壮大自己的力量,从而击破了蒋介石的阴谋,创造了敌后游击战争蓬勃发展的局面。据不完全统计,从一九三七年冬至一九三八年秋,八路军在华北共进行大小战斗一千四百余次,牵制了日军三十余万兵力,自身亦由抗战初期的三万余人发展到二十五万人,控制了晋西北、晋东南、晋察冀、冀南、冀西、冀东等大片区域。这种局面,使蒋介石坐不住了,处心积虑筹划"限制异党"的措施。他先是密令阎锡山在山西制造摩擦,"赶走"八路军和新军;接着又委任鹿钟麟为"河北省政府主席",带上一批反共专家,来河北"收复失地"。九月中旬,鹿钟麟一行,大摇大摆,来到了冀南。从此,在冀南展开了摩擦与反摩擦的激烈斗争。

鹿钟麟到来时,党中央从国共合作抗战的大局出发,对我们作了如下指示:"与鹿谈判原则为要求鹿对一切维持现状,承认既成事实,不妨害华北抗战,军事行政照既定方针进展。谈判时我们的要求不妨稍高,如须让步时,待鹿提出方案后再说。"本着这一精神,我们在南宫召开了冀、鲁两省各方人士和群众参加的盛大欢迎会,并与鹿进行了初步的谈判。参加谈判的有我和杨秀峰、宋任穷、陈再道等同志。中心内容是双方应合作抗战;请鹿承认冀南行政主任公署为唯一政权机构;已经当选的行署、专署领导人及各县县长,可由鹿以"省府主席"的名义,正式委任等。鹿钟麟是杂牌军出身,新来乍到,对我们的态度还算友好。他表示,自己一无枪炮,二无军队,今后抗战要多靠八路军,大家同舟共济,遇事互相商量等。但他有蒋介石的"使命"在身,周围又有一批国民党"眼线",身不由己,除了说些冠冕堂皇的话以外,实质性的问题一个也没解决。那时,我们还想争取他,一次谈不成不勉强,以后还可以慢慢地谈嘛!

我党北方局代表朱瑞,也来到冀南,会见了鹿钟麟。双方商定,趁迎接鹿的冀、鲁两省头面人物都在,召开一次两省军政联席会议,进一步推动抗日力量的合作与发展。会议是在南宫县城召开的,出席的有三十余人。朱瑞同志作了较长时间的发言,分析了抗日的形势,阐明我党的抗战决心及统一战线政策,高度评价范筑先先生与八路军合作抗战的爱国行为,对"鹿主席"来到敌后抗战,表示热烈欢迎。范筑先及国民党代表韩梅岑、邵鸿基等,相继发言,均表示愿意加强国共团结,合作抗战。会议的气氛,比较融洽。

但不久,我们就发现,鹿钟麟、韩梅岑等人,当面说得好听,背地里却在搞鬼名堂。他们四处网罗反共武装势力,以孙良诚为游击总指挥,张荫梧为河北民军总指挥,将民军赵云祥部及杂色武装胡和道等部拉了过去,还与山东的反共专家沈鸿烈结成"冀鲁联防",同八路军对抗。九月下旬,胡和道勾结枣强县的会道门组织,向我驻姚屯的一个连进攻,杀害战士十多名,并包围枣强县城,叫嚣"撤换县长,驱走八路"。经我方强烈抗议,鹿被迫宣布解散胡和道收编的会道门组织,交还我被俘人员。不久,赵云祥又将新河县抗日群众团体战委会解散。十月底,鹿钟麟竟以南宫县长赵鼎新在给他写的工作报告中,书写"鹿主席"时未抬头另行,有失尊敬为理由,提出撤换赵的县长职务。在此同时,他们还单独任命了一批专员、县长、区长,造成我根据地内双专员、双县长、双区长并存的混乱局面。

十一月中旬,日军对冀南进行第一次"扫荡",南宫失守。鹿钟麟等人仓皇逃往枣强,我行政主任公署机关转移到广宗活动。粉碎敌人"扫荡"后,日军放弃南宫。鹿抢先返回,竟以冀南行政主任公署"不知去向"为借口,宣布予以撤销。是可忍孰不可忍!我们当即采取了反击措施:派一个营的兵力进驻南宫"保护"鹿主席,如国民党武装前来挑衅,迫不得已时即坚决回击;冀南行政主任公署也回南宫办公,行使职权,你搞你的,我搞我的,有的问题"先斩后奏",有的则"斩而不奏";广泛动员群众,开会庆祝八路军收复南宫的胜利,掀起反对赵云祥解散新河群众抗日团体、反对取消冀南行政主任公署的请愿运动；我各专区专员、县长、区长一律照常行使职权；各基干游击队和群众团体提高警惕，防备国民党突袭等。鹿钟麟见大势不妙，南宫没有立足之地，被迫返回枣强、冀县一带去了。

在枣强、冀县，鹿钟麟等人依靠反共武装势力，继续为非作歹，破坏抗战。他们任意解散抗战群众团体，杀害、活埋共产党员和进步分子，横征暴敛，涂炭群众，拒绝与我党代表谈判，激起了公愤，各群众团体纷纷组织请愿团，要求鹿钟麟停止破坏抗战的罪恶活动，追查凶手。"驱鹿"的呼声，遍及冀南城乡。蒋介石为了给鹿钟麟壮胆打气，又任命他为冀察战区总司令。这时，石友三、高树勋部要求开来冀南抗日。该部是西北军的，在张北抗战中有一定贡献，当时算爱国官兵。中央指示我们，应对石、高部采取欢迎的态度，使之"能与我亲密合作以打破鹿勾结石、高排挤八路军之企图，而使鹿陷于孤立，迫使鹿进步"。省委、行政主任公署和部队，在领导群众"驱鹿"的同时，积极进行迎接石、高部的准备工作。

就在这时，我害了一场大病，高烧十多天，身体虚弱不堪。十二月下旬，石、高部开来南宫。幸好伯承、小平同志均来到冀南，直接负起领导重任，我的担子就减轻了。分工由刘伯承、宋任穷重点做鹿钟麟的工作，邓小平、刘志坚则重点做石友三、高树勋的工作。小平同志去延安刚回来，带来了六中全会的精神，批判王明的右倾投降主义，要在部队和地方党中传达贯彻。与石友三部的联系，刘志坚出面多些。在这期间，石友三保持了中立，对我们有利，后来才向右转。鹿钟麟顽固不化，继续反共，弄得声名狼藉，于一九三九年春逃往冀西。

冀南的反摩擦斗争，很有意义。中央认为"获得了很大成绩"，"要总结过去的经验以供'七大'讨论的材料，因为这个区域是摩擦厉害的地方。"

平原游击战

我河北平原抗日根据地和游击区的形成，严重威胁日军后方及平汉、津浦两大交通命脉，大大增加了敌人的后顾之忧。冀中、冀南、冀东根据地，是日军"扫荡"的主要目标。

一九三八年九月,日军在进攻广州、武汉的同时,向冀中根据地发起大规模围攻。种种迹象表明,"扫荡"冀南,亦是指顾间的事。根据总部和师部的指示精神,十月下旬,我们在南宫县城召开营以上干部会议,专门布置反"扫荡"的准备工作。我在会上作了报告,分析了当时的形势,估计敌人在占领武汉后,必然打通平汉线,巩固平汉线两侧,抽兵"扫荡"我敌后根据地。那时,毛泽东同志的《论持久战》和《抗日游击战争的战略问题》两篇文章,已发营以上干部学习,起到了统一部队思想,增强胜利信心的作用。我读得很仔细,随身携带,反复阅读,对毛泽东同志的伟大战略思想和预见事变进程的能力,由衷敬佩。我们的反"扫荡"准备工作,以这两篇著作为指南,结合冀南的敌情、我力及地形、群众条件,着重解决如何坚持平原游击战的问题。在冀南平原作战,有利条件是:群众已经发动和组织起来,对惨无人性的日军极端仇恨,与八路军形成了鱼水关系;地势辽阔、平坦,乡村稠密,便于我军分散和周旋;敌人兵力有限,供应不足,不可能占领全部县城和村落,一次"扫荡"的时间,亦不会太久;我主力部队长于运动、夜袭、伏击,战术灵活多样,士气旺盛。不利条件则是:平原地区,交通方便,利于敌人运动和增援;城池坚固,被敌占领固守,我不易夺回;根据地刚刚形成,部队和群众缺乏平原游击战的经验;国民党故意制造摩擦,我们既要对付日军的进攻,又要对付国民党的破坏,处在两面应付的地位;一些隐藏的汉奸,尚未彻底清查出来。据此,我们提出如下反"扫荡"措施:(一)尽快筹集大批粮食、衣物、款项,做好物资准备。(二)向冀中学习,采取多挖路沟、设路障及破坏道路、空舍清野的方法,迟滞敌人。(三)分散作战,灵活制敌。不要死守县城和村落,而是依托广大乡村,分散游击,与敌周旋,会躲会藏会打;不打则已,打则必胜,昼伏夜袭,打了就走。(四)坚决镇压汉奸,警惕国民党制造摩擦,防止新编杂色武装倒戈等。会后,由行政主任公署下达紧急动员令,根据地军民开始了紧张的反"扫荡"准备工作。

十一月中旬,日军对冀南的第一次"扫荡"开始。其独立第三混成旅、一一四旅团各一部及伪军一部共约三千七百余人,兵分四路由石家庄、德州、邯郸、邢台出动,向我根据地腹心地带南宫合围。我军陆续放弃了隆平、故城、武城、恩县、高唐、夏津、临清、南宫等县城,主力化整为零,活跃在广大乡村间游击敌人。杨秀峰率行署机关转移到广宗县,我率指挥机关活动在南宫、威县、清河交界地区。历时十六天,我军民配合作战二十八次,歼敌六百余人,迫使敌人的"扫荡"中止,南宫、隆平、故城、临清等县城均被我收复。日军所到之处,奸淫烧杀,罪行累累,令人发指!在此期间,鲁西北的聊城失陷,范筑先先生誓与聊城共存亡,壮烈殉国。

这次反"扫荡",虽然迫使日军撤出冀南中心区,但宁晋、永年、故城、恩县、高唐、聊城等均落入敌手,形成由东、南、西三面包围我中心区的态势。那时,抗日战争已进入相持阶段,日军停止了正面战场的战略进攻,转为重点保守已占领的土地,向华北大举增兵,采取"先控制平原,后进攻山地"的方针,妄图摧毁我敌后根据地。一九三八年底,敌人在华北的兵力,由十三个半师团增至二十二个师团,其中用于包围我晋冀鲁豫根据地的兵力即达十一个师团,约二十余万人。毛泽东同志指出:"大抵在敌人结束了他的战略进攻,转到了保守占领地的阶段时,对于一切游击战争根据地的残酷进攻的到来,是没有疑义的,平原的游击根据地自然首当其冲。"(《毛泽东选集》第四一一页)我冀南根据地,成了敌人进攻的首要目标。

一九三九年一月,日军对冀南的大"扫荡"开始了。敌人出动五个师团的主力共三万余人,分十一路从平汉、津浦东西两线出动,稳扎稳打,步步为营,向冀南中心区合围,企图消灭我军于冀县、南宫、威县地带。形势是严重的。当时,刘伯承、邓小平均在南宫。我们商定,"先溃后收拾",即让出主要的县城、据点,避实击虚,经过一段消耗敌力的时间,再转入反攻,收拾局面。具体部署是:将现有力量分成五个战斗集团,分区游击,独立作战,互为策应,在保持有生力量的原则下,经常以小部队与敌接触,但不放松有利时机消灭敌人。

从一月到三月,我冀南军民同仇敌忾,奋勇杀敌,共进行大小战斗百余次。开始,我以一部兵力阻击和伏击进犯之敌,而以另一部兵力袭击宁晋、广平、肥乡、高唐等县城,多次取得战斗胜利,打击了敌人进攻的凶焰。从隆平进攻邢家湾的日军,途中遭我伏击,伤亡百余人,三天只前进了二十公里。平乡日军东犯广宗、威县,屡遭阻击、伏击,半个月内未能接近县城。曲周日军步骑百余进占安寨,被我全歼。宁晋日军进占大杨庄,遭我夜袭,二百余人被歼。此后,敌主力占领南宫、冀县、枣强等中心区域,我军即转至敌侧后,重点袭击敌人的运输线及守备部队。正太、津浦、平汉铁路屡遭我袭击,火车被炸毁,交通被中断。从德州往临清行驶的日军汽船,亦被击沉一艘,三十多名敌人毙命。二月十日,陈赓、王新亭部在威县香城固一带设伏,诱敌出笼。敌人钻进了"口袋",激战八小时,我歼敌二百多人,缴炮四门、汽车九辆。次日,敌出动两千余人及汽车七十余辆,进行反扑,陈赓已率部安全转移。再后,敌又以南宫、巨鹿、威县、广宗等地为重点,反复"扫荡"。我主力转入豫北,经南乐、清丰、濮阳,直至滑县、淇县一带;留下一部兵力组成许多游击小组,在根据地中心区域与敌周旋。三月间,太行山区吃紧,刘、邓遂率主力一部返回太行,我带一部兵力重新回到南宫、威县、清河地区,继续坚持斗争。至五月间,完全打破了敌人的"扫荡",前后战斗达四百余次,共歼日伪军五千余人。

这次反"扫荡"异常艰苦,依靠冀南军民的共同努力,在广大平原地区保存了自己,消灭了敌人,意义非同寻常。

冀南的平原游击战争,有哪些特点呢?

首先,它不是在偏远地区,而是在临近敌人重要交通命脉的平原地区,坚持下来的。冀南根据地,北靠德石路,东西两侧紧邻津浦路、平汉路,沿线的重要城镇,均有敌重兵把守。敌人进攻根据地,交通方便,合围迅速,增兵容易,几天之内,便可直捣我腹心地带。在这种地区与敌作战,无疑比偏远的山区或平原困难得多。可是,五个月的反"扫荡"经验证明,我们不仅坚持了游击战争,而且逼得日军走投无路,不得不返回老巢去。这是因为,敌人虽有机动方便的条件,但兵力有限,不敷分配,占了县城,控制不了乡村;顾了前面,顾不了后面。我军依托广大乡村,分散游击,与敌周旋,零敲碎打,避实击虚,便能变被动为主动,弄得敌人疲于奔命,捉襟见肘。久而久之,敌人经不起兵员、物力的消耗,只得结束"扫荡",仓皇撤走,天下还是我们的。由此说明,平原游击战争大有文章可做,毛泽东同志关于发展平原游击战争的指示,是完全正确的。

其次,它是在充分发动群众,建立"人山"的基础上,坚持下来的。冀南平原人烟稠密,村镇如网,虽然没有崇山峻岭,但八百万人口,却是难得的进行游击战争的依靠力量。群众是真正的铜墙铁壁。所以,我们一到冀南,就提出建立"人山"的思想,放手发动群众,组织群众,武装群众,团结一切抗日力量。由于抗日战争的正义性,由于我党的正确路线、方针、政策及八路军的模范作用,加上日本侵略者实行极端野蛮的政策,激起人民无比的仇恨,因而短时间内,冀南的群众便迅速发动起来,形成了真正的"人山"。各县、区、村均建立起群众性的抗日武装,十八至四十五岁的男性几乎普遍参加了自卫队或游击小组。各种抗日群众组织,迅猛扩展。仅南宫县的农民协会、妇女救国会、工会、青年抗日先锋队等团体,即拥有数十万会员。在反"扫荡"中,群众创造了挖地沟对付日军的办法。在广大平原上挖了总长达万里的道沟,既限制了日军的机动能力,又利于我军民隐蔽、转移和伏击敌人,充分证明了人民群众的伟大智慧和力量。千难万难,依靠群众就不难,这是颠扑不破的真理,是冀南平原游击战争胜利发展的根本原因之一。

再次,它又是在灵活机动的战略战术原则的运用中,坚持下来的。在平原地区进行游击战争,必须根据敌情、我力及地形条件,制定正确的战略战术,不能机械搬运山地游击战的那一套。我们当时以毛泽东同志的《抗日游击战争的战略问题》为指南,结合冀南的实际情况,总结了反"扫荡"的一些战术原则:(1)战略上是持久的、防御的,战术上是进攻的、速决的。行军要秘密而迅速,飘忽不定,让敌人摸不着头脑。(2)冬季防守,夏季进攻。夏季有青纱帐,敌人的快速部队不易活动;冀南多枣、梨、杏等果木树,加上大面积的高粱、玉米等高秆作物,利于我到处隐蔽,伏击敌人。(3)白日隐蔽,夜间行动。(4)破坏道路,迟滞敌之交通。(5)指挥与勤务机关随时准备战斗。(6)无固定后方作战。(7)开展麻雀战。(8)部队不断转移位置。这些原则,被证明是行之有效的,对粉碎敌人"扫荡"发挥了重要作用。

一九三九年五月,我奉中央指示去山东工作。从此,便离开冀南,离开了一二九师。

第十七章

齐 鲁 烽 烟

成立八路军一纵队

位于太行山以东、黄河下游、东海之滨的山东半岛，是联结华北、华中、东北的枢纽，历代兵家角逐争雄的战略要地。春秋战国时代，它是齐、鲁等国建都立业的地方，历史上曾以"齐鲁之邦"而著称于世。

抗战爆发后，日本侵略军占领平津，迅即沿津浦路南下，直逼山东。国民党山东省政府主席兼第三路军指挥韩复榘，畏敌如虎，丧魂失魄，竟率十万大军不战而逃，致使该省沦入敌手，成为日军进取徐州、南京、武汉的跳板。开辟山东抗日根据地，发展敌后游击战争，从沿海到内陆积极牵制和削弱日军的进攻能力，配合华北、华中游击战争的大力开展，是党中央和毛泽东同志全盘战略计划的重要组成部分。

一九三九年五月，党中央根据北方局的建议，决定我和朱瑞同志率一批干部去山东，加强那里的敌后游击战争领导工作。这项重要决定，与抗日战争进入新阶段的形势、任务，密切相关。

自从广州、武汉相继失守后，抗日战争进入相持阶段。日军因矛盾重重，困难加剧，被迫停止了正面战场的战略性进攻，转而制定了"确保占据地区，促进其安定；以坚强的长期围攻姿态，扑灭残余的抗日势力"的作战方针（日军大本营《陆军作战指导纲要》）。据此，将参加武汉会战的兵力大部回调，集中"扫荡"我敌后抗日根据地，企图将山西、河北、山东的游击战争烈火扑灭，迅速"恢复治安"，以巩固其侵略统治。

　　在此同时,日军对国民党实行诱降政策,妄图实现"东方慕尼黑"阴谋。国民党对日妥协投降的危险倾向,日趋明朗化。汪精卫公开认贼作父,投入日本侵略者的怀抱。蒋介石加紧"限制异党"的步伐,积极制造反共摩擦,同日军加紧秘密勾结。在山东,蒋介石派于学忠为苏鲁战区司令,沈鸿烈为副司令(兼山东省府主席),率军抢占沂蒙山区的一些要点,与原山东境内的十余万国民党地方武装相配合,与我抗衡。一九三九年二三月间,沈鸿烈公然提出"统一划分防线"、"枪不离人,人不离乡"、"统一行政,军不干政"、"给养粮秣统筹统支"等四项条件,限制八路军。不久,又规定我山东纵队只能在泰安、徂徕山以南、滕县以北、津浦路以东活动,实际上想将我驱入敌伪兵力集中的滕县、宁阳、泗水地区,假手敌人,予以消灭。国民党军政部也直接令山东纵队去北宁路作战,限制我向南发展。摩擦和反摩擦的斗争,日益尖锐化。

　　山东的抗日武装力量,亦需加强统一集中的领导。早在一九三七年底前后,中共山东省委即根据党中央和北方局的指示,领导了天福山、盐山、黑铁山、徂徕山、泰西、鲁南等一系列抗日武装起义,形成十多块根据地和游击区,为山东的抗日游击战争,奠定了发展基础。后来中央又令一一五师、一二九师抽调兵力,进入山东开展工作。至一九三九年夏,全省已有三支主力武装部队,总兵力达七万人左右。一是由原地方起义武装为基础,改编为八路军的山东纵队。张经武任纵队指挥,黎玉任政治委员,辖八个支队,活跃在鲁中、鲁南及胶东地区,兵力约四万余人。二是由一一五师三四三旅、一二九师津浦支队为基础,组成的八路军东进抗日挺进纵队。肖华任司令员兼政委,开创了冀鲁边平原根据地,控制着津南、鲁西北的十五个县份,兵力共两万余人。三是一一五师师部及六八五团。由代师长陈光、政委罗荣桓率领,于一九三九年春进入鲁西平原,与湖西地方武装合编为苏鲁豫抗日支队,战斗在泰西、运西地区,兵力约八千人。加强对这三支武装力量的统一领导,密切协同配合作战,是粉碎日军进攻和国民党的摩擦,坚持和发展山东游击战争,积聚抗日反攻力量的关键一环。

　　接到中央的命令后,我就从冀南的威县出发,在馆陶会合朱瑞等同志,准备去山东。朱瑞从山西来,带着一百多名干部,包括王建安、罗舜初、袁也烈、徐黎平、谢有法、刘子超、李竹如等同志。这些干部,都是从八路军总部、一二九师、抗大一分校挑选出来的，年轻精干，生龙活虎，有较丰富的战斗经验。在馆陶，朱瑞同志传达了中央关于反对投降派、争取中间派、打击顽固派的指示，使大家明确了当前的形势、任务和行动方针。六月上旬，我们从泰安以南过津浦路，进入沂蒙山区。在沂南县东辛庄纵队指挥部驻地，会见了中共山东分局、山东纵队的郭洪涛、张经武、黎玉等领导人。张、黎二同志，我在冀南曾见过。那是头年的十月间，他们从延安带了一百六十多名干部，路过冀南去山东。我和他们在南宫交换意见，研究如何发展山东游击战争的问题。我们还从津浦支队抽调了一个建制营，跟他们去开展工作。对我和朱瑞等同志的到来，他们十分高兴，表示热忱欢迎。

鲁中南的沂蒙山区，群山巍立，气势磅礴，象征着山东人民强悍勇敢、质朴坦荡、凛然不屈的性格。我们刚到那里，正赶上日军发动的第一次鲁中大"扫荡"。从六月一日起，日军两万余人在植田大将指挥下，以津浦、胶济、陇海路东段及烟（台）潍（县）公路要点为出发地，兵分十路，分进合击我沂蒙山区腹心地带。驻扎在莒县、沂水、蒙阴等地的大批国民党军队，闻风丧胆，逃之夭夭。敌人"扫荡"的巨大压力，全由我根据地军民承担。我们来不及详细了解各根据地的情形，便全力投入指挥反"扫荡"的紧张斗争中。

山东纵队是自力更生白手起家的。成立时间短，战斗经验少，干部缺，装备差。初次遇上敌正规部队的大规模"扫荡"，处境异常艰难。好在沂蒙山区地势险峻，回旋余地广阔，部队熟悉地形民情，又有青纱帐和群众掩护，便于分散游击，打击敌人。该纵第一、二、三、四支队与各地游击队、自卫团结合，内外线协同作战。经月余辗转战斗，重点袭击敌人的交通线和薄弱环节，切断敌军后勤供应，拖得敌人精疲力竭，损失惨重，兵员、粮食无继，终于结束"扫荡"，收兵回巢。就在这次反"扫荡"中，我一支小分队十八名指战员，在岱崮山抗击五百多日军的进攻，最后被逼到一座悬崖上，子弹打光，全部跳崖牺牲，被誉为"十八勇士"。鲁中军民经过反"扫荡"锻炼，经受了考验，增强了斗志，提高了杀敌本领。

反"扫荡"结束后，我们在了解情况的基础上，着手统一建制，健全领导机构。八月初，经中央批准，正式组成八路军一纵队，徐向前任司令员，朱瑞任政治委员，统一指挥山东和苏北地区的八路军部队。原苏鲁豫皖分局改为山东分局,由郭洪涛、徐向前、朱瑞、罗荣桓、黎玉、张经武、陈光、彭雪枫组成,郭洪涛任书记。山东军政委员会亦成立,统一领导山东的党政军民工作,由朱瑞、徐向前、郭洪涛、罗荣桓、黎玉为委员,朱瑞为书记。十八日,我和朱瑞在《大众日报》上发表就职通电,晓谕各方。一方面是要造点声势,显示八路军的抗战决心;另方面有个正式头衔,好同国民党头面人物打交道,开谈判。

八路军一纵队辖山东纵队、一一五师一部、冀鲁边东进抗日挺进纵队及苏北境内的抗日武装力量。山东的部队分散在各地区,建立一个统一领导的机构是必要的。但有些部队,如陈光部、杨得志部、肖华部等,均独当一面,距离我们较远,又能同党中央和总部直接联系,因而相对保持其独立性,也是不奇怪的。我和朱瑞同志的领导重心,放在山东纵队。

山东纵队的领导干部,配备得不弱。纵队指挥张经武,政治委员黎玉,副指挥王建安,参谋长王彬,政治部主任江华。辖十多个支队和军分区。那时的编制不正规,干部调动频繁,哪些同志在哪个支队、分区担任领导工作,已记不太清了。我记得的支队领导干部有:马保三、吴克华、徐斌洲、景晓村、杨国夫、胡奇才、廖容标、阎世印、周赤萍、孙继先、高锦纯、林浩、霍士廉、刘海涛、潘寿才、马千里、汪洋、王文、刘其人、王一平、王兆相、赵杰、王子文、仲曦东等人。在纵队机关和山东分局的领导干部有:潘复生、罗舜初、刘居英、谢有法、刘子超、李竹如、郭子化、吴仲廉、冯平等人。他们中间,除了中央派来的红军干部,就是本省徂徕山等地起义的领导骨干。这对我们开展工作,是个极为有利的条件。

王明路线统治时期,山东地区的党组织受到严重破坏,元气大伤。抗战开始后,才有了较大的发展。我们去的时候,全省共有党员五万一千五百余人。其中,鲁南地区一万五千人,鲁西地区八千余人,胶东地区一万二千二百人,冀鲁边及清河地区八千余人,苏鲁豫边八千人,苏皖边三百余人。山东分局计划,短期内再发展五六万名党员,可达十一万人左右。各区、县党组织的主要任务是发动民众,组织地方武装,配合主力部队打击日本侵略者。党员的数量虽然不多,但分布面较广,遍及全省各个地区,扎根在三千八百万人民群众之中。这也是我们开展工作的一个有利条件。

发动群众　建立政权

坚持独立自主的敌后游击战争,巩固和发展抗日根据地,离不开建立抗日民主政权。

山东的游击战争,虽然有了较好的基础,但政权建设工作,还没有跟上去,是个薄弱环节。就拿鲁中、鲁南来说,因为没有建立抗日民主政权,只能算个游击区,谈不上是巩固的抗日根据地。我们刚去,感触最深的是吃饭问题。"叫花子要饭",部队走到哪里,要到哪里,吃了上顿没下顿。因为自己没有政权,不能顺利地筹粮筹款,几万部队的穿衣、吃饭、医药、装备等,很难解决。发动群众也不好办,部队在的时候,把群众发动起来,可是一走,群众就散了。像行云流水一样,扎不下根基。政权在谁手里呢? 在国民党手里。除了敌占区外,县长、区长、乡长多是国民党的人,听于学忠、沈鸿烈的,不听我们的。处处卡我们,不仅不供应八路军粮食、衣物等,还威胁群众,限制群众同八路军接触。他们作威作福,鱼肉乡民,苛捐杂税之多,令人咋舌。有的还与日军、汉奸暗中勾结,干卖国勾当,袭击八路军。党中央曾指出:"山东方面过去退让太多,如接受取消北海行政公署及北海银行;未能于省府、县长西逃时普遍委任自己的县长;有些已委任的,复接受沈鸿烈命令撤销;秦启荣形同汉奸,多次向我进攻,未能给予有效还击。如上述情形不加改变,山东创造根据地与坚持抗战是要受挫折的。"(一九三九年四月《中央对山东问题之处置办法》)因而,打破国民党的限制、束缚,放手建立自己的抗日民主政权,是巩固和发展山东抗日根据地的当务之急。

根据当时的具体情况,我们建立政权,采取了两种形式。

一种是公开建立抗日民主政权,这是基本的、主要的形式。

我抗日根据地内或条件具备的地方,一律经民主选举,产生我党领导的统一战线的各级政权机构。雷厉风行,发号施令,行使职权。那时还不叫"三三制",但各级政权机构中不光是共产党员、工农和群众代表,还包括进步人士、开明士绅、社会名流等。所以容易调动各方面的力量,稳定局面,坚持抗战。山东是著名的齐鲁之邦、孔孟之乡,有重视文化的传统。且不说交通发达的城镇,就是穷乡僻壤间,也不乏书香门第,差不多每个区乡,都有举人、秀才、教师、医生等人物。还有些是从大城市跑来根据地抗日的作家、记者、学者、社会名流等。他们多数有爱国思想,拥护八路军抗战,在群众中有一定影响,又有文化知识,参加各级政权机构,对我们有好处。

鲁中敌人大"扫荡"时,相当一部分地区的国民党政权塌台,县太爷们逃得无影无踪。一时之间,成了无政府的空白区。好得很!我们抓紧这个机会,快刀斩乱麻,在莱芜、新泰、蒙阴、沂水、临朐、东平、平阴、宁阳、泰安等县,搞了一大片政权。那些国民党县、区、镇长大摇大摆地回来,没有人买他们的账,只得夹着尾巴溜掉。这类地区的政权建立工作粗糙些,形势逼出来的,当然要做许多善后工作,逐步调理和巩固。到一九四〇年三月间,山东境内完整与不完整的民选县政权有四十多个;年底,发展到九十多个县政权及一个行政主任公署。山东省参议会亦宣告成立,由进步人士范明枢任议长。他是位德高望重的抗日"老寿星",年近八旬,仍不辞辛劳,为抗日事业忙碌奔波。不久,还成立了黎玉任主任委员的战时工作推行委员会,实际上行使山东省政府的职权。

各级政权机构建立后,积极开展工作,创造新局面。在扩大兵员上,通过深入宣传、拥军优属等活动,动员大批青壮年参加八路军,形成了参军、拥军的热潮。在统筹部队给养上,实行按土地多少,合理负担,统一征粮的办法,部队所需的粮食,一律由县政府筹粮机构按计划供应和调拨,初步改变了过去"走到哪村吃哪村"的状况。在土地政策上,贯彻减租减息、低利借贷,调动广大农民的生产积极性,组织农民抢种抢收,多打粮食,支持抗战,改善生活。在财政上,取消名目繁多的苛捐杂税,减轻人民负担;按照累进税原则,征收必要的税款;发行货币,抵制伪币,流通金融,繁荣商业;开源节流,利用各地的资源,多办些小型矿业、工厂、手工业生产,严禁贪污浪费。在地方武装工作上,各县均组织自卫团,发展区、乡、村的自卫武装力量,担负站岗放哨、侦察敌情、清除汉奸、保卫政权、配合主力部队作战等任务。这一系列工作,显示了抗日民主政权的优越性,得到了广大人民群众的拥护。

另一种是建立"两面政权"。这是在敌占区或敌我双方经常拉锯的边缘地带,形成的一种秘密政权形式。

这类政权,表面上是敌伪建立的,为敌人服务,而实际上却被我们挖了墙脚,变成八路军的有效工具。例如,随着我军力量的壮大,声威的提高,我们在鲁南、鲁中、鲁西、胶东及胶济铁路沿线上,就逐步发展了不少基层"两面政权"。一个村的村长,名义上是敌军委任的,但被我们争取过来,那里就成了八路军的"庇护所"和情报站。送情报,他给日本人送的是假的,给我们送的是真的。我们过铁路,就像电影《平原游击队》里那样,村长敲着锣喊:"平安无事喽!"迷惑敌人,掩护我军安全通过。我们在村子里吃住,他好好招待一番。临走时,部队才派人把他绑在树上。敌人来了骂他为什么不报告,他说:"你看,他们把我绑在树上,我怎么去报告呀!"就蒙混过去了。这也是在特定历史环境中造就的一种能人,他们经过风雨,见过世面,不甘心当亡国奴,有套应付复杂局面的本领。当然,关键在于八路军是真正抗日的,有实力,又有正确的政策,因而才能吸引他们,团结他们,改造他们,把他们从敌人营垒中分化出来,变成对抗日有用的力量。

另外,还注意了发动群众争取民主,促使国民党政权民主化。

国民党政权鱼龙混杂,什么人都有。有进步的,中间的,顽固的,也有汉奸、特务,五颜六色,不一而足。我们的方针是,团结进步势力,争取中间势力,孤立顽固势力,尽力促使其进步化、民主化。在统一战线的旗帜下,经常通过宣传舆论、派人谈判、召开宪政促进会等方式,要求国民党的各级政府官员,从抗日大局出发,贯彻三民主义,实行减租减息,免除苛捐杂税,改良人民生活,打击和清除汉奸势力。就是说,要他们多办好事,少干坏事。统一战线的基础力量,是人民群众。民心不可侮。国民党有些人士也懂得这一点。我们就发动群众,对付他们,制约他们。一九三九年日军对鲁中大"扫荡"前,国民党顽固派把山东的所有群众抗战组织通通解散,以官办"群众团体"取而代之。这些"群众团体"平时耀武扬威,摇旗呐喊,颇有点声势,但一到"扫荡"来临,便同国民党官员一样,夹着尾巴逃得不见踪影。国民党搞"官办",我们就搞"民办",在各地发动群众,组织自己的抗日团体,什么宪政促进会啦,妇女救国会啦,自卫团啦,如雨后春笋般地建立起来,猛烈扩展,形成强大的洪流,压迫国民党政权倾听群众呼声,不能为所欲为。在我根据地内,各种群众团体是民主政权联系群众的桥梁,八路军的得力助手,对粉碎敌人的"扫荡",巩固和扩展根据地,发挥了重要作用。

在此期间,我和于学忠进行过一次谈判,中心内容也是谈政权问题。于学忠住在东北军驻地,距我们只有三四十里。解方同志在东北军,当时叫解沛然,从事我党的秘密工作。有天夜里,我和朱瑞等同志按照事先约好的地点,与解方同志会见。他汇报了对东北军的统战工作情况,介绍了于学忠的政治态度,认为此人原是张作霖、张学良的老部下,在国民党里受排挤,倾向联共抗日,属于中间派,可以争取,但目前对我们建立政权很不满意。军政委员会商量的结果,决定由我出面,代表八路军和于学忠进行一次正式谈判,缓和矛盾,争取他向我们靠拢,以便更好地孤立顽固派沈鸿烈、秦启荣等。一天,我带上警卫参谋,骑马到于学忠住地,他很客气地接待了我们。双方先是讲了一些联合抗日的话,强调在东北军和八路军之间,没有根本利害冲突,应当团结对敌。接着,他的话题就转入政权问题。他说,你们抗日,就不要搞地方政权了。八路军是军队,不能搞政权,你们也搞政权,我这个省政府怎么搞哇! 我说,我们是抗日的军队,要搞抗日根据地,就得建立政权,发动群众。有了政权,有了群众,才好打日本鬼子。而且,不建立政权,我们没有饭吃。你们的政府,一不给我们粮款,二不给我们枪弹,连应该发给八路军的薪饷都不给,我们不搞政权怎么办? 他说,各级政府要由我们委任,不经过我们任命,不能算数。我说,关键在于群众是不是拥护,我们的抗日民主政权是经群众民主选举产生的,得到群众真心实意的拥护,这是真正的民主,同你们的委任根本不同。群众不拥护的东西,委任了也没有用! 围绕政权问题,双方针锋相对,争论了两个多小时,未能取得一致意见。因他是我们的争取对象,我在谈话中注意了掌握分寸,留有余地,求同存异,避免把关系搞僵。

　　谈判回来,我们仍按自己的办法干,到处建立抗日民主政权。于学忠睁一只眼闭一只眼,拿八路军没办法。独立自主嘛,不搞政权,"一切经过统一战线,一切服从统一战线",手脚被人家捆住,八路军就不可能生存、发展、壮大。军政委员会在这个问题上思想统一,决心也大,因而短期内取得了较显著的成绩。

发展武装力量

　　八路军有了武装力量,才能建立政权,巩固政权。反转来说,有了政权,又为武装力量的生存和发展,创造了极为有利的条件。在巩固和扩大政权的基础上,大力发展武装力量,是我们面临的又一项紧迫战略任务。

当时,党中央和毛泽东同志根据相持阶段的斗争形势,确定了巩固华北根据地,重点发展鲁苏皖豫鄂五省敌后游击战争的战略部署。山东人多枪多,大有发展潜力。中央要求我们将发展武装力量作为一切工作的中心,争取在一九四○年内,将八路军正规部队和游击队发展到十五万人枪,地方武装达百万以上。目的是坚持和扩大山东抗日根据地,伺机向华中发展。山东的武装力量有个大发展的局面,对华北、华中的抗日战争,无疑具有重要策应作用。

我们抓部队的发展,首先注重质量的提高。质量是基础。部队质量提高了,是不发展的发展,不扩大的扩大。有人才,有干部,有优良的军政素质和传统作风,要成倍成倍地翻番,就不发愁。红军时期大发展的经验,早就证明了这一点。

山东部队的质量情况怎样呢? 一个是一一五师的部队。它从山西进入山东后,虽然补充了不少新成分,但干部大多是红军时期的指战员,不论军事训练、政治工作、管理教育、战斗作风等方面,都继承了红军的光荣传统。尤其是师政委罗荣桓同志,长期跟毛主席在一起,对毛泽东建军和作战思想体会很深,有丰富的实践经验。所以,这支部队素质好,战斗力也强。当然,山东抗战的新形势、新特点,以及新成分的大量涌入,也使部队面临着如何进一步加强建设和提高的问题。另一个是山东纵队。它是抗战初期自力更生、土生土长发展起来的。在那么短的时间里,发展到那么大的规模,担负那么繁重的任务,很了不起。中央曾经指出:"山东工作在同志们艰苦创造中,已获得巨大成绩。(在)没有八路军和没有足够数量的具有军队经验的干部帮助条件下,地方党单独已经创造出较有战斗力走向正规化的军队,它将成为坚持山东抗战的主力军。"这个评价,是适当的。当然,也正因为部队成立后,缺乏有经验的军事领导骨干,发展又比较迅速,因而没能达到抗战需要的水平。例如,政治工作部门不健全,党的基层组织薄弱,干部的政治军事理论水平和实践经验缺乏,组织纪律性不够严格,等等。这就说明,不论老部队一一五师或新部队山东纵队,都必须提高质量,才能够适应大发展的任务和要求。

提高质量主要是抓部队的教育和训练。我们办学校,办教导队,办参谋集训队。每个团或支队,都开办干部培训班。另外,还送一些干部去抗大山东分校,进行培养。我们要求团以上干部在政治方面,学习《联共(布)党史简明教程》、政治经济学、历史唯物论、党的统一战线的理论和政策;军事方面,学习《论持久战》、《抗日游击战争的战略问题》、游击战术、苏军野战条令,以及研究日军的战略战术。对营以下干部的学习内容,也作了具体规定。领导干部亲自讲课,是条法规,这也逼着他们自身首先要学好。

两支部队,交流人员,取长补短,是有效方法。一一五师战斗骨干多,我们报请中央批准,从那里调了两千多人到山东纵队,充实骨干。山东纵队的干部,熟悉山东的地理环境、风俗民情,容易和群众打成一片,我们也从中抽调了一些去一一五师,帮助他们开展工作。一九四〇年,因一一五师担负的作战任务很重,需要大批兵员,山东纵队一次就拨给他们三万余人枪。这两支部队的人员交流,对迅速提高质量,增进了解,共同战斗,起了有效作用。

在实战中提高部队的战斗素质,也是重要一环。那时,战斗频繁,部队不断转移和作战,是很实际的锻炼。我印象里,一支部队在一个村子里,连续住一个星期的情况极少。游击战嘛,就是打了走,走了打,转来转去,在一个地方住不了两三天。这支部队走了,那支部队又来,反正地盘只有那么大,常来常往就是了。新兵多,行军、宿营、作战缺乏经验,什么警戒啦,联络啦,疏散啦,埋伏啦,夜袭啦……靠在实践中锻炼。老部队行军后宿营,懂得用热水泡泡脚,消除疲劳;新部队就不懂,你叫他洗都不洗。一天急行军下来,脚上打泡,走也走不动。尝到了苦头,才懂得洗脚的重要。为迅速提高部队的战斗力,每打一仗,我们战前周密计划,精心布置,深入动员;战后及时总结经验教训,让指战员明白胜利是怎么得来的,失利是如何造成的,提高自觉性,减少盲目性。像孙祖战斗,日军出动四百多人,被我一个支队包围,歼灭二百余,是个不小的胜利,但也存在问题。优点是侦察清楚,决心果断,地形选择适当,集中了优势兵力;缺点是下级指挥员不机动,通讯联络不好,追击动作缓慢,因而未能达到全歼敌人的预期目的。我为此专门做了总结报告,对干部进行教育。这样的总结经常进行,很有益处。

在提高部队质量的基础上,积极扩大正规军和地方武装的数量,造成武装力量大发展的局面。部队经过一九三九年下半年的整顿,质量明显提高,军政委员会决定积极扩展队伍,以便更好地担负起中央规定的战略任务。那时,国民党利用群众的抗日情绪,进行欺骗宣传,拼命在各地扩展实力,为积极反共作准备。短期内拉起的民团、游击军之类的队伍,达十万之众。我们如果忽视了部队数量的扩展,就难以形成自己的优势,不仅经不起对日作战的长期消耗,而且有被国民党顽固派挤掉的危险。一九四〇年,是山东武装力量大发展的一年。我们有了较巩固的政权,有坚持抗战的决心和威望,有一支军政素质较强的正规部队,为大发展创造了有利条件。部队和地方党在发动群众参军的同时,也注意了争取和收编杂色武装的工作,在鲁中、鲁南、胶东等地区,收编了数十股大小杂色武装。山东纵队一九三九年六七月间是二万五千人,到一九四〇年上半年,即发展到五万一千余人(不包括调给一一五师的三万二千人)。一一五师一九四〇年初是五万八千余人,到九月就发展到七万多人。根据地和游击区的武装自卫团等地方武装也有很大发展。

六月间,山东纵队开始整编、整训。不久,将所属部队正式编为五个旅,四个支队。一旅旅长王建安(兼),政治委员周赤萍;二旅旅长孙继先,政治委员江华(兼);三旅旅长许世友,政治委员刘其人;四旅(后组建)旅长廖容标,政治委员汪洋;五旅旅长吴克华,政治委员高锦纯。第一支队司令员胡奇才,政治委员王子文;第四支队司令员赵杰,政治委员王一平;第五支队司令员王彬,政治委员王文;独立支队司令员邵子厚,政治委员朱则民。

军队的物资供应问题,亦有改善。部队虽然扩展了,但因有了政权,得到人民群众的积极支持,筹粮、筹款、筹物资比过去好得多。那时是战争环境,群众生活很苦,尤其是沂蒙山区,粮食产量很低,青黄不接的时候,群众靠吃糠、吃野菜度日。我们不能与民争食,部队所需的粮食、物资,尽可能地取之于敌。

粉碎新"扫荡"

从一九三九年下半年起,日军对山东抗日根据地的"扫荡",明显增加,愈演愈烈。这种相持阶段的"扫荡",与战略进攻阶段有不同的特点。所以,我们称之为新"扫荡"。

我当时对这种"扫荡"的特点,作了如下的概括:

(一)敌人把后方转变为前线;

(二)"扫荡"是不平衡的;

(三)敌人以堡垒形成巩固的点和线;

(四)"扫荡"次数增多,时间短促;

(五)以"游击战"对游击战;

(六)实行烧杀与封锁政策;

(七)强化汉奸政权,利用汉奸、特务进行破坏;等等。

针对敌人新"扫荡"的特点,我军采取游击、破袭、麻雀战等作战手段,不断给敌人以有力打击。

下面,是这一时期的一些主要战斗。

苗山战斗(1939年6月):六月下旬,日伪军三百余人进占莱芜的苗山。我纵队一个连,乘敌在河里洗澡的时机,发起突袭,打得敌人措手不及。后敌从莱芜城调来援军,我军依托山地,与敌激战竟日,打退了敌人的进攻,迅速转移。共歼灭敌百余名,俘敌数十人。

大郝家埋伏战(1939年7月):大郝家位于龙口至招远的公路附近。据侦察,敌每天有汽车通过。七月三日,我纵队一部以集束手榴弹埋在公路上,设置伏兵,一举炸毁敌汽车三辆,毙敌中川清秀指挥官以下三十余名,缴轻机枪一挺,长短枪四十余支,子弹三千余发。

梁山伏击战(1939年8月):七月间,我一一五师一部在泰西、运西地区,经东平、宁阳等战斗,建立了新的根据地。八月初,敌从津浦线抽调炮兵一部和步兵长田敏江大队共六百余人,经汶上向梁山一带进犯。我一一五师一部六百人在梁山附近设下伏击圈,将该敌包围全歼,缴获大炮三门、轻重机枪二十余挺、步枪二百余支,创造了以相等兵力全歼优势装备敌人的模范战例。战后,敌疯狂进行报复,出动五千余人及汽车百余辆、装甲车四十余辆,对鲁西平原反复"扫荡"。我军利用青纱帐掩护,不断袭击敌人,仅一次战斗即毙伤敌二百余名,毁汽车十余辆、装甲车三辆。历时一个月,终于使敌人的"扫荡"失败。

冶源战斗(1939年9月):冶源为临朐县的重镇之一,有日伪军一百余名盘踞。九月十一日我纵队一部向守敌发起突袭,激战三小时,攻克该镇,歼敌五十余名。

五井战斗(1939 年 10 月):十月二十五日,青州、临朐守敌日伪军四百余人出动,向五井我军驻地突袭。我军顽强抗击,在增援部队配合下,经一天激战,将该敌击溃。缴获轻重机枪四挺、长短枪三十余支、子弹五万余发,毙伤俘敌青州守备队长有田以下近二百名。

泰山反"扫荡"战斗(1939 年 11 月):十一月上旬,敌从泰安、莱芜、博山等十一个县,出动步、骑、炮兵两千余人,兵分八路,向我泰山根据地腹心地带合击。在一周时间内,我军采取侧击、尾击、奇袭等战术,打击敌人。经金牛山、陈林、马鞍山、大王庄、龙磨角、章莱路、下游庄等一系列战斗,共歼敌近三百人,使敌人的"扫荡"破产。

总破袭战(1939 年 12 月至 1940 年 1 月):为粉碎敌人的冬季"扫荡",从一九三九年十二月至翌年一月,我鲁南、鲁西、鲁北、胶东各部队,发起总破袭战,破坏敌人控制的铁路、公路,袭击重要据点,牵制和迟滞敌人前进。六次破袭战,共破坏铁路、公路数百里,炸毁火车一辆、桥梁十余座,收割电线一千多斤,零星歼敌数千名。

孙祖战斗(1940 年 3 月):三月中旬,沂水、朱位、东里店、铜井、莒县五个据点的敌人,出动四百余人,向我纵队司令部活动的岱庄、孙祖地区进击。我们调山纵二支队及一个交通营,在孙祖和铁峪一带山地设伏。十六日战斗打响,激战两昼夜,共毙伤日军二百余名,缴获一批马匹、车辆、武器弹药等。

白彦战斗(1940 年 3 月):一一五师为巩固和扩大以抱犊崮山区为中心的鲁南根据地,一九四〇年初,南下郯(城)马(头)平原,攻克郯城。三月间,复挥师费西地区,与敌三次争夺重镇白彦,歼敌八百余人,开辟了费县、滕县、邹县、曲阜、泗水边根据地。

抱犊崮反"扫荡"战斗(1940 年 4 月):四月中旬,敌人调集邹县、滕县、枣庄、峄县、临沂、费县等地的日伪军八千余人,对我抱犊崮根据地进行"合围扫荡"。一一五师主力与地方武装配合,一个月内作战三十余次,毙伤敌二千二百余人,粉碎了这次"扫荡"。

反"扫荡"的零星战斗几乎天天进行,不可胜数。据不完全统计,山东军民从一九三八年下半年至一九四〇年上半年,共进行大小战斗二千余次,毙伤俘日军松井山村中将以下近二万名、伪军二万五千余名,破坏公路一万二千里、铁路五百余里,击落敌机三架,击毁兵舰一艘、汽艇七只,炸毁汽车八十六辆、火车头三十六个、列车车厢一百六十二节。这些胜利,充分显示了敌后游击战的强大威力,显示了我根据地军民的顽强战斗意志,使日军一次次的新"扫荡"均告破产。我军愈战愈强,在战术思想、指挥艺术、战斗作风、组织纪律性等方面,获得了长足进步。这样,就为我们向更大规模的游击战、运动战的方向前进,奠定了坚实的基础。

打退国民党第一次反共高潮

在山东,也像冀南一样,我们既要对付日伪军的"扫荡",又要应付国民党顽固派的摩擦。

山东的著名顽固派,第一是沈鸿烈,第二是秦启荣。秦启荣在前台,沈鸿烈在后台,堪称摩擦专家。他们的反共小册子里公然写道:"打倒阴谋多端的共产党",对共产党和八路军要"见人就捉,见枪就下,见干部就杀","有损抗战的力量,亦在所不计"。他们还提出"宁亡于日,不亡于共"、"日可以不抗,共不可不打"、"以组织对组织,以军事对军事,以特务对特务"等口号,反共的狰狞面目,暴露无遗。在沈鸿烈、秦启荣的唆使与指挥下,国民党顽固派屡屡制造军事摩擦,向我根据地和游击区频繁进攻。一九三九年三月下旬,秦启荣指挥所部王尚志三千余人,于博山、益都交界的太河镇,伏击我第三支队的干部队和掩护部队,杀害支队政治部主任鲍辉、团长潘建军以下四十余人,扣押二百多人。八月上旬,秦启荣乘我第四支队在泰莱公路出击敌人的机会,指挥顽军袭击我后方根据地莱芜的雪野,使我伤亡二十余人。八月中旬,在淄河流域,他又指挥所部将我三、四支队包围十余天。这些,就是当时山东有名的"太河事件"、"雪野事件"、"淄河事件"。在鲁西北,石友三部亦加入摩擦行列。据统计,自一九三九年六月至十二月,我军在反"扫荡"中战斗二〇九次,自身伤亡一千二百四十三人;而国民党制造摩擦九十余次,竟使我伤亡达一千三百五十人,被俘八百一十二人,损失远远超过敌人的"扫荡"，简直令人发指！此外，顽固派还采取伪装八路军的手段，四处大烧大杀大抢，造谣惑众，嫁祸我军，甚至派遣特务刺探军情、组织暗杀团、进行策反等，在我根据地内大搞破坏活动。

山东顽固派制造越来越多、越来越大的摩擦，绝不是孤立的。它是蒋介石第一次反共高潮的先声，是其企图全面破坏国共合作、准备投靠日军的重要步骤。毛泽东同志在揭露反共顽固派时说："在湖南就闹平江惨案，在河南就闹确山惨案，在山西就闹旧军打新军，在河北就闹张荫梧打八路军，在山东就闹秦启荣打游击队，在鄂东就闹程汝怀杀死五六百个共产党，在陕甘宁边区就闹内部的'点线工作'、外部的'封锁工作'，并且还准备着军事进攻。……所有这些，无非是要破坏抗日的局面，使全国人民都当亡国奴。"（《毛泽东选集》第七〇九至七一〇页）

我们的反顽斗争，是根据党中央和毛泽东同志规定的方针、原则进行的。这就是："既统一，又独立"，"坚持抗战，反对投降；坚持团结，反对分裂；坚持进步，反对倒退"，"发展进步势力，争取中间势力，孤立顽固势力"，"人不犯我，我不犯人；人若犯我，我必犯人"，"有理、有利、有节"等等。

首先是要对国民党营垒作具体分析，区别对待。随着顽固派制造摩擦的日益加剧，流血事件的不断发生，我们队伍里有些同志认为，天下乌鸦一般黑，国民党的上层人物都不是好东西，和他们搞统一战线，是瞎子点灯，白费蜡。我们不同意这种看法，坚持对国民党营垒的上层人士作具体分析。在这个基础上，统一干部的思想和行动，确定我们的对策。

就拿国民党在山东的头头于学忠、沈鸿烈来说，二者是不同的。于学忠是原东北军的，西安事变后与我党有过合作关系，在蒋介石那里并不吃香。蒋介石一面利用他，一面排挤他。他明白，我们更明白。因而，尽管他有时不得不对我们态度强硬些，但并没有说过八路军多少坏话，是留了回旋余地的。这就是中间派的立场和态度，属于我们的争取对象。沈鸿烈则是典型的顽固派，死心塌地，反共到底。他不仅积极"限共"，制造摩擦，而且暗中授意秦启荣部，秘密勾结日军，订立"共同防共协定"。他不断向蒋介石、何应钦告八路军的黑状，今天说我们"游而不击"，明天说我们"进攻中央军"。于是，何应钦等人就在重庆大放厥词，说"徐向前不打敌人，专打沈军"云云，真是荒唐可笑。一九四〇年六月，就在我将离开山东的前夜，沈鸿烈趁我军在新泰、蒙阴以东山区与敌激战的时刻，竟指使所部突袭、占领我黄庄阵地，从背后给了我们一刀。事后，他大造舆论，诡称"中共军不战而退"，又倒打了一耙。像这种家伙，只能是我们的打击对象。

再拿国民党军队来说，也是有区别的。东北军是杂牌部队，驻山东两个军，万毅、解方等同志在那里积极进行党的工作，多数官兵愿意抗日，极少同我们闹摩擦。双方有了矛盾，交涉一下，互相忍让一下，就能解决。鲁西北的范筑先部，原来就同我们建立了较好的合作关系，范老先生殉国后，参谋长王金祥公开反共，分化出去一部，其余接受我党领导，改为八路军筑先纵队。石友三部则变了卦，完全听命于河北张荫梧的指示，成为冀南和鲁西北制造摩擦的急先锋。鲁南的秦启荣部，有沈鸿烈撑腰打气，更是凶顽不可一世。所以毛主席说："张荫梧、秦启荣是两位摩擦专家，张荫梧在河北，秦启荣在山东，简直是无法无天，和汉奸的行为很少区别。他们打敌人的时候少，打八路军的时候多。"这是一点都不假的。

秦启荣、石友三部，也不是铁板一块。石友三那里，有个将领叫高树勋，就反对石友三的那一套。后来，我党我军反击石友三，石率部南窜，不久即被高树勋杀掉了。解放战争初期，高树勋率部起义，参加解放军。秦启荣那里，有个张里元，我们做了不少争取工作。他反共不那么积极，我们的部队在他防区里活动，他大面上过得去，通过他的防地去打日本，他也让你过去。一般情况下，极少主动向我们挑衅。

可见，不仅对国民党营垒应作具体分析，对顽军内部也应作具体分析。顽固派毕竟是少数。有了具体分析，才能区别对待，才能争取一切可以争取的力量，最大限度地孤立顽固派。

其次是政治揭露与军事打击相结合。对付顽固派的反共摩擦，必须公开揭露，晓谕国人，使其丑行彻底暴露在光天化日之下。沈鸿烈、秦启荣每次制造摩擦事件，我们都通过发表抗议、声明、通电、报纸宣传、张贴标语传单、举行群众集会、致友军信件等形式，说明事实真相，揭露顽固派假抗日、真反共的阴谋，及其散布的种种谎言。政治揭露及时、有力，中间派便容易同情我们，顽固派的处境便日趋孤立。另一方面是军事上的自卫原则。人不犯我，我不犯人，人若犯我，我必犯人。顽固派背信弃义，无法无天，打进你的家里来了，大烧大杀大抢，不反击行吗？是绝对不行的。有次，秦启荣指挥部队围攻我军,我们忍无可忍,反击了他一下,抓了他们一些人,缴了一些枪,他就派人来和我们谈判。好啊!谈了几项双方应当避免摩擦、共同抗日的条件,我们把俘获的人枪还给了他们,够仁至义尽的了。可是,此人不讲信义,过后仍然搞摩擦,而且一次比一次厉害,一次比一次规模大。一九三九年八月,秦启荣指挥所部连续制造"雪野事件"、"淄河事件"。在淄河流域,集中四千余人围攻我军达十余日。在这种情况下,我们就不客气啦,决定发起反顽战役。由张经武、王彬同志在前面指挥,山东纵队第一、三、四支队参加。几天之内,我军连续作战,攻克淄川、博山以东的峨庄、太河、朱崖等地,将秦启荣部完全击溃,收编了他的一部分队伍,共缴枪两千余支。秦启荣率残兵败将,逃到张店、博山以西,胶济路以南去了。一九四〇年三月,石友三勾结日军,猖狂向我冀南边区进攻。根据中央军委的命令,我鲁西部队与冀鲁豫、冀中、冀南的部队并肩反击石逆,经两个多月的战斗,取得了溃敌两万五千余人的胜利。后石友三又纠集三万余人,向濮阳、清丰、范县等地进攻,被我冀鲁边的部队再次击溃。山东地区及华北、华中抗日根据地的反顽军事斗争,对打退蒋介石的第一次反共高潮,起了支柱作用。

再次是适可而止。反摩擦斗争,是在大敌当前、国共保持统一战线的总形势下进行的。目的在于自卫,在于以斗争求团结,发展进步势力,争取中间势力,孤立顽固势力。因此,我们的反击就要有个限度,绝不应超出自卫的范围。有的同志出于对顽固派的仇恨,又见我们连续取得反顽斗争的胜利,头脑有点发热,总想扩大范围,无休无止地打下去,用枪杆子"统一"一切,"解决"一切。对于这种急躁盲动倾向,我们有所警惕,发现后及时进行教育和纠正。毛主席"有理、有利、有节"的策略思想,十分英明,是我们胜利进行反摩擦斗争的正确指针。

我在山东的工作时间,整整一年。一九四〇年六月,党中央通知我去延安参加"七大",便没有再回来。一年的工作中,领导层里基本上是团结的,也有些矛盾,但尚未发展到影响工作的地步。后来,刘少奇同志去山东指导工作,对增进领导班子的团结,加强根据地建设,有重要推动作用。山东军民在朱瑞、罗荣桓、黎玉等同志的领导下,继续坚持敌后游击战争,度过一九四二年的最艰难阶段,迎来了总反攻的时刻。山东军民在整个抗日战争期间,同仇敌忾,英勇善战,共作战两万六千余次,歼灭日伪军五十余万人,八路军发展到二十七万人,地方武装五十万人,根据地约一千七百万人口,成为华东地区的坚强战略堡垒,为争取全民族抗战的胜利,作出了伟大贡献。

第十八章
在延安的岁月

重 返 延 安

一九四〇年五月间,党中央来电,让我赴延安出席党的第七次全国代表大会。在此以前,山东纵队选出的"七大"代表数十人,已由郭洪涛、张经武同志率领先赴延安。六月一日,我告别朱瑞、黎玉等同志,离开沂蒙山区,向西进发,护送我的有个警卫连,还有一名医生。向党中央的所在地延安进发,真有点游子返乡、归心似箭的滋味。

一路下去,经常遇到敌人,敲敲打打,走得并不顺当。夜间从新泰地区过铁路,被伪军发现,打了一家伙,我们没吃亏,打完迅速向山区转移,甩掉了敌人。经徂徕山以南的泰安县境时,我让护送的连队回去,只留下一个警卫班随行。至肥城一带,碰上敌人"扫荡",我们跟着当地的部队和敌人兜圈子,转了二十多天,而后向梁山地区进发。当时正是雨季,东平湖涨水,水面有二十多里宽,一片汪洋。我们乘小船过东平湖,径入梁山地区,抵郓城、鄄城一带,见到肖华、宋任穷同志。赶上石友三闹摩擦,我们又跟部队转了一阵子。在冀鲁边见到了军分区司令员孟庆山,休息了几天,我还给干部讲了次话。恰巧韩先楚、古大存等新四军和华南地区的"七大"代表路过这里,有男有女,共四十多人,中央来电要我带队去延安。

我们一行先过黄河,再过卫河、漳河。从大名府东北十五里处乘船过卫河时,被守城敌人发现,向我们开炮,打了个尾巴,伤了几个人,有位华南来的大学教授不幸落水淹死了。过漳河赶上太行山的山洪下来,河水陡涨,又无渡船,费了力气。我们让护送的连队找了些绳子,拧成一大股,横跨河两岸,让大家拉着绳子徒涉。齐腰深的水,流速甚急,幸亏有根绳子,人员、牲口才顺利渡过。到冀南时高厚良同志带部队接我们,去威县以南的村庄里住了个把星期。而后从邢台、邯郸间的临关(现称永年)地区过铁路,连夜通过敌封锁沟,直插太行山区,抵辽县一带的八路军总部,见到了彭德怀等同志。

当时,百团大战正激烈进行,彭德怀同志忙着指挥打仗。百团大战的战役目的,主要是破袭正太路,截断敌人的交通运输线,打击敌之"囚笼政策",使晋西北、晋察冀和晋东南根据地连成一片,并迟滞和打破日军进攻西安的企图。从八月份开始,我山西境内的主力部队一百零四个团约四十万人,加上民兵二十余万人,全部投入战斗。虽然连续取得不少的胜利,但因我们的武器不行,破坏铁路缺乏工具,所以战役过程中遇到很大困难。彭德怀向我简要介绍了战役战斗情况,要我和他一同去一二九师。在师部,见到刘伯承、邓小平、陈赓等同志。陈赓所部正在攻一个山头,打得很激烈。我们到前沿观察战斗情况,只见敌人火力太强,凭险扼守,我军多次冲锋,攻也攻不动。彭德怀同志下了死命令:非攻下不可!百团大战战果显赫,名震中外。我军先后共进行大小战斗一千八百余次,毙伤俘日伪军四万六千余人,瓦解伪军近二万人,破坏铁路四百七十公里,公路一千五百公里,使华北敌人的交通运输线瘫痪三个月之久,打得日军晕头转向,震惊不已。在此期间,我军投入那么多的兵力,打了那么长的时间,国民党军队却在一边看热闹,并未给我军以应有的支持与配合。我军在敌强我弱的条件下,独立支撑战局,受到的损失不小。特别是一二九师,担负任务过重,打硬仗太多,部队伤亡较大。

百团大战后期,日军出动大批兵力,对我根据地疯狂报复,实行"三光"政策。

我军转入分散游击,继续打击敌人。我们和彭德怀同志在一起,转来转去,转了个把月。尔后告别彭德怀,从名山下来,由祁县、崞县中间渡汾河,在河西平坝子里住进一所地主的院落。房子很宽敞,休息了两天,继续向陕北进发。经交城地区沿吕梁山脉行进,沿途村落多遭敌人洗劫,房屋烧掉不少,老百姓大都逃往山里,景象十分凄惨。至军渡坐船渡黄河,进入陕北根据地。这是一次长途行军,辗转数千里,历时半年多,到达绥德、延安,已是"山舞银蛇,原驰蜡象"的严冬景象了。

刚到延安,总政治部的同志热情接待,安顿我们住在小砭沟一带的窑洞里。毛主席住杨家岭,很快接见了我。我将朱瑞同志的一封信交给了他,并简要汇报了山东抗日根据地的情况。他讲了当前的形势和方针,要我们先学学文件,议一议,还可向延安的同志介绍些敌后游击战争的情况。过了不几天,中央机关通知我搬到王家坪大院去住。那里环境幽静,树木不少,朱德、叶剑英同志也住在那里。

半年多的时间里,国内外形势剧烈动荡,德意日法西斯侵略气焰,有增无已。希特勒为进攻苏联,独霸欧洲,将进攻矛头首先指向北欧、西欧,占领挪威、丹麦、比利时、荷兰等国后,又以闪电攻势,突入法国,攻陷巴黎;接着,迫使东欧的匈牙利、捷克斯洛伐克、罗马尼亚等国加入法西斯军事同盟,致使大半个欧洲,沦入希特勒魔掌中。一九四〇年九月,德、意、日《三国公约》订立。这一世界法西斯军事同盟的公开形成,预示着第二次世界大战的风暴,将席卷全球。美、英的"东方慕尼黑"计划,仍在继续推行。日本帝国主义为加速侵略战争的步伐,疯狂积聚人力、物力、财力,准备"横扫"太平洋地区,实现其吞并亚洲,建立"大东亚新秩序"的梦想。在我国内,八路军敌后战场承担着二分之一侵华日军的压力,大大减轻了国民党正面战场的负担。但蒋介石大打出手,竟然迫不及待地掀起第二次反共高潮,于一九四一年一月制造了震惊中外的"皖南事变",博得日本侵略者和一切卖国贼的喝彩。分裂和倒退的乌云遮天,使相持阶段的中国战局,出现了逆转的极大危险。

毛泽东同志精辟分析了当时的形势,提出了我们的对策。基本观点是:皖南事变的发生,表明蒋介石向着全面破裂国共关系,准备投降日军,迈进了一大步。但是,破裂只是开始,还不是完成;投降正在准备,并不等于实现。有些同志认为,这一事变的发生,标志着整个资产阶级的再次叛变,苏维埃时期的重新到来。但经我们反复观察和研究,认为不符合实际情况。民族矛盾仍然是当前的主要矛盾;亲英美的大资产阶级同日本的妥协倾向虽有发展,但对立的因素并未消失;民族资产阶级、小资产阶级拥护国共合作抗日,不少头面人物公开反对蒋介石的反共政策;国民党军政界,特别是桂系与蒋系的矛盾正在发展;工农基本群众的民族觉悟大大提高,八路军的力量迅猛发展;国际进步舆论,对蒋介石制造皖南事变,同声谴责。所有这些,都不同于大革命后期的情况,逼迫蒋介石一时不会走到全面破裂国共关系的地步。蒋介石反共成性,你软他就硬,你硬他就软。对付这个人物,打退第二次反共高潮,我们的对策是:政治上取攻势,军事上取守势,既要坚决揭露蒋介石的反共投降阴谋,又要避免大规模内战的发生。当然,也要做好应付全面破裂的准备,这叫棋先一着,有备而无患。大革命失败的惨痛教训,决不能重演。

毛泽东同志对山东的局势,也有明确的分析:山东是我们的重要战略支撑点之一,不论现阶段或将来的总反攻阶段,对整个战局都有关键性的作用。目前,它是巩固华北、发展华中的战略枢纽;将来,它是我军反攻东北的战略基地。他说:山东的工作取得了很大的成绩,对日作战、反顽斗争、巩固政权,贯彻了中央的方针。问题是不能右倾,不能顾虑重重,自己捆住自己的手脚。群众的发动要大大深入,山东纵队和一一五师的关系应更好地协调,反顽斗争要坚持两面政策,即有打有拉。两面政策,一打一拉,是蒋介石对付共产党的手段。我们拿来对付沈鸿烈、秦启荣这些摩擦反共专家,不过是"以其人之道,还治其人之身"罢了。

不久,毛主席决定再从延安调一批干部,去山东工作。行前,这些同志集中在延安南门外的七里铺,我和张经武等同志去给他们介绍情况。走到一条山路上,忽然我前面的一匹马发惊,一阵狂跳,踢到我左腿上,导致胫骨骨折。这一下,害得我在医院病床上,躺了半年多。当时,医疗条件差,营养缺乏,我又发烧又便秘的,来回折腾,弄得身体虚弱不堪,伤部愈合困难,着急也没有用。读书与思考,便成了我的主要生活内容。总结抗战经验的几篇文章,如《敌寇在华北战略战术的演变及其特点》、《在建军中怎样争取和团结地方武装》等,就是那时写成的。

国民党第二次反共高潮,终于被我党打退。这是一个重大胜利,赢来了国共继续合作、坚持抗战的新局面。"这次斗争表现了国民党地位的降低和共产党地位的提高,形成了国共力量对比发生某种变化的关键。"(《毛泽东选集》第七七七页)蒋介石搬起石头砸了自己的脚。事实又一次证明,党中央和毛泽东同志对形势的估计及采取的策略方针是正确的。

六月二十二日，苏德战争爆发。希特勒背信弃义，撕毁《苏德互不侵犯条约》，向苏联发动突然袭击。世界大战的规模愈来愈大，中国人民的抗日战争，与苏联及各国人民的反法西斯战争，融为一体，结成更加广泛的世界反法西斯统一战线。多行不义必自毙，万恶的法西斯侵略者，尽管张牙舞爪，得逞于一时，到头来必将被世界人民彻底埋葬。

在联防司令部

等我伤愈出院，已是中秋时分。"七大"的召开，虽未确定日期，但各根据地的代表，仍在分批向延安集中。

党中央确定，首先组织高级干部进行较系统的学习，以便为"七大"的召开，做好思想准备。在延安，组成中央研究组、高级研究组。在各根据地，分别成立高级学习组，统归党中央直接领导。本着理论联系实际的方针，理论方面以研究思想方法论为主，实际方面以研究党的"六大"以来的经验为主。指定的学习文件，包括《"左"派幼稚病》、《联共（布）党史》、《新哲学大纲》、《辩证唯物论教程》、《经济学大纲》，以及"六大"以来的重要历史文献。实际上，这就是延安整风的先声。出院后，我即参加王家坪的高级研究组，组里还有叶剑英、李涛、边章五等同志。除学习文件、听报告和小组漫谈外，空余时间也下下棋，打打扑克。在这期间，陈云、康生约我谈过鄂豫皖和川陕根据地的情况。我和叶剑英同志还发起成立了延安黄埔同学会。我们是朱总司令家里的常客，他和康克清同志平易近人，有点好吃的东西都给大家留着。我们去了，随便交谈，无拘无束。

一九四二年五月，党中央决定统一晋西北和陕甘宁两个地区的军事指挥，在延安设立陕甘宁晋绥联防司令部，由贺龙任司令员，我任副司令员兼参谋长（后调张经武任参谋长），关向应任政治委员（关因生病住院，由高岗代理），林枫任副政治委员。朱总司令找我去谈话，说明组成联防司令部的意义，交代了今后的工作任务。

为什么要在这个时候组成联防司令部？朱总司令说，这是斗争形势的需要。毛主席认为：前些时候，国民党就准备进攻边区。胡宗南的军队是四十万,我们的兵力只有四万,形势可够紧张的。他们筑工事,搞粮食,拉民夫,严密实行经济封锁,拉开架子要攻我们。但是,日本人一打浙江,一打云南,推迟了蒋介石的摩擦计划,这边安静了点。现在,苏德战争在继续进行,太平洋战争暂告结束,日本人下一步向哪里打,向北,向南,向西,似乎还没有定下决心。向北,打苏联,可能性很大,蒋介石和英美都巴不得日苏交战。如果出现这种情况,蒋介石必然向我施加压力,迫我向北,甚至大举进犯我华中、华北、山东、陕甘宁边根据地,形成第三次反共高潮。那时的困难,可想而知。我们现在的方针是,巩固内部,沉着应变,做好应付最困难、最危险局面的准备。要准备日苏战争爆发,准备蒋介石掀起新的反共高潮,准备胡宗南进攻边区。立足于最坏的可能性上,方能争取好的前途。我们不希望打,力争不打,但蒋介石一定要打,你不准备,会吃大亏的。皖南事变,就是证明。中央决定成立联防司令部,就是为了统一晋西北和边区的军事行动,充分做好应变的准备。如果胡宗南打过来,晋西北的部队马上开来参战,保卫边区;那边可由晋察冀和一二○师调部队填防。

朱总司令还说:我们的面前困难很多,克服困难靠不上别人,只能靠自力更生。一九四二年的任务主要有三项:整风,精兵简政,发展生产。目的是为了巩固自己,渡过困难阶段。联防军司令部成立后,要结合备战,抓好三项任务。希望你们带个头,取得经验,推广到各根据地去。

回来后,我即和贺龙、高岗着手组建联防军司令部。

第一项工作是精兵简政。

陕甘宁边区的主力部队是留守兵团和保安司令部,另有陇东、绥德、关中、三边四个军分区。抗战以来,这支部队在巩固边区根据地、保卫中央领导机关的安全、反摩擦、剿匪、生产等项任务中,取得了明显成绩。但是,有个突出问题没解决,即部队的摊子铺得太大,机构重叠,人浮于事,头重脚轻,指挥不灵。上层机关堆了许多干部,陷在事务工作圈子里,很少下去抓基层,抓连队建设。连队干部配备弱,经验少,管教能力差,兵员不齐,因而战斗力不强。不迅速改变这种状况,便不能适应当前形势和任务的要求。

陕甘宁边区,地瘠、人稀、民穷,总人口仅一百四十万。多数县城,人口不足五百户,老百姓穷得叮当响。住上一大堆脱产的部队、机关、学校,吃穿用都是问题。抗战以来,大量难民涌来根据地,增加了我们的负担;两次反共摩擦,国民党用停发经费和经济封锁对付我们。结果,弄得边区部队和地方机关几乎没有衣穿,没有饭吃,困难得很。陕甘宁边区的群众为了抗日,勒紧肚皮,节衣缩食,供应部队和机关,贡献很大。但是,十个指头不一般齐,群众也有先进、中间、落后之分。有些人对长期负担过重,牢骚不满,说:八路军好是好,就是老百姓吃不饱。坏分子乘机造谣破坏。有些地方,政府与群众、军队与群众的关系,越来越紧张。

可见,精兵简政,势在必行,意义非同小可。

联防司令部的精简整编,主要抓了三个环节。一是深入教育,统一思想。重点教育干部,尤其是团以上干部。干部的认识提高,思想打通,就好办。当时在一些同志中,总想多搞人、多搞枪。可是,边区的人力、物力、财力能否承受得了,却不考虑。我们召开干部会议,讲形势,讲任务,讲边区的实际状况,讲精兵简政的意义,通过反复讨论,统一思想认识,克服阻力。二是裁并领导机构,紧缩机关,充实连队,改变头重脚轻的现象。将留守兵团与保安司令部合并;各独立团队合编为旅;原有旅及新编旅各保持一至二个主力团(甲种团),其余编成小团(乙种或丙种团)。联防司令部直辖陕甘宁边区和晋绥部队五个旅十六个团。三是妥善处理编余人员。精简下来的干部,一部分送学校培养,一部分转到生产部门,参加工农业生产。年老体弱或其他不宜留队的人员,发给路费,复员回乡。经过这次整编,陕甘宁边区的部队素质有所提高,基本上达到了"精简、统一、效能、节约和反对官僚主义五项目的。"(《毛泽东选集》第八九七页)

整编后的部队建制如下:

联防司令部:司令员贺龙,政治委员关向应,副司令员徐向前、肖劲光,副政治委员高岗、林枫、谭政(兼政治部主任),参谋长张经武,政治部副主任傅钟、甘泗淇。辖陕甘宁留守兵团及晋绥军区。

(一)陕甘宁留守兵团(只保留番号,领导机构即联防司令部):

第三八五旅兼陇东军分区:司令员王维舟,政治委员马文瑞,副司令员耿飚,副政治委员甘渭汉。

第三五九旅兼绥德军分区:司令员王震,政治委员张邦英,副司令员苏进,副政治委员王恩茂。

警备第一旅兼关中军分区:司令员文年生,政治委员阎红彦,副司令员汪锋、张仲良,副政治委员晏福生。

警备第三旅兼三边军分区:司令员贺晋年,政治委员罗志敏。

新编第四旅:旅长王近山,政治委员徐立清,副旅长程悦长,副政治委员黄振堂。

(二)晋绥军区:

司令员贺龙(兼),政治委员关向应(兼),副司令员续范亭,副政治委员林枫,参谋长周士第,副参谋长陈漫远,政治部主任甘泗淇。

第二军分区(独二旅兼):司令员许光达,政治委员张平化,副政治委员廖汉生。

第三军分区(三五八旅兼):司令员张宗逊,政治委员李井泉,副司令员贺炳炎,副政治委员白坚。

第四军分区(独一旅兼):司令员高士一,政治委员朱辉照,副司令员王尚荣,副政治委员冼恒汉。

第五军分区:司令员郭鹏,政治委员胡全。

第六军分区(决死第四纵队兼):司令员雷任民,副司令员孙超群,政治委员刘文珍。

第八军分区(决死二纵队兼):司令员兼政治委员罗贵波,参谋长张希钦,政治部主任李曙森。

直属军分区:司令员陈漫远(兼)。

河防司令部:司令员杨嘉瑞,政治委员武开章。

抗大七分校:校长周士第(兼),政治委员徐文烈。

第二项工作是制定军事防御计划。

陕甘宁边区周围的国民党兵力,共四十万人。蒋介石嫡系胡宗南部为主力,有三十万人,其余是些杂牌军。他们日常对付边区的办法,一是军事包围,二是经济封锁,三是派遣特务进行破坏活动。四月间,蒋介石扬言要来西北巡视,胡宗南部沿平凉至西安大肆筑碉,实际上是进行军事部署,伺机进攻我边区根据地。朱德总司令和叶剑英同志找我去研究防御部署,布置任务,要我去看看地形,准备应付胡宗南的进攻。我便和王震同志一道,去南边勘察地形,返延安后,向叶剑英同志汇报。根据中央决定,将驻绥德的王震旅部及一个团南调;不久,又从一二九师调来一个小旅(新四旅),我还去讲了次话。同时,加强晋西北河防部队,保证控制黄河渡口,使晋绥军区的主力部队,随时能够开赴河西,保卫边区。地方武装和自卫军的训练亦大大加强,以便随时准备配合主力部队作战。

第三项工作是发展生产,保障供给。

边区的财政经济异常困难,出路何在? 毛主席曾经说过:要么饿死,要么解散,要么自己动手,发展生产。为这件事,毛主席专门找我去谈过一次,要我集中精力,抓好留守兵团的生产,方针是"发展经济,保障供给",努力减轻人民负担,反对竭泽而渔,诛求无已。我说:搞生产我是外行,尽力而为吧! 他说:你找张令彬,叫他协助你。

留守兵团从事生产,始自一九三八年秋。办合作社,种菜,开磨坊,养羊,养猪,磨豆腐,生豆芽,打毛衣、毛袜、手套等,当时还不是"自给自足"的性质,仅仅是为了适当改善生活。一九三九年开始垦荒种粮,共耕种土地二万五千余亩,收粮食二千五百九十担。一九四〇年又提出"自给一个半月粮食"的任务,垦荒二万多亩,并发展了打盐、挖药材、伐树等经营项目。其中,以驻南泥湾的三五九旅生产成绩最为突出。为了进一步贯彻"发展经济,保障供给"的方针,落实毛主席的指示,我们在整编中加强了生产领导工作。各旅均成立生产委员会,机关设生产科,负责制定生产计划,组织领导生产,总结和推广先进经验,研究与改进生产技术。建立和健全各种制度,如生产归公制度、供给标准制度、会计制度、奖惩制度、分工(农、工、商)制度、检查制度等。厉行节约,严禁铺张浪费和贪污。口号是:"自己动手,自给自足"、"长期打算,建家立业"、"发展部队生产,减轻人民负担"。全兵团以三五九旅为榜样,掀起了轰轰烈烈的生产热潮。从中央领导起,带头生产。毛主席有块自耕地,种了些蔬菜、辣椒之类的。朱总司令除了种田、种菜外,经常背起粪筐,拾粪积肥。周恩来、任弼时是著名的纺线能手。贺龙和我也都分了一块自耕地,种大白菜。那年,我们吃上自己动手种的西红柿、大白菜,可高兴啦。抗战以来,西北地区盐巴奇缺,价格昂贵。陕北的盐业,是项重要财政收入的来源。朱总司令很重视,指定留守兵团抽出六个营的兵力,专门打盐,出口交换急需物资。一九四一年即打盐五万六千九百余驮。羊毛、山货、药材也是重要出口项目。三边的甘草特别粗壮,多得很。随着生产的发展,出口量的增加,我们的家底子逐渐厚实起来,生活也有明显改善。至一九四二年六月,全兵团共有商业基金二千四百万元,工厂资金七十一万二千元,运输牲口五百五十余头。伙食费平均每人每天以五角计,公家发一角,能自给四角。三五九旅的生产成绩,尤为突出。荒无人烟的南泥湾,在他们手里,变成了有口皆碑的"好江南"。从一九四〇年至一九四二年,该旅共开荒种地二万六千余亩,养猪二千余头;打盐井十个、炭井一个,办起木厂两个、铁厂三个、磨坊六所、粉坊八所、油坊一所;拥有运输牲口六百头,建立十个骡马运输站;商业有一个总店,十个分店。全旅达到粮食自给百分之八十八,经费自给百分之八十五。贺龙同志对晋绥部队的生产亦抓得很紧,取得了可喜成绩。一九四二年全年,他们在晋西北共垦荒六万亩,还挖渠引水,扩大灌溉面积,大力发展棉、麻、纺织业及其他生产经营项目,将相当一部收入支援延安,对克服财政困难起到重大作用。年底,毛主席作了《经济问题与财政问题》的报告,对部队参加生产,给予高度评价。他说:"这是中国历史上从来未有的奇迹,这是我们不可被征服的物质基础。"我军参加劳动生产的优良传统,就是从那时形成的。

在联防司令部期间,我与贺龙同志共事,关系融洽,心情舒畅。他两边跑,有时去晋西北,有时在延安。我们一面整风,一面工作,忙得不可开交,但也有时闲聊天。他经常和我讲些在旧军队的故事,听来叫人好笑。他从旧军队营垒里杀出来,新旧对比,对毛主席的建军思想,尤为折服。他给我的印象,性格开朗,对党忠诚,积极正派,善于团结干部,有事摆到桌面上,从不背后捣鬼。他决不是一个有野心、搞阴谋的人。"文化大革命"里,林彪一伙诬陷他搞"二月兵变",残酷迫害致死,真是冤枉得很!

任 抗 大 校 长

一九四三年春,延安军民在毛主席"自己动手,丰衣足食"的号召下,进一步掀起轰轰烈烈的大生产运动高潮。

我那时正忙于抓联防司令部所属部队的生产规划,检查春耕情况。有天,毛主席找我去谈话,开门见山,要我去抗日军政大学当校长。他说:抗大总校从邢台搬回来了,这里还有分校,准备合并到一块,规模办大些,校址在绥德。目的是大量培训干部,为战略反攻作准备。那里缺个校长,现在实在找不到合适人选,你先去代理一段吧。我觉得自己缺乏办校经验,力难胜任。就说:我恐怕不行,挑不起来。还是派我到前方带兵打仗,比较合适。他说:向前同志,你是师范生、黄埔生,又有作战经验,办学校有什么困难的?决定你去就去吧,将来有的是仗打,我们还要总反攻嘛!你去了先抓组织,搞个核心领导小组,具体工作叫何长工他们管。我说:既然主席这样说,我就去搞一段,有了合适人选,再替换我。毛主席点了点头,表示同意。他对抗大的任务,用"培养干部,准备反攻"八个字概括,提出了几点要求:第一,思想教育是中心环节。组织学员认真学习整风文件,提高马列主义水平,克服个人主义、自由主义、主观主义、教条主义等倾向,同党一条心,而不是半条心。第二,自己动手,克服困难。教职员工有好几千人,要吃要穿要住,怎么办?应像边区部队一样,自己挖窑洞、种粮、种菜、纺线、织布,边学习,边生产。自力更生,任何困难也难不倒我们。第三,审查干部,巩固内部。主要是清查内奸,保持干部队伍的纯洁性。毛主席还强调,教学要采取启发式,反对注入式。这些,就是我们的基本工作方针。

三月中旬,我从延安去绥德,路上走了四天。到西山寺抗大校部,受到何长工等同志的热情迎接。过了些时候,李井泉同志调来,抗大的领导班子正式组成。中央任命我为校长,李井泉为政治委员,何长工、彭绍辉为副校长,陈奇涵为教育长,徐文烈为政治部主任。

著名的抗大,全称中国人民抗日军政大学。抗战以来,已培训七期学员,分布在各抗日根据地,发挥了战斗骨干作用。因战争环境的关系,校址经常流动,从保安到延安,到晋察冀,到晋东南,到冀南平原。一九四二年二月,总校在邢台地区开办第八期,学习一年,奉命转来陕北。在此同时,中央又决定将晋察冀二分校、晋西北七分校、延安三分校(后改称军事学院)均与总校合并,学员统称第八期。

学员来自四面八方。有从前线来的,有从后方来的,有从敌占区来的,有老干部、新干部,有军队干部、地方干部,有青年学生,有男生,也有女生。我们一面建校,一面陆续接收学员。原计划本期培训学员八千至一万人,结果只招收了六千余人。至一九四四年春,晋察冀边区二分校的一部分学员转来陕北,收生工作才告结束。

我们确定,第一阶段的中心任务是整编机构,端正思想,建家立业。时间为一九四三年四月至六月。

整编机构主要是根据"精兵简政"的原则和教学需要,统一组织编制,进行干部配备。校本部机关力求短小、精干,除政治工作专设政治部,下属组织、宣传、干部、保卫、总务五个科外,教学工作设军事教育科、政治教育科,后勤工作设供给处、卫生处,直属校首长领导。学员以原建制为基础,编为五个大队四十六个队。大队设大队长、政治委员、政治处。队设队长、指导员。一大队大队长韩先楚,政治委员高兰亭;三大队大队长赖光勋,政治委员雷钦;四大队大队长王泮清,政治委员许凤翔,以后又组建了二、五大队。不论大队或队的领导干部,均一身二任,既是领导,又是教员。干部和教员缺乏,是一大困难。我记得编制定下后,干部缺一半,教员缺额更多。除从学员中调出些任用外,我们还请求军委批准,从延安编余干部中解决一部分。

端正入学态度,严格组织纪律,树立"团结、紧张、严肃、活泼"的校风,是不可缺少的一环。好几千人初来绥德,什么想法都有。有的认为在前方打仗光彩,入学不光彩;有的犯过错误,是准备来"挨整"的;有的看到学校白手起家,一无校舍,二无教材,三无毕业期限,凉了半截。针对这些现象,我们从加强思想教育入手,要求学员端正入学态度,树立正确的人生观,开展批评和自我批评,养成"团结、紧张、严肃、活泼"的作风。反对无组织无纪律,反对个人主义、自由主义、主观主义,用无产阶级思想去克服小资产阶级思想和农民意识。强调工农干部和知识分子加强团结,相互学习,相互尊重,知识分子工农化,工农干部知识化。同时,严格管理,严格规章制度,一切行动必须像正规部队一样,达到军事化、战斗化的要求。不论资格新老,违犯纪律均严肃处理,决不姑息迁就。

建家立业,靠自己动手。我们提出的口号是"首长负责,自己动手,建立革命家务!"几个学员大队分驻在绥德、清涧、瓦窑堡、子洲等地区。窑洞得自己打,课堂得自己盖,粮食、蔬菜得自己生产。各大队首长负责,组织学员边建校舍,边搞生产,掀起了建校和生产的热潮。全校共挖了二百多个窑洞,各大队都盖起了课堂;开荒种田,办作坊,捻毛线,养猪养羊,开合作社,全年共收入近三百万元,使物质生活有了保障和一定的改善。

我当时兼任中央处理委员会主任,下面有中组部王从吾、武竞天等同志组成的一个小组,负责考察从敌后调回的干部,并初步分配工作。这是项细致、复杂的任务,要看档案,要经常研究情况,要和干部谈话,要全面认识干部,既费时,又费力。我主要管团以上干部。

抗大整编大体就绪后,国民党掀起第三次反共高潮。六月间,蒋介石令胡宗南等部,尽撤河防兵力,向洛川、中部、邠州一线集中。党中央和毛主席决定调晋西北四个主力团来边区应变,全边区军民齐动员,加强自卫备战,随时准备粉碎顽固派的军事进攻。抗大的全体教职员工,也投入到紧张的自卫备战中。当时,联防司令部给我们的任务是对付北线榆林方向的邓宝珊部。一般地说,邓虽不至于打我们,但有蒋介石和胡宗南的压力,我们不得不防。制定了作战预案,学员都发了枪,分一线、二线防守。米脂为一线,绥德为二线。不久,第三次反共高潮被我党击退,抗大遂转入整风学习。

进行整风审干,开展大生产运动,是第二阶段的中心任务。时间为一九四三年八月至一九四四年十一月。

全党整风是从一九四二年初开始的,已经取得了不少经验。我和李井泉、何长工、彭绍辉、徐文烈等同志研究,认为抗大的整风,要稳不要急。以学习文件,对照检查,开展批评和自我批评,提高学员的马列主义水平,改造世界观和思想方法为主要目的。结合整风,对干部进行审查,弄清一些人的问题,该使用的使用,该处理的处理,保证党和军队组织上的纯洁性。为加强对整风学习的领导,经中央批准,设立抗大总学习委员会,校领导及各大队政委参加,我任书记。日常的学习领导工作,由李井泉、徐文烈负责。

一九四三年八月十四日,总学委会发出《关于学校整风学习的决定》,要求把"清算思想,清算历史,检查工作,审查干部,四种工作有机的密切的配合进行"。各大队、支部深入动员,整风审干运动,在全校展开。

经过前几个月的整编和整顿,我们对学员的情况大体上有个谱。绝大多数学员是好的或比较好的,有问题的只是极少数。因此,运动开始后,强调首先学好《中央关于调查研究的决定》、《中央关于增强党性的决定》、《改造我们的学习》、《整顿党的作风》、《反对党八股》、《论共产党员的修养》等文件,澄清模糊认识,打消顾虑,提高自觉性。在此基础上,转入对照检查,清算错误思想,交代历史问题,书写自传。各单位对重点审查对象,进行了摸底排队。应当说,这段时间里,领导思想比较清醒,方针和方法比较对头,因而没有出现原则性的偏差。

可是,从十月中旬起,情况发生了变化。康生派整风审干工作组进驻抗大,指导运动。负责人黄志勇,是个搞逼供信的专家。他根本不把抗大学委会放在眼里,独断专行,发号施令,抓什么"红旗党",推行"抢救失足者"那一套。十月下旬,我去延安,和林彪、张宗逊主持练兵。练兵时,毛主席还来看过。此后两个月的时间里,抗大整风被弄得一塌糊涂。名堂多得很,什么"即席坦白"、"示范坦白"、"集体劝说"、"五分钟劝说"、"个别谈话"、"大会报告"、"抓水萝卜"(外红内白),应有尽有。更可笑的是所谓"照相"。开大会时,他们把人一批一批地叫到台上站立,让大家给他们"照相"。如果面不改色,便证明没有问题;否则,即是嫌疑分子、审查对象。他们大搞"逼供信"、"车轮战",搞出特务分子、嫌疑分子六百零二人,占全校排以上干部总数的百分之五十七点二。干部队共有四百九十六人,特务和特嫌分子竟有三百七十三人,占百分之七十五以上。真是骇人听闻!

十二月间,毛泽东同志发现了整风审干中的扩大化倾向,及时作了纠偏的指示。抗大的"审干"运动才急忙刹车,开始转入纠偏、甄别阶段。那时我在延安,按照中央的指示准备"七大"的材料,无法抽身回绥德去。抗大的甄别平反工作,由李井泉、何长工主持,他们经常派人来向我汇报。一九四四年七月,我写信给李、何二同志,向他们通报了延安甄别平反的进展情况,对抗大甄别平反提出了我的看法。基本意思是,坚持实事求是的原则,搞错的要大胆纠正,不要有顾虑,同时要耐心做好善后工作。这项工作,细致而复杂,延续了近两年的时间,才算完成。

在进行整风运动的同时,抗大掀起了大生产运动。半天整风,半天生产,两不耽误。一九四四年的生产成绩很突出,共收入四亿七千六百余万元,比头年增长一百六十倍。

转入正课学习至毕业分配,是第三阶段的中心任务。时间为一九四四年十二月至一九四五年八月。

抗大第八期教育计划,建校初期就有个轮廓,后经校领导反复讨论、修改,才确定下来。一九四四年六月正式颁发,因整风审干的关系,至年底才付诸实施。

教育计划的总方针仍是毛主席的三句话:坚定正确的政治方向,艰苦奋斗的工作作风,灵活机动的战略战术。这里面,政治、军事、作风都有了,是一个完整的教育方针,完全符合抗大培养干部的目的和要求。

关于教学原则,我们从实际出发,参照以往抗大的教学经验,提出了七条:

(一)根据敌后作战的需要决定教学内容;

(二)在教学实施过程中照顾对象的特点;

(三)军事、政治、文化教学相互结合;

(四)教学与实践相结合;

(五)教学与生产相结合;

(六)发扬批评与自我批评的精神;

(七)坚持教学上的群众路线。

那时,抗日战争何时转入总反攻阶段,八路军大发展的高潮何日到来,我们虽难以作出准确判断,但也不是毫无预见。根据当时的国内外形势及中央的指示精神,我们预计在两三年内,会有大的变化。所以在考虑学制时,暂定为两年:预科一年,本科一年。预科以学习政治、文化课为主,占百分之七十,军事课占百分之三十。本科则以军事课为主,占百分之七十,政治、文化课占百分之三十。预科时间与本科相等,是因为部分学员文化程度太低,其中有些甚至是文盲、半文盲。没有一定的时间打下文化基础,要学好军事、政治课程,是很困难的。

一九四四年七月,我突患肋膜炎,住延安柳树店和平医院治疗。整天发高烧,持续了两个多月,身体虚弱至极。"七大"也未能出席,直至抗战胜利后,才恢复得好些。抗大后期的工作,由李井泉、何长工、彭绍辉同志负责,我只是挂名的校长而已。一九四五年八月间,因八路军已进行抗日总反攻,抗大第八期学员奉命提前毕业,分赴各抗日战场。总校亦迁往东北,迎接新的战斗任务。

参加延安整风

延安整风始自一九四一年五月的高干整风学习会议。毛主席强调:整风,主要是高级干部,其次是中级干部,再次是下级干部。这次整风,分为高干整风学习(一九四一年五月至一九四二年二月)、全党整风(一九四二年二月至一九四三年十月)、总结提高(一九四三年十月至一九四五年四月)三个阶段,历时四年之久。我在联防司令部和抗大期间,一直参加高级干部的整风学习。

整风是一次普遍的马克思主义教育运动,也是党的建设发展史上的重要里程碑。我从中受到的教益,是终生难忘的。

首先,必须坚持理论与实践相统一的原则。

理论与实践相统一,即实事求是的原则,是延安整风解决的基本问题之一。不解决这个问题,全党便无法从王明"左"倾教条主义的禁锢中解放出来,正确地总结历史经验,分清路线是非,认真研究中国革命的特点和规律,从而确立马列主义理论与中国革命实践相统一的正确思想路线。

我们党是以马克思列宁主义为理论基础的党。马列主义不是教条,而是行动的指南。从建党之日起,我党就不乏注意把马列主义应用于中国革命实际的同志。党依靠着他们和广大革命群众,经过反复实践、摸索,走上了武装斗争和创建农村革命根据地的道路,坚持了土地革命战争,赢得了敌后抗战的重大胜利。这方面的杰出代表,是毛泽东同志。而历次机会主义却违背理论与实践相统一的原则,给革命造成严重损失。危害最甚的是王明路线统治全党的四年,曾使党几乎陷入绝境。

王明一伙在四中全会上台后,大肆泛滥教条主义、主观主义、党八股等恶劣倾向,荼毒全党。他们对中国革命的实际一窍不通,却寻章摘句,夸夸其谈,以"精通"马列主义而自居;对武装斗争、建设红军、创造根据地、土地革命和反敌人"围剿",毫无实践经验,却自以为是,高高在上,写决议,发指示,"钦差大臣"满天飞,凭主观臆想指导革命。革命实际纷繁复杂,千变万化,他们不调查,不研究,照搬"本本"或外国经验,把抽象原则和死板公式当作"万应药方"，套在活生生的变化发展着的革命实际中。这种理论与实践相分裂的特征，乃是教条主义者的致命顽症所在。结果，弄得党内死气沉沉，一切"唯书"、"唯上"，失去了生动活泼的主动性和创造性。

针对教条主义、主观主义、党八股给党造成的危害，毛主席提出了"没有调查就没有发言权"的著名论断。党中央也作出了《关于加强调查研究的决定》，号召全党面向实际，面向群众，调查研究。同时，规定了干部的教育，"应确立以研究中国革命实际问题为中心，以马克思列宁主义基本原则为指导的方针，废除静止地孤立地研究马克思列宁主义的方法。"(《毛泽东选集》第八○三页)这就打破了教条主义的禁锢，树立了实事求是的作风。我在整风学习中，深刻体会到，共产党人要认识世界，改造世界，必须坚持理论与实践相统一的原则，不断深入实际，调查研究。我在整风笔记中写道："调查研究的目的是为了对客观事物、中国社会、中国历史、国际国内的情况及变化等事物的了解、认识，辨明其发展规律，决定正确的政策。"并且归纳了坚持调查研究的十条要求自己："1.长期性。是经常的工作，不是一时的突击工作。2.彻底性。对每一个问题务须弄个水落石出。3.具体性。不仅注意问题的正面，还务须注意各个侧面，以免挂一漏万。4.真实性。反映真实的材料，不要出以臆断。5.计划性、组织性。明确目的，不能无的放矢，也不能无矢求的。6.批判性。兼听不兼信，仔细研究各种反映。7.抓住中心，要有准确的时间、地点和问题。8.深入各阶级，利用各阶层的干部。9.多去底层，不能忽视大多数。10.甘当小学生，不耻下问。"一切从实际出发，注重调查研究，实事求是，是我们党坚持理论与实践相统一的原则，克服教条主义、主观主义的根本途径。

第二，必须坚持正确的路线和策略。

从政治上分清路线是非，确立马克思主义路线在全党的统治地位，肃清王明"左"倾路线的影响，是延安整风解决的又一根本问题。什么"两条路线"、"王明'左'倾路线"、"一省数省首先胜利"，经过整风学习，我才有了深刻的认识。

"六大"以来，在党的历史上出现过三次"左"倾错误，而且一次比一次严重，教训是很深刻的。第一次"左"倾，发生在一九二七年冬，翌年四月基本结束。那时，我参加了广州起义，又在东江坚持游击战争，对一些"左"的口号和做法,深有感触。广州起义和东江游击战争的失败,与"左"倾错误有很大关系。第二次"左"倾,即"立三路线",约半年的时间。我在鄂豫皖根据地,仅有两千来人的队伍,中央却叫我们去攻打武汉!以卵击石,行不通,我们作了抵制。根据地里贯彻"左"倾政策的结果,造成许多农民"反水",一部分红色政权塌台,吃了苦头。第三次"左"倾是王明路线,统治时间最长,形态最完备,影响最深,因而危害也最大。他们打着"反对立三路线"、"反对调和主义"、"反右倾机会主义"、"拥护国际路线"的旗号,极力推行"左"的一套。什么"打倒一切帝国主义"呀,"武装保卫苏联"呀,"两条道路决战"呀,"中间势力是最危险的敌人"呀,"创造百万铁的红军"呀,国民党"十分动摇"、"恐慌万状"、"总崩溃"呀,以夺取中心城市为中心的"一省数省首先胜利"呀……纯粹是冒险主义、盲动主义。与此相联系,在军事政策、土地政策、城市工作、敌军工作等方面,也都"左"到无可再"左"的地步。结果,招致白区党损失近百分之百,红军损失百分之九十。在鄂豫皖根据地、川陕根据地,由于张国焘推行王明那套"左"的东西,竭泽而渔,弄得民穷财尽,使部队无法生存下去。在中央革命根据地的第五次反"围剿"中,福建事变发生,博古等人不懂得联合十九路军共同对付蒋介石,一面和人家订了三条协定,一面又说蔡廷锴等"比蒋介石还蒋介石",把送上门来的同盟者抛到一边。我们学习小组,对此事议论很多。事实证明,"左"决不比右好,不论"左"的或右的路线和策略,都会葬送革命事业。

教条主义统治时期,武装斗争以毛泽东为代表,白区工作以刘少奇为代表,创造性地把马列主义原理运用于中国革命的实际,是坚持正确路线和策略思想的典范。他们代表了广大党员和人民群众的意志,站在最前列,同教条主义者进行针锋相对的斗争,有一系列的文献和实践活动,可资佐证。遵义会议实际上确立毛泽东同志在全党的领导地位,是完全正确的。从此,才使革命转危为安,才有抗日民族统一战线的建立,才制定了抗战时期的正确路线和策略,才赢得了敌后抗战的伟大胜利。由任弼时同志主持起草、六届七中全会通过的《关于若干历史问题的决议》,关于刘少奇同志"在白区工作中同样是一个模范"的论断,也是正确的。

第三,必须正确地进行党内斗争。

用整风的形式,去分清路线是非,去克服党内的主要矛盾——无产阶级思想同各种非无产阶级思想的矛盾,是毛泽东同志对马列主义建党学说的一大贡献。延安整风的经验证明,只有用正确的方法去开展党内斗争,克服矛盾,才能达到教育全党,团结全党,增强党的战斗力的目的。

我们的党,是由无产阶级先进分子组成的党。但党的成员来自社会,生活在社会之中,不可避免地带来各种非无产阶级的思想、观点。混进党内来的坏人只是极少数,党内的主要矛盾不是敌我问题,而是正确与错误、无产阶级思想与非无产阶级思想的矛盾。因而,解决这种矛盾的主要方法,只能是"团结—批评—团结",而不是其他。不明确这一点,开展党内斗争,势必走到邪路上去。

王明路线时期,发展了机械、过火的党内斗争,搞"残酷斗争,无情打击",造成极为严重的后果。他们从宗派主义集团的私利出发,把"党内斗争"变成提高自己"威望"、剪除异己、吓唬党员的经常手段。正如《关于若干历史问题的决议》所指出的:"为贯彻其意旨起见,在党内曾经把一切因为错误路线行不通而采取怀疑、不同意、不满意、不积极拥护、不坚决执行的同志,不问其情况如何,一律错误地戴上'右倾机会主义'、'富农路线'、'罗明路线'、'调和路线'、'两面派'等大帽子,而加以'残酷斗争'和'无情打击',甚至以对罪犯和敌人作斗争的方式来进行这种'党内斗争'。"(《毛泽东选集》第九八六至九八七页)大家对此深有体会,举出了许多事例。在中央苏区,王明一伙大反"邓(小平)毛(泽覃)谢(唯俊)古(柏)",排挤毛泽东同志。在鄂豫皖根据地,曾中生和我因与教条主义者派来的中央代表张国焘等人,发生"南下之争",官司打到中央,教条主义者不问是非曲直,给我们扣上一大串罪名,撤了曾中生的职。从那以后,曾中生便屡受打击,直至被张国焘监禁、杀掉。他们这种错误做法,只能窒息党的民主气氛,发展盲从主义、奴隶主义。

尤其令人痛心的是,教条主义、宗派主义的"党内斗争",同错误的"肃反"政策搅在一起,残害了大批干部和党员,言之令人发指。在中央苏区、在鄂豫皖、在湘鄂西、在各革命根据地,大抓"AB团"、"第三党"、"改组派"、"托陈取消派",大搞"逼供信",被错杀的共产党员和群众何止千万!弄得党内人人自危,一片恐怖气氛。这套衣钵,在整风审干中被康生等人搬来,"抢救失足者"。凡是从白区来的,都受到怀疑,甚至连叶剑英同志,都被列为怀疑对象。幸亏毛主席及早察党，提出审查干部的九条方针，规定"大部不抓，一个不杀"、"严禁逼供信"、"有错必纠"，才避免重蹈以往"肃反"的覆辙。挽救了大批革命干部，端正了整风审干的方向。

整风过程中，毛泽东同志为了总结历史经验，分清是非，纠正机械过火的党内斗争偏向，提出了一系列原则和方法，这就是："团结—批评—团结"、"惩前毖后，治病救人"、"既要弄清思想、又要团结同志"、"对于人的处理问题取慎重态度，既不含糊敷衍，又不损害同志"等等。我认为是完全正确的，对党的建设和发展，有极为深远的意义和影响。中央决定，对李立三、王明、博古等"左"倾路线的代表人物，继续留在党内，分配适当工作，也是必要的。从而为无产阶级政党解决路线问题，树立了一个范例，表现了我们党的伟大气魄和自信力。历史证明，犯路线错误的同志，在党的教育下，绝大多数能够改正错误，继续为党作出有益的贡献。

这些，就是我在延安整风中的主要收获。

整风中期，我参加了西北局高干会议。会议自一九四二年十月十九日开始，至翌年一月十四日结束，开了近三个月。任弼时主持了会议。解决的主要问题是，西北党的历史上的路线是非问题；边区党的领导问题；今后边区的工作任务问题。出席会议的共有二百六十六人。毛主席在会上作了思想方法问题的报告、十大政策的报告、布尔什维克化十二条的报告、经济问题与财政问题的报告。朱德、任弼时、高岗、林伯渠、贺龙也都作了报告。会议期间，共有四十六位代表发言。我也主持过会议，发过言。会议贯彻了整风精神，认真开展批评和自我批评，着重分清路线是非，反对纠缠细枝末节，较好地达到了既要弄清思想，又要团结同志的目的。会议也有缺点。主要是高岗把自己说成是正确路线的代表，把阎红彦等一批同志弄下去，有些同志有不同看法，未能畅所欲言。批判郭洪涛、朱理治同志，有过火的地方。

延安整风的胜利，为召开党的全国第七次代表大会，形成全党大团结的局面，争取抗战总反攻的伟大胜利，奠定了牢固的基础。

一九四五年四月，党的全国第七次代表大会胜利召开，制定了"放手发动群众，壮大人民力量，在我党的领导之下，打败日本侵略者，解放全国人民，建立一个新民主主义的中国"的总路线。夏季，德、意法西斯彻底覆灭，欧洲战场上的战争宣告结束。在此同时，我解放区军民在各个战场上，转入对日军的战略大反攻,令人振奋的捷报,纷纷传来。八月,苏联出兵东北,一举消灭六十万日本关东军,对加速中国抗日战争的胜利进程,起了重要作用。九月二日,日本政府宣布无条件投降,第二次世界大战宣告结束。中国人民经过八年艰苦抗战,付出伤亡两千余万军民的惨重代价,终于迎来了反侵略战争的伟大胜利。抗战过程中,中国共产党自始至终高举民族统一战线的旗帜,坚持国共合作,一致对敌,领导我军在敌后战场上抗击侵华日军达七十五万五千人,伪军九十五万五千人,占侵华日军的百分之六十九,伪军的百分之九十五,总共消灭日伪军一百七十一万四千余人,创造了以寡敌众、以弱胜强的光辉战绩。部队发展到一百二十万人,民兵二百二十万人,解放区约一亿三千万人口,面积达一百多万平方公里。我国八年抗战的胜利,是中国共产党及其领导的军民坚持正确的战略策略和英勇奋战的结果,是国共第二次合作的结果,也是国际反法西斯力量特别是苏联人民直接支持我国人民的结果。历史证明:侵略战争必败,正义战争必胜。任何帝国主义者企图武力征服中华民族,必然自取灭亡。

第十九章

初到解放战争前线

抗 战 胜 利 后

抗战胜利后,蒋介石在美帝国主义大力支持下,从峨眉山跑下来,抢地盘,摘"桃子"。目的很清楚:独吞胜利果实,消灭人民力量,建立大地主大资产阶级的一统天下。

内战乌云,布满天空。为争取和平,阻止内战,我党尽了最大努力,毛主席还亲自去重庆同蒋介石谈判,订立了"双十协议"。然而,江山易改,本性难移。代表大地主大资产阶级利益的蒋介石,极端仇视人民力量的阶级本性,是决不会改变的。所谓"谈判",是为了争取时间,部署力量,迫我就范。他手里有数百万军队,有源源不断的"美援"接济,有大半个中国的地盘,自恃消灭革命力量的"资本"绰绰有余,决心不顾一切,掀起内战。"双十协定"的墨迹未干,蒋介石就向各战区发出"剿匪"密令,调集重兵,准备向解放区发动进攻。

我党的方针是针锋相对,寸土必争。毛主席指出:"人民得到的权利,绝不允许轻易丧失,必须用战斗来保卫。"(《毛泽东选集》第一一二七页)交出革命武装去当"官",拿人民的利益做交易,坚决不能干。我们反对内战,力争和平,但蒋介石一定要打,那就对不起,只好武装自卫,奉陪到底。党中央和毛主席的这个决心,完全正确,下得及时,教育了全党,武装了全党。在上党,在绥远,在邯郸,蒋介石的军队向我大举进犯,因为我党我军有了充分准备,坚决武装自卫,结果取得歼敌十万余人的重大胜利。上党、绥远、邯郸三个战役,虽然还不是全面内战的开端,但证明党的路线和自卫方针的正确性,证明美帝国主义支持的蒋介石集团,没有什么了不起。这对保卫革命果实,增强人民战胜反动势力的信心,有极为重要的意义。

我那时出院不久,身体较虚弱,住延安枣园继续休养。有次和毛主席在院子里散步,谈到蒋介石的内战阴谋。我说:看来要狠打一家伙,不打是不行的。主席说:对,只有打才能推迟和制止内战的发生。蒋介石一定要打内战,我们也不怕。只有彻底消灭他,他才彻底舒服!眼看形势紧张,内战将起,自己不能重返前线,为党尽一份力量,有时心里烦躁不安,着急得很!党中央和军委领导同志很关心我,经常看望,送点营养品,劝我安心养病。我的生活亦较规律,早睡早起,除每天坚持两三个小时的体力锻炼外,其余时间看书、看报、看文件,研究形势,思考问题,有时也拉拉胡琴,打打扑克牌。身体是革命的本钱。没有好的身体,空有革命理想和热情,是不行的。重病一场,使我对这点体会尤深。为此,我尽力克制自己,与急躁情绪作斗争,静心养病。到一九四六年春,身体状况有所好转,自信恢复健康已为期不远了。

同年六月,蒋介石调集一百六十万大军,向解放区大举进犯,内战全面爆发。

由于党中央和毛主席事先正确地估计了形势,提挈全党全军,积极做好应变的准备,这就为渡过战争初期的难关,创造了条件。那时,我军已经控制了北起中苏、中蒙边境,南抵长江,西起陕甘宁边,东至海边的大片北方领土,既解决了战略靠背问题,又有广阔的机动回旋余地。各战略区几乎连成一片,便于相互援应,与土地革命战争时期各小块根据地孤立存在,遭敌众兵分割"围剿"的状况,不可同日而语。全解放区人口约两亿,军队一百二十余万,地方武装和民兵二百余万,划分为晋冀鲁豫、晋察冀、中原、华东、东北、晋绥六大战略区,加强了各战区的党政军领导和独立作战能力,形成正规军、地方兵团和民兵三结合的人民战争体系。各解放区放手发动群众,实行土地改革,调动了民主革命的主力军——广大农民的积极性,掀起参军、支前、生产的热潮,为支持战争提供了人力、物力、财力的源泉。各战区的部队,普遍开展练兵运动,军政素质和战斗力进一步提高。我党不断揭露蒋介石反对和平、制造内战的阴谋,不仅内部有了充分思想准备,而且有力地争取了国际国内进步人士的支持和同情。这些条件的存在,加上战略指导方针的正确,使我军在战略防御阶段的头四个月里,即歼敌三十五个旅,近三十万人,顿挫"国军"进攻凶焰,粉碎了蒋介石企图在三至六个月内"消灭共军"的计划。由此可见,有备和无备大不一样。兵书上所谓"忘战必危"、"有备无患",的确是真理。

蒋介石机动兵力有限,全面进攻受挫后,改为重点进攻。目标首先是延安,企图打击我中央首脑机关,进而腾出胡宗南的三十四个旅二十五万兵力,投入华北战场。我陕北部队仅两万余人,敌我力量对比悬殊,形势险恶。十一月十八日,中央作出放弃延安的决定,并决定将后方机关及非战斗人员,先行疏散,分批向晋绥解放区转移。

疏散前夕,毛主席在枣园召集了一次领导干部会议,和大家见见面,讲了话。他分析了当时的形势和敌我力量对比,强调解放战争非打不可,打就打到底。他说:这个战争可能打三年、五年、十年。三种打算,即短期、中期、长期。要准备长,争取短,胜利一定属于我们。会后,我与徐特立一家、王明一家、郑位三一家、刘少奇爱人王前,以及黄杰同志,共二十多人,乘卡车先去绥德。这是一批老弱妇孺病。徐老年逾花甲,王明、郑位三和我有病在身,剩下的就是警卫员和妇女、娃娃。组织上指定我当小队长,负责途中的指挥和安全工作。夜间行车,凌晨抵绥德河东的一个村子,我担心敌机轰炸,叫大家赶快下车,搬行李,进窑洞。王明说:慢一点嘛,别急! 我说:不行,要快,听指挥! 果然,我们刚进屋,敌机就来了。司机满机警的,开车就跑,转移目标。敌机俯冲扫射,子弹打穿了油箱。但大家未受损失,我悬着的一颗心,才放了下来。

在绥德住了二十多天,心里急得很。王前不愿住在这里,正巧彭德怀去榆林视察回来,路过绥德,她爬上彭总的车返延安去了。我和爱人黄杰商量,说:"战局这样紧张,老待在后方转来转去,实在不安,我们还是一起到太行前线去吧! 你虽然怀孕在身,但路上有人照顾,我看不会出问题。"她完全理解我的心情,支持去前方。我就向党中央写了报告,要求去晋东南。我和黄杰同志是一九四六年五月结婚的。她是湖北江陵人,在武汉军校女生队学习过,一九二八年入党,曾任中共松滋县第一任县委书记,领导和参加了九岭岗暴动,后长期在上海中央领导机关工作。周恩来、陈云、邓颖超、刘伯承、聂荣臻等同志都了解她。

中央复电同意我的要求，要我先到太行山休息，恢复健康后在晋冀鲁豫军区工作。我和黄杰同志十分高兴，马上收拾行装，告别徐老、王明等人，带上警卫人员、伙夫、女儿鲁溪和两匹马，向山西进发。数九寒天，北风似刀，气温达零下二十度左右。只有日当中天前后，显得暖和些。一路行进，越过数不尽的沟沟崂崂，才到达黄河边的军渡渡口。那里的部队派人护送我们乘船渡河，冒着小雪到达晋绥根据地的柳林，正是一九四七年元旦前夕。贺龙同志得知我来，专程从兴县赶来看望、拜年，热闹了一番。

个把月后继续进发，经离石翻越吕梁山脉，抵汾阳。陈赓同志派查玉升带一个连来接我们，还给我预备了副担架。从祁县以南、崞县以北过汾河，冬日水浅，查玉升他们临时找了些门板、木料搭成浮桥，夜幕中通过。忽然，背后远处响了一阵枪，查玉升很紧张，怕敌人发现我们，立即派人侦察。结果是敌人没弄清情况，乱放了一阵枪，我们才放了心。进入太岳山脉，翻绵山，就是介子推烧死的地方。山势陡险，盘山小路仅容单人单骑通行。快到山顶时，过一个拐弯，驮行李的牲口拐不过来，把我的书箱子翻到山沟里去了。据老乡说，那带叫"后悔沟"，意思是人走到那里，稍一不慎就会跌下山沟，后悔莫及。下山更费劲，风刮得很大，"后悔沟"也多，只能小心谨慎，慢慢走。在一个山窝子里，住着几家人，我们休息了一下。抵山脚下马村，陈赓同志带了些人来接我们，见面后格外高兴。他还是老样子，说话幽默，爱开玩笑，永远是个乐天派。在安泽，陈赓向我介绍了太岳军区的情况和山西的战局，还给我调来几个警卫员。

二月中旬，我们到达长治市。长治是晋东南的政治经济文化中心，十字形的街道，商业发达，市面繁荣。适逢春节，人来人往，鞭炮不停，显得格外热闹。我们住在一所日本式的宽敞住宅里，据说原来是日本侵略军师团长的房子。头天住下，第二天黄杰同志分娩，找人接生，忙活了一阵子。当地驻军系起义不久的高树勋部，尚未彻底改编，成分比较复杂，有些人对起义不满，与特务勾结，暗地里搞名堂。高树勋来看过我，请我吃了顿饭，我对他弃暗投明，率部起义，说了些鼓励的话。本来，我们不想在长治久停，但因黄杰产后身体虚弱，加上我一路过度疲劳，需要休息，便拖了下来。半个月后，敌机来轰炸，在我住地附近扔了三颗炸弹，险些炸着我们。估计是高树勋部的特务捣鬼,给敌人送了情报。为安全计,我们搬到离城四十多里的村子里居住,直至四月间。这时,胡宗南已占领延安,但我军在各个战场上,却连战皆捷,大量消耗了敌人的有生力量,正准备转入全面反攻。

六月上旬,我到太行山区,住河北省武安冶陶,见到薄一波、滕代远等同志。十三日,中央军委任命我为晋冀鲁豫军区第一副司令员。上任后,我与副司令员滕代远、副政委薄一波合作,担负起内线作战、消灭阎军、解放山西的任务。那时,军区司令员刘伯承、政治委员邓小平正根据中央"大举出击,经略中原"的指示,拟率主力部队强渡黄河,挺进大别山区。他们住在邯郸地区,进行军事、政治、后勤等各项准备工作,十分繁忙。我没有见到他们,但经常有电报联系。我的精力,放在留下来的这摊子工作上。

解 放 运 城

我到晋冀鲁豫军区就职,正是解放战争进入第二个年头,我人民解放军发起战略反攻的开端。

第一年作战,我军取得了辉煌战绩,先后歼敌正规部队七十八万人,杂牌军及保安部队三十四万人。在我严重打击下,敌士气沮丧,厌战情绪严重,开小差者即达二十万人。敌人的战略进攻,除山东外,均已被迫停止,转入防御。敌我斗争态势,发生了根本性的转变。党中央和毛主席规定我军第二年的作战任务是:举行全国性的反攻,以主力打到外线去,将战争引向国民党区域,在外线大量歼敌;以部分主力和广大地方部队继续在内线作战,歼灭内线敌人,收复失地。毛主席还强调指出:一切为了前线的胜利,在新老解放区坚决实行土地改革,是支持长期战争取得全国胜利的最基本的条件。因此,晋冀鲁豫军区当时面临的任务有三项:一是配合与支持主力部队(刘邓大军和陈谢兵团)外线出击,挺进中原和豫西;二是独立完成内线作战的任务,围困和消灭山西境内阎锡山的十五个正规旅;三是实行土地改革,发动广大农民群众支持战争。

晋冀鲁豫主力部队向南集中,准备渡黄河南进,上党地区空虚。我刚刚上任,就接到报告,说高树勋部拟利用我腹地空虚的机会,发动叛乱,带部队过黄河,投靠蒋介石。该部起义后,我军曾派了一些政工干部去工作,普遍开展下层的翻身运动,撤换反动军官,发展党的力量,取得了一定成绩。但是,高树勋在一些上层反动军官及特务的包围下,对我离心离德,并与国民党军统洛阳站取得联系,秘密召开反动军官会议,加紧进行叛变的准备。经请示中央和刘、邓,我们决定采取先发制人的方针,防患于未然。六月中旬,我派往高部的政工人员带领士兵首先扣押第一师的反动军官,接着包围高树勋总部及住宅,经战斗,高被解除武装。连同该部一军、二军的高级反动军官,一并送来军区司令部,听候处理。高树勋起义有功,与坚持叛变的反动分子不同,故中央采取宽大政策,只让我们对其进行批评教育,仍留军区工作。后来听说报告的情况有出入,但在战争紧急的情况下,不这样办也不行。

为南进主力筹集兵员、粮食、武器弹药的任务,十分繁重。太行、太岳山区本来就穷,八年抗战消耗又大,群众生活艰苦至极。解放战争开始后,战役规模很大,供应线绵长,所需粮食、担架、大车、骡马、兵员大多靠老区负担,因而困难越来越大。是年,夏收遭灾,黄河复堤工程亦需大批经费、粮食、民工。但是,为了保证战略反攻的需要,我们还是要动员群众节衣缩食,参军参战,竭尽全力支持刘邓、陈谢大军。八月间,动员两万常备民夫随陈谢兵团行动。十一月间,一次即动员七万三千新兵补充到刘邓、陈粟、陈谢、彭张等野战部队。太行、冀鲁豫、冀南先后出动的民兵、民工,不下三四十万人。

刘邓大军、陈谢兵团相继南进后,晋冀鲁豫军区留下的正规部队少得可怜,只能从地方武装升级,以解兵力不足的燃眉之急。从八月到十二月,我们以太岳军区的基干部队和地方武装为基础,组成第八纵队,辖二十三、二十四两旅六个团,作为军区的主力;以太行军区的分区团队、县独立营、游击队,组成太行独一、独二两旅,共六个团;以冀鲁豫八分区地方武装为基础,组成冀鲁豫独二旅(独一旅组成后即归属刘邓大军);以太岳军区第十八、十九、二十分区的地方武装,组成四个团;以冀南地方武装组成两个独立旅。总兵力约五万余人。各旅、团虽按"三三制"组建,但兵员、干部很不充实,装备尤差。

为贯彻党的全国土地会议精神,实行土地法大纲,整顿党的组织,十月三日,晋冀鲁豫中央局在冶陶召开全区土地会议。会议开了八十五天,至十二月二十六日才告结束。出席会议的有我和薄一波、滕代远、宋任穷、廖承志、杨秀峰、王从吾等同志及县团以上干部,近两千人。薄一波出席了刘少奇主持的西柏坡全国土地会议,由他传达会议精神,主持讨论和贯彻《中国土地法大纲》,我致闭幕词。会议期间,大家总结了一年来晋冀鲁豫地区的土改经验,研究如何贯彻"大纲",解决彻底进行土地改革,消灭封建剥削制度,调动广大农民积极性的问题,对会后展开的轰轰烈烈的土改运动,有重要指导意义和推动作用。但是,会议受全国土改会议精神的影响,着重反右,忽视了防"左"。因而在土地改革中,出现了贫雇农坐江山,对地主扫地出门、乱打乱杀,侵犯中农利益等现象,后来作了纠正。

　　结合土改,进行整党,即以查阶级、查思想、查作风和整顿组织、整顿思想、整顿作风为内容的"三查三整"运动。重点整顿党的基层组织,提高党员的阶级觉悟和政策水平,纯洁党的队伍。为了迎接胜利反攻的战斗任务,保证地方土地改革的顺利进行,整党运动要求很严格。例如,部队党员不准干涉地方的土改;每个党员要检查对土改的认识及阶级立场、思想意识;出身成分和历史要交代清楚;混进来的地富分子、坏分子一律清除;等等。通过"三查三整",党员觉悟大提高,斗志旺盛,党支部的战斗堡垒作用有明显加强。这对推动部队的建设,无疑有重要作用。

　　山西境内的敌人,盘踞在铁路沿线的大同、太原、榆次、临汾、运城及晋中地区的一些县城,已处在解放区的四面包围中。位于晋南的运城,是南扼陇海铁路、潼关要冲及黄河渡口的战略要点。拿下该城,我军便封住了晋南的门户,既能解除陈赓兵团从豫西出击陕东的后顾之忧,又能切断山西敌人南逃的去路,对牵制胡宗南部于渭北地区,配合西北野战军作战,亦有积极作用。我们决定首先攻坚运城,并伺机打援。中央表示同意。

　　运城守敌为蒋军第三十六师和十七师各一个团,汽车第六团,阎军保安第五团、第十一团及杂牌军一部,共一万余人。城墙坚固,堡垒密布,火力甚强,粮食储备又多,比较难啃。五月间,太岳部队曾攻过一次运城,占领了飞机场和西关、北关,但因城坚难摧,部队又要执行南进任务,遂主动撤离。我们这是第二次攻打运城。

　　九月下旬,我们制定了攻城部署。决心以王新亭第八纵队和吕梁独三旅、太岳三团等部，担任主攻任务；以一部兵力继续牵制临汾之敌，防其南下；以另一部兵力扼控三门峡、茅津渡、风陵渡等黄河渡口一线，阻击胡宗南部增援。因部队缺乏城市攻坚经验，我们要求战前深入动员，周密准备，反复进行坑道作业、爆破、组织火力、诱敌出击、登城破堡等演练，力争以小的代价换取大的胜利。

十月八日，攻击开始。经一周激战，我军扫清敌外围据点。运城守敌被我团团围困，告急求援。胡宗南派其钟松师四个旅，从三门峡地区北渡黄河，增援运城。我们遂令攻城主力部队撤围，开至平陆一带打援。敌人装备好，突击力强，我军火力差，缺乏打硬仗的锻炼，顽强性不够，被胡敌一部突破防御阵地，窜往运城。我们只好暂时取消攻城计划，另寻战机。这一仗打得不理想，部队士气颇受影响。新部队打仗，最怕头一炮不响。一仗下来，没取得多少战果，指战员们灰溜溜的，觉得脸上无光，抬不起头来。气可鼓而不可泄。我们立即进行战斗总结，肯定攻城战斗牵制了胡敌南进，对外线作战起到有力的配合作用；同时，指出打援失利的原因所在，由领导上承担主要责任。号召大家加紧训练，积极进行第三次攻打运城的准备。这样，部队情绪才稳定下来，全力投入攻城训练中。

第三次攻打运城的部署，制定于十二月初。时王震率西北二纵队路过晋南，休整待命。这是一支生力军。我们和王震商量，拟请该纵队参战，他答应得很痛快。报告中央后，毛主席复示："（一）同意你们打运城。（二）王震纵队应位于黄河北岸要点，确实保证河南敌不能北渡，方有把握，否则敌必增援，攻运仍无把握。"那时，胡宗南在黄河南岸的潼关、陕州、洛阳一带有四个旅另一个骑兵团，是渡河增援运城的主要力量；黄河西岸黄龙山区有一个步兵师另一个旅，因受陕甘宁我军的牵制，渡河援运的可能性小些。所以毛主席提醒我们，特别注意黄河以南的胡敌北渡。

我和薄一波、滕代远因出席土地改革会议，决定组成运城前线指挥部，由王新亭任司令员，王震为政治委员，统一指挥晋冀鲁豫和西北二纵两支部队，协同作战。攻城任务以八纵和二纵主力担任，其余部队置于黄河北岸和东岸的要点，准备打击来援之敌。战前，王新亭和王震同志反复研究敌情、地形，提出首先扫清外围据点、以城西与城北为主攻方向的作战方案，我们同意。

十二月十六日夜,攻击开始。天正下雪,寒气逼人。部队冒雪破堡,横扫敌外围据点。城内城外的守敌胡宗南、阎锡山部及土顽一部,共一万三千余人。他们重新修复了上次被我摧毁的明堡暗碉,凭借优势火力,构成东西南北四大护城阵地,顽强抵抗。我军缺乏火炮,靠炸药包破堡前进。经一周外围争夺战,敌四大防御阵地均被我摧毁,残敌逃入城中固守。这时,胡宗南部四个旅,集结在黄河南岸陕州至潼关一线,企图渡河增援。我军如不迅速攻克运城,全歼守敌,势必功亏一篑。二十四日,我们令部队乘胜发起猛攻,激战两天两夜,尚未攻克。这是叫劲的时候,也是最容易动摇决心的关头。我打电报给王新亭,下死命令,坚持最后五分钟,一定要把运城拿下来。二十七日黄昏,我八纵二十三旅组织爆破队,用三千公斤炸药爆破城墙成功,一举从城北突破,攻入城内;敌慌乱不堪,城西亦被王震纵队突破。巷战一夜,将万余守敌基本歼灭,取得了攻坚运城的重大胜利。

我军攻占运城后,胡宗南部的前锋从太阳渡抢渡黄河,遭我太岳三分区部队的顽强阻击。激战一天,迫敌退回黄河对岸。从运城南逃的千余残敌,亦被该部围堵歼灭。

运城攻坚歼灭战,不仅动摇了山西境内敌人固守城市的信心,而且创造了我军攻坚城市的宝贵经验。部队经过艰苦作战,在战斗意志、战术思想、战斗作风等方面,都得到锻炼和提高,从而为下一个战役——攻坚临汾,创造了有利的条件。

临汾攻坚战

我晋冀鲁豫部队、西北二纵队和根据地群众,在庆祝运城解放的欢乐气氛中,迎来了一九四八年。

年后,我们一面准备整训部队,总结经验;一面大力筹集物资,扩充新兵,向刘邓、陈赓所部输送。一月中旬,胡宗南一部兵力突然北渡黄河,占领运城。我们重新部署兵力,加紧训练,拟围歼胡敌。不数日,该敌又弃城南窜,运城重新落入我们手中。

整个晋南,只有临汾一座孤城为敌人盘踞。拔除这个据点,对配合西北战场的作战,孤立晋中、太原的守敌,有重要意义。我们提出部队先在翼城地区集中整训,待开春后攻坚临汾的计划,报请中央军委和刘、邓批准。刘、邓同意。二月十八日,军委复示:"(一)完全赞成先作攻坚战术训练待解冻后再打临汾,只要攻克临汾就是对彭张的大帮助。(二)但临汾之敌有两种可能,一是固守不动,二是弃城北走,因此你所率准备攻城的各部队的整训位置应放在便于打逃敌而又很隐蔽的地点,并要预先作出准备打逃敌的计划,以便不失时机歼灭可能逃跑之敌。(三)李周应令吕梁部队确实受领向前所给协同作战的任务。"

防敌北逃,争取不失时机地在野战中予以歼灭,是战前兵力部署的关键所在。我们考虑,临汾附近,无适当地点屯驻大兵团,且过早逼近敌人,势必暴露我作战企图,故决定主力部队仍按原计划集中于翼城地区;而以八纵第二十四旅布于浮山以西大阳地区,太岳一个旅布于洪洞、赵城以东地区,控制同蒲路东侧;以吕梁第三、第七两旅布于汾西地区,控制同蒲路西侧。如敌固守不动,各部队整训待机。如敌北窜,则汾河东西两侧的部队迅速出击,抢占要点,阻敌于赵城以南地区;主力部队从翼城出动,一天半急行军即可抵洪洞、赵城一带,围歼逃敌。

部署既定,开始了翼城整训。我们的领导机关,人手很少,仅有参谋处长梁军,宣传部长任白戈,队列科长廖加民和十多个参谋、干事。我和他们坐一辆卡车,到了翼城。

翼城整训,目的是为攻坚临汾进行政治上、军事上、物质上的全面准备。军区的部队,除八纵扩编为第二十二、二十三、二十四旅外,又成立了第十三纵队,徐子荣任政治委员,鲁瑞林任副司令员,辖第三十七、三十八、三十九旅。二月二十一至二十三日,在翼城召开了千余人的营以上干部会议,中心内容是总结运城攻坚战的经验,动员攻打临汾。王新亭作攻坚运城的总结报告,我作了动员解放临汾的讲话。我在讲话中强调指出:今后我们的作战任务,主要是攻取大城市,肃清内线敌人的据点,配合外线进攻。因此,必须根据朱德总司令的指示,把晋冀鲁豫的部队培养为专门的攻坚部队,形成坚无不摧的铁拳头。解放临汾是本区春季攻势的第一个战役计划。这一计划的实现,将有力配合我西北和黄河以南野战军的作战,使晋南完全解放,与晋西北解放区连成一片,更加孤立山西境内的敌人。我在讲话中还分析了解放临汾的有利条件及指挥员的责任、加强政治工作、正确处理军内外各种关系、城市政策等问题。这些就是翼城整训的基本指导思想。

会后,部队开展攻坚训练和新式整军运动,搞得热火朝天。在地方党组织和人民群众的大力支持下,物资准备工作,亦较顺利。

临汾素有"卧牛城"之称,为历史上著名的军事重镇。这座古城,内高外低,坚厚的城墙,依自然地形砌成,远远望去,宛如伏在汾河东岸的一条黄牛。郊外有个"挂甲屯"。传说李自成兵临城下,屡攻难克,气得"挂甲"于屯庄的树上,拍马而去。多年来,在日军和阎锡山的盘踞经营下,临汾城池壕沟交错,碉堡林立,更成了一座易守难攻的坚固要塞。在城外,敌人依托村庄、高地、碉堡、壕沟,组成四道环形防线;每道防线上均筑有高达两丈左右的水泥主碉,周围置有集团工事、铁丝网、暗道、鹿砦、地雷等多种防御设施;环城外壕又宽又深,达八至十米。在城内,城墙高十四米,厚十至三十米,能并行两辆卡车。有些地方设上、中、下三层火力点,每百米有横墙和铁丝网阻隔,形成独立防御地段。环城内壕、集团工事、炮兵阵地与城上的反射火点,相互交叉,构成坚固的纵深防御体系。城里与城外的暗道相通,直至防御前沿。一贯重视防守战法的阎锡山,把临汾视为"铜墙铁壁"、攻不破的堡垒。

守敌共有二万五千人,包括胡宗南第三十旅两个团及一个炮兵营,阎锡山第六十六师,另有杂牌军和土顽武装八个团。守城总指挥为阎军第六集团军副总司令兼晋南总指挥梁培璜。敌人为固守临汾,长期顽抗,四出抓丁、抢粮,聚积大批军用物资,并在内部大力进行反共教育,实行特务控制。

在初步弄清地形和敌情的基础上,二月底,我们制定了攻坚临汾的作战部署。同时也考虑了下一个战役的发展方向,或南下豫西,或北上晋中,以便攻克临汾后,乘胜进击,夺取更大的胜利。

我军的作战部署是:以原集结在赵城、洪洞一带同蒲路两侧的部队,担负防敌北窜、相机打援的任务;以吕梁部队一部位于汾河以西,牵制城西守敌;以八纵位于城南,十三纵位于城东,太岳部队位于城北,扫清外围,三面攻城。如果晋中方向敌人来援,则以一部兵力围城,调动主力北上打援,而后回师解决临汾之敌。我们要求各部队行动要隐蔽、神速、果敢、坚决,保持战役战斗的突然性;力争在城外大量歼敌,以减少攻城阻力;机动指挥,讲求

战术,步炮协同,军民合力,一举破城歼敌。预定三月十日,发起总攻击。（见附图十五）

临汾战役的第一阶段,是扫清外围,三面攻城。

三月六日,敌数架大型运输机,在临汾城南机场降落,将胡宗南第三十旅一个营运走。我们接到情报后,判断胡敌有三十六计"走为上"的企图。前敌指挥部一致决定:提前执行战役计划,七日发起攻击。当夜,我翼城地区的部队,以急行军抵近临汾城郊,包围了敌人。七日凌晨,八纵二十四旅首先向南郊机场进攻。部队没有经验,不会封锁飞机跑道,让七八架运输机起飞逃掉,仅摧毁敌机两架,待命起飞的敌军亦逃往城内。我军控制了机场,使胡敌的空运计划破产。临汾守敌,成了瓮中之鳖。

梁培璜死顽固,企图凭借强固工事和优势火力,坚守待援。为此,他给属下下了一道"八杀"的命令,即:奉令进攻迟延不进者杀;奉令赴援迟延不进者杀;未奉令放弃守地者杀;邻阵被攻有力不援者杀;邻阵被陷不坚持本阵地者杀;滥行射击虚报弹药、阵前无敌尸者杀;谎报军情企图卸责者杀;主官伤亡次级不挺身而代行职务者杀。杀!杀!杀!梁培璜的用兵手段和反动本性,可见一斑。我们面对的敌人,是个"硬核桃",你决心不大,牙齿不坚硬,就甭想咬碎它。

我军发扬勇敢顽强、迅猛突击的战斗精神,经一周多激战,夺取了城外敌人的大部主阵地。我前线指挥所,亦移至城东十公里的东堡头村。部队从东、南、北三面向城垣附近突击,敌依托集团工事和密集火力顽强扼守,使我军的攻势受阻。

我到前沿去观察地形,了解敌人的火力配置情况,深感这场攻坚战,比我们原来的预想要复杂、艰难得多。临汾城池呈横"吕"字形。西、南、北三面,只有城垣、城门,没有城关,犹如"吕"字的下部;城东设关,不仅有密集的居民建筑,且另有城墙护卫,恰似"吕"字的上部。城西紧靠汾河,不便大部队运动;城南为开阔地带,敌工事林立,壕沟交错,使我军接近城垣受极大限制;城北地势较高,有登城阵地,敌守备亦较薄弱,但因地势空旷,部队不易隐蔽运动,攻城势必付出极大代价;只有东关,是我军隐蔽部队、接近城垣、实施突破的有利地带,而那里,却正是敌人的主要防御方向,由阎军第六十六师重兵扼守。

权衡再三，我们决定改变从东、南、北三面攻城的作战方案，重点攻击城东与城北。以十三纵向东关突击，力争消灭守敌第六十六师主力，并策应城北部队攻城；以八纵第二十二、二十三两旅位于城北北门及以西地区，攻击兴隆殿等要点，以太岳部队四个团位于北门以东地区，攻击日本坟等要点，两支部队进而全力攻城；以八纵第二十二旅及太岳部队两个团，位于城南，实施助攻，牵制和迷惑敌人。接着，各部队即根据新的部署，调整兵力，进行攻城准备。三月二十二日，八纵二十四旅旅长王墉同志，在城北看地形时，不幸中弹牺牲。王墉是河北省乐亭县人，北大学生，参加过一二九运动和八年抗战，是位优秀指挥员。他作战勇敢，很有头脑，带兵严格，爱护下级，在部队中威信颇高。攻坚运城时，他率二十四旅冲锋陷阵，作出了出色的贡献。抢占临汾机场的任务，也是他率部胜利完成的。王墉牺牲时年仅三十三岁，使我和许多同志极为痛心。

三月二十三日，我军发起全线进攻。临汾城下，枪炮声、爆破声、厮杀声交织成一片，震人心弦。

担负攻打东关任务的第十三纵，以三十八旅从东南方向突击护卫城垣，以三十九旅从东北方向突击电灯厂。经三昼夜血战，首先占领了电灯厂。该厂紧靠城垣北侧外壕边沿，筑有为数不少的围墙、暗道、外壕、铁丝网、明碉暗堡等复杂防御工事，就像一座独立的小城堡。守敌一个团，前沿阵地被我突破后，敌六十六师师长徐其昌亲赴现场督战，调来援兵，组织反扑。我军占领每座房屋，攻取每座碉堡，都遇到敌人的拼死顽抗，要付出血的代价。经反复争夺，我三十九旅终于将守敌一团另两个营歼灭，全部占领电灯厂。战斗中，一一五团一连五班班长毛德兴等七勇士，发挥尖刀作用，连破敌三道战壕，攻陷两座碉堡，为部队向纵深发展，开辟了道路，战后受到表扬。在东南方向，我三十八旅采取坑道掘进和炮火轰击（仅有四门炮）相结合的打法，从护城垣上打开一个缺口。突击队登城后，因缺口太窄太陡，后续部队跟不上去，被敌人压了回来，第一次攻关未成。第二次攻关改为以坑道爆破为主，打开缺口后，因指挥混乱，联络太差，登城部队在缺口处拥挤成堆，不仅遭到敌人火力的严重杀伤，且被自己的炮弹打到缺口处，炸掉已经登上城垣的一个班，结果又未成功。在此同时，我城北部队经激烈战斗，攻克四号碉，在数次打退敌人反扑中，杀伤敌五百余人，巩固了阵地。因日本坟、兴隆殿等要点均未攻克,拟从北关破城而入的计划亦无法实现。二十九日,我们令部队停止攻击,第一阶段的作战,遂结束。

这段作战历时二十二天。我军虽基本扫清临汾周围的敌据点,但攻城计划未能实现;共杀伤敌近三千人,自身伤亡超过三千,弹药消耗也很大。主要原因是:在战役指导上,对敌人工事特点及顽抗程度估计不足,企求速战速决,因而兵力使用不够集中,主攻方向变来变去;在干部指挥上,存在轻敌和急躁情绪,打莽撞仗,"羊群"战术,不善于精心组织战斗,灵活克敌制胜;在步炮协同上,缺乏经验,坑道爆破、炮火射击、步兵冲锋未能有机结合,不仅不能有效杀伤敌人,反而多次误伤自己,增大了部队的伤亡。

战役第二阶段为夺取东关。

第一阶段攻城受阻,伤亡又大,士气颇受影响。上层领导干部中,有人对能不能打下临汾,亦发生动摇,甚至建议撤兵。这个时候,可以说是系胜负于一念之差的关键时刻。我们冷静分析,权衡利弊,认为取胜的把握甚大,绝不能被暂时的困难和失利吓破了胆。横下一条心:不拿下临汾,誓不收兵! 前敌指挥部于三月底召开团以上干部会议。我在会上作了报告,总结经验教训,调整作战部署,鼓舞战斗意志,以利再战。我说:一定要拿下临汾,打不下来我们围困也要把它围下来!

新的作战部署要求,集中兵力,突击一点,拿下东关,用"土行孙战术",打破敌人的"铜墙铁壁"。我们将八纵主力二十三旅调到城东北,依托电灯厂攻关;将十三纵原预备队第三十七旅置于城东南,向小东门及府门之间突击。为掩护部队攻城,集中军区炮兵团和八纵、十三纵全部火炮,以及太岳部队部分火炮,统一使用。限定四月十日前,做好攻关准备。

各部队根据新的部署,统一思想,侦察地形,挖掘坑道,进行战地练兵,发扬军事民主,广泛开展学习李海水运动。李海水同志是十三纵三十八旅一一二团七连的战士。他在第一次攻打东关时负伤,未来得及撤出外壕,与部队失去联系。当即隐蔽在壕内,将胡廷海、王石富等十多名伤员组织起来,阻击敌人。坚持战斗一天半,打退敌九次反扑,最后掩护大家撤出外壕,返回部队。前指为表扬李海水英勇顽强、机智灵活的战斗精神,命名七连为"李海水连",号召全军向李海水学习。他的英雄事迹,传遍全军,鼓舞广大指战员战胜困难,一往无前。至四月九日,我攻击部队共挖出接近护城垣的四条坑道。当夜从十里以外将一万六千多斤炸药,运进坑道口装填完毕,攻城准备工作全部就绪。

十日下午四时,我们命令发起攻击。我九十二门各种火炮同时开火,对敌阵地进行摧毁性射击,一小时后,各种火器同时开火,火力准备持续达两小时。接着,三条主坑道同时引爆(另一条因导火具失灵,未起爆),从护城垣炸开两处缺口。突击部队冒着浓烟登城,一举成功;后续部队跟进,向纵深发展。经一夜激战,敌六十六师大部被歼,东关遂为我占领。

攻占东关的胜利,长了我军的志气,灭了敌人的威风。出席南京伪"国民大会"的山西省的议员老爷们,乱成一团,一日两次向蒋介石请愿,要他当面答应立即派飞机助战,挽救临汾危局。蒋介石为给阎锡山、梁培璜打气,在伪"国民大会"上宣称"决心保卫临汾",并令国防部次长林蔚着陈纳德派飞机助战,疯狂轰炸临汾城外我军阵地,向城内投送面粉、大米、罐头以示援应。阎锡山无力派兵支援,三次打电报令梁培璜"人尽物尽,城存成功,城亡成仁"。梁培璜哑巴吃黄连,有苦说不出,除了向蒋、阎表示"决心与临汾共存亡",勒令属下死守城池外,已是黔驴技穷、无计可施了。

第三阶段为破城歼敌。

我军占领东关后,迅即整顿队伍,调整兵力,准备攻坚临汾城池。敌机整天狂轰滥炸,东关的房屋大部被炸塌,给我军的运动和补给造成很大的困难。党中央对解放临汾,极为关心。朱德、刘少奇同志专门给我们发来电报,介绍聂荣臻他们攻坚石家庄的经验,希望我们再接再厉,攻克临汾。毛主席在去晋察冀途中,亦来电称:"庆贺你们歼灭阎敌六十六师及肃清临汾外围和攻占东关的胜利。"这对全军指战员,是有力的鼓舞。

我们的攻城部署是:首先扫清城壕外沿的敌据点,从城东和城南挖掘多条坑道接近城垣,爆破登城,全歼守敌。以十三纵位于城南南门以东地区,八纵位于城东南角至大东门地区,太岳部队位于城东北角至大东门地区。扫清城外守敌与挖掘坑道,同时并举。

夺取城壕外沿据点的战斗,四月十五日打响。城东及城南的一号碉、老鸦嘴、火车头、二十号碉、二十一号碉等阵地,敌我反复争夺,战况异常激烈。敌以杂牌部队守碉,而以精锐胡宗南第三十旅进行反扑。我每夺取一个阵地,均遭到敌人的拼死顽抗和疯狂反扑。城东的一号碉被太岳部队四十四团九连占领后,一天之内,敌以一个营的兵力进行三次反扑,该连最后只剩下五名战士,仍坚守阵地,最后在五连配合下,向敌反击,将敌营基本打垮。敌机频繁出动,向我阵地轰炸扫射,我们有个团指挥所被炸,全埋在土里了!敌人为夺回失去的阵地,竟大量使用毒气和燃烧弹,城垣外围,一片硝烟火海。激战十多天,城壕外围阵地,基本为我控制。

挖掘坑道是一场更为艰苦的地下战斗。我们挖,敌人也挖。他们企图以"坑道对坑道"的办法,破坏我坑道作业。我们缺乏机械工具,全靠人力挖掘。铁锹损耗率很大,供不应求,指战员就用刺刀、瓦碴、手指挖,挖得手指头出血。坑道狭窄,空气稀薄,越往里挖,人越喘不过气来,不少同志昏倒在地道里,救醒后仍坚持作业。人手不够,领导干部、机关干部、勤杂人员一律参加。二十三旅旅长黄定基,身患肝病,仍夜以继日指挥坑道作业。工兵排长张云贵,带领全排战士日夜奋战,成绩突出,被评为战斗英雄。五月上旬,我军共挖出破城坑道十五条,掩护坑道四十余条。除被敌发现破坏者外,攻城前夕,有三条主坑道完好无损,通过城壕下面,直抵城墙墙基。

这时,中央连续来电告诉我们,傅作义、阎锡山企图联合进攻石家庄,保卫石家庄是当务之急。要求我们抽出三个旅的兵力,兼程开至太谷附近,攻击和牵制阎军。为此,前指决定将太岳一个旅及吕梁部队两个旅,由彭绍辉、罗贵波率领,北上晋中,牵制阎军;攻城任务,由八纵、十三纵及太岳部队两个团完成。

五月十七日,我军发起总攻。在我炮火轰击和坑道爆破声中,从东城炸开两个三四十米宽的缺口。突击队首先登城,部队相继攻入,展开巷战。因守敌在城内埋有大量地雷,工事坚固,火力又强,我进攻部队伤亡不小。指战员发扬勇猛顽强、前仆后继的战斗精神,向敌纵深猛插猛进,逐垒夺取,终于粉碎敌人的顽抗,当夜将守敌全歼。梁培璜带少数残兵败将从西门过汾河逃走。我让汾西部队无论如何要捉住他,最后果然把他抓了回来。战后,我到城墙上走了一圈。第一次看到如此坚厚的城墙和强固的防御工事,深感战役的胜利,真是来之不易啊!

这次战役,历时七十二天。我军共歼敌两万四千余,其中俘敌总指挥梁培璜、六十六师师长徐其昌以下近两万人。至此,晋南全部解放。我军北上晋中,与敌决战的日子,就在眼前。

临汾战役,有几个值得注意的特点。

首先,作战对象硬,战役时间久,是场啃"硬核桃"的典型城市攻坚战。

临汾守敌仅二万五千余人,孤军被困,无援可增,乍一看来,似乎没有什么了不起。可事实并非如此。他们有蒋介石、阎锡山的精锐部队作支柱,有现代化的城防工事作依托,有优势的火力火器,有充足的粮食储备,有"与临汾共存亡"的反动决心,又有一套城市防御的战术和经验,因而有恃无恐,顽强据守,难啃得很! 我军虽一倍于敌,数量占优势,但部队新,装备差,战斗骨干少,攻坚经验缺乏,要对付如此顽强的敌人,摧毁如此坚固的城堡,其困难程度,的确异乎寻常。要想速战速决,轻易取胜,显然是不可能的。

敌人硬,我们更硬,不拿下临汾,誓不收兵。攻坚之难,时间之久,消耗之大,战况之惨烈,在晋冀鲁豫军区发展史上,实属少见。七十二天时间里,我军共消耗炸药十万斤,炮弹十万发,手榴弹二十万个,子弹百多万发;部队伤亡达一万三千五百人,占总兵力的四分之一。结果呢? 阎锡山的"铜墙铁壁"被彻底摧毁,守敌被悉数歼灭,证明敌人硬不过我军,我们坚决拿下临汾的战役决心,是正确的。

我军之所以能够打赢这场持久而残酷的攻坚战役,决不是偶然的。一是客观形势有利。那时,我人民解放军大举向外线进攻,蒋介石的大量兵力,被牵制在中原、西北、华北战场上,已无力顾及山西战局。山西处于内线作战地位,大部分地区落入我手,阎锡山兵力有限,以死保太原为主要目标,不敢派大军南出,营救临汾(只派了一个军进至洪洞、赵城以南,即停止前进)。这样,就给我们提供了有利战机和充裕时间,彻底消灭临汾之敌。二是党中央的坚决支持。攻坚临汾的战役计划,毛主席完全同意,并一再来电,要我们坚持到底。在我军久攻未克的情况下,朱德总司令发现有的同志不同意继续打下去,当即写信给军区领导同志,表示坚信"临汾在敌人无增援的情况下,一定可能打开"。并强调指出:"如向前同志有决心,应支持他一切,如炮弹炸药手榴弹之类,源源供给向前,撑他的腰。我在军委动身时已告剑英,打临汾决不可自动放弃,更不可由后方下命令叫他放弃⋯⋯"如果没有这种信任和支持,临汾战役也就很难进行到底。三是人民群众的大力支援。土改的顺利进行,极大调动了广大农民参战、支前的积极性。战役过程中,地方党组织动员支前民工二十万人,门板二十六万块,梁木十万根,粮食数百万斤,保证了前线作战的需要。临汾周围上百公里的村落里,门板全部献出,群众"夜不闭户",情景十分感人。所以,打完临汾后我曾说过:"如要论功行赏,那第一功就该归之于后方的支持。"裴丽生同志负责这方面的组织工作,搞得出色。四是部队觉悟高,士气旺,不怕苦,不怕死。部队虽然新组建不久,缺乏打硬仗、恶仗的锻炼,但经过整党和新式整军运动,觉悟明显提高,求战心切,虎虎有生气。组织战场突击队,大家争着报名参加,不叫谁去谁就不高兴,只得采取民主评议的办法遴选。战斗中轻伤不下火线、重伤不叫苦的现象,极为普遍。挖掘坑道那么艰难困苦,部队毫无怨言。为表彰指战员的英勇奋战精神,战后我们报军委批准,授予八纵黄定基第二十三旅以"临汾旅"的光荣称号,还给不少同志记功授奖。五是拿下东关、扫清外围后,趁热打铁,不失战机,迅猛攻城。战后,我问梁培璜:你们原来有何打算? 他说:贵军如果晚两天攻城,我们就要突围南逃了!

其次,外围据点的争夺,是关系战役成败的关键。

我军过去两次攻坚运城,扫清外围的战斗均较顺利,登城战斗则困难些,第一次没打开,第二次亦费力不小。这次攻打临汾却完全不同,争夺外围据点,几乎贯串战役全过程,费时最长,打得最艰苦。

这是因为,临汾守敌极为重视外围防御,采取的是"外强中干"的防御战法。敌人不仅在城外筑有警戒、护城、城垣外壕等三道防御阵地,依托大量碉堡群和壕沟暗道构成严密防御体系,而且将主力布于外围,与我决战。开始我们对此认识不足,各纵队多以战斗力稍差的部队担负攻击外围据点的任务,保留主力以待攻城。结果,伤亡多,消耗大,攻击不易奏效,有些据点攻克后又被敌反扑夺回。后来,我们改变了战法,调整了部署,除保留一部主力准备登城外,加强外围战斗的力量,尽量夺取和破坏敌外围阵地,消耗敌人的主力。这就是战役第二阶段和第三阶段的特点。特别是争夺东关之战,那是关键中的关键。拿下东关,歼敌第六十六师主力,敌人就失去了坚固屏障,陷入极大混乱之中;同时,城外堡垒争夺战,将担任反扑任务的胡宗南第三十旅基本消灭,也是给敌人的致命打击。这就为登城战斗的胜利发展,创造了条件。由此证明,外围战斗,实乃开启临汾战役胜利之门的一把钥匙。

既然城垣外围是敌我双方反复争夺的决战场所,那么,战役过程中我军的行动,便是由连续的进攻和连续的防御交错而成。占领据点,扩展阵地,要靠进攻;巩固据点,保存阵地,要靠防御。每个据点的夺取固然不易,而巩固却更困难。敌人失去一个据点后,往往立即组织多次反扑,或施行火力逆袭。原先,我们的干部只重视进攻,不重视防御,有些据点好不容易占领,又被敌人夺回;有些据点遭敌炮火猛烈轰击,我伤亡人数较攻占据点时多几倍,吃了大亏。后改为攻击前即作好防御准备,占领据点后,立即构筑阵地,纵深配备,组织火网,控制有力突击队及预备队隐蔽于阵地侧方或后方,诱敌来攻,从而进行反突击,这才改变了局面。事实证明,攻防结合,稳扎稳打,采取灵活机动的战术,力争在外围战斗中歼敌主力,是打破敌人"外强中干"防御战法的有效手段。

再次,地面战斗和地下战斗相配合,以"土行孙战法"破垒攻城,克敌制胜。

读过古典小说《封神演义》的人都知道,土行孙是个神话人物,擅长钻地行走,来无影,去无踪,在姜太公手下屡建战功。我们打临汾,炮火不强,城坚难摧,只好从地下想办法,依靠坑道爆破解决战斗,所以谓之"土行孙战法"。

我们挖坑道,敌人也挖坑道,你从外往里挖,他从里往外挖,用"坑道对坑道"的战术,破坏我攻城计划。这场地下斗争,十分激烈,是敌我双方斗智斗力的竞赛。据战后统计,双方挖掘五十米以上的坑道即有七十条之多。我们的坑道,可分为两类:一为超越外壕坑道;一为利用外壕内沿挖掘之强行坑道。为防敌破坏,我军在挖掘坑道中采取的主要措施是:(1)加强组织指挥。每个突击方向均设坑道指挥部,以旅级干部担任指挥,工兵干部任技术顾问,配属以坑道保卫部队及作业部队。(2)步炮配合,尽力控制外壕。坑道挖至外壕边沿,于壕壁开凿腰枪眼,封锁壕内,另挖地道通至壕底,筑成碉堡,由步兵组成立体火网,炮兵进行压制和扰乱射击,封锁敌人,控制外壕,掩护坑道作业继续进行。(3)随时准备进行坑道战斗。坑道内配备坚强的战斗小组,携带轻机枪、冲锋枪、炸药、手榴弹等,并设听音哨。如发现敌之"反坑道"挖近,我坑道有遭受破坏可能时,应主动爆炸,再绕道挖掘;如与敌之"反坑道"挖通,应迅速消灭敌人,控制敌人的坑道。(4)坑道宜隐蔽、坚固。事先准确测定距离,计算掘进的路线、深度,要多挖深挖,迂回曲折,迷惑敌人,每条主坑道两侧,均须挖两条支坑道防护。坑道口务须坚固,出土及排气孔应力求隐蔽,附近勿设炮兵阵地,以免遭受敌机或炮火袭击。这些措施,证明是行之有效的。

地面炮火的集中,是坑道爆破成功不可缺少的补充条件。我们的重火器共有九十二门(榴弹炮四门、野炮六门、山炮四门、十二厘米炮十二门、十五厘米炮六门、八二迫击炮六十门),数量不算多,但集中使用,却能发挥一定的威力。攻打东关和临汾主城,我们都是首先集中炮火轰击,既可压制敌人炮火,摧毁其城防工事,控制外壕,又能剥落城墙的砖层,松动土层,为坑道爆破创造条件。临汾城池打开的两处缺口均达三四十米,就是炮火轰击与坑道爆破相配合的结果。

最后,从攻坚中学习攻坚,在实战中形成攻坚兵团,也是临汾战役的一个重要特点。

晋冀鲁豫主力部队,早已南下作战,我们的攻城部队绝大部分是从游击队升级而来的,缺乏大兵团作战的锻炼,攻坚更是一门新学问。朱德总司令鉴于解放战争进入反攻决战阶段后,攻坚任务提上日程,要求我们将这支新部队培养成攻坚兵团,并向全军提供攻坚大城市的经验。攻坚临汾这座坚固城堡,正是锻炼和提高部队的大好机会。

部队从游击战、运动战转入攻坚战,是个很大的变化,要解决一系列的问题。在指导思想上,要有啃"硬骨头"的充分准备,不怕困难,不怕伤亡(当然要避免不必要的牺牲),不怕敌人顽固据守。要沉着耐心,同敌人比意志,比耐力,比消耗,始终保持攻击箭头的锋锐顽强性,坚持到底。如果久攻不下,便丧失信心,中途撤兵,势必前功尽弃,是最划不来的。在战术技术上,各级指挥员必须掌握攻击和防御结合,步兵、炮兵、工兵结合,火力、爆炸、突击结合等一套指挥艺术;士兵除射击、投弹、劈刺三大技术外,还要掌握土工作业和爆破技术,学会利用地形地物,组织队形,保存自己,消灭敌人。在物质保障上,要着眼于持久作战,充分准备,及时供应,不能指望临战缴获,取之于敌。这些,在战役过程中都得到了证明。

从攻坚中学习攻坚,战地练兵是重要一环。实践出真知,战场本身是最好的课堂。战地练兵也不是毫无思想阻力。有些干部或盲目轻敌,或嫌苦嫌累嫌麻烦,或习惯于"同志们,冲啊!"那种游击运动战的指挥方法,不愿抓紧战斗间隙开展练兵活动。经反复教育,在中后期的围城过程中,练兵活动普遍而深入地展开,有很大进步。战地练兵针对性极强,作战对象、敌堡、地形条件就在眼前,碉堡怎么攻,阵地怎么守,火力怎么发挥,队形怎么组织,炸药怎么点燃……一系列战术、技术问题,就地研究,就地总结,就地演练,弄通练熟后,马上就能取得战果。这种战教合一的训练方法,对提高部队的攻坚能力,解放临汾,发挥了重要作用。

临汾战役我军虽付出较大的伤亡代价,但换来的经验是极为宝贵的。我当时用"伤亡大,胜利大,锻炼大"九个字,评价这个战役。毛主席对临汾战役的经验也十分重视,战后立即向其他部队推广:"徐向前同志指挥之临汾作战,我以九个旅(其中只有两个旅有攻城经验),攻敌两个正规旅及其他杂部共约两万人,费去七十二天时间,付出一万五千人的伤亡,终于攻克。我军九个旅(七万人)都取得攻坚经验,是一个很有意义的大胜利。临汾阵地是很坚固的,敌人非常顽固,敌我两军攻防之主要方法是地道斗争。我军用多数地道进攻,敌军亦用多数地道破坏我之地道,双方都随时总结经验,结果我用地道下之地道获胜。"临汾战役的宝贵经验,有重要历史价值。

第二十章

晋中决战

决战前夜

一九四八年六月,解放战争进入第三个年头。蒋介石的五大战略集团,被我人民解放军分割在华北、中原、华东、西北、东北战场上,打得焦头烂额。等待他们的,是彻底覆灭的命运。

晋冀鲁豫部队攻克临汾,杀出了威风,山西境内的敌人,处境愈加不妙。我下一步的作战目标,是北上晋中,野战歼敌,为攻克太原铺平道路。(见附图十六)

毛泽东、朱德、刘少奇、周恩来及中央领导机关,抵河北平山县西柏坡。中央决定,由刘少奇兼任华北局第一书记,薄一波为第二书记兼华北军区政治委员,聂荣臻为第三书记兼军区司令员,徐向前、滕代远、肖克为副司令员。辖晋察冀和晋冀鲁豫部队组成的华北野战军第一、二、三兵团。原晋冀鲁豫军区撤销,我部组成第一兵团。司令员兼政治委员徐向前,副司令员兼副政治委员周士第,参谋长陈漫远,政治部主任胡耀邦(陈、胡系一九四八年八月到职)。不久,又成立晋中军区,由罗贵波任司令员兼政治委员。

我们指挥的兵力,包括八纵、十三纵、太岳部队及晋绥军区、北岳军区所属部队,共四十六个团,六万余人。

第八纵队:司令员兼政治委员王新亭,参谋长张祖谅。辖二十二旅(旅长胡正平),二十三旅(旅长黄定基,政治委员肖新春),二十四旅(旅长邓仕俊,政治委员王观潮),共九个团。

第十三纵队:政治委员徐子荣,副司令员鲁瑞林,参谋长白天,政治部主任郭林祥。辖三十七旅(旅长王诚汉,政治委员张春森),三十八旅(旅长安中原,政治委员杨绍曾),三十九旅(旅长钟发生),共九个团。

太岳部队(后改编为十五纵):司令员刘忠,政治委员袁子钦,副司令员方升普,参谋长熊奎,政治部主任高德西。辖四十三旅(旅长刘聚奎,后为林彬,政治委员梁文英),四十四旅(旅长涂则生,政治委员李培信,后为牛明智),四十五旅(旅长蒲大义,政治委员车敏樵),共九个团。

晋绥军区:十七个团。

北岳军区:六个团。

军区直属炮兵一旅:两个团。

阎锡山的兵力,除大同驻守一个师外,尚有三个集团军(五个军十四个师)、三个总队、二十二个保安团、二十一个警备大队,共十三万之众,盘踞省府太原及晋中平川地区。敌人处于我解放区的四面包围中,形同孤岛,战略上居劣势地位,已是显而易见的事实。但另一方面,阎军兵力比我军多一倍以上,武器装备好,机动能力强,有现代化的城防工事作依托,在战役战斗中尚能形成优势于我的地位,也是事实。

这也就是说,敌我双方,各具相对的优劣条件,谁胜谁负的问题,还没有解决。不经过一场大规模的决战,不大量消灭阎锡山的有生力量,便无法形成我军的绝对优势地位,完成解放全山西的任务。

阎锡山要抵抗我军的战略反攻,保巢图存,首先得解决军粮问题。十三万军队,以每人每天平均斤半粮食计,每月即需耗粮五百八十五万斤。如果加上城市居民的口粮,那又何止千万斤、万万斤! 如此庞大的粮食需求量,对阎锡山的战略防御计划来说,无疑是最头疼的地方。

晋中平原,沃野千里,历来是山西的粮仓,阎军的供应基地。阎锡山深知,假如晋中一失,粮秣无继,十多万军队势必陷入不战自乱的窘境。时近麦熟季节,晋中平川麦浪滚滚,丰收在望。保粮、抢粮、囤粮,"保卫晋中",便成为阎锡山实行战略防御的关键所在。敌以三十三军置于祁县、太谷地区,三十四军及四十师置于平遥、介休、灵石地区,四十三军及亲训师置于汾阳、孝义地区,六十一军置于文水地区;同时,组成"闪击兵团",专门担任阻我北上、机动作战的任务,并配合各县保安团及警备大队,坚工固防,四出抓丁抢粮。一时之间,阎锡山投入晋中平原的兵力,即占其总兵力的五分之四。他还提出"一跑万有,一跑万胜"的口号,要用"运动战"来对付我军的运动战。这位"土皇帝"的如意算盘是:抢粮、囤粮于手,巩固晋中,死保太原,熬到第三次世界大战爆发,美军在中国登陆,便可趁机反攻,卷土重来,"以城复省,以省复国",重温独霸山西的旧梦。

因此,我军在临汾战役之后,能否迅速北上晋中,歼敌保粮,彻底粉碎敌人的抢粮守城计划,就成了关系全山西解放进程的一着要棋。当时,我解放区各战略区刚刚转入反攻,华北方面要求我们协助打傅作义,西北方面要求我们协助打胡宗南,党中央和毛主席均未批准。明确指示我兵团的任务是:固定在晋中打阎,直至攻克太原为止。这一决定,既着眼于全局的战略需要,又符合山西战场的实际,是完全正确的。

北上晋中作战,我们面临三个困难。第一,敌人兵力多,装备好,工事坚固,机动力强,占优势地位。第二,我军经过两个多月临汾攻坚战的消耗,相当疲劳。同时,部队新,干部缺额大,缺乏大兵团野战经验,也是明显的弱点。第三,平原地区,烧柴极缺。我们初步计算了一下,北上晋中作战,如出动部队、民工十万人,每日做饭烧水,至少需耗柴三十万斤。平原不同于山地,老百姓烧柴困难得很,哪来如此多的烧柴供应我们!

党中央和华北局考虑到我们的实际困难,只要求我兵团首先歼敌一至两个师。我考虑再三,提出超额两三倍的歼敌计划,提交兵团作战会议讨论。这是因为:第一,晋中战役的目的,是为解放太原创造条件。应尽可能利用野战的机会,诱敌决战,消灭敌之有生力量。歼敌愈多,解放太原便愈加顺利。第二,敌人以五分之四的兵力分散在晋中平原抢粮运粮,正给我们可乘之隙。我以六万之师北上,运动作战,分两次吃掉敌人四至六个师,完全有可能。部队虽缺乏大兵团作战经验,但士气旺,能吃苦,听指挥,守纪律。关键在于计划周密,指挥得当。第三,山区群众经过土改,支前积极性甚高。地方党组织一二十万民工支前,运送粮食、弹药、烧柴,问题不大。晋中群众对阎军恨之入骨,亦容易发动起来,保卫麦收,配合我军作战。我说:我们打野战,好比吃肉;攻城,好比啃骨头。现在敌人为了抢粮,四面出动,肥肉送上门来,我们不妨狠咬几口,吃他几个师,免得将来费时费力去攻坚城池,啃硬骨头。这笔账要算一算,有便宜就得赚哪。当然,那时部队没有打过大规模的运动战,又确实疲劳,有的同志顾虑吃不掉敌人反被敌人吃掉,力主打敌一至两个师,也不奇怪。战前有争议,是好事而不是坏事,可以帮助指挥员更缜密地去分析判断情况,权衡利弊,定下决心。大家讨论来讨论去,未能取得一致认识。我说:战机紧迫,就按歼敌四至六个师的目标,进行战役部署,错了由我负责。

我军的战役部署是:第一步,以分进合围态势,北上晋中,割裂阎军防御体系,斩断交通,分割包围其要点,肃清外围,清剿地方杂匪,确保晋中麦收。第二步,相机攻取某些要点,诱敌主力与我决战,在野战中求得灭敌主力一部,以达削弱阎军实力,缩小敌占区,为攻取太原创造有利条件的目的。整个战役的重心,要求放在消灭敌人有生力量上,力争给敌以致命性的打击。各部队据此深入动员,积极进行思想上、战术上、物质上的准备。烧柴问题,由地方党动员和组织太行、太岳、吕梁山区的群众,筹集运输,以保证作战部队的需要。

六月九日,兵团发布了晋中战役的命令:

以晋绥二、六分区部队归彭绍辉、罗贵波指挥,本月十三日进至太原以北,切断忻县至太原间铁路,并向太原逼近,保卫忻县至太原铁路两侧地段之麦收;

以吕梁集团,本月十九日进至文水、交城地区,切断太原至汾阳交通,拔除该地区外围的必要据点,压缩敌于少数孤立据点之内,以确实控制文水、交城、汾阳、孝义及清源之平川地区,保卫麦收;

以太岳集团,本月十三日逼近介休、灵石地区,寻机拔除该地区外围若干据点,相机攻取灵石,并切断平遥至灵石间铁路;

以晋中集团(太行二分区和北岳二分区部队组成),由肖文玖指挥,本月十九日逼近榆次至太原、榆次至太谷间的交通线,破坏铁路、公路及桥梁,保证太原之敌不能向祁县、太谷增援,并派零散小部队插入徐沟、榆次、太谷三角地区,保卫麦收;

以第十三纵队,本月十九日拔除子洪地区敌据点,而后攻歼东观之敌,切断太谷至祁县铁路,主力集结于太谷以南东观地区,机动待战;

以第八纵队,本月十九日拔除平遥以东以南外围据点,另以一部切断祁县至平遥间铁路,主力集结于平遥以东地区,机动待战。

战役发起的时间,预定为六月二十日。

据此,各部队开始行动。我带梁军、任白戈、廖加民、刘凯、杨弘等指挥所的同志,暂去长治。同时,派周士第同志去西柏坡,将上述战役计划和行动部署,向党中央和华北局作了汇报。毛主席指示的大意是:(一)"保卫麦收"这个口号很好,可以动员广大人民参加。晋中人民要收麦子,阎锡山要抢麦子,这是一场严重的斗争。(二)战役的重心,要放在消灭敌人方面。只有消灭敌人,才能更有效地保卫麦收。(三)敌人要抢粮,就得出动,便于你们在运动中消灭之。阎锡山还有十四座县城,只要打掉它一两个,敌人就慌了,下面的文章就好做。这些指示,进一步明确了晋中战役的指导思想,对统一兵团领导的认识,放开手脚北上作战,有重要意义。

初　战　告　捷

我军兵出晋中,与数量和装备均优势于己的敌军作战,必须以奇制胜。因而,在战役部署上,才将吕梁、太岳部队放在西、南面,令其首先出动,迷惑和吸引敌人西向;而以主力八纵、十三纵,隐蔽开至太谷、祁县、介休、平遥南侧山区,乘虚突进汾河以东的平川地区,创造战场,机动歼敌。

把守晋中南大门的敌军,乃是阎锡山的精锐"闪击兵团"。该兵团由敌第三十四军、四十三军、六十一军各一部及亲训师、亲训炮兵团组成,共十三个团,归三十四军军长高卓之指挥。六月十一日,我吕梁部队一部过早暴露,出现在汾河以西的汾阳、孝义间高阳镇地区;太岳部队沿同蒲路北进,十三日攻占灵石。阎锡山闻讯后,急令"闪击兵团"分路从平遥、介休、汾阳、孝义出动,以所谓"藏伏优势"和"三个老虎爪子"的战术,扑向高阳镇,企图聚歼我吕梁部队。吕梁部队英勇拒敌,打得相当艰苦。利义村一战,向敌第三十四军一部反突击,因战斗队形及火力未组织好,吃了亏,伤亡约七八百人。

西边战斗打响后,我即率兵团指挥所提前离开长治,火速向子洪口一带进发。子洪是从东山进入晋中平原的门户，距祁县仅十五公里，我十三纵准备从这里突破，直下祁县。

鉴于敌"闪击兵团"已扑向高阳镇地区，平遥、介休、祁县一带兵力空虚，我们决定，主力提前一天于十八日出动，直下平川，诱敌回援，争取在平、介地区首先歼敌第三十四军。要求部队特别注意集中兵力，形成拳头，保持战斗中的优势地位；隐蔽动作，突然袭击，讲究战术，各个击破；加强通讯联络，密切协同配合；组织游击兵团，担任破坏交通运输、打击分散孤立之敌、发动群众配合主力作战等任务。总之，要坚持集中优势兵力，有把握、有准备地各个歼灭敌人的方针，务求初战能取得几个中、小歼灭战的胜利，以奠定进一步打大歼灭战的基础。

六月十八日，晋中战役开始。我八纵、十三纵相继发起攻击，拦腰侧击介休至祁县间的山口各据点，连克菩萨村、元台沟、东西泉、岳壁、北汪、乙金庄、原家庄、段村、洪山等地，绕过敌子洪要塞，直下平、祁地区，迫近同蒲铁路，切断敌军北逃的退路。在此同时，我吕梁部队在神堂头地区发起反击，以两个团的兵力歼敌第七十师大部，毙敌师长侯福俊，乘胜北进，继续牵制敌军。其余北面的部队均按计划向忻县至太原、榆次至太原间破袭，攻敌据点，断敌交通，迷惑和牵制敌人。

我主力突然从祁、平间突入晋中腹地，打乱了敌人的部署。阎锡山急令"闪击兵团"回援，并着榆次、太谷所部南进，与回援祁、平的属下靠拢。我决心乘敌运动，围歼"闪击兵团"主力第三十四军于平遥、介休地区。当即令吕梁部队一部进行追击，八纵及太岳部队进至平、介东侧堵截，十三纵进至祁县以南、洪善以东地区阻击南来之敌。我率兵团指挥所随八纵行动。

我军张网以待，敌人也鬼得很。回窜的敌三十四军，竟从汾阳以东渡河，直插平遥县城。敌亲训师及亲训炮兵团则返回介休。这样，我拟歼敌第三十四军于平遥、介休间的计划，遂落了空。那天正下大雨，部队冒雨埋伏在野外阵地上，熬到天明，没能打上敌人，叫人真是失望。

我发现敌有北窜企图，当即火速调动兵力北移，进行拦截，连续打了两个胜仗。

首战张兰镇。二十一日，敌亲训师、亲训炮兵团由介休向平遥开进。至张兰镇地区，被八纵及太岳部队包围，激战三小时，敌大部就歼；突围一部至张兰镇内，亦被歼灭。这一仗，共歼敌七千余人，缴获山炮二十四门、重迫击炮十二门，阎敌的一只"老虎爪子"被完全斩断。亲训师和亲训炮兵团，乃阎敌苦心经营起来的"铁军"和"精神支柱"，由日本军官担任顾问、教官，全新装备，相当反动。突然被我全歼，阎锡山的痛心程度，可想而知。

再战北营。二十三日，敌十九军军部及四十师由平遥北上，行至洪善地区，遭我预伏在那里的十三纵包围，经彻夜激战，歼敌大部。尔后将余敌压缩在北营村的角落里，集中炮火猛烈轰击两小时，发起总攻，迅即解决战斗。这一仗，又歼敌一个军部、一个师部、两个团，共三千余人，俘敌十九军参谋长李又唐。

阎敌遭此重创，实不甘心。远在南京的蒋介石，极力给阎锡山打气，要他死保晋中，与我"大胆决战"。阎锡山遂派其第七集团军中将总司令兼野战军总司令赵承绶出马，来南线指挥作战。二十五日，赵令高卓之率三十四军两个师，由平遥北上；沈瑞率三十三军两个师，由祁县南下；日本军官晋树德率第十总队，由榆次开抵东观，企图在祁县、平遥以东地区，与我决战。我决心诱敌深入至洪善以东十余里的阎漫、郝温、桑城、府底一带，相机歼敌，重点消灭敌第三十四军。具体部署是：以十三纵位于中梁监视东观之敌；太岳部队插洪善、平遥间，监视平遥之敌；八纵一部插洪善、祁县间堵溃打援，主力则从平遥东山北依涧正面出击；吕梁部队位于汾河东岸控制长寿及徐家桥，背水出击，协同八纵主力割歼敌人；肖文玖所部（简称"肖集团"）在榆次以南地区积极活动，配合作战。

敌人的两个军，从二十六日起，向祁县、洪善一线猛攻，其三十三军并尽力向南，与三十四军靠拢。我吕梁部队渡过汾河后，担负切断两军并拢的任务，以便配合主力部队消灭三十四军。但二十七、二十八日遭敌三十三军三个团及三十四军一部攻击，即自动撤出阵地，退往河西。这一行动，打乱了我们的部署。同时，八纵动作迟缓，未及时出击，致使敌两个军靠到一起，筑起工事与我对峙。我企图诱歼敌三十四军的计划，又未实现，只好另想办法，寻机歼敌。

至此，晋中战役第一阶段结束。我军先后共歼敌一万七千余人，自身伤亡四千余人。

北上创造战场

敌三十三、三十四军已在平、祁地区,与我形成顶牛状态。为调动敌人,各个击破,我们迅即制定了第二阶段的战役部署。

时北面的榆次、太谷、徐沟、祁县地区,敌人守备薄弱,战场较宽,麦收正在进行。我们决心以主力北上,在该地区保卫麦收,断敌粮源,诱敌出动,野外围歼。具体作战部署是:以太岳部队并肖集团攻歼太谷守敌,破袭榆太铁路;吕梁部队袭取徐沟;八纵主力控制祁太铁路以南地区,以一部攻歼东观守敌;十三纵主力集结东观以南地区,以一部破袭祁太铁路;孙(超群)张(达志)集团(七个团,晋绥军区部队)切断黄寨至太原的铁路,威胁太原,牵制阎军第六十八、四十九师南援。如赵承绶集团由平、祁向太谷增援或回窜太原,我则集中八纵、十三纵、吕梁部队及太岳部队一部共九个旅的兵力,在祁太铁路南北地区消灭之。作战时间,定于七月一日黄昏开始。

这一部署的重点,是拦头切断敌人逃往太原的通道,在预设战场聚歼赵承绶集团。我们报告军委后,军委认为"部署甚好",完全同意。

六月天,烈日炎炎,战地似火。部队连续行军作战,挥汗如雨,体力消耗很大,减员甚多。但为争取时间,创造战机,兵团令各部队加强政治思想工作,发扬吃大苦、耐大劳的精神,克服一切困难,按既定部署行动。八纵司令员兼政委王新亭打来电话说:"大家实在走不动了,能不能休息两天,缓一缓劲再走?"我斩钉截铁地说:"不行,现在不是休息的时候,走不动爬也要爬到指定岗位上去!"因为这是制敌机先的关键时刻,我们在和敌人抢时间,迟一步就会让敌人溜之大吉。时间就是胜利。如果慢慢腾腾,瞻前顾后,哪有战机可捉,胜利可言? 所谓打仗要有股狠劲、硬劲,就表现在这些地方。

断敌交通是迟滞敌人、防敌北窜的有效手段,也是我军争取时间、创造战场的重要一环。晋中平原,地势狭长,中间有同蒲铁路直贯南北,敌人占据一系列县城和铁路沿线据点,既可坚工固守,又利运动集结。打不赢我们,一昼夜之间,便能逃之夭夭,窜回太原去。在这种情况下,大力破袭铁路,控制沿线的重要据点,便成了关系整个战局的一个决定性环节。七月二日,我太岳部队以一昼夜急行军,插入太谷、榆次间,配合肖文玖集团,展开大规模的铁路破袭战,这对阻止敌人北窜,逼敌进入我预设战场,起了重要作用。

赵承绶发现我主力向北运动,六月三十日,即令所部停止在洪善地区的攻势,准备回师北窜。七月二日,敌三十三军主力进至太谷地区,三十四军及十总队亦向祁县集结。平遥、介休两县城,仅留一些新兵团及土顽部队防守。汾河以西的交城、文水、汾阳、孝义地区,尚有守敌第六十九、七十两个师。

我们决定,首先集中兵力歼敌主力,而后回师横扫汾河东西两岸之敌。当即令八纵紧紧咬住祁县敌三十四军,并以一部攻占徐沟;太岳部队及肖集团顶住太谷之敌的攻击;十三纵袭占东观镇,力争将敌人逼入徐沟、太谷、榆次之间的三角地带,予以包围全歼。吕梁部队置于河西,阻敌第六十九、七十师渡河东援。

七月三日至六日,战役最吃紧的地方,在北线的太岳部队和肖集团那边。他们在榆次、太谷间,连续破袭铁路、桥梁、据点,迅速控制了北起东阳镇、南至董村的地段,斩断敌人逃往太原的通道。同时,兵团获悉忻州一部敌人企图窜回太原,即令孙、张集团在太原以北伏击,将该敌歼灭。敌人极为震恐,从七月三日起,先后以九总队、七十一师全部、四十六师一个团及十总队等九个团的兵力,配属装甲车三辆、山炮三十余门、轻重迫击炮四十余门,在数架飞机掩护下,轮番向董村猛犯,敌酋赵承绶及三十三军军长沈瑞亲自坐镇指挥。榆次守敌亦出动两个步兵团和一个机炮团,南下东阳镇,向我肖集团阵地猛攻。这是一场十分激烈的阵地争夺战,敌攻我防,打了三天三夜。敌人火力强,拼上死命,要突破我军阵地,逃往太原。我给刘忠和肖文玖下了死命令,不管多么疲劳,伤亡多大,也要"钉"在那里,坚守到底,绝不能让敌人跑掉! 部队真是好样的,以一当十,以百当千,人在阵地在,同敌人反复拼搏,白刃格斗。坚守董村的太岳第四十一团,打退优势敌人的多次进攻,毙伤敌千人以上。有个连打得只剩下九个人,阵地屹立不动。该团战后荣获"稳如泰山"的光荣称号。

我军守如礁立,粉碎了赵承绶沿铁路北逃的梦想。七月六日夜,敌被迫离开铁路,企图从榆次、徐沟间夺路北窜。这就进入了我军的预设战场。我以十三纵及八纵一部,追击敌三十四军,抢先一步插入徐沟以东、子牙河以南、尧城镇以东地区,断敌归路;以太岳部队及肖文玖集团西向接通十三纵;以吕梁主力跨河东进榆次西南永康地区,堵溃打援;令八纵主力七日攻占祁县,歼敌三十七师师部及两个团,八日北上徐沟东南地区,合围敌人。至此,三万多敌军完全陷入我包围圈中。

我和周士第的兵团指挥所设在徐沟以南的张家庄,我因身体不好,坐着担架去的。我们最伤脑筋的是兵力不足,生怕敌人突围而逃。那时,我军冒着酷暑烈日,连续行军作战,不仅疲惫至极,且减员甚大。抓来的俘虏,来不及训练教育,就补充到部队里,开小差的不少。八纵一个主力团,每连不足七十人,最少者仅二十七人。十三纵三十七旅为人数最多的部队,每营只剩两个连,每连两个排,每排两个班。我们的火力火器,又远远不及敌人。如果敌人集中兵力,猛攻一点,组织突围,我们就很难达到全歼他们的目的。

但是,赵承绶犯了两个致命的错误。

一是兵力分散。七日晚,我军已形成对敌的包围,但敌人似乎尚未觉察,从八日起,仅用有限兵力,分三路向我北线阵地猛攻。一路为敌三十三军四十六师一部,由胡村向西,攻打我十三纵一一七团墩坊村防地,力图保障从太谷至大常镇(敌总指挥部驻地)等地之唯一补给线;一路为敌三十四军一部,自东、西见村向东南方向我十三纵一一五团阵地进攻,企图打通与徐沟的联系;一路为敌第十总队一部千余人,自大常向东北方向我肖集团辋村阵地猛犯。我军刚刚到达,边打边修筑工事,顽强阻击敌人。突向徐沟方向的敌三十四军一路,相继攻占了十三纵一一五团三李青、东楚王庄等阵地,距我兵团指挥所驻地仅二里许;徐沟之敌又出动来援,真是千钧一发,危险至极。我们的指挥所纹丝不动,"钉"在那里,鼓舞指战员奋勇抗击。我三十八旅一一四团英勇突击,终于夺回楚王庄等阵地,打退徐沟方向接应之敌。三十八旅旅长安中原,身负重伤后牺牲。辋村地带的肖集团和榆次独立团,轮番受到敌十总队、三十四军的疯狂进攻,激战四昼夜,打退了敌人,保住了阵地。第四十三团一个连坚守魁星阁,最后只拼得剩下一个班,阵地依然在手。这次防御战,十三纵三十八旅和肖集团打得不错,伤亡虽大些,但堵住了敌人,立了大功。

二是犹豫迟疑。赵承绶这个人,昏聩无能,决断力差。他虽感到处境岌岌可危,但拿不定主意,全凭原泉福摆布。原泉福是个日本人,骄傲得很,瞧不起"土八路",认为突围不必要,决心在现地"同共军决一死战"。这样,敌人先是兵分三路,攻了一下,攻不动便收兵防御,企图依托优势火力和野战工事,与我决一雌雄。我们乘机调整部署,以十三纵位于北及西北,八纵位于西南,肖集团位于东北,太岳部队位于东及东南,紧缩包围圈,困敌于东西二十里、南北不足十里的十多个村庄内。敌人再想突围逃跑,为时晚矣!

总 攻 歼 敌

战役的第三阶段,是总攻歼灭赵承绶集团,乘胜席卷晋中残敌。

赵承绶集团三万余众,完全陷于我包围圈中。这时,贵在速战速决,一鼓作气,将敌干净、全部、彻底消灭之。我们决定,立即发起总攻,自西而东,逐村夺取,分割歼敌。八纵因重炮火尚未调上来,要求推迟总攻时间,我们没有同意。

七月十日拂晓,总攻的号角吹响。我八纵、十三纵一马当先,分别从西南、西北两个主突方向,向敌发起猛烈进攻。位于东南和东北方向的太岳部队及肖集团,担任助攻任务。晋中平原的村落,周围均筑有坚固围墙,房屋密集,多砖瓦结构,敌顽固据守,垂死挣扎。我军以山炮、野炮为骨干,配以平射迫击炮,猛摧敌村沿火力点,开辟突破口,掩护步兵突入,横冲直撞,破垒灭敌。经两天一夜激战,三李青及东西贾村、大常镇、南庄等地均被我攻克,敌三十四军大部就歼,十总队亦伤亡过半,残敌逃至西范。在此期间,赵承绶令三十四军一部向我辋村阵地猛突。肖集团指战员顽强阻击,与敌拼搏,十日一天即打退敌七次冲锋;敌一度突入村内,我与敌展开逐屋争夺战,终于夺回阵地,将敌赶回。我包围圈进一步缩小,一万多残敌被困在西范、小常、南席、新戴四个村庄内,企图固守待援。

阎锡山惊惧交并,乱了章法。一面令第四十五师、四十九师及四十师残部组成"南援兵团",从太原向榆次西南开进,企图援应赵承绶残部突围;一面慌忙收拢晋中各县兵力,向太原集中,以确保老巢。一夜之间,汾河两岸的敌军纷纷离城,游蛇般的乱插乱窜,正给我野外歼敌以大好时机。

十二日夜,我们当机立断,调整部署,除以十三纵及太岳部队主力继续围歼赵承绶残部外,其余部队均用于追击和堵截企图北窜之敌。以八纵二十三旅及太岳两个团、吕梁七旅一团东向,堵歼逃离太谷的敌九总队;八纵二十四旅及吕梁部队组成“汾西集团”,西渡汾河堵击河西逃敌;肖集团由辋村开抵王香、内白村一线,堵溃并打击敌“南援兵团”;孙、张集团逼近太原,牵制敌人。我军星夜出动,势如破竹。十三日,我东路部队于朱村地区全歼敌九总队,进而占领太谷县城。十四日,我“汾西集团”将河西两万多敌人截击于太原、交城间,一举歼敌八千余人。十六日,赵承绶集团的最后据点小常村被我攻破,万余敌人全部就歼,赵承绶及中将参谋处长杨城、三十三军中将军长沈瑞和少将参谋长曹近谦,均被我十三纵三十九旅一一七团三营活捉。这时,中央来电,要我们乘胜北进,迅速完成对太原的包围。我军不顾疲劳,猛打穷追,直逼太原城郊。至二十一日,晋中战役宣告结束。

是役历时整整一个月。我军先后共歼敌正规军七万余人,非正规军三万余人,俘敌赵承绶以下将官十六人,毙敌师以上军官九人,阎军主力第七集团军总部及五个军部、九个整师、两个总队全部就歼,击落敌机三架,缴获各种炮三千七百零四门、步机枪三万余支、火车头十五个、车皮二百零七节,其他军用物资及粮食无算。晋中的灵石、平遥、介休、祁县、太谷、榆次、汾阳、孝义、文水、交城、清源、晋源、徐沟、忻县等十四座县城,全部解放。

党中央和毛主席来电,祝贺晋中大捷。原电如下:

聂荣臻、薄一波、徐向前、滕代远、肖克、贺龙、李井泉、周士第诸同志及华北和晋绥人民解放军全体同志们:

庆祝你们继临汾大捷后,在晋中地区歼灭敌一个总部、五个军部、九个师、两个总队及解放十一座县城(按:至中央发电时,榆次、晋源、忻县三座县城尚未解放)的伟大胜利。晋中战役在向前、士第两同志直接指挥下,由于全军奋战,人民拥护,后方努力生产支前,及各战场的胜利配合,仅仅一个月中,获得如此辉煌战绩,对于整个战局帮助极大。

现在我军已临太原城下,最后地结束阎锡山反动统治的时机业已到来。希望你们继续努力,再接再厉,为夺取太原,解放太原人民而战!

中国共产党中央委员会

一九四八年七月十九日

这份贺电,我们在部队中迅速传达,对广大指战员起了巨大的鼓舞作用。当然,我们也谆谆告诫各级领导干部:打了胜仗,受到表彰,要谦虚谨慎,绝不能翘尾巴。攻打太原的艰巨任务摆在面前,要认真整训队伍,总结经验教训,提高战术素养,以更大的胜利来报答党中央的关怀和鼓励。

晋中战役是华北野战军一兵团刚刚成立后,进行的一次大规模运动战、歼灭战,创造了以寡击众、以少胜多的光辉战绩。这是广大军民用血汗换来的胜利果实,也是人民战争战略战术思想显示威力的有力证明。

我们的军队,起于"青萍之末",席卷千军,所向披靡,靠的就是运动战。土地革命战争、抗日战争和解放战争中的大规模歼灭战,几乎都是运动战。运动战这一作战形式,是我军的拿手好戏,克敌制胜的传统法宝。

何谓运动战? 毛主席说:"运动战,就是正规兵团在长的战线和大的战区上面,从事于战役和战斗上的外线的速决的进攻战的形式。同时,也把为了便利于执行这种进攻战而在某些必要时机执行着的所谓'运动性的防御'包括在内,并且也把起辅助作用的阵地攻击和阵地防御包括在内。它的特点是:正规兵团,战役和战斗的优势兵力,进攻性和流动性。"(《毛泽东选集》第四八六页)

驾驭这种作战形式,中心点在于一个"活"字,即高度的灵活机动性。如果说阵地防御战、城市攻坚战叫"打死仗"的话,那么,运动战就叫"打活仗"。离开了"活"字,便不成其为运动战,更谈不上保持战役战斗中的主动、优势地位,达到大规模歼敌制胜的目的。晋中战役,我兵力不如敌人多,装备不如敌人好,部队缺乏大兵团作战经验,但自始至终居主动地位,一月之间,鲸吞敌十万之师,说到底,就是充分发挥运动战的灵活机动性的结果。

我军的灵活机动性,首先表现在出敌不意上。

纵观整个战役过程,出敌不意之点,至少有四:我军攻坚临汾,苦战两个多月,伤亡很大,疲惫不堪,仅休整二十来天,即北上晋中,保卫麦收,完全出乎阎锡山的意料。他认为"共军在临汾伤亡两万多,大大损了元气,不可能很快恢复",正在做晋中"万无一失"的美梦呢!此其一。我军北上作战,不是自南而北,逐步推进,而是以少部兵力佯动于汾河以西,主力则隐蔽开进晋中平原东侧山区,突然杀向敌军腹地,又出乎阎锡山的意料。他以为我军兵力有限,只会依托晋南解放区,沿同蒲路向北平推,绝不敢实行纵深迂回,拦腰开刀。此其二。刘邓大军、陈谢兵团南下,我军新组成不久,虽缺乏大兵团野战经验,但攻击力相当旺盛,确有伏虎吞鲸的能力,也出乎阎锡山的意料。他在"亲训师"被歼后,仍不清醒,认为山西境内的"共军",不过是些地方部队、游击兵团,没有什么了不起。不惜把赵承绶集团拿了出来,按蒋介石的旨意,"大胆与共军决战"。此其三。当战役进入第二阶段,我军大踏步北进,直插太原附近,拦头断敌退路,更是出乎阎锡山的意料。他万万想不到,所谓机动力甚强的赵承绶集团,竟被逼入太谷、徐沟、榆次间,陷于进退维谷的绝境。此其四。古语说:"猛兽失险,童子曳戟而追之;蜂虿入袖,壮夫彷徨而失色。以其祸出不图,变速非虑也。"(《诸葛孔明异传》)讲的就是出其不意的道理。我军的作战行动,连续出敌不意,阎锡山尽管重兵在握,又滑头得很,结果还是步步被动,一败涂地。由此证明,利用敌人的错觉和不意,出奇制胜,是运动战、歼灭战的诀窍所在。

我军的灵活机动性,又表现在恰当创造战场上。

大兵团平川野战,敌我双方均容易集结兵力,展开兵力,转移兵力。有利战场的选择和创造,是我军争取主动和优势,实行大规模歼敌的重要条件之一。

晋中战役是我军向敌占区进攻,在敌占区运动作战。这与过去的诱敌深入,在根据地内选择歼敌战场,有很大的不同。而且,晋中平原被汾水纵贯南北,劈成两半,不便我军东西两面机动配合作战。北面紧靠阎锡山的老巢太原,交通运输方便,利于敌人南援或北逃。因此,选择战场必须着眼于既有后方依托,又能抓得住敌人。有了战场而无后方,不仅部队作战需要的粮食、烧柴、武器、弹药供应不上,且有受制于敌,失去退路的危险。同时,仅有战场和后方,抓不住敌人,或是被敌人突围而逃,也不行。那就达不到大量消灭敌人有生力量,为解放太原创造条件的战役目的。

战役进程中,我军给敌人的两次歼灭性打击,都与恰当选择和创造战场有关。第一作战阶段,主力东出,战场设在平遥、介休间,目的在于吸引河西敌"闪击兵团"主力第三十四军回援,在运动中歼灭之。那里前有汾河阻隔,后有太岳山区作依托;南面的灵石被我占领,与晋南解放区连成一片;北面的祁太铁路被我切断,敌人无路可走。可惜因通讯联络不好及敌情变化,未能抓住第三十四军,只歼灭了"亲训师"等部。第二阶段作战,以歼灭赵承绶集团为主要目的。我军在顶住该敌疯狂进攻的同时,一面拔除白(圭)晋(城)线上的敌重要据点白狮岭,控制子洪口通道,以保证大军作战的物资供应;一面将榆次、太原间的铁路切断,断敌退路。趁赵承绶集团惊慌失措,将其逼入我在徐沟、太谷、榆次间选定的战场。那里是个三角地带,村落星布,一马平川,利于我军展开兵力,发扬火力,分割歼敌;离铁路、公路较远,西有汾河阻隔,不便敌人来援;南面的平遥、介休、汾阳、孝义、文水五县之敌,均被我切断,只图守城自保;广大乡镇在我手中,群众纷纷起来参战支前,形成我得力后方。因而,数万敌人被我团团包围后,犹如瓮中之鳖,只能束手就擒。战役胜利的实践表明,我们将战场选在河东而不在河西,选在北面而不在南面,是恰当的,起到了既有后方援应,又能抓住敌人的作用。

我军的灵活机动性,还表现在神速运动上。

打运动战,贵在抢时间,神速动作,不失战机。时间的因素,是关系战果大小、战局胜负的决定性因素。两军对战,你要攻其不备,出其不意,要调动敌人,围歼敌人,要应付战局中的各种变化,要在最后猛烈扩张战果,一言以蔽之,离不开争取时间。掌握了时间,主动权在手,保持战役战斗的突然性,加上兵力集中等条件,打击敌人,必能形成雷霆万钧之势,容易以小的代价换取大的胜利。反之,"活仗"会变成"死仗",主动会变成被动,歼灭战会变成击溃战,甚至得不偿失,与战役战斗的预期目的大相径庭。在这个意义上说,时间就是无形的战斗力。

晋中战役我军以少胜多,与分秒必争,神速运动,制敌机先,有莫大的关系。一是战役开始,出东山,下平川。当时,敌子洪口要塞拦阻于前,攻破需费很多时间,容易暴露我作战企图。我们令部队干脆甩开子洪口,夜绕白狮岭,直扑平遥、介休。这一着,迅雷不及掩耳,打开了战局。二是包围掉头北逃的赵承绶集团,如果耽误个一两天,这块眼看到手的肥肉,就有溜掉的危险。部队那么疲劳,天气那么炎热,咬紧牙关,猛进猛插,上去一个班是一个班,上去一个排是一个排,不管三七二十一,能围住敌人就行,真是分秒必争啊! 我们的口号是:"坚持最后一口气!""爬也要爬到战斗岗位上去!""抓住敌人就是胜利!"结果,抢到了时间,包围了敌人。三是扩张战果,乘胜追击。赵承绶集团被围歼,晋中敌军兵败如山倒,这个时候,正是我猛打穷追,大量歼敌的最好时机。所谓"归师勿遏",是指有秩序撤退的敌人,而不是溃不成军的敌人。我们大胆把部队撒出去! 追! 追! 追! 横扫千军如卷席,连克上十座县城,抓了几万名俘虏。那时敌人慌乱的程度,真是风声鹤唳,草木皆兵。我们几个战士,追击上百的敌人,敌人只知道拖着枪跑,不知道停下来射击,直至累倒在地,像摊烂泥,乖乖交枪投降。清源县有个老农,拿着扁担,一下缴了十九个敌人的枪。三个新华社前线记者,俘敌三十七名,还缴了两门炮、两挺机枪、十多支步枪。什么枪杆子、笔杆子、锄把子,伙夫、马夫,都跑去抓俘虏,抓都抓不赢。这些都说明,在战役战斗的节骨眼上,赢得时间,制敌机先,是多么重要。

时间是无形的战斗力,无形的战斗力要靠人的力量去争取。因而,指战员的智慧、觉悟、吃苦能力、牺牲精神、组织纪律性、战术素养等,乃是取得这种战斗力的源泉。我们的军队是人民军队,在这些方面得天独厚,敌人望尘莫及。晋中战役的胜利,完全证明了这一点。

我军的灵活机动性,也表现在攻与防、集中与分散、正规部队与群众力量的有机结合上。

晋中战役是一场速战速决的大规模野外进攻战。敌我双方,在运动中反复较量,或我攻敌防,或敌攻我防,或我进敌退,或敌进我退,没有固定不变的作战线,没有单一的战斗形态。这就要求各部队既善于进攻,又善于防御,随时准备根据敌情、任务的变化,从攻击转入防御,从防御转入攻击。进攻时,集中优势兵力、火力,采取火力、爆破、突击三结合的打法,重点突破,迂回穿插,分割歼敌。防御时,控制要点,构筑阵地,组织火网,以一部兵力正面牵制敌人,主力则布于纵深或翼侧,伺机向敌暴露之翼侧或后方进行迂回包围,实施反击。事实证明,部队掌握两套本领,攻防结合,交替运用,是灵活制敌,争取胜利的关键一环。

大兵团进入广阔的敌占区作战,地形道路不熟,到处都是敌人的据点,容易眼花缭乱,四面出击,导致兵力的分散,丧失战役战斗中的优势地位。

对此,我们特别注意防止。办法是:(一)一切行动听指挥,没有兵团的命令,各部队不得擅自行动。(二)兵团下达任务明确、具体,赋予纵队指挥员以适当机动自主的权力,便于随机应变。(三)始终集中主力于主要作战方向,以一部兵力和地方武装密切配合,担任伴动、助攻、钳制、阻击等任务。(四)控制战役预备队在手,以便随时机动。(五)大力加强通讯联络,上下左右及时通气。(六)先打分散、孤立、运动之敌,后打集中、守城之敌,每攻击一个目标,集中三倍、四倍于敌的兵力,吃掉一个再吃一个。(七)在追击阶段,则适当分兵,猛烈扩张战果。战役实践证明,这些办法是形成我军优势地位的重要原因。

我们的战争,是人民战争。我军的运动战,历来区别于单纯以正规军为作战力量的运动战。它是主力部队、地方武装和人民群众相结合的作战形式,有坚强的群众力量作后盾、作基础,因而才能发挥巨大威力,立于不败之地。这次战役,我党政军民齐动员,主力部队、地方武装、老区与新区的群众,密切配合作战,形成陷敌于灭顶之灾的汪洋大海。它是以寡击众、以少胜多的根本因素,也是保持部队灵活机动作战的主要条件之一。据战后统计,一个月的后勤供应,即消耗粮食近一千万斤,烧柴六百万斤,民工五百二十三万个工作日。如果没有群众的这种支援,部队连饭都吃不上,还打什么仗呀!战斗中,许多支前民工拿起武器参战,消灭敌人,押送俘虏,弥补了我兵力短缺的困难。新区群众抢收保粮,给我军带路、送情报、转移伤病员、争取和瓦解敌军,也起了重大作用。尤其是战役的最后阶段,参战的群众甚多,追击敌人,捉拿俘虏,缴获战利品,声势浩大,充分体现了人民战争的优越性。晋中战役的胜利,是广大军民共同谱写的一曲人民战争的凯歌。

毛主席曾经用"灵活机动的战略战术"来概括人民军队的作战特点,我以为深有道理。古往今来,优秀军事家指挥战争,驾驭战局,无不注重灵活机动四个字。以运动战为主要作战形式的我军,尤其如此。它是运动战的核心,运动战的命脉,运动战的奥妙所在。灵活机动的战略战术,不论过去、现在或未来,都是我军研究和实践的主要课题。用这种战略战术思想武装起来的人民军队,是不可战胜的。

第二十一章

解 放 太 原

参加西柏坡会议

晋中战役胜利结束后,我华北一兵团的中心任务是休整队伍,厉兵秣马,准备发起太原战役,攻克阎锡山的最后一座"要塞城市",彻底摧毁这位"土皇帝"的反动统治。

一九四八年七月二十一日,我们向军委和华北局、军区作了如下的报告:

(一)我收复榆次、太原县城及控制南机场后,太原市外围的作战业已基本结束。我主力现已接近太原郊外筑垒地带,今后则将进入攻取太原外围据点的阵地攻击战。总之,晋中保卫麦收战役已结束,进攻太原战役的准备阶段已开始。

(二)阎匪太原外围据点工事,南起王村、亲贤村、狄村、椿树园,北至韩寨、西庄、新城、凤阁梁、后沟,东起孟家井,西至石千峰、白家庄、西铭,长宽各二十公里左右。据点棋布,堡垒林立,且多系洋灰作成,一般颇为坚固。

(三)阎匪主力除我此次歼灭约五万五千余人外,其余兵力计四十九师、四十五师、六十九师全部,六十八师、四十师、八总队残部及三十八师一部或全部(正空运中),阎匪直属部队以及十二个保安团,至少在六万人以上。此外,由外县带到太原民卫军约万余人,在太原市组织者不详。另由西安空运太原之三十师一部及由忻县南下之三十九师尚不在内。另阎匪兵农合一执行后，每师都有一个新兵团，故补充及时，各师兵员数量充实。

（四）现我各纵最大问题为兵员不充实。八纵六十五、六十六、六十八、七十、七十二等团战士只八百人左右，每团步枪兵只百余人；十五纵一二九团三个连，每连只六个步枪兵。全兵团一千人以上的团只有两个。干部伤亡甚大，八纵二十三旅六十七团，全团连级军政干部只剩三人，营级干部只剩一人；六十八团团干全部负伤；六十九团连干只剩四人；必须补充休整后方能继续战斗。

（五）根据上述情况，在攻取太原作战以前，必须经过一个适当休整准备阶段，完成下述工作：补充兵员（争取俘虏，我方伤员归队），整顿组织，调整装备，后方准备，弹药准备，及攻坚战术技术训练等工作。同时抽派一部继续完成控制机场，攻取东山、西山某些据点及工矿任务。

（六）攻取太原之作战原则拟定如下：切实完成对太原市之包围围困，控制南北机场及若干外围工矿，断绝其外援及粮弹、燃料补给，逐步攻取必要的外围据点，消灭其有生力量，瓦解动摇敌人，以造成攻城有利条件，开辟攻城道路，完成攻城准备，然后一举攻取之。

军委同意我们的作战方针和计划，并令兵团组成前敌委员会，书记徐向前，副书记周士第，统一指挥华北一兵团及晋西北七纵队、晋中军区部队、华北炮一旅，"全军应即进入休整及补充兵员，暂定休整一月，情况许可再延长之"。接着，前委即召开会议，根据"围困、瓦解、军事打击"的作战方针，具体部署了转入整训休补阶段的各项工作。

我的身体状况不好，胸部经常疼痛，吃不下饭，睡不好觉，只能勉强支撑工作。党中央和毛泽东同志很关心，来电要我去后方休息一下，并说有些事情要谈。八月中旬，我从榆次动身，去石家庄，住进了从延安迁到那里的和平医院，先查身体。黄杰同志也在，专门照料我。医生检查的结果是：旧病有发展，消化和吸收能力极差，体质虚弱，需静养两三个月。但战事那么紧张、繁忙，住院可不是个滋味。九月初，我就出院去平山县西柏坡，出席中央政治局召开的"九月会议"。

会议从九月八日开始,至十三日结束,共开了六天。出席会议的有毛泽东、周恩来、刘少奇、朱德、任弼时、彭真、董必武及华北、华东、中原、西北的党政军负责同志。这是自日本投降后,到会人数最多的一次中央会议,共有三十一人。解放战争期间,大家分别在各地作战,重新聚首,自有一番欣喜、热闹的景象。

会议主要是根据解放战争转入总反攻的新形势,规定党的战略方针和任务。要求将全党全军的思想,统一到军队向前进,生产长一寸,加强纪律性,建军五百万,大约五年左右(从一九四六年七月算起)根本上打倒国民党的战略轨道上来。会上,毛泽东同志作了报告,大家进行讨论,刘少奇、周恩来、朱德、任弼时等同志作了重要发言,最后由毛泽东同志讲了结论性的意见。

具体说来,会议着重解决了以下几个问题:

首先,能不能用五年左右的时间从根本上打倒国民党?毛泽东同志在报告和结论中,详细论证了中央作出这一战略预想的依据,充分肯定了能够实现它的可能性。这是因为,一方面,存在着有利的国际条件。全世界反帝国主义阵营的力量,超过了帝国主义阵营的力量。蒋介石希望打第三次世界大战,以挽救其失败的命运。世界大战的危险确实存在,但美帝国主义还没有准备好,制止战争的进步力量还在发展;世界人民有可能争取十到十五年的时间,制止战争的爆发,消除世界大战的危险。另一方面,是有利的国内形势。解放战争打了两年,我军从防御转入进攻,共消灭敌人正规军近二百个旅,占蒋介石总兵力五百个旅的五分之二。今后按每年消灭一百个旅左右计算,再有三年,歼敌三百个旅,打倒国民党,没有理由说不可能。毛主席指出,困难也要充分估计,好有精神准备。一是大战爆发;二是天灾,即"七大"说的,大旱三年,赤地千里;三是军事发展不顺利,战争延长,明年打不过长江去,只能在江北打;四是李宗仁、李济深等人出来"组阁",另成立政府,搞个曲折。对于这些,我们有了准备就不怕,立脚点放在打上,放在应付各种困难上。"大约五年左右根本上打倒国民党"的提法,有一个"大约",有一个"左右",还有个"根本上",就是从最谨慎的估计出发的,充分考虑了实现的可能性,也考虑了出现困难和克服困难的可能性。

第二,打倒国民党,建立什么样的国家? 毛主席说,我们要建立的,是无产阶级领导的以工农联盟为基础的人民民主专政。这个政权,不仅仅是工农,还包括小资产阶级,包括民主党派,包括从蒋介石那里分裂出来的资产阶级分子。政权制度采用民主集中制,即人民代表会议制,而不采用资产阶级的议会制。各级政府都要加上"人民"二字,各种政权机构也要加上"人民"二字,如法院叫人民法院,解放军叫人民解放军,以示与蒋介石的政权根本不同。毛主席还强调指出:我们有广大的统一战线,我们的任务是打倒帝国主义、封建主义和官僚资本主义,要打倒,我们就要打倒他们的国家,建立人民民主专政的国家。

第三,如何加强纪律性,实现从游击战争向正规战争的过渡? 过去,我党我军长期处在被敌人分割的农村游击战争环境中,各根据地党和军队的领导机关保持很大的自主权,发挥了积极性、主动性,但同时也产生了某些无政府无纪律状态及地方主义、游击主义。新的形势要求建军五百万,从游击化向正规化过渡,党的工作重心也将从乡村逐步转变到城市,因而必须将一切可能和必须集中的权力,集中于中央和中央代表机关手里,以保持全党全军的高度统一。早在一月间中央就作出了《关于建立报告制度》的指示。四月间,又强调指出:"中国新的革命高潮的到来,我党已经处在夺取全国政权的直接的道路上这一形势,要求我们全党全军首先在一切政治上的政策及策略方面、在军事上的战略及重大战役方面的完全统一,经济上及政府行政上在几个大的区域内的统一,然后按照革命形势的发展,进一步地考虑在军队的编制和供应上,在战役行动的互相配合上,以及在经济上在政府行政上(那时须建立中央政府)作重大的统一。""革命形势要求我党缩小(不是废除)各地方各兵团的自治权,将全国一切可能和必须统一的权力统一于中央,而在各地区和各部分则统一于受中央委托的领导机关(据我们所知各地和各部分的内部对于受中央委托的机关存在着极大的极不正常的和极有害的不统一状态)。各地领导同志必须迅速完成在这方面的一切必要的精神准备和组织准备。"(一九四八年四月十日电)这次会上,毛主席批评了那种报喜不报忧、瞒上不瞒下、不执行中央政策等无纪律无政府倾向,大家也都作了检查。会议通过了《中央关于中央局、分局、军区、军委分会及前委会向中央请示报告制度的决定》,以保证迅速克服无纪律无政府状态,克服地方主义和游击主义,保证党和军队的高度集中统一领导。

第四,如何恢复和发展生产,保障战争的胜利? 随着战局的发展,战争需要和人民负担之间的矛盾,愈加突出出来。一个是军队向五百万发展,需要大量补充兵员,但过多动员解放区农民参军,势必影响恢复和发展生产。因此,中央曾多次指示要大量留用俘虏,解决兵员补充问题。会议认为,我军现有二百八十万人,"为着执行歼敌任务,除有计划地谨慎地从解放区动员人民参军外,必须大量利用俘虏。"(《中共中央关于九月会议的通知》)要求今后三年准备收容俘虏参加我军一百七十万人,动员农民参军二百万人,除去作战消耗,达到建军五百万的目标。另一个是作战物资的供应问题,既要保证战争需要,又不能使人民负担过重,以免造成新的危险,影响战争的持久进行。会议认为,一方面要取之于敌,另方面要靠大力恢复和发展解放区的工农业生产来解决。同时,大家还提出了一切缴获要归公,厉行节约、反对浪费,尽力减少机关开支等措施。

此外,会议还讨论了新民主主义与社会主义,扩大党内民主生活,健全党委制,训练和准备大批新区工作干部,提高干部理论水平,以及加强工会、青年、妇女工作等问题。

党中央计划解放战争第三年,歼敌一百二十八个旅左右。根据先北后南的战略方针,先解决东北、华北、山东之敌,以便抽出半数以上的兵力向南推进,渡江作战。规定我华北一兵团歼敌十四个旅(包括七月已歼敌八个旅在内),并攻克太原;二、三兵团歼敌十二个旅,配合东北部队作战。会议期间,我向毛主席汇报了我们攻打太原的设想。

中央领导同志很关心我的身体,毛泽东、朱德、刘少奇、周恩来同志,都一再叮嘱我注意休息和调养。我当时的自我感觉很不好,怕支持不了几个月的时间,中途倒下来,完不成攻打太原的作战任务。盘算来盘算去,最后找少奇同志谈了谈。他说:你的身体状况中央很清楚,但现在实在抽不出人来,去顶替你。你先回石家庄住院,休息一下,争取把太原打下来,再好好养病。

兵团政治部主任胡耀邦,也出席了这次会议。我们商定,由他先回兵团,传达和贯彻九月会议的精神,我暂去石家庄和平医院休息些日子,再返前线。有重要情况,及时向我通报。耀邦同志走后,我告别中央领导同志,便返石家庄住院去了。

四大要点争夺战

"九月会议"前后,兵团的整训补充工作,紧张而热烈地进行着,取得了重大进展。

组织机构相应健全,兵员得到较大补充。兵团司令部、政治部机关进一步调整充实,参谋长陈漫远、政治部主任胡耀邦均已到职;后勤部正式成立,裴丽生任后勤司令员。太岳部队改编为第十五纵队,正式列入兵团建制。在太谷开办晋中公学,培养训练干部。训练了一部分俘虏兵,动员了一批新区农民参军,充实到连队。连队人数最多者一○四人,最少者亦达八十七人。武器装备基本按编制配齐,一般每连步枪九十支,轻机枪六挺;每营重机枪六挺;每团八二迫击炮六门;旅以上均配备数门山炮、重迫击炮不等。兵团下辖三个纵队:八纵二万二千三百余人,十三纵二万二千九百余人,十五纵一万七千余人,加上兵团机关、西北七纵和华北炮一旅等部,太原前线的部队,共有八万余人。

巩固了部队,组织纪律性普遍增强。因为大量俘虏兵和新兵刚充实到连队,觉悟低,不适应我军的艰苦生活,怕苦、怕累、怕打太原"报销"的情绪相当普遍。又因营以下干部多是新提拔起来的,缺乏管教经验,工作方法简单化,致使部队的逃亡现象一度相当严重。针对这种情况,政治工作从大力开展政治教育、阶级教育入手,搞诉苦运动,搞敌我形势对比、新旧对比,提高战士的阶级觉悟,树立为人民利益而战的观念,增强革命必胜的信心。同时,要求各级干部爱护和关心战士,发扬民主,改进管教方法,严禁体罚、辱骂、开斗争会等粗暴方式,从而大大减少了逃亡现象,有力巩固了部队,保证了整训工作的顺利进行。根据中央关于反对无纪律无政府状态的指示精神,组织团以上干部普遍检查,认真开展批评和自我批评,兵团前委并制定了一系列加强纪律的措施,在部队贯彻执行。从兵团前委起,各级党委认真实行党委制,重大问题集体讨论决定,军政首长及所属机关分工执行。部队党的观念、集体领导观念的进一步加强,是贯彻党的路线、方针、政策,实现整训和作战计划的确实保证。

战术和技术水平有所提高。兵团前委认真总结了晋中战役的经验教训，强调通过整训练兵，把战术技术水平大大提高一步。我去石家庄前，曾在干部大会上指出：每次作战中干部的伤亡比例大，主要原因是有勇无谋，不讲战术。晋中南庄战斗中，七个营级干部负伤，有五个是不应该的。通过敌人火力封锁的一条街道，第一个被打倒了，第二个、三个、四个仍继续通过，继续被打倒。有的干部在战场上，又当通信员，又当观测员、战斗员，恰恰把指挥员的责任忘掉了。不解决这个问题，就不能打太原！过后，兵团专门发布了《进攻太原的战术指示》，供部队学习。"指示"中提出的十条战术原则是："充分准备，精心计划；进攻防御，都要精通；军事民主，服从命令；坚决顽强，果敢勇猛；隐蔽突然，敏捷机动；主要方向，力量集中；插入切断，连续进攻；发挥爆破，步炮协同；互相援助，一致行动；全歼敌人，建立战功。"另由兵团举办炮训队，轮训了两千多名干部；各纵队或旅，亦分别集中营连干部或班长、组长轮训。连队的技术训练，着重于土工作业（夜间及敌火下作业）、射击、投弹、爆破等，有百分之七十以上的人，掌握了爆破技术。

作战物资准备亦较充分。兵团后勤部建立后，与晋中军区支前司令部及地方党组织配合，共同筹集战役所需的各类物资，保障后勤供应。在这方面，晋中人民出了大力，出人、出粮、出门板、出牲口，热火朝天，积极支前。他们的口号是："后方多流一滴汗，前方少流一滴血！"短时间内，即筹集大小檩子三十余万根，门板三十多万块，麻袋三十余万条。华北军区调来的八百余万斤炸药，以及部队日常所需的粮食、蔬菜、油盐等，主要靠民工运输，每天出动民工不下十万人，牲口三万余头。鉴于晋中战役期间伤员不能及时转移和治疗，增加了死亡率，兵团下决心充实医疗、担架队伍。各纵队均成立了医疗队、休养所；旅、团组织担架队，每旅二十五副，每团十五副，由四十至六十人组成。

基本上摸清了敌人的防御体系和兵力部署。一是由兵团领导和有关部门与赵承绶等被俘高级将领谈话，晓以政策，着其提供情况；二是调动党政军的侦察和敌工部门的全部力量，分区分片进行详细侦察；三是从不断瓦解过来的阎军官兵中，了解情况。晋中战役后，阎锡山为死保太原，大力抓丁整补，将总兵力扩充到十万人左右，计有三个步兵师、三个总队（相当于师）、胡宗南第三十四师四个团等正规军五万三千人；绥靖直属部队二万三千人,保安团队二万余人。其防御体系为:以城内为中心区,以城外的东、西、南、北方向为四个守备区,构成北起黄寨、周家山,南抵武宿、小店,东起罕山,西至石千峰的"百里防线"。阎锡山自称:太原形势像人样,东山好比太原头,手是南北飞机场,两脚伸在汾河西,太原好比是内脏。从头脑、四肢到内脏,壕沟交错,碉堡林立,仅在"百里防线"内即有各式碉堡五千多个(包括班碉、排碉、群碉、炮碉、伏地碉、杀伤碉,从一层至五层不等的砖碉、石碉、钢筋混凝土碉,有品字形、倒品字形、圆形、方形、菱形、半月形、梅花形等,大多数碉堡内均有存粮、存水和炊食、睡觉的设备,以利死守)。其堡垒之坚固,密度之大,连美国记者都表示"吃惊"。陈毅同志曾来太原前线看过工事,说:好厉害哟!阎锡山吹嘘他已将太原武装为"要塞城市",足可抵抗一百五十万共军的进攻。

上述一系列战前准备工作,主要是由周士第等前委同志及各纵队负责同志组织落实的。

九月下旬,周士第和兵团前委向军委报告了攻打太原的作战方案。其要点为:(1)以围困瓦解攻击逐步削弱敌人,然后一举攻下太原,争取三个月内结束战役。(2)进攻步骤分三步。第一步突破敌之第一防线,以火力控制南北飞机场,断敌外援;第二步攻占必要的外围据点;第三步攻城。(3)攻击方向选定于东南、东北两处,以东南为主要方向。以两个纵队用于东南,一个纵队用于东北。(4)对于攻城妨害不大之据点,尽量不打。战术上力求连续攻击,分割包围,结合政治瓦解,歼灭敌人。预定十月十九日发起攻击。那时,我还在石家庄。十月一日,毛主席将以上方案批送我征求意见。我复信如下:

聂薄滕赵(尔陆)并请电话转毛主席:

一日信及转来主席指示和一兵团前委电均奉悉。

对攻取太原的计划,我因地形尚不熟悉,没有别的意见。前委九月二十八日电中计划,分三个步骤作战,很好,但主要精神是连续一直打下去,直到夺取城垣为止。假如情况允许的话,这样做是最好的,但假如第一步计划或第一、第二两步计划都完成了,而到实现第三步计划时那就比较好打了,但仍存在一个兵力对比问题。假如第一步计划完成后,实现第二步计划时即遭到较大障碍,不能按预期计划进行,即只有先围攻使敌更疲惫后再猛攻之。总之,首先争取一直连续的打下去,在最快时间内全歼敌人是上策,先打再围带打而下之即消耗较大是中策,下策即必须增加力量再攻下之,即影响别线作战,只是最后之一途。

关于兵力分配与使用上,我亦同意前委决定,时间于十八日开始亦可以。因时间已迫近,我亦无时间再休息,拟于七日夜即赴前方,待太原攻下后再抽暇休息。

关于弹药问题,前已谈过,我没别的意见,前方必须照顾后方的生产力与财政力,亦属重要。其他一些详情待我到前方再报告。

我仍本着不急(急躁)不缓(紧张的工作着)的精神去工作,一定坚决的完成任务,请放心。

谨复并致

布礼

徐 向 前

十月三日

十月一日,阎锡山出动了七个师的兵力,分三路南犯,企图抢粮并破坏我攻城准备工作。经军委批准,兵团首先围歼南犯之敌,于五日发起进攻,太原战役提前打响。

十月六日,我从石家庄出发,夜一时到阳泉以西的坡头。不巧患感冒,咳嗽加重,头痛得厉害,左肋也不舒服。七日下午勉强赶到榆次以北的五湖镇,住下来休息两天,十日才抵前线司令部。

仗打得比较顺利。当前委发现敌第四十四师、四十五师及"亲训师"一部进占小店、南畔村、巩家堡地区,四十师、四十九师、七十三师及十总队进占小店以东之南北王铭、西温庄地区时,决定以四个纵队出动,首歼小店、南畔之敌。从五日起,我以八纵、十三纵攻歼敌四十四师、四十五师、"亲训师";西北七纵一部强渡汾河,插入小店以北,断敌退路并相机打援;以十五纵主力插向武宿以西,歼击敌四十九师,得手后以一部控制辛营,断敌第七十三师、四十师、十总队退路;七纵一部及陕北警备二旅攻占太原东山之前后李家山,以炮火控制北飞机场,并相机攻占凤阁梁等要点。至十六日,经小店、武宿、北营、大小吴村等战斗,歼敌第四十四、四十五两师全部及"亲训师"、七十三师、六十八师各一部,共万余人,占领了华北最大的机场——武宿飞机场,攻克了太原东南的石嘴子和东北的凤阁梁两个重要阵地,打开了敌第二道防线的两处缺口。这一外围攻歼战,我军行动隐蔽、神速、突然,抓住了敌人两个精锐师,予以全歼,是成功的。但也有缺点,主要是插入敌后的兵力太少,未能断敌退路,致使半数以上的敌人逃掉,实在可惜得很。如果开始即以西北七纵主力全部强渡汾河,而不是以一部渡河、一部相机渡河;以十三纵一个旅直插武宿以北,配合十五纵一部切断铁路,那么,敌人的五个多师,便有可能大部被歼。

下一步是乘胜突破敌人的外围防线,控制攻城阵地。原先,前委计划以城东南为主突方向,但战斗过程中发现,那里虽地势开阔,利于部队机动,但敌工事坚固,重兵把守,我得手后亦难形成对太原的致命威胁,需重新加以考虑。从地形上看,打太原必须首先控制东山。因为距城四五公里的东山,长达八公里,四大要点——牛驼寨、小窑头、淖马、山头,居高临下,俯瞰全城,是太原的主要屏障。拿下东山,等于在阎锡山防御体系的咽喉部位砍了一刀,敌身首异处,就没有多少劲头挣扎了。历史上李自成起义军、日本侵略军攻打太原,也都是先占东山主峰,而后向西平推,突破城垣的。前委当即开会,重新研究攻击方向和作战部署。

当时的情况是:(1)经过前一段战斗,阎锡山的兵力被我吸引到南线,其东山守备力量比较薄弱、空虚。(2)从东山柳沟村来了位地下党的支部书记,叫赵炳玉,提供了重要地形情况。我和他谈话,他说:东北方向有条小路,可直插敌纵深要点牛驼寨,只要部队隐蔽行进,便不易被敌发现。(3)东南方向的重要阵地石嘴子已被我占领,继续向纵深地区突破,拿下"九沟十八川七十二个窑子关"的马庄一线阵地,亦有可能性。(4)冬季即将来临,天寒地冻,不利我军攻城作战,以早日拿下太原为好。经兵团前委讨论,决定首先攻占东山,从东北、东南及正东方向逼近太原,相机攻城。

阎锡山所谓"足抵精兵十万"的四大要塞,均坐落在东山山麓的顶端,地势险要,工事相当坚固、复杂。牛驼寨位于城东北五公里处,可屯兵五千人,由三大集团阵地构成防御圈环,十个主碉为阵地支撑点,地形狭窄,山峰迭起,多劈坡绝壁,系敌东山防线上的主要阵地。小窑头在城小东门以东四公里处,该山主梁狭窄,支梁崎岖,共有大小十三个山头,敌依此筑成交错连环阵地,凭借劈坡和高低碉堡防守。淖马在城东三公里处,以淖马村为主阵地,劈坡有五层之多,周围山顶设有一至九号碉堡阵地,与主阵地相连接。山头则位于城东南五公里处,由主阵地山头及大脑山阵地构成,两大阵地之间,相距六百米,有工事连接,主阵地劈坡高达四至六米,少者二层,多者五六层。这些要点,除大量明碉暗堡和多层劈坡外,还挖有数道壕沟、暗道,纵横交错连接;设置许多铁丝网、鹿砦、地雷等副防御物。每个要点,俨然如一座坚固的城堡。

我军的攻击部署是:以西北七纵及晋中部队一部,由小店以北经榆次秘密向东北开进,入东山纵深,袭取最大要点牛驼寨,并以炮火控制北机场;另以一部袭占大北尖,与南面大窑头方向十五纵队相连接,切断罕山、孟家井敌归路,并歼灭之。十五纵由石嘴子向淖马攻击,得手后继续向大东门攻击,并以一部袭占大窑头,衔接西北七纵,断敌退路;十三纵首先夺取南坪头、马庄,向双塔寺攻击,得手后向城东南角进击;晋中部队主力位于城南一线,攻击各据点,以一部在汾河西积极活动,牵制敌人;八纵二十四旅为七纵预备队,另两旅为兵团总预备队。

十月十六日,我军发起攻击。十三纵第三十九旅首先向敌四十九师、七十三师的指挥中心马庄进攻。十八日拂晓前,秘密插入牛驼寨西北的七纵一部,向守敌发起突然袭击,连克炮碉及九座碉堡,基本占领了该要点,敌全线震动。接着敌组织兵力,在强大炮火掩护下,发起十多次反扑,均被我控制阵地的七旅十九团英勇击退。十九日晚,七纵另一部攻克大北尖等阵地,歼敌一个营;驻罕山敌奋斗第八团,向八纵二十四旅投诚;十五纵一部亦攻占石儿梁,但因未及时与大北尖打通,致使孟家井敌三个团逃脱。二十一日,敌以其精锐第三十师和十总队的三个团,向我牛驼寨阵地猛扑。敌人集中百门以上的山炮、榴炮,一天内即发射炮弹一万多发,将牛驼寨地区工事几乎全部摧毁。我七旅十九团蒙受重大伤亡,遂被迫撤出牛驼寨。同时,向马庄进攻的第十三纵,因遭敌顽强抗击,亦未获进展。

这时,阎锡山为确保东山屏障,尽其所能抽调的兵力,集中于四大要点,"守碉互援","加强地下战"。敌以十总队另六十八师一个团守牛驼寨;四十师一个团及保安六团一部守小窑头;八总队及保安六团大部守淖马;九总队另七十三师、四十九师一部守山头。另以三十师全部、四十师两个团,组成机动兵团,担任反扑、援应任务,并组织城东一线支子头、黄家坟、山庄头、马厂、剪子湾、小东门、大东门、淖马、双塔寺等炮群,进行火力支持。我们鉴于前一段的进攻兵力部署面较宽,影响迅速夺取四大要点,当即将部署调整为:集中兵力、火炮,坚决攻克四大要点,趁势向城脚发展。以西北七纵攻取牛驼寨向陈家峪发展;八纵四个团攻取小窑头向杨家峪发展;十五纵攻取淖马向伞儿村发展;十三纵攻取山头向双塔寺发展。十月二十三日,兵团颁布总攻击令,要求各部队充分做好准备,以便随时投入战斗。

二十六日夜间,我军发起总攻,四大要点争夺战全面展开。

这是一场空前剧烈的恶战,打了十七个昼夜。敌我双方的主力部队,均先后投入战斗。我军投入战场的兵力有二十七个半团,占总兵力的五分之四以上。阎军除守备西山的两个师和一个工兵师,以及守备城南和城北的各一个师外,其余各师均全部或一部投入战斗。双方参战的各种火炮,达八百余门。

"困兽犹斗",一点不假。守敌虽处在我军的严密包围和猛烈攻击下,但因受阎锡山的毒化教育甚深,有险要地形、坚固工事和强大火力作依托,战场上又有"执法队"严厉督战,故相当顽固,与我死打硬拼,寸土必争。我军指战员奋不顾身,前仆后继,攻坚破垒,不拿下东山誓不甘休。每占领一块阵地,要经过一次、两次、三次以上的突击;巩固一块阵地,要打退敌人五次、六次、七次以上的反扑。有些阵地,时而被我攻取,时而被敌夺回,反复拉锯。在牛驼寨,我西北七纵打得异常艰苦、顽强。总攻发起后,该纵以三旅担任主攻任务,十二旅为第二梯队,相继投入战斗。守敌两千余精锐部队,拼死顽抗,猛烈反扑,使我伤亡甚众,攻势受挫。后将警备二旅亦投入战场,至十一月二日,七纵控制了除庙碉以外的大部阵地。以后,以七旅攻击庙碉,与敌反复争夺,至十三日全歼守敌,终将庙碉攻克,全部占领牛驼寨。战斗中,我三旅八团、十二旅三十六团、七旅十九团和二十一团、警备二旅四团和六团,均付出了重大代价,作出了重要贡献。在小窑头,我八纵七十一团经连续奋勇突击,攻占第十三、十四号阵地后,敌集中强大炮火猛烈轰击,并施放毒气弹、烧夷弹,掩护三个步兵团反扑。经七小时反复冲杀,七十一团遭受重大伤亡,被迫撤出阵地;次日,十四号阵地复被我七十团夺回,但十三号阵地仍在敌手。又经过两天的反复冲杀,我十四号阵地再次失而复得;

十三号阵地亦重新夺回,敌两个连全部就歼。在淖马,我十五纵发起攻击后,经一天激战,即打垮守敌,占领主阵地。敌"执法队"暴跳如雷,将放弃阵地的八总队一团二营营长姜啸林等二十余人枪毙。接着,敌集中第四十师全部、八总队大部,向我阵地疯狂反扑,两天内反扑十九次之多,均被我杀退。部队乘胜反击,又夺占六个阵地,歼敌一部,我四十四旅政治委员李培信,不幸牺牲。在淖马炮碉争夺战中,四十三旅二一七团打得最为出色。十一月上旬,该团在摸清敌情、周密准备后,向淖马村西炮碉阵地猛攻,五个小时解决战斗,全歼守敌一个营和一个机炮连。次日,敌纠合三四个团的兵力反扑,发起十多次攻击,并一度突入我阵地。二一七团沉着应战,依托各支撑点,用纵横交叉火力夹击敌人,弹药用尽即以刺刀、铁镐、石头与敌格斗,最后在八纵、十三纵炮火支持下向敌反击,共毙伤俘敌一千五百名。战后,受到了兵团的通令表扬。在山头,我十三纵三十八旅担任主攻任务,三个团相继投入战斗,突击队多次发起冲锋,均未攻克,伤亡较大。后将三十七旅拿上来加入战斗,从三个方向发起总攻,至十日占领山头主阵地,十一日全部摧毁敌据点,结束战斗。

十一月十二日,东山战斗胜利结束,四大要点全被我占领,共歼敌一万余人,我军伤亡亦达八千五百人。我们原计划乘机攻克太原,但这时的情况已不允许。一是部队伤亡较大,疲劳已极。我们只有四个建制团未投入战斗,完好无损,其余均程度不同地受到损伤,亟待补充休整。二是太原城内黄樵松部起义失败,里应外合已不可能。三是阎敌在汾河以西修筑的五个临时飞机场,未被我发现和控制。东山战斗中,敌八十三旅空运来援,如攻城太急,敌空援兵力陆续增加,对我更不利。因此,我们决定停止战役进攻,暂时转入休整补充阶段。十一月十六日,军委电示我们:"再打一二个星期,将外围要点攻占若干,并确实控制机场,即停止攻击,进行政治攻势。部队固守已得阵地,就地休整。待明年一月上旬东北野战军入关攻击平津时,你们再攻太原。"军委的这一要求,是从全盘战略局势着眼的。那时,辽沈战役胜利结束,淮海战役正在进行,收拾平津之敌迫在眉睫。如太原攻克过早,傅作义会感到更加孤立,有可能放弃平津南撤,增加我渡江作战的困难。对太原围而不打,稳住傅作义,待东北野战军进关后,先收拾平津之敌,再解决太原之敌,有百利而无·害。这样,也就给了我们更多的时间,进行休整准备,便于一举攻克太原。

　　总的看来,兵团前委在小店、武宿战斗后,趁敌兵力南向,作出攻占敌东山要塞的决定,是及时的、正确的。开始因部署面较宽,影响了集中兵力夺取四大要点;发现后及时调整兵力,以攻克四大要点为主要目标,也是对头的。缺点在于对敌情侦察不够周详,对阎军的拼死顽抗程度估计不足。战斗中部队的急躁情绪增长,急于求胜,攻击受挫后又顾虑重重,因而增大了不必要的伤亡,影响了战局的进展。

　　东山战斗接近尾声时,我夜间到前沿阵地去观察情况,受了风寒。回指挥所后,正打电话,突然感到左侧胸腹间剧烈疼痛,疼得浑身直冒汗。叫人扶我躺到床上,连身都不能翻了。医生检查后,说是正发高烧,肺部出了问题。周士第赶忙派人去野战医院请钱信忠同志。他是华北军区卫生部副部长,来太原前线指导和帮助工作的,伤病员的转运治疗工作,靠他负责。他来诊断的结果是,胸部大量积水,患肋膜炎。马上派人去后方弄药,前委也向军委作了报告。不久,恩来同志就派了两名医生来诊治,要我早日去后方静养。那时,满脑子是打太原的事,哪里想去后方呀! 士第、漫远、耀邦他们劝来劝去,也没能说服我。最后,给我在榆次以南十多公里的峪壁村,找了所房子住。那里比较幽静,交通也方便,我可以一面工作,一面休养。

围困与瓦解

　　战役转入围困与瓦解阶段,时达半年之久。部队一面整顿训练,一面大力开展政治攻势,瓦解敌军。

　　早在晋中战役结束时,我们就曾考虑过争取太原和平解放的问题。我和周士第曾向中央及华北局提出:阎锡山如能降服,减少我方伤亡,保存太原军工及各种建设,其人力物力统为我用,利益甚大。拟命赵承绶劝降,其内容及条件如何,请速指示,以便遵办。

　　中央当时也考虑了这一步。七月二十一日电告我们:"据一波电话说,阎锡山在我兵临城下控制机场情况下,逃走之望既绝,自杀又非其所愿,故投降的可能是有的。阎及其部下,最顾虑的是他们的家产,别的不容易打动他们的心。最击中要害的是如能保存他们的私人财产,则阎的部下会纷纷劝阎投降,即使阎不同意,也可能发生内变,或者在我军攻入城后,愿以保护公共财产自赎。而与阎系军官私有财产最有关系者,莫过于西北实业公司及保晋公司。故你们与赵承绶及杨澄源谈话时,可告以阎及其部下,任何人肯早日自拔,将功赎罪,我们不但保证本人及其家属生命安全,即其私人财产,只要不是以特权掠夺的官僚资本,我们亦将予以保护,其在西北实业公司的私人股份,只要查明确属私股,亦当照私人资本待遇,保证不予没收。"中央的指示精神,是争取和瓦解敌军的有力武器。我们当即全面部署,着手开展这项工作。

我和赵承绶谈过几次话。此人多年追随阎锡山,是阎一手提拔起来的亲信将领。抗战初期我跟周恩来与阎锡山谈判,就见过他。被俘后,我们实行优待俘虏的政策,尊重人格,晓以大义,中央并派人从上海接来他的女儿、女婿,由黄杰专程陪同来太原前线,与之团聚,使他深受感动。他一再表示愿意立功赎罪,向我们陆续提供了一些太原的布防情况。我曾经问他:你看是不是放你回去,劝劝阎锡山,叫他和平解决。顽抗没有出路,只有死路一条。和平解决,我们可以保证人身、财产安全,共产党说话算话,决不食言。他说:我损失了阎锡山这样多军队,他是饶不了我的,如果回去,他非杀我的头不行! 他的顾虑有道理,所以我们就再未提放他回去劝降的事,只让他写信给阎锡山及其周围的高级将领。

为争取和平解放太原,华北军区派来副参谋长王世英等同志组成的工作组。王世英是山西洪洞县人,黄埔四期生,一九二五年入党,抗战初期曾在太原八路军办事处当处长,与阎锡山等人经常打交道。他在太原熟人很多,想利用旧关系潜入城内,找阎锡山谈判。这件事我们斟酌又斟酌,觉得阎锡山握有数万兵力,自恃太原有强固工事防守,幻想第三次世界大战爆发,会不会同我们谈判,还是个大问号,王世英现在进去,风险太大。怎么办? 想了个投石问路的办法。请出一位阎锡山的老师,年近八旬的老秀才,问他愿不愿意进城去见阎锡山,为民请命,拯救太原黎民百姓,免遭战火之灾。那位老秀才年事虽高,壮心不已,慨然允诺进城去见阎锡山。于是,便用我的名义写了封致阎锡山的信,由老秀才带上,进了太原。不久,我们获悉,阎锡山非但不听老师的劝告,反而连师生情谊也不顾,把老秀才给杀了!

西柏坡会议期间,毛主席又和我谈过争取和平解放太原的问题。他说:如果有这种可能性,就尽力争取,阎锡山如同意和平解决,你们请他把军队开到汾孝一带,我们的部队开进太原,麻烦就少了。我说:恐怕不大容易,他连老师都给杀了,可见顽固得很。我们的立脚点放在打上,但也不放松争取工作、瓦解工作,尽量减少麻烦吧!毛主席完全同意。

此后,我们的争取瓦解工作,重点放在敌军官兵上。至东山战斗结束时,敌军先后向我投诚的,已达一万七千多人。

黄樵松部准备起义,是这一时期争取工作的突出成就,可惜被人出卖,使起义夭折。黄系敌整编第三十军军长,河南尉氏县人,原西北军的,西安事变期间在杨虎城部,拥护张、杨联共抗日的爱国主张,对我党有一定的了解。太原被围后,我们把原国民党起义将领高树勋调来前线,开展争取敌军的工作。高也是西北军的,与黄樵松熟识,写信劝他以太原三十万人民的生命财产为重,顺应历史潮流,弃暗投明,率部起义。黄樵松经反复考虑,下决心起义。在东山战斗打响后,派其身边的中校参谋兼谍报队长王震宇,出城与我八纵队接洽,拟立即交出该部防守的东、北两城门,接应我军入城。

兵团前委研究了这件事,认为机不可失。阎锡山正忙于东山防御战,想不到"内脏"生变。如果三十军起义成功,里应外合,我军便可乘势拿下太原。于是责成胡耀邦带高树勋去八纵,与王新亭、张祖谅和黄樵松的代表商谈组织起义的问题。事后,胡耀邦同志来电话,自告奋勇,要去黄樵松部组织这次起义。我说:你是政治部主任,打仗需要你,那里面的情况还没搞确实,去不得呀,另外派个人去吧!结果,他们决定派八纵参谋处长晋夫和侦察参谋翟许友二同志,随三十军的联络人员进城。

晋夫同志是河南洛阳人,抗战初期入伍,历任指导员、教导员、参谋、参谋处长等职,能文能武,聪明精干,是王新亭、张祖谅他们的得力助手。然而不幸的是,这次起义被三十军二十七旅旅长戴炳南出卖。十一月二日,晋夫他们刚进城,就同黄樵松一起被捕,不久押送南京。黄樵松、晋夫凛然不屈,英勇就义于雨花台。翟许友是以警卫员的身份去的,被判处无期徒刑。太原解放后,戴炳南藏在一个亲戚家里,终于被我军搜出,受到了应有的惩罚。

阎锡山经过"黄樵松事件"的震动,变本加厉,控制内部。东山失守后,他在太原城内开动特种宪警指挥处、警备司令部、宪兵司令部等镇压机器,大搞白色恐怖,凡有所谓"通匪"嫌疑者,一律捕杀;阵地官兵均打乱编制,互相监视,实行"连坐";被俘过的官兵组成"雪耻奋斗团",集中进行审查,并在臂上或额上刺以"剿灭共匪"等字样,以示"雪耻"决心;以梁化之为头子的庞大特务系统,触角伸向各个角落,监视"异动",严刑逼供,滥杀无辜。阎锡山日暮途穷,妄图靠"霹雳"手段,巩固内部,垂死挣扎。

根据中央推迟攻打太原的要求和阎敌加强内部控制的状况,我军在进一步横扫敌外围据点,加强军事围困的同时,着重瓦解敌前线官兵,发动了强大的政治攻势。

这是一场针锋相对、釜底抽薪的政治战役。目的在于揭露、粉碎阎锡山的欺骗宣传和野蛮控制手段,首先促成敌人营垒的悲观失望,动摇分化,减少对我的仇视对抗情绪;进而使之离散倒戈,由零星的逃亡、投诚,直至小股、中股、大股的归降起义。这场政治攻心战的规模之大,时间之久,方法之灵活,成效之显著,在晋冀鲁豫军区和兵团历史上是前所未有的,为我军的战时政治工作积累了有益的经验。

首先是加强组织领导。政治攻势也像军事攻势一样,必须自上而下,形成坚强的领导中枢,统一部署,统一指挥,统一步调,防止各自为政,乱放"枪炮",事倍功半。为加强领导,从十一月中旬起,兵团成立对敌斗争委员会,由王世英、胡耀邦同志负责。各师成立政治攻势委员会,团、营设政治攻势中心指导小组,连设政治攻势小组,在前委和各级党委领导下,专司政治攻心战的组织指导工作。这一组织系统的具体任务是:了解敌情,分析形势,研究敌军心理,及时提出对策;培训政治攻心骨干,总结和推广各部队的经验,不断提高斗争艺术、斗争水平,改进斗争方式;妥善安置投诚起义人员,严格遵行党的政策,检查和监督部队对俘虏政策、投诚起义人员政策的贯彻执行情况。自下而上,建立严格的会议汇报制度,以便及时掌握工作动态,交流经验,保证政治攻势的顺利发展。

其次是强调针对性。诸葛亮说过:"用兵之道,攻心为上,攻城为下;心战为上,兵战为下。"他的"七擒七纵",就是典型的攻心战法。我军的历史经验证明,攻心战法的采用,一是要有军事上的有利形势,二是要有敌人营垒矛盾的加剧,三是要有正确的政策,四是要有强烈的针对性,才能收到明显效果。当时,前三项不成问题,太原孤城被困,岌岌可危;敌军内部矛盾增加,惊恐失望;我们对投诚起义人员也有明确的政策规定。关键问题就在于宣传的针对性,即能不能打到敌军的心坎上去。敌军内部包括各部分、各层次的人,心理状态五花八门,复杂得很。有顽抗到底的,有侥幸图存的,有悲观动摇的,有今朝有酒今朝醉的,有厌战想家的,有怕投诚后被共产党杀头的,等等。一般说来,下层军官和士兵,多为受愚弄、受控制、受奴役的对象,离心倾向大些,不愿为阎锡山卖命,是我军瓦解工作的重点所在。兵团对敌斗争委员会和政治机关,强调抓住重点,有的放矢,开展攻心战。宣传内容着重揭露敌人的谣言和欺骗宣传,讲形势,讲政策,讲出路,号召阎军官兵离队返乡或投诚起义。例如,对抱有幻想和侥幸心理的人,说明天下大势:"阎匪快要完蛋,妄想多活几天。又吹美国出兵,又吹世界大战,欺骗你们官兵,替他苟延残喘。当今天下大势,民主力量占先,苏联东欧中国,力量强大无边,帝国主义势力,正如日落西山,美帝纸糊老虎,其实外强中干,本身困难重重,不敢发动大战……天下大势如此,再要糊涂完蛋。"对被抓去的新兵,鼓动他们回家平分土地:"晋中各县,土地平分,阎军官兵,家中照分,男女老少,每人一份,快逃回家,参加平分。"对外来的胡宗南第三十军,则指出:"胡宗南,恐慌在西安。蒋介石,准备逃台湾。太原城,很快被攻占。三十军,你们怎么办?"对前沿阵地的士兵,鼓励其拖枪来降:"放哨看地形,打柴看路线,知心朋友商量好,看准机会一起跑。白天过来用记号,黑夜过来高声叫,解放军大力掩护你,不怕误会跑不了,带上子弹和步枪,谁敢追赶打他娘!"这类宣传品,简明易懂,针对性强,不少敌军士兵能背诵三种以上,可见影响之大。战役期间,我军根据不同情况、不同对象,先后印发宣传品四十余种、五十多万份,起到瓦解敌军的有效作用。

瓦解敌军的方法因时因人制宜,灵活多样。包括阵前喊话、对话,利用被俘人员或起义投诚人员写信、喊话,发射宣传弹,释放俘虏,对反动分子阵前点名记账等。旧军队里很重视老乡关系,这也是中国封建社会、旧式武装的一个传统。同样的话,别人说了他不信,老乡说了他就信。当时,敌我双方多为山西人,新补充的兵员几乎都是晋中各县的。我们的瓦解敌军工作,就利用这个得天独厚的条件。阵前喊话、对话,先听对方的口音,弄清他们是哪里人氏,再派与其同县、同乡的战士、民工,向对方作宣传。双方阵地靠得很近,对话听得一清二楚。有的说来说去,竟然是亲戚、朋友、邻居,那就更热乎,更容易打动心弦,收到成效。

再次是军事打击和政治瓦解结合。战场上的政治瓦解工作,不能孤立进行,必须以军事力量作后盾,与军事打击相辅相成。我们当时的口号为"猛打加瓦解"。东山争夺战结束后,我东线、南线、北线部队乘势发展,又先后攻占了一批阵地。为断敌空援,十二月初,派十三纵一部渡过汾河,配合晋中部队作战,将敌新修的万柏林、三角村、王村、红沟子等处的机场控制。阎军为保持空中联系,于十二月中下旬发起疯狂反扑,攻击数十次,但均被我晋中部队击退,共毙伤敌二千五百余人,击毁坦克二辆。我军在各线不断巩固阵地,将太原城池紧紧封锁围困,一面发动政治攻势;一面不时出击,袭扰敌人,开展冷枪冷炮活动,零星杀敌。八纵二十三旅一个营,十七天内冷枪杀敌一百二十七人。这种军事围困、打击的胜利,使敌一夕数惊,士气沮丧,更利于我军进行瓦解工作。

这场攻心战,一直持续到攻城前夕,达半年之久。先后瓦解敌军一万二千四百余人,加上原先瓦解的人数,共约近三万人之众。同时,相当数量的敌军因受我军宣传的影响,太原攻城战斗打响后,不作抵抗即乖乖交枪,因而大大减少了我军的伤亡。

在此期间,兵团还进行了巩固部队、战场练兵、补充兵员、政治整训、健全党委和支部领导、整顿纪律等一系列工作。

一九四九年二月,兵团奉军委命令,更改番号为中国人民解放军第十八兵团。司令员兼政委徐向前,副司令员兼副政委周士第、王新亭,副司令员兼参谋长陈漫远,政治部主任胡耀邦。第八纵队为六十军,军长张祖谅,政委袁子钦,辖一七八、一七九、一八〇师,九个团。第十三纵队为六十一军,军长韦杰,政委徐子荣,辖一八一、一八二、一八三师,九个团。第十五纵队为六十二军,军长刘忠,政委鲁瑞林,辖一八四、一八五、一八六师,九个团。三月一日,兵团举行命名典礼大会,标志着部队向正规化方向,迈出了新的步伐。

攻 城 时 刻

一九四九年春,辽沈、平津、淮海三大战役胜利结束后,国民党的全面崩溃已成定局。阎锡山眼见大势已去,便采取第三十六计"走为上"的办法,偷偷坐飞机逃往南京,将"誓死保卫太原"的任务,留给其亲信梁化之、孙楚、王靖国等反动头目承担。

军委决定,将解放平津的第十九、二十兵团及四野炮一师开赴太原前线,配合十八兵团加强军事围攻,争取和平解放太原。三月中旬,我兵团指战员准备好粮食、蔬菜、房舍、物资,热烈欢迎兄弟部队的到来。兵团政治部制定了"八大守则",要求各部队切实贯彻:(1)随时虚心向兄弟部队学习。(2)协同作战时要积极主动,不争夺缴获。(3)行军相遇时,要主动让路;驻军一起时,要主动让房子,不争借家具,不争购物品。(4)当兄弟部队有困难时,要尽力帮助。(5)说话时要态度和蔼,礼节周到,在任何情况下不许与兄弟部队争吵。(6)不许私自动用兄弟部队的武器弹药器材及其他物资。(7)兄弟部队的规劝和建议,要虚心诚恳接受。(8)见兄弟部队有违犯政策纪律时,要经过组织提意见,不许背地议论。两军会师后,太原前线充满团结友爱、欢欣鼓舞的气氛。十七日,以十八兵团领导机关为基础,组成太原前线司令部、政治部,司令员兼政治委员徐向前,副司令员周士第,副政治委员罗瑞卿,参谋长陈漫远,政治部主任胡耀邦。同时,成立总前委,统一领导各部队。前委成员为徐向前、周士第、杨得志、杨成武、罗瑞卿、陈漫远、胡耀邦、李天焕。由徐、罗、周、陈、胡为常委。徐任书记,罗、周任副书记。

这时,太原守敌共有六个军,十七个师,总兵力约七万二千人。其防御部署重点为城垣外围阵地,在东七里、西二十里、南十里、北三十里的范围内,划为五个防区,布有十三个师的兵力。北区总指挥韩步洲,辖三师八个团;东北区总指挥温怀光,辖两师八个团;东南区总指挥刘效增,辖两师六个团;南区总指挥高卓之,辖两师六个团;西区总指挥赵恭,辖四师十一个团。另以两个师及绥署直属部队共二万余人防守城内;以三十军及八十三师共七个团约万余人为机动部队;以"亲训"炮兵团、榴弹炮团及四个独立炮兵营共九百门炮,分为十个炮队,布于城外五个防区。我准备攻击太原的兵力,包括第十八、十九、二十兵团及晋中部队、一野七军、四野炮一师,共二十五万人,炮一千三百余门。显然,不论数量上、素质上、炮火上,我军均优势于敌。

我总前委决心以插入分割战法,首先扫清外围,而后总攻破城。三月三十一日,确定了战役部署:以第二十兵团及七军一个师、四野炮师一部,从东北及西北方向突破,插入丈子头新城,切断北区守敌而歼之,得手后由北面工厂区攻城。以第十九兵团及晋中军区三个旅、四野炮一师一部,分两路突击,一路由城南突破杨家堡,进而向东发展,配合十八兵团攻歼阎家坟守敌一个师,切断东南防区双塔寺及大营盘以南之敌而歼灭之;另一路由汾河西岸突破大小王村,配合二十兵团沿汾河南下部队,围歼西区守敌,得手后从城南首义门两侧攻城。以十八兵团及七军两个师、四野炮一师两个团,分成左右两集团,在城东的杨家峪、淖马、松压地区佯动,策应南北两面突袭,待十九、二十兵团发起攻击后,即攻取仓库区、郝家沟,得手后由大门南北攻城。总攻击时间,定为四月十五日。

这时,党的七届二中全会已经结束(我因身体关系,请了假,未出席会议)。毛主席要彭德怀返西北途中,来太原前线看一看,解放太原后,即可将十八兵团调往西北作战,归彭指挥。他到峪壁村看望我,讲了二中全会的精神,我也向他介绍了攻打太原的部署和准备情况。我说:我的肋膜两次出水,胸背疼痛,身体虚弱得很,没法到前边去,你就留下来指挥攻城吧,等拿下太原再走。他表示同意,报请军委批准后,彭总便留在太原前线指挥作战。为避免影响军心,那时下命令、写布告,仍用我的名义签署,实际上是彭老总在挑担子。他新来乍到,对敌我情况都不熟悉,但慨然允诺,勇挑重担,实在难得。

国民党的"和谈"代表,正在北平与我党谈判。四月五日,毛主席电示我们:阎锡山已离太原,李宗仁愿意出面交涉和平解决太原的问题。我们已告李的代表允许和平解决,重要反动分子允许其乘飞机出走,其余照北平方式解决,阎军出城两星期至三星期后开始改编。你们应即派人进城试行接洽。显而易见,这是党中央和军委以太原人民的生命财产为重,仁至义尽,网开一面,给阎军官兵留的一条宽大出路。总前委研究后,决定致函孙楚、王靖国,派被俘军官赵承绶、高斌、曹近谦去太原试谈。结果,赵承绶等进到敌城郊防区,即被阻回,证明阎敌不见棺材不落泪,决心负隅顽抗到底。那就对不起,我军只好兵戎相见,将顽敌干净、全部、彻底消灭之。

彭德怀来后,又要熟悉部队情况,又要观察地形地貌,经常活动在前线,紧张得很。他同意总前委原定的作战部署,决定四月二十日,发起总攻。

十九日夜,我东线十八兵团左集团一部,首先向东南方向的阎家坟、郝家沟阵地插入,与从南线同时插入的十九兵团一部会合,切断马庄守敌的退路,调动和迷惑敌人。二十日凌晨二时起,十九兵团由南、二十兵团由北,向敌展开总攻击,十八兵团右集团一部亦出动配合;下午,东线十八兵团主力投入战斗。城郊四周的守敌,在我十多个箭头的攻击、穿插下,乱如麻团,不堪一击,任我分割、围歼。至二十二日,敌城郊十三个师基本就歼,仅少数残兵败将逃回城内,外围全部扫清。(见附图十七)

阎敌军心慌乱,士无斗志,已呈土崩瓦解之势。人民解放军百万雄师强渡长江,攻克蒋介石老巢南京的消息传来,更如晴天一声霹雳,将敌人震得魂飞魄散。总前委决定,趁热打铁,一鼓作气,拿下太原。二十四日五时半,我一千三百门大炮,同时开火,向太原城猛烈轰击,打开了攻城缺口,给敌军城内主阵地以致命性的摧毁。我三个兵团的主力部队争为先登,从南面、北面、东面分别突入城内,迅速向绥靖公署合围。仅四个半小时,即全部结束战斗,俘战犯孙楚、王靖国及师以上军官四十余名,梁化之畏罪自杀,守城官兵近三万人悉数就歼。太原战役,总计消灭敌人十三万八千余人。至此,盘踞山西达三十八年之久的阎锡山政权,宣告灭亡。

战后,中央决定将十八、十九兵团划归一野指挥。彭德怀即率领这两个兵团去西北,参加解放大西北的战斗。我在太原城内住了一段时间,不久便去青岛养病。

第十八兵团是在解放战争的战火中,锻炼、成长、壮大起来的一支队伍。它原先的基础薄弱,战斗骨干缺乏,武器装备很差,没有打过大仗,而担负的作战任务却十分艰巨,看来几乎是难以胜任的。但是,依靠着党的领导,依靠着毛泽东建军思想的指引,依靠着广大指战员的流血奋斗,依靠着山西人民的支援和兄弟部队的大力配合,这支队伍边打边建,迅速提高为具有坚强攻坚能力和野战能力的正规兵团之一。在不到两年的战斗岁月中,连续取得两克运城、攻坚临汾、决战晋中、解放太原的重大胜利,共歼敌三十万人,出色完成了党中央赋予的战略战役任务。十八兵团成长壮大的历史,充分显示了毛泽东建军路线和人民战争战略战术思想的巨大威力。这也正是整个解放战争进程中,我人民解放军消灭蒋介石八百万军队,彻底推翻蒋家王朝的根本原因所在。

第二十二章
中国人民站起来了

莫斯科之行

一九四九年十月一日,鲜艳的五星红旗在天安门广场冉冉升起,迎风飘扬。"一唱雄鸡天下白",旧中国的黑暗统治宣告结束,中国人民从此站起来了。中华人民共和国的诞生,标志着马克思主义在一个占世界人口四分之一的东方大国取得了决定性的胜利,改变了世界力量的对比,开创了中国历史的新纪元。我国人民在中国共产党的领导下,扬眉吐气,昂首阔步,进入由新民主主义革命向社会主义革命和建设转变的伟大历史阶段。

建国初期,我被任命为中国人民解放军总参谋长。但因我的身体仍未康复,不得不耐着性子,继续住青岛海滨休养。总参谋部的工作,实际上由副总参谋长聂荣臻同志主持。那时百废待兴,军队的任务异常繁重。又要作战,又要建军,又要军管,又要剿匪,又要精简整编,又要参加生产劳动,又要支援新区土改和各项地方工作,事情千头万绪,担子千钧重。聂荣臻同志说,那是他一生中最繁忙的时期。

美帝国主义不甘心失败,妄图卷土重来,把新中国扼杀在摇篮里。一九五〇年六月,悍然发动侵略朝鲜的战争,并派第七舰队进驻台湾海峡,阻止我解放台湾。侵朝战争的战火,很快燃烧到鸭绿江边;美帝的军事侵略箭头,直指我国东北地区。十月间,党中央和毛泽东同志作出了抗美援朝、保家卫国的英明决策,派彭德怀同志率志愿军入朝参战,坚决反击美帝国主义的猖狂进攻。朝鲜半岛,遂成为中朝两国人民同美国为首的帝国主义阵营进行武装角逐的战场。这时,我已从青岛返回北京,暂住颐和园内的一个小院里。朝鲜战局是头等重要的事,朱德、贺龙、罗荣桓、聂荣臻、叶剑英、李先念等同志来看望我,谈的多是这方面的内容。第二年夏天,我的身体状况有较大好转,便根据党中央的决定,率兵工代表团去苏联谈判。

抗美援朝战争和我军的现代化建设,需要大量武器装备。应急的办法是向苏联购买,从长远观点着眼,则亟待发展我们自己的兵工工业。根据一九五〇年二月中苏两国政府签订的《中苏友好互助同盟条约》和《关于贷款给中华人民共和国的协定》,经两国政府具体协商,进一步达成了由苏联转让某些技术,帮助我国发展兵工生产的协议。转让的具体项目和我方急需购置的武器装备,由中国派代表团去莫斯科,与苏联有关部门洽谈。

一九五一年五月间,毛主席通知我去中南海,交代任务。我到主席住处,他正和李维汉同志谈统一战线工作。毛主席见到我后,首先问了我的身体状况,知道我已能工作,很高兴。他简要分析了抗美援朝的战场形势,向我交代了去苏联谈判的任务:一是购买武器装备;二是多搞点技术项目,发展自己的兵工生产。他说:帝国主义如此欺负我们,我们没有自己的兵工工业,不解决部队的武器装备问题,是不行的。要学习苏联,把先进技术拿到手,自力更生,建设一支强大的国防力量。他还说:这次去谈判,代表团去哪些人,谈哪些项目,还有些什么困难,可以找政务院和彭德怀同志商量。我说:请毛主席放心,交给我的任务,我一定尽一切力量完成。告别毛主席和李维汉同志后,我便去彭德怀同志住处,商谈此事,并初步拟定了代表团的主要成员名单和谈判内容。

经政务院和军委批准,代表团定名为“中华人民共和国中央人民政府兵工代表团”。我任团长,成员为空军副司令员王秉璋,重工业部副部长刘鼎,科技专家钱志道,炮兵参谋长贾陶,总参作战局副局长张清化,我驻苏使馆商务参赞江泽民、武官吉合。另有三名工作人员。代表团的主要任务有两项:(一)购买六十个师的武器装备;(二)援助我国兵工工厂的建设及统一步兵武器制式和生产一五二口径以下各种火炮的有关技术资料转让问题。这次谈判是秘密的,对外不公布。

五月二十五日,代表团乘公务车由北京出发,经满洲里走北线,路过赤塔、奥木斯塔、新西伯利亚、克山等地,于六月四日抵莫斯科,走了九天九夜。

陪同我们前往的有苏联驻中国使馆武官、军事总顾问柯道夫中将及夫人。他们夫妇待人亲切、敦厚,对我国人民怀有国际主义情谊。从闲谈中得知,他们的两个儿子已在反法西斯战争中不幸牺牲,只剩下两个女儿留在莫斯科。我们在莫斯科谈判期间,他经常陪代表团参观、看戏。有次还带上夫人和两个女儿,邀我去莫斯科郊外野游。他们的纪律很严格,谈话从不涉及内部事务,我们也不打听。与柯道夫相处的那段日子里,他给我和代表团的成员,留下了良好的印象。

我兵工代表团抵莫斯科时,在车站迎接我们的是苏军总参谋长什捷缅科大将等人。寒暄一番后,送我们去莫斯科大旅馆下榻。第二天我回访了什捷缅科。他仪表堂堂,有标准的军人风度。第二次世界大战期间,曾在苏联红军总参谋部任作战部长、副总参谋长等职,颇受斯大林的器重和信任。我向他说明中国兵工代表团来苏谈判的主要任务和事项,希望苏方大力协助,以便早日达成协议。他表示欢迎我们的到来,具体项目可由双方代表团(苏方亦组成一个谈判代表团,共有八人)的专家们磋商,而后再举行高一级的谈判。我表示同意。接着,双方即开始举行专家会谈。那时苏联是社会主义阵营的头头,我们又缺乏现代化建设和外交工作经验,故谈判的程序和项目等,基本上是人家包办。我们原来想简单了些,认为谈判不会费时太久。其实不然,马拉松式的,从六月上旬开始会谈,断断续续,直至十月中旬才达成协议,花了整整四个月的时间。

双方总参谋长一级的谈判,有三四次。先是什捷缅科出席,后来他去休假,委托马兰金和我们打交道。我印象比较深的是,什捷缅科曾说:斯大林给苏军总参谋部的任务,是要帮助中国把军队建设好。这个任务,主要由我负责,一定要办好。他十分重视军队的编制问题,强调合理编制在现代战争中具有重要作用,并结合苏联卫国战争的经验,说明健全后勤组织及编制步兵、炮兵、坦克、骑兵师团的必要性。他认为,根据朝鲜战场和中国的情况,人民解放军师的编制不应等同一律,也不宜过大。装备现在还不可能达到完全机械化的程度,师的火炮以汽车牵引,团以下的火炮以骡马牵引即可。但是,坦克团必不可少,宁肯少编几个军,也要把师的坦克团编制配备起来。关于军事订货问题,因苏联的运输能力有限,今年只能解决十六个师的装备,其余四十四个师按每年运送三分之一计算,至一九五四年完成。关于转让兵器技术资料问题,第一批包括步骑枪、轻重机枪、冲锋枪等七种,第二批以后再说。关于援建兵工工厂问题,几次谈判中什捷缅科都避而不谈,持无可奉告的态度。

根据上述情况,我们陆续向中央和军委建议:第一,能否参照苏方对我军步兵师的编制意见,初步确定我们的编制方案,以便通盘考虑购置装备的问题。第二,今年十六个师的装备订货,可否根据朝鲜战场的急需,多订些高射武器、战防武器,步兵武器则不订或少订。第三,明后年的订货项目应视兵工生产谈判的结果而定。原则上我们能生产者不订货;生产不足者根据需要多少订货;不能生产者可全部订货。六月下旬,党中央派高岗来莫斯科,带来了六十个师的装备订货单,由我代表团正式转交苏方。因朝鲜战场急需的东西甚多,国内经常来电要求增加或变更订货项目,我们就不断出面交涉,弄得人家颇为头痛。兵工生产问题迟迟不见答复,我着急得很,左催右催,没有结果。人家办事就是这种样子,你急也没办法。我发电报向毛主席反映,他复电说:不管怎样,耐心等待,要把技术学到手。

后两个月没有多少谈判任务,苏方就安排我们去各处参观。在莫斯科参加了苏联航空节阅兵式,在列宁格勒参观了冬宫,还到过斯大林格勒、斯维尔德洛夫斯克及中亚细亚海边,参观过钢铁厂、拖拉机厂、兵工厂、军事院校、部队驻地等。布尔加宁还在莫斯科接见了高岗和我。我们去的时候,金日成首相已在那里。布尔加宁谈话的大意是:苏联卫国战争结束后,一直忙于恢复经济建设。对于中朝两国人民的抗美斗争,我们愿意提供援助。可以援助的,应当援助的,一定会援助。言外之意是他们也有实际困难,不可能满足中朝方面的要求,希望我们谅解。不久,苏方通知我们,原定今年提供十六个师的装备订货,减为十个师。我和高岗商量,请他出面去找布尔加宁,要求仍维持原计划不变,但也没有结果。十月间,苏方正式答复我代表团:同意转让几种兵工生产的技术资料,帮助建设一些工厂。至此,双方算是达成了谈判协议。

我兵工代表团在苏活动期间,总的说来,苏方还是友好的。他们对中国革命的胜利和我国人民的抗美援朝行动,持钦佩态度,愿意提供某些援助,加速我军的正规化、现代化建设。但是,他们也有顾虑。我看主要是怕和美国打仗;斯大林又怕中国变成第二个南斯拉夫,有些事情吞吞吐吐,缩手缩脚,办得很不痛快。

　　苏联人民的确是热情而友好的人民,他们的实际困难,我们完全应当体谅。人所共知,第二次世界大战期间,苏联人民为战胜德国法西斯的野蛮侵略,付出的代价是极为惨重的。牺牲了两千万人,大部重要城市和工厂,遭到毁灭性的破坏,民族元气大受损伤。我们去的时候,离战争结束仅五年的时光,人家正忙于医治战争创伤,恢复民族元气,渡过战争造成的巨大困难。我们的宣传工作,当时只注意强调苏联如何强大,对他们的困难极少涉及。如果不是我们亲身去看一看,那是很难想象的。莫斯科的房舍、街道,仍是战前的,新建筑很少。男人牺牲很多,据说男女的比例是一与八之比。旅馆里的招待人员,多为残疾人。斯大林格勒到处是断垣残壁,工厂刚开始兴建,没有几个。物资缺乏,商场里的货架子上没有多少东西,群众购买黑面包和生活日用品,要排长队。至于远东和新西伯利亚那类偏远地区,更是贫困不堪,并不比中国的情形好多少。人家当时也是勒紧裤腰带,医治战争创伤,不容易的,所以有些东西不能满足我们的要求,完全可以理解。苏联人民长期支持中国革命,对中国人民怀有深切的国际主义感情。我们的代表团,不论走到哪里,都受到热情的欢迎和招待。住的旅馆是上等的,吃饭、住房、看戏不要钱。他们吃黑面包,给我们吃白面包;他们用纸条卷烟丝抽,招待我们的香烟则是七八个卢布一盒的。我们参观工厂时,送给看门的一支香烟,他就千恩万谢。有的地方听说中国客人来了,忙着包饺子,皮很厚,里面全是肉,还拌上酥油,怎么吃呀? 可盛情难却,吃不惯也得吃。中苏两国人民的深情厚谊,是在长期革命斗争中形成的。这一点十分宝贵,我们永远不会忘记。

　　苏联是第一个革命成功的社会主义国家,在第二次世界大战中又打垮德国法西斯和日本关东军,对人类作出了重大贡献。但是,这也容易使他们骄傲,搞大国主义。我们对苏方的情况了解不够,提出的某些项目、要求,难免有过高、过急的地方,谈判中只要加以详细说明,就不难取得一致看法。但对方有时却表现得极不耐烦,简单粗暴,令人难以容忍。有次谈判,他们看到我们购买货物的单子,竟然说:假如按照你们的要求,我们要修第二条西伯利亚铁路了! 讽刺我们要的东西多。其实,我们并不是白要,而是购买,要照价付钱的。还有一次,什捷缅科向我们的空军副司令王秉璋问情况,王的答复不太完满,他竟然大发脾气,把王秉璋狠狠地训了一顿。我当时不好同他吵,心里真窝火。觉得我们是来谈判的,你有什么资格训人呀!回到住地,我就把总顾问柯道夫找来,责备他反映情况不真实,严肃批评了他两个多小时,让他回去向上级报告。他们的大国主义不是一天形成的,很难改变。另外,那时他们怕得罪美国,招来麻烦,所以对支援中国武器装备,缩手缩脚。谈妥的订货,运回一些来,多是旧家伙,拿到朝鲜战场上,有些枪栓都拉不开,简直没法用。

十月下旬,莫斯科已是初冬景象,代表团启程回国。我们都没带大衣,火车进入满洲里后,供暖停止,我突患感冒,引起肋膜炎并发症,高烧四十度。我在长春下车,住进了空军医院。周总理得知后,马上派卫生部傅连暲同志率医疗小组前来,不几天,接我回北京医院治疗。这一次病情很重,休养的时间较长。身体稍好后,主持了一段总参谋部的工作。一九五四年六月任中央军委副主席,后军委分工我负责空军和国土防空工作。

关于民兵工作

从一九六三年起,军委分工我主管民兵工作,一九六四年八月正式任命为军委人民武装委员会主任。副主任是张云逸、彭绍辉、傅秋涛同志。傅秋涛兼秘书长,又是总参动员部部长,日常工作由他和动员部负责。

"兵民是胜利之本",野战军、地方军、民兵三结合,是毛主席创造的我国武装力量的传统体制。建国以来,党中央和军委曾对民兵的战略地位和作用、工作任务、组织编制、管理训练等,作过一系列指示。一九五八年八月,在北戴河召开的中央政治局扩大会议上,通过了《中共中央关于民兵问题的决定》,明确指出:我国的武装力量,"除了必须建设强大的常规部队和特种技术部队之外,还必须在全国范围内把能拿武器的男女公民武装起来,以民兵组织的形式,实行全民皆兵。平时成为保卫生产、维护社会治安;战时成为补充、组织野战军的人力基础和野战军作战的有力助手。"一九五九年十一月,军委决定成立民兵工作组,罗荣桓任组长,张爱萍、甘泗淇任副组长,以加强对民兵工作的领导。一九六一年七月,又决定将军委民兵工作组扩大为军委人民武装委员会,主任罗荣桓,副主任张爱萍、甘泗淇、傅秋涛,委员包括甘渭汉、张令彬、张修竹、王观澜、刘皑风、谷景生、李达、胡克实、曾宪植、杨奇清、李作鹏等人。县以上各级民兵工作组均改为人民武装委员会。人民武装委员会的组织,在人民公社和大型厂矿亦普遍成立。各级人民武装委员会的任务是:根据本地区的情况,研究和贯彻执行中央、军委有关民兵工作的各项方针、政策和指示,审查同级军事机关和有关部门提出的民兵建设计划和组织各有关部门协同进行民兵工作,并研究改进民兵工作的方法;讨论年度的征兵、退伍工作和研究战时人力动员方案;提高全党全民在和平建设时期的警惕性,加强党员和人民群众的国防教育,增强国防观念。年底,中共中央、国务院批准颁发国防部拟制的《民兵工作条例》,在全国推行。一九六二年六月,毛主席对民兵工作提出了三落实(组织、政治、军事)的要求。

那时,正是三年自然灾害和"大跃进"失误导致我国经济困难的非常时期。国内的阶级斗争在一定范围内有尖锐化的表现,国际上的反华大合唱甚嚣尘上。赫鲁晓夫集团公然撕毁苏联援助我国的六百个合同,撤走在华全部专家,恶化两国两党的关系,向我施加政治、经济、军事压力。美帝国主义和蒋介石枭视狼顾,跃跃欲试,妄图反攻大陆,卷土重来。印度扩张主义者在赫鲁晓夫的支持下,屡在中印边界制造事端,武装侵犯我国领土。在这种严重形势下,党中央和军委决定加强战备,实行全民皆兵,以便随时准备给入侵者以粉碎性的打击,是必要的。

罗荣桓同志主持军委人民武装委员会的工作,适应战备形势的需要,使民兵建设有突飞猛进的发展。至一九六二年九月底统计,全国民兵发展到一亿六千三百二十八万人,其中基干民兵七千五百八十万人,武装基干民兵四百五十六万人,形成了一支强大的战略后备军。从边防到内地,从城市到乡村,从工矿企业到大专院校,普遍建立了民兵组织,充实和配备人民武装干部六万六千九百余名。据沿海七省和京津沪三市调查,民兵组织比较健全的达百分之六十以上。沿海和边防地带,军民联防进一步强固,在中印边界自卫反击战和粉碎敌人的颠覆、破坏活动中,发挥了重要作用。根据劳武结合的原则,共训练民兵和干部三百余万人。组织大批老兵复员,新兵入伍,保证了部队的血液更新和备战需要。总之,我国的民兵工作有了一个坚实的基础,开始向制度化、普遍化、经常化迈进。

我继任军委人民武装委员会主任后,我国的经济形势已有好转,但美帝与苏联对我国的军事威胁,却有增无已。美帝国主义的侵越战争,不断升级,并有将战火燃向越南北方的可能。中苏两党的分歧愈加尖锐化、公开化,赫鲁晓夫垮台后,勃列日涅夫集团变本加厉,在中苏、中蒙边境不断增兵,将原十几个师的兵力增至四十三个师,严重威胁我国的安全。我们的备战和民兵工作,当然只能大大加强,而绝不能有丝毫的松懈和削弱。起首,我着重了解民兵工作的状况,以便胸中有数。听取彭绍辉、傅秋涛他们的汇报,看些文件和材料,带人去广东、浙江等地,开些座谈会,解剖几只"麻雀"。一九六四年六月十九日,毛主席提出一把手要抓军事,进一步强调民兵工作必须实行三落实。军委决定:贯彻三落实,是民兵工作的中心任务和建设方向。

毛主席对民兵工作三落实的内容,讲得很具体。他说:组织落实,就是搞多少基干民兵,多少普通民兵,有兵有官,有强的干部。要有组织,有班、排、连、营、团、师。一有情况,能招之即来。政治落实,就是对民兵要做政治工作。要设政治委员、教导员,做人的工作,分清好人和坏人。民兵在政治上一定要可靠,特别是基干民兵。军事落实,就是要有手榴弹,有轻武器。各省要搞一个兵工厂,先搞修理,后搞制造。要搞些训练。天上掉下来的,地下冒出来的,甚至于帝国主义把大规模战争强加于我们,怎样对付,都要有办法。毛主席还指示,要在"四清"运动(即社会主义教育运动)中,切实把三落实搞好。

从一九六三年冬正式铺开的社会主义教育运动,分期分批在农村、城市进行,一直持续到"文化大革命"前夜。为结合运动,切实贯彻"三落实"的要求,一九六四年十月,总政治部召开了全军民兵政治工作会议。次年五月,我在军委作战会议上,作了民兵工作的发言。七月,总参谋部、总政治部又召开了全国民兵工作会议。各大军区、省军区、军分区、县人民武装部,以及各级地方党委和人民武装委员会、"四清"工作队,也做了大量工作。

这个时期的民兵建设,首先着重于整顿、重建和巩固组织,提高民兵队伍的质量,以抓基层为主。全国约有三分之一地区的民兵,重新整顿、编制,配备领导班子。在原有武装基干民兵的组织基础上,充实复员、转业军人,加强党团工作,进一步加强基层。我对彭绍辉等同志说:"毛主席说要大办民兵师是个口号,并不是把师都搞起来。民兵能搞到营,能把整营整营拉出来,也就不错了。空架子,抓不到。真正有事,能以连为单位拿出来就很好。民兵很分散,他们的活动主要在基层,在班、排、连,以师为单位的活动很困难。"为此,我向军委作了报告,军委常委会议于一九六四年十月二十四日,通过决议:"同意徐向前的意见,民兵工作现在还是抓基层为主。"在整顿组织中,凡年龄、身体、政治条件不合要求者,一律退出武装基干队伍。对重要城市、重要厂矿、交通枢纽、主要岛屿和海边防要地的民兵组织,重点进行检查整顿,配齐领导骨干,并健全固定哨、巡逻哨、防空哨和各项战备治安勤务工作,协助部队保卫陆海边防,维护社会秩序。民兵是我国群众性的武装组织,巩固无产阶级专政的重要工具。一方面,要广泛组织各行各业的男女适龄公民参加;另一方面,也要注意民兵组织的纯洁性,尤其是武装基干民兵,一定要政治可靠,现实表现好,决不能被坏人或反革命分子混入。当时,在云南省寻甸县,曾发生过一起事件。极少数反革命分子,利用部分群众的宗教迷信思想,煽动暴乱,杀死了二十多人,有些民兵也参加了。这虽是极个别的事件,但它告诉我们,民兵组织一定要注意纯洁性,不能被坏人混入,枪杆子必须掌握在可靠人的手里。

劳武结合是民兵建设的重要原则,带头搞好生产是民兵工作的首要任务。我们反复强调了这一点。要求工矿企业的民兵,要努力生产,勇于革新,带领群众,力争超额完成生产计划指标;农村的民兵,要积极劳动,成为农业战线上的生产能手,并在种植、水利、农田建设、抢险救灾、完成国家收购任务等方面,起模范作用。民兵是不脱离生产的群众武装,这是它与正规军队的一个根本区别。我们的正规军也还搞点生产,不脱产的民兵就更没有理由不好好搞生产了。我那时说,民兵不能离开生产,一切要服从生产。一个省有好几百万民兵,不好好抓生产,为国家生产财富,创造价值,那还了得!谁也养不起。青岛有个工厂的民兵组织,一年用一百多天,甚至三分之二的时间,去搞民兵活动,不参加生产。类似的现象,广州、北京、湖南等地也有。把正规军那套训练方法搬来,集中好多民兵进行军事训练,一搞就是几十天。这些做法,我们及时批评、纠正。傅秋涛同志在新安镇蹲点,就很注意抓生产。那里有三千户人家,过去靠种瓜收入,每年人均七元钱,穷得叮当响,靠吃国家的救济粮生活,民兵组织有名无实,散沙一盘。他和工作组去后,把民兵组织起来,带头生产,搞了几千亩稻田,生产面貌改观,群众收入增加,人人高兴,民兵组织也巩固起来。所以,民兵的"劳武结合",首要的、基本的是劳动生产,要从抓生产入手。经验证明,离开劳动生产这个基础,这个中心,本末倒置,民兵建设就难以巩固,难以提高,更难以持久。

民兵的军事训练,不可缺少。从总参到各大军区、各省市,都有规划。每年训练的基干民兵,大约在一千万人左右,数目不小。怎么训练呢? 就是既要适应民兵不脱离生产的特点,又要讲求实效,达到基本的训练要求。一是注意季节性。农忙时不搞,农闲时再搞,军事训练不能妨碍生产,影响生产。二是尽量分散、就地、小型化。一般是以班、排、连为单位,就地集中训练,不搞跨村、跨厂、跨校的大规模集训。三是"送上门去教"。各野战军和省军区部队,分片包干地区、单位,派人下去当教官,组织民兵训练。今天到这个村,明天到那个村;今天到这个单位,明天到那个单位,轮流来,既方便了群众,又易于完成训练课目。四是训练内容少而精。立足现有装备,以了解和掌握轻武器的性能和技术为主,学会防空、防原子、防化学、射击、投弹、爆破、侦察、搜索、擒拿等,重点地区组织些小型的反空降和攻防演习。五是不再搞大比武。军队的大比武对促进训练有积极意义,有些地区民兵组织争相仿效,一度出现锦标主义、形式主义,并造成人力、物力、财力的浪费,影响生产。我们及时作了纠正,明确规定民兵不再搞大比武。

民兵武器装备的生产、配备、储存和管理,有所加强。六十年代初期,我国民兵的武器装备,仍主要来源于部队换装的淘汰品。旧家伙很多,维修任务极重。毛主席作出加强民兵轻武器生产和维修的指示后,各省都很重视,小三线的军工生产落实了指标、规划、品种、经费,取得了较大进展。武器数量逐年增加,既要合理分配,优先保证重点地区的需要,还要解决储存和保管问题。那么多武器,总不能堆在露天吧,要修建仓库,妥善保管。建仓库,国家经济困难,拿不出多少钱来。怎么办? 还是要靠各省、各地区,发动民兵,自己动手,搞义务劳动。事实证明,这个办法切实可行,花钱不多又能较快见效。一批武器仓库逐步修建起来,并且建立了严格的保管制度、责任制度,以防止武器弹药的丢失、损坏和爆炸事故的发生。在这方面,总参动员部的同志们下大力去抓,总后勤部积极配合,是有成绩的。

　　正确处理军事系统和地方党委的关系,也是民兵工作不容忽视的问题。我国的民兵领导制度,早在战争年代,就形成地方党委一元化领导下的军、地双轨负责制。在毛主席号召"全党抓军事",实行民兵三落实的形势下,从中央到地方,都重视抓民兵工作。省市委书记中,如广西的韦国清,湖南的张平化,广东的赵紫阳,北京的刘仁等,当时都是亲自抓,并且抓出了明显成绩。我们强调,各省军区、军分区、人民武装部是同级地方党委的军事部,要在地方党委的统一领导下,组织、领导、指挥民兵,给地方党委当好参谋。要经常搜集材料,研究情况,提出建议,取得地方党委的领导和支持。有的地委、县委觉得民兵工作是个负担,不太愿意管,马马虎虎。军事系统的同志就要宣传,提出来,挤进去。民兵工作抓好了,推动了精神面貌、生产面貌和社会治安状况的改观,他们晓得了这项工作的重要意义和作用,自然会转变态度,重视抓民兵建设。

　　这个时期的民兵建设,也存在一些问题。由于社会主义教育运动是在阶级斗争扩大化的理论指导下进行的,又加上林彪的"四个第一"、"突出政治"、"活学活用"在全国推行,致使民兵工作的三落实,受到不小的干扰。有些地方整顿民兵组织,单纯强调阶级路线、出身成分,"树立贫下中农的绝对优势",忽视了民兵组织的群众性;对民兵的政治教育,搞的是重点整"走资派"和语录式的"活学活用"、"立竿见影"那一套,代替了正常的战备教育、政治教育和光荣传统教育;有些"四清"工作组,混淆两类不同性质的矛盾,动用民兵非法关押、审讯"四不清"干部,搞逼供信;军事训练受运动的冲击,在有些地方并未落实;等等。这些问题,尚未来得及解决,便开始了"文化大革命"。

　　十年动乱,民兵建设受到的破坏,相当严重。特别是"四人帮",为篡党夺权,实现其反革命目的,在反党乱军的同时,加紧分裂三结合的武装力量体制,大搞"第二武装","全面改造民兵",妄图把民兵与解放军对立起来,变成他们的御用工具。那时,我们靠边站,大批人民武装干部遭受迫害,各级人民武装委员会有其名,无其实,处于瘫痪状态。"四人帮"乘机组织什么"民兵指挥部",用他们的爪牙和"造反派"控制民兵组织,搞打砸抢,搞"文攻武卫",搞法西斯专政。民兵武器仓库遭受严重破坏,枪支弹药大量散失,大规模武斗流血事件不断发生,简直令人发指! 一九七六年的天安门事件,血腥镇压群众,就是"四人帮"直接指挥部分民兵干的。当然,广大民兵是好的,对"四人帮"企图全面控制和"改造"民兵的罪恶活动,进行了各种不同形式的抵制和斗争,同全国人民站在一起,终于把"四人帮"押上了历史审判台。事实告诉我们,对民兵武装,绝不容掉以轻心,认为无关大局,无足轻重,可管可不管。民兵是掌握枪杆子的群众组织,是我国武装力量的重要组成部分,必须置于党的绝对领导之下,坚持坚定正确的政治方向,决不容变成反党野心家、阴谋家手中的工具。

粉碎"四人帮"后,民兵工作逐步整顿,拨乱反正。一九七八年,军委决定正式恢复人民武装委员会,由我继续任主任,张才千、徐立清、张衍、吕剑光任副主任。同年七月,召开了全国民兵工作会议,杨勇同志作工作报告,聂荣臻同志代表军委作了重要讲话。会议强调正确认识民兵在我国国防、生产建设和未来战争中的重要地位和作用,坚决清除林彪、"四人帮"的流毒,恢复民兵工作的优良传统,进一步加强民兵建设。

一九七八年十二月,党的十一届三中全会作出了"把全党工作的着重点和全国人民的注意力转移到社会主义现代化建设上来"的决定。这是我国社会主义历史时期的一个重大转折点,全国人民由此开始了向社会主义四个现代化目标的伟大进军。党中央对国际形势及避免世界大战的可能性,也重新作了分析和判断。认为在本世纪内或更长一些的时间里,将有一个比较稳定的国际和平环境,发展我国的社会主义建设。因而,民兵建设如何根据新时期的形势特点和任务要求,进行改革,摸出一条新路子,便成为摆在广大民兵武装工作人员面前的重要课题。

几年来,在中央军委领导下,根据精干的常备军和强大的后备力量相结合的国防建设方针,民兵工作采取了以下的调整改革措施:第一,调整组织,减少数量。从服从经济建设大局的原则出发,大力压缩、精简民兵的数量和武器装备,消除"大办"的影响。全国基干民兵已减少百分之八十,每年训练的人数下降百分之八十八,基层民兵武器的分布面缩小百分之八十。第二,确保重点,提高质量。基干民兵组织和主要海边防地区、重要人防城市,仍是民兵工作的重点。集中一定的财力、物力,加强训练,提高民兵尤其是干部和技术民兵的战斗素质。第三,实行民兵与预备役相结合的制度。将基干民兵作为第一类预备役,普通民兵作为第二类预备役;对转业复员军人,特别是技术兵种的复员军人,分类登记,统一掌握其数质量和分布情况;在全军进行了组建预备役师、团的试点,取得经验,以适应战时扩编的要求。第四,积极发挥民兵在社会主义建设中的作用。在勤劳致富、学雷锋做好事、维护社会治安、学习科学文化、对越自卫还击作战中,均涌现出一批先进单位和个人。第五,提高征兵质量,改进征兵方法。为保证军队向现代化迈进,征兵条件改为一般应具有高中以上的文化程度。过去征兵是南兵北调、北兵南调,由部队派人接兵,现改为就地征补,由地方负责输送。这些改革虽然是初步的,但已初见成效。

必须明确,民兵制度是我国的一项传统制度,民兵建设是国防现代化建设的重要方面。在改革中军队和民兵的数量虽然大大精简,但这绝不意味着国防力量可以削弱,民兵和预备役制度可有可无。我们的方针是寓兵于民。一方面,保证国家将更多的人力、物力、财力用于经济建设,加速四个现代化;另一方面,保证战争来临时,我们有雄厚的战略后备力量,能够应付最艰难的局面。我们的反侵略战争,只能是人民战争。民兵在人民战争中,具有十分重要的战略地位。它既是正规军的补充源泉,又是正规军的得力助手。在平时生产建设、抢险救灾、维护社会治安等方面,它是一支组织起来的突击力量。任何否定或轻视民兵建设的观点,都是错误的。

在"文化大革命"中

一九六六年至一九七六年的十年动乱,是中国现代史上的一段令人触目惊心的岁月。在人民民主专政的历史条件下,在我国生产资料所有制的社会主义改造完成之后,谁也没有料到,竟会冒出一场"文化大革命"来,持续那么久的时间,造成那么严重的危害。对此,党中央关于《建国以来党的若干历史问题的决议》,已经作了全面而深刻的分析。我在这里,只想就自己经历的几件大事,略作叙述。

第一件事:担任全军文化革命小组组长

"文化大革命"伊始,急风暴雨,铺天盖地,火药味浓极。《五一六通知》,批判"彭、罗、陆、杨",红卫兵破"四旧",学生"造反",横扫一切"牛鬼蛇神"，揪斗"走资派"、"黑帮"、"反革命修正主义分子"，毛主席"炮打司令部"，林彪当"接班人"，全国学生大串连，批判刘邓"资产阶级反动路线"……仅半年时间，闹得天下大乱，完全破坏了党和国家的正常法规、秩序与生活。

我和许多同志一样，对这场突如其来的"文化大革命"，缺乏准备，很不理解。但有一条，军队和地方不同，不能乱。叶剑英同志当时任军委秘书长，我们的看法是一致的。可是，一九六六年十月五日，根据林彪的意见发出的《关于军队院校无产阶级文化大革命的紧急指示》，却规定取消院校党委领导，强调"必须把那些束缚群众运动的框框统统取消，和地方院校一样，完全按照十六条的规定办，要充分发扬民主，要大鸣、大放、大字报、大辩论，在这方面，军队院校要做出好的榜样。"文件下达后，军队院校和机关开始动乱，地方和军队院校的学生冲击军事机关的事件，不断发生。我们搞了一辈子军事，晓得军队乱套不得了，涉及国家安全，担忧得很。

十一月间，总政治部主任肖华在天安门城楼上对我说：最近我们准备召开一次军队院校的大会，请总理、陶铸和几位老帅接见、讲话。我说：你们起草个稿子，请叶帅代表军委讲讲就行啦！强调一下军队担负着备战任务，军队要稳定，不能乱。他说：还是请老帅们都讲一讲，这样更好些。我点了点头，表示同意。会前，肖华同志来我家一趟，送来了讲话稿，我看后略作修改，加了点加强战备的话。十一月十三日，我们去北京工人体育场，出席军队院校和文体单位来京人员大会，会场里不下十万人，又唱歌又呼口号的。周总理和陶铸同志和大家见面后即退席，陈毅、叶剑英、贺龙和我讲了话。那时，我们都不同意搞乱军队，不同意乱冲军事机关，希望军队院校和文体单位的人员以大局为重，做出好样子。陈毅同志说：今天来体育场，就是要泼冷水。"泼冷水是不好的，可是有时候有的同志头脑很热，太热了，给他一条冷水的毛巾擦一擦有好处。"他还说：我不赞成"逐步升级"的办法，口号提得越高越好，越"左"越好；搞倒几个校长、处长、副处长不过瘾，搞倒几个部长也不过瘾，还要升级。他提醒大家，不要犯简单化、扩大化的错误。我在讲话中指出："我们的陆、海、空军必须经常保持战备状态，随时准备对付敌人的突然袭击，做到一声令下，立即行动。""一刻也不要忘记我们周围还存在着强大的敌人，我们必须经常保持高度的警惕，不容丝毫的松懈。"

贺龙同志也讲了话。他当时已遭林彪诬陷，处境岌岌可危，能出席大会，就是对林彪一伙的有力回击。叶剑英同志也强调指出："真理是真理，跨过真理一步，就是错误，就变成了谬误。""学毛著，不是学耶稣基督教的圣经，不是迷信。不要光注意背书，不会行动，那样就会变成教条了。"叶帅讲话时，半道里兽医大学的一名学生，递了张条子，质问今天的会议经过林彪批准没有？言外之意是会议不合法。叶帅看了条子很气愤，当场念给大家听，说：他怀疑我们偷偷开会，大家相信吗？总理和陶铸同志都来了嘛，四位军委副主席的讲话，我们是集体讨论过的，这能说是背着军委开会吗？我们的讲话，语重心长，完全是从爱护我党我军，爱护广大干部和群众出发的，谁知后来竟变成了一大"罪状"。

十一月二十九日，军委文革又安排第二次接见。陈毅、叶剑英和我，又去工人体育场出席军队院校和文体单位来京人员大会。踏上主席台，就看到会场上的醒目标语，写着要批判陈、叶十三日的讲话，还有什么"炮轰"、"火烧"之类的。我因头天晚上睡眠不好，头痛、疲劳，没有准备在会上讲话。陈毅同志讲话较长，针对少数人说上次大会四位军委副主席给群众泼冷水的论调，规劝大家正确对待"路线斗争"。我因头疼加剧，提前退场，未听完陈毅同志的讲话。

体育场的两次接见是个导火线，招来了麻烦。觊觎军权的江青一伙，趁势叫嚣军内有"资产阶级反动路线"，要"改组军委文革"。组长刘志坚被撤职、揪斗，陈毅、叶剑英遭到"炮轰"。军队越来越乱，许多人晕头转向，无所适从，不知道听谁的好。

一九六七年一月六日，杨成武同志从总参五所打电话给黄杰，说有要事找我谈，但他来我家不方便，要我和黄杰去五所谈。见面后他即向我传达了毛主席的指示：由向前同志担任全军文革小组组长。我有点吃惊，万万没想到这副担子要我来挑。沉默了一会儿，我说："我多年有病，身体不好，对干部情况不了解，请转告毛主席，这个工作我干不了！"他说："不行啊，这是江青提议，毛主席批准的。"听到是江青提议，我愈加莫名其妙。就说："我的确干不了，你还是把我的意见报告主席吧！"杨成武同志大概很为难，说他马上要去开会，便夹起皮包，匆忙告辞了。回来我和黄杰同志反复琢磨，怎么也理不出个因由来。江青其人，我们对她不了解，平时毫无来往，只是在延安住柳树店和枣园时,见面打打招呼而已。她那时照顾毛主席的生活,毛主席找我谈工作,她极少在场。现在她忽然提议我当全军文革组长,不知出于什么用心。想来想去,觉得既然主席已经决定,恐怕推是推不掉的,只好硬着头皮干。后来,我见到毛主席,当面又表示过自己确实干不了,请主席另选贤能。毛主席说:天塌不下来,你就干吧!

一月十日,江青派人送来全军文革小组名单及改组军委文革的通知,征求我的意见。并说:中央文革对这个名单也很关心,也想看看,已送他们征求意见。我阅后提了三条:(一)新的全军文革未组成前,是否请中央文革出面,先与各派群众代表座谈,交代一下政策。(二)要讲革命性、科学性、纪律性。军队搞"文化大革命",不要党的领导不行。尤其是海、空军,担负保卫海空防的任务,要随时准备战斗,指挥失灵了不好。现在有些机关干部,要求成立"战斗组织",机关如果形成几派,就不好办了。(三)部队中哪些人是"牛鬼蛇神",建议在适当范围内讲一讲。北京军区抓了廖汉生,又要抓杨勇、郑维山;空军也把刘震、成钧、何廷一抓走。这个问题应研究解决,否则大家没有底。我提出这三条的基本想法,就是部队的"文化大革命"要有党的领导,要保持军队的稳定,不能像地方上那样,无法无天,乱揪、乱斗、乱冲。十一日,又送来正式通知:全军文革小组名单已经"军委通过,中央批准"。十二日,新的全军文革小组正式成立,成员共十八人。组长徐向前,顾问江青,副组长肖华、杨成武、王新亭、徐立清、关锋、谢镗忠、李曼村。组员:王宏坤、余立金、刘华清、唐平铸、胡痴、叶群、王蜂、张涛、和谷岩。下设秘书组、简报组、机关组、院校组和联络站,办公地点在三座门。

我刚刚上任,正赶上"一月风暴",局面混乱不堪,简直没法收拾。以上海"造反派"领头掀起的"夺权"浪潮,波及全国各地区、各行业、各部门,并得到毛主席的肯定和支持。他说:"这是一个大革命,是一个阶级推翻一个阶级的大革命。这件大事对于整个华东,对于全国各省市的无产阶级文化大革命运动的发展,必将起着巨大的推动作用。"林彪则鼓吹对军队领导干部要普遍地"烧",说:"真金不怕火炼,不是真金烧掉了更好。"军队院校的"造反"组织,纷纷夺权,两派群众开始武斗;解放军报社"小将"掌权,总部机关的战斗组织出现;各军兵种和各大军区、省军区相继受到猛烈冲击,领导同志被揪斗的事件越来越多;全军文革被"造反派"包围,有些文革小组成员被揪走挨斗,不知下落;上访的群众一批又一批,少则几人、几十人,多则数百人、上千人,有时一天达二百余批。各单位的告急电话不断,我家原有两部电话,又增加两部,还是不够用的。五个工作人员日夜轮流值班,忙得不可开交。我除了开会,还要接见"造反派"。不论白天、晚上,一纠缠就是好几个小时,害得我的头疼病经常发作。我那时常感疲劳,火气也大,说话难免"出格"。周总理对我说:"你和他们打交道,要掌握八个字,就是多听少说,多问少答。"后来接见群众组织,我就采取这种对策。

一月中旬,围绕批判和揪斗肖华问题,发生了"大闹"京西宾馆事件。

起因是有一天陈伯达接见某派群众组织代表时,公开点了总政治部主任肖华的名。他说:"肖华不像个战士,倒像个绅士。"当即在总政造成混乱,有人贴出大字报,要揪斗、打倒肖华同志。周总理很生气,出来辟谣,说这是谣言。消息传到毛主席那里,江青很紧张,派人连夜覆盖大字报。我们以为这事已平息下去,便未再追究。

一月十九日下午,在京西宾馆召开军委碰头会。会上,围绕军队要不要开展"四大"的问题,叶剑英、聂荣臻和我,与江青、陈伯达、康生、姚文元争论起来。他们认为军队不能搞特殊,应和地方上一样,开展"四大"。我们则认为军队是无产阶级专政的柱石,战备任务很重,和地方不同,不能搞"四大"。争来争去,僵持不下。这时,叶群说她要发言,只见她从口袋里掏出一份发言稿,念了起来。内容是什么呢?批判肖华。她说:肖华反对林副主席,破坏文化大革命,必须公开向军队院校师生作检查等。陈伯达、江青在一边帮腔,说了肖华同志许多坏话。江青说,肖华是总政主任,发文件,把总政和军委并列,是什么意思?还有几个人发言批肖,也都有讲话稿。显而易见,这次"批肖",是江青、叶群等人会前预谋的,对我们搞突然袭击。因军委从未讨论过批判肖华的问题,我们又不知道江青、叶群代表谁的旨意,事关重大,所以我在散会时郑重宣布:今天的会议要严格保密,不准外传,这是一条纪律。但散会后,杨勇同志回北京军区作了传达,风漏出去了。总政副主任袁子钦的记录本未保存好,被群众组织偷看,知道了会议内容。于是,当晚北京军区战友文工团和总政文工团的一些人,便抄了肖华的家,抢走不少文件。肖华同志从后门走脱,跑来找我,因见我家门口有两卡车群众,又转到傅钟同志那里,坐车去西山住下,才免遭揪斗。我得知此事后,当晚令全军文革立即追查。发现杨勇传达了会议内容,我打电话找他,他表示诚恳接受教训。

次日上午,继续在京西宾馆开军委碰头会。杨勇同志来到后,我又当面说了他。江青阴阳怪气地问道:"总政治部主任怎么不见了? 他躲到哪里去了?"在那里火上加油。这时,肖华来了,并讲了昨晚被抄家的经过。我气得拍了桌子,茶杯盖子摔到了地上。叶帅气愤地说:肖华是我保护起来的,如果有罪,我来承担! 他也拍了桌子,把手骨都拍伤了。所谓"大闹"京西宾馆的事件,就是这样。事后,成了"二月逆流"的一条主要"反党罪行"。

接下来又发生揪斗杨勇同志的事件。北京军区政委廖汉生因所谓"二月兵变"问题被揪出后,杨勇同志主持军区的工作,担子很重,也很尽职,有事及时向我们请示报告。杨勇是个好同志,是员战将。对党忠诚,待人诚恳,善于团结干部,对下级从来不摆架子,不论在战争年代或和平建设时期,均作出了重要贡献。一月间,叶剑英同志忽然告诉我说:杨勇恐怕保不住了。我问他是怎么回事? 他说:上峰的意思,对杨勇要"烧而焦"。我猜想,这位"上峰"大概是林彪。因为我听林彪说过,杨勇从来不单独向他汇报工作,每次通知他汇报,他都拖上廖汉生一起去。还说:杨勇对反彭黄不积极。这就说明林彪早就记了杨勇的账,一直耿耿于怀。杨勇同志传达批判肖华的会议内容,恰好给林彪以收拾他的借口。我们批评杨勇,要他检讨,目的是为了帮他"过关"。可是,林彪一伙不会放过他的。京西宾馆的会议刚刚结束,北京军区的"造反派"就掀起了揪斗、打倒杨勇的浪潮。一月二十三日,战友文工团一些人来我家门口,高呼"打倒杨勇"的口号,要我接见、表态,不接见就不走。我接见他们,说:杨勇同志有错误可以揭发,但要掌握政策,"烧而不焦",不能打倒他。但那时说这些话,根本没有人听,已经不起作用了。

全军文革成立时,林彪曾规定:全军文革属军委和中央文革双重领导,主要是中央文革领导,有事要先请示中央文革,然后报告他。我上任之初,针对各单位乱揪乱斗领导干部的不正常状况,请出顾问江青来,陪我去讲话,保干部,不准乱揪乱斗。去了两三次,江青就不干了,她说:"这样下去,我变成军队的消防队了!"以后连我的电话都不接。你要找她,工作人员不是说她不在,就是说她刚吃完安眠药入睡。全军文革向中央文革请示问题,不论书面的或电话的,犹如泥牛入海,有去无回。林彪更鬼,躲在家里观察动静,极少出面答复问题。叶剑英是军委秘书长,我是全军文革组长,被推在第一线,"坐蜡"的是我们,还有徐立清、李曼村等同志。当时,军队乱得一塌糊涂。各大军区的主要领导同志纷纷来京,住在京西宾馆"避难"。驻京部队的许多领导干部,有的被一派揪走,有的被一派藏起,不知下落。各地的"造反派"无法无天,到处哄抢档案、查抄文件、冲击军事机关、抢劫武器弹药……军队指挥失灵,无法担负战备任务,我们叫天天不应,叫地地不灵,当然着急。为了应付这种混乱状况,我和叶剑英、聂荣臻同志多次开会研究,有几次还请陈毅和刘伯承同志参加,大家除了担心、气愤之外,想不出什么扭转局势的良策。那时,离开中央文革和林彪,军委对重大问题不能作出任何决定,即便就一些具体问题作了决定,又有谁听你的!

　　连续发生批判肖华、揪斗杨勇的事件后,我们心急如焚,几次打电话找林彪,他都不见。我实在憋不住了,干脆去"闯宫"。一月二十四日晚饭后,坐车直趋林彪住地毛家湾。林彪的秘书见我突然到来,不便阻挡,领我去会客室,林彪、陈伯达正在交谈。我开门见山,向林彪讲了目前军队的混乱状况,说:军队要稳定,这样乱下去不行,要搞几条规定,如不能成立战斗组织、不能随意揪斗领导干部、不准夺权等。林彪连连点头,说:是的,军队不能乱,我同意军委发一个文件。当即由他口述,秘书记录,整理了七条。接着,他说请叶、聂研究一下。陈伯达便起身告辞。叶、聂来后,都赞成七条。确定由叶、聂和我去钓鱼台,征求中央文革的意见。我还特意打电话给陈毅同志,请他到钓鱼台开会,多一个人多一份力量嘛。

　　我们到钓鱼台,中央文革的人都在,陈伯达也在。他们把周总理也请来了。我讲了产生这个文件的因由,让人念了文件内容,经反复讨论获得通过。江青坐在一个角落里说:"向前同志老了,不能工作了!"明显流露出她的不满情绪。我想,看来我刚上台,就要下台啦!陈伯达把文件塞到我的口袋里,对我说:已经通过,你快点走吧!我便起身告辞,将文件送到林办,回家已经是凌晨四时了。"七条"送到毛主席那里审批,毛主席提议交住京西宾馆的各大军区负责同志讨论一下,征求意见。大家讨论中,鉴于昆明军区曾反映过有的高干子女参与抄民主人士的家,影响不好,建议增加一条严格管教子女的内容。我们采纳,"七条"遂变成了"八条"。一月二十八日下午五时,林彪和我一起去中南海将"八条"送毛主席审批。毛主席完全同意,当场批示:"所定八条,很好,照发。"林彪拿到批示后,对毛主席说:"主席,你批了这个文件,真是万岁万岁万万岁啊!"据我观察,林彪当时有自己的算盘。他是国防部长,主持军委工作,军权在握,军队大乱特乱,向毛主席交不了账,对他不利嘛!

回来我们即以"军委八条命令"正式下达文件。具体内容是:

一、必须坚决支持真正的无产阶级革命派,争取和团结大多数,坚决反对右派,对那些证据确凿的反革命组织和反革命分子,坚决采取专政措施。

二、一切指战员、政治工作人员、勤务、医疗、科研和机要工作人员,必须坚守岗位,不得擅离职守。要抓革命,促战备,促工作,促生产。

三、军队内部开展文化大革命的单位,应该实行大鸣、大放、大字报、大辩论,充分运用摆事实、讲道理的方法。严格区别两类矛盾。不允许用对付敌人的方法来处理人民内部矛盾,不允许无命令自由抓人,不允许任意抄家、封门,不允许体罚和变相体罚,例如戴高帽,挂黑牌,游街,罚跪,等等。认真提倡文斗,坚决反对武斗。

四、一切外出串连的院校师生、文艺团体、体工队、医院和军事工厂的职工等,应迅速返回本地区、本单位进行斗批改,把本单位被一小撮走资本主义道路当权派篡夺的权夺回来,不要逗留在北京和其他地方。

五、对于冲击军事领导机关问题,要分别对待。过去如果是反革命冲击了,要追究,如果是左派冲击了,可以不予追究。今后则一律不许冲击。

六、军队内部战备系统和保密系统,不准冲击,不准串连。凡非文化大革命的文件、档案和技术资料,一概不得索取和抢劫。有关文化大革命的资料暂时封存,听候处理。

七、军以上机关应按规定分期分批进行文化大革命。军、师、团、营、连和军委指定的特殊单位,坚持采取正面教育的方针,以利于加强战备,保卫国防,保卫无产阶级文化大革命。

八、各级干部、特别是高级干部,要用毛泽东思想严格管教子女,教育他们努力学习毛主席著作，认真与工农相结合，拜工农为师，参加劳动锻炼，改造世界观，争取做无产阶级革命派。干部子女如有违法乱纪行为，应该交给群众教育，严重的，交给公安和司法机关处理。

有了这个"八条命令"作武器，各大单位领导同志的腰杆，硬了许多。有些军区，让省委负责同志住进军区大院，保护起来。对于冲击军事机关、搞打砸抢的"造反派"，抓了一批。三支两军的同志，在坚持文斗、反对武斗和稳定地方局势方面，也起了一定的作用。这时，唯恐天下不乱的江青、康生、张春桥、姚文元等人，气急败坏，诬蔑军队"镇压群众"，"支持保皇派"，是"带枪的刘邓陶路线"，要"揪出军内一小撮"，妄图煽动群众，与军队对立，搞垮全军文革，搞掉"八条"，搞乱军队，以便乱中夺权。

二月八日开始，周恩来同志在怀仁堂召开中央政治局碰头会议，吸收有关负责人参加，研究"抓革命，促生产"问题。出席会议的有：周恩来、李富春、陈毅、叶剑英、徐向前、聂荣臻、谭震林、李先念、余秋里、谷牧、陈伯达、康生、张春桥、姚文元、王力、关锋等。规定每两三天开一次会，时间在下午。会上，以我们这些老同志为一方，中央文革陈伯达、康生等人为一方，展开了激烈斗争。

那时，地方上的混乱程度比军队更甚。"造反派"全面夺权，大批老干部被打倒，国务院系统受到猛烈冲击，国家政治和经济生活，已处于瘫痪状态。老同志不约而同，憋着一肚子气，忧党忧国忧民嘛！九日的会上，我和陈伯达为刘志坚的问题争论起来。他说刘志坚是"叛徒"，对抗中央文革，破坏"文化大革命"。我听了很反感，觉得他是无中生有，信口雌黄。因为刘志坚在冀南打游击时，虽曾受伤被俘，但于第二天押解途中，即被我军抢回，根本不存在叛变问题。此事冀南根据地一二九师的许多同志都清楚。我对他讲了这个情况，说"刘志坚不是叛徒"。陈伯达竟蛮横无理地说："刘志坚叛徒的案已经定了，再也不能改变了！"我气愤地质问他："你凭什么给他定案？没有证据怎么定案？"我还针对他前几天在三座门一次接见群众时，曾假惺惺地说"我不光保你们也得保徐向前"的话，拍着桌子问他："谁要你保，我有什么要你保的？"十一日下午继续开会，叶剑英同志在发言中强调军队不能乱，成立战斗组织不好。他质问陈伯达、康生、张春桥："你们把党搞乱了,把政府搞乱了,把工厂、农村搞乱了,还嫌不够,还一定要把军队搞乱啊!"我说:"军队是无产阶级专政的柱石,军队这样乱下去,还要不要支柱? 如果不要,我们这些人干脆回家种地去!"会议不欢而散。

十六日的会议是斗争高潮,我没有参加。会后看到简报,知道了会议内容。

那天的会议,本来是准备研究地方上"抓革命,促生产"问题的。正式开会前,谭震林同志要张春桥保陈丕显,张借口要回上海后同群众商量一下再说。谭就冒火啦,说:"什么群众,老是群众群众,还有党的领导哩! 不要党的领导,一天到晚,老是群众自己解放自己,自己教育自己,自己搞革命。这是什么东西? 这是形而上学!""你们的目的,就是要整掉老干部,你们把老干部,一个一个打光,把老干部都打光。老干部一个一个被整,四十年的革命,落得家破人亡,妻离子散。""黑五类,有人讲话;高干子弟,怎么没人说话! 高干子弟往往挨整,见高干子弟就揪,这不是反动血统论是什么? 这是用反动的血统论,来反对反动的血统论。这不是形而上学吗?"又说:"蒯大富,是什么东西? 就是个反革命! 搞了个百丑图。这些家伙就是要把老干部统统打倒。""这一次,是党的历史上斗争最残酷的一次。超过历史上任何一次。""江青要把我整成反革命,就是当着我的面讲的! ……我就是不要她保! 我是为党工作,不是为她一个人工作!"这时,谭震林拿起文件、衣服,要退出会场,说:"让你们这些人干吧,我不干了!""砍脑袋,坐监牢,开除党籍,也要斗争到底!"周总理要谭回来。陈毅同志说:"不要走,要留在里边斗争!"谭震林才没有退出会场。

接着,陈毅说:"这些家伙上台,就是他们搞修正主义。"又讲了延安整风,说他和周总理当时都挨过整。还说:"斯大林不是把权交给了赫鲁晓夫搞修正主义了吗?"余秋里同志也拍了桌子,说:"这样对老干部,怎么行! 计委不给我道歉,我就不去检讨!"因谢富治一再插话,说什么中央文革经常保谭震林,李先念同志说:"你不要和稀泥!"又说:"现在是全国范围的大逼供信。联动怎么是反动组织哩,十七八岁的娃娃,是反革命吗?"还说:"就是从红旗十三期社论开始,那样大规模在群众中进行两条路线斗争,还有什么大串连,老干部统统打掉了。"谭震林同志说:"我看十月五日的紧急指示,消极面是主要的。"

这次会议,康生、张春桥、谢富治等人坐在"被告"席上,狼狈不堪。会后,张春桥、王力、姚文元去向江青汇报,炮制了份黑材料,向毛主席告我们的状。我后来听说,毛主席开始听了,只是笑笑,没说什么。当听到十六日陈毅同志关于延安整风问题的说法时,变了脸色,说:难道延安整风也错了吗?还要请王明他们回来吗?后来还说什么那就叫陈毅上台,我下台,我和林彪上井冈山,江青枪毙,康生充军去!政治局碰头会上连续发生激烈争论,江青一伙恶人先告状,把周总理搞得很被动。

毛主席对"大闹"怀仁堂事件表了态,江青一伙得意忘形。接着即在中南海召开政治局生活会,批判我们,开了个把星期。康生首先拿我开刀,气势汹汹地说:"军队是你徐向前的?"同时,在社会上掀起反击"二月逆流"的浪潮,"炮轰"、"火烧"、"打倒"所谓"二月逆流的黑干将",成立揪谭、揪陈联络站,还要"揪出二月逆流的黑后台!"谁是"黑后台"?显然是指周总理。陈伯达在三月份于京西宾馆召开的一次会上说:徐向前是打头炮的!还说:"二月逆流"打乱了毛主席的战略部署,毛主席原来设想文化大革命在一九六七年二、三、四月要看出个眉目,但他们把运动打下去了。此后,周恩来同志主持的政治局碰头会议,被干脆取消。

一九六七年三月二十四日,肖华"过关"后,确定由他主持全军文革的工作。听到这一决定,我真是谢天谢地。担任全军文革组长不到三个月,弄得我焦头烂额,昼夜不得安宁,每天抽两盒烟都不够,比过去打仗还疲劳。不干这份差事,正合我意。

第二件事:所谓反击"二月逆流"

卸掉全军文革的包袱,本以为会轻松些,其实不然。接踵而至的,是大规模反击"二月逆流",一浪接一浪,压得人透不过气来。

一九六七年四月上旬,决定召开军委扩大会议。各总部,各军兵种,各大军区负责同志及中央文革的康生、陈伯达、谢富治、关锋等,均出席会议。有天晚上,在人民大会堂,周恩来同志对叶剑英、聂荣臻和我说,由于三支两军是仓促上阵,大家没有思想准备,没有经验,难免犯错误。这次开会,着重总结前一段的经验教训,以利改进工作,不辜负毛主席对部队的期望。还说:不要追究个人责任,希望大家共同努力,把会议开好。七日下午突然通知,要我八日在大会上作检查。我说:那也得做点准备嘛,明天不行,推迟两天吧。这时才明白,中央文革和林彪等人,要联合起来整我。十一日下午,我在大会上作了检讨发言,内容无非是担任全军文革组长的近三个月里,思想上怕乱,跟不上形势,工作没有做好;对毛主席的三支两军指示,领会不深,贯彻不力,像青海、四川、内蒙、福建、河南等地发生的事件,认为自己管不了,也不想去管;军内共抓了七百多人,取消战斗组织一百多个,打击了"造反派";积极争取中央文革的支持、帮助不够,有抵触情绪;等等。陈伯达、康生、关锋等人在大会上讲话。肖华同志主持会议,也讲了话。陈伯达调门最高,给我扣上"刘邓资产阶级反动路线的总代表"、"对抗中央文革"、"搞独立王国"等帽子。谢富治发了脾气,说你的问题远不止这些。我说:富治同志啊,错误路线我都承认了,你还要怎么样啊!难道还要把我打成叛徒、特务吗?十二日至十六日是小组发言,天天出简报,罗织我的"罪状",无限上纲上线。康生、关锋、黄永胜、吴法宪、邱会作等人,在小组里窜来窜去,煽风点火,说我的检讨"没有触及灵魂","不像样子"、"极不深刻"。康生说:"徐向前算什么?他代表谁?能代表解放军啊!"还说:"徐向前带头冲击林副主席住地。"(指一月二十四日我去林彪家一事)会内会外配合,社会上"反击二月逆流",打倒陈、徐、叶的大标语,满街张贴。十六、十七两天,军内"造反派"二百多人,两次抄我的家,门窗玻璃被砸碎,室内翻得一塌糊涂,将我保存多年的资料、信件、作战日记抢去不少。抄家前我在家里,一点消息也不知道。幸好叶剑英同志关心我的安全,听到点风声,晚上打电话来,要我去西山,这才免遭揪斗。

　　住在西山,"闭门思过",心绪不佳。看看书报、文件,散散步,有时和叶帅、聂帅聊聊天。七月间,武汉"七二〇事件"发生。我又变成陈再道、钟汉华的"幕后操纵者",武汉事件的"黑后台"。其实,天晓得,我住在西山,与外界隔绝,怎么会去制造武汉事件呢?"打倒徐向前"的浪潮,又一次掀起。叶群公然对三军"无产阶级革命派"的负责人说:"徐向前还有什么值得保的嘛!"他们把陈再道、钟汉华等同志揪到北京批斗,追查和我的关系,结果什么也没捞着。七月二十九日夜,清华大学蒯大富手下的一批人,又抄了我的家,抢走五铁柜机密文件。我的秘书向周总理办公室报告后,总理指示:(一)所进人员全部撤走;(二)保证徐向前同志及其家属子女和工作人员的安全;(三)东西一律不准拿走,已抢走的文件柜和材料责成卫戍区到清华大学全部追回。这样,抄家的风波才告平息。

"八一"建军节在即,"二月逆流"的成员和一些被揪斗的老同志,能否出席"八一"招待会,亮亮相,成了斗争焦点。周恩来同志用心良苦,坚持几个老帅和尽可能多的老干部出席,而林彪、江青等则极力反对。七月三十一日下午五时左右,周总理打电话给叶帅,让他转告我,准备出席招待会。剑英同志在电话里对我说:总理说出席招待会的名单,讨论了一下午,争论不休,他准备请示毛主席,待主席决定后正式通知。过了一会儿,剑英同志来到我的住处,还带了个理发员来,要我一边理发,一边等通知。刚理完发,总理来了电话:毛主席指示,今天的招待会,朱德要出席,徐向前要出席,韩先楚也要出席。剑英接完电话,高兴地说:为了保证安全,总理亲自布置了你的行车路线,加强了沿线警卫。我出席招待会回来,黄杰同志说,你刚刚走,总理就来电话,问走了没有? 他还说:"你和徐帅要多多保重啊!"患难见真情。周总理和剑英对我无微不至的关怀,使我深受感动。

我虽早已脱离全军文革的工作岗位,但仍是挂名组长,名不副实。我和叶剑英、聂荣臻同志商量,想正式提出辞职的请求,他们完全赞成。那时,"辞职"一事没有先例,我是盘算了很久才下决心的。九月十六日,经与叶剑英同志字斟句酌,反复修改,写出辞职报告呈送毛主席:

主席、林副主席、总理、伯达、康生、江青同志并报军委、中央文革:

　　我在担任军委文革小组组长工作期间,由于对主席著作学的不好,自己资产阶级世界观没有改造好,对伟大领袖毛主席亲自发动和领导的无产阶级文化大革命很不理解。没有遵照林副主席的指示:"对主席的指示,理解的要执行,暂时不理解的也要执行。"因而犯了保守、右倾、方向、路线的严重错误(我已作过两次检讨,内容不再重复)。本来我已不适于做军委文革小组长的工作,但三月底中央决定由肖华主持军委文革小组常务工作的同时,仍对我保留着军委文革小组长的名义,中央对我如此照顾,我内心深感自疚。在肖华的问题揭露后,军委文革小组的工作全部陷于瘫痪。鉴于上述情况,我曾经在军委常委会上口头提出免除军委文革小组长的名义,现在我再一次诚恳的请求中央、军委、中央文革,免除我军委文革小组长的名义,另选贤能,以利无产阶级文化大革命的工作。

毛主席十月十二日批示：我意不宜免除，请考虑酌定。

林彪十月十六日批：我完全同意主席意见，不要免除为妥。

这样，我只好继续挂名。

一九六八年三月，林彪、江青等人一手策划了所谓"杨（成武）余（立金）傅（崇碧）事件"。"二月逆流"的成员，又变成"杨余傅"的"黑后台"，再次遭到猛烈"炮轰"。杨成武是我的邻居，抓他那天，我家的电话线被切断，哨兵给换掉，弄得气氛很紧张。此后，军委办事组改组，黄永胜当总参谋长、军委办事组组长；几个老帅的文件停发，不能过问军委的事情，军队大权被林彪和"黄吴叶李邱"一手把持。林彪后来敢于利用军队中的少数败类，炮制《五七一工程纪要》，企图谋害毛主席，绝不是偶然的。毛泽东同志晚年听不得不同意见，对善于奉承、投机的野心家林彪，过分信任，委以重权，结果上了大当。这是一个十分沉痛的教训。

党的八届十二中全会和"九大"期间，继续批判"二月逆流"，把斗争矛头指向我们。

一九六八年十月召开的八届十二中全会，是为"九大"做准备的。会议议程是：（一）讨论通过"九大"代表产生的指导思想和方法；（二）讨论通过《中国共产党章程（草案）》；（三）讨论刘少奇专案审查报告。当时，大批中央委员和候补中央委员已被打倒，出席会议的仅五十九人，不足应出席人数的三分之一；而列席会议的却达七十四人，大多是"文化大革命"中的风云人物。毛泽东同志在开幕式上讲话，强调了"文化大革命"的重要意义，准备再花一年的时间，将这场运动搞到底。分组讨论时，就转向批判"二月逆流"和其他老同志。这是林彪、江青、康生、陈伯达、张春桥等人预先精心策划的一场斗争。朱德、陈云、叶剑英、陈毅、聂荣臻、李富春、邓子恢等同志和我，分别编入各个小组，遭受围攻和批斗。林彪公然宣称："二月逆流"是八届十一中全会后发生的"一次最严重的反党事件"。

我被编入全会第五小组，即西北小组。黄永胜、姚文元以中央文革碰头会成员的身份参加会议，组织指挥。林彪的得力干将邱会作也编在这个组，充当急先锋。还有个黄志勇，够卖力气的。他们把历史上张国焘的事、西路军的事与"文化大革命"里的事联系起来,要给我算总账。黄永胜狂妄至极,不仅诬蔑我是"张国焘路线的主谋者之一"、"刘邓反动路线在军内的代表"、"反党、反毛主席"、"宗派主义"、"军阀主义",而且恶毒攻击朱德、叶剑英、陈毅等同志。邱会作赤膊上阵,咬牙切齿,一再发言、插话,说我是"有意对抗毛主席、林副主席","反无产阶级司令部"、"打击革命领导干部的凶手","造成总后无产阶级文化大革命的新灾难"。他还不伦不类,抬出江青和我对比,肉麻地吹捧她。黄志勇在延安整风中,就是搞逼供信的专家,声色俱厉,质问我为什么要率四方面军渡河西进?为什么要搞"二月逆流",对抗"无产阶级司令部"?为什么要"反党乱军",支持陈再道和"百万雄师"?我天天晚上去开会,往那里一坐,静听"揭发批判",懒得理他们。没有办法,他们就念语录,还威胁说:"你徐向前再不老实,就叫红卫兵来!""你再不说话,就送到大寨去向贫下中农说清楚!"那时一弄就是大半夜,害得我回来没法睡觉,头疼加剧,深感体力不支。我向黄永胜请假,说准备写检讨,黄永胜不准。十多天下来,我就像害了场大病似的。

全会通过了将刘少奇同志"永远开除出党"的决议,形成我党历史上的一大冤案。少奇同志因长期受监禁、折磨,不久即含冤去世。他是久经考验的党和国家的卓越领导人,伟大的马克思主义者,毕生为中国人民的解放事业奋斗,在民主革命和社会主义建设中,尤其是在白区工作和党的建设中,作出了不可磨灭的贡献。十一届三中全会后,刘少奇同志的冤案得以昭雪。他将永远受到党和人民的纪念。

毛泽东同志对"二月逆流"的态度,与林彪、江青是有区别的。

自从掀起反击"二月逆流"的邪风以来,他虽然没有反对"炮轰",但也没有赞成打倒。一九六七年"八一"招待会,他同意总理的意见,让我们这些老同志出席。一九六八年三月二十七日晚,他在人民大会堂接见几位老师谈到军委八条命令时说:"我们都是事后诸葛亮,现在看来,当时没有个八条是不行的。但是,八条下达后,下面抓人确实多了点,比如四川、武汉。"在八届十二中全会开幕式的讲话里,他没有涉及"二月逆流"问题。闭幕式的讲话中,他一方面说,"二月逆流"他过去不大了解,现在才比较了解,实际上认可了会议的所谓"揭发批判"。但另一方面又说:这些同志是政治局委员、副总理或军委副主席,有意见公开讲出来是党的生活所允许的,不是秘密活动,应该参加"九大"。这样,就使林彪、江青一伙疯狂陷害"二月逆流"的同志,企图进而剥夺我们出席"九大"的权利的阴谋,宣告破产。

然而,林彪、江青一伙决不死心。全会结束后,张春桥在《关于传达十二中全会的几个问题的报告》里,提出传达时应点"二月逆流"几个人的名。后来的会议简报里,还点了黄杰、张瑞华(聂帅夫人)二同志的名,诬陷她俩是"叛徒",要组织专案审查。黄永胜在总参亲自布置,让下面批判我们几个人,包括黄杰和张瑞华在内。我的办公室党支部正式写了报告,请示如何批判徐向前和黄杰。周总理批示:"不要搞得过于紧张。"并将报告转呈毛主席。一九六九年一月三日,毛主席亲笔批示:"所有与二月逆流有关的老同志及其家属都不要批判,要和他们搞好关系。"林彪无可奈何,只得批示:"完全同意主席的意见,希望徐向前同志搞好健康,不要制造新的障碍。"所谓"不要制造新的障碍",显然是对我进行露骨威胁,与毛主席的批示精神根本不符。林彪一伙在"九大"前夕起草政治报告时,仍坚持塞进批判"二月逆流"的内容。毛主席说:"我对二月逆流的人不一定恨得起来","报告上不要讲二月逆流了。"林彪、江青、陈伯达、康生他们根本不听,千方百计封锁和抵制毛主席的指示,因而在"九大"又掀起围攻"二月逆流"的新高潮。

一九六九年四月一日,党的"九大"开幕。首先引人注目的,就是大会主席团的座位排列。主席台上,右边全是"二月逆流"的成员,左边全是中央文革和中央碰头会议的成员。这种泾渭分明的精心安排,显然是为了说明我们是右派,他们是左派。会议的议程有三项:(1)林彪代表党中央作政治报告;(2)修改中国共产党章程;(3)选举党的中央委员会。林彪的政治报告,说"二月逆流"是"党内最大的一次反党活动","为刘邓翻案","破坏新生的红色政权的反党夺权阴谋"等,真是杀气腾腾,誓不两立。在分组讨论政治报告时,即转为批判"二月逆流"。上海组的代表是带着预先准备好的材料来的,围攻陈毅同志。朱德同志那个组,逼他作检讨。我在军队组,又遭受批判。

在这种极不正常的气氛下,我们这些人,能不能被选入中央委员会,已成问题。毛泽东同志觉察到这一点,出面做工作。他在十一日的大组召集人会议上,回顾了党的历史上的经验教训,强调注意一种倾向掩盖着另一种倾向,不要打击面过宽,搞扩大化。还讲了"右派"也能进中央委员会,主张这些老同志应继续当选。但在选举时,林彪、江青一伙又玩了鬼把戏。他们采取各组分配票数,指定人投票的办法,对付"二月逆流"的人,票数控制在不超过半数太多的范围,既让你当选,又让你难看。这种肆意践踏党内民主,侵犯党代表民主权利,操纵党代表大会的恶劣手段,充分说明他们是一伙地地道道的野心家、阴谋家。选举中共一千五百名代表投票,我得票最少,仅八百零八票,其他老同志多些,但也多不了多少。事后,我说笑话:这次会议我得了"五个鸡蛋(808票)"。

党的"九大"是林彪、江青等人进一步篡党夺权的一个胜利,同时又是一个暴露。中央常委五人:毛泽东、林彪、周恩来、陈伯达、康生。林彪一伙超过半数。中央政治局委员二十一人:毛泽东、周恩来、朱德、董必武、叶剑英、李先念、刘伯承、陈锡联、许世友;林彪、陈伯达、康生、江青、叶群、黄永胜、吴法宪、李作鹏、邱会作、张春桥、姚文元、谢富治。林彪、江青一伙占十二人,亦超过半数。"九大"通过的党章规定林彪为法定接班人。这些,都在组织上加强了、巩固了林彪、江青一伙的地位,难道不是他们的胜利吗?的确是胜利。但是,他们不择手段取得的这种胜利,本身就是暴露。特别是林彪在闭幕式的讲话中,大讲贺龙"迫害"他,还流了眼泪,然而却举不出任何迫害的事实来。他的表演,使许多同志不仅反感,而且心里打了问号。他们的胜利是暂时的,失败是必然的、永久的。

第三件事:接受"再教育"和"疏散"到开封

一九六九年一月底,汪东兴同志来电话通知:毛主席指示,要向前同志去工厂看一看,调查研究。还说:我们给安排在二七机车车辆厂的南厂,离北京不远,可在厂里住,也可在家里住,由自己定。实际上,就是下放我去工厂,接受工人阶级的"再教育"。

二七机车车辆厂坐落在北京郊区的长辛店,是历史上著名的工人运动发源地之一,有光荣的斗争传统。全厂共有二十七个车间,四十四个科、室、院等单位,职工近八千人,连同家属共四万余人。二月三日,我和一名随员带上行李,到达二七机车车辆厂。军管会负责人是八三四一部队的同志,向我简要介绍了工厂的情况。该厂在"文化大革命"中形成两派群众组织,斗得不可开交,生产一度瘫痪。一九六八年九月,八三四一部队奉命进厂军管,搞政治建厂、大联合、清理阶级队伍,挖出不少"叛徒"、"特务"、"走资派"、"反革命",教育他们"重新做人",恢复了生产,稳定了局面。我表示自己是根据毛主席的指示,来工厂学习的,希望军管会的同志们多加帮助。他们还给了我一些文件、简报,安排了我的住处。"九大"以后,该厂与北京针织总厂、北京新华印刷厂、北京木材厂、北京南口机车车辆厂和清华大学、北京大学,被称为"六厂二校",树为全国学习的"样板"。

和我一同在二七厂接受"再教育"的,还有王恩茂、廖志高、江华、江渭清、朱德海等同志。我们住在一幢三层楼的招待所里,我住楼上,他们住楼下。大家能经常见面,但不谈政治。说上几句问寒问暖的话,心照不宣,就是彼此间的极大安慰和鼓励。我被分配在加工车间劳动,百十个工人按班、排、连建制,叫"加工连"。年龄六十八岁的我,干不了重体力活,又不会开机床,只好干点敲敲打打的零杂活。工人对我很温暖,并不要求我干这干那,还经常嘱咐我注意休息。我同加工连的工人,尤其是老工人,在劳动和闲谈中,沟通了感情,建立了友谊。伙食和工人一样,吃大食堂。厂里照顾我,允许随员给我把饭打回宿舍来吃。回民灶有位大师傅,对我特别照顾。

我出席"九大"回来,运动进入"斗批改"的高潮。厂里和车间不断开大批判会,我们得经常参加。

我印象比较深的是:"政治建厂"的口号喊得十分响亮,"四个第一"、"突出政治"、"继续革命"冲击一切,代替一切。否定按经济规律办事,否定按劳分配的原则,否定科技人员的作用,把一些正确的东西当作"修正主义"、"物质刺激"、"奖金挂帅"、"专家治厂",而加以批判。个人迷信达到狂热程度,早请示,晚汇报,天天读,天天用,逢会必喊"万寿无疆"、"永远健康",举着小红书不知要喊多少遍。所谓"一言一行保证毛主席放心,一举一动保证毛主席满意","一事当前想到毛主席,一事之中保卫毛主席,一事之后检查是否忠于毛主席",成了人们的口头禅和"抓革命,促生产"的不二法门。每当"最新指示"发表,工人们要连夜赶排节目,游行庆祝,加班加点生产,向领袖表决心,献忠心。阶级斗争天天搞,以"革命大批判"开路,清理阶级队伍,整党建党。全厂共清出所谓叛徒、特务、走资派、坏分子二百一十五人,国民党、三青团和特务外围组织成员三百七十三人。在一百五十五名中层以上党员干部中，"叛、特、资"二十四人，占百分之十五点五；有"历史问题"的四十九人，占百分之三十一点六。我所在的加工车间，自一九五四年投产后，先后有七人任车间主任、八人任支部书记，被打成"叛、特、资"的十一人，占三分之二以上。这种狂热制造个人迷信和严重扩大化的清队、整党，根本背离了马列主义原则和党的优良传统，竟被树为全国学习的"先进"典型，大吹特吹，的确令人啼笑皆非。但它是一面镜子，可以从一个工厂的角落，反射出整个"文化大革命"的疯狂、灾难程度。

我在二七厂期间，中央指定由陈毅同志牵头，叶剑英、聂荣臻和我参加，成立一个"国际形势研究组"。任务是研究国际形势和我国的国防战略，向党中央提出建议。从二月份起，几乎每周在中南海开一次会，至九月结束。每次座谈的结果，由熊向辉同志整理上报。珍宝岛事件发生后，我们经过座谈，由叶剑英执笔，整理出《从世界森林看一棵珍宝树》的报告，全面分析当时的国际形势，并提出若干关系我国战略方针和发展前途的建议，供中央参考。

一九六九年十月间，林彪为了达到不可告人的目的，背着党中央和毛主席，借口防止敌人突然袭击，擅自发布了"第一个号令"，全军进入紧急战备状态。"二月逆流"成员和一些老同志奉令疏散离京，这就结束了我在二七厂的"蹲点"生活。

我是在十月十八日接到"疏散"紧急通知，限定二十日离京去河南开封市。军人嘛，叫走就走，接到通知的第三天，我即带上一名随员和铺盖卷，按时离京了。到达开封一个星期，《开封日报》就登出"'二月逆流'到了开封"的消息，我和随从人员，被市革委会安置在军分区的一个干休所里。接待原则被内定为"不冷不热，偏重于冷"。朱德同志去广州，叶剑英同志去长沙，陈毅同志去石家庄，聂荣臻同志去邯郸，彭德怀、贺龙同志在押。军队的九名元帅，只剩林彪一人在京，更便于他加紧阴谋篡权活动。

我在开封，实际上过着半囚禁的生活。哪里也去不得，整天待在房间里，看书看报。身边除工作人员外，没有一个亲人。那时，黄杰同志在纺织工业部接受"审查"，无法离京；儿子小岩在远方部队服役；一个女儿鲁溪被送往五七干校，另一个女儿小涛想去当兵，受我牵连，不够资格，被下放到内蒙生产建设兵团劳动。自己生活孤单，消息闭塞，心情更加郁闷，不知道

"文化大革命"这场灾难何年何月才能结束,也不知道其他老同志的命运如何。

一九七〇年八月,我去庐山出席党的九届二中全会,见到了几位老帅,互相问候一番,但不便谈论什么。我被编在中南组,因为不了解情况,只能听听会,一般表个态。这次会上,林彪想当国家主席,鼓吹"天才论",操纵陈伯达和"黄吴叶李邱"为其制造舆论,被毛主席识破,给了他们当头一棒。会后,我仍回开封居住,直至一九七一年四月,中央决定在京召开批陈整风汇报会,才通知我回京。随着林彪集团罪恶活动的逐步暴露,毛主席彻底认清了他们的庐山真面目。"九一三事件"发生,林彪"折戟沉沙",葬身蒙古温都尔汗,遗臭千古。黄永胜在三座门召集我们传达文件,念着念着,念不下去了,让别人代念,做贼心虚嘛! 不久,陈毅同志不幸逝世,毛主席亲自参加追悼会,表示沉痛哀悼。后来他又说:"不要再讲'二月逆流'了!"算是平了反。一九七三年十二月,毛主席把邓小平同志请回来。在接见八大军区司令员时,毛主席紧紧握住我的手说:"好人,好人!"心情激动,意在不言中。反"二月逆流"的斗争,先后持续四年半之久。在这场斗争中,毛主席终于认识了林彪,也认识了我们。

但是,"四人帮"仍在台上,继续施展阴谋诡计,篡党夺权,祸国殃民。毛主席生前曾指出有个"四人帮",并采取了某些防范措施。但是,他没有断然加以解决,相反却错误地发起"反击右倾翻案风",批判邓小平同志,又一次撤了他的职。直至毛主席逝世后,依靠着党中央、军委和广大群众的共同努力,才割去"四人帮"这个毒瘤,把这伙无恶不作的败类押上历史审判台,结束了十年浩劫。

我军走向现代化的曲折历程

在回忆录将要结束时,我想简要追述一下我军走向现代化的曲折历程。

自从南昌起义、秋收起义、广州起义发生,我军进入初创时期起,至今已有六十个年头,经历了民主革命、社会主义革命和建设两大历史时期。我军的建设,正向以现代化为中心的目标前进。

民主革命时期,我党以武装斗争为主要斗争形式,打了二十二年的仗。建国后的抗美援朝战争,又打了将近三年。在漫长的战争岁月里,我军从小到大,从弱到强,发展成一支战无不胜的新型人民军队。从战争中学习战争,创造了人民战争的战略战术,形成正规军、地方武装和广大民兵相结合的武装力量体制。人民军队和人民战争的理论,构成毛泽东军事思想体系,是我党我军一切军事活动的基石,革命战争胜利的指南。它是由无数革命先烈用鲜血换来的宝贵财富,党的集体智慧的集中体现,为几十年战争实践检验过的科学真理,也是我们的最大优势。依靠着这种优势,加上有利的国际条件,特别是苏联人民的国际主义援助,我们才赢得了夺取政权和巩固政权的胜利。

全国解放后,人民解放军担负着巩固人民民主专政,保卫社会主义祖国,维护世界和平的重任,军队建设进入一个新的历史时期。

一支以"小米加步枪"的劣势装备,打败优势装备敌人的胜利之师,要不要掌握先进军事技术装备和现代化作战手段,向高级阶段发展呢?

建国初期,首先就遇到了这个问题。当时,党中央、军委的认识是一致的:要前进,要发展,要坚决实行从"小米加步枪"向诸兵种合成作战方向的转变,完成从低级阶段向高级阶段的过渡,为把我军建设成为一支强大的正规化、现代化国防军而奋斗。

头三年里,国家处在经济恢复时期,目标首先是争取财政经济状况的根本好转。所以,拿不出多少钱来装备军队。我军又担负着消灭国民党残余武装、抗美援朝、精简整编、参加生产等繁重任务,不可能全面进行现代化建设。然而,就是在那种条件下,我们还是迈出了前进步伐。例如,确定陆、海、空三军的编制体制和定额,付诸实行;相继组建空军、海军、炮兵、装甲兵、工程兵、防空部队、公安部队;统一全军的训练规划,成立了培养合成作战指挥员的军事学院,以及培养各军兵种指挥、技术人员的一批正规院校;制定和颁布《内务条令》、《队列条令》、《纪律条令》草案在全军试行;通过谈判,与苏联订立帮助我国发展某些军事工业的合同,购买几批军事装备,聘请苏联军事顾问;等等。总的看来,我军的正规化、现代化建设的起步阶段,决心是大的,势头是可喜的。

一九五三年下半年,军委决定召开全国军事系统党的高级干部会议,全面总结军事工作,确定加强我军现代化建设的方针和任务。会议从十二月七日开始,至翌年一月二十六日结束。朱德同志致开幕词,彭德怀同志代表军委作了报告和总结。那时,抗美援朝战争结束不久,人们对我志愿军在这场战争中,因装备落后而吃的苦头记忆犹新;美国第七舰队公然进驻台湾,赖在那里不走,我们没有强大的海空军力量,拿它没办法。帝国主义如此欺负我们,使大家都有一种紧迫感,强烈要求加速军队的现代化步伐。会议根据党在过渡时期的总路线和部队的实际状况,确定今后军队建设的总方针、总任务是:在我军现有的基础上,积极地有步骤地把我军建设成为一支优良的现代化的革命军队,解放台湾,防御帝国主义侵略,保卫我国社会主义建设,保卫亚洲与世界和平。围绕这个基点,会议还着重讨论了主要依靠我国的工业逐步改善军事装备,加强党委集体领导和首长分工负责制,保持和发扬我军光荣传统,把苏联先进军事经验学到手,办好各类正规院校,以及组织编制、军政训练、贯彻条令条例和实行义务兵役制、薪金制、军衔制等问题。这是一次十分重要的会议,对全面加强我军的革命化、正规化、现代化建设,起到了统一思想、统一规划、统一步调的作用。

一九五四年九月,党的军事委员会重新建立,成员包括毛泽东、朱德、彭德怀、林彪、刘伯承、贺龙、陈毅、邓小平、罗荣桓、徐向前、聂荣臻、叶剑英等同志,由毛泽东任主席,彭德怀主持日常工作。

在社会主义改造和第一个五年计划胜利进行的同时,军队建设也有较快的发展。将全国六大军事区域改划分为十二个军区;颁布《中国人民解放军政治工作条例(草案)》,成立培养全军高级政工干部的政治学院;成立训练总监部,统一指导全军的训练和院校工作;陆海空军联合作战,解放一江山岛;举行辽东半岛抗登陆军事演习;实行义务兵役制、军衔制、薪金制,并对革命战争时期有功人员授勋。一九五六年三月的军委扩大会议制定了防止帝国主义突然袭击、保卫祖国的战略方针。下半年起,由聂荣臻同志主持,建立国防科研机构,制定长远规划,开始了向尖端国防工业的伟大进军。所有这些,都说明我军的现代化建设,正在积极地、有步骤地前进着,与我国的经济建设发展水平,也是相适应的。

当然,这个时期我们正处在打基础的阶段。要赶上世界先进军事水平,尚需做艰苦的努力。然而,这时干扰却从"天"而降,并且一次比一次严重,致使我军的现代化建设长期徘徊不前,蒙受的损失简直难以估量。

第一次是一九五八年的"反教条主义"。建国后不久,刘伯承同志根据党中央的指示,在南京组建军事学院,办起了我军第一所训练高中级合成指挥员的正规院校。那时,他已年近花甲,毅然挑起培养现代化建军人才的重担,的确难能可贵。在他主持军事学院工作的六年多时间里,根据党中央和军委规定的教学方针、原则、任务,陆续开设了战役、海军、空军、炮兵、装甲兵、战史、情报、高级速成等十二个系,建立起一支适应教学需要的教员队伍,共培训高中级干部三千多名,对部队的正规化、现代化建设,无疑起了重要推动作用。不知怎么搞的,一九五八年忽然来了个"反教条主义"。开了近两个月的军委扩大会议,矛头指向刘伯承同志,还牵连一批人,包括肖克、李达、陈伯钧、郭天民、宋时轮,以及训练总监部的一些同志。大会批判,小会斗争,整得真够厉害的。这场反"教条主义"斗争是错误的。不仅伤害了刘伯承等许多同志,而且严重干扰了起步不久的我军现代化建设。

第二次是一九五九年的"反彭黄斗争"。庐山会议上,彭德怀同志对"大跃进"提了些不同意见,与张闻天、黄克诚、周小舟、李锐等同志一起,被诬为"右倾机会主义"、"军事俱乐部"、"反党集团"。接着,在北京召开军委扩大会议,清算所谓彭黄的"资产阶级军事路线"和"反党罪行",把洪学智、万毅等同志也牵连进去,整了一家伙。后来谭政和总政的一些同志又受到牵连,挨了批斗。这样,在彭德怀主持军委工作期间,部队向正规化、现代化转变中的一些决策和措施,都被当作"资产阶级军事路线"而加以批判。此后,军队正规化、现代化的口号取消,学习外国先进军事经验搁浅,院校教学一律以毛泽东著作为基本教材,甚至连第二次世界大战的战例都不去研究,实际上回到了"穿新鞋,走老路"的状态。

第三次是一九五九年九月,林彪出任国防部长,主持军委日常工作。他上台伊始,也曾提出过某些有利我军建设的措施,例如发展尖端技术,精简军队,加强政治思想工作,搞好基层等,军委的同志都是同意的。但此人借革命以营私,表里不一,好走极端,越走越令人感到不对头。例如贯彻积极防御的战略方针,他提出要在平原地带搞什么"人造山",简直是异想天开!又如军事工业,他提出"山、散、洞"的方针,大折腾一番,把许多内地工厂迁往偏远山区,长期开不了工,造成极大损失。又如分工我管空军,实际上他直接控制刘亚楼、吴法宪他们，根本不让我插手，我说话没有人听，管什么嘛！又如学习毛主席著作，不讲学立场、观点、方法，而是死记硬背，搞形式主义。还有什么"顶峰"、"一句顶一万句"、"最高最活"、"立竿见影"之类的，令人不可理解。那个时候，我对林彪没有看透，只是有些感觉罢了。一九六四年，总参谋长罗瑞卿抓军事训练，搞了次全军性的大比武，目的是推广郭兴福教学法，把全军的训练水平提高一步。毛主席、周总理、朱德总司令和军委一些领导同志都去现场参观过，大家很高兴。但是，林彪怀有不可告人的目的，出来反对，大做"突出政治"的文章。经过一番精心策划，对罗瑞卿同志发起突然袭击，罗织种种"罪名"，必欲置之死地而后快。此后，"政治可以冲击一切"满天飞，流毒之深广，危害之严重，是空前的。

第四次是为期十年的"文化大革命"。史无前例的"文化大革命"，对全党和全国人民来说，是一场浩劫；对军队建设来说，是一次大破坏。那个十年，"全面内战"。部队开出去三支两军，介入派性斗争，又把派性带回部队，严重破坏了军队的团结和统一。个人迷信盛行，形而上学猖獗，搞乱了部队的思想。许多军事领导机关受到冲击，干部被打倒，处于瘫痪或半瘫痪状态。培养建军人才的百余所院校，被扣上"妖妖妖"（————所院校）的罪名，大砍而特砍。军事工厂大部停产，军队装备无法改善。尖端技术的研究，也被迫中断。部队机构臃肿，纪律涣散，事故成堆。我们看到军队弄成这种样子，着急得很，担心得很。一九七五年，邓小平同志出任军委副主席、总参谋长，主持军委日常工作，指出军队的主要问题在于"肿、散、骄、奢、惰"，并且提出了整顿军队的任务和措施，大家都赞成。可是，不久又开始"批邓"，"反击右倾翻案风"，军队的整顿亦随之夭折。总之，"文化大革命"的十年，军队建设是个大倒退。

党的十一届三中全会后，全党全军和全国人民拨乱反正，把工作着重点转移到经济建设上来，全面进行改革，努力为实现社会主义四个现代化的目标而奋斗。

我军的正规化、现代化、革命化建设，经过二十来年的曲折，才又走上了正常发展的轨道。真是来之不易啊！我相信，只要我们认真接受历史教训，坚持四项基本原则，坚持改革开放，继承和发扬我军的光荣传统，自力更生，发愤图强，面向世界，面向未来，沿着新时期的建军道路奋勇前进，我军就一定能够早日实现国防现代化的目标,为人类和平事业作出更伟大的贡献。

六十年来,中国人民解放军在党的领导下,走过了艰难而曲折、伟大而光荣的战斗历程。在我军初创中,在土地革命战争中,在长征中,在抗日烽火中,在解放战争中,在抗美援朝中,在保卫祖国社会主义建设中,无数中华民族的优秀儿女,蹈险履难,奋不顾身,前仆后继,献出了他们的宝贵生命。烈士们的英雄业绩和献身精神,明昭日月,将永远受到党和人民的追念,鼓舞着一代又一代人,为中华民族的繁荣富强,为共产主义远大目标的最终实现,奋斗不懈!

后　记

　　这部回忆录是由我口述，国防大学党史教员朱玉同志记录整理，执笔完成的。三年多来，朱玉同志翻阅了大量文献资料，并去大别山、大巴山、长征路、河西走廊和延安等地实地考察，为本书的完成花费了大量心血，付出了辛勤劳动。国防大学的张麟、王文仲、李俊荪、欧国林同志，郭春福、李而炳同志，参加了本书的资料搜集工作。徐深吉、陈明义、刘志同志对初稿提出了许多宝贵意见。原政治学院、国防大学、中央档案馆、军委档案馆、解放军出版社等单位给予了热情的帮助。朱玉、李而炳同志对全书进行了校订工作。我谨向他们表示衷心的感谢。

　　本书从口述文字记录到定稿付梓，整个文字，我都数度审定，如有不当之处，由我本人负责。在已出版的上、中两集中，有些错别字或个别记忆有误之处，已在合订本中作了更正。

徐向前

一九八七年二月

责任编辑:马长虹
封面设计:周涛勇
版式设计:顾杰珍
责任校对:白　玥

图书在版编目(CIP)数据

历史的回顾/徐向前著. —北京:人民出版社,2016.7(2025.4 重印)
ISBN 978－7－01－013675－2

Ⅰ.①历…　Ⅱ.①徐…　Ⅲ.①徐向前(1901~1990)-回忆录
　Ⅳ.①K825.2

中国版本图书馆 CIP 数据核字(2014)第 140340 号

历史的回顾
LISHI DE HUIGU

徐向前　著

人民出版社 出版发行
(100706　北京市东城区隆福寺街 99 号)

北京新华印刷有限公司印刷　新华书店经销

2016 年 7 月第 1 版　2025 年 4 月北京第 6 次印刷
开本:710 毫米×1000 毫米 1/16　印张:32.5　插页:16
字数:520 千字　印数:30,001~35,000 册

ISBN 978－7－01－013675－2　定价:98.00 元

邮购地址 100706　北京市东城区隆福寺街 99 号
人民东方图书销售中心　电话 (010)65250042　65289539

鄂豫皖革命根据地创建初期形势图

一九二九年一月——一九三〇年四月

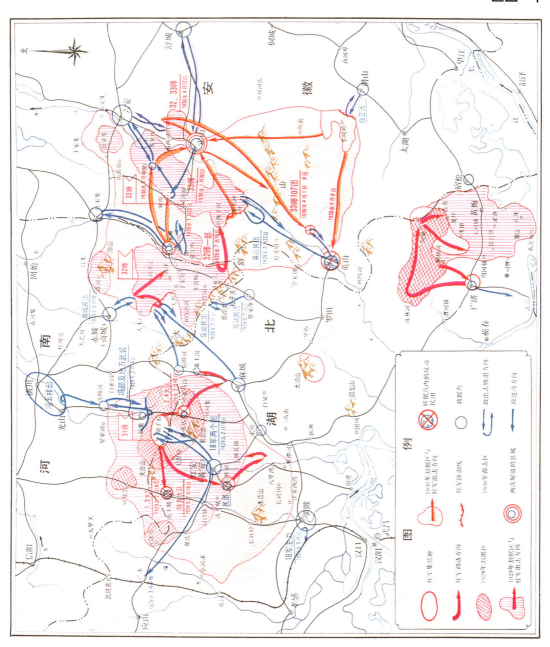

双桥镇战斗经过要图

一九三一年三月九日拂晓──十三时

附图 二

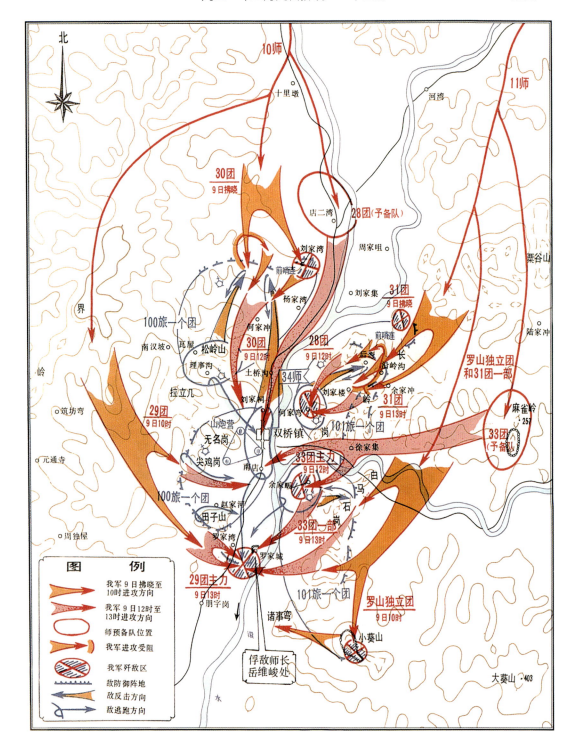

黄安战役经过要图

一九三一年十一月十日——二十日

北

红四方面军

七里坪

吕王城

赤卫军

36团
11月10日

35团
11月11日

东五家

36团
11月13日

11师、黄安独立团
11月10日夜

207旅1个营
11月20日

34团
11月10日

王家畈

大赵家

下徐家

69师 黄安

马家岗

35团
11月20日

30团
11月11日

濮皋岗

三里店

34团
11月14日

云台山

团头岗

31团及黄安独立团
11月10日

嶂山

郭受九

长竹山

高桥河

270团一部

十里铺

32团
11月19日上午

五云山

33团
11月19日

张家砦山

谢店

31团
11月20日

18日夜歼敌

30师270团

放牛山

小峰山

豹龙山

西张园

黄土山

32团
11月19日下午

麻城赤卫军

麻城之敌31师1个团
11月18日

黄陂之敌33师
11月17日

宋埠

30师

岐亭

图 例

我军集结地区

我军歼敌区

我军13日前的进攻方向

敌13日前的增援方向

我军13日至20日的进攻方向

敌13日至20日的增援方向

我军调动方向

敌逃跑方向

我军阵地

敌据点

附图

三

苏家埠战役经过要图

一九三二年三月二十一日——五月八日

附图 四

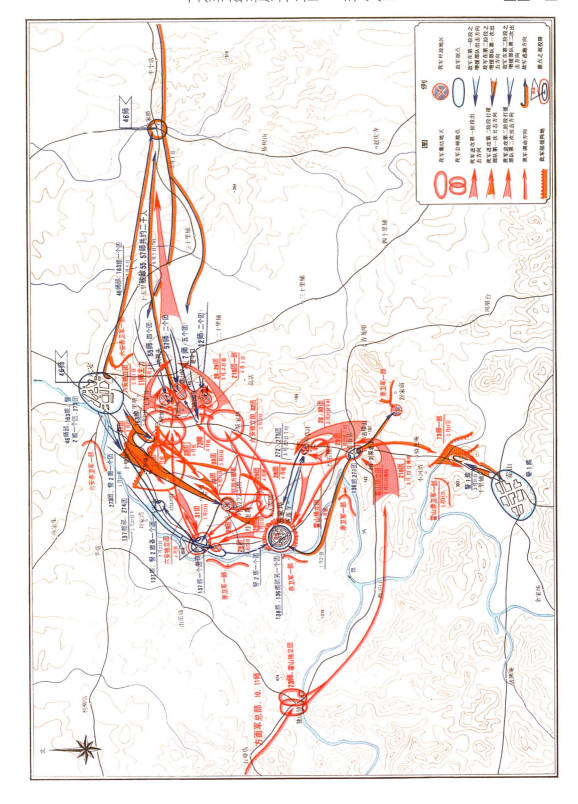

第四次反「围剿」经过要图

一九三二年八月十日——十月十日

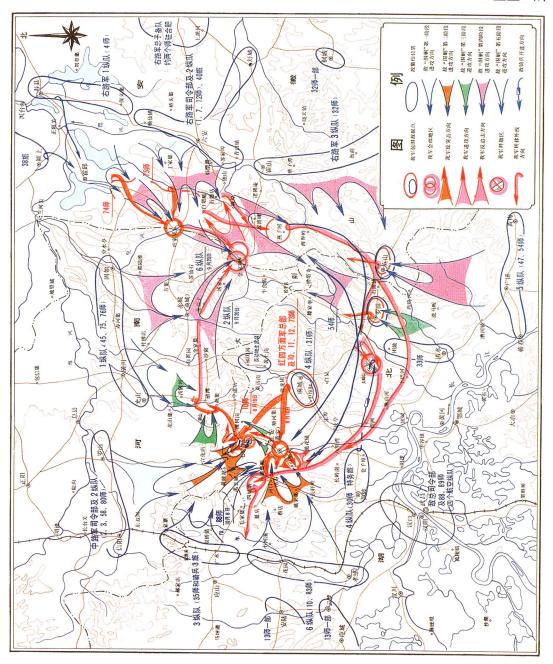

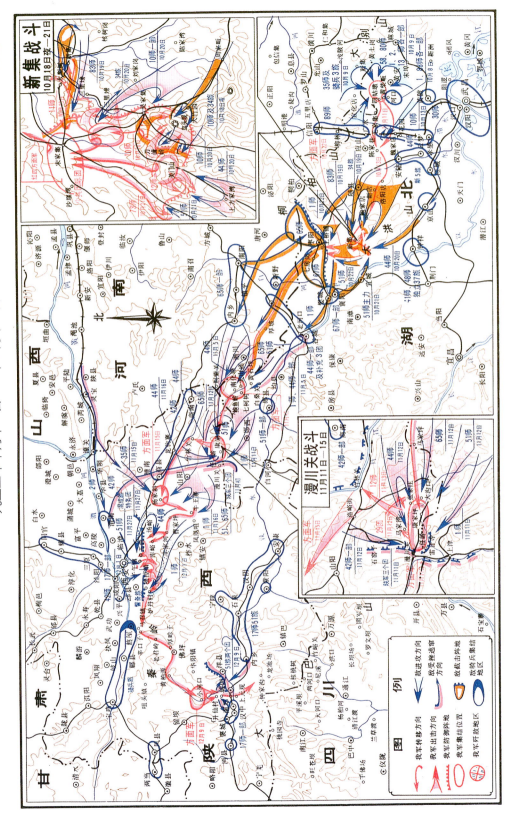

红四方面军战略转移经过要图

一九三二年十月十一日——十二月十二日

川陕革命根据地形势发展图

一九二九年四月——一九三四年九月

附图 七

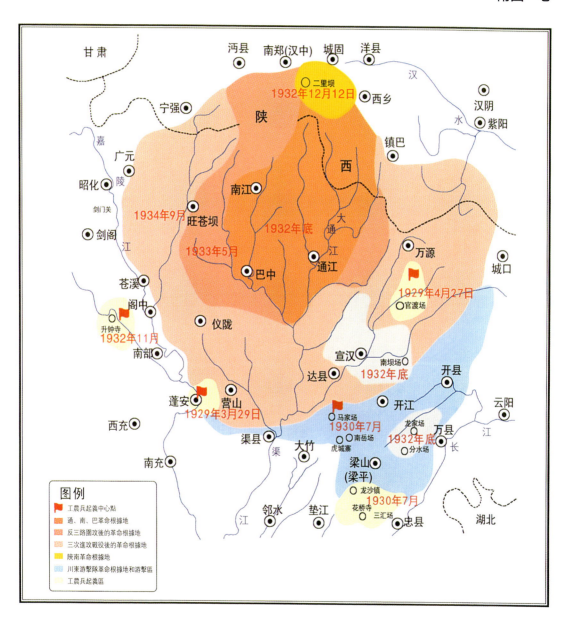

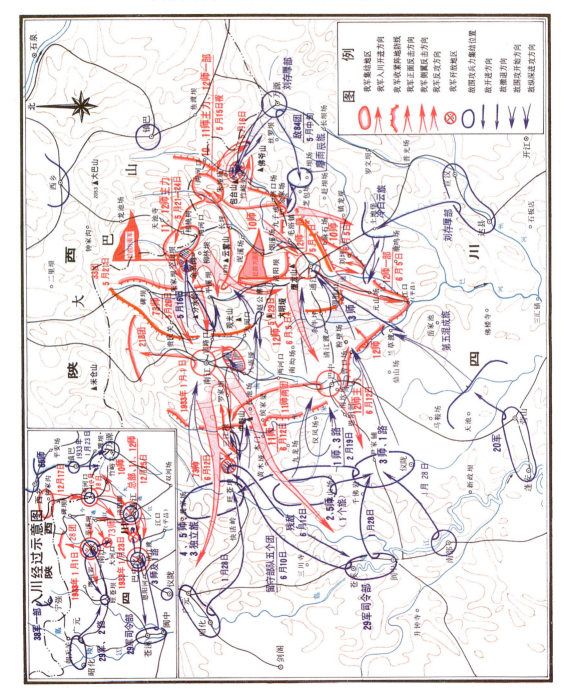

入川与反三路围攻经过要图

一九三二年十二月十七日——一九三三年六月中旬

三次进攻战役经过要图

一九三三年八月十二日——十月二十七日

附图 九

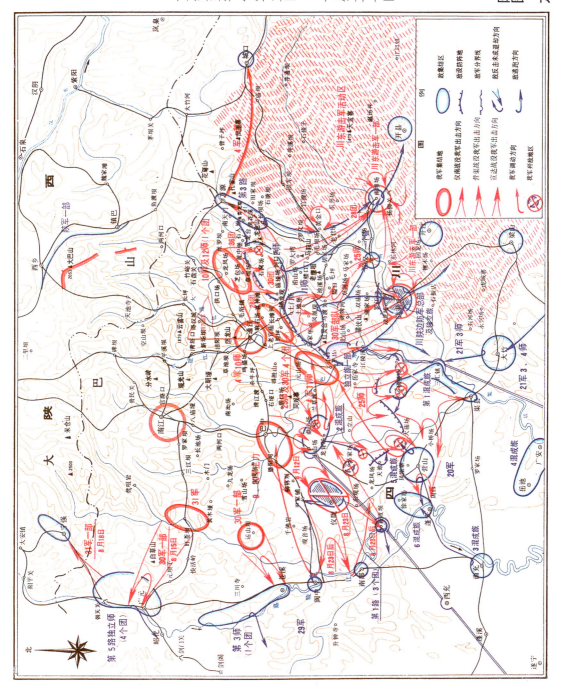

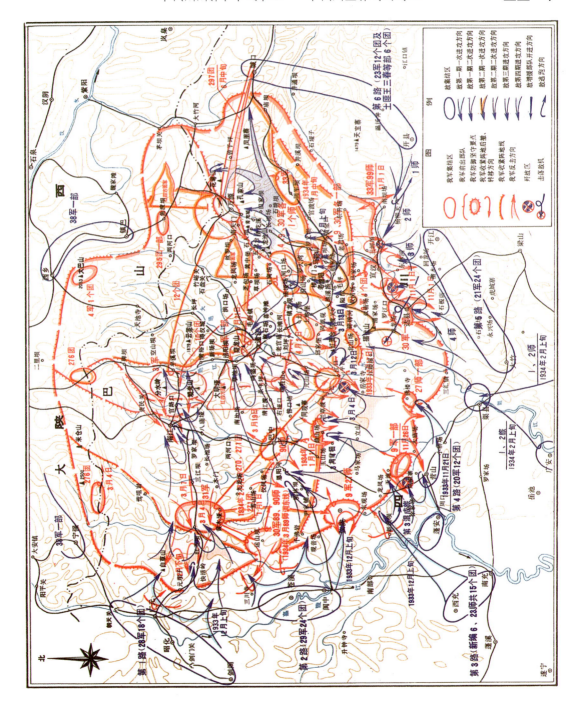

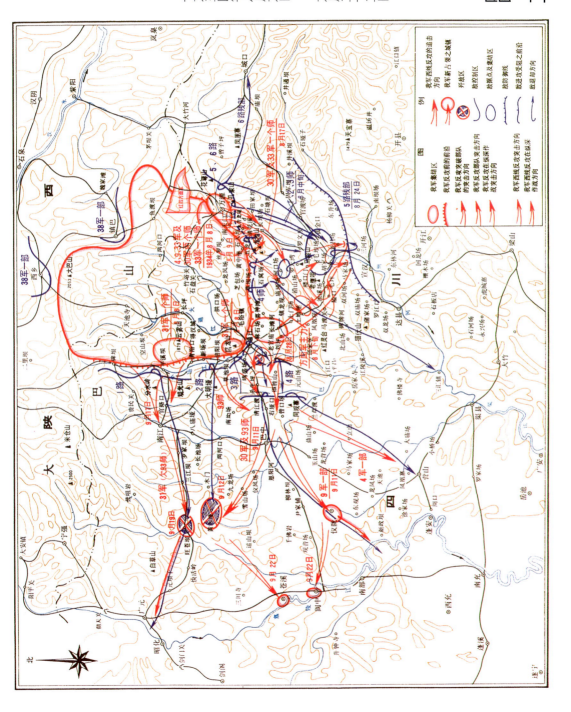

红四方面军强渡嘉陵江及长征路线图

附图 十二

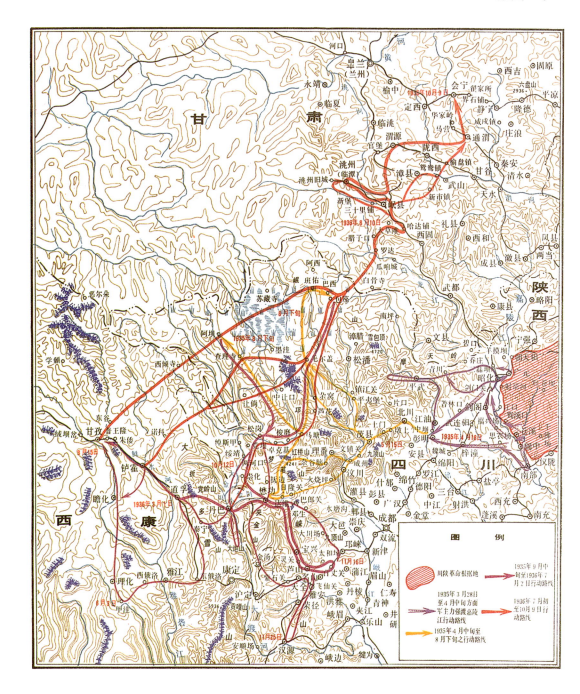

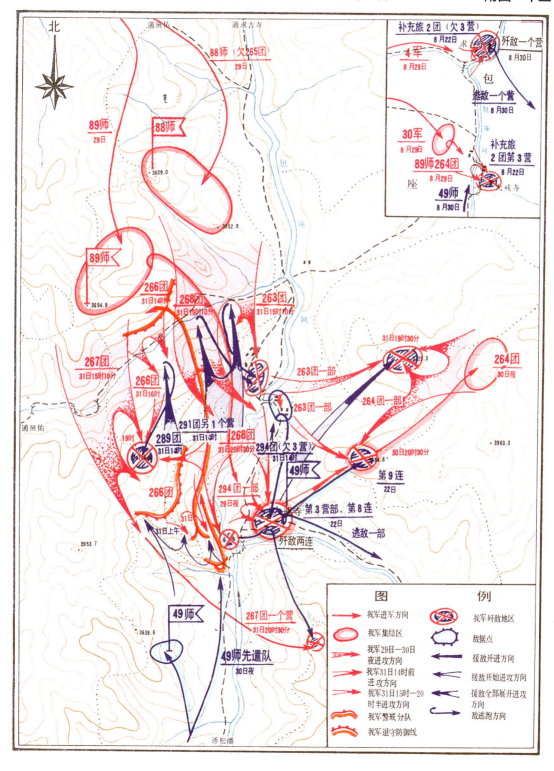

包座战斗经过要图

一九三五年八月二十九日——三十一日

附图 十三

图例

符号	说明	符号	说明
我军进军方向		我军歼敌地区	
我军集结区		敌据点	
我军29日—30日夜进攻方向		援敌开进方向	
我军31日14时前进攻方向		援敌开始进攻方向	
我军31日15时—20时半进攻方向		援敌全部展开进攻方向	
我军警戒分队		敌逃跑方向	
我军退守防御线			

西路军行动路线图

一九三六年十月二十五日——一九三七年五月一日

附图 十四

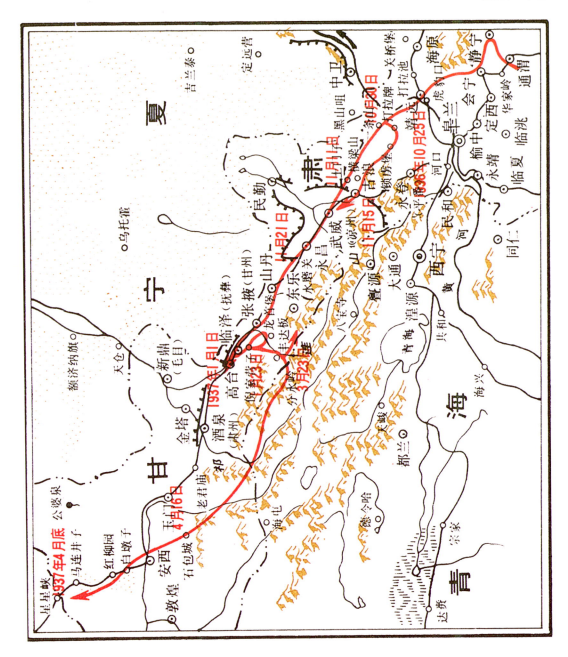

临汾战役经过要图

一九四八年三月七日——一九四八年五月十八日

附图 十五

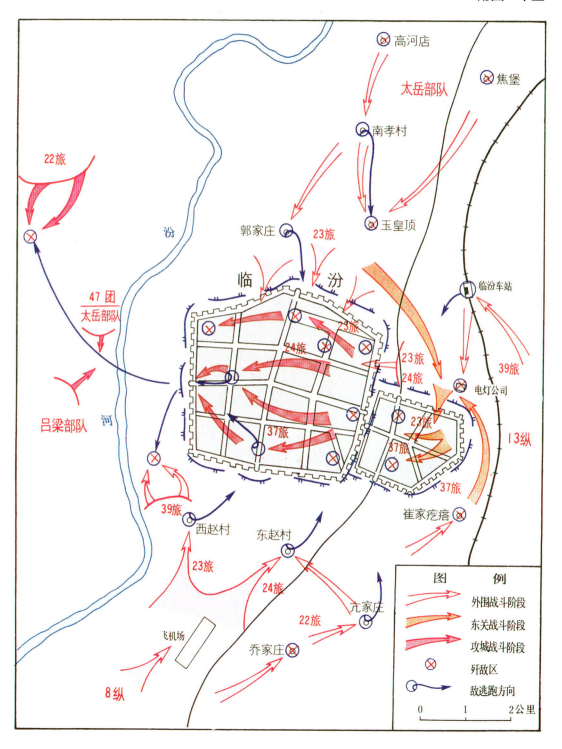

图 例

外围战斗阶段
东关战斗阶段
攻城战斗阶段
歼敌区
敌逃跑方向

0　1　2公里

晋中战役经过要图

一九四八年六月十一日——一九四八年七月二十一日

附图 十六

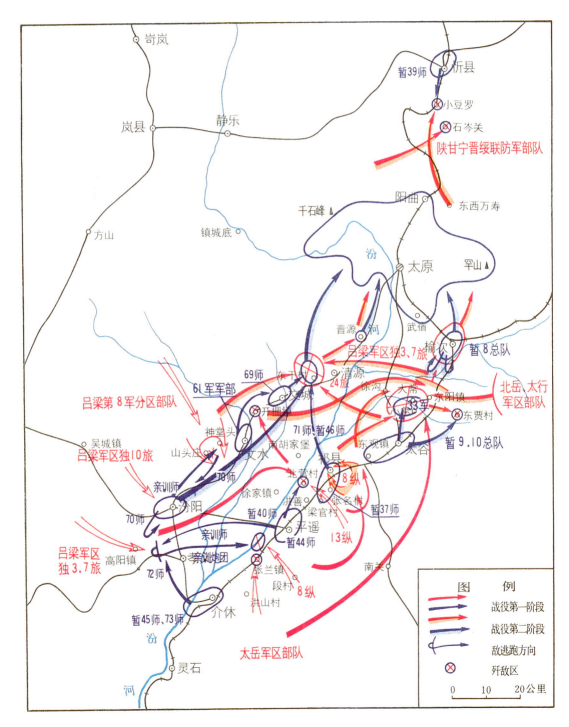

图例
- 战役第一阶段
- 战役第二阶段
- 敌逃跑方向
- ⊗ 歼敌区

0 10 20公里

太原战役经过要图

一九四八年十月四日——一九四九年四月二十四日　　附图　十七

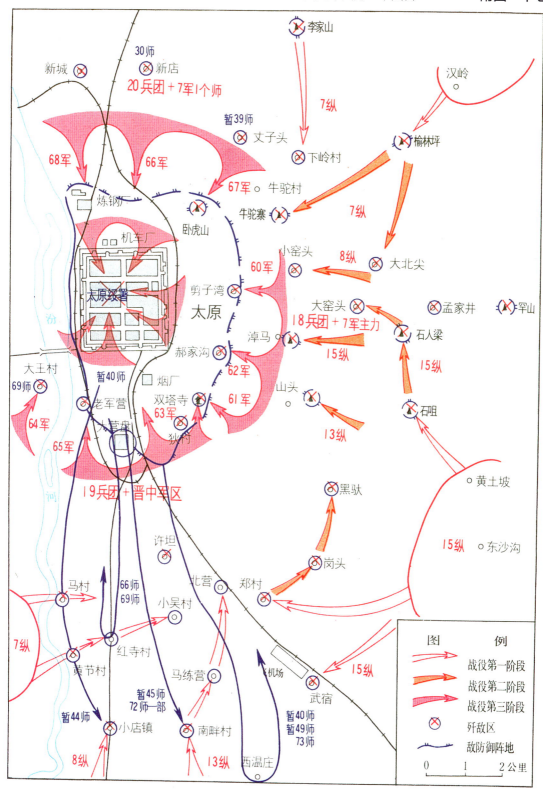

1976 年，徐向前与儿子徐小岩、孙子徐珞，祖孙三代在北京住所门前合影

1985 年，徐向前与朱玉在广州合影

1994 年，徐向前元帅铜像在山西太原牛驼寨落成

星火大别山　　　　驰骋大巴山　　　　浴血祁连山　　　　决战太行山